W0067296

Die Chronik
der
Kreuzzüge

DIE CHRONIK DER KREUZZÜGE

Chronik
VERLAG

© 2005 Chronik Verlag im Wissen Media Verlag GmbH, Gütersloh/München

Projektmanagement: Dr. Martin-Andreas Schulz

Projektleitung: Johannes Ebert, txt redaktion & agentur, Bonn

Autoren: Dr. Reinhard Barth, Uwe Birnstein, Dr. Ralph Ludwig und Michael Solka (Biografien)

Redaktion txt: Alexandra Minisdorfer
Projektabwicklung, Layout, Satz: txt redaktion & agentur, Bonn
Bildredaktion: Traute Schürmann-Baetzel

Grafische Gestaltung: Axel Brink, Impuls, Hattingen

Kartenredaktion: Dr. Matthias Herkt

Herstellung: Martin Kramer
Druck: BWH, Buchdruckwerkstätten Hannover GmbH
Alle Rechte vorbehalten
Kein Teil dieses Werks darf ohne Genehmigung des Verlags nachgedruckt,
in Datenverarbeitungsanlagen gespeichert oder durch Fernsehsendungen, auf
elektronischem, mechanischem, fotomechanischem oder ähnlichem Weg
sowie durch Tonbandaufzeichnungen oder online wiedergegeben werden.

ISBN: 3-577-14609-5

INHALT

INHALT

Abb.: Die Kreuzfahrerburg Krak des Chevaliers in Syrien

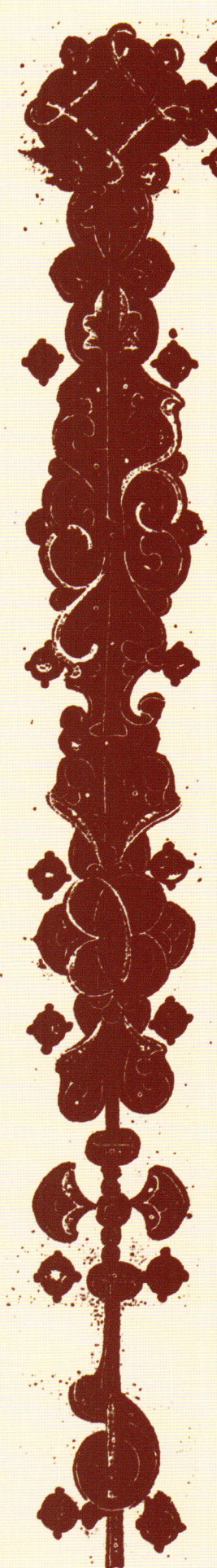

Am Vorabend der Kreuzzüge

Nach der Endzeitstimmung des ersten Jahrtausendwechsels der christlichen Zeitrechnung ordnen sich die Machtverhältnisse sowohl im Abendland als auch im Orient neu. Allerorts spüren die Menschen, dass das Kräftegleichgewicht aus den Fugen geraten ist, aber auch, dass etwas Neues entsteht. Frankreich und Deutschland, die beiden im Frankenreich wurzelnden Staaten, sind als territoriale Gebilde in ihren künftigen Grenzen bereits erkennbar, auch wenn in Deutschland zunächst ein übernationales Staatsgebilde entsteht, das man als »Heiliges Römisches Reich Deutscher Nation« bezeichnen wird. Zunächst aber dringen immer wieder slawische Völker von Osten her in das Territorium der westlichen Staaten. Die Normannen okkupieren Süditalien. Islamische Völker und Truppen stoßen immer weiter ins Abendland vor. Halb Spanien trotzen sie den Goten ab, auch Sizilien hält ihrem Ansturm nicht stand. Im Osten zittert das Byzantinische Reich vor den Einfällen der in

Kaiser Heinrich III. bewirkt auf der Synode von Sutri 1046 die Ernennung Klemens' II. zum Papst.

Nordafrika ansässigen Fatimiden sowie der Seldschuken, Nachfolgern der auf persischem Gebiet lebenden muslimischen Omajjaden-Dynastie.

Reiche Handelsstädte unterschiedlicher Nationen knüpfen jenseits politischer Zugehörigkeiten enge Bande und versorgen die Menschen mit Gütern aus fernen Ländern. Kaufleute verdienen enorme Summen, während die Landbevölkerung unter der Höhe der Abgaben, die sie an ihre Herzöge und Fürsten zu leisten hat, stöhnt. Der Adel erhält immer mehr Privilegien. Aus ihm entwickelt sich eine selbstbewusste Ritterschaft, die bereit ist, den Machtwillen ihrer Herren mit Pferd und Lanze durchzusetzen.

CHRISTENTUM IN DER KRISE

Durch das Erstarken der weltlichen Macht gelangt die Kirche ins Hintertreffen. Ihre Taktik, sich den Königen und Fürsten anzudienen, ging nicht auf. Nun hat die Kirche den Preis für ihre opportune Haltung zu zahlen. Eigenmächtig setzen Könige Bischöfe und sogar Päpste ein oder lassen sie wieder fallen. Große Teile des Klerus gleichen ihren Lebensstil dem der reichen Adelshäuser an. Aus der einzigen Macht, die den Untergang des Römischen Reiches überstanden hatte, ist eine korrupte und verschwenderische weltliche Organisation geworden, die ihren guten Ruf längst verspielt hat. Doch seit Anfang des 11. Jahrhunderts spüren immer mehr Christen, dass dieser Weg nicht dem eigentlichen Auftrag der Kirche dient. Mystiker enthüllen die spirituelle Kraft des Christentums. Mönche entdecken die Askese und die Armut neu. In Cluny, einem burgundischen Benediktinerkloster, fordern Geistliche eine grundlegende Reform der römischen Kirche. Es könne nicht sein, dass die Herrscher dieser Welt die Geschicke der Kirche in den Händen halten. Wenn kirchliche Ämter käuflich seien und sich die Kirchenpolitik auf die Loyalität zur weltlichen Macht beschränke, verliere sich die Kirche.

KAMPF ZWISCHEN THRON UND ALTAR

Viele Kirchenmänner lassen sich von den cluniazensischen Reformen begeistern, unter ihnen der Benediktinermönch Hildebrandt, der 1073 von der Reformfraktion Roms zum Papst bestimmt wird. Unter dem Namen Gregor VII. geht er auf Konfrontationskurs mit dem deutschen König Heinrich IV. Zwei Jahre nach seinem Amtsantritt verbietet Papst Gregor VII. den weltlichen Herrschern die »Investitur«, die eigenmächtige Besetzung geistlicher Ämter. Zudem vertritt er die Ansicht, dass der König seine Macht vom Papst nur geliehen bekommen habe und somit von diesem auch wieder abgesetzt werden könne. Wegen seiner Unnachgiebigkeit bannt Gregor VII. den deutschen König – ein noch nie dagewesener Affront. Die deutschen Fürsten, die zwischen die Fronten geraten, stellen Heinrich IV. ein Ultimatum: Werde der Bann nicht binnen eines Jahres aufgelöst, wollen sie ihn absetzen. Um seine Macht zu erhalten, unterwirft sich Heinrich IV. schließlich dem Papst in Canossa. Doch der Investiturstreit hat bereits seine eigene Dynamik entwickelt. Einige deutsche Fürsten wählen trotz des königlichen Bußgangs einen Gegenkönig, der sich allerdings nicht durchsetzen kann. Heinrich selbst geht nach kurzer Zeit seinerseits auf Konfrontationskurs und ernennt mit Hilfe königstreuer Bischöfe einen Gegenpapst. 1084 zieht der König nach Rom und inthronisiert dort seinen Papstkandidaten als Klemens III. Von ihm lässt er sich zum Kaiser des Heiligen Römischen Reichs krönen.

BYZANZ: EIN WELTREICH IN DER ZANGE

Seit dem Untergang des Römischen Reiches fühlt sich Byzanz als dessen rechtmäßiger Erbe. Mit dem Islam entstand dem »östlichen Rom« ein gefährlicher Gegner. Als politischer Machtfaktor breitete sich der Islam atemberaubend schnell aus. Die Seldschuken, eine Volksgruppe aus Zentralasien, die zum Islam übergetreten ist, bedrohen das Byzantinische Reich von Osten her. Ihre Krieger fallen mit einer neuen, beachtenswerten Kampfeskraft in byzantinisches Gebiet ein. Geschwächt durch ein Wirtschaftschaos und Machtintrigen ist das Byzantinische Reich den Angreifern nicht gewachsen. 1071 erleiden byzantinische Truppen im ostanatolischen Mantzikert eine vernichtende Niederlage gegen das Heer des Seldschukenführers Arp Arslan. Mit der Gefangennahme des Kaisers Romanos IV. Diogenes demütigt er das byzantinische Volk vollends.

Auch Alexios I. Komnenos, der 1081 aus innerbyzantinischen Machtkämpfen als Kaiser hervorgeht, kann der Lage nicht Herr werden. Zum einen ist sein Heer in einem desolaten Zustand und nur mit Hilfe von teils unzuverlässigen Söldnern verteidigungsfähig, zum anderen muss er sich gegen die akute Bedrohung durch normannische Einfälle von der Adriaküste sowie gegen Angriffe slawischer Völker zur Wehr setzen. In dieser Situation bleibt Alexios I. nichts anderes übrig, als die westliche Kirche, die seit 1054 offiziell vom östlichen Christentum getrennt ist, um Hilfe zu bitten. 1074 ersucht er Papst Gregor VII. um die Entsendung westlicher Truppen. Obwohl Gregor VII. von der Idee eines Kreuzzugs ins Heilige Land sehr angetan ist, sind seine Kräfte im Machtkampf mit dem deutschen König so sehr gebunden, dass er seinen Kreuzzugsplan nicht verwirklichen kann.

PAPST URBAN II. RUFT ZUM ERSTEN KREUZZUG AUF

Der erneute Hilferuf der östlichen Glaubensbrüder ermöglicht es Gregors Nachfolger Urban II., den europäischen Adel unter seiner Leitung zum Kampf gegen die Muslime zu vereinen. Damit kann er sich gegenüber den weltlichen Mächten als Führer des Abendlandes positionieren. Unaufhaltsam erweitern die Seldschuken ihren Einflussbereich in Anatolien und trotz Byzanz immer größere Gebiete ab. Dem islamischen Fatimiden-Reich entreißen sie Palästina und bringen damit Jerusalem mitsamt den heiligen Stätten in ihre Gewalt. Christliche Pilger werden fortan auf ihren Reisen immer stärker behindert. Diese Argumente fasst der byzantinische Kaiser Alexios I. in einem Brief an die westliche Christenheit zusammen.

Sofort erkennt Papst Urban II. seine Chance, sich in der Auseinandersetzung mit den weltlichen Herrschern als tatkräftiger Führer des Abendlandes zu profilieren und verspricht Hilfe. Im November macht er sein Vorhaben auf einem großen Konzil im zentralfranzösischen Clermont öffentlich. In einer leidenschaftlichen Rede vor einer riesigen Menschenmasse ruft Urban II. zur Befreiung der Christenheit von den Muslimen auf. Von der überschäumenden Reaktion des Volkes ist wahrscheinlich selbst Urban überrascht, immer wieder unterbrechen die Zuhörer den Papst mit der euphorischen Parole »Deus le vult« – »Gott will es«. Tausende heften sich ein Kreuz an ihre Kleidung und verpflichten sich auf der Stelle zur Teilnahme am Kreuzzug. Sie dürfen auf hohen Lohn – nicht nur im Himmelreich – hoffen. Der Papst verspricht jedem Kreuzfahrer die Befreiung von Sündenstrafen. Wer im Kampf gegen die Muslime sein Leben lasse, dem sei die Absolution sicher. Außerdem würden in Palästina große Ländereien auf neue Besitzer warten.

DIE VOLKSSEELE BRODELT

Der byzantinische Kaiser Alexios I. ahnte wohl kaum, dass er mit seinem Hilfsschreiben an den Westen eine Welle grausamer Gewalt auslöst, die für mehr als 200 Jahre das gesamte Abendland und den Orient erschüttert. In immer drastischeren Übertreibungen kursieren die Berichte des oströmischen Kaisers über die seldschukische Bedrohung der östlichen Christenheit durch Frankreich und Deutschland. Wanderprediger transportieren den päpstlichen Kreuzzugsaufruf in die entlegensten Winkel und treffen auf Zuhörer, denen angesichts ihrer eigenen misslichen wirtschaftlichen Lage ein Kriegszug als

verlockender Ausweg erscheint. Mit Leidenschaft zeichnen sowohl weltliche Fürsten als auch Kleriker das Gespenst eines übermächtigen und grausamen Islam, vor dessen Hintergrund sich die Christenheit als gottgewollte Religionsgemeinschaft umso heller darstellen kann. Die jüdischen Gemeinden in Frankreich und Deutschland sind die ersten, die eine Ahnung von der fanatisch entbrannten Volksseele bekommen. Bislang von König Heinrich IV. geschützt, warnen sie sich gegenseitig vor der aufkeimenden Gewalt.

CHRISTLICHE RÜCKEROBERUNGEN AUF DER IBERISCHEN HALBINSEL

In Spanien konnte die Kirche bereits Erfahrungen mit der gewaltsamen »Befreiung« eines Landes aus der Macht der Muslime sammeln. Die Könige der christlichen Reiche Kastilien, León und Aragón kämpfen seit 1070 gemeinsam gegen die maurischen Besatzer. Im 8. Jahrhundert hatten die muslimischen Mauren den Großteil Spaniens von den Westgoten erobert und ein Reich mit einer beachtlichen Kultur aufgebaut. Toleranz gegenüber Juden und Christen war wichtiger Bestandteil ihrer Politik. Der Zerfall des Kalifats Córdoba im Jahr 1034 stellte für die Christen einen willkommenen Zeitpunkt für den Angriff auf die maurischen Gebiete dar. Im Zuge der so genannten Reconquista (Rückeroberung) fällt Toledo, das symbolhafte Zentrum des Maurenreiches, im Jahr 1085 wieder in die Hände der Christen. Vom Papst ausgesandt unterstützen die Kreuzritter die Heere der christlichen Könige Alfons VI. und Sancho I. von Aragón bei ihrem Kampf gegen die Muslime. Auf der Suche nach Verbündeten rufen die in Bedrängnis kommenden Mauren die Almoraviden zur Hilfe, ein muslimisches Berbervolk, das sich in Nordafrika niedergelassen hat. Auch sie können der christlichen Übermacht nichts entgegensetzen. Rodrigo Díaz, ein im Dienst König Alfons' VI. stehender Heerführer, wird durch die Reconquista zum Nationalhelden. Von den Mauren, auf deren Seite er nach Auseinandersetzungen mit dem König von León und Kastilien zeitweise kämpft, erhält der spanische Freiheitskämpfer den Beinamen El Cid (der Herr).

NEUE MACHT IM MITTELMEERRAUM

Süditalien wird von den Normannen erobert, einem Volk aus Skandinavien, dessen kriegerische Heere zunächst die Nordsee-Anrainer verängstigten bevor sie durch den Atlantik bis in den Mittelmeerraum vorstießen. Den Grundstein für das neue Normannen-Reich legt Robert Guiscard. Ein Bündnis mit dem Papst sorgt für beidseitige Vorteile. Jeder Gebietsgewinn der Normannen bedeutet eine Erweiterung des päpstlichen Einflussbereichs. Andererseits sorgt der Segen der Kirche für die Stabilität des neu gegründeten Normannen-Reichs. Robert Guiscards Bruder Roger I. erobert schließlich Sizilien und vertreibt die dort lebenden Muslime. Die Eroberung von Bari, der letzten Bastion des Oströmischen Reichs in Italien, durch Robert Guiscard, versetzt Byzanz einen weiteren Schlag.

Europa um 1000

Grenze des Heiligen Römischen Reiches Deutscher Nation

0   400 km

24. Oktober

Michael VII. Dukas besteigt den byzantinischen Kaiserthron. Er kann sich nur mühsam gegen seine Widersacher behaupten.

1072 n. Chr.

Auf einem Feldzug in Mittelasien fällt der Seldschukenherrscher Alp Arslan. Sein Sohn Malik Schah, der noch ehrgeizigere Pläne zur Ausweitung des Reiches verfolgt als sein Vater, tritt die Nachfolge an.

Die Normannen nehmen unter der Führung Rogers I. Palermo ein. Damit kommen sie ihrem Ziel näher, Sizilien von den Muslimen zu erobern.

5. Januar

Robert Guiscard, der Herzog von Apulien und Kalabrien, nimmt die süditalienische Stadt Bari ein. Die letzte byzantinisch beherrschte Stadt der Halbinsel fällt damit in die Hände der Normannen.

1073 n. Chr.

Der Seldschuken-Fürst Suleiman ibn-Kutulmisch beginnt mit der Eroberung Anatoliens. Ihm folgen mehrere seldschukische und türkische Stämme. Die byzantinische Landbevölkerung flieht.

Roussel von Bailleul, ein im Dienste des Byzantinischen Reiches stehender Heerführer normannischer Abstammung, gründet in der anatolischen Provinz Galatien ein autonomes Normannen-Reich. Auf die Bitte des byzantinischen Kaisers Michael VII. Dukas hin vertreibt der seldschukische Sultan Suleiman den Rebellen.

21. April

In Rom stirbt Papst Alexander II. Er unterstützte die Reconquista durch die Ankündigung eines Ablasses für die christlichen Eroberer.

30. Juni

Kardinal Hildebrandt, einer der engsten Berater Alexanders II., wird in der römischen Peterskirche zum Papst inthronisiert. Als Gregor VII. will er die Kirche im Sinne der cluniazensischen Bewegung reformieren.

1074 n. Chr.

Februar

Papst Gregor VII. kündigt einen Hilfszug abendländischer Christen zur Unterstützung des Byzantinischen Reichs gegen die Seldschuken an. Der Papst

selbst will an der Spitze des Zuges marschieren. → S. 15

1075 n. Chr.

Um das wirtschaftlich starke Kroatien aus der byzantinischen Machtsphäre zu lösen, verleiht Papst Gregor VII. dem Fürsten Demetrius Zvonimir die Königswürde. → S. 16

Der türkische Fürst Atsiz ibn-Abaq nimmt Damaskus ein, eine strategisch wichtige Stadt an der ehemaligen Schnittstelle der Seldschuken und Fatimiden. → S. 16

2. Januar

Papst Gregor VII. verschickt ein Einladungsschreiben an deutsche Fürsten zu einem Vorbereitungstreffen in Rom für den von ihm geplanten Kreuzzug. Da er seine Kräfte im Machtkampf gegen den deutschen König Heinrich IV. bündeln muss, führt er seine Pläne letztendlich jedoch nicht aus.

Februar

Auf der »Fastensynode« in Rom betont Papst Gregor VII. die Führungsrolle der Kirche gegenüber der weltlichen Macht. Der weltliche Herrscher habe seine Macht lediglich vom Papst geliehen bekommen und könne von diesem auch wieder abgesetzt werden. Zudem verschärft er das Verbot der sog. Laieninvestitur. → S. 17

1076 n. Chr.

Die ägyptischen Fatimiden erobern Jerusalem von den Seldschuken zurück.

König Alfons VI. von Kastilien erzielt Erfolge für die Reconquista. Er besetzt die spanischen Provinzen Vascongadas und La Rioja.

Unter dem seldschukischen Sultan Malik Schah erobern türkische Fürsten Kleinasien und bilden eigene Reiche. Das Land versinkt im Chaos, immer größere Gebiete entziehen sich der byzantinischen Herrschaftssphäre.

Januar

Papst Gregor VII. sendet dem deutschen König Heinrich IV. ein Mahnschreiben, da dieser eigenmächtig einen Erzbischof für Mailand ernannt hatte. Damit habe der König gegen Beschlüsse der »Fastensynode« des vorangegangenen Jahres gehandelt.

Februar

Der deutsche König Heinrich IV. beruft ihm ergebene Bischöfe zu einer Sy-

1064 n. Chr.

Im Zuge der Reconquista, der christlichen Rückeroberung Spaniens, drängt der Herzog von Aquitanien und der Gascogne die Muslime aus der Stadt Barbastro in Aragón. → S. 15

1070 n. Chr.

Der türkische Fürst Atsiz ibn-Abaq erobert kampflos Jerusalem von den Fatimiden und besetzt ganz Palästina. In der Folgezeit wird christlichen Pilgern der Zugang zu den heiligen Stätten in Jerusalem erschwert. Damit endet eine lange Zeit der Toleranz gegenüber den Christen.

Kaufleute aus dem süditalienischen Amalfi gründen ein Hospital in Jerusalem. Es dient der medizinischen Versorgung der christlichen Pilger.

1071 n. Chr.

19. August

Bei Mantzikert besiegt das seldschukische Heer die Truppen des Byzantinischen Reichs. Sultan Alp Arslan nimmt den oströmischen Kaiser Romanos IV. Diogenes gefangen und fordert hohes Lösegeld. Die Niederlage ist eine Demütigung für das Byzantinische Reich und markiert den Beginn seines Untergangs. → S. 14

node nach Worms, um sich gegen den Machtanspruch des Papstes zu wehren. Die Synode zeigt sich königstreu, bezeichnet Gregor VII. als »falschen Mönch« und erklärt ihn für abgesetzt. Daraufhin exkommuniziert der Papst Heinrich IV. und enthebt ihn seines Amtes. Der »Investiturstreit« ist damit vollends entbrannt.

Oktober

Im hessischen Tribur beschäftigen sich die deutschen Fürsten mit der durch die päpstliche Bannung ihres Königs entstandenen schwierigen Lage. Sie setzen ihrem Herrscher eine Frist von einem Jahr. Sollte der Bann bis dahin nicht aufgehoben sein, würden sie Heinrich IV. absetzen.

1077 n. Chr.

Unter Führung des türkischen Fürsten Atsiz ibn-Abaq entreißen die Seldschuken den Fatimiden erneut Jerusalem. Immer größere Teile von Palästina und Syrien geraten in die Hände der Seldschuken. → S. 18

Die Normannen erobern Salerno, das letzte langobardische Fürstentum.

26. Januar

Im Büßergewand erscheint der deutsche König Heinrich IV. vor der Burg Canossa. Papst Gregor VII. lässt ihn nach drei Tagen ein, akzeptiert seine Reue und nimmt ihn wieder in »den heiligen Schoß der Kirche« auf. Mit seiner Unterwerfung will Heinrich IV. seine Stellung gegenüber den deutschen Fürsten festigen. → S. 19

15. März

Der Investiturstreit spaltet weiterhin die deutschen Fürsten. Einige erklären Heinrich IV. trotz Aufhebung des Kirchenbannes für abgesetzt und wählen Herzog Rudolf von Rheinfelden, einen Schwager Heinrichs IV., zum Gegenkönig.

1078 n. Chr.

Papst Gregor VII. untersagt erneut die Einsetzung (Investitur) von Bischöfen durch weltliche Herrscher.

Odo von Châtillon, der spätere Papst Urban II., wird Kardinal von Ostia. Eine Synode in Rom unter Leitung Papst Gregors VII. erlässt ein kanonisches Gesetz, demzufolge Juden keinerlei Ämter der Christenheit bekleiden dürfen. Damit will der Papst vor allem den Einfluss jüdischer Beamter am Hof von Kastilien beschneiden.

Der Theologe Anselm, der spätere Erzbischof von Canterbury, wird Abt des Klosters Bec in der Normandie.

24. März

Nikephoros III. Botaneiates, ein byzantinischer Militäradliger, der sich mit den Seldschuken verbündet, rückt während eines Aufstandes mit seinen Truppen in Konstantinopel ein und lässt sich als Nachfolger Michaels VII. zum Kaiser krönen. Um die Rechtmäßigkeit seines Handelns zu unterstreichen, heiratet er Maria, die ehemalige Ehefrau seines Vorgängers.

25. Juni

Der deutsche König Heinrich IV. bestimmt Erzbischof Wibert von Ravenna zum Gegenpapst (Klemens III.) und erklärt Papst Gregor VII. erneut für abgesetzt.

1079 n. Chr.

Ostern

Auf einer Synode in Rom maßregelt Papst Gregor VII. den Universalgelehrten Berengar von Tours, der behauptet, Brot und Wein würden sich beim Abendmahl nicht tatsächlich in Blut und Leib Christi verwandeln.

1080 n. Chr.

Der Seldschuken-Fürst Tschaka wird zum Herrscher der Provinz an der ägäischen Küste und damit zum Gegenspieler des seldschukischen Sultans Suleiman. Dieser Konflikt sowie andere Machtkämpfe untergraben die Einheit und Schlagkraft des seldschukischen Großreichs.

Desiderius, der Abt von Montecassino und spätere Papst Viktor III., söhnt den Normannenführer Robert Guiscard mit Papst Gregor VII. aus.

König Alfons VI. von Kastilien erhält von Gregor VII. ein Sendschreiben. Darin ermahnt ihn der Papst, Juden nicht über Christen herrschen zu lassen. Die bisher gängige Praxis würde seiner Ansicht nach bedeuten, die »Synagoge des Satans zu erhöhen«.

In Kilikien gründen vor den Seldschuken geflohene Armenier das Königreich Kleinasien.

7. März

Papst Gregor VII. bannt König Heinrich IV. zum zweiten Mal. Die Mehrheit der deutschen und lombardischen Bischöfe erklärt sich jedoch solidarisch mit ihrem weltlichen Herrscher.

25. Juni

Wibert von Ravenna wird in Brixen von königstreuen Bischöfen als Klemens III. zum Gegenpapst erhoben. Damit hat der deutsche König Heinrich IV. sein Ziel erreicht.

15. Oktober

In der Schlacht an der Weißen Elster bei Hohenmölsen (im heutigen Sachsen-Anhalt) besiegt Heinrich IV. den Gegenkönig Rudolf von Rheinfelden und kann dadurch seine Macht behaupten.

1081 n. Chr.

König Alfons VI. von Kastilien bannt seinen ehemaligen Verbündeten Rodrigo Díaz de Vivar (El Cid), der daraufhin u. a. für den muslimischen Herrscher von Saragossa gegen Aragón und Navarra kämpft.

Der Seldschuken-Fürst Suleiman erobert Nicäa von den Byzantinern und macht es zum Machtzentrum seines Reiches »Rum«.

4. April

Der erfahrene Heerführer Alexios I. Komnenos wird zum byzantinischen Kaiser gekrönt. Um Blutvergießen zu vermeiden, tritt sein Vorgänger Nikephoros III. Botaneiates zurück und zieht sich in ein Kloster zurück. Durch geschickte Bündnisdiplomatie sowie wirtschaftliche und militärische Reformen gelingt es Alexios I., das Reich zu befrieden. Ein taktischer Friedensschluss mit den Seldschuken verschafft ihm Zeit, das Heer neu aufzubauen. → S. 19

Frühjahr

Der deutsche König Heinrich IV. bricht zu einem Feldzug nach Italien auf. Seine Ziele sind die Inthronisierung des von ihm designierten Gegenpapstes Klemens III. sowie die eigene Kaiserkrönung.

6. August

In Ochsenfurt bei Würzburg wählen oppositionelle Fürsten aus Sachsen und Schwaben Hermann von Salm, den Grafen von Luxemburg, zum Nachfolger von Rudolf von Rheinfelden und damit zum Gegenkönig von Heinrich IV.

11. August

König Heinrich IV. und seine Frau Bertha von Turin bekommen einen Sohn, der nach dem Tod seines Vaters als Heinrich V. den deutschen Königsthron übernehmen wird.

Oktober

Robert von Guiscard, der Herzog von Apulien und Kalabrien, beginnt mit der Belagerung der byzantinischen Handelsstadt Dyrrachion (Durrës im heutigen Albanien), die jedoch erst im Februar 1082 von den Normannen eingenommen werden kann. → S. 19

26. Dezember

Mit Unterstützung der Sachsen krönt Erzbischof Siegfried von Mainz den deutschen Gegenkönig Hermann von Salm in Goslar.

1082 n. Chr.

Ein zwischen dem Byzantinischen Reich und Venedig geschlossenes Handelsabkommen sichert der Lagunenstadt wichtige Märkte und Handelswege. → S. 19

1083 n. Chr.

2. Dezember

Anna Komnena, die Tochter des byzantinischen Kaisers Alexios I., wird geboren. Sie wird zur wichtigsten Chronistin für die Politik ihres Vaters sowie der Kreuzzugszeit.

1084 n. Chr.

Der Kardinalbischof von Ostia und spätere Papst Urban II., Odo von Châtillon, wird päpstlicher Legat für das deutsche Reich.

Bruno von Köln gründet in La Chartreuse (bei Grenoble) den Orden der Kartäuser. Die Mönche leben nach dem Vorbild der Wüstenväter streng asketisch und bilden damit ein Gegengewicht zu dem verweltlichten römischen Klerus.

21. März

Heinrich IV. zieht mit seinem Heer in Rom ein. Drei Tage später inthronisiert der deutsche König mit Hilfe ihm ergebener Kleriker Klemens III. zum Gegenpapst. Der rechtmäßige Papst Gregor VII. verschanzt sich vor den deutschen Angreifern in der Engelsburg.

31. März

Heinrich IV. lässt sich in Rom vom Gegenpapst Klemens III. zum Kaiser krönen. → S. 20

Frühjahr

Normannische Truppen unter Robert Guiscard befreien Rom von dem deutschen Besatzungsheer des Königs Heinrich IV. Wenig später plündern die Normannen die Stadt. Der Zorn der

Bevölkerung richtet sich daraufhin gegen Papst Gregor VII., der die Normannen zu Hilfe rief. Bei ihrem Abzug stellen die Normannen Gregor VII. unter ihren Schutz und nehmen ihn mit nach Süditalien.

1085 n. Chr.

Ostern
In Quedlinburg tagt eine Bischofssynode und bestätigt den päpstlichen Bann über König Heinrich IV.

6. Mai
König Alfons VI. von Kastilien erobert Toledo von den Mauren und nennt sich »Herrscher ganz Spaniens«. Damit ist ein wichtiges Zentrum Spaniens in den Händen der Reconquistadoren. → S. 21

25. Mai
Papst Gregor VII. stirbt im Beisein von Kardinal Odo von Châtillon, dem späteren Papst Urban II., in seinem normannischen Exil in Salerno.

1086 n. Chr.

Bernhard, ein französischer Cluniazenser-Mönch, wird Erzbischof der im Jahr zuvor im Zuge der Reconquista eroberten Stadt Toledo. Durch ihn gelangt die christliche Reformbewegung nach Spanien.

Beim Versuch, Aleppo einzunehmen, stirbt der seldschukische Sultan Suleiman. Daraufhin entbrennen erbitterte Nachfolgekämpfe.

24. Mai
In Rom wählen Kardinäle den Benediktiner-Abt Desiderius von Montecassino zum Papst. Nach vier Tagen muss Viktor III. jedoch vor dem Gegenpapst Klemens III. fliehen.

23. Oktober
Bei Zalaca gelingt es dem kastilischen König Alfons VI. zwar, das mohammedanische Heer zu überrumpeln, in der Schlacht bleibt er aber unterlegen.

1087 n. Chr.

Von Ungarn aus überschreiten Petschenegen die Grenze des Byzantinischen Reiches. Das halbnomadische Kriegervolk aus dem slawischen Raum hatte sich Anfang des 11. Jahrhunderts dem Islam angeschlossen. Seine Nachbarn litten unter ihren Raubzügen.

Die Stadt Edessa wird von dem türkischen Fürsten Busan besetzt.

Kaiser Heinrich IV. lässt seinen Sohn Konrad zum deutschen König krönen und bestimmt ihn damit zu seinem Nachfolger.

Die islamische Fatimiden-Dynastie sichert ihre Hauptstadt Kairo durch neue und stärkere Mauern.

Kaiser Heinrich IV. verleiht dem Antwerpener Markgrafen Gottfried von Bouillon das Herzogtum Lothringen.

9. Mai
Unter dem Schutz der Normannen reist Viktor III. erneut nach Rom und wird zum Papst geweiht. Er residiert weiterhin in Montecassino. In seiner kurzen Amtszeit als Papst nimmt er den Kreuzzugsplan seines Vorgängers Gregor VII. wieder auf.

16. September
Papst Viktor III. stirbt im italienischen Montecassino.

1088 n. Chr.

Schiffsflotten aus Genua und Pisa dringen in die arabische Welt Nordafrikas ein. Sie erobern Mehadia in Tunesien und fordern Tributzahlungen.

12. März
Der Mönch und Legat Odo von Châtillon wird in Terracina zum neuen rechtmäßigen Papst gewählt. Er gibt sich den Namen Urban II. und will das Reformwerk Gregors VII., dem er als Berater beigestanden hatte, fortführen. → S. 21

28. September
Der deutsche Gegenkönig Graf Hermann zu Salm stirbt. Da es ihm nicht gelungen war, seine Stellung gegenüber Heinrich IV. durchzusetzen, erlischt das Gegenkönigtum.

1089 n. Chr.

Papst Urban II. muss vor seinem Widersacher, dem vom deutschen König Heinrich IV. eingesetzten Gegenpapst Klemens III., aus Rom fliehen.

September
Auf dem Konzil zu Melfi hebt Papst Urban II. den Kirchenbann gegen den byzantinischen Kaiser auf und schickt eine Gesandtschaft zur Synode nach Konstantinopel.

September
Eine byzantinische Synode in Konstantinopel befindet, dass es keine Gründe mehr für das seit 1054 bestehende Schisma zwischen westlicher und östlicher Kirche gebe. Kaiser Alexios I. lässt die Gotteshäuser der römischen Kirche in Konstantinopel wieder öffnen.

1090 n. Chr.

Die Almoraviden besetzen die muslimischen Gebiete Spaniens und gliedern sie ihrem nordafrikanischen Reich an. Damit stehen die Reconquistadoren einer neuen Macht gegenüber.

In Fontaine-lès-Dijon wird Bernhard von Clairvaux geboren, der spätere Begründer des Zisterzienser-Ordens und glühende Kreuzzugsprediger.

Ivo wird Bischof von Chartres. Der Theologe bemüht sich um eine theoretische Lösung des Investiturstreits.

1091 n. Chr.

Normannen unter Roger I. beenden mit der Einnahme der Stadt Noto die Eroberung Siziliens. Es entsteht eine eigene Kultur, die christliche und muslimische Einflüsse vereint. → S. 22

Kaiser Alexios I. Komnenos gelingt es mit Hilfe des slawischen Stammes der Kumanen, die Petschenegen endgültig in ihr Gebiet zurückzudrängen.

19. Februar
Der deutsche Kaiser Heinrich IV. stellt die jüdischen Gemeinden von Worms und Speyer unter seinen Schutz. Kein Jude dürfe gegen seinen Willen getauft werden. In Prozessen zwischen Christen und Juden gelte jüdisches Recht.

1092 n. Chr.

In Nicäa wird der unabhängige Seldschuken-Fürst Tschaka ermordet.

Frankreichs König Philipp I. verlässt seine Ehefrau Bertha und heiratet Bertrada von Montfort, die Frau des Grafen Fulco von Anjou. Mit dem Ehebruch zieht er sich einen Bann der Kirche zu, aus dem er sich erst im Jahr 1104 lösen kann.

Malik Schah, der seldschukische Herrscher über Anatolien, stirbt.

Papst Urban II. erhebt Daimbert, den späteren Patriarchen von Jerusalem, zum Erzbischof von Pisa.

Januar
Mit dem Mord an dem seldschukischen Großwesir Nizam al-Mulk beginnt die muslimische Sekte der Assassinen ihre Terrorherrschaft. Sie läutet das Ende des seldschukischen Großreiches ein. → S. 23

1093 n. Chr.

In Oberitalien verbünden sich einige Städte gegen den deutschen Kaiser Heinrich IV.

Konrad, der Sohn Kaiser Heinrichs IV., bricht mit seinem Vater und wird zum König von Italien gekrönt.

In einem Brief an Graf Robert von Flandern schildert der byzantinische Kaiser Alexios I. Komnenos Gräueltaten der Seldschuken an Christen. Er bittet Robert, »alle gläubigen Soldaten Christi« als Schutzmacht nach Konstantinopel zu schicken.

4. Dezember
Anselm wird Erzbischof von Canterbury. In seiner Theologie erläutert er den Zusammenhang von Glaube und Erkennen.

1094 n. Chr.

Ostern
Urban II. nimmt das Lateran in Rom wieder als Papstpalast in Besitz.

Juni
Der spanische Ritter Rodrigo Díaz de Vivar, genannt »El Cid«, erobert Valencia von den Mauren und paktiert nach Beilegung von Unstimmigkeiten erneut mit Alfons VI., dem König von León und Kastilien. → S. 22

Dezember
Kaiser Alexios I. Komnenos von Byzanz verfasst ein Hilfsgesuch an die westliche Christenheit mit der Bitte um militärische Unterstützung im Kampf gegen die Seldschuken. → S. 23

1095 n. Chr.

Der deutsche Kaiser Heinrich IV. gesteht Venedig weit reichende Handelsprivilegien und -monopole zu, die die italienische Stadt zum wichtigsten Handelszentrum der Adria machen.

Das Kerngebiet des heutigen Staates Portugal wird im Zuge der Reconquista von christlichen Kämpfern erobert. Alfons VI., der König von León und Kastilien, belehnt seinen Schwiegersohn Heinrich von Burgund mit der im Norden des Landes gelegenen Grenzgrafschaft Portucalia zwischen Tejo und Minho.

Erzbischof Wilhelm von Tyros beginnt mit der Niederschrift einer Chronik der Kreuzzüge.

26. Februar

Der Seldschuken-Fürst Tutusch fällt in einer Schlacht im Gebiet des heutigen Iran. Damit entsteht ein Machtvakuum in Syrien und Palästina. Seine Söhne Ridwan und Duqaq teilen sich sein Herrschaftsgebiet.

1. März

Byzantinische Gesandte überbringen der in Piacenza tagenden Synode das Hilfsgesuch Kaiser Alexios' I. Papst Urban II. lässt dem Kaiser ausrichten, er werde genügend christliche Ritter zur Befreiung Kleinasiens zusammenrufen und nach Konstantinopel schicken.

1. September

Nachdem Papst Urban II. auf seinem Weg von Italien nach Frankreich im August die Alpen überquerte, besucht er gemeinsam mit Adhemar von Monteil, dem getreuen Bischof von Le Puy, den Grafen Raimund IV. von Toulouse. Er weiht ihn in seine Kreuzzugspläne ein und versucht ihn zur Teilnahme zu gewinnen.

25. Oktober

Im Reformkloster Cluny weiht Papst Urban II. einen neuen Hochaltar.

Anfang November

Der französische Eremit Peter von Amiens (Peter der Einsiedler) ruft in der Grafschaft Berry zu Pilgerzügen ins Heilige Land auf.

18. November

Unter Leitung Urbans II. beginnt in Clermont ein Konzil, auf dem der Papst beschließt, im Investiturstreit mit dem deutschen Herrscher nicht nachzugeben. Die von Papst Gregor VII. eingeleitete Kirchenreform wird durch die Festlegung der strikten Trennung von weltlicher und kirchlicher Macht fortgesetzt.

27. November

In einer flammenden Rede vor Klerikern, Adligen und einfachen Menschen ruft Papst Urban II. in Clermont zum »heiligen Krieg« gegen die Muslime auf. Jerusalem soll von den Christen zurückerobert werden. Allen Teilnehmern des Kreuzzugs kündigt der Papst einen Sündenablass an. Die begeisterten Zuhörer heften sich Kreuze aus Stoff an ihre Kleidung und wollen als »Soldaten Christi« ins Heilige Land ziehen. → S. 24

1. Dezember

Vier Tage nach der mitreißenden Rede des Papstes bittet Graf Raimund IV. von Toulouse Urban II., am Kreuzzug teilnehmen zu dürfen.

2. Dezember

Papst Urban II. verlässt Clermont und reist nach Südfrankreich. Unterwegs hält er glühende Kreuzzugspredigten.

25. Dezember

In der Kathedrale der mittelfranzösischen Stadt Limoges setzt Papst Urban II. seine Kreuzzugspredigten fort.

Dezember

Aufgeschreckt von den fanatischen christlichen Kreuzzugspredigten warnen die jüdischen Gemeinden Nordfrankreichs ihre deutschen Glaubensbrüder vor möglichen bevorstehenden Übergriffen durch die Kreuzfahrer.

Dezember

In einem Brief an die Kreuzfahrer in Flandern schreibt Papst Urban II., er habe Adhemar von Monteil, den Bischof von Le Puy, als seinen Stellvertreter zum »Kommandanten dieses Unternehmens« ernannt. Ihm sei von allen Teilnehmern unbedingte Folgsamkeit zu leisten.

Bei Mantzikert wird eine der folgenschwersten Schlachten der Weltgeschichte ausgetragen

Die Seldschuken schlagen das Großreich Byzanz

■ *19. August 1071, Mantzikert*
Die Niederlage bei Mantzikert leitet den Beginn des byzantinischen Machtverlustes ein. Byzanz muss Inner-Kleinasien endgültig dem türkischen Einfluss überlassen.

Im ostanatolischen Mantzikert besiegt das seldschukische Heer unter Führung des Sultans Alp Arslan die Truppen des Oströmischen Reichs.

Hundert Jahre zuvor begann der türkische Stammesverband der Seldschuken – benannt nach ihrem legendären Führer Seldschuk – mit einem Eroberungsfeldzug. 1055 fiel ihnen Bagdad, das Zentrum des persischen Kalifenreichs, in die Hände. Unter Führung des ehrgeizigen Sultans Alp Arslan zeigten die Seldschuken unersättlichen Landhunger. Dem Neffen des Emirs Thugril Bey gelang es, die eroberten Gebiete zu einem Großseldschukischen Reich zu vereinen.

Ein sich anbahnendes Bündnis zwischen Byzanz und den ägyptischen Fatimiden drohte die seldschukischen Machtpläne zu behindern. Erster Schauplatz des Kampfes gegen die Byzantiner wurde Armenien. 1064 zerstörten die Seldschuken die alte Hauptstadt Ani, im Jahr darauf belagerten sie Edessa und brachten wichtige Pässe im Amanosgebirge unter ihre Kontrolle. Binnen fünf Jahren hatten sie weite Teile Anatoliens besetzt und waren fast bis an die ägäische Küste vorgedrungen.

Byzanz war auf diese ernste Bedrohung nicht vorbereitet. Im Inneren schwächten Thronfolgestreitigkeiten und Staatsstreiche das Machtzentrum. Nach Siegen über die von Norden zur Grenze drängenden Bulgaren fühlte Byzanz sich militärisch zwar gestärkt, zudem hatte Kaiser Romanos IV. Diogenes nach zwei kleineren erfolgreichen Feldzügen einen Waffenstillstand mit Alp Arslan geschlossen. Dennoch drangen immer wieder seldschukische Verbände über die Grenze.

Um größerer Gefahr für sein Reich zu entgegnen, rekrutierte Kaiser Romanos IV. Diogenes 100 000 Soldaten, ein Großteil davon ausländische Söldner aus Skandinavien, dazu Franken, Normannen und Kämpfer türkischer Stämme. Im Frühjahr 1071 setzte sich das große, aber schlecht ausgerüstete Heer Richtung Osten in Marsch, um Armenien zurückzuerobern. Zunächst nahm es einige kleine seldschukische Festun-

Die berittenen islamischen Krieger gelten als entschlossene, kampfesmutige Gegner (Ausschnitt aus einer Miniatur, 14. Jh.).

gen ein, dann begingen die Truppenführer jedoch einen folgenschweren taktischen Fehler: In der Nähe von Mantzikert teilten sie das Heer. Auf diesen Schachzug war Alp Arslan jedoch bereits vorbereitet: Mit einer geschickten Rückzugstaktik lockte der Sultan die Byzantiner in eine Ebene.

Am Abend des 19. August eröffnet er den Angriff auf die geschwächten kaiserlichen Truppen, die nur 30 000 Soldaten zählen. Kaiser Romanos gibt das Signal zur Umkehr und löst damit Panik unter seinen Kämpfern aus. Er hofft noch auf das baldige Eintreffen seiner restlichen Söldnertruppen, doch mangelnde Heeresdisziplin hält sie davon ab, dem Kaiser den Rücken zu stärken. Türkische und kumanische Soldaten warteten bereits seit Tagen auf ihren Sold und laufen ins Lager der Seldschuken über. Angesichts der seldschukischen Kampfeslust beschließen die fränkischen Söldner, nicht an der Schlacht teilzunehmen. Die Seldschuken nutzen den ungeordneten Rückzug ihrer Feinde aus. Schließlich flieht auch

noch der byzantinische Feldherr Andronikus Dukas und leitet damit die Niederlage des kaiserlichen Heeres ein. Nach wenigen Stunden siegen die Seldschuken und nehmen Kaiser Romanos IV. Diogenes in Gefangenschaft. Als Lösegeld fordert Alp Arslan 1,5 Millionen Goldstücke und 360 000 weitere als jährliche Tributzahlung. Zusätzlich verlangt der Sultan, dass die Städte Antiochia, Mantzikert, Edessa und Hieropolis endgültig in seinen Machtbereich fallen.

Die Niederlage markiert den Beginn einer wesentlichen Neuordnung des gesamten Nahen und Mittleren Ostens und bedeutet eine schwere Demütigung für das Byzantinische Reich. Während Romanos' Gefangenschaft ernennen die Byzantiner am 24. Oktober Michael VII. Dukas, den Sohn der Kaisergattin Eudokia aus erster Ehe, zum Alleinherrscher. Als Romanos aus der seldschukischen Gefangenschaft entlassen wird, entbrennt ein Bürgerkrieg, an dessen Ende der geschwächte Kaiser im Juni 1072 geblendet wird und stirbt. Im

selben Jahr fällt Alp Arslan auf dem Schlachtfeld. Unter seinem Nachfolger Malik Schah I. können die Seldschuken ihren Machtbereich noch weiter ausdehnen.

Christus krönt den byzantinischen Kaiser Romanos IV. und seine Frau.

Christliche Kämpfer erzielen Fortschritte bei der Rückgewinnung Spaniens von den Arabern

Expansion der Reconquista auf der Iberischen Halbinsel

Rückblick

Wurzeln des Islam

Nach dem Tod des arabischen Kaufmannssohns und Propheten Mohammed im Jahr 632 breitet sich die von ihm begründete Religion des Islam (»Hingabe an Gott«) in atemberaubendem Tempo aus und entfaltet eine ungeheure politische Stoßkraft. Rasch bildet sich ein islamisches Reich, an dessen Spitze Kalifen stehen. Durch Eroberungen und mit Hilfe einer geschickten Bündnispolitik verleibt sich das Kalifat Arabien, Syrien, Ägypten und große Teile Persiens ein. Ende des 7. Jahrhunderts gehört ganz Westafrika zum Kalifat. 711 folgt von Gibraltar aus die Eroberung Spaniens, wo die Islamisten das westgotische Reich zerstören. Byzanz muss sich ebenso gegen die Machtansprüche des neuen Feindes wehren wie Sizilien, von wo aus islamische Truppen bis nach Südfrankreich vorstoßen.

Heiliges Buch und Grundlage des Islam ist der Koran, die nach eigenem Anspruch letzte und einzig unverfälschte Offenbarung Gottes. Folgenreich wird die Spaltung der islamischen Welt in Sunniten und Schiiten, die unterschiedliche Traditionen und Autoritäten anerkennen.

■ *August 1064, Barbastro*

Die Reconquista, die christliche Rückeroberung Spaniens nach 300-jähriger arabischer Vorherrschaft, schreitet nicht gleichmäßig voran. Nach vielen Höhen und Tiefen, Siegen und Rückschlägen kann sie erst nach sieben Jahrhunderten – im Jahr 1492 – abgeschlossen werden.

Truppen unter der Führung von Wilhelm VIII., des Herzogs von Aquitanien und der Gascogne, ziehen in Barbastro, einer Stadt in Aragón, ein und beenden die arabische Herrschaft des dort regierenden Taifen. Die christlichen Krieger errichten eine neue Herrschaft im Namen des Königs Sancho Ramirez von Aragón.

Anlass für den Feldzug gegen die arabischen Machthaber war ein Versprechen von Papst Alexander II., denjenigen Ablass zu gewähren, die auf der Iberischen Halbinsel gegen die Ungläubigen kämpfen. Die Idee der Reconquista geht von der Vorstellung aus, dass die Muslime das Gebiet Hispania zu Unrecht besetzt halten und es das Recht und die Pflicht der christlichen spanischen Könige sei, das Gebiet zurückzugewinnen sowie die politische und religiöse Einheit Spaniens herzustellen. Zur Finanzierung des Religionskriegs wird in den spanischen Gebieten gleichzeitig mit dem Beginn des Feldzugs eine Sonderabgabe, der so genannte Kreuzzugszehnte, eingeführt.

Politisch begünstigt wurde der Beginn der Reconquista durch den Zerfall des Kalifats von Córdoba im Jahr 1031. Seitdem herrschen rund 40 regionale Machthaber in zahlreichen kleinen Königreichen, den so genannten Taifas.

Der heilige Jakob führt die Christen in der Schlacht bei Clavijo (Kastilien) im Jahr 844 gegen die Mauren (Kupferstich von Martin Schongauer, 15. Jh.).

Wehrmauern der maurischen Festung bei Sintra im heutigen Portugal

Die Ungläubigen sollen von einem päpstlichen Heer aus Kleinasien vertrieben werden

Gregor VII. entwirft einen Kreuzzugsplan für den Osten

■ *Februar 1074, Rom*

Um nach den seldschukischen Eroberungszügen der Bedrohung des christlichen Pilgerverkehrs in Kleinasien entgegenzuwirken, entwirft Papst Gregor VII. einen Kreuzzugsplan: Der in Spanien erfolgreiche »heilige Krieg« soll auf den Vorderen Orient ausgedehnt werden.

Wenige Monate nach seinem Amtsantritt kündigt Papst Gregor VII. einen Zug abendländischer Ritter zur militärischen Unterstützung der christlichen Brüder in Byzanz an. Persönlich wolle er das Heer von 50 000 Mann anführen, da er kirchliche Fragen mit den Christen des Ostens klären wolle. Das endgültige Ziel der Ritter, die aus Italien und den Ländern nördlich der Alpen kommen sollen, sei Jerusalem. Im Dezember 1074 schreibt Gregor VII. einen Brief an den deutschen König Heinrich IV., in dem er ihn um Rat und militärische Hilfe bittet. Nicht nur Heinrich IV., auch die Herrscher Frankreichs und Italiens versagen dem Papst jedoch ihre Unterstützung für den Kreuzzugsplan.

Das Vorhaben, den Hilferuf des byzantinischen Kaisers Michael VII. Dukas zu erhören und die seit 1054 abgetrennte Ostkirche wieder unter der Führung Roms zu vereinigen, tritt schließlich hinter die großen Aufgaben zurück, die sich Gregor VII. für die Reform der westlichen Kirche vorgenommen hat. Dem ehemaligen

Gregor VII., wichtiger geistiger Gestalter des Mittelalters (Holzstich, 1880)

Benediktinermönch des Klosters Cluny schwebt eine von weltlichen Mächten gänzlich unabhängige Kirche vor, die auch politisch den Vorrang haben sollte.

Im Zuge der »gregorianischen Reform« untersagt der Papst die Einsetzung der Bischöfe durch weltliche Herrscher und verkündet 1075 auf der Synode in Rom das Primat der Kirche vor allen weltlichen Machthabern. Dieser Anspruch führt zu einem Konflikt zwischen König und Papst, dem sog. Investiturstreit. Gregor VII. zwingt Heinrich IV. zwar 1077 in Canossa zur Unterwerfung, doch als der deutsche König einen Gegenpapst ernennt und Rom besetzt, muss Gregor VII. nach Salerno ins Exil gehen.

Der Verlust der dalmatinischen Küste setzt die Schwächung von Byzanz fort

Kroatien befreit sich aus byzantinischer Herrschaft

■ *1075, Kroatien*

Politisches Kalkül treibt den Papst dazu, dem Fürsten des zu einer wirtschaftlichen und strategischen Macht herangereiften Kroatien die Königsinsignien zu verleihen.

Blick auf die Altstadt und den Hafen von Dubrovnik: Die Stadt an der dalmatinischen Küste stand vom 9. Jh. bis 1205 unter byzantinischer Herrschaft.

Ein Legat von Papst Gregor VII. verleiht dem kroatischen Fürsten Demetrius Zvonimir die Königswürde. Mit der Inthronisation löst sich Kroatien endgültig aus der byzantinischen Machtsphäre.

Zuvor unter fränkischer, dann ungarischer und byzantinischer Herrschaft stehend, erlangte das Land an der dalmatinischen Adriaküste 1035 die formale Autonomie. Die Küstenstädte standen jedoch weiterhin unter byzantinischem Einfluss. Gefahr drohte auch von Venedig, das sich von der Wirtschaftskraft der kroatischen Häfen herausgefordert sah. Die venezianischen Angriffe brachten jedoch keinen dauerhaften Erfolg.

Im Kampf um die Macht wandte der slawonische Fürst Demetrius Zvonimir eine politische List an. Er suchte sich nicht nur Unterstützer im eigenen Land, sondern sicherte sich auch ausländische Verbündete. Mit Hilfe der militärisch starken Ungarn eroberte er einen Teil Dalmatiens für das kroatische Reich. Auch Papst Gregor VII. setzte sich – freilich nicht ganz selbstlos – für Demetrius Zvonimir ein. Als Nachbarland des Byzantinischen Reiches verfügt Kroatien über eine wichtige strategische Lage und kann den Einfluss des Westens auf Ostrom verstärken. Der neue König zeigt sich wie erwartet erkenntlich: Unter seiner Herrschaft wächst der romanische Einfluss. Byzanz muss sämtliche Rechte auf die kroatischen Küstenstädte abgeben.

Auch kirchenpolitische Gründe verleiten Papst Gregor VII. zur Krönung Demetrius Zvonimirs. Im Jahr 1054 hatten sich die römische und die byzantinische Kirche gespalten. Der Einfluss Roms in Kroatien bedeutet für Gregor VII. eine Ausweitung des päpstlichen Primatanspruchs gegen den Patriarchen von Byzanz. Die vasallenhafte Abhängigkeit Kroatiens ist umso wichtiger, als die Region im 9. Jahrhundert von Rom und Ravenna aus christianisiert worden war.

Demetrius Zvonimirs Ehe mit der ungarischen Königstochter Jelena bleibt kinderlos und stürzt damit das Land in heftige Thronfolgewirren. Das benachbarte Ungarn nutzt das Machtvakuum aus, 1105 vereint der ungarische Herrscher Koloman I. Kroatien mit seinem Reich und erhebt sich auch zum König der Kroaten. Unter einem Ban (Verwalter) bleibt das Land trotz Zugehörigkeit zu Ungarn selbst verwaltet. Mit diesem Schritt schwindet die byzantinische Hoffnung, die dalmatinische Küste jemals zurückzuerobern.

Dieser Machtentzug führt eine Reihe schmerzhafter Gebietsverluste von Byzanz fort: Die Provinzen Mesopotamien und Armenien fallen an muslimische Herrscher, im Norden überschreiten Petschenegen die Donau und in Unteritalien hatten normannische Söldner 1017 einen eigenen Staat gegründet. Nach dem Tod der byzantinischen Kaiserin Theodora im August 1056 und dem damit verbundenen Ende der makedonischen Dynastie folgten Bürgerkriegswirren, die das Land militärisch schwächten und wirtschaftlich ins Chaos stürzten. Der Verlust der handelsstarken Adria-Region Zeta (heutiges Albanien) in Folge der Selbstständigkeit Kroatiens stellt einen weiteren herben Schlag dar.

Mit dem erfolgreichen Vorrücken des türkischen Stammes verliert Byzanz seinen Einfluss in Kleinasien

Die Seldschuken bemächtigen sich der Stadt Damaskus

■ *1075, Damaskus*

Unter dem seldschukischen Sultan Malik Schah erobern türkische Fürsten nach und nach Kleinasien. Die Region versinkt im Chaos und entzieht sich immer mehr dem byzantinischen Herrschaftsanspruch.

Der türkische Fürst Atsiz ibn-Abaq, ein Vasall des seldschukischen Herrschers Malik Schah, erobert die strategisch wichtige Stadt Damaskus. Byzanz verliert damit seine südlichste Festung.

Malik Schah hegt noch größere Pläne als sein Vorgänger Alp Arslan. Er möchte das seldschukische Großreich vom Mittelmeer bis nach China ausweiten. Kleinasien, das nach der verheerenden Niederlage bei Mantzikert im Jahr 1071 von vielen byzantinischen Grundbesitzern verlassen wurde, kann seinem Vorhaben nur

wenig Widerstand entgegensetzen. Dem Aufruf Malik Schahs folgend, zogen turkmenische Nomaden nach Kleinasien und schlugen ihre Zelte im anatolischen Hochland auf. Suleiman ibn-Kutulmisch, ein Vetter des Malik Schah, sah seine Stunde ebenfalls gekommen und bemühte sich in Kleinasien um die Gründung eines eigenen Sultanats. Neben ihm brachen auch andere turkmenische Fürsten gen Westen auf und errichteten in Kleinasien eigene Herrschaftsgebiete. Die türkisch-seldschukischen Eroberer verschonten die Städte weitgehend, isolierten aber die letzten dort noch ansässigen oströmischen Statthalter. Die byzantinische Infrastruktur brach vollends zusammen. Die unübersichtliche Lage im Land machte es Byzanz unmöglich, die Provinz zurückzuerobern.

Gebetsnische in der von den Seldschuken errichteten Moschee in Isfahan (Iran)

Über die Frage der Investitur entbrennt eine hitzige Auseinandersetzung zwischen dem Papst und Heinrich IV.

Konflikt zwischen Papst und König spitzt sich zu

■ Februar 1075, Rom

Beeinflusst von der cluniazensischen Reformbewegung möchte Papst Gregor VII. den verloren gegangenen Führungsanspruch der Kirche gegenüber dem Kaisertum durchsetzen. Der so genannte Investiturstreit prägt für Jahrzehnte das Verhältnis von weltlicher und geistlicher Macht.

Auf der »Fastensynode« bekräftigt Papst Gregor VII. seine Führungsrolle gegenüber der Kirche und der weltlichen Macht. Allein dem Papst soll es fortan erlaubt sein, Bischöfe zu ernennen. Zudem hätte der Papst das Recht, den Kaiser abzusetzen. Damit rüttelt Gregor VII. an den Grundfesten des Reichskirchensystems, das seit 962 für ein stabiles Verhältnis zwischen Kaisertum und Papst gesorgt hatte. Demnach dürfen auch weltliche Regenten Bischöfe und Äbte ernennen (»Laieninvestitur«).

Um den Einfluss der Politik auf die Kirche einzudämmen, greift Papst Gregor VII. zu eindeutigen Forderungen, die unter dem Titel »Dictatus Papae« von der Synode bestätigt werden. Der Papst sieht sich als höchstes Haupt der Christenheit, das nicht nur in die Rechte der Bischöfe, sondern auch in die der Kaiser und Könige eingreifen kann. Er verschärft das Verbot der Laieninvestitur, indem er Heinrich IV. – der sich gleichzeitig als König (rex) und Priester

(sacerdos) bezeichnet – jegliches Recht bei der Bistumsbesetzung entzieht. Für Gregor ist der König ein Laie, der seine königliche Würde nur durch die Vermittlung des Papstes von Gott erhalten hat. Außerdem obliege es dem Papst, Untertanen vom Treue-Eid gegenüber ihren Herrschern zu entbinden. Daran anknüpfend stellt sich Gregor VII. gegen die etablierte »Zwei-Schwerter-Lehre«, nach der das weltliche Schwert in der

Illustration zum Investiturstreit: Heinrich IV. (o. l.) mit dem von ihm eingesetzten Gegenpapst Klemens III. (o. M.), Vertreibung und Tod des Papstes Gregor VII. (Miniatur, 12. Jh.)

Hand des Königs und das geistliche in der Hand des Papstes liegt. Gregor VII. nimmt jedoch beide Schwerter für sich in Anspruch – das weltliche habe er lediglich verliehen und könne es somit jederzeit zurückfordern.

Der päpstliche Vorstoß löst im deutschen Reich große Unruhe aus. König Heinrich IV. und 24 ihm ergebene Reichsbischöfe erklären Gregor VII. auf einer Synode in Worms im Januar 1076 kurzerhand für abgesetzt. »Jesus Christus hat uns zum Königtum, dich aber nicht zur geistlichen Herrschaft berufen«, schreibt Heinrich IV. unter Berufung auf das so genannte Gottesgnadentum dem Papst. Gregor VII. antwortet darauf mit der Exkommunikation des Königs und enthebt ihn seines Amtes.

Damit ist der Grundstein für das langwierige Kräftemessen zwischen Papst und Kaiser eingeläutet. Der so genannte Investiturstreit kann erst mit dem Wormser Konkordat im Jahr 1122 beigelegt werden.

Hintergrund

Folgenschwere Spaltung der Christenheit: Teilung in eine West- und Ostkirche

Das Jahr 1054 markiert den Beginn für die Aufspaltung der Christenheit in die lateinische, dem Papst unterstellte, und die orthodoxe Kirche, die sich vom Gebiet des Byzantinischen Reiches aus im gesamten osteuropäischen Raum verbreitet. Seit dem 2. Jahrhundert schwelten theologische Auseinandersetzungen zwischen den Kirchen des östlichen und westlichen Mittelmeerraumes. Unterschiedliche Sichtweisen über die Natur Christi und das Wesen des Heiligen Geistes verursachten immer wieder große Spannungen. Nur widerwillig erkannte die römische Kirche den in Konstantinopel weilenden »ökumenischen Patriarchen« an, da er den Primatanspruch des Papstes in Frage stellte.

Der Konflikt eskaliert, als der byzantinische Patriarch Michael Kerullarius 1053 die lateinischen Kirchen in Konstantinopel schließen lässt. Sein Vorwurf richtet sich gegen die Abhaltung des Samstagsfastens sowie die Verwendung von ungesäuertem Brot beim Abendmahl. Um den Streit zu schlichten, schickt Papst Leo IX. den Kardinalbischof Humbert von Silva Candida nach Konstantinopel. Dieser gerät mit Kerullarius in einen heftigen Streit und legt am 16. Juli 1054 eine Bannbulle gegen den byzantinischen Patriarchen auf den Altar der Sophienkirche. Die byzantinische Synode reagiert acht Tage später mit der Exkommunikation des römischen Legaten. Dies leitet die endgültige Spaltung der beiden Kirchen ein.

Kuppelmosaik aus dem Kloster Osios Lukas in Griechenland

Sowohl Palästina als auch Syrien geraten immer mehr unter seldschukische Herrschaft

Christen in Jerusalem von Machtkämpfen unberührt

■ *1077, Jerusalem*

Mit der Rückeroberung Jerusalems von den Fatimiden festigen die Seldschuken ihre Vormachtstellung in Palästina. Die christlichen Pilger leiden kaum unter den Machtwechseln. Weniger aus religiöser Toleranz denn aus wirtschaftlichen Gründen genießen sie die Gastfreundschaft der muslimischen Machthaber.

Nach mehrmonatiger Belagerung erobert der türkische Fürst und Vasall der Seldschuken, Atsiz ibn-Abaq, Jerusalem von den Fatimiden zurück.

Obwohl das Byzantinische Reich mit der muslimischen Fatimiden-Dynastie in Ägypten eine Allianz einging, die das seldschukische Kalifat

Jesus beweint die Eroberung Jerusalems durch die Muslime (10. Jh.).

im Osten im Zaum halten sollte, war der Eroberungsdrang der Türken nicht zu bremsen. Im Zuge der Ausdehnung des Seldschuken-Reichs unter dem Kalifen Alp Arslan ab der Mitte des 11. Jahrhunderts übernahm der kampferprobte und risikofreudige Atsiz ibn-Abaq die militärische Führung bei dem Versuch, Syrien und Palästina den Fatimiden zu entreißen. Nach und nach gelang es ihm, ganz Palästina zu besetzen. Ohne große Gegenwehr nahm er große Landstriche bis zur Küstenstadt Askalon ein. 1070 bemächtigten sich die Seldschuken Jerusalem.

Der Alltag der muslimischen Bevölkerung änderte sich mit den neuen Machthabern nur geringfügig. Lediglich am Ende der Freitagspredigt galten die üblichen Segenswünsche nun nicht mehr dem Fatimidenkali-

fen in Kairo, sondern dem Abbasidenkalifen in Bagdad. Doch die Fatimiden ließen sich ihre seldschukischen Erzfeinde nicht lange gewähren. 1076 gewannen sie Jerusalem wieder für kurze Zeit zurück.

Bei der erneuten Rückeroberung durch Atsiz ibn-Abaq fallen zahlreiche muslimische Bewohner einem blutrünstigen Massaker zum Opfer. Christen und Juden, die in einem ummauerten Stadtviertel leben, bleiben von den Ausschreitungen verschont.

Die Fatimiden ziehen weiter nach Damaskus und entreißen den Seldschuken die Stadt. Gemeinsam mit dem Kalifensohn Tutusch gelingt Atsiz ibn-Abaq auch hier die Rückeroberung. Mit der Zeit wird Tutusch die Eigenmächtigkeit seines Militärführers jedoch zu gefährlich, sodass er Atsiz ibn-Abaq 1079 ermorden lässt. Damit ist Tutusch unangefochtener Alleinherrscher über Palästina. Ortok, ein getreuer Gefolgsmann, wird Statthalter von Jerusalem.

Die Situation der christlichen Pilger bleibt von den Machtwechseln größtenteils unberührt. Anfang des 11. Jahrhunderts gestatteten die Fatimiden dem byzantinischen Kaiser, die während der vergangenen Jahrhunderte in Mitleidenschaft gezogene Grabeskirche wieder herzustellen. Die tolerante Haltung der fatimidischen Herrscher war vor allem von wirtschaftlichen Interessen geleitet. So lebte in Jerusalem eine Kolonie christlicher Kaufleute aus der süditalienischen Stadt Amalfi, die Handel und Austausch zwischen Abendland und islamischer Welt beträchtlich belebten. Unter der Herrschaft der Seldschuken baten die Kaufleute um die Erlaubnis zur Errichtung eines Pilgerhospizes. Es lag neben dem Benediktinerkloster Santa Maria Latina und diente fortan der medizinischen Versorgung der christlichen Pilger. Nach langer Zeit konnte damit die westliche Kirche wieder in der bislang von byzantinischen Christen dominierten Heiligen Stadt Fuß fassen.

Wesentlicher Antrieb für die abendländischen Christen, den langen, beschwerlichen und kostspieligen Weg nach Jerusalem auf sich zu nehmen, ist die Aussicht auf Sündenvergebung. Die Anwesenheit an den heiligen Orten der Christenheit, so der verbreitete Glaube, verbinde auf besondere Weise mit Gott.

Rückblick

Palästina – das heilige Land der Bibel

Heimstätte des alttestamentlichen Volkes Israel, persisches Besitztum, römische Provinz und von muslimischen Dynastien umkämpfte Region: Der Landstrich am östlichen Mittelmeerrand hat eine wechselvolle Geschichte hinter sich und wurde immer wieder zum Spielball der umliegenden Großmächte. Der Name des Landes weist auf seine geschichtlichen Wurzeln zurück: Bevor das Volk Israel um 1000 v. Chr. von dem Land Besitz nahm, herrschten hier die Philister. Babylonier, Assyrer und Perser besetzten das Land, bevor es 63 v. Chr. zur römischen Provinz wurde. Nach Aufständen brach im Jahr 135 der Widerstand der jüdischen Bevölkerung gegen die Machthaber zusammen. 330 verleibte sich das Byzantinische Reich das strategisch und religiös bedeutsame Land ein. 638 eroberte das Kalifat von Omar Palästina. In der Folgezeit siedelten sich immer mehr Muslime an, sodass Jerusalem nicht mehr nur heilige Stadt der Juden und Christen war. Mehrere muslimische Dynastien stritten fortan um Palästina, unter anderem die Abbasiden und die türkischen Tuluniden. Immer wieder sahen sich die Bewohner plündernden Nomaden und arabischen Söldnerheeren ausgesetzt. Trotz wiederholter Versuche gelang es dem Byzantinischen Reich im 9. Jahrhundert nicht, das Land zurückzuerobern. 970 erlangten schließlich die Fatimiden die Oberherrschaft über Palästina.

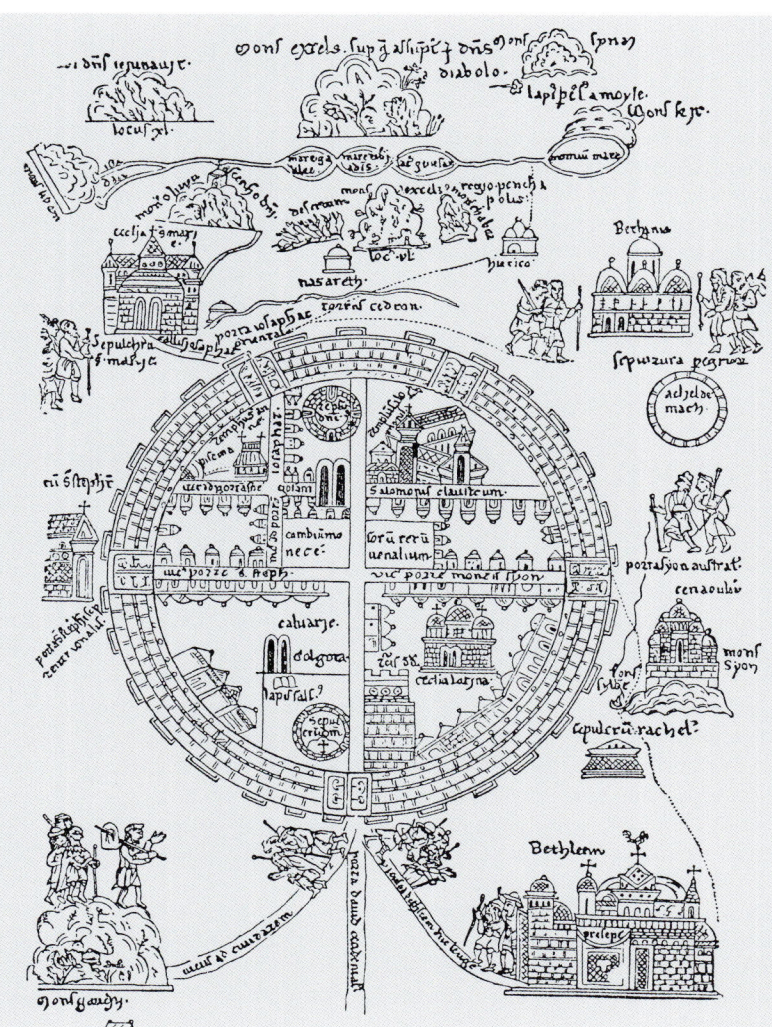

Plan der heiligen Stadt Jerusalem und ihrer Umgebung (Handschrift, 12. Jh.)

Venedig und Byzanz schließen einen Handelsvertrag

Venedig als Wirtschaftsmacht

■ 1082, Konstantinopel/Venedig
Auf der Suche nach Verbündeten gegen die in Italien und Thessalien aggressiv vordringenden Normannen räumt der byzantinische Kaiser Venedig wirtschaftliche Privilegien ein.

Das Byzantinische Reich schließt mit Venedig ein Handelsabkommen. Damit sichert sich die Lagunenstadt wichtige Märkte und Handelswege. Venedig darf eine Handelsniederlassung in Konstantinopel errichten und die noch unter der byzantinischen Herrschaft stehenden Adria-Häfen nutzen. Außerdem garantiert Kaiser Alexios I. Komnenos den venezianischen Kaufleuten Zollnachlässe. Mit dem Abkommen festigt Venedig seine Stellung gegenüber den Konkurrenzhäfen Genua und Pisa.

Als Drehscheibe für den Handel zwischen Orient und Okzident entwickelte sich Venedig zu einer der reichsten Mächte im Mittelmeerraum. Kaiser Heinrich IV. stärkte die Stadt durch die Verleihung umfangreicher Privilegien. So stehen den venezianischen Kaufleuten sämtliche Flüsse offen; auf dem Meer genießen sie das Handelsmonopol. Über Alexandria und Antiochia transportiert

Ansicht von Venedig: Markusplatz, Dogenpalast und Campanile (Holzschnitt, Ende 15. Jh.)

die venezianische Handelsflotte Seide, Gewürze und Papier nach Europa. Holz, Eisen, Waffen und Sklaven werden nach Afrika verschifft. Mit dem byzantinischen Handelsabkommen erschließen die venezianischen Kaufleute nun die reichen Getreidevorkommen der Schwarzmeer-Region.

Für Byzanz hingegen bringt das Abkommen Nachteile, da es die eigene Wirtschaft schwächt. Dies ist nur einer von vielen Fehlern des zwar militärisch versierten, wirtschaftlich aber unerfahrenen Kaisers Alexios I. Um das üppige Hofleben zu finanzieren, führt er neue strenge Besteuerungen ein und erzwingt Anteile am Kirchenbesitz. Außerdem wertet er die kaiserliche Münze ab, die bislang die stabilste Währung im gesamten Mittelmeerraum war.

Die bitterste Stunde des deutschen Königs

Der Bußgang nach Canossa

■ 26. Januar 1077, Canossa
Um ein Treffen zwischen dem Papst und den abtrünnigen deutschen Fürsten zu vermeiden, zieht Heinrich IV. trotz des strengen Winters über die Alpen nach Italien.

Im Büßergewand erscheint König Heinrich IV. am Eingang der Burg Canossa, um vor Papst Gregor VII. Abbitte zu leisten.

Nachdem der Papst Heinrich IV. gebannt hatte, stand der deutsche König außerhalb der Kirche. Immer mehr seiner früheren Anhänger fielen von ihm ab. Im Oktober 1076 stellten die deutschen Fürsten dem König ein Ultimatum: Entweder solle er binnen eines Jahres dafür sorgen, dass der Papst den Bann löst, oder er würde abgesetzt. Um seine Macht zu erhalten, fügte sich Heinrich IV. dem Druck. Im Winter trat er seinen demütigenden Gang nach Canossa, der mittelitalienischen Residenz des Papstes, an. Drei Tage lang harrt er vor der Burg aus. Später schreibt der Papst: »... schließlich ließen wir uns durch seine beharrliche Reue... überwinden, lösten ihn von den Fesseln des Bannfluchs und nahmen ihn wieder in den Schoß der heiligen Kirche auf.«

Zwar kann Heinrich IV. auf diese Weise seine Königswürde erhalten, doch unterstellt er seine Macht der des Papstes. Den deutschen Fürsten reicht der Bußgang dennoch nicht.

Wenige Wochen später wählen sie Rudolf von Rheinfelden, einen Schwager von Heinrich IV., zum Gegenkönig. Unter den Anhängern des alten und des neuen Regenten entbrennt ein Bürgerkrieg. Erst im Herbst 1080 gelingt es Heinrich IV., seinen Konkurrenten in Thüringen zu besiegen.

Heinrich IV. als Büßer vor Papst Gregor VII. (Kirchenväteraltar, 1483)

Ein altgedienter Soldat besteigt den Thron

Komnenen regieren Byzanz

■ 1081, Konstantinopel
Die neu begründete Dynastie der Komnenen lenkt bis 1185 die Geschicke des Byzantinischen Reiches.

Die Inthronisation des Militärführers Alexios I. Komnenos beendet die Machtkämpfe in Konstantinopel. Die Verbindung von milder Güte, geschickter Diplomatie und rücksichtsloser Härte prädestiniert Alexios I. für den Kaiserthron. Auf den neuen Herrscher warten große Probleme: Normannen bedrohen das Reich im Westen, türkische Petschenegen und Seldschuken rücken im Norden und Osten vor. Byzanz verfügt nur über ein schlecht ausgerüstetes Heer. Zudem sind die Staatskassen leer, das Steuersystem ist zusammengebrochen.

Der oströmische Kaiser Alexios I. Komnenos (Xylographie)

Erste Bewährungsprobe für den byzantinischen Kaiser

Normannen erobern Thessalien

■ Oktober 1081, Dyrrachion
Ihr Eroberungsdrang führt die Normannen an die östliche Adria-Küste. Mit Hilfe Venedigs und der Seldschuken kann Byzanz die Bedrohung mühsam abwehren.

Robert von Guiscard, als Herzog von Apulien und Kalabrien Herrscher über das normannische Süditalien, erreicht mit seiner Flotte die byzantinische Handelsstadt Dyrrachion. Kaiser Alexios I. erkennt die schwere Bedrohung und zieht mit einer Truppe angelsächsischer Söldner den Angreifern entgegen. Angesichts der normannischen Kampfeskraft muss er sich jedoch geschlagen geben. Dennoch kann Dyrrachion den ganzen Winter über der normannischen Belagerung standhalten. Erst im Februar 1082 kann Robert von Guiscard die Stadt erobern. Von hier aus werden fortan weitere Vorstöße ins Byzantinische Reich unternommen.

Als Robert nach Italien zurückgerufen wird, übernimmt sein Sohn Bohemund die Führung des Heeres und marschiert gegen Konstantinopel. Zweimal versucht Alexios I. erfolglos, die Normannen aufzuhalten. Erst eine geschickte Bündnispolitik verhilft ihm zum Sieg: Zum einen schneiden venezianische Schiffe die Versorgung der Normannen ab, zum anderen zwingt Alexios das normannische Heer mit Hilfe türkischer Kämpfer zum Rückzug. Schließlich gelingt es ihm, Thessalien zurückzuerobern.

Der Stern von Papst Gregor VII. beginnt zu sinken

Die Normannen erobern und plündern Rom

■ *31. März 1084, Rom*

Obwohl heftig umstritten, ist Gregor VII. einer der bedeutendsten Päpste des Mittelalters. Nach den Plünderungen und Verwüstungen der mit ihm verbündeten Normannen muss er Rom verlassen. Sein letztes Lebensjahr verbringt er im süditalienischen Exil.

Der vom deutschen König eingesetzte Gegenpapst Klemens III. krönt Heinrich IV. zum Kaiser.

Trotz Heinrichs Bußgang nach Canossa war der Investiturstreit nicht beendet. Der deutsche König erklärte 1080 Papst Gregor VII. für abgesetzt und erhob den Erzbischof von Ravenna als Klemens III. zum Gegenpapst. 1081 zog Heinrich IV. nach Rom, um Gregor VII. zu vertreiben. Als Heerführer begleitete ihn Gottfried von Bouillon, der später am ersten Kreuzzug teilnimmt.

Die Engelsburg, 138 als Mausoleum des römischen Kaisers Hadrian erbaut, dient Papst Gregor VII. als Zufluchtstätte.

macht bleibt dem kleinen Heer des deutschen Kaisers keine andere Wahl als der Rückzug. Nachdem die Normannen Gregor VII. befreit haben, wollen sie jedoch nicht ohne Kriegsbeute abziehen. Mehrere Tage lang plündern sie Rom und brennen die Stadt schließlich nieder. Das römische Volk gibt Gregor VII. die Schuld an den Ausschreitungen. Inmitten der folgenden Tumulte zieht sich das normannische Heer zurück und nimmt Tausende Sklaven mit. Gregor VII. folgt ihnen ins Exils nach Salerno.

Rom erholt sich rasch von den Kämpfen, der Adel übernimmt wieder die Macht über die Stadt. Grafen verschiedener Familien errichten Festungen und versuchen die Ausfallstraßen und den Tiber gegen künftige Angreifer zu sichern.

Normannische Ritter aus dem 11. Jh. (Historienbild, 19. Jh.)

Aufgrund der Verschärfung seiner Kirchenpolitik geriet Papst Gregor VII. zunehmend in die Isolation. Neben den deutschen Bischöfen, die sich auf die Seite ihres Königs stellten, schlossen sich in Rom 13 Kardinäle der Gruppe von Abweichlern an, die Heinrich IV. am 21. März 1084 den Einzug in die Stadt ermöglichte.

Papst Gregor VII. floh vor den deutschen Angreifern in die Engelsburg. Seine ganze Hoffnung richtet sich nun auf die Hilfe der ihm ergebenen Normannen, die unter der Führung des päpstlichen Vasallenherzogs Robert von Guiscard mit großen Truppenverbänden anrücken. Angesichts der normannischen Über-

---

Hintergrund

Die Normannen – Eroberungszüge von Skandinavien bis nach Sizilien

Aus ihrer Heimat in Dänemark und Norwegen brachen die Wikinger oder Normannen, die »Männer des Nordwinds«, im 8. Jahrhundert wahrscheinlich wegen Überbevölkerung und ungebremster Kampfeslust zu immer ausgedehnteren Eroberungszügen auf. Britannien, Irland und das Frankenreich müssen sich als erste gegen die Angriffe räuberischer normannischer Truppen zur Wehr setzen. Mit ihren wendigen Schiffen durchziehen sie die Nordsee, fahren die Flüsse hinauf, plündern Städte wie Hamburg, Canterbury und Paris und erpressen Tributzahlungen.

Der Normannen-Fürst Rollo legt in Nordfrankreich den Grundstein für das Herzogtum Normandie, von wo aus die Normannen 1066 England erobern. Ab etwa 1015 setzen sich normannische Ritter, die auf dem Rückweg ihrer Pilgerreisen ins Heilige Land waren, in Süditalien fest. Hier dienen sie den regierenden Langobarden als Söldner im Kampf gegen Byzantiner und Sarazenen. Mit der Zeit stärken sie ihren Einfluss. 1030 werden sie mit der Grafschaft Aversa belehnt, der Keimzelle des späteren Normannen-Reichs in Süditalien.

Normannen bauen Schiffe für die Eroberung Englands im Jahr 1066 (Ausschnitt aus dem Teppich von Bayeux, 11. Jh.).

Dieses wird schließlich von Robert von Guiscard 1059 mit päpstlicher Unterstützung gegründet. Sein Bruder Roger I. erobert Teile Siziliens und Malta von den Mauren. 1071 fallen die letzten byzantinischen Festungen Bari und Brindisi.

Zurückzuführen ist die militärische Schlagkraft der Normannen auf ein durchdachtes Feudalsystem. In Verteidigungsfällen formieren sich die Bauern unter Aufsicht ihres direkten Lehnsherrn. Für Angriffskriege stellen sie sich 40 Tage in den Dienst des Heeres. Um die Versorgung ihrer Bevölkerung sicherzustellen, legen die Führer ihre Kampfhandlungen meist in den Sommer, in die Zeit zwischen Aussaat und Ernte.

Das neue Kirchenoberhaupt setzt Reformen fort

Urban II. zum Papst gewählt

■ *12. März 1088, Terracina*
Hochgewachsen, diplomatisch versiert, in der Sache unnachgiebig und im Umgang sanft: Dieses Bild überliefern zeitgenössische Chronisten von Papst Urban II.

Während in Rom der vom deutschen Kaiser Heinrich IV. bestimmte Gegenpapst Guibert herrscht, wählt die Konklave den Mönch und Legaten Odo von Châtillon zum rechtmäßigen Papst. Unter dem Namen Urban II. führt der Nachfolger des verstorbenen Viktors III. die von Papst Gregor VII. begonnene selbstbewusste Kirchenreform fort.

Aus einer französischen Adelsfamilie stammend, entschloss sich Odo von Châtillon im Alter von etwa 35 Jahren, der Klostergemeinschaft des Reformklosters Cluny beizutreten. Schon bald wurde die römische Kurie auf den ungewöhnlich engagierten Kirchenmann aufmerksam. Papst Gregor VII. bestellte ihn als Kardinalbischof nach Ostia und sandte ihn 1084 als päpstlichen Legaten nach Frankreich und Deutschland. Inmitten des tobenden Investiturstreits vertrat er unnachgiebig das Anliegen Roms und sprach den weltlichen Herrschern sämtliche geistliche Privilegien ab. Wegen seiner Vehemenz ließ ihn Heinrich IV. sogar in den Kerker werfen. Nach seiner Freilassung unterstützte er Gregor VII. weiterhin tatkräftig im Kampf für eine unabhängige Kirche.

Papst Urban II. (l.) im Gespräch mit dem heiligen Bruno (Gemälde, 17. Jh.)

Rückblick

Die wechselhafte Entwicklung des Papsttums

Die Päpste betrachten sich als direkte Nachfolger des Apostels Petrus – wenngleich diese Linie historisch höchstens bis in die Mitte des 3. Jahrhunderts zurückzuverfolgen ist. Von Anfang an spielte die Gemeinde von Rom eine besondere Rolle in der Kirche. Daran anknüpfend wurde dem Bischof von Rom der »Primat«, also die Vorrangstellung unter den Bischöfen, zugestanden. Dementsprechend hielt es die westliche Kirche für gewährleistet, dass bei ihm die Lehre Christi unverfälscht erhalten blieb. Schon im 2. und 3. Jahrhundert genoss die Lehrautorität des römischen Bischofs hohes Gewicht im Kampf gegen Häretiker und im Streit um grundlegende theologische Fragen. Als Kaiser Konstantin im Jahr 330 seine Residenz nach Konstantinopel verlegte, geriet die alte Hauptstadt vorübergehend ins politische Abseits. Während der byzantinische Patriarch jedoch immer stärker in den

Der Apostel Petrus mit dem »Schlüssel des Himmelreichs« (Krypta des Klosters Marienberg)

Bannkreis des oströmischen Kaisers geriet, wuchs die Bedeutung des Bischofs von Rom durch die Schwäche des westlichen Kaisertums. Papst Leo I. (Reg. 440–461) konnte diese Stellung durch die Abwehr der Hunnen- und Vandaleneinfälle auch politisch untermauern. Die Einführung des Lateinischen als Sprache der christlichen Liturgie einte schließlich die westliche Christenheit. Papst Gregor I. (Reg. 590–604) machte Rom zum Ausgangspunkt der Mission Nordeuropas. Durch die Neuordnung des Kirchenbesitzes in Italien und den Freikauf Roms von den Langobarden 593 schuf er das Fundament für eine von den weltlichen Herrschern unabhängige Kirche. Ein Vertrag zwischen Papst Stephan II. (Reg. 752–757) und dem fränkischen König Pippin legte den Grundstein für den Kirchenstaat. Während sich der Frankenkönig 754 verpflichtete, »allen Weisungen des Papstes zu gehorchen«, stellte der Papst die Kirche unter den Schutz des Königs. Obwohl die Vereinbarung die Interessen der weltlichen wie geistlichen Seite zu wahren schien, geriet das Papsttum durch innerkirchliche Machtkämpfe in eine tiefe Krise. Erst die vom Kloster Cluny ausgehende Reformbewegung verlieh dem Papsttum neues Selbstbewusstsein, das sich unter Gregor VII. und Urban II. im Investiturstreit bewährte.

Der kastilische König Alfons VI. drängt die muslimischen Mauren weiter zurück

Wichtige Station der Reconquista: Toledo wird erobert

■ *6. Mai 1085, Toledo*
Die Eroberung des arabischen Königreiches Toledo stellt einen wesentlichen Schritt für den Erfolg der Reconquista dar. Die Vorherrschaft der muslimischen Herrscher (Taifen) wird immer mehr beschnitten. Gleichzeitig erfährt im Gebiet zwischen Duero und Tajo die »mozarabische« Kultur, ein westgotisch-islamischer Mischstil, eine Blüte.

Alfons VI. von Kastilien zieht nach monatelanger Belagerung in Toledo, dem Sitz des arabischen Taifen, ein. Schon einmal, im Jahr 1072, hielt sich Alfons VI. in der Stadt auf. Damals floh er vor seinem Bruder Sancho, mit dem er um den kastilischen Thron stritt, an den Hof des tributpflichtigen Taifen. Nach seinem Sieg über den maurischen Regenten dehnt Alfons VI. seinen Einfluss rasch auf die übrigen arabisch beherrschten Königreiche (sog. Taifas) aus. Schwierigkeiten bereitet ihm nur der Machthaber von Sevilla, der die nordafrikanischen Almoraviden zu Hilfe ruft. Berber-Truppen, die im Juni 1086 in Algeciras landen, bereiten dem Heer von Alfons VI. am 23. Oktober 1086 nahe Badajoz eine vernichtende Niederlage. In den folgenden Jahren kämpft Alfons VI. zum größten Teil erfolglos gegen die Almoraviden. Auch das Bündnis mit dem spanischen Nationalhelden Rodrigo Díaz vermag die Vorherrschaft über die maurische Bevölkerung nicht dauerhaft zu festigen.

Die Durchmischung der arabischen und der westgotischen Kultur bringt auf der Iberischen Halbinsel die »mozarabische« Mischkultur hervor, in der europäische und maurische Formen verbunden werden.

Machtausübung baut auf Toleranz und sozialen Ausgleich

Sizilien fällt unter Roger I. an die Normannen

Normannisches Kastell aus dem Jahr 1056 bei Catania auf Sizilien

■ *1091, Noto/Sizilien*
Die tolerante Gesetzgebung von Roger I. ermöglicht ein friedliches Zusammenleben von Normannen, Arabern, Griechen und Italienern.

Der Normannenfürst Roger I. nimmt die Stadt Noto ein und schließt damit die von seinem älteren Bruder Robert Guiscard begonnene Eroberung Siziliens und Maltas von den Arabern ab.

Roger I. kam im Jahr 1056 nach Italien. Zusammen mit Robert Guiscard, der als Herzog von Apulien und Kalabrien das Normannen-Reich in Süditalien regiert, fasste er den Plan, Sizilien von den dort herrschenden muslimischen Fürsten zu erobern. 1060 landeten die ersten normannischen Truppen auf der Insel, ein Jahr später eroberten sie die Stadt Messi-

na. 1072 gelang Roger I. die Einnahme von Palermo. In langen Auseinandersetzungen besiegte er die immer weiter in den Süden und Westen abgedrängten Araber. Nach der Eroberung Notos ernennt ihn sein Bruder Robert zum Vasallen.

Roger I. belässt die soziale Ordnung auf der Insel und ersetzt lediglich die Führungsschicht mit eigenen Gefolgsleuten. Behutsam führt er ein feudalistisches System ein, das die Rechte der Landbevölkerung so gut wie möglich zu bewahren versucht. Seine Förderung von Kirchenbauten und Klöstern verschafft ihm Sympathien bei Papst Urban II., der ihn 1098 zum Legaten mit Sonderrechten ernennt. Die tolerante Herrschaft Rogers I. führt in Sizilien zu einem neuen kulturellen Aufbruch.

Nach der Eroberung von Valencia verteidigt Rodrigo Díaz die Stadt erfolgreich gegen die Almoraviden

Der Ritter El Cid ist die Lichtgestalt der Reconquista

■ *Juni 1094, Valencia*
Rodrigo Díaz, von den Mauren mit dem Beinamen El Cid (arabisch »der Herr«) geehrt, von den Spaniern El Campeador (»der Kämpfer«) genannt, ist ein militärischer Führer besonderer Prägung. Er wird zum Nationalhelden der Reconquista.

Nach einjähriger Belagerung zieht der spanische Ritter Rodrigo Díaz de Vivar siegreich in Valencia ein. Er ernennt sich zum obersten Herrn der

Stadt und versichert Alfons VI., dem König von León und Kastilien, seine Treue. Damit steht er auf der Höhe seiner Macht.

Sein Aufstieg ist von zahlreichen politischen Wechselfällen begleitet. Rodrigo stammt aus der niederen Adelsschicht. Von Anfang an lag sein Interesse darin, dem alten Adel in Kastilien und León gleichgestellt zu werden. Dies gelingt ihm mit Hilfe zweier Eigenschaften: Seine ausgeprägte Begabung für militärische Führung verbindet er virtuos mit einer klugen Bündnispolitik.

Erzogen wurde Rodrigo im Haus des Infanten Sancho, des Sohnes von König Ferdinand I. Als Sancho 1066 den kastilischen Thron bestieg, ernannte er Rodrigo zu seinem obersten Waffenträger. Ausbrechende Thronstreitigkeiten zwischen Sancho II. und seinem Bruder Alfons VI. mündeten in der Belagerung der Stadt Zamora. Während der Belagerung, um die sich später viele Legenden ranken, wurde Sancho II. ermordet, die Kastilier mussten Alfons VI. als neuen König anerkennen. Obwohl Alfons VI. dafür sorgte, dass Rodrigo – nun sein Untergebener und Lehensmann – die Tochter von Alfons V. heiratete und so an Ansehen gewann, blieb er ein gefährlicher Gegner. Als Rodrigo im Frühjahr 1081 in das Gebiet des Tai-

Denkmal zu Ehren von Rodrigo Díaz de Vivar (»El Cid«) in Burgos

Titelblatt einer Chronik über den spanischen Nationalhelden El Cid

fen von Toledo einfiel, das unter dem Schutz von León stand, ergriff Alfons VI. diese Möglichkeit und verbannte ihn vom Hof. In den folgenden Jahren kämpfte Rodrigo für mehrere Herren, unter anderen zog er für den Taifen von Saragossa gegen Aragón und Navarra und besiegte den König.

Die Lage änderte sich, als die fanatisch religiöse Berbergruppe der Almoraviden, von den Mauren zur Hilfe gerufen, in Spanien einfiel: Alfons VI. söhnte sich mit Rodrigo aus.

Nachdem der spanische Ritter ein zweites Mal bei Alfons VI. in Ungnade fiel, gibt ihm die Eroberung von Valencia die Möglichkeit, sich endgültig mit dem König zu einigen.

Schon früh entstehen Legenden um den Cid. Das um 1140 geschriebene Heldengedicht »Poema de Mío Cid« markiert den Beginn der spanischen Literatur. Der französische Dramatiker Pierre Corneille verarbeitet den Cid-Mythos 1636 in der Tragikomödie »Le Cid«.

Ein entscheidender Anstoß für die Kreuzzüge kommt aus Byzanz

Alexios I. bittet den Papst um Hilfe gegen die Muslime

Hintergrund

Konstantinopel

Nach dem Zerfall Westroms betrachteten sich die in Konstantinopel regierenden Kaiser als rechtmäßige Nachfolger des ehemaligen Weltreiches. Kaiser Justinian (Reg. 527–565), der die Rückeroberung

Stadtansicht von Konstantinopel (Buchmalerei, um 1340)

der westlichen Gebiete anstrebte, brachte weite Teile Italiens sowie zahlreiche nordafrikanische Provinzen unter seine Herrschaft. Angriffe der Lombarden, der persischen Sassaniden und slawischer Stämme schwächten jedoch das Reich.

Im Byzantinischen Reich setzt sich die griechische Kultur durch. Der Kaiser ist Oberhaupt des Staates und der Kirche, die ihre eigene Theologie entwickelt. Der aufblühende Handel sorgt für wirtschaftlichen Reichtum und die Entwicklung einer üppigen Kultur.

■ *Dezember 1094, Konstantinopel*
Da Kaiser Alexios I. seine ohnehin schlecht ausgerüsteten Truppen in Kämpfen mit den aggressiv vordringenden Normannen einsetzen muss, kann er den ebenfalls anstürmenden Seldschuken nicht viel entgegensetzen.

Während Konstantinopel von den Seldschuken belagert wird, verfasst der byzantinische Kaiser Alexios I. Komnenos ein Hilfsschreiben an die westliche Christenheit. Um die Kirche vor dem Sieg der Muslime zu bewahren, bittet er darin um militärische Unterstützung.

Seit dem Sieg über die Byzantiner bei Manzikert im Jahr 1071 drangen Scharen türkischer Nomaden durch Kleinasien bis nach Anatolien vor. Seldschuken-Führer Malik Schah errichtete 1080 in Anatolien das Sultanat »Rum«, eine Anspielung auf die ehemals zum Römischen Reich gehörende Provinz.

Angesichts der bedrohlichen Seldschukengefahr erfolgt nach dem Schisma von 1054 erneut eine Annäherung der west- und oströmischen Kirchen, der Papst wird zu einem willkommenen Verbündeten. Bildreich schildert Alexios I. in seinem Hilfsschreiben die Situation der Christen. Obwohl es ihm eigentlich nur um eine Unterstützung in Kleinasien geht, führt er dem Papst die Befreiung Jerusalems von den Muslimen als weiteres Ziel vor Augen.

Kaiser Alexios I. Komnenos vor Jesus Christus (byzantinische Miniatur, 12. Jh.)

Eine grausam mordende Sekte versetzt die islamische Welt in Angst und Schrecken

Assassinen nutzen das Attentat als politische Waffe

■ *Januar 1092, Alamut*
Die Assassinen, eine straff geführte esoterisch-muslimische Sekte, erschüttern das Seldschuken-Reich. Im Namen Gottes stachelt Hasan as-Sabah seine fanatisierten Gläubigen zu gezielten Mordtaten an. Damit beweisen sie ihre Grausamkeit und ihren Machtanspruch.

Im Auftrag von Hasan as-Sabah töten Assassinen den einflussreichen seldschukischen Großwesir Nizam al-Mulk (nach anderen Quellen am 14. Oktober 1092). Damit beginnt eine Mordserie, der zahlreiche seldschukische Oberhäupter zum Opfer fallen und die den Assassinen (»Mörder«) ihren Namen gibt.

Hassan as-Sabah bei einem Initiationsritus der Assassinen auf Burg Alamut

Der Perser Hasan as-Sabah hatte sich von den Fatimiden losgesagt und sich dem Kampf gegen die sunnitischen Muslime verschrieben. 1090 gründete er in Alamut sein religiöses und politisches Machtzentrum. Mit Hilfe einer esoterischen Lehre scharte er Anhänger um sich, von denen er bedingungslosen Gehorsam forderte.

Durch die straffe Organisation und ihre Verschwiegenheit werden die Assassinen zur Gefahr für die Seldschuken. Mit ihrer unberechenbaren Schreckensstrategie bringen sie ganze Landstriche unter Kontrolle und dringen bis nach Syrien vor. Ihr Hass gegen die Seldschuken lässt sie auch Bündnisse mit den Christen schließen.

Der Bischof von Rom zieht alle Register der Rhetorik und löst einen Kreuzzugstaumel aus

Papst Urban II. ruft zum »heiligen Krieg« auf

■ *27. November 1095, Clermont*
Der päpstliche Kreuzzugsaufruf entfacht eine Massenhysterie in Europa. Unzählige Adlige, Kleriker und einfache Menschen geloben, ins Heilige Land zu ziehen und Jerusalem zu befreien.

Vor einer großen Menschenmenge ruft Papst Urban II. zum »heiligen Krieg« der Christen gegen die Muslime auf. Allen, die das Kreuz nehmen, verspricht er die Vergebung der Sünden.

Auf dem Weg von Rom nach Frankreich zum geplanten Konzil in Clermont machte Urban II. im März 1095 Station im norditalienischen Piacenza. Hier versuchte er mit Hilfe kirchentreuer Bischöfe die verworrene Lage zu klären, in die Kaiser Heinrich IV. die Kirche durch die Ernennung des Gegenpapstes Klemens III. gestürzt hatte. Während der Beratungen überbrachten ihm Boten des byzantinischen Kaisers den Hilferuf der östlichen Christenheit. Für die politischen Absichten des Papstes bot der Brief eine willkommene Schützenhilfe im Kampf gegen die weltliche Macht. Würde es ihm gelingen, den europäischen Adel unter seiner Führung zu einem gemeinsamen Kampf gegen die »Heiden« zu vereinen, könnte er die lang ersehnte politische Führungsrolle erlangen.

Mittlerweile folgten rund 300 Bischöfe und Äbte aus Frankreich, Deutschland, Italien und Spanien der Einladung des Papstes zum Konzil. Urban II. selbst traf am 18. November ein. Zunächst standen die Probleme der französischen Kirche im Mittelpunkt der Beratungen: König Philipp I. war eine zweite Ehe eingegangen. Da die Kirche darauf reagieren musste, drohte ein neuer Schauplatz im Kampf mit der weltlichen Macht zu entstehen. Das Konzil exkommunizierte Philipp I. und dessen unrechtmäßige Frau Bertrada von Montfort ebenso wie den Gegenpapst Klemens III. Im Sinne der von Papst Gregor VII. begonnenen Kirchenreform wurde in den weiteren Dekreten die Trennung von kirchlicher und weltlicher Macht ausgedehnt. Dem oft ausschweifenden Leben vieler Kleriker legten die Konzilsbeschlüsse sexuelle Zurückhaltung und Mäßigung im Lebensstil auf.

Kurz vor Ende des Konzils lud Urban II. sowohl die Teilnehmer als auch Adlige und das Volk zu einer Predigt ein, die Geschichte machen sollte. Die Kathedrale von Clermont ist zu klein, um die Menschenmassen zu fassen. Kurzerhand wird die Versammlung auf ein freies Feld vor dem Osttor der Stadt verlegt. Nachdem er den Einfluss der weltlichen Fürsten auf die Kirche angeprangert hat, kommt Urban II. zum eigentlichen Zweck seiner Predigt. Bildreich und wortgewandt führt er den Zuhörern die Gräueltaten der »gottlosen Sara-

Odo von Châtillon wird als Papst Urban II. genannt (Holzschnitt)

zenen« vor Augen. Sie verwehrten christlichen Pilgern den Zugang zu Jerusalem, würden Christen misshandeln und ihre heiligen Stätten schänden. Urban II. beschreibt nicht nur die Lage, sondern nennt auch einen Ausweg: Anstatt sich gegenseitig zu bekriegen, sollen die abendländischen Christen – »Männer aller Ränge, reich wie arm, Ritter wie Fußknechte« – vereint gen Osten ziehen und ihre Glaubensbrüder von der muslimischen Bedrohung befreien. »Deus le vult« (»Gott will es«) bekräftigt der Papst mit glühendem Eifer sein Vorhaben. Laut und begeistert skandiert das Volk diese Parole.

Urban II. verspricht den Teilnehmern des »heiligen Krieges« nicht nur Landbesitz und Wohlstand im Orient. Wer in dieser Schlacht falle, dem werde die Vergebung aller Sünden gewährt. Schon die Mitwirkung am Kreuzzug ziehe den Nachlass der weltlichen Sündenstrafen nach sich. »Alle an diesem Unternehmen Beteiligten sollen das Zeichen des Kreuzes auf ihren Körpern tragen, das sie als ›Soldaten Christi‹ ausweise«, beendet er seine Kriegspredigt.

Die Reaktion auf Urbans Rede fällt unerwartet heftig aus, lebhafte Begeisterungsstürme brechen aus. Adhemar von Monteil, der Bischof von Le Puy, fällt vor dem Papst auf die Knie und bittet um die Erlaubnis, am Kreuzzug teilnehmen zu dürfen. Hunderte folgen seinem Beispiel.

Von dem überwältigenden Zuspruch, den er mit seinem Aufruf geerntet hat, ist der Papst selbst überrascht. Schneller als erhofft konnte er sich damit an die Spitze einer Bewegung setzen, der sich auch die weltlichen Ritter fügen wollen. Im Kampf zwischen Kaiser und Kirche sammelt er damit wichtige Vorteile.

Mehrere Chronisten tragen in den folgenden Jahren die Rede Urbans II. in die Welt. Sie unterscheiden sich in ihrer demagogischen Qualität zum Teil erheblich, da die Geschichtsschreiber ihre eigenen Anliegen mit der Rede des Papstes verweben.

Papst Urban II. ruft auf der Synode von Clermont zum Kreuzzug auf. Er beantwortet damit einen Hilferuf des byzantinischen Kaisers Alexios I. Komnenos und leitet die Kreuzzugsbewegung ein (französische Buchmalerei).

Urban II. predigt den Kreuzzug (mittelalterlicher Holzschnitt).

Papst Urban II. ruft auf der Synode von Clermont zum »heiligen Krieg« auf (französische Miniatur, 1490).

Zitat

»Rüstet Euch... «

In Clermont hält Papst Urban II. seine flammende Kreuzzugsrede:

»Ihr wisst, geliebte Brüder, wie der Erlöser der Menschheit, als er uns zum Heile menschliche Gestalt angenommen hatte, das Land der Verheißung mit seiner Gegenwart verherrlichte... Hat nun gleich der Herr durch sein gerechtes Urteil bekannt gegeben, dass die Heilige Stadt wegen der Sünden der Bewohner mehrmals in die Hände ihrer Ungläubigen geraten würde,... so dürfen wir darum doch nicht glauben, dass er sie verschmäht und verworfen habe. Die Wiege unseres Heils, nun das Vaterland unseres Herrn, das Mutterland der Religion, hat ein gottloses Volk in seiner Gewalt. Das gottlose Volk der Sarazenen drückt die heiligen Orte, die von den Füßen des Herrn betreten worden sind, schon seit langer Zeit mit seiner Tyrannei und hält die Gläubigen in Knechtschaft und Unterwerfung... Das Volk, das den wahren Glauben verehrt, ist erniedrigt; das auserwählte Volk muss unwürdige Bedrückung leiden.

Bewaffnet Euch mit dem Eifer Gottes, liebe Brüder, gürtet Eure Schwerter an Eure Seiten, rüstet Euch und seid Söhne des Gewaltigen! Besser ist es, im Kampfe zu sterben als unser Volk und die Heiligen leiden zu sehen. Wer einen Eifer hat für das Gesetz Gottes, der schließe sich uns an. Wir wollen unseren Brüdern helfen. Ziehet aus, und der Herr wird mit Euch sein!... Die Diebe, Räuber, Brandstifter und Mörder werden das Reich Gottes nicht besitzen; erkauft Euch mit wohlgefälligem Gehorsam die Gnade Gottes, dass er Euch Eure Sünden, mit denen Ihr seinen Zorn erweckt habt, um solch frommer Werke und der vereinigten Fürbitten der Heiligen Willen schnell vergebe. Wir aber erlassen durch die Barmherzigkeit Gottes... allen gläubigen Christen, die gegen die Heiden die Waffen nehmen und sich der Last des Pilgerzuges unterziehen, alle die Strafen, welche die Kirche für ihre Sünden über sie verhängt hat. Und wenn einer dort in wahrer Buße fällt, so darf er fest glauben, dass ihm... die Frucht des ewigen Lebens zuteil werden wird.«

Der erste Kreuzzug: Vorwärts mit Gott

Am Anfang steht ein Missverständnis: Der byzantinische Kaiser hatte den Westen lediglich um Militärhilfe gegen die in Kleinasien vordringenden Seldschuken ersucht. Alexios I. Komnenos erwartete eine kleine disziplinierte Söldnertruppe für einen auf Kleinasien begrenzten Feldzug. Stattdessen war im Abendland eine Massenbewegung mit eigenen Inhalten und weit reichenden Zielen entstanden. Die Kreuzzugsbewegung, die Papst Urban II. im November 1095 ins Leben gerufen hat, geht somit weit über das hinaus, was man sich in Byzanz vorgestellt hat. Sie legt als neues Ziel die Befreiung und Verteidigung Jerusalems fest und löst mit dem Appell an die christliche Ritterschaft ein Massenphänomen aus, das sich zum größten militärischen und auch kommerziellen Unternehmen Europas seit dem Untergang des Römischen Reichs entwickelt. Hinter der Kreuzzugsbewegung stehen vielfältige Interessen: der heilige Eifer des Glaubenskrieges, der profane Wunsch nach Besitz und Herrschaft, die aggressiven Energien des abendländischen Kriegertums sowie der Wunsch, die seit 1054 abgespaltene Ostkirche wieder zum Stuhl Petri in Rom zurückzuführen.

EIN ANLIEGEN DER GANZEN CHRISTENHEIT

Die Verantwortlichen sprechen zunächst nicht von einem Krieg oder Kreuzzug, sondern von einer bewaffneten Wallfahrt. Dabei findet ein erstaunlicher Prozess der Umdeutung statt: Bislang galt es als ungeschriebenes Gesetz, dass Pilger keine Waffen tragen. Die Militarisierung der Kirche – von der cluniazensischen Reform vorbereitet und aktiv vertreten von Päpsten wie Gregor VII., der 1074 zum ersten Mal die Befreiung des Heiligen Grabes plante – ist inzwischen so weit gediehen, dass eine vollständige Kreuzzugsideologie vorliegt. Nach Auffassung der Zeitgenossen kommt der Auftrag zum Kreuzzug unmittelbar von Gott und wird durch den Mund des Papstes verkündet. Er ist zugleich Bußübung und Kriegszug, da er die kämpferischen Ideale des abendländischen Kriegertums mit der Idee der Wallfahrt zu den heiligen Stätten als Buße für ein sündhaftes Leben verbindet. Ein Kreuzzug, auch wenn für ihn nur regional geworben wird, gilt stets als Sache der gesamten Christenheit. Nimmt jemand das Kreuz, legt er ein Gelübde ab, das rechtsverbindlich ist und bei Nichterfüllung vom Vater auf den Sohn übergeht. Sichtbares Zeichen dieses Eides ist das auf dem Gewand angeheftete Kreuz. Die Entbindung von einem geleisteten Kreuzzuggelübde ist nur unter bestimmten Voraussetzungen möglich, etwa durch die Ableistung eines anderen Bußaktes, durch die Bereitstellung eines Ersatzmannes und schließlich auch durch die Zahlung einer Geldsumme, die ungefähr dem Aufwand für eine Kreuzfahrt entspricht. Dieser Freikauf entwickelt sich zu einer bedeutenden Einnahmequelle der Kirche.

SPONTANER ZUG DER ARMEN

Durch Hunderte von Predigern verbreitet, trifft der Kreuzzugsaufruf Urbans II. beim einfachen Volk auf fruchtbaren Boden. Anders als die Ritter, deren Rüstungsvorbereitungen und Geschäftsabwicklungen längere Zeit in Anspruch nehmen, macht sich – entgegen den päpstlichen Plänen – eine Horde Bauern unverzüglich auf den Weg ins Heilige Land. Neben der religiösen Begeisterung gibt es für sie auch irdische Beweggründe, sich den Zügen anzuschließen. Ausbeutung und Unterdrückung durch die Grundherren sowie durch Naturkatastrophen und Missernten ausgelöste Hungersnöte lassen die Bereitschaft wachsen, das Glück in der Ferne zu suchen.

Bereits im Winter 1095/96 schart ein Wandermönch namens Peter der Einsiedler in Nordfrankreich Tausende von Anhängern um sich, darunter viele Frauen und Kinder. Der zum größten Teil unbewaffnete Haufen marschiert als Vorhut des Ritterheeres los, ohne genaue Vorbereitungen getroffen zu haben. Als Peter der Einsiedler im April 1096 in Köln eintrifft, zählt sein Bauernheer bereits 15 000 Menschen. Erste Abteilungen unter einem Führer mit dem bezeichnenden Namen Walter Sans-Avoir (Walter der Habenichts) brechen bald nach Ostern in Richtung Jerusalem auf. Leidlich versorgt ziehen sie durch Ungarn und schlagen sich bis nach Konstantinopel durch. Größere Probleme warten auf die Hauptmacht unter Peter dem Einsiedler, die dem Vortrupp in kurzem Abstand folgt. Die Berufssoldaten des Kaisers von Byzanz jagen Peters Scharen auseinander und dezimieren ihren Bestand um ein Viertel. Schwer gezeichnet treffen sie schließlich in Konstantinopel ein, wo sie sich mit Walters Truppe vereinigen. Die ungestümen Kreuzfahrer dringen immer weiter in türkisches Gebiet vor, bis sie im Oktober 1096 bei Civetot in einen Hinterhalt gelockt und vernichtend geschlagen werden.

In den Volkskreuzzügen herrscht fromme Begeisterung, die jedoch schnell in Hysterie und Fanatismus umschlagen kann. Im Zuge der gregorianischen Reform bildeten sich in den Unterschichten der Bevölkerung volkstümliche Frömmigkeitsbewegungen. Zudem etabliert die Kirche den Begriff des »heiligen Krieges« gegen Andersgläubige. In den Heerhaufen der Armen bricht sich dieser Fanatismus Bahn.

FROMME GEWALT: POGROME UND MASSAKER

Zu den ersten Opfern der Kreuzzugsbewegung zählen deutsche Juden. Verblendet von der Devise, alle Feinde Christi zu vernichten, veranstalten deutsche Scharen unter Führung von Gottschalk, Volkmar und Emich von Leiningen, die im Frühsommer 1096 im Rheinland aufbrechen, zahlreiche blutige Judenpogrome. Der Kreuzfahrermob metzelt u. a. in Speyer,

Kampf zwischen Kreuzfahrern und Sarazenen (französische Buchmalerei, 13. Jh.)

Worms, Mainz, Köln, Trier und Metz sämtliche Juden nieder. Nur in Ausnahmefällen können die bischöflichen Stadtherren den Pöbel aufhalten und die Juden unter ihren Schutz stellen.

Blutige Massaker richten die Kreuzfahrer aber nicht nur unter der jüdischen Bevölkerung an. Plündernd und mordend ziehen die Volkszugsheere unter Gottschalk, Volkmar und Emich von Leiningen durch Ungarn. Diese marodierenden Scharen erreichen nicht einmal das Byzantinische Reich, sondern werden von Söldnertruppen des Königs Koloman gestellt und zerstreut. Auch im Nahen Osten geraten die fanatischen Christen in einen Blutrausch. Nach der Eroberung von muslimischen Städten richten die Kreuzfahrer in vielen Fällen – u. a. bei der Einnahme von Antiochia im Jahr 1098 – entsetzliche Gräueltaten unter der Bevölkerung an.

RITTER ERGREIFEN DAS KREUZ

Der Tradition nach müsste eigentlich ein gekröntes Haupt den regulären Kreuzzug der Ritter anführen. Da jedoch Kaiser Heinrich IV. und der französische König Philipp I. exkommuniziert sind und der König von England, Wilhelm Rufus, noch schwankt, ob er sich Papst Urban II. oder dem Gegenpapst Klemens III. anschließen soll, muss der erste Kreuzzug ohne die verbindende Autorität einer Krone aufbrechen. Obwohl Bischof Adhemar von Monteil, der von Papst Urban II. zum geistlichen Führer des Kreuzzugs berufen wurde, Raimund IV. zum Befehlshaber auswählt, kann sich der Graf von Toulouse nicht bei allen Kreuzfahrern durchsetzen. Ein einheitliches Oberkommando gibt es daher nicht.

Ursprünglich plante der Stellvertreter Christi, ein einziges schlagkräftiges Ritterheer aufzustellen, doch machen sich ab Herbst 1096 vier Hauptzüge auf den Weg ins Heilige Land: Unter der Führung von Gottfried von Bouillon und Balduin von Boulogne marschieren Lothringer, Wallonen und Brabanter. Die Südfranzosen werden von Graf Raimund IV. von Toulouse angeführt. Eine dritte Gruppe, bestehend aus Nordfranzosen, Niederländern und Engländern, hört auf das Kommando von Robert II. von Flandern, Robert II. von der Normandie und Stephan von Blois. Bohemund und Tankred von Tarent befehligen schließlich die süditalienischen und syrischen Normannen. Aus Versorgungsgründen – kein Landstrich kann solche Heeresmassen allein ernähren – marschieren die Ritter zeitlich gestaffelt auf verschiedenen Wegen.

PROBLEME MIT BYZANZ

Im Winter und Frühjahr 1097 treffen die Ritterheere nacheinander in Konstantinopel ein. Byzanz ist seit dem Schisma von 1054 mit der römischen Kirche offen verfeindet und befindet sich seit der Niederlage gegen die Seldschuken in der Schlacht bei Manzikert (1071) in schleichender Agonie. In Konstantinopel sind die Kreuzfahrer keineswegs so willkommen, wie sie angenommen hatten. Ihre militärische Macht wird vielmehr als Bedrohung der byzantinischen Souveränität angesehen. Schnell erkennt Kaiser Alexios I., dass die Kreuzzugsführer nur aus reinem Eigennutz handeln. Allzu deutlich lassen sie durchblicken, dass sie sich keinem byzantinischen Befehl unterordnen und sich nicht für die Ziele des Kaisers einspannen lassen wollen. Nach nervenzehrenden Verhandlungen legen die Kreuzzugs-

Peter der Einsiedler verteilt Kreuze (Initiale aus der »Historia Hierosolymitana« des Mönches Robert)

führer einen Lehenseid gegenüber Kaiser Alexios I. ab, wonach alle Eroberungen, die sie in ehemals byzantinischen Gebieten machen, an Konstantinopel zurückfallen. Die Zukunft wird jedoch zeigen, dass auf diese Eidesleistung kein Verlass ist.

KREUZFAHRER SIND ZERSTRITTEN

Mit dem Überqueren der Meerenge zwischen Europa und Kleinasien im Frühjahr 1097 beginnt für die Kreuzfahrer – die von den Muslimen ungeachtet ihrer unterschiedlichen Herkunftsländer allesamt als »Franken« bezeichnet werden – das eigentliche Abenteuer. Nachdem die Heere einzeln über den Bosporus übersetzten, erzielen die Christen mit der Eroberung Nicäas ihren ersten militärischen Erfolg. Kurz darauf besiegen sie ein türkisches Heer bei Doryläum, wodurch sich ihnen der Weg ins anatolische Hochland öffnet. In einem strapazenreichen Marsch durchqueren sie im Sommer die kleinasiatische Halbinsel und stehen im September 1097 vor dem Taurusgebirge. Hier treten die divergierenden Machtinteressen der Kreuzzugsführer offen zu Tage: Balduin von Boulogne und Tankred von Tarent spalten sich unabhängig voneinander mit ihren Mannen vom Hauptheer ab und versuchen in Kilikien auf eigene Faust Herrschaften zu begründen. Nach dem Scheitern ihrer Pläne schließen sie sich wieder der Hauptstreitmacht an, die mit der kräftezehrenden Belagerung von Antiochia beginnt. Sieben Monate liegen sie vor der muslimischen Metropole. Als Antiochia nach dem Sieg über ein türkisches Entsatzheer endgültig in der Hand der Kreuzfahrer ist, wird es zum Spielball persönlichen Ehrgeizes. Sowohl Bohemund von Tarent als auch Raimund von Toulouse erheben Anspruch auf das Territorium. Die Zwietracht zwischen den Fürsten bricht nun offen

aus. Nur mit Mühe kann der Normannenführer dazu bewogen werden, den Kreuzzug fortzusetzen. Als das Heer im November 1098 seinen Marsch in Richtung Jerusalem fortsetzt, brechen die nur an der Oberfläche gelösten Rivalitäten erneut aus. Aber auch die muslimische Gegenseite ist gespalten und untereinander zerstritten: In Anatolien und Persien herrschen die Seldschuken, im Irak steht das Kalifat vor seinem Niedergang und die Fatimiden halten Ägypten fest im Griff.

DAS »FRÄNKISCHE EDESSA«

Unverhohlen wenden sich einige der Kreuzzugsführer vom ursprünglichen Ziel – der Befreiung der heiligen Stätten – ab und errichten eigene Herrschaften. So unternimmt Balduin von Boulogne, während die Hauptmacht um Antiochia kämpft, erneut eine Eigenmächtigkeit. Er folgt dem Hilferuf des armenischen Herrschers von Edessa und sichert sich durch geschicktes Ausnutzen der Machtverhältnisse zunächst die Mitregentschaft und schließlich sogar die Alleinherrschaft. Edessa wird somit der erste Kreuzfahrerstaat im Nahen Osten. Es entsteht eine Grafschaft nach abendländischem Muster – das »fränkische Edessa« –, das von Festungen und Burgen aus regiert wird. Ständige Neuankömmlinge aus dem Westen sicherten die anfängliche Überlegenheit der Kreuzfahrer. Von ihren Stützpunkten aus erheben die Kreuzfahrer Steuern in den umliegenden Gebieten. Für fast ein halbes Jahrhundert dient dieser mächtige Kreuzfahrerstaat als nordöstliches Schutzschild für die neuen christlichen Staatsgebilde in der Levante; Byzanz sichert die Flanke im Nordwesten. Die Verbindung über das Mittelmeer halten die italienischen See- und Handelsstädte Pisa, Venedig und Genua.

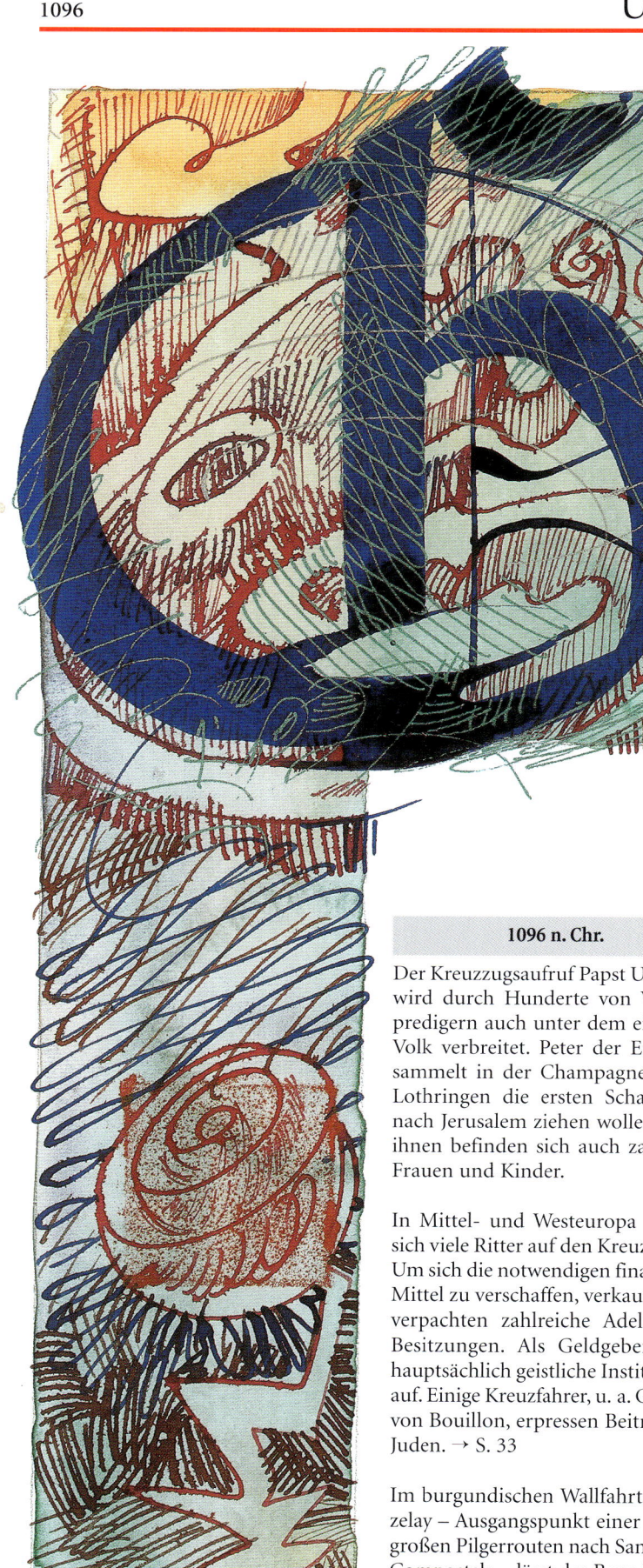

1096 n. Chr.

Der Kreuzzugsaufruf Papst Urbans II. wird durch Hunderte von Wanderpredigern auch unter dem einfachen Volk verbreitet. Peter der Einsiedler sammelt in der Champagne und in Lothringen die ersten Scharen, die nach Jerusalem ziehen wollen. Unter ihnen befinden sich auch zahlreiche Frauen und Kinder.

In Mittel- und Westeuropa bereiten sich viele Ritter auf den Kreuzzug vor. Um sich die notwendigen finanziellen Mittel zu verschaffen, verkaufen oder verpachten zahlreiche Adelige ihre Besitzungen. Als Geldgeber treten hauptsächlich geistliche Institutionen auf. Einige Kreuzfahrer, u. a. Gottfried von Bouillon, erpressen Beiträge von Juden. → S. 33

Im burgundischen Wallfahrtsort Vézelay – Ausgangspunkt einer der vier großen Pilgerrouten nach Santiago de Compostela – lässt der Benediktiner-Abt Artaud den Grundstein zu einem mächtigen Neubau der Kirche Sainte Madeleine legen. Die alte karolingische Kirche konnte die zu den Reliquien der heiligen Maria Magdalena pilgernden Massen nicht mehr fassen.

Heinrich IV. versöhnt sich mit dem Bayern Welf V., nachdem sich dieser von seiner Frau Mathilde von Canossa-Tuszien getrennt hat. Daraufhin belehnt der römisch-deutsche Kaiser erneut Welf V. mit dem Herzogtum Bayern. Die umstrittene Heirat, die im Jahr 1089 auf Geheiß Papst Urbans II. stattgefunden hatte, richtete sich gegen Heinrich IV. und dessen Machtblock.

In Algier gründet der Almoraviden-Prinz Youssef Ibn Tachefin die Moschee Djamaa el-Kebir (»die Große Moschee«). Das fünfschiffige Gotteshaus mit den 14 maurischen Arkaden ist die älteste und größte Moschee der Stadt.

März
Papst Urban II. hält im französischen Tours eine Kirchenversammlung ab. Bei einer Predigt im Freien wiederholt er seinen Kreuzzugsaufruf.

Ostern
Erste Abteilungen des Bauernkreuzzuges machen sich unter Führung von Walter Sans-Avoir auf den Weg nach Konstantinopel.

April
Mit einem Volksheer von 15 000 Menschen bricht der aus Amiens stammende Mönch Peter der Einsiedler in Köln auf und setzt seinen Weg ins Heilige Land fort. → S. 32

Ende April
Deutsche Haufen unter den Führern Gottschalk, Volkmar und Emich von Leiningen folgen dem Bauernheer von Köln aus Richtung Süden. → S. 34

Frühjahr
Nachdem die Kreuzfahrer unter Walter Sans-Avoir byzantinisches Reichsgebiet erreichen, kommt es in Belgrad zu Plünderungen und Gefechten.

3. Mai
Kreuzzahrer unter Emich von Leiningen begehen Massaker an den Juden in Speyer. Auf ihrem Weg durchs Rheinland veranstalten die Truppen des Volkskreuzzuges weitere Pogrome u. a. in Worms, Mainz, Köln, Trier, Metz und Xanten. → S. 35

Mai
In Konstantinopel treffen die ersten Nachrichten vom Anmarsch der Kreuzfahrer ein. Die Byzantiner sind überrascht, dass das Heer den seit längerem nicht mehr benutzten Weg über Ungarn wählt. Anders als an den Heerstraßen in Albanien und Makedonien sind hier keine Vorratslager angelegt.

12. Juni
Papst Urban II. segnet bei der Grundsteinlegung das Baumaterial der Basilika Saint Nazaire in der südfranzösischen Stadt Carcassonne. Die im romanischen und gotischen Stil errichtete Kirche wird erst im 14. Jahrhundert fertig gestellt.

20. Juni
Der Bauernkreuzzug unter Peter dem Einsiedler erreicht die ungarische Stadt Semlin an der Grenze zum byzantinischen Reich. Aus Streitigkeiten auf dem Markt der Stadt entwickeln sich Kämpfe, die 4000 Einwohner das Leben kosten. → S. 34

30. Juni
Die Männer des Volkskreuzzugsführers Volkmar ermorden alle Juden der Stadt Prag, die sich nicht rechtzeitig in Sicherheit bringen konnten. Der Bischof kann den aufgebrachten Mob nicht aufhalten.

Juli
Zur Vorbereitung auf die Teilnahme am Kreuzzug übergibt Graf Raimund IV. von Toulouse zahlreiche seiner Besitzungen dem südfranzösischen Kloster Saint-Gilles. → S. 34

Juli
Vom südfranzösischen Nîmes aus richtet Papst Urban II. eine Botschaft an die Republik Genua: Er fordert die Stadt dazu auf, sich am geplanten Kreuzzug zu beteiligen. Genua verspricht die Bereitstellung von zwölf Galeeren sowie einem Frachtschiff. Die Stadt zögert aber deren Entsendung lange hinaus, um sicherzugehen, dass der Kreuzzug der Ritter auch stattfindet. Erst ein Jahr später, im Juli 1097, sticht die Flotte in See.

Sommer
Belgrad wird vom Bauernheer Peters des Einsiedlers geplündert und in Brand gesteckt. Auf dem Weitermarsch der Kreuzfahrer kommt es bei Nisch zu Gefechten mit petschenegischen Söldnern des byzantinischen Statthalters. Dabei wird das Bauernheer um ein Viertel seines Bestandes vermindert.

Sommer
In Ungarn enden die Volkskreuzzüge von Gottschalk, Volkmar und Emich von Leiningen. Die Truppen des ungarischen Königs Koloman zerstreuen Volkmars Scharen bei Nitra, Gottschalks Leute bei Stuhlweißenburg und die Mannen von Emich am Donauübergang bei Wieselburg.

Sommer

Erzbischof Anselm von Canterbury stellt sein bedeutendstes Werk »Cur deus homo« fertig. Er verbindet den christlichen Glauben mit dem logischen Denken und beeinflusst damit die Entwicklung der scholastischen Theologie. → S. 37

1. August

Nach den Scharen unter Führung von Walter Sans-Avoir, die bereits seit Mitte Juli vor der byzantinischen Hauptstadt lagern, trifft nun auch das Bauernkreuzzugsheer Peters des Einsiedlers in Konstantinopel ein. Die marodierenden Haufen stellen die Geduld des byzantinischen Kaisers Alexios I. Komnenos auf eine harte Probe. → S. 36

6. August

Das Bauernheer setzt über den Bosporus und schlägt sein Quartier in Civetot nahe der Küste des Ägäischen Meeres auf. Von dort aus unternehmen die Kreuzfahrer Raubzüge ins türkische Umland. → S. 36

15. August

In Lothringen beginnt das ritterliche Hauptheer unter Herzog Gottfried von Bouillon und seinem älteren Bruder Balduin von Boulogne den Zug ins Heilige Land. Der Aufbruch des aus Walloniern, Lothringern und Brabantern bestehenden Heeres an Mariä Himmelfahrt markiert den offiziellen Beginn des ersten Kreuzzugs. → S. 38

August

Papst Urban II. kehrt von seiner erfolgreichen Kreuzzugs-Werbungsreise durch Frankreich nach Italien zurück.

Ende August

Graf Hugo von Vermandois, ein Bruder des französischen Königs Philipp I., bricht mit einer Gruppe von Rittern Richtung Jerusalem auf. Er nimmt die Route über Italien und setzt mit Schiffen über die Adria. In einem Sturm kentern mehrere Schiffe. Hugo überlebt den Schiffbruch und wird nördlich von Dyrrachion an Land gespült. → S. 39

29. September

Ein Heer des Seldschuken-Sultans Kilidsch Arslan I. belagert die von Truppen des Bauernheeres besetzte Festung Xerigordon südlich von Nicomedia. Aus Mangel an Vorräten ergibt sich der Großteil der Kreuzfahrer nach acht Tagen. Die etwa 5000 Christen werden getötet oder nach dem Übertritt zum Islam versklavt. → S. 39

September

Robert II. von der Normandie verpfändet sein Herzogtum an seinen Bruder Wilhelm Rufus, den König von England, um die Kosten für den Kreuzzug aufzubringen. Sein Heer, dem außer Flamen und Normannen noch Engländer, Schotten und Bretonen angehören, bricht im Oktober Richtung Italien auf. Neben dem Normannen-Herzog führen die Grafen Robert II. von Flandern und Stephan von Blois die Truppen an. → S. 41

Anfang Oktober

Nach der Durchquerung des deutschen Reiches auf dem Landweg trifft das Ritterheer Gottfrieds von Bouillon in Ungarn ein. Als Gottfrieds Bruder Balduin von Boulogne einwilligt, mitsamt seiner Familie als Geisel von König Koloman vorübergehend in Ungarn zu bleiben, gelangt das Kreuzzugsheer ohne Zwischenfall zur byzantinischen Grenze. → S. 40

21. Oktober

Das in Civetot lagernde Bauernheer verlässt die Stadt, um sich für das Massaker von Xerigordon am 29. September an den Türken zu rächen. Die Christen werden in einen türkischen Hinterhalt gelockt und vernichtend geschlagen. → S. 42

Oktober

Unter Führung des bereits 55-jährigen Grafen Raimund IV. von Toulouse setzt sich das größte Aufgebot des ersten Kreuzzugs in Bewegung. Von Südfrankreich aus überqueren die Kreuzfahrer die Alpen und marschieren durch Norditalien, Istrien und Dalmatien. → S. 41

Oktober

Bohemund von Tarent und sein Neffe Tankred brechen mit ihrem normannischen Heer Richtung Jerusalem auf. In Bari schiffen sie sich zur Überfahrt über die Adria ein. → S. 42

19. November

In der Schlacht von Alcoraz besiegt Peter I., der König von Aragon und Navarra sowie Sohn des Königs Sancho I. Ramirez, die Mauren. Er erobert das im Norden Aragoniens gelegene Huesca.

23. Dezember

Gottfried von Bouillon erreicht mit seinem Heer Konstantinopel. Zwischen den Kreuzfahrern, die vor der Metropole ihr Lager aufschlagen, und den byzantinischen Söldnertruppen kommt es immer wieder zu bewaffneten Auseinandersetzungen. → S. 44

Dezember

Das nordfranzösische Kreuzfahrerheer trifft in Süditalien ein. Während Robert II. von Flandern zur raschen Weiterreise drängt und sich mit seinen Mannen in Bari Richtung Epirus einschifft, überwintern Robert II. von der Normandie und Stephan von Blois mit ihren Truppen in Italien. → S. 43

Dezember

Trotz eines Schiffbruchs kommt Graf Hugo von Vermandois als erster Kreuzzugsführer in Konstantinopel an, wo er vor dem byzantinischen Kaiser Alexios I. wie der Anführer des Gesamtunternehmens auftritt.

1097 n. Chr.

Großgraf Roger I., der 1061 mit der Eroberung des von Arabern beherrschten Siziliens begann, hält in Mazara del Vallo das erste normannische Parlament ab. Die Hafenstadt war der erste Ort, den die Araber im Jahr 827 auf Sizilien einnahmen.

Der spanische Ritter Rodrigo Díaz de Vivar (»El Cid«) besiegt im Zuge der Reconquista die Mauren in der Schlacht bei Baire.

Odo de Conteville, der Bischof von Bayeux (Normandie), der sich dem ersten Kreuzzug angeschlossen hat, stirbt auf der Reise ins Heilige Land in der sizilianischen Stadt Palermo. Der Halbbruder des englischen Königs Wilhelm I. spielte eine große Rolle bei der Eroberung Englands.

Anfang Februar

Das Kreuzfahrerheer von Graf Raimund IV. von Toulouse überquert die byzantinische Reichsgrenze. Nach blutigen Gefechten mit petschenegischen Söldnertruppen, die im Dienste von Byzanz stehen, erreicht das christliche Heer im April Konstantinopel.

Anfang April

Robert II. von der Normandie und Stephan von Blois schiffen sich mit ihrem Tross in Brindisi ein. Auf der Überfahrt von Italien nach Dyrrachion ertrinken 400 Menschen bei einem Schiffsunglück. Unzählige Reittiere und Geldtruhen gehen verloren.

April

Nach dem Marsch durch Albanien und Mazedonien treffen die normannischen Ritter um Bohemund von Tarent in Konstantinopel ein. Bohemund schwört Kaiser Alexios I. Komnenos den Lehenseid, der die Kreuz-

fahrer zur Rückgabe aller eroberten, ehemals byzantinischen Territorien verpflichtet.

Mai

Als Schlusslichter des Ritterkreuzzuges treffen die Nordfranzosen um Stephan von Blois und Robert II. von der Normandie in der byzantinischen Hauptstadt Konstantinopel ein.

Mai

Das vereinigte Kreuzfahrerheer beginnt mit der Belagerung der von den Türken besetzten Stadt Nicäa. Nach fünf Wochen gelingt den Christen die Einnahme der Stadt. → S. 44

1. Juli

Das Kreuzfahrerheer besiegt bei Doryläum in Westanatolien ein türkisches Heer des Sultans Kilidsch Arslan I. Der Sieg ist hauptsächlich Bohemund von Tarent zu verdanken, dessen Truppen als erste von den Türken angegriffen werden. Er schafft es, seine Männer so lange zusammenzuhalten, bis die nachrückenden Teile des christlichen Heeres auf dem Schlachtfeld eingreifen können. → S. 45

Juli

Von Doryläum marschieren die Kreuzritter am Rand der Wüste entlang weiter nach Südosten. Da die Türken alle Nahrungsmittel weggeschafft oder vernichtet und die Wasserstellen unbrauchbar gemacht haben, gestaltet sich das Vorankommen in der hochsommerlichen Hitze des anatolischen Hochlandes äußerst schwierig. Die meisten Lasttiere sterben in der sengenden Sonne. → S. 46

Mitte August

Das stark geschwächte Kreuzfahrerheer gelangt nach Ikonion (Konya). Dort bessert sich die Versorgungslage, Mensch und Tier können neue Kraft schöpfen.

September

In Heraklea angekommen, beschließen die Führer des Kreuzzuges, nicht den direkten Weg über das Taurusgebirge durch die Kilikische Pforte zu nehmen, sondern einen Umweg über Caesarea Mazacha zu machen. Auf dem Weg nach Antiochia schlagen die Kreuzfahrer ein türkisches Heer der Danischmandiden in die Flucht.

September

Balduin von Boulogne, der Bruder Gottfrieds von Bouillon, trennt sich mit einer kleinen Truppe vom Hauptheer und marschiert durch die Kilikische Pforte nach Süden. Tankred von Tarent bricht ebenfalls zu einem Eroberungszug in Richtung Kilikien auf. Er nimmt einen anderen Weg durchs Gebirge und gelangt früher als Balduin in die Ebene.

Ende September

Balduin von Boulogne besetzt die Stadt Tarsos in Kilikien. Er verdrängt dabei Tankred von Tarent, der die Stadt kurz zuvor in seinen Besitz gebracht hat. Der geschlagene Tankred macht sich nun auf den Weg zum Haupttheer. Balduin überlässt Tarsos dem flämischen Seeräuber Guynemer von Boulogne, den er als Gouverneur einsetzt. Richtung Osten ziehend stößt der Graf von Boulogne bald danach wieder auf das Haupttheer. → S. 47

Oktober

Die Kreuzfahrer überwinden das Antitaurusgebirge. Dabei fordern die vom Herbstregen schlammigen Saumpfade zahlreiche Opfer unter den Menschen und Lasttieren. In Marasch werden die Kreuzfahrer von der armenischen Bevölkerung freundlich aufgenommen. Von hier aus bricht das christliche Heer Mitte des Monats zum Weitermarsch in die Ebene von Antiochia auf.

15. Oktober

Die Kreuzfahrer um Tankred von Tarent ziehen von der eroberten Hafenstadt Alexandretta aus Richtung Norden und vereinigen sich mit dem Haupttheer in Artasium.

20. Oktober

In der Schlacht am Orontes erzwingt das Kreuzfahrerheer den Übergang über den Fluss und hat damit freie Bahn bis nach Antiochia. → S. 48

21. Oktober

Die Kreuzfahrer beginnen mit der Belagerung der syrischen Stadt Antiochia. In der fruchtbaren Ebene erbeuten die Belagerer große Mengen an Lebensmitteln, die in den nächsten Wochen die Versorgung des Heeres sicherstellen. → S. 49

9. November

Bischof Erpho von Münster stirbt. Der Geistliche ließ in seiner Heimatstadt mehrere Kirchen bauen und weihte im Jahr 1090 den Dom. Im Investiturstreit stand er auf der Seite von Kaiser Heinrich IV., dem er auch nach dessen Niederlage gegen den Papst die Treue hielt. In den Jahren 1091 und 1092 unternahm Erpho eine Wallfahrt ins Heilige Land.

Mitte November

Das im Juli losgesegelte genuesische Geschwader trifft als Unterstützung der Kreuzfahrer im Hafen von St. Simeon bei Antiochia ein.

Winter

Dem christlichen Belagerungsheer vor Antiochia machen die winterlichen Verhältnisse stark zu schaffen. Aufgrund unzureichender Vorratshaltung herrscht Nahrungsmangel, Seuchen raffen viele der geschwächten Menschen dahin. Das Kreuzfahrerheer verliert ein Siebtel seines Mannschaftsbestandes.

Winter

Balduin von Boulogne folgt einem Hilferuf von Thoros, dem Herrscher von Edessa, der von den Türken bedrängt wird. Mit einigen Gefolgsleuten zieht er von Marasch aus nach Osten, wobei er von der armenischen Bevölkerung als Befreier begrüßt wird. Auf seinem Marsch nach Edessa erobert er die Festungen Turbessel und Ravendel.

1098 n. Chr.

Der Theologe und Chronist Fulcher von Chartres begleitet Balduin von Boulogne als Feldgeistlicher ins Heilige Land. Ab dem Jahr 1101 verfasst er als Augenzeuge der Ereignisse die Chronik »Historia Hierosolymitana« (Jerusalemsgeschichte), eines der bedeutendsten Geschichtswerke über den ersten Kreuzzug sowie die Anfänge der Kreuzfahrerstaaten im Heiligen Land. → S. 50

Der römisch-deutsche Kaiser Heinrich IV. lässt seinen 1087 zum deutschen König gekrönten Sohn Konrad absetzen und seinen zweiten Sohn Heinrich (V.) zum Nachfolger wählen. Auf seinem 1090 begonnenen zweiten Italienfeldzug wurde Heinrich IV. 1093 vom Lombardischen Städtebund eingeschlossen. Konrad hatte sich daraufhin im deutschen Reich auf die Seite der Fürstenopposition geschlagen und seinem Vater bis zum Jahr 1097 die Rückkehr verweigert.

Roger I., der normannische Großgraf von Sizilien, erhält von Papst Urban II. in Capua die apostolische Legation, die ihm eine Sonderstellung innerhalb der sizilianischen Kirche verschafft. Seit der Eroberung Siziliens hatte Roger I. die Neugründung und Ausstattung von Klöstern des griechischen und lateinischen Mönchtums gefördert und die Bistümer an ihm nahe stehende Prälaten vergeben. Hinsichtlich der Wahl und Investitur der Bischöfe kam es zwischen Roger I. und der römischen Kurie zu Auseinandersetzungen.

8. Februar

Balduin von Boulogne wird vom armenischen Fürsten Thoros als Adoptivsohn anerkannt und zum Mitregenten von Edessa eingesetzt. → S. 48

Februar

Abgesandte der schiitischen Fatimiden aus Kairo treten im Lager vor Antiochia mit den Kreuzfahrern in Verhandlungen über ein Bündnis gegen die Seldschuken. → S. 50

Februar

Vergeblich versucht Balduin von Boulogne die Stadt Samosata einzunehmen. Dagegen gelingt es ihm, eine Festung in der Nähe von Samosata zu errichten, von der aus die Türken in Schach gehalten werden.

Februar

Ein türkisches Entsatzheer unter Ridwan, dem Herrscher von Aleppo, versucht vergeblich, das christliche Heer vor Antiochia zu vertreiben. Auch ein Ausfall der Belagerten misslingt. Die Kreuzfahrer können den Hafen St. Simeon besetzen, über den vom Meer aus Nachschub herangeführt wird.

10. März

Balduin von Boulogne benutzt einen Volksaufstand gegen seinen Adoptivvater Thoros, um sich zum Alleinherrscher von Edessa zu machen. Damit entsteht in Edessa der erste Kreuzfahrerstaat im Osten. → S. 51

21. März

Der Geistliche Robert von Molesme gründet im burgundischen Cîteaux den Orden der Zisterzienser. Die Mönche leben nach der Benediktinerregel. Besonders betont wird der Wert der praktischen Arbeit. Abt Robert hatte 1075 das Kloster Molesme mitbegründet, das er gemeinsam mit mehreren Anhängern verließ, da es sich den strengen Benediktinerregeln widersetzte. → S. 52

März

Antiochia wird von den Kreuzfahrern vollständig eingeschlossen. Die Christen beginnen mit dem Bau von Belagerungsmaschinen und Gegenfestungen, u. a. dem »Turm des Tankred«.

Mai

Statt sofort die Belagerer von Antiochia anzugreifen, versucht Kerbogha zunächst, Balduin von Boulogne aus

Edessa zu vertreiben. Der Herrscher von Mosul wurde von der eingeschlossenen muslimischen Bevölkerung Antiochias zur Hilfe gerufen. Die Belagerung von Edessa schlägt jedoch fehl. Die drei Wochen, die Kerbogha vor der Stadt zubringt, verschafft den Kreuzfahrern vor Antiochia einen wertvollen Zeitgewinn.

2. Juni

Graf Stephan II. von Blois und Chartres, der Schwager von Robert von der Normandie, verlässt kurz vor der Einnahme von Antiochia das Kreuzzugsunternehmen. Auf Drängen seiner Frau Adela von der Normandie, der ehrgeizigen Tochter König Wilhelms I., zieht er jedoch 1101 erneut ins Heilige Land, wo er am 19. Mai 1102 beim Ansturm der Ägypter auf Ramla ums Leben kommt.

3. Juni

Nach sieben Monaten Belagerung fällt die syrische Stadt Antiochia den Kreuzfahrern durch Verrat in die Hände. Mordend ziehen die Christen durch die eroberte Stadt, kaum ein Türke bleibt dabei am Leben. Der muslimische Befehlshaber Yaghi Siyan wird auf der Flucht von Armeniern erschlagen. Kerboghas Heer kommt zwei Tage zu spät zum Entsatz, es kann nur mehr seinerseits die Belagerung der Stadt aufnehmen. Vor der Einnahme durch die Christen kam es im Kreuzfahrerheer zu zahlreichen Desertionen. → S. 53

15. Juni

In der Kathedrale von Antiochia finden die Kreuzfahrer die »Heilige Lanze«, mit der ein Soldat Jesus am Kreuz die Seite durchstoßen hat. Die Fundstelle der Passionsreliquie bezeichnete ein Provenzale namens Peter Bartholomäus aufgrund einer angeblichen Vision. Die Kampfmoral der vom Heer Kerboghas belagerten Christen wird durch den Fund der Reliquie kräftig angehoben. → S. 54

28. Juni

Vor den Mauern von Antiochia kommt es zur Entscheidungsschlacht zwischen den türkischen Truppen unter Führung von Kerbogha, dem Herrscher von Aleppo, und den belagerten Kreuzfahrern. Das christliche Heer unternimmt einen Ausfall und besiegt die Belagerer in einer offenen Feldschlacht. Einige Kreuzfahrer berichten von Visionen, die sie während der Kämpfe gehabt haben wollen. U. a. glauben sie, dass ihnen der heilige Georg zu Hilfe eilt. → S. 55

Juli

Vor dem Weitermarsch nach Jerusalem beschließen die Führer des Kreuzzuges, in Antiochia eine Ruhepause bis November einzulegen. Wachsende Rivalitäten vor allem zwischen Bohemund von Tarent und Raimund IV. von Toulouse um den Besitz der eroberten Stadt Antiochia belasten das gegenseitige Verhältnis.

1. August

Der von Papst Urban II. zum geistlichen Führer des Kreuzzuges eingesetzte Bischof von Le Puy, Adhemar von Monteil, stirbt in Antiochia. Durch den frühen Tod des päpstlichen Legaten geht dem Kreuzzug eine von allen anerkannte Führungspersönlichkeit verloren. Adhemar brach im Oktober 1096 gemeinsam mit Raimund IV. von Toulouse in das Heilige Land auf. → S. 55

24. August

Mit der Eroberung der Engelsburg in Rom ist die seit 1084 andauernde Auseinandersetzung zwischen Papst Urban II. und dem vom deutschen Kaiser unterstützten Gegenpapst Klemens III. zugunsten Urbans beendet.

26. August

Nach 40-tägiger Belagerung vertreiben die ägyptischen Fatimiden die Seldschuken – ihre muslimischen Rivalen – aus Jerusalem und setzen die Befestigungsanlagen der Stadt wieder instand. Die Seldschuken ziehen sich nach Damaskus zurück. In der Folgezeit besetzen die Fatimiden ganz Palästina bis zum Hundefluss nördlich von Beirut. → S. 55

11. September

Die adligen Kreuzzugsführer verfassen gemeinsam einen Brief an Urban II., in dem sie Bischof Adhemars Tod anzeigen und den Papst auffordern, höchstselbst ins Heilige Land zu kommen, um die Führung des Kreuzzuges zu übernehmen.

5. November

Der Streit zwischen Bohemund von Tarent und Raimund IV. von Toulouse über Antiochia wird vorläufig beigelegt. Bohemund darf die Burg sowie drei Viertel der Stadt behalten.

11. Dezember

Auf ihrem Weg nach Jerusalem erobern die Kreuzfahrer die Festung Maarat an-Numan. Sie plündern die Häuser und verüben ein Blutbad unter den Einwohnern. Um den Besitz von Maarat an-Numan brechen erneut Streitigkeiten zwischen Bohemund von Tarent und Raimund IV. von Toulouse aus – wie zuvor um Antiochia. Das Heer fordert ein Ende des Zwistes und dringt auf den Weitermarsch. Bevor sie weiterziehen, brennen die Kreuzfahrer die Siedlung nieder. → S. 55

Ende 1098

In der Grafschaft Edessa, dem ersten Kreuzfahrerstaat, decken die fränkischen Ritter eine Verschwörung einheimischer Armenier auf. König Balduin von Boulogne greift hart durch. Er lässt alle Beteiligten einsperren, manche von ihnen werden geblendet oder verstümmelt.

Bevor die Ritterheere ihre Kreuzzugsvorbereitungen abschließen, brechen Volkshaufen auf

Ein charismatischer Mönch führt den Volkskreuzzug an

■ *April 1096, Köln*

Die Kreuzzugspredigt Papst Urbans II. ist eigentlich nur an die Ritterschaft gerichtet, sie stößt jedoch auch im einfachen Volk auf großen Widerhall. Während die Ritter sich noch umständlich rüsten, macht sich ein Zug der Armen und Entrechteten überstürzt auf den Weg ins Heilige Land.

Peter der Einsiedler bricht mit seinem rund 15 000 Menschen zählenden Volksheer in Richtung Jerusalem auf. Kurz nach Ostern verließ bereits Walter Sans-Avoir mit seinen ungeduldigen französischen Abteilungen die Stadt und zog nach Südosten.

Hunderte Wanderprediger hatten den Kreuzzugsgedanken unter der Bevölkerung verbreitet. Zumeist handelte es sich dabei um Bettelmönche, die ihre Versammlungen unter freiem Himmel, in Wirtshäusern oder auf Märkten abhielten. Sie kennen die Begriffswelt des Volkes und sprechen seine Sprache. Manche besitzen eine gewaltige Rednergabe und einer von

ihnen, Peter der Einsiedler, verfügt auch über ein solches Charisma, dass Tausende Menschen alles stehen und liegen lassen und sich ihm auf dem Weg nach Jerusalem zur Befreiung des Heiligen Grabes anschließen.

Seinen Namen verdankt Peter seiner Eremitenkutte, die er für gewöhnlich trägt. Er verkörpert den Typus des Propheten, der in einer politisch und religiös aufgeladenen Zeit aus dem Nichts hochgeschwemmt wird und ins Nichts zurücksinkt, wenn seine historische Stunde vorbei ist. So sind von ihm weder Geburts- noch Todesdaten bekannt, nur seine Herkunft ist einigermaßen sicher belegt. Er soll aus Amiens stammen, darum heißt er in manchen Quellen auch Peter von Amiens. Wegen seines Wuchses bekommt er auch die Spitznamen »Chou Petron« oder »Peter Kiukiu«, was so viel wie »Kleiner Peter« bedeutet.

Peter ist nicht nur klein, sondern auch unansehnlich. Seine Kleider starren vor Schmutz, aber es umgibt ihn der Nimbus eines Heiligen. Die

Peter übergibt Urban II. einen Brief des Jerusalemer Patriarchen.

Leute laufen dem wortgewaltigen Prediger in Scharen hinterher. Sie reißen dem Maultier, auf dem er reitet, sogar die Schwanzhaare aus, um eine Reliquie von dem Wundermann zu ergattern. Nur ein Teil seiner Anhänger trägt Waffen, auch Frauen und Kinder schließen sich dem Zug an. Es herrscht eine fromme Begeisterung, die jedoch jederzeit in Hysterie und Aggression umschlagen kann. Zur Finanzierung seines Unternehmens setzt Peter ein Mittel ein, dessen sich auch die Fürsten gern bedienen: Den Juden in den Städten wird Geld abgepresst mit der Drohung, andernfalls stünden ihnen schlimmste Massaker bevor.

Die militärische Führerschaft wird Peter allerdings bald von einigen kampferprobten Rittern abgenommen, die sich dem wilden Unternehmen zugesellen. Einer von ihnen ist Walter Sans-Avoir, ein französischer Haudegen, dessen Beiname bezeichnenderweise »Habenichts« bedeutet.

Walter führt seine Landsleute von Köln aus rheinaufwärts, dann den Neckar und die Donau entlang. Von König Koloman gut versorgt, kommen seine Scharen problemlos durch Ungarn. Ende Mai überquert Walter die Save bei Belgrad und betritt das byzantinische Reichsgebiet. In Belgrad kommt es erstmals zu Zwischenfällen. Plünderungen der Kreuzzügler lösen Gefechte aus, in denen mehrere Gefolgsleute von Walter getötet werden.

Walters Truppe zieht weiter nach Nisch, wo sie zunächst festgehalten wird. Den kaiserlichen Behörden ist von ihrem Kommen nichts bekannt gewesen. Sie sind darauf eingestellt, eine kleine, disziplinierte Söldnertruppe über die bekannte Pilgerroute der Via Egnatia, von Dyrrachion (Durazzo) über Thessalonike durch Nordgriechenland zu geleiten, wofür auch Versorgungslager eingerichtet sind. Sie erwarten jedoch nicht, dass wilde Volkshaufen auf der kaum mehr benutzten Route Belgrad–Nisch–Sofia–Adrianopel erscheinen – noch dazu ein halbes Jahr früher als gedacht.

Nach einigen Auseinandersetzungen, bei denen es auch Todesopfer gibt, kann sich Walter mit den Behörden einigen. Von einer kaiserlichen Eskorte begleitet, setzt er mit seinem Trupp den Zug nach Konstantiopel fort. Mitte Juli trifft er in der Stadt ein.

Zitat

»Glühender Eifer«

In seiner Geschichte über den ersten Kreuzzug (»Gesta Dei per Francos«) berichtet der Benediktiner Guibert von Nogent:

»Selbst die Armen wurden von einem so glühenden Eifer entflammt, dass keiner von ihnen sich damit aufhielt, an seine bescheidenen Einkünfte zu denken oder zu überlegen, ob er es sich leisten könnte, sein Haus, seine Weingärten oder seine Felder aufzugeben. Es gab zu jener Zeit eine allgemeine Teuerung, selbst die Reichen litten unter einem großen Mangel an Getreide, und obgleich manche von ihnen viele Dinge anzuschaffen hatten, besaßen sie doch nichts oder fast nichts, um diese Erwerbungen zu bezahlen... Ihr hättet bei der Gelegenheit wahrhaft wunderliche und sehr zum Lachen reizende Dinge sehen können. Arme Leute beschlugen die Hufe ihrer Ochsen nach Art der Pferde mit Eisen, spannten sie vor zweirädrige Karren, luden darauf ihre winzigen Vorräte und die kleinen Kinder und zogen sie so hinter sich her; und sobald die kleinen Kinder ein Schloss oder eine Stadt erblickten, fragten sie eifrig, ob das jenes Jerusalem sei, zu dem sie auf dem Weg waren.«

Peter der Einsiedler an der Spitze des Kreuzzugsheeres (Farbdruck, um 1918)

Überlebenskampf gegen Natur und Fronherrn

Im Hochmittelalter ist das Leben der Menschen auf dem Land kärglich und daher vor Not und Elend geprägt. Die Bauern betreiben ihre Landwirtschaft nach althergebrachten Methoden. Die Äcker werfen wenig ab, vermutlich selbst in guten Jahren nur das Vier- oder Fünffache des Saatgutes. Unwetter und Überschwemmungen können in wenigen Stunden die Arbeit eines Jahres zunichte machen. In Dürreperioden gibt es hingegen keine Möglichkeit der künstlichen Bewässerung. Gegen Pflanzenschädlinge weiß der Landmann keine Mittel, ebenso wenig, wenn das Vieh von Seuchen befallen wird. In den Holzscheunen, die als Magazine benutzt werden, dezimieren Nagetiere die Vorräte. Die Ausstattung

Mittelalterliche Bauern bei der Arbeit mit einem Ochsenpflug

mit technischem Gerät ist kümmerlich, der Bauer behilft sich meist noch mit Arbeitsmitteln und Werkzeugen aus Holz. Die fensterlosen und verräucherten Hütten sind ohne jede Behaglichkeit. Da es kaum befestigte Straßen gibt, sind die Dörfer schwer zu erreichen. Der Fortbewegung dienen Ochsen- oder Eselkarren. Die Haltung von Pferden können sich nur wenige leisten.

Immer wieder kommt es zu schweren Hungerwintern und zu Erntekatastrophen: Von Schneefällen bis in den Mai ist in deutschen und französischen Chroniken die Rede, von Brot, das die Menschen aus Stroh backen, von lang anhaltenden Regenfällen, die mehrere Ernten nacheinander vernichten, sowie von Hungertoten, die den Boden der Kirchen bedecken. Auf den Hunger folgen unausweichlich Krankheiten und Seuchen, die Tausende dahinraffen. Typhus, Ruhr, Pocken, Tuberkulose, Lepra, Skorbut und Beulenpest grassieren. Gefürchtet ist auch das Antoniusfeuer, eine Pilzvergiftung, die durch Roggenbrot verbreitet wird.

Nicht allein die Natur macht dem Landmann das Leben schwer, auch das Feudalsystem bedrückt ihn. Die Grundherren fordern von den Bauern Abgaben ein und verlangen Frondienste. Zudem untersagen sie die Rodung von Wäldern, in denen sie jagen, und veranstalten ihre Hetzjagden über die Äcker der Bauern hinweg. In den endlosen Fehden des Adels wird manches Dorf verwüstet. Unter diesen erschwerten Lebensumständen erstaunt es nicht, dass immer mehr Landleute ihre Höfe verlassen und dorthin ziehen, wo sie der Arm ihrer Herren nicht erreichen kann: in die Städte, in die Ostgebiete, die zu dieser Zeit erschlossen werden – oder ins Heilige Land. Dort sollen Milch und Honig fließen und das Land soll nach allgemeiner Überzeugung fruchtbarer sein als anderswo.

Landwirtschaftliche Arbeiten, u. a. säen, pflügen und ernten, im Lauf der Monate (9. Jh.)

Palästina lockt mit finanzieller Absicherung

Die Motivation der Kreuzritter

■ **1096, Europa**

In die Kreuzzugsbewegung, die nach dem Aufruf auf der Synode von Clermont im November 1095 losbricht, fließen auch ganz handfeste irdische Motive mit ein.

Die Vorbereitungen auf den ersten Kreuzzug laufen unter den adeligen Rittern auf Hochtouren.

In seiner Kreuzzugspredigt sprach Papst Urban II. in erster Linie die kämpferischen Ideale des abendländischen Kriegertums an und verband sie mit der Idee der Wallfahrt zu den heiligen Stätten als Buße für ein sündhaftes Leben. Gewiss gibt die religiöse Stimmung den Ausschlag bei dem Unternehmen – ohne festen Glauben,

Die Söhne streiten sich nach dem Tod des Vaters um die Verteilung des Erbes. Zahlreiche Ritter schließen sich dem Kreuzfahrerheer an, da sie bei solchen Konflikten unterlegen waren und suchen nun in der Fremde ihr Glück.

Im Norden Frankreichs, in der Normandie, hat sich die Primogenitur, das Erbrecht des Erstgeborenen, fest eingebürgert. Das erklärt, warum die Kreuzzugswerbung bei den jüngeren Söhnen des normannischen Adels besonders Gehör findet. Das gleiche gilt für die Normannen, die aus Süditalien und Sizilien zum Kreuzzug stoßen und die so etwas wie das militärische Rückgrat des ersten Kreuzzugs bilden.

Szenen aus dem Sachsenspiegel zum Lehenswesen (Buchmalerei, um 1300)

tiefe Frömmigkeit und unermessliche Leidensfähigkeit hätten die Kreuzfahrer wohl kaum die ungeheuren Strapazen ausgehalten, die ein Marsch ins Heilige Land bedeutete. Aber auch materielle Beweggründe sind ausschlaggebend.

Das Leben auf den Adelssitzen ist nicht immer bequem: Die Herren hausen in zugigen, ewig kalten und nassen Unterkünften, die nur spärlich erhellt sind, schlafen auf Stroh und verzehren ihr Mahl aus Holzschüsseln oder irdenen Töpfen. Oftmals ist nicht für alle Platz am Tisch des Burgherren. Regelmäßig kommt es zu Auseinandersetzungen um die Nachfolge.

In Palästina winkt die Möglichkeit, Land zu erwerben und Lehnsherr zu werden. Und es gibt weitere ökonomische Argumente: Der Wallfahrer, auch der bewaffnete, genießt kirchlich garantierte Privilegien. Während seiner Abwesenheit ist sein Besitz in der Heimat geschützt, Schuldentilgung und Zinsleistung ruhen, Zölle und Steuern müssen nicht geleistet werden, anhängige Gerichtsverfahren werden aufgeschoben. Unter denen, die zum Kreuzzug aufbrechen, sind nicht wenige dabei, die auf diese Weise drückende Zahlungsverpflichtungen loswerden oder Verurteilungen aus dem Weg gehen.

Urban II. besucht 1095 die Abtei Cluny in Toulouse (Miniatur) und Raimund IV.

Der Graf von Toulouse als Vorreiter
Raimund IV. nimmt das Kreuz

■ *Juli 1096, Toulouse*

Die rasche Erklärung des Grafen von Toulouse, sich dem Kreuzzug anzuschließen, bringt das Unternehmen entscheidend voran.

Um den Ernst seiner Kreuzzugsabsichten darzustellen, übergibt Graf Raimund IV. von Toulouse eine Vielzahl seiner Besitztümer dem Kloster von Saint-Gilles.

Bereits vier Tage nach dem Aufruf Urbans II. nahm Raimund als erster französischer Feudalherr das Kreuz. Daran wird deutlich, dass er in die Pläne des Papstes eingeweiht war. Raimund ist bereits über 50 Jahre alt, er beteiligte sich zuvor schon in Spanien an Kriegen gegen die Muslime. Mit seinem Beitritt bekam die Kreuzzugsidee Dynamik und materiellen Rückhalt. Die provenzalisch-südfranzösische Armee, die er mit Hilfe seines riesigen Vermögens mobilisiert, ist die größte des Kreuzzugs. Infolge seines Ranges und der gewaltigen Mittel, die er aufwendet, beansprucht Raimund die Führung des Kreuzzugs. Diese wird ihm jedoch von anderen Fürsten, vor allem von Bohemund von Tarent, strittig gemacht. Auseinandersetzungen zwischen beiden bestimmen fortan den Kreuzzug.

Peter der Einsiedler versucht seine Scharen unbeschadet nach Byzanz zu führen
Das christliche Bauernheer wütet in Ungarn

■ *20. Juni 1096, Semlin*

Während die vorausmarschierenden Haufen unter Walter Sans-Avoir noch relativ problemlos bis nach Konstantinopel gelangen, hat die Hauptmacht unter Peter dem Einsiedler größere Schwierigkeiten.

Die auf 20 000 Menschen angewachsene Schar unter Führung Peters des Einsiedlers trifft in Semlin, der ungarischen Grenzstadt zum byzantinischen Reich, ein. Es ist das größte Kontingent des Bauernkreuzzuges, die unermüdliche Agitation von Peter hat die Kopfzahl immer weiter anschwellen lassen. Von Köln aus ist das Heer durch Süddeutschland und Ungarn gezogen und wurde dabei durch die lokalen Behörden unterstützt.

Doch in Semlin ereignet sich ein folgenschwerer Zwischenfall. Auf dem Markt geraten Kreuzfahrer und Einheimische über den Verkauf eines Paars Schuhe derart in Streit, dass sich daraus eine Schlägerei entwickelt, in die immer mehr Kreuzfahrer eingreifen. Schließlich stürmen diese die Zitadelle und töten 4000 Ungarn. Danach überqueren sie in großer Eile die Save, um sich der Rache des ungarischen Königs Koloman zu entziehen.

Ihren Weg nach Konstantinopel säumen weitere Gewalttaten. Belgrad, dessen Bewohner in Angst geflohen sind, wird geplündert und in Brand gesteckt. Bei Nisch stellen sich petschenegische Söldner des byzantinischen Statthalters dem Bauernheer in den Weg. Eine scharfe Attacke dieser Berufssoldaten lässt die ungeordneten Kreuzzügler in alle Richtungen auseinander stieben. Viele werden erschlagen, andere geraten in Gefangenschaft. Erst nach Tagen versammeln sich die Versprengten wieder. Der byzantinische Kaiser Alexios I. übermittelt, dass er ihnen ihre Missetaten verzeihe. Um ein Viertel seines Umfangs vermindert, wird das stark in Mitleidenschaft gezogene Bauernheer wieder als Verbündeter anerkannt und versorgt.

Peter der Einsiedler predigt vor den Kreuzfahrern (Historienbild, 19. Jh.)

Rache der Ungarn
Nachhut fast völlig aufgerieben

■ *Ende April 1096, Köln*

Teile des Volkskreuzzuges bleiben schon bald hinter der Grenze des deutschen Reiches stecken.

Den Bauernheeren von Walter Sans-Avoir und Peter dem Einsiedler folgen deutsche Gruppen unter den Führern Gottschalk und Volkmar. Ein Kontingent unter Emich (oder Emmerich) von Leiningen schließt sich ebenfalls an. Sie alle beginnen ihre Kreuzfahrt mit blutigen Judenverfolgungen in den Städten des Rheinlandes, in Prag und in Regensburg.

Gottschalk ist ein Schüler Peters des Einsiedlers, den sein Meister in Köln zurückgelassen hat, um Nachzügler einzusammeln. Über die Herkunft Volkmars ist nichts bekannt. Emich von Leiningen hat immerhin eine Karriere als Kriegsmann vorzuweisen. Seine Truppe ist auch die größte und militärisch schlagkräftigste der drei Volkszüge.

Von den drei Heeren erreicht keines das Gebiet von Byzanz. Im Sommer wird Volkmars Heer – gerade als es sich wieder zu einem Judenmassaker anschickt – kurz hinter der böhmisch-ungarischen Grenze bei Nitra von Truppen des ungarischen Königs Koloman angegriffen und zerstreut. Ein ähnliches Schicksal erleidet Gottschalk mit seinen Leuten bei Stuhlweißenburg. Emichs Heer wird am Donauübergang bei Wieselburg aufgehalten und von den Ungarn ebenfalls vernichtend geschlagen.

Zitat

Blutige Exzesse in Mainz

Der Chronist Albert von Aachen erzählt, wie die Kreuzfahrer, geführt von Emich von Leiningen, unter den Mainzer Juden wüten:

»Die Juden, die gemerkt hatten, dass sie den Händen dieser großen Menge nicht entrinnen könnten, flohen in der Hoffnung auf Rettung zum Bischof Ruthard und hofften alles von seinem Schutz, da er ja der Bischof der Stadt war. Der Bischof nahm eine ganz unerhörte Menge Geldes aus den Händen der Juden entgegen und legte es in sorgsame Verwahrung. Die Juden selbst versammelte er zum Schutz

Der Minnesänger Süßkind von Trimberg mit Judenhut (um 1300)

vor dem Grafen Emich und seinen Leuten im geräumigsten Saal seines Hauses.

Aber Emich und seine ganze Schar hielten Rat, und bei Sonnenaufgang griffen sie mit Pfeilen und Lanzen die Juden im bischöflichen Saal an, brachen Riegel und Türen auf, überfielen die Juden, ungefähr siebenhundert an der Zahl, die vergebens dem Ansturm von so vielen Tausenden Widerstand zu leisten suchten, trieben sie heraus und machten sie alle nieder. Auf gleiche Weise schlachteten sie auch die Weiber ab. Und auch die zarten Kinder beiderlei Geschlechtes ließen sie über die Klinge springen. Die Juden... ergriffen nun gegen sich selbst und gegen die eigenen Glaubensbrüder die Waffen. Denn sie wollten lieber von eigenen Händen als durch die Waffen der Unbeschnittenen fallen.«

Juden werden die ersten Opfer des Kreuzzugs

Mehrere Judenpogrome entlang des Rheins

Pogrom gegen Juden im Mittelalter (Xylographie, 19. Jh.)

■ 3. Mai 1096, Speyer

Teile des Bauernkreuzzugs haben es nicht eilig, ins Heilige Land aufzubrechen. Sie sind emotional so aufgeheizt, dass sich ihre Totschlaggelüste gegen die einheimischen Juden richten. Nachdem Peter der Einsiedler sich noch damit begnügte, den Juden Geld abzupressen, begehen seine Nachfolger Massenmorde.

Die Horden des Ritters Emich von Leiningen verüben die ersten Schandtaten und machen in Speyer Jagd auf die Juden. Der bischöfliche Stadtherr sorgt jedoch dafür, dass sie nur wenige auffinden. Er bringt es sogar zuwege, mehrere von Emichs Leuten ins Gefängnis zu werfen, wo ihnen die Hände abgeschlagen werden. Die Wut der Judenmörder steigert das nur noch weiter. Am 18. Mai erreichen sie Worms, wo sie rund 500 Juden umbringen, obwohl sich ihnen der Bischof auch hier entgegenstellt.

In Mainz, wohin die Kunde von den Pogromen längst vorgedrungen ist, machen die Juden dem Bischof sowie dem einflussreichsten Mitglied des städtischen Patriziats Geldgeschenke von bedeutendem Wert, um ihren Schutz zu erkaufen. Sie versuchen sogar, Emich zu bestechen. Der Führer der Kreuzfahrer, der am 25. Mai die Stadt erreicht, nimmt das Geld zwar an, lässt den Mob aber trotzdem auf die Juden los. Der bischöfliche Palast wird gestürmt, ein weiteres Gebäude geht in Flammen auf. Bei dem Pogrom kommen an die 1000 Juden ums Leben. Weitere Massaker ereignen sich im Juni in Köln, Trier, Metz sowie in mehreren Orten am Niederrhein.

Inzwischen erhalten auch die Scharen Volkmars und Gottschalks, die den Sammelplatz Köln bereits verlassen haben, Nachricht von den Vorgängen im Rheinland und beginnen nun ihrerseits mit Pogromen an der jüdischen Bevölkerung. Die von Volkmar geführten Heerhaufen metzeln am 30. Juni alle Juden der Stadt Prag nieder, die ihnen in die Hände fallen. Wie in den rheinischen Städten versucht auch hier der Bischof das blindwütige Morden zu verhindern. Seine Bemühungen sind jedoch vergeblich. Während Volkmars Leute in Prag wüten, morden Gottschalks Truppen in Regensburg.

Die Kirche befindet sich in einem Dilemma. In ihrer Rolle als Stadtherren treten die Bischöfe für die Juden ein, da deren Finanzkraft hochwillkommen ist. Andererseits haben die Kirchenfürsten, allen voran der Papst, es zugelassen, dass sich in die Kreuzzugswerbung judenfeindliche Propaganda einschleicht. Die Wanderprediger, die den Kreuzzugsgedanken unters Volk bringen, haben keine Bedenken, Leidenschaften und niedrige Instinkte gegen Juden anzustacheln.

Grabsteine in Worms, dem ältesten erhaltenen jüdischen Friedhof Europas

Am Bosporus prallen unterschiedliche Lebenswelten aufeinander

Kulturschock: Der Bauernkreuzzug vor Konstantinopel

■ *1. August 1096, Konstantinopel*
Durch die Zügellosigkeit der Kreuzfahrer gerät das vor den Toren der byzantinischen Hauptstadt lagernde Bauernheer in Misskredit. Die ungeduldigen Kreuzzugsteilnehmer drängen allerdings auf einen raschen Weitermarsch.

Die Scharen Peters des Einsiedlers erreichen Konstantinopel und vereinigen sich mit den Einheiten von Walter Sans-Avoir, die seit Mitte Juli vor den Mauern der Stadt lagern.

Im Buch »Alexias« schildert die byzantinische Kaisertochter Anna Komnena die Ankunft der Kreuzfahrer. Nach ihren Worten ist ihre Menge »größer als die der Sandkörner am Ufer des Meeres«, es herrscht »ein Gewühl, wie man es seit Menschengedenken nicht gesehen« hat. Die Tochter von Kaiser Alexios I. bemerkt auch, dass »diese wie von einer heiligen Glut entflammten Menschen« auf ihren Gesichtern »den Ausdruck froher Stimmung und des Eifers, den Weg des Himmels zu gehen«, tragen.

Für die Wallfahrer aus dem Westen ist der Anblick Konstantinopels überwältigend. Die Metropole am Golde-

Seit dem 5. Jh. wird Konstantinopel von einer mächtigen, rund 6,5 km langen Stadtmauer mit 96 Türmen gesichert.

Peter der Einsiedler als Führer des ersten Kreuzzugs (französische Miniatur, Anfang 14. Jh.)

nen Horn wirkt auf sie wie eine Märchenstadt. Im Vergleich dazu erscheint ihnen ihre Heimat primitiv und armselig. In Konstantinopel haben sich die wissenschaftlichen und technischen Errungenschaften sowie die Lebensformen der hellenistisch-römischen Kultur erhalten. Es gibt kommunale Einrichtungen aller Art, von Badeanstalten bis zu Spezialkliniken für Chirurgie oder Hautkrankheiten, zudem Sportplätze und eine Universität. Durch die Stadt ziehen sich kilometerlange Geschäftsstraßen.

Auf den Märkten werden Lebensmittel und Gewürze aus aller Welt angeboten. Über 100 000 Menschen leben hier, mehr als in jeder anderen Stadt Europas. Zu Tausenden sind sie bei Tag und Nacht auf den Straßen unterwegs. In den Palästen der Reichen herrscht ungeheurer Luxus. Die Kirchen quellen über von Kunstwerken, wertvollem Kultgerät und Reliquien.

Kaiser Alexios I. ist mit den Ankömmlingen unzufrieden, sein Hilferuf an den Westen war anders gemeint. Er hatte gehofft, dass der Papst ihm eine kleine disziplinierte Streitmacht schickt, die sich seinem Befehl unterordnet und die er einsetzen kann, um die Seldschuken aus Kleinasien zu vertreiben. Stattdessen trafen unzureichend bewaffnete Haufen ohne militärische Ausbildung

und straffe Führung ein. Der Kaiser empfiehlt den Pilgern daher zunächst, auf den Zug der Ritter zu warten, der für das kommende Jahr angekündigt ist.

Doch die Teilnehmer des Bauernkreuzzugs zeigen wenig Geduld und verlangen stattdessen, so schnell wie möglich weiterzuziehen. Sie plündern in den Vorstädten, zünden Häuser an und reißen sogar die Bleiplatten von den Kirchendächern herunter, um sie zu verkaufen. Zwar passen Wächter an den Stadttoren auf, dass immer nur wenige Kreuzfahrer auf einmal die Stadt betreten, aber da die Außenbezirke nicht ständig kontrolliert werden können, hält es der Kaiser für besser, die Gäste in Quartiere auf der kleinasiatischen Seite abzuschieben.

Als die Kreuzfahrer in Kleinasien eintreffen, verliert Peter der Einsiedler an Autorität

Die Bauernheere setzen über den Bosporus

■ *6. August 1096, Konstantinopel*
Als der Bauernkreuzzug an die Grenzen des türkischen Gebietes vorrückt, kommt es zwischen den einzelnen Volksgruppen zu ernsthaften Zerwürfnissen.

Die Kreuzfahrer setzen von Konstantinopel auf das kleinasiatische Ufer

des Bosporus über. Die Heerhaufen umfassen rund 30 000 Menschen. Zu den Scharen Peters des Einsiedlers und Walters Sans-Avoirs haben sich noch Züge italienischer Pilger gesellt. Die Scharen marschieren am Marmarameer entlang nach Nikomedia, einer Stadt, die nach den Verwüstungen

durch die Türken seit 15 Jahren unbewohnt ist. Hier kommt es zu ersten Zerwürfnissen unter den Gruppen. Peters charismatische Macht ist im Schwinden, er muss erleben, dass ihm Deutsche und Italiener den Gehorsam aufkündigen; nur die Franzosen halten weiterhin zu ihm. Noch mar-

schieren die Parteien auf demselben Weg. Im Herbst nehmen sie Quartier in Civetot, das in Küstennähe liegt und von Konstantinopel aus mit Schiffen versorgt werden kann. Aber die Kreuzfahrer befinden sich nun an der Grenze zum türkischen Gebiet, in Tuchfühlung mit dem Feind.

Vordenker der scholastischen Theologie: Verbindung von Glauben und logischem Denken

Anselm von Canterbury verfasst »Cur deus homo«

■ *Sommer 1096, England*

Im 11. Jahrhundert entsteht eine neue Art der Bibelauslegung. Dabei geht es nicht mehr um die mystische Versenkung in die Texte, sondern um eine systematisch geordnete Wissensvermittlung der Textaussagen. Anselm von Canterbury stellt diese Vermittlung von Glauben und Wissen überragend dar.

Anselm, eigentlich Erzbischof von Canterbury, aber wegen Streitigkeiten mit dem englischen König Wilhelm II. seit einem Jahr im Exil, vollendet sein wichtigstes Werk mit dem Titel »Cur deus homo« (»Warum Gott Mensch wurde«).

Seine große Leistung liegt in der Vermittlung von logischem Denken und dem Glauben. »Denken heißt, eine Sache geistig schaubar machen«, formuliert der 1033 in Aosta im nördlichen Piemont geborene Theologe. Für Studien in Burgund und Frankreich verließ er sein Elternhaus und trat 27-jährig als Novize in das Kloster Bec in der Normandie ein. Drei Jahre später wurde er Leiter der Klosterschule. Während dieser Zeit entfaltete die Schule ein reiches wissenschaftliches und geistliches Leben.

Anselm bezieht sich in seiner Lehre besonders auf den Kirchenvater Augustinus, geht aber über ihn hinaus. Er vertieft sich in die Studien des spätrömischen Philosophen Boethius und verarbeitet dessen Logik, die in der Tradition des griechischen Philosophen Aristoteles steht.

Anselm gibt der Theologie ein neues Gesicht, indem er ein wissenschaftliches Programm für den Glauben entwickelt. Demnach muss es einen logischen Beweisgrund für den Glauben an Gott geben, den Begriff von etwas, »über dem nichts Größeres gedacht werden kann«. Die Schrift, in der Anselm dieses theologische Programm entwickelt, überschreibt er mit »Fides quaerens intellectum« (»Der Glaube, der nach Einsicht sucht«).

Das Zusammenwirken von Glaube und Vernunft bezieht Anselm auch auf die anderen großen Themen der Theologie, vor allem auf die Frage, warum Gott in Christus Mensch werden musste. Aus den im Dialog vorgetragenen Argumenten entwickelt Anselm eine grundlegende, nur in der westlichen Theologie geltende Erlösungslehre. Die Sünde des Menschen verletzt Gott, weil er als höchstes Wesen ein Recht auf die Ehre hat. Diese kann ihm aber nur ein freies Wesen erweisen. Der Mangel gegenüber Gott muss Genugtuung erfahren. Dies ist nur möglich durch ein Wesen, das gleichzeitig göttlich und menschlich ist. Darum muss Gott Mensch werden, um den Menschen zu befreien und Gott die Ehre zu erweisen.

Durch die Verbindung von Glauben und Wissen bereitet Anselm der Theologie als »Vater der Scholastik« den Boden für die neue Aufnahme des griechischen Philosophen Aristoteles aus der jüdisch-arabischen Tradition im 13. Jahrhundert.

Titelbild des »Cur deus«: Anselm (l.) im Dialog mit seinem Schüler Boso (12. Jh.)

Hintergrund

Wallfahrt und Pilgerfrömmigkeit für die Vergebung irdischer Sünden

Für den Menschen des Mittelalters ist die Pilgerschaft ein Grundbestandteil seines religiös bestimmten Lebens. Der Gläubige will mit eigenen Augen die Stätten betrachten, an denen Heilige gelebt und gewirkt oder sich Wunder ereignet hatten. Als Pilger erfährt er dabei das Gefühl eines mystischen Zusammenhangs und hat die Möglichkeit, seiner Huldigung vor Ort Ausdruck zu verleihen. Unablässig strömen daher die Scharen der frommen Wallfahrer nach Rom, wo der Apostel Petrus den Märtyrertod gestorben war, zum Monte Gargano in Apulien, wo der Erzengel Michael erschienen war, und nach Santiago de Compostela zum Grab des Apostels Jakobus.

Hauptziel ist aber immer das Heilige Land mit den Stätten des Lebens und Leidens Jesu. Seit Helena, die Mutter Kaiser Konstantins, zu Beginn des 4. Jahrhunderts die Passionswerkzeuge Christi gefunden hatte, riss der Pilgerstrom nach Jerusalem nicht mehr ab. Bereits im 5. Jahrhundert soll es in und um Jerusalem 200 Klöster und Hospize gegeben haben, die sich um die Wallfahrer kümmerten. Die Besetzung Palästinas durch die Araber (635–638) bedeutete nur eine Unterbrechung der Wallfahrt. Die muslimischen Autoritäten duldeten das Christentum im Orient, in den folgenden Jahrhunderten nahm die Zahl der Pilger wieder zu.

Wann Pilgerfahrten erstmals als kanonische Bußen auferlegt wurden, ist nicht mehr festzustellen. Spätestens im 10. Jahrhundert aber war die Überzeugung verbreitet, dass bestimmten Orten geistliche Tugenden innewohnten und dass man beim Besuch einer heiligen Stätte Vergebung der Sünden erlange. Die Kirche nahm die Wallfahrt in den umfangreichen Katalog der Bußstrafen auf.

Die Basilika San Martín in Frómista ist ein Etappenziel auf dem Pilgerweg nach Santiago de Compostela.

In verschiedenen Marschsäulen beginnt das logistisch schwierige Unternehmen

Europas Ritter brechen zum ersten Kreuzzug auf

■ *15. August 1096, Lothringen*
Während die ungeordneten Scharen des Bauernkreuzzuges schon im Frühjahr zur Befreiung des Heiligen Grabes ausziehen, startet das eigentliche Kreuzzugsunternehmen erst ein halbes Jahr später.

Das ritterliche Hauptheer unter Gottfried von Bouillon und seinem älteren Bruder Balduin von Boulogne bricht zum Kreuzzug nach Jerusalem auf. Den beiden Brüdern schließen sich zahlreiche gut ausgebildete Ritter aus Wallonien, Lothringen und Brabant an.

In seinem Aufruf zum Kreuzzug nannte Papst Urban II. den Frühling 1096 als Termin für die Abreise. Der Marsch des Bauernheeres begann auch tatsächlich um diese Zeit, aber die Ritter, an die sich der Appell des Papstes hauptsächlich gerichtet hatte, benötigten für ihre Vorbereitungen mehr Zeit. Es galt schließlich, Vorkehrungen für eine mehrjährige Abwesenheit zu treffen, u. a. mussten Geschäfte und Verwaltungsakte vollzogen werden. Viele Kreuzfahrer verkauften ihre Güter, um Finanzmittel zum Erwerb ihrer Ausstattung zu bekommen.

Urban fasste daher als nächsten Termin Mariä Himmelfahrt (15. August) ins Auge. Dieses Datum ist in einem Werbebrief genannt, den er im Februar 1096 an die Herzöge von Flandern und ihre Untertanen richtete. Aber vor Ende August kommt keine der Marschgruppen richtig in Gang, die größeren Kontingente ziehen erst im Oktober los.

Wilhelm von Tyros, ein Geschichtsschreiber des 12. Jahrhunderts, gibt ein anschauliches Bild davon, was es bedeutete, sich für den Kreuzzug zu rüsten: »Der Winter und seine Fröste waren vorbei, und sobald man die ersten Anzeichen der Wiederkehr des Frühlings und einer milden Temperatur bemerkte, rüsteten alle ihre Pferde, ihre Waffen und ihr Gepäck und sandten einander Botschaften, um sich gegenseitig zur Abreise aufzufordern... Man bereitete alles vor, was für einen so langen Weg reichen sollte; alle suchten so weit wie möglich ihre Vorräte der Länge des Weges anzupassen, da man wohl wusste, dass die Wege Gottes nicht in der Hand der Menschen liegen, denn die menschliche Unvollkommenheit kennt nicht einmal das, was der nächste Tag bringt. In der unendlichen Zahl von abendländischen Provinzen gab es in jedem Haus Unruhe.

Überall, und welches auch die einzelnen Aufgaben eines jeden waren, schickten sich je nach seiner Lage hier der Familienvater, dort der Sohn, anderswo gar alle Bewohner des Hauses an, die Fahrt zu unternehmen. Allerseits sandte man sich immer wieder Briefe, womit diejenigen, die zusammen aufbrechen sollten, sich gegenseitig zur Eile antrieben, sich ermahnten, keine Verspätung eintreten zu lassen, oder sich heftig die geringste Verzögerung vorwarfen.«

Der Chronist berichtet auch von logistischen Schwierigkeiten. Mehrere Heere müssen gebildet werden, die auf getrennten Wegen marschieren, da die Versorgung der Tausenden Ritter und Mitziehenden von möglichst vielen Städten und Landschaften übernommen werden soll. Eine generalstabsmäßige Planung ist dafür nötig: »Sorgfältig einigte man sich im Voraus über den Augenblick, zu dem jeder aufbrechen musste, über die Treffpunkte und über die Straßen, auf denen es am sichersten und bequemsten sein würde, gleichzeitig vorzurücken. Es wäre in der Tat unmöglich gewesen, dass diese Tausende von Reisenden in jedem Land alles, was sie brauchten, vorgefunden

Der niederlothringische Herzog Gottfried von Bouillon (Fresko, 15. Jh.)

hätten; man richtete es also fürsorglich so ein, dass die bedeutendsten Fürsten die Massen, die sie in ihrem Gefolge hatten, getrennt führen und verschiedene Wege nehmen sollten.«

So folgen Lothringer, Wallonen und Brabanter der Route, die der Bauernkreuzzug genommen hat: Gottfried von Bouillon führt seine Truppen ohne Zwischenfälle über Ungarn und Serbien ins byzantinische Reich. Die Südfranzosen marschieren durch Norditalien, Dalmatien und Albanien. Nordfranzosen, Niederländer und Engländer ziehen bis nach Süditalien und setzen von dort über die Adria. Die süditalienischen Normannen folgen gleichfalls mit dem Schiff. Ziel aller ist Konstantinopel, von wo aus der Marsch gemeinsam fortgesetzt werden soll.

Ein einheitliches Oberkommando ist nicht vorgesehen. Bischof Adhemar von Monteil, der auch bei der Synode von Clermont war, wird von Urban II. zum geistlichen Oberhaupt des Unternehmens bestellt. Befugnisse in militärischen Dingen besitzt er nicht. Diese entscheiden die Fürsten, die immer erst nach aufreibenden Verhandlungen zu einer gemeinschaftlichen Aktion bereit sind. Mit Takt, diplomatischem Geschick und natürlicher Autorität vermag der Geistliche bis zu seinem Tod im Jahr 1098 – noch bevor Jerusalem erreicht ist – die religiöse Unduldsamkeit der Kreuzfahrer und die Rivalitäten ihrer Führer zu dämpfen.

Ein Kreuzritterheer bricht ins Heilige Land auf: Kisten und Gerätschaften werden mühsam herangeschafft und in den bereitgestellten Schiffen verstaut (Illustration aus der »Chronik des Reiches Jerusalem«, 1467).

Christen verlieren Festung

Erste Niederlage des Bauernheeres

■ *29. September 1096, Xerigordon*
Obwohl Peter der Einsiedler seine Scharen warnt, das Lager von Civetot zu verlassen, und sie beschwört, die Ankunft des Ritterheeres abzuwarten, unternehmen seine Leute Plünderungszüge in die angrenzenden türkischen Gebiete.

Ein Heer des Sultans beginnt mit der Belagerung der von den Kreuzfahrern besetzten Festung Xerigordon. In der Burg gibt es zwar ausreichend Vorräte, aber kein Wasser. Der Durst treibt die Eingeschlossenen bald zur Verzweiflung. Sie versuchen Feuchtigkeit aus dem Erdreich zu saugen und schneiden Pferden und Eseln die Adern auf, um ihr Blut zu trinken. Zuletzt trinken sie ihren eigenen Urin. Nach acht Tagen ergeben sie sich, als die Moslems ihnen versprechen, sie am Leben zu lassen, wenn sie zum Islam übertreten. Die meisten tun das und gehen in die Sklaverei, alle übrigen werden hingemetzelt.

Bei den Plünderungen der in Civetot nahe Konstantinopel lagernden Kreuzfahrer kam es zu einem Wettlauf unter den einzelnen Gruppen. Franzosen und Deutsche versuchten einander durch immer ausgedehntere Beutezüge auszustechen. Schließlich besetzte ein Haufen von 5000 Mann, zumeist Deutsche unter der Führung eines italienischen Ritters namens Reinhold die Festung Xerigordon südlich von Nicomedia.

Französische Ritter treffen als Erste in Konstantinopel ein

Vorhut erleidet Schiffbruch auf hoher See

■ *Ende August 1096, Frankreich*
Eine Vorausabteilung des Kreuzzuges der Ritter bilden Franzosen unter Hugo von Vermandois, dem Bruder des Königs.

Graf Hugo von Vermandois macht sich mit Lehenspflichtigen seiner Grafschaft sowie einigen Lehensmännern seines Bruders, des französischen Königs Philipp I., auf den Weg nach Jerusalem. Der König befindet sich wegen Ehebruchs im Kirchenbann und kommt somit für die Führung des Kreuzzuges nicht in Frage.

Hugo hat bisher in der französischen Politik keine bedeutende Rolle

Französische Kreuzfahrer bei der Einschiffung zu einem Kreuzzug

gespielt, fühlt sich aber aufgrund seiner Abstammung zu einer führenden Rolle im Kreuzzug berufen. Seinem Zug nach Italien schließen sich einige französische Ritter an, die aus dem in Ungarn gescheiterten Unternehmen des Emich von Leiningen zurückgekehrt sind. In Süditalien stoßen noch normannische Ritter dazu.

In Bari schiffen sich die Franzosen zur Überfahrt über die Adria ein. Die kleine Flotte gerät in einen heftigen Sturm, mehrere Schiffe gehen mitsamt den Insassen unter. Hugo von Vermandois überlebt den Schiffbruch. Er wird bei Kap Palli, nördlich von Dyrrachion (Durazzo/Durrës) an Land gespült, wo er gefunden und zum byzantinischen Statthalter Johannes Komnenos gebracht wird. Der empfängt ihn mit allen Ehren, lässt ihn aber gleichzeitig auch scharf bewachen. Immerhin sorgt er dafür, dass Hugo und der Rest seiner Truppe in die byzantinische Hauptstadt weiterreisen können. Trotz des Unglücks treffen sie früher in Konstantinopel ein als alle anderen Teilnehmer des ritterlichen Kreuzzuges.

Hugo von Vermandois ist auch der Erste, an den Kaiser Alexios I. das Ansinnen stellt, dem auch die übrigen abendländischen Herren nachkommen sollen: einen Lehenseid auf alle zukünftigen Eroberungen im Osten abzuleisten, da es sich dabei um ehemals byzantinische Gebiete handele. Ohne weiteres leistet Hugo den gewünschten Eid.

Hintergrund

Ein schneller Tod, Kriegsgefangenschaft oder Sklaverei: Das bittere Los der Besiegten

In den Kriegen des Altertums war der Brauch, die Besiegten zu Sklaven zu machen, weit verbreitet. Bereits im frühen Mittelalter wandte man sich im christlichen Europa davon ab. Stattdessen wurden Gefangene gegen Zahlung eines Lösegeldes, das bei Adligen astronomische Höhen annehmen konnte, freigelassen. Die Gefahr, als Gefangener hingerichtet zu werden, bestand allerdings jederzeit, etwa dann, wenn Heerführer die Parole ausgaben, niemanden zu schonen. Soziale Unterschiede spielten eine große Rolle auf dem Schlachtfeld. Trafen nichtadlige Soldaten (Bogen- und Armbrustschützen, Spießknechte usw.) auf Ritter, so gingen beide Seiten oft gnadenloser miteinander um, als wenn sich Kämpfer gleichen Standes begegneten.

Während der Kreuzzüge herrschen ähnliche Praktiken. Auch hier blüht das Lösegeldwesen. Manche Feldzüge scheinen nur mit der

Martyrium eines Christen (Miniatur, 11. Jh.)

Absicht unternommen zu werden, möglichst viele hochgestellte Gefangene zu erbeuten, für die hohe Summen verlangt werden können. Nach der Eroberung Jerusalems durch Saladin 1187 berichtet der Chronist Ernoul von den Verhandlungen über einen Pauschalpreis für die Gefangenen: »Saladin und Balian feilschten so lange miteinander, bis sie ein Geschäft über 30 000 Goldstücke für 7000 Männer abgeschlossen hatten.«

Da die Kämpfe ideologisch aufgeladen sind, geht das Morden im Heiligen Land öfter als auf europäischen Kriegsschauplätzen weiter, auch wenn eine Schlacht längst entschieden oder eine Festung bereits gefallen ist. Eine weitere Besonderheit des orientalischen Kriegsschauplatzes ist die verbreitete Praxis der Sklaverei. Nach Niederlagen christlicher Heere pflegen sich die Sklavenmärkte in Aleppo und Damaskus regelmäßig zu füllen.

Der erste Kreuzzug

Teilnehmer am 1. Kreuzzug, 1096–1099

- Bauernkreuzzug
- Raimund von Toulouse
- Grafen von Flandern, Blois, Vermandois und der Normandie
- Gottfried von Bouillon
- Bohemund von Tarent
- vereinigte Armeen
- Tankred nach Tarsus, Balduin von Boulogne nach Tarsus-Edessa

- Grenzen um 1144
- Byzantinisches Reich um 1144
- Byzantinisches Reich 1096
- Sieg der Kreuzfahrer
- Niederlage der Kreuzfahrer

0   400 km
0   300 Meilen

Das französische Ritterheer durchquert ohne Probleme Deutschland und Ungarn

Gottfried von Bouillon wird zur frommen Lichtgestalt

■ *Anfang Oktober 1096, Ungarn*
Die deutschen Ritter fühlen sich vom Aufruf des Papstes Urban II. wenig angesprochen. So wird der erste Kreuzzug weitgehend eine Angelegenheit des französischen und normannischen Rittertums.

Gottfried von Bouillon erreicht mit seinem Ritterheer an der Leitha die ungarische Grenze. Das erneute Erscheinen von Kreuzfahrern erregt in Ungarn keinerlei Begeisterung, allzu gut ist noch die Erinnerung an die Verwüstungen durch die Invasionen der ungestümen Bauernzüge. König Koloman knüpft deswegen die Erlaubnis zum Durchzug und die Bereitstellung von Nahrungsmitteln an eine Bedingung: Gottfrieds Bruder Balduin von Boulogne soll mitsamt seiner Familie als Geisel in Kolomans Verwahrung bleiben, bis der letzte Kreuzfahrer das ungarische Gebiet

verlassen hat. Als Balduin einwilligt, gelangt der von ungarischen Truppen eskortierte Zug ohne Zwischenfall zur byzantinischen Grenze, wo die Behörden des Kaisers Alexios I. die Versorgung übernehmen.

Gottfrieds Autorität ist innerhalb seiner Truppen anerkannt, auch wenn über seine Frömmigkeit gespottet wurde: Man sagte ihm nach, er hätte Schwielen auf den Knien vom vielen Herumrutschen auf den Kirchenböden. Im Laufe des Unternehmens wächst er jedoch in eine unangefochtene Führungsrolle hinein.

Gottfried ist der einzige deutsche Reichsfürst, der in führender Position am ersten Kreuzzug teilnimmt und es sogar zum ersten Herrscher des neu geschaffenen Königreichs Jerusalem bringen wird. Der Markgraf von Antwerpen ist seit 1087 als Gottfried IV. auch Herzog von Niederlothringen.

Gottfried IV., der bedeutendste weltliche Führer des ersten Kreuzzuges

Er kann sich in seinem Herzogtum jedoch nicht durchsetzen. Da er Niederlothringen nicht als erbliches Le-

hen, sondern nur als Amt von Kaiser Heinrich IV. erhielt, muss er befürchten, dass es ihm bald wieder entzogen wird. Daher ist bei ihm die Bereitschaft besonders groß, sein Glück im Heiligen Land zu versuchen. Zur Finanzierung des Kreuzzuges verkauft Gottfried alle seine Besitzungen einschließlich der Stammburg Bouillon in den südlichen Ardennen. Weitere Mittel erpresst er von Juden in seinem Herrschaftsbereich.

Ähnlich ist die Ausgangslage seines Bruders Balduin. Dieser war ursprünglich für den geistlichen Beruf vorgesehen und erhielt deshalb keinen Anteil am Familienbesitz. Nach seiner Ausbildung in Reims gewann seine Freude am weltlichen Leben die Oberhand. Mit aller Kraft versucht er Landesherr zu werden und nimmt die Gelegenheit, die sich ihm im Osten bietet, dankbar an.

Nordfranzösisches Heer

Ein Herzogtum für den Kreuzzug

■ *September 1096, Nordfrankreich*
Zur Finanzierung des Zuges ins Heilige Land müssen viele Adlige ihre Besitzungen veräußern.

Herzog Robert II. von der Normandie, verpfändet sein Herzogtum für 10 000 Mark Silber an seinen Bruder, den englischen König Wilhelm Rufus.

Tief beeindruckt von der Predigt Urbans II. hat sich Robert von der Normandie entschlossen, das Kreuz zu nehmen. Zusammen mit den Grafen Robert II. von Flandern und Stephan von Blois stellt er in Nordfrankreich ein Ritterheer auf. Flamen und Normannen bilden das Hauptkontingent, dazu kommen Engländer, Schotten und Bretonen. Im Oktober zieht das vereinigte Heer südwärts über die Alpen, um sich von Italien aus auf den Balkan übersetzen zu lassen.

Hintergrund

Kreuzzugsideologie: Rechtfertigung des »gerechten Krieges«

In der kanonistischen Lehre des Hoch- und Spätmittelalters spielt der Gedanke des »gerechten Krieges« (bellum iustum) eine bedeutende Rolle. Man stützt sich dabei auf Lehren, die bereits vom Kirchenvater Augustinus im 4. und 5. Jahrhundert entwickelt wurden. Ein Krieg gilt dann als gerecht, wenn er im Namen und auf Anordnung einer legitimen Autorität – z. B. Kaiser oder Papst – geführt wird. Es sind aber auch Fälle denkbar, wo Gott selbst den Krieg autorisiert, z. B. wenn der göttliche Heilsplan gestört wird. Der Krieg muss einen Grund haben, u. a. die vorausgegangene Unrechtshandlung eines Gegners. Einzelne Meinungen gehen auch dahin, dass die Weigerung, sich taufen zu lassen oder dem Unglauben abzuschwören, schon ein Grund sei. Zuletzt muss dem Krieg eine gute Absicht zugrunde liegen, das heißt göttliche Liebe und Barmherzigkeit soll den Kämpfer leiten.

Lotharkreuz mit einer Augustus-Kammee (um 1000)

Die abstrakten Darlegungen der Kanonisten und Theologen über Gewalt und Krieg haben allerdings mit der Lebens- und Erfahrungswelt der Laien wenig zu tun. Zum Kreuzzug wird daher in volkstümlicher, mitreißender und Emotionen aufstachelnder Form aufgerufen; im Volk kommt der Appell in den vertrauten Begriffen der Blutrache an. Deshalb artet die Kreuzzugsbewegung vielfach in Rachefeldzüge aus, wie die exzessiven Mordaktionen gegen die Juden zeigen.

Die Befreiung und Verteidigung Jerusalems ist das höchste Ziel. Aber Kreuzzüge finden auch in anderen Teilen der mittelalterlichen Welt statt, etwa auf der Iberischen Halbinsel gegen die Mauren (Reconquista), im Osten gegen die heidnischen Litauer, selbst in Mittel- und Westeuropa gegen die politischen Feinde des Papsttums oder gegen Ketzer und Schismatiker.

Zitat

Hinterhalte und Strafaktionen

Raimund von Aguilers, Prediger im Heer Raimunds von Toulouse, berichtet von den Feindseligkeiten, die die Provenzalen auf dem Balkan erfahren:

»Wir sind nach Durazzo gekommen und haben dort Briefe empfangen vom Kaiser, der von Frieden, Freundschaft und verwandtschaftlichem Bündnis sprach. Alles in Worten, denn vorn und hinten... haben die Türken, die Kumanen, die Petschenegen und die Bulgaren nicht aufgehört, uns Hinterhalte zu legen... Durch all diese Hinterhalte kamen wir schließlich zu einer Burg, die Bucinat hieß. Dort erfuhr der Graf, dass die Petschenegen sich anschickten, in den Engpässen des Gebirges unser Heer anzugreifen... Aber die Unsrigen fallen über sie her, töten eine beträchtliche Anzahl von ihnen und jagen die anderen in die Flucht... Dann sind wir zu einer Stadt gekommen, die Roussa heißt. Dort hörte unsere Geduld endlich auf, da sich die Einwohner ganz offensichtlich anschickten, uns Böses anzutun, sodass wir die Männer gefangen nahmen und anfingen, die Wälle zu zerstören.«

Als erster Feudalherr erklärt der betagte Raimund seinen Beitritt zum Kreuzzug

Aufbruch des Heeres von Raimund von Toulouse

■ *Oktober 1096, Südfrankreich*
Das größte Aufgebot des ersten Kreuzzuges stammt aus Südfrankreich und wird von Graf Raimund von Toulouse, einem mächtigen Feudalherren, angeführt.

Das Kreuzfahrerheer unter Führung des 55-jährigen Grafen Raimund IV. von Toulouse setzt sich in Bewegung. Auf dem Landweg überquert es die Alpen und zieht durch Norditalien, danach führt sein Weg entlang der Adria-Ostküste durch Istrien und Dalmatien. Der Marsch ist voller Strapazen. Die Straßen sind schlecht und in den dalmatinischen Bergen kommt es ständig zu Überfällen durch wilde slawische Stämme. Die mitgeführten Vorräte gehen zur Neige, halb verhungert erreichen die Kreuzfahrer Anfang Februar 1097 die byzantinische Reichsgrenze. Dort kommt es zu Konflikten mit als Schutztruppen eingesetzten Petschenegen-Söldnern. Unter blutigen Scharmützeln und Zwischenfällen gelangt Raimund im April 1097 nach Konstantinopel.

Raimunds Zusage zur Teilnahme am Kreuzzug brachte die Bewegung gewaltig voran, denn er investierte einen beträchtlichen Teil seines riesigen Vermögens in das geistliche Unternehmen. Mit dem provenzalischen Heer, das er aufstellte, gewann die Kreuzzugsidee militärische Durchschlagskraft. Der Graf von Toulouse hatte sich bereits zuvor in Spanien an Kriegen gegen die Muslime beteiligt. Papst Urban II. weihte ihn als einzigen Feudalherren vor der Synode von Clermont in seinen Kreuzzugplan ein. Raimund sah sich deswegen als berufener Führer des ganzen Unternehmens an, zumindest was den militärischen Teil anging.

Ritter des ersten Kreuzzugs auf dem Weg ins Heilige Land (Miniatur, 1311)

Türken vernichten das Bauernkreuzzugsheer

Katastrophe von Civetot

■ *21. Oktober 1096, Civetot*
Nach einem halben Jahr findet der Bauernkreuzzug ein schreckliches Ende. Geschwächt durch die Uneinigkeit und fehlende Autorität seiner Anführer wird das Kreuzzugsheer eine leichte Beute für die Türken.

Im Morgengrauen bricht das Volksheer – angeblich in einer Stärke von 20 000 Mann – zu einem Rachefeldzug gegen die Türken auf. Nur die alten Männer, Frauen, Kinder und Kranken bleiben zurück. Kaum drei Meilen vom Feldlager entfernt gerät das Heer in einen türkischen Hinterhalt. In panischer Hast fliehen die Christen, den Feind hart auf den Fersen, zurück ins Lager. Dort sind keinerlei Vorkehrungen für eine Verteidigung getroffen, ein geordneter Widerstand kann sich nicht entwickeln. Die Türken richten ein fürchterliches Blutbad unter den Kreuzfahrern an, dem nur wenige entkommen.

Die Teilnehmer des Bauernkreuzzugs lagerten seit Herbst 1096 im kleinasiatischen Civetot nahe der Küste des Marmarameeres. Obwohl ihnen ihr Führer Peter der Einsiedler dringend geraten hat, das Eintreffen der besser gerüsteten Ritterheere abzuwarten, unternahmen sie Streifzüge, die sie immer tiefer ins türkische Landesinnere hineinführten. Als sich die Kunde verbreitete, eine der Streifscharen habe die Festung Xerigordon erobert, wirkte das elektrisierend auf die Stimmung im Lager.

Davon, dass die Türken am 29. September die Festung einschlossen hatten und die Besatzung zur Übergabe zwangen, erfuhren die Christen zunächst nichts. Das nutzten die Türken zu einer List, um die Hauptmacht des Bauernkreuzzuges aus Civetot herauszulocken. Sie ließen durch Späher das Gerücht ausstreuen, die Vorhut der Christen habe schon das reiche Nicäa erreicht und sei dabei, ungeheure Beute zu machen. Darauf brach wilde Aufregung aus, die Menge verlangte, sofort aufzubrechen. Sie ließ sich auch nicht beirren, als bekannt wurde, dass man einer Falschmeldung aufgesessen war. Als die Christen erfuhren, dass ihr Vortrupp in Xerigordon geschlagen wurde, lautete das gemeinsame Ziel: Rache an den Türken.

Die Führer traten zur Beratung zusammen. Peter der Einsiedler fehlte, er war nach Konstantinopel gereist, um bei Kaiser Alexios I. Hilfslieferungen einzufordern. Seine Autorität stand ohnehin unter einem sinkenden Stern. Immerhin sprach sich auch der erprobte Kämpfer Walter Sans-Avoir gegen den Abmarsch aus. Er konnte sich jedoch gegen die Aufbruchwilligen nicht durchsetzen.

Als das reguläre Heer der Kreuzritter im folgenden Jahr den Schreckensort passiert, stößt es auf Berge von gebleichten Knochen. »Wie viel abgeschlagene Köpfe, wie viel Gebeine getöteter Menschen fanden wir da auf den Feldern liegen«, schreibt der

Im Sommer 1096 greifen Bulgaren das Bauernheer an (Miniatur, um 1490).

Chronist Fulcher von Chartres. Pilger aus dem Abendland errichten aus den Knochen ein makaberes Monument, wie die byzantinische Kaisertochter Anna Komnena erzählt: »Sie bauten daraus Mauern... und anstelle des Mörtels füllten sie die Zwischenräume mit den Gebeinen der Toten und machten aus dieser Stadt gewissermaßen ihr Grab.«

Ein Kreuzfahrerheer macht sich in Süditalien auf den Weg ins Heilige Land

Normannischer Kreuzzug unter Bohemund von Tarent

Auszug eines Kreuzritterheeres (Fresko aus der Kapelle in Cressac, 12. Jh.)

■ *Oktober 1096, Bari*
Von Süditalien aus schließt sich ein kleines, aber schlagkräftiges normannisches Heer dem Kreuzzugsunternehmen an.

Unter Führung von Bohemund von Tarent und dessen Neffen Tankred schiffen sich normannische Ritter zur Überfahrt über die Adria ein.

Im Reich der Normannen in Süditalien gab es zunächst nur ein geringes Echo auf den Kreuzzugsaufruf Papst Urbans II. Erst das Beispiel der französischen Ritter, die durch Italien zogen, weckte bei den Normannen die Begeisterung. Bohemund von Tarent, ein Sohn des legendären Staatsgründers Robert Guiscard, befand

sich im aussichtslosen Kampf um das Herzogtum Apulien. Er ergriff schnell die sich ihm bietende Gelegenheit auf ein eigenes Fürstentum im Osten.

Die Normannen treffen nach einem Wintermarsch durch Albanien und Mazedonien im April 1097 in Konstantinopel ein. Bohemund – von Zeitgenossen als gut gewachsen und intelligent, aber auch verschlagen und gewalttätig beschrieben – zeigt sich den byzantinischen Gastgebern von seiner gewinnendsten Seite. Er erklärt sich bereit, Kaiser Alexios I. den Lehenseid zu schwören, der die Kreuzfahrer verpflichtet, alle ehemals byzantinischen Territorien, die sie erobern, an den Kaiser zurückzugeben.

Die Kreuzzugsdichtung

Wie die Chronisten berichten, wird auf den Kreuzzügen viel gesungen. Lieder mit einprägsamen Melodien »wandern« durch die Sprachen, sie werden übersetzt oder nachgedichtet. Gerade die deutschen Lieder sind wegen ihrer einprägsamen Reime fast überall beliebt. In den meisten Fällen bleiben nur wenige Einzelstrophen und Liedanfänge in erzählenden Texten erhalten. Ähnliches gilt für die geistliche Kreuzzugsdichtung. Weit umfangreicher ist dagegen die Überlieferung weltlicher, ritterlich-romantischer Lyrik. Ein beliebtes Motiv der deutschen Minnesänger und der mit ihnen wetteifernden südfranzösischen Troubadours ist der Abschied von der Geliebten vor dem Aufbruch zum Kreuzzug.

Rolands Tod; zuvor erschlägt er mit seinem Horn einen Heiden (14. Jh.)

Größere epische Dichtungen feiern einzelne Helden eines Kreuzzuges, etwa den Landgrafen Ludwig III. von Thüringen, den englischen König Richard Löwenherz oder den Wikinger »Jerusalemfahrer« Sigurd I. Die Epik benutzt die bunte, geheimnisvolle Welt des Orients aber auch als effektvollen Hintergrund. Einige Dichter verlegen die Schauplätze der Handlung ins Heilige Land und reichern sie mit bunten Abenteuern an, die man nur dort erleben kann. Stoffe aus der heimatlichen Sagenwelt erfahren dadurch eine charakteristische Umwandlung, so z. B. im »Herzog Ernst« (um 1180). Am markantesten zeigt sich diese Entwicklung aber in den französischen und deutschen Bearbeitungen des Rolandsliedes (seit 1080). Karl der Große und seine Paladine werden hier zu Kreuzrittern erhoben, die drei Jahrhunderte vor dem Aufruf von Clermont in Spanien einen Kreuzzug unternehmen.

Das Rolandslied des Pfaffen Konrad

Roland, einer der zwölf Paladine Karls des Großen, verteidigt in Spanien die Nachhut gegen die Sarazenen. Seine Taten werden um 1100 im französischen »Chanson de Roland« gesammelt. 1170 überträgt der Pfaffe Konrad die Vorlage in deutsche Reimpaare und fügt einen christlichen Grundton hinzu:

»Karl lag im Gebet versunken /Bis an den frühen Morgen. /Da lädt er zu sich zwölf Herren, /Die die weisesten waren /Und denen er sein Heer anver-

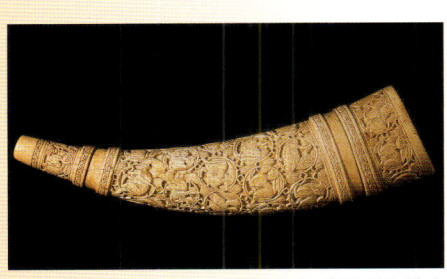

Signalhorn (Olifant), Elfenbein (11./12. Jh.)

traut hatte. /Die lebten höchst tugendsam... /Sie begehrten nichts anderes /Als in Gott zu sterben, /Das Himmelreich sich als Märtyrer zu erwerben. /Der Kaiser sagte ihnen da, /Dass er willens sei /Die Heidenschaft zu vernichten /Und die Christenheit zu vermehren. /Da sprach Roland der Held: /›Wie selig der geboren ist, /Der nun auf diese Heerfahrt /Sich mit freiem Willen begibt. /Den lohnet Gott mit seinem Reich, /Des kann er ganz getrost sein.‹ /Als der Kaiser vernahm, /Dass seine Mannen ihm folgten, /Zogen Boten aus ins Land, /Alle mit dem gleichen Auftrag. /Sie verkündeten die neue wichtige Nachricht. /Fürwahr, es war diese Botschaft /Jedem lieb und lobenswert, /Sei er freier Mann oder Höriger. /Sie wandten sich gegen die Heiden /Und versahen sich mit Kreuzen.«

Auf getrennten Wegen nach Konstantinopel

Nordfranzosen schiffen sich ein

■ *Dezember 1096, Italien*
Die im Oktober aufgebrochenen Nordfranzosen erreichen Süditalien und gehen fortan auf der Reise ins Heilige Land getrennte Wege.

Das Heer der Nordfranzosen erreicht den Süden Italiens. Von seinen drei Führern beschließt allerdings nur Robert von Flandern, die Reise gleich fortzusetzen. Er schifft sich mit seinen Männern in Bari zur Überfahrt nach Epirus ein. Ohne Misshelligkeiten gelangt er über die alte römische Heerstraße, die Via Egnatia, nach Konstantinopel.

Die beiden anderen Befehlshaber, Robert von der Normandie und Stephan von Blois, genießen dagegen ausgiebig die Gastfreundschaft der in Süditalien herrschenden Normannen. Vor allem Stephan, einer der reichsten Männer Frankreichs, der sich nur auf Drängen seiner energischen Frau Adele dem Kreuzzug angeschlossen hat, verspürt keine Eile.

Im März 1097 geben Stephan und Robert endlich das Zeichen zum Aufbruch. Ihre Truppen marschieren nach Brindisi, wo die Einschiffung am 5. April beginnt. Kurz nach dem Ablegen kentert das erste Schiff, 400 Menschen mitsamt Reittieren und vielen Geldtruhen gehen verloren. Auf den angeschwemmten Leichen sollen eingebrannte Kreuze zu sehen sein, weshalb eine ungeheure religiöse Erregung ausbricht.

Den übrigen Kreuzfahrern gelingt die Überfahrt. Auch ihr Marsch auf der Via Egnatia gestaltet sich durch das Entgegenkommen der byzantinischen Behörden, die Geleit und Verpflegung stellen, unproblematisch. Sie erreichen Konstantinopel im Mai 1097.

»Ausritt zum Kreuzzug« (Grafik nach Zeichnung von Johannes Gehrts, 1892)

Streit um Lehnseid

Gottfried trifft in Byzanz ein

■ 23. Dezember 1096, Konstantinopel
Nur schwer kann Kaiser Alexios I. den Kreuzfahrern einen Lehnseid abringen, demzufolge alle von den Christen eroberten Gebiete Byzanz übergeben werden müssen.

Gottfried von Bouillon trifft mit seinem Heer in der byzantinischen Hauptstadt ein. Die große Menge von Kreuzzüglern, die vor den Mauern der Metropole lagert, stellt Kaiser Alexios I. vor ein Problem. Er möchte die Ritter zwar so rasch wie möglich weiterziehen sehen, andererseits sollen ihm zuerst alle Führer den Lehnseid auf sämtliche künftigen Eroberungen im Heiligen Land leisten. Gottfried weigert sich, da er diese Entscheidung nur gemeinsam mit den noch nicht eingetroffenen Fürsten treffen könne.

Alexios I. kürzt daraufhin die Lebensmittellieferungen an das abendländische Heer. Dies führt zu Plünderungszügen und zu bewaffneten Auseinandersetzungen mit den kaiserlichen Schutztruppen. Schließlich machen Gottfried und sein Bruder Balduin sogar Anstalten, Konstantinopel zu stürmen, sodass Alexios I. ein Heer zusammenziehen muss. Zu Ostern 1097 kommt eine Vereinbarung zustande. Gottfried und die führenden Ritter seines Heeres schwören, den Kaiser als Lehnsherrn anzuerkennen.

Meisterwerke der byzantinischen Kunst

Griechische und römische Traditionen lebten im byzantinischen Reich weiter und verbanden sich dort mit orientalischen Elementen, vor allem aus dem syrisch-ägyptischen, dem persischen sowie dem klein- und zentralasiatischen Raum. Diese Verschmelzung gelang durch den bestimmenden Einfluss des Christentums. Vor allem die Blütezeit der byzantinischen Kunst trägt einen eindeutig religiösen Charakter. Byzanz beeinflusst die mittelalterliche Kunst in Sizilien, Venedig und Südfrankreich, ebenso die Kunst in den Balkanländern, in Russland und den angrenzenden asiatischen Gebieten, zum Beispiel in Armenien und Georgien.

Ihren ersten Höhepunkt erreicht die Kultur des byzantinischen Reiches im frühen 6. Jahrhundert unter Kaiser Justinian I., der ein großer Förderer der Architektur war. Auf der Grundlage bereits vorhandener Bauten schufen die Baumeister Anthemios von Tralles und Isidoros von Milet die Hagia Sophia. Die Bauzeit für die als Staatskirche fungierende »Kirche der heiligen Weisheit« betrug lediglich fünf Jahre und zehn Monate, am 27. Dezember 537 erfolgte die Einweihung. Die mit einer mächtigen Kuppel (33 m Durchmesser) versehene dreischiffige Basilika ist das Wahrzeichen der byzantinischen Sakralarchitektur.

In der Ostkirche spielte die Frage nach der zugleich göttlichen und menschlichen Natur Christi eine bedeutende Rolle. Die göttliche Natur, der Logos, galt als un-

Jesus Christus (byzantinisches Mosaik in der Hagia Sophia, Istanbul)

darstellbar. Umso mehr wandte man sich der menschlichen Natur zu, die Bilder des Erlösers dienten geradezu als Beweis seiner Fleischwerdung.

Bei der Ausgestaltung des Kircheninneren bevorzugten die Byzantiner Glasmosaiksteine, die sie in raffinierten Farbnuancierungen anzuordnen wussten. So entstanden neben ganzen Landschaftsszenen vor allem Porträts von Heiligen und Herrschern. Die schönsten Zeugnisse byzantinischer Mosaikkunst finden sich in der Kirche San Vitale in Ravenna. Die als römischer Kriegshafen an der Adriaküste gegründete Stadt war bis zur Eroberung durch die Langobarden im Jahr 751 Verwaltungssitz der byzantinischen Herrschaft in Italien.

Byzantinische Kunst beschränkt sich nicht nur auf Monumentalbauten. Höchste Meisterschaft erreichte das zumeist für den liturgischen Gebrauch arbeitende Kleinkunsthandwerk. Reliquiare in Schmelz- und Emailtechnik, Geräte in feinster Silber- und Goldtreibarbeit, Mess- und Prunkgewänder mit unvergleichlichen Stickereien und Webmustern, juwelenbesetzte Elfenbeinkästchen, kostbar verzierte Buchdeckel sowie prunkvolle Purpurkodices belegen die Meisterschaft der byzantinischen Kunst.

Der Sturm der Kreuzfahrer auf Konstantinopel mit der anschließenden Plünderorgie im April 1204 bedeutete einen schweren Rückschlag. Mit dem Fall der Stadt an die Osmanen 1453 erlosch die byzantinische Kunst.

Wie Schiffe übers Land wandern

Der Chronist Wilhelm von Tyros erzählt, wie die findigen Kreuzfahrer bei der Belagerung von Nicäa eine ganze Kriegsflotte über Land befördern:

»Man zog die Schiffe am Meeresufer aufs Trockene, dann spannte man drei oder vier Wagen hintereinander, wie es eben die Länge der Schiffe erforderte, lud diese drauf und zog sie im Verlauf einer Nacht bis zu dem See, auf eine Entfernung von sieben Meilen oder mehr, mit Hilfe von Tauen und der... Kräfte der Menschen und Pferde. Als sie angekommen waren und man sie... flottge-

macht hatte, empfand das christliche Heer unaussprechlichen Jubel... Dann ließ man die Schiffe von Männern besteigen, die im Gebrauch der Waffen wohlgeübt und durch ihren Mut empfehlenswert waren, und gab sich... der Hoffnung hin, mit Gottes Hilfe die Stadt... in die Gewalt zu bekommen. Als die Feinde auf dem See mehr Schiffe sahen als sonst, verwunderten sie sich sehr.«

Eroberung Nicäas (Xylographie)

Erste Etappe in Kleinasien

Nicäa wird belagert und fällt

■ Mai 1097, Nicäa
Mit der Eroberung von Nicäa erzwingen die Kreuzfahrer den Zugang ins Innere von Kleinasien.

Das vereinigte Kreuzfahrerheer erreicht Nicäa. Nach einer Belagerung von fünf Wochen fällt die von den Türken besetzte Stadt. Die Kreuzfahrer geben ein erstes Beispiel ihres Improvisationstalents und ihrer kriegstechnischen Raffinesse. Aus dem Nichts erfinden sie Belagerungsmaschinen und schaffen byzantinische Schiffe auf dem Landweg an den See von Nicäa. Außerdem kommt es zu blutigen Grausamkeiten: Nach dem Sieg über ein türkisches Entsatzheer stecken sie die abgeschnittenen Köpfe ihrer Feinde auf Spieße oder werfen sie über die Stadtmauern.

Kreuzfahrer schleudern Köpfe toter Türken in die Stadt (Miniatur, 13. Jh.).

Mit vereinten Kräften triumphiert das Kreuzfahrerheer über die Seldschuken

Die Franken siegen in der Schlacht von Doryläum

Jesus Christus führt das Heer der Kreuzritter, links oben ist der heilige Johannes (Buchmalerei, zw. 1310 und 1325).

■ *1. Juli 1097, Doryläum*

Der Erfolg über die Seldschuken eröffnet den Franken – wie die Kreuzfahrer im Orient genannt werden – freie Bahn nach Syrien.

Das Heer der Kreuzfahrer besiegt das Aufgebot des Seldschuken-Sultans Kilidsch Arslan nahe dem heutigen Eskischehir in Westanatolien.

Lange Zeit stand der Ausgang des Kampfes auf der Kippe. Der Angriff der Türken traf zunächst nur die Vorhut des christlichen Heeres, die der Hauptmacht um zehn Stunden vorausgeeilt war. Die Türken schlossen sie am frühen Morgen ein und überschütteten sie mit einem Pfeilhagel. Bohemund von Tarent, der Kommandeur der Vorhut, zeigte sich als fähiger Feldherr: Er sandte Boten zu den nachfolgenden Heeresteilen und hielt seine Scharen bis zu deren Eintreffen mit eiserner Energie zusammen. Gegen Mittag erschienen die ersten fränkischen Truppen auf dem Schlachtfeld, die Türken wurden überrumpelt. Sie gingen davon aus, dass Bohemunds Normannen bereits die gesamte christliche Macht darstellten. Als in ihrem Rücken zudem noch eine Abteilung Südfranzosen unter Bischof Adhemar von Monteil auftauchte, die einen Schleichweg durchs Gebirge gefunden hatte, brach vollends Panik aus – das türkische Heer trat die Flucht an.

Hintergrund

Seldschukische Kampftechnik: Pfeilhagel und flexibles Ausweichen

Im christlichen Abendland entspricht es dem ritterlichen Ethos, dem Gegner ins Auge zu sehen und im Kampf nicht zu weichen. Die Schlacht ist unter solchen Umständen kaum etwas anderes als ein vergrößertes Turnier. Ein wilder Anritt der gepanzerten Reiter mit angelegter Lanze mitten hinein in die feindlichen Reihen bringt zumeist schon die Entscheidung. Ist dies nicht der Fall, wird im Nahkampf mit dem Schwert geschlagen, bis eine Partei die Oberhand gewinnt.

Im Orient treffen die Ritter nun erstmals auf Gegner, die in der gewohnten Weise nicht zu fassen sind. Die Muslime sind zwar auch beritten, aber sie führen Pfeil und Bogen statt der Lanze, schießen vom Sattel aus und vermeiden eine direkte Konfrontation. Ihre Taktik ist die der Nadelstiche: Sie versuchen den Gegner durch unaufhörliche Pfeilhagel zu zermürben und ihn so zum

Kämpfe zwischen Byzantinern und Seldschuken (Buchmalerei, 11. Jh.)

Angriff zu provozieren, dem sie dann allerdings ausweichen. Dem Nahkampf mit Schwert oder Säbel stellen sie sich erst, wenn die Ordnung beim Feind zerrüttet ist. Sind kleine Abteilungen abgesprengt, versuchen sie diese zu überwältigen. Diese Kampfesweise ist vor allem bei den muslimischen Heeren ausgeprägt, die den Kreuzfahrern im Gebiet der heutigen Türkei und in Syrien gegenübertreten. Die Krieger sind zumeist Angehörige der Reitervölker vom Rande der innerasiatischen Steppe.

Die türkischen Reiter zu einer Schlacht zu stellen, glückt den christlichen Heeren nur, wenn sie auf keine Provokation eingehen und im Pfeilhagel aushalten, bis der Gegner eine Massierung erreicht, die sich anzugreifen lohnt. So viel Geduld bringt ein Ritterheer, das auf Angriff eingestellt ist, allerdings nur äußerst selten auf.

Der Weg ins Heilige Land fordert von den Kreuzfahrern viele Entbehrungen

Höllenmarsch durch kahles und verdorrtes Land

■ *Juli 1097, Anatolisches Hochland*
Nach dem Sieg über die Seldschuken bei Doryläum beginnt für die Kreuzfahrer ein entbehrungsreicher Marsch durch ein verlassenes Gebiet. Unter sengender Sonne werden Hunger und Durst ihre ständigen Begleiter.

Die Kreuzfahrer leiden Durst (Holzstich nach G. Doré, 1877).

Von Doryläum aus ziehen die Kreuzritter in Richtung Südosten. Der Weg verläuft zwischen Gebirge und Wüste, durch »wasserloses und unwirtliches Land«, wie der Verfasser der Kreuzzugschronik »Gesta Romanorum« schreibt. Die mitgenommenen Vorräte sind bald zu Ende. In dem kargen, steinigen Land wächst nichts außer Dornbüschen, deren Zweige die Marschierenden zerreiben und hinunterschlingen. Die Wasserstellen, die es zu byzantinischer Zeit hier noch gab, wurden von den abziehenden Türken unbrauchbar gemacht.

In der hochsommerlichen Hitze, in der sich der Tross vorwärtsquält, brechen die Lasttiere reihenweise zusammen. Schafe, Hunde und Ziegen werden ins Geschirr genommen, um die Karren zu ziehen. Viele Ritter müssen ihre Pferde zurücklassen und zu Fuß weitergehen, einige entledigen sich ihrer Rüstungen, die sie nicht mehr tragen können. Frauen, die unterwegs Kinder zur Welt bringen, lassen diese am Wegesrand liegen. Trotz dieser Widrigkeiten ist der Kampfgeist der Kreuzfahrer ungebrochen: »Sie fieberten nach dem Blut der Türken«, heißt es in den »Gesta«.

Mitte August gelangt das Heer nach Ikonion. Die Türken, die die Stadt aufgegeben haben und ins Gebirge geflohen sind, konnten nicht alles zerstören, sodass es genügend Wasser

Der Kreuzzug wird für Bohemund ein gefährliches Wagnis: Türken greifen seine Normannen beim Überqueren des Flusses Wardar an (Buchmalerei, 1490).

und Weidegründe für die Tiere gibt. Nach einigen Tagen Rast setzt das Heer den Marsch in östlicher Richtung fort. In Heraklea stößt es auf ein türkisches Heer, es kommt jedoch nicht zur Schlacht. Auf den ersten Angriff der Normannen unter Bohemund hin machen die Türken kehrt.

Stichwort

Mamelucken – die Militärsklaven der islamischen Herrscher

In den Heeren, die den Kreuzfahrern gegenübertreten, finden sich nicht unbedingt nur Krieger muslimischen Glaubens. Da es an Soldaten mangelt, die ihr Handwerk als Beruf ausüben, beteiligen sich auch Menschen anderer Religionen an den Kämpfen. Anders als im Abendland hat sich in der muslimischen Welt keine ständisch organisierte Kriegerkaste herausgebildet. Vielfach werden fremde Berufskrieger aus kurdischen und turkmenischen Stämmen in Dienst genommen. Die ägyptischen Herrscher holen sich ihre Soldaten auch aus Nubien, dem Sudan oder der Kabylei. Sie begegnen damit einem Dilemma, das die muslimische Kriegsführung insgesamt belastet: Krieg darf es nach der Lehre des Propheten nur gegen Andersgläubige geben, untereinander ist den Muslimen jeder Kampf verboten. Die Verwendung andersgläubiger Hilfsvölker ist aber gestattet. Von diesen lassen die muslimischen Herrscher jene militärischen Auseinandersetzungen führen, die gegen ein Mit-

Mameluckenkrieger in typischer Tracht mit Krummschwert

glied der eigenen Glaubensgemeinschaft gerichtet sind. Angeworbene Krieger werden so zu einem festen Bestandteil des muslimischen Heerwesens.

Eine Besonderheit unter diesen Kriegern stellen die Mamelucken dar, Militärsklaven türkischer, tscherkessischer oder slawischer Herkunft. Das arabische Wort »mamluk« steht für »eigen« oder »in Besitz genommen«. Die Mamelucken werden als Kinder ihren Eltern abgekauft, sie erhalten eine sorgfältige Ausbildung und empfinden sich als Elite, ähnlich wie die Mitglieder europäischer Ritterorden. Die Rekrutierungsgebiete liegen fast alle an der Grenze der islamischen Länder zu den großen Steppengebieten Zentralasiens, zwischen dem Kaspischen Meer und den Gebirgen Afghanistans. Später wird auch das Nordufer des Schwarzen Meeres mit einbezogen. Der Abbasiden-Kalif al-Mutasim war im 9. Jahrhundert der erste Herrscher, der die Anwerbung von Militärsklaven systematisch betrieb. In Kairo ergreifen Mameluckengeneräle im Jahr 1250 die Macht. Der Mameluck Baibars, der von 1260 bis 1277 Sultan ist, und seine Nachfolger machen Ägypten nach der Vereinigung mit Syrien zu einem der mächtigsten Staaten im Vorderen Orient. Sie verhindern das weitere Vordringen der Mongolen und erstürmen Ende des 13. Jahrhunderts die letzten Stützpunkte der Kreuzfahrer in Palästina und Syrien. Später vom Herrschergeschlecht der Osmanen überflügelt, halten sich die Mamelucken in Ägypten noch bis zu Napoleons Einmarsch 1798.

Die Osmanen setzen das System der Kriegssklaven mit den Janitscharen, einer Elitegruppe, die im 14. Jahrhundert aufgestellt wird, fort. Zur Rekrutierung der Janitscharen werden in den Balkanprovinzen Kinder aus christlichen Familien ihren Eltern abgenommen und zu lebenslangem Militärdienst verpflichtet.

Ein Teil des ritterlichen Kreuzfahrerheers unternimmt einen Abstecher nach Kilikien

Erbitterter Machtkampf zwischen Balduin und Tankred

■ *Ende September 1097, Tarsos*
Balduin von Boulogne, der Bruder des Heerführers Gottfried von Bouillon, beteiligt sich am Kreuzzug, um eine Herrschaft im Osten zu gewinnen. Eine erste Chance dazu bietet sich ihm, als das Hauptheer beschließt, einen Umweg um das Taurusgebirge einzuschlagen.

Mit einem kleinen Heer besetzt Balduin von Boulogne die Stadt Tarsos, den bedeutendsten Ort der Landschaft Kilikien. Die Gelegenheit dazu ergab sich, weil die Führer des Kreuzzuges den Weg über die Tauruspässe vermeiden wollten. Eine so große und schwerfällige Armee wie die der Kreuzfahrer war auf den engen Passstraßen allzu gefährdet. Muslimische Truppen konnten hier leicht den Weg versperren, zudem befand sich Kilikien in den Händen der Türken. Da auch noch mit einem weiteren schwierigen Gebirgsübergang vor der Ebene von Antiochia zu rechnen war, wählten die Kreuzfahrer eine Route über die Stadt Caesarea Mazacha. Die Strecke war zwar ein bedeutender Umweg, aber sie führte durch ein Gebiet, das von armenischen Christen bewohnt wurde, und die Truppen konnten die gut ausgebauten byzantinischen Heerstraßen benutzen.

Balduin von Boulogne jedoch, der zielstrebig die Absicht verfolgt, sich im Osten ein Herrschaftsgebiet zu sichern, beschloss das Wagnis, den direkten Weg zur Küste einzuschlagen. Dieser führt durch die Kilikische Pforte, einen Pass im Taurusgebirge. Mit Balduin zog der normannische Befehlshaber Tankred von Tarent, der ähnlich wie der Graf von Boulogne nur daran interessiert ist, ein Fürstentum in die Hand zu bekommen. Während das Hauptheer in nordöstlicher Richtung weiterzog, marschierten Balduin und Tankred somit auf getrennten Straßen nach Süden. Jeder hatte nur kampfbereite Männer bei sich, der Tross – unter anderem auch Balduins Frau Godvere und seine Kinder – blieb bei der Hauptstreitmacht. Balduin führte mit 500 Rittern und 2000 Mann Fußvolk die größere Truppe an, Tankred verfügte nur über 100 Ritter und 200 Fußsoldaten.

Beide Haufen brachten die Kilikische Pforte unbehelligt hinter sich. Tankred errang mit seinem leichter beweglichen Heer einen Vorsprung von drei Tagen und erreichte als Erster Tarsos, das von einer türkischen Garnison gehalten wurde. Er begann mit der Belagerung der Stadt und schickte Boten zum Hauptheer, um Verstärkung anzufordern. Die christlichen Bewohner von Tarsos – Armenier und Griechen – nahmen Verbindung mit Tankred auf und versprachen Beistand bei der Eroberung der Stadt. Am dritten Tag der Belagerung wurde Balduins Streitmacht in der Ferne sichtbar. Daraufhin gaben die Türken den Kampf verloren und zogen sich aus der Stadt zurück, blieben aber nicht weit entfernt in Wartestellung. Darauf rückte Tankred mit seinen Leuten in Tarsos ein. Als Balduin vor den Mauern eintraf, wehten bereits die normannischen Fahnen von den Türmen. Er verlangte sogleich, dass die Stadt ihm übergeben werde. Angesichts des ungleichen Kräfteverhältnisses gab Tankred nach und zog weiter in Richtung Adana.

Kaum ist Balduin Herr der Stadt, begeht er einen Treuebruch. Als die von Tankred angeforderte Verstärkung vor Tarsos eintrifft, verweigert Balduin den 300 Normannen den Zutritt. Sie müssen vor den Stadtmauern ein Lager aufschlagen, wo sie in der Nacht von den türkischen Truppen, die in der Gegend umherstreifen, überfallen und hingemetzelt werden. Das Vorkommnis erregt sogar unter Balduins Leuten Wut und Trauer.

Erleichterung bringt das Auftauchen einer christlichen Flotte, die von einem Seeräuber namens Guynemer von Boulogne geführt wird. Dieser beteiligt sich mit einem Haufen Dänen, Friesen und Flamen auf eigene Faust am Kreuzzug. Balduin macht Guynemer zum Gouverneur von Tarsos und lässt 300 Mann als Besatzung zurück. Er gibt das Vorhaben, sich dauerhaft in Kilikien festzusetzen, auf und marschiert mit seinem Heer – erneut auf Tankreds Spuren wandelnd – nach Osten. Der Normanne hat inzwischen die Stadt Mamistra besetzt, wo sich die christlichen Bewohner wie in Tarsos gegen die Türken erhoben haben. Beim Näherrücken Balduins lässt er zwar die Stadttore verbarrikadieren, erklärt sich aber bereit, dem Konkurrenten Lebensmittel zu liefern. Seine Leute, die Rache für den Verrat, den Balduin an ihren Kameraden vor Tarsos begangen hat, nehmen wollen, überfallen Balduins Lager, werden aber zurückgeschlagen. Die beiden Führer beenden den Konflikt mit einer oberflächlichen Aussöhnung.

Auf getrennten Wegen – Balduin nimmt den Weg über Marasch, Tankred über Alexandretta – stoßen beide wieder zum Hauptheer, das sich auf dem Weg nach Antiochia befindet. Der Abstecher nach Kilikien hat zwar keinem der beiden Kontrahenten das gewünschte eigene Fürstentum gebracht, er hat jedoch die türkische Herrschaft in diesem Gebiet so weit erschüttert, dass von hier aus keine Gefahr mehr für den weiteren Vormarsch des Hauptheeres droht.

Übergabe des Schlüssels von Tarsos: Kurz darauf muss Tankred die Stadt an Balduin abtreten (Miniatur, 14. Jh.).

Der armenische Fürst Thoros adoptiert Balduin von Boulogne

Edessa fällt in die Hand der Kreuzfahrer

■ *8. Februar 1098, Edessa*
Die von den Türken bedrängte christliche Bevölkerung von Edessa empfängt Balduin von Boulogne mit Begeisterung. Für den Kreuzritter bietet sich eine neue Möglichkeit, eine Herrschaft im Osten zu übernehmen.

Balduin von Boulogne wird als Adoptivsohn des Fürsten Thoros Mitregent in der Stadt Edessa. Die Adoption wird in einer feierlichen Zeremonie nach armenischem Brauch vollzogen. Stiefvater und Stiefsohn entblößen ihre Oberkörper und steigen gemeinsam in ein doppelt weites Hemd, danach reiben sie ihre Körper aneinander. Die gleiche Handlung wiederholt Balduin anschließend auch noch mit Thoros' Gemahlin.

Edessa, das heutige Urfa in der südöstlichen Türkei, war in der Antike und im Mittelalter ein strategisch bedeutender Punkt auf der Route von Anatolien nach Mesopotamien. Lange Zeit in byzantinischem Besitz – mit einem arabischen Zwischenspiel von 639 bis 1032 –, befindet sich die Stadt am Ende des 11. Jahrhunderts in der Hand des armenischen Fürsten Thoros, der sich heftiger türkischer Angriffe zu erwehren hat. Die Ankunft der Kreuzfahrer im Jahr 1097 kam ihm deshalb gelegen, er ersuchte sie um Hilfe.

Balduin von Boulogne zieht in die Stadt Edessa ein (Stahlstich, 19. Jh.).

Balduin von Boulogne stand wohl schon während seines Eroberungszuges in Kilikien im Herbst 1097 in Verhandlung mit Thoros. Nach dem kilikischen Abenteuer schloss er sich wieder dem Hauptheer an und fand dort seine Frau Godvere sowie seine Kinder an Malaria erkrankt und dem Tode nahe. Dennoch blieb Balduin nur kurz beim Haupttross. Als sich das Kreuzzugsheer vom Lager Marasch aus gegen Antiochia in Marsch setzte, brach Balduin mit 100 Berittenen Richtung Edessa auf. Während des Winters 1097 eroberte er die Festungen Turbessel und Ravendel und nahm das Land bis zum Euphrat in Besitz. Die Einwohner, christliche Armenier, empfingen ihn mit Begeisterung. Die türkischen Garnisonen traten die Flucht an.

Am 6. Februar 1098 zog Balduin in Edessa ein. Thoros will Balduin und seine Mannen als Söldner engagieren, aber Balduins Pläne sind weitreichender: Der Fürst von Edessa, der selbst kinderlos ist, soll ihn adoptieren und als Mitregenten einsetzen.

Marsch auf Antiochia

Brückenkopf am Orontes fällt

■ *20. Oktober 1097, vor Antiochia*
Von Norden kommend erreichte das Kreuzzugsheer bei der kleinen Stadt Marata das Gebiet Yaghi Siyans, des türkischen Statthalters von Antiochia. In der Schlacht am Orontes erzwingen die Kreuzfahrer den Zugang zur Stadt.

In einem Sturmangriff überrennen die Kreuzfahrer unter Führung des Bischofs Adhemar von Monteil die türkischen Verteidiger der so genannten Eisernen Brücke und überqueren den Fluss Orontes. Durch diesen Sieg bei dem mit Wachttürmen schwer befestigten Flussübergang haben die Kreuzfahrer freie Bahn für das letzte Stück ihres Marsches nach Antiochia. Der Erfolg ist umso größer, als ihnen bei der Gelegenheit ein riesiger Geleitzug in die Hände fällt, der Yaghi Siyans Truppen in Antiochia versorgen sollte. Mit dem Vieh, den Schafen und dem Getreide aus türkischen Beständen können die Kreuzfahrer nun ihre Vorräte ergänzen.

Stichwort

Armenische Kirche

Der östliche Mittelmeerraum ist die Wiege der christlichen Kirche. In Palästina und Syrien bildeten sich die ersten Gemeinden, hier wurden die ersten Bischöfe gewählt. Auch unter islamischer Herrschaft (seit dem 7. Jahrhundert) bestanden die kirchlichen Institutionen weiter, allerdings kam es im Lauf der Zeit zu zahlreichen Sonderentwicklungen. Die Kreuzfahrer, die Ende des 11. Jahrhunderts diesen Raum betreten, finden nicht nur die griechisch-orthodoxe – die Reichskirche von Byzanz – vor, sondern auch eine Reihe von »Nationalkirchen«, wie die syrische, deren Stamm von den sog. Jakobiten, Maroniten und Nestorianern gebildet wird, die georgische, koptische, äthiopische und armenische Kirche. Im hohen Mittelalter liegen Teile des armenischen Siedlungsgebietes außerhalb der Grenzen des heutigen Armeniens. Gotteshäuser der armenischen Christen gibt es also auch in den Staaten, die die Kreuzfahrer errichten, z. B. in der Grafschaft Edessa und im Fürstentum Antiochia.

Die armenische Kirche geht auf Anfänge unter Bischof Gregor dem Erleuchter (um 300) zurück, weshalb sie auch gregorianische Kirche genannt wird. Auf dem ökumenischen Konzil von Chalkedon im Jahr 451, das über die Frage der zwei Naturen Christi, der göttlichen und der menschlichen, zu entscheiden hatte, schlug sich die armenische Kirche auf die Seite derer, die – entgegen der hauptsächlich im Westen vertretenen Zwei-Naturen-Lehre – darauf beharrten, dass es in der Person des Erlösers nur eine Natur gäbe. Demnach werde bei der Vereinigung des göttlichen Logos mit dem Menschen Jesus die menschliche Natur von der göttlichen absorbiert. Die als Monophysitismus bezeichnete Auffassung wurde in Chalkedon als Irrlehre verdammt, was zu einem dauernden Zerwürfnis der Ostkirchen mit der römisch-katholischen wie auch mit der orthodoxen Kirche führte. Dennoch begrüßen die armenischen Christen die Kreuzfahrer bei ihrer Ankunft als Befreier. Hilferufe armenischer Bischöfe um Beistand gegen die Türken spielten bei den frühen Kreuzzugsplanungen unter Papst Gregor VII. eine wichtige Rolle.

Die Kirche Arakeloz am Seván-See in Armenien wurde 874 erbaut.

Christen mit Belagerungsmaschinen vor den Mauern Antiochias (Miniatur, 1280)

Kreuzfahrer bestürmen strategisch wichtige Festung

Belagerung von Antiochia

■ 21. Oktober 1097, Antiochia
Auf dem Weg nach Jerusalem markiert Antiochia eine wichtige Etappe. Die Stadt ist jedoch nicht im Handstreich zu nehmen, die Kreuzfahrer müssen sich auf eine langwierige Blockade einrichten.

Die Kreuzfahrer beginnen mit der Belagerung von Antiochia, dem heutigen Antakya in der Türkei. Die 20 km vor der Küste des Mittelmeeres am Fluss Orontes gelegene Stadt ist für das Christentum von hohem Symbolwert. Hier wurde die erste heidenchristliche Gemeinde gegründet. Sowohl die griechisch-orthodoxe als auch die syrische und armenische Kirche haben in Antiochia Heimstätten. Darüber hinaus hat die Stadt eine besondere strategische Bedeutung.

Die Belagerung Antiochias gestaltet sich als äußerst schwierig. Die in der Antike größte Stadt des Orients besitzt kilometerlange Stadtmauern mit 400 Türmen. Das Riesenareal ist längst nicht mehr vollständig mit Siedlungen ausgefüllt und der türkische Befehlshaber Yaghi Siyan besitzt nicht genug Männer, um alle Bastionen zu besetzen. Doch auch das christliche Heer vermag seine Kräfte nur punktuell einzusetzen.

In der fruchtbaren Ebene vor der Stadt können die Kreuzfahrer große Mengen an Lebensmitteln erbeuten. Wegen unzureichender Vorratshaltung ist um Weihnachten 1097 jedoch fast alles aufgebraucht und im Umland nichts mehr aufzutreiben. Eine Hungersnot bricht aus. Nässe und Kälte schwächen die Kreuzfahrer zusätzlich, sodass viele Krankheiten grassieren. Im Lager vor Antiochia verliert das Heer ein Siebtel seines Mannschaftsbestandes.

Im Februar 1098 erscheint ein türkisches Entsatzheer unter Ridwan, dem Herrscher von Aleppo. Die Christen beschließen ein riskantes Abwehrmanöver und teilen die Truppen. Die Reiterei, die nur noch 700 Pferde zur Verfügung hat, zieht dem Feind allein entgegen, das Fußvolk bleibt zur Bewachung der Stadtausgänge zurück. Der Plan geht auf: Den Rittern gelingt es in einem Überraschungsangriff Ridwans Scharen zu zerstreuen, die Fußsoldaten wehren zur gleichen Zeit einen Ausfall der Belagerten ab. Die Eroberung des Hafens St. Simeon, über den der Nachschub zur See gesichert wird, verbessert die Versorgungslage. Vor allem können mit den angelieferten Baumaterialien Belagerungsmaschinen gebaut werden. Ab März 1098 ist Antiochia vollständig eingeschlossen. Nun wird auch in der Stadt der Mangel fühlbar.

Hintergrund

Hohe Kriegskunst: Belagerung und Sturm einer Stadt

Bevor sich die Streiter Christi im Heiligen Land festsetzen können, müssen sie zahlreiche befestigte Städte einnehmen. Die zu überwindenden Anlagen sind zumeist größer und stärker als jene in ihrer Heimat. Generell ist das Belagerungswesen keine Domäne des abendländischen Kriegertums. In Westeuropa sind die römischen Traditionen weitgehend in Vergessenheit geraten, während sich im Mittelmeerraum byzantinische, armenische und sarazenische Belagerungsspezialisten immer weiter darin geschult haben. Aber die christlichen Ritter eignen sich das Wissen und die Techniken ihrer Gegner rasch an.

Die hohen Mauern der Festungen in Kleinasien, Syrien oder Palästina sind im Direktangriff – mit Leitern oder ähnlichem – kaum zu überwinden. Erfolgversprechender ist der Beschuss mit der »Artillerie« jener Zeit, mit Schleudern, Katapulten oder Groß-Armbrüsten, sowie der Bau von Minen. Dabei werden gedeckte Gräben oder tiefe Stollen vorgetrieben und unter den Fundamenten der Mauern Hohlräume ausgehoben, die nach oben mit Holzbalken abgestützt sind. Anschließend wird Feuer gelegt, das schließlich auch die Balken verzehrt und den Einsturz der Mauer bewirkt. Eine andere Methode, Mauerwerk zu lockern, ist der Einsatz von Mauerbohrern, die sich von Winden gedreht in die Steine hineinfressen. Auch mit Rammböcken kann man den Mauern zu Leibe rücken. Als Plattform für kleinere Wurfmaschinen oder Bogenschützen dienen Belagerungstürme. Diese Holzbauwerke verfügen über mehrere Stockwerke und werden auf Rädern oder Rollen bewegt. Mit Winden können von solchen Türmen Enterbrücken für die Sturmtruppen herabgelassen werden. Die Festungsbesatzungen versuchen mit allen Mitteln, die Aufstellung der Belagerungsmaschinen mit Wurfgeschossen aller Art – vor allem Brandsätzen – zu verhindern. Die Angreifer umgeben ihre Mannschaften und Geräte deshalb mit Schutzwehren und Dächern aus Eisenplatten, nassen Tierhäuten u. ä.

Die Belagerungen können sich oft monatelang hinziehen. Mitunter kommt es zum Bau von Gegenburgen: Der Belagerer errichtet seinerseits eine Festung, in die er sich bei Ausfällen der Belagerten oder Angriffen eines Entsatzheeres zurückziehen kann. Dies geschieht u. a. während der Belagerung von Antiochia durch die Kreuzfahrer. Versagen alle Belagerungsmittel, bleibt noch das Aushungern. Zumeist ist es der Wassermangel, der die Belagerten zur Aufgabe zwingt. Vielfach muss aber auch der Belagerer abziehen, dann nämlich, wenn sein oft nur für kurze Zeit aufgestelltes Heer auseinander zu laufen droht.

Sturmleitern kommen bei der Eroberung Nicäas zum Einsatz.

Die Kreuzfahrer profitieren von den Rivalitäten zwischen den muslimischen Mächten

Fatimiden bieten sich den Kreuzfahrern als Partner an

Kreuzfahrer und Muslime verhandeln einen Waffenstillstand (Stich, 19. Jh.).

■ *Februar 1098, Antiochia*

Die muslimischen Regenten von Kairo treten mit den Kreuzfahrern in Verhandlung. Ziel ist die Machterweiterung der Fatimiden auf Kosten der Seldschuken.

Bei den Kreuzfahrern, die vor Antiochia liegen, trifft eine ägyptische Gesandtschaft ein. Die Fatimidenherrscher aus Kairo möchten sich mit den Rittern aus dem Westen, die sie für Söldner des Kaisers von Byzanz halten, darauf verständigen, dass die Kreuzfahrer sich mit der Besetzung Syriens zufrieden geben und Palästina den Ägyptern überlassen.

Die Fatimiden, eine islamische Dynastie schiitischer Richtung, regieren seit 969 in Kairo und gebieten über ganz Nordafrika und Sizilien. Bis in die Mitte des 11. Jahrhunderts bildeten sie die islamische Vormacht im westlichen Mittelmeer. Da die Fatimiden das Rote Meer und damit den Seehandel zwischen Indischem Ozean und Mittelmeer kontrollieren, nimmt Ägypten eine dominierende Stellung im Handel ein. Die fatimidische Herrschaft ist – von seltenen Ausnahmen wie dem Wüterich al-Hakim abgesehen – von Toleranz geprägt. Christen und Juden ist die freie Religionsausübung gestattet. Zu den sunnitischen Seldschuken stehen die Fatimiden in Konkurrenz, weshalb diese bei dem Handel auch leer ausgehen sollen.

Eine Vereinbarung kommt jedoch nicht zu Stande, da die Kreuzfahrer sich nicht festlegen wollen. Beladen mit reichen Geschenken, aber ohne ein greifbares Verhandlungsergebnis in der Tasche, machen sich die ägyptischen Gesandten nach drei Wochen wieder auf den Heimweg. Den Christen verdeutlicht der Vorgang allerdings, dass es in der muslimischen Welt Spannungen gibt, die sich gegebenenfalls ausnutzen lassen.

Stichwort

Kreuzzugsprediger

Nach dem mitreißenden Kreuzzugsaufruf Urbans II. tragen zahlreiche Geistliche das Wort des Papstes weiter und verbreiten durch ihre Predigten den Kreuzzugsgedanken. Als die Ritterscharen zur Befreiung des Heiligen Grabes aufbrechen, befinden sich auch Prediger in ihren Reihen. Urban II. bestimmt den Bischof von Le Puy, Adhemar von Monteil, zum geistlichen Führer des ersten Kreuzzuges, alles weitere, vor allem den militärischen Teil des Unternehmens, überlässt der Papst den Fürsten. Diese bringen ihre eigenen Kapläne mit, die nun als Feldgeistliche den Truppen Mut zusprechen. Vor allem in Krisensituationen – besonders während der schweren Kämpfe um Antiochia in den Jahren 1097 und 1098 sowie vor dem entscheidenden Angriff auf Jerusalem im Sommer 1099 – sind die Priester in der Lage, bedeutenden Einfluss auf den Lauf der Dinge zu nehmen.

Im Bericht Fulchers von Chartres über die Schlacht von Doryläum am 1. Juli 1097 findet sich eine typische Szene: Die Franken sind in schwerer Bedrängnis, Frauen und Kinder schreien in Todesangst, die Türken frohlocken und wähnen den Kampf schon gewonnen. Da greifen die Geistlichen ein:

»Unter den Pilgern befanden sich der Bischof von Puy, unser Herr, und vier andere Prälaten, ebenso viele Priester, alle in weißen Ornaten, die unterwürfig den Herrn baten, die Macht der Feinde zu brechen und uns Seine Barmherzigkeit zu schenken. Alle sangen und beteten unter Tränen, und eine Menge Menschen, die den baldigen Tod fürchteten, warfen sich zu Boden und bekannten ihre Sünden. Inzwischen bemühten sich unsere Führer... mit aller Macht, die Türken, die ihrerseits kühn auf die Unseren eindrangen, zurückzudrängen und oft sogar anzugreifen. Und glücklicherweise versöhnt durch unsere flehentlichen Bitten, hob der Herr... nach und nach unseren Mut und schwächte den der Türken.«

Der Autor ist Realist und übersieht keineswegs, dass die Heerführer von ihrem militärischen Sachverstand Gebrauch machen und durch energische Maßnahmen die prekäre Lage bereinigen. Genauso verweist er auf die Rolle, die die Geistlichen spielen. Ihnen ist letztlich zu danken, dass das Heer unter dem Ansturm der Türken nicht auseinander fällt, da sie als Mittler für die sündigen Menschen Gottes Beistand in der Not erwirken können.

Ein Feldgeistlicher als Berichterstatter

Berühmter Kreuzzugs-Chronist

■ *1098, Kleinasien*

Als Augenzeuge verfasst der Geistliche Fulcher von Chartres eine der wichtigsten Chroniken über den ersten Kreuzzug sowie die Frühzeit des Königreichs Jerusalem.

Der Chronist Fulcher von Chartres begleitet Balduin von Boulogne, der Graf des ersten Kreuzfahrerstaates Edessa geworden ist. Der Priester, der seine Ausbildung an der Kathedralschule von Chartres erhielt, nahm 1095 am Konzil von Clermont teil und hörte den Kreuzzugsaufruf Urbans II. 1097 nahm ihn Balduin als Feldgeistlichen mit ins Heilige Land, wo Fulcher bis zu seinem Tod bleibt. Nach Gründung des Königreichs Jerusalem wirkt er als Kanoniker in der Grabeskirche.

1101 beginnt er mit der Niederschrift der »Historia Hierosolymitana«, die durch Fulchers Nähe zum Königshaus eine Quelle ersten Ranges ist. Der Geistliche versteht viel vom Kriegswesen. Fulchers Schlachtbeschreibungen sind anschaulich und ohne große Übertreibungen. Gern verweilt er bei der Schilderung von Kriegslisten und taktischen Finessen und spart auch nicht mit kritischen Anmerkungen zu den Fehlern, die die Kriegführenden machen.

Priester predigen unter den Teilnehmern des ersten Kreuzzugs (Holzstich, 19. Jh.).

Der lothringische Graf steigt vom Mitregenten zum Alleinherrscher in Edessa auf

Balduin wird Regent des ersten Kreuzfahrerstaates

■ *10. März 1098, Edessa*

Geschickt macht sich Balduin von Boulogne eine Verschwörung gegen den Fürsten von Edessa zunutze, um die ganze Macht an sich zu reißen.

Nachdem Thoros, der Fürst von Edessa, bei einem Volksaufstand getötet wurde, rufen die Einwohner Edessas den Kreuzfahrer Balduin von Boulogne zu ihrem Herrscher aus.

Thoros war nicht beliebt bei seinem Volk. Er gehörte der orthodoxen Kirche an, während seine Untertanen dem armenischen Bekenntnis anhängen. Zudem galt er als Marionette der Byzantiner und konnte die Edesser vor den Überfällen türkischer Räuber nicht schützen. Erst als die Kreuzfahrer erschienen, besserten sich die Verhältnisse. Balduin von Boulogne, den Thorsos zu seinem Adoptivsohn und Mitregenten machte, hielt sich fortan zur Ablösung von Thorsos bereit. Möglicherweise half Balduin auch nach und zettelte die Verschwörung, die Thoros den Tod brachte, selbst an.

Am 7. März 1098 brach sich die Unzufriedenheit über den Herrscher gewaltsam Bahn. Eine Menschenmenge griff die Häuser der Beamten an und belagerte die Zitadelle des Fürsten. Thorsos' Truppen schritten nicht ein und auch Balduin verweigerte jede Hilfe. Der Kreuzfahrer riet seinem Adoptivvater vielmehr, sich zu ergeben. Als Thorsos, der lediglich um freien Abzug bat, diesem Rat folgte, wurde er von der aufgebrachten Menge erschlagen.

Der neue Herrscher von Edessa verwandelt das Land am Euphrat in eine Grafschaft nach abendländischem Muster. Basis der fränkischen Herrschaft sind eine Reihe von Burgen, von denen aus Steuern und Abgaben eingetrieben und Raubzüge über die Grenzen hinaus unternommen werden. Da Edessa früher Teil des byzantinischen Reiches war, müsste Balduin das Land gemäß dem Eid, den die Kreuzfahrer in Konstantinopel geschworen haben, eigentlich Kaiser Alexios I. übergeben. Von Seiten der Byzantiner kommt vorerst keine Aufforderung dazu und Balduin unternimmt auch keinen Schritt in diese Richtung.

Nachdem ein militärischer Eroberungsversuch im Februar fehlschlug, kauft Balduin mit Hilfe beträchtlicher Schätze, die er in der Zitadelle von Edessa findet, dem Emir von Samo-

Gastmahl eines arabischen Befehlshabers im Heerlager vor Edessa (byzantinische Buchmalerei, 2. Hälfte 13. Jh.)

sata sein Reich ab. Bei der Übergabe des benachbarten Emirats befreit Balduin einige Geiseln, die der Emir festgehalten hatte. Ihre triumphale Heimführung nach Edessa steigert Balduins Beliebtheit beträchtlich.

Die Kunde von der Etablierung eines fränkischen Staates bewegt manche Kreuzfahrer dazu, das Hauptheer, das vor Antiochia liegt, zu verlassen und sich dem offensichtlich erfolgreichen Balduin anzuschließen. Dessen Ansehen wächst, als im Mai das Heer des Seldschuken Kerbogha vor Edessa aufgehalten wird. Die Truppen des Statthalters (Atabeg) von Mosul sollen eigentlich die christlichen Belagerer Antiochias vertreiben. Drei Wochen vergeudet Kerbogha vor Edessa und schafft es nicht, die Stadt einzu-

nehmen. Genau in dieser Zeit entscheidet sich das Schicksal Antiochias, indem es den Kreuzfahrern gelingt, in die Stadt einzudringen.

Der ständige Zustrom fränkischer Ritter in die Grafschaft Edessa ruft allerdings zunehmend Unmut bei den einheimischen Armeniern hervor, die sich ausgebeutet und gegenüber den Fremden zurückgesetzt fühlen. Gegen Ende des Jahres 1098 wird eine Verschwörung aufgedeckt, in die Einheimische aus den höchsten Kreisen verwickelt sind. Balduin greift mit grausamer Härte durch und lässt sämtliche Verschwörer festnehmen. Ein Teil von ihnen wird geblendet, anderen werden die Nase oder Füße abgeschnitten. Hunderte wandern als angebliche Mitwisser in den Kerker. Nur den besonders Wohlhabenden erlaubt Balduin, sich mit monströsen Summen freizukaufen.

Die Grafschaft Edessa, die der ehemals mittellose Graf aus Lothringen nun mit eisernem Griff hält, wird zum ersten Kreuzfahrerstaat. Zwar liegt sie nicht im Heiligen Land, hat aber als Vorposten und Schutzschild für die bald darauf weiter südlich in Syrien und Palästina gegründeten christlichen Kreuzfahrerstaaten einen bedeutenden Nutzen.

Kapelle in Armenien: Die Untertanen Balduins sind armenische Christen.

Mit vorbildhafter Bodenbewirtschaftung helfen Mönche bei der Kolonisierung des Ostens

Zisterzienser betonen den Wert der praktischen Arbeit

■ *21. März 1098, Cîteaux bei Dijon*
Eine Folge der kirchlichen Reformbewegung im letzten Viertel des 11. Jahrhunderts ist die Gründung eines neuen Mönchsordens.

Der aus der Champagne stammende Geistliche Robert von Molesme gründet in Burgund ein Kloster, in dem die Mönche unter rigoroser Befolgung der Benediktinerregel in eremitischer Abgeschiedenheit und Askese leben. Die Bewegung, deren Mitglieder nach dem Stammkloster Cîteaux (lateinisch Cistercium) Zisterzienser heißen, breitet sich rasch über ganz Europa aus. Mit dem Eintritt des Theologen und Kreuzzugspredigers Bernhard von Clairvaux im Jahr 1112 bekommt der Orden seine besondere geistliche Ausprägung. Ebenfalls im 12. Jahrhundert entstehen auch die ersten Frauenklöster der sog. Zisterzienserinnen oder Bernhardinerinnen.

Wirtschaftliche Basis des Ordens ist zunächst die Selbstversorgung. Die Zisterzienser legen besonderen Wert auf praktische Fertigkeiten. Sie bebauen ihren Boden und erzielen dank fortschrittlicher Agrartechnik und Wirtschaftsweise reiche Erträge. Neben ihrer Betätigung im Handwerk und Gewerbe üben sie auch Handel

und Geldgeschäfte aus. Der daraus erzielte Wohlstand erlaubt es ihnen, bedeutende Sakralbauten zu finanzieren. Der Zisterzienserbaustil zeichnet sich durch den Verzicht auf Zierrat und schmückendes Beiwerk aus. Türme, Krypten und Bauglieder wie Emporen und offene Strebebogen fehlen, die Wände sind nicht bemalt, farbige Glasfenster und Skulpturen sind nicht vorgesehen. Beispiele für diesen Stil sind u. a. die französische Abtei von Fontenay in Burgund sowie die Klosterkirche von Ebrach in Bayern.

Refektorium des Zisterzienserklosters Santa Maria de Poblet in Tarragona

Außenansicht der frühgotischen Zisterzienser-Klosterkirche Pontigny

Bald nach seiner Gründung findet der Zisterzienserorden seinen Weg nach Deutschland. Die erste Niederlassung wird 1123 in Altenkamp am Niederrhein gegründet, weitere wichtige Klöster entstehen nach 1130 in Altenberg bei Köln, in Eberbach (Rheingau), in Pforta bei Naumburg, in Waldsassen (Oberpfalz) und in Maulbronn (Württemberg). Mit der Anlage landwirtschaftlicher Mustergüter tragen die Zisterzienser maßgeblich zur Binnenkolonisation bei. Im 12. und 13. Jahrhundert beteiligen sie sich an der deutschen Ostsiedlung. Die wirtschaftlich-kulturelle Durchdringung der seit der Völkerwande-

rungszeit von Slawen bewohnten Ostgebiete ist stark von der Aktivität der Mönche geprägt. Der ersten Klostergründung in Schlesien (1163 Leubus) folgen weitere in Brandenburg (u. a. 1170 Zinna), Mecklenburg (1171 Doberan) und Preußen (1178 Oliva).

Vom Verfall des Ordenswesens, der Ende des 13. Jahrhunderts einsetzt, bleiben auch die Zisterzienser nicht verschont. Im Gegensatz zu anderen christlichen Brüderschaften gelingt es ihnen nicht, aus eigener Kraft eine grundlegende Erneuerung durchzuführen. Diese erfolgt erst nach dem Konzil von Trient in der Mitte des 16. Jahrhunderts.

Hintergrund

Wirtschaftliche Versorgung der Kreuzfahrer: Eine Rechnung mit vielen Unbekannten

In den mittelalterlichen Heeren gibt es kein geregeltes Transport- und Nachschubwesen. Feldzüge terminieren die Kriegführenden nach Möglichkeit auf jene Jahreszeiten, in denen eine Ernährung vom Land möglich ist. Die Reiter der Karolinger zogen beispielsweise erst los, wenn das Gras auf den Weiden ausreichend hoch stand, damit die Pferde unterwegs genug zu fressen hatten.

Für die großen Heere der Kreuzzugszeit beginnen die Versorgungsprobleme am ersten Tag. Sie sind darauf angewiesen, dass ihnen jemand Nahrungsmittel zukommen lässt. Zu diesem Zweck führen sie bedeutende Summen Bargeld mit sich. Legendär ist der Karren, auf dem Peter der Einsiedler seine Kriegskasse mit sich führt. Sofern sie sich in befreundetem Gebiet bewegen, können die Kreuzfahrer ihren Lebensunterhalt durch den Ankauf von Lebensmitteln bestreiten. Entlang der Vormarschstraßen entwickelt sich ein reger Handel mit der einheimischen Bevölkerung. Da sich eine Seite oftmals übervorteilt fühlt, kommt es jedoch an den Marktplätzen häufig zu gewalttätigen Auseinandersetzungen. Im byzantinischen Hoheitsgebiet stehen an manchen Orten Vorratslager zur Verfügung. Verhalten sich die Einheimischen feindselig, regiert bei der Beschaffung von Nahrungsmitteln die nackte Gewalt. Wenn der zurückweichende Feind die Lebensgrundlagen zerstört, fallen Menschen und Tiere der einsetzenden Not in Scharen zum Opfer.

Schwer beladene Gepäckwagen im Tross eines Kreuzfahrerheeres (Miniatur, um 1480)

Im letzten Moment gelingt es den Christen, das Tor zum Heiligen Land einzunehmen

Nur ein Verrat ermöglicht den Fall Antiochias

■ *3. Juni 1098, Antiochia*
Nach sieben Monaten Belagerung fällt den Kreuzfahrern die syrische Metropole Antiochia in die Hände. Die Stadt besitzt für die Christen einen hohen Symbolwert.

Durch Verrat fällt den Kreuzfahrern Antiochia in die Hände. Ein Wachtturmkommandant namens Firuz, der mit Bohemund von Tarent im Bunde steht, lässt die Franken in die Stadt hinein. Der Normannenführer hat ein besonderes Interesse am Fall der Stadt: Entgegen der Abmachung mit Kaiser Alexios I., alle Eroberungen im ehemals byzantinischen Gebiet zurückzugeben, will Bohemund Antiochia für sich selbst in Besitz nehmen.

Die Eroberung der Stadt gelang in einer heiklen Situation: Nachdem der gefürchtete Kerbogha, der Herrscher von Mosul, die erfolglose Belagerung Edessas aufgegeben hatte, näherte er sich mit seinem gewaltigen Heer Antiochia. Die christlichen Belagerer liefen Gefahr, zwischen der türkischen Streitmacht und den Verteidigern von Antiochia aufgerieben zu werden. Angesichts der verzweifelten Lage begann das christliche Heer auseinander zu brechen. Gruppen von Kreuzfahrern, darunter auch Graf Stephan von Blois, einer der Anführer des Zugs, machten sich auf den Heimweg.

Unbeirrbar setzte Bohemund alles auf eine Karte und verabredete mit Firuz ein raffiniertes Täuschungsmanöver. Die Belagerer sammelten ihre Truppen und zogen von der Stadt in Richtung Gebirge, so als wollten sie Kerboghas Anmarsch abfangen. Im Glauben, die Gefahr sei vorläufig gebannt, lockerte die Besatzung von Antiochia den Wachdienst. In der Nacht machten die Franken jedoch kehrt und standen kurz nach Tagesanbruch wieder unter den Mauern. Nachdem Firuz ihnen den Einstieg ermöglicht, dringen binnen kurzem Scharen von Kreuzfahrern in die Stadt ein und richten unter der türkischen Bevölkerung ein Blutbad an. »Alle Plätze der Stadt waren mit Leichen bedeckt«, heißt es im Bericht der »Gesta Francorum«.

Als Kerboghas Truppen zwei Tage später Antiochia erreichen, wehen von den Türmen bereits die Fahnen der Christen. Den Muslimen bleibt nichts anderes übrig, als ihrerseits die Stadt zu belagern.

Kreuzfahrer stürmen und erobern die seit Oktober 1097 belagerte Stadt Antiochia (Miniatur, um 1490).

Eine Reliquie hebt die Moral der belagerten Christen

Kreuzfahrer finden die »Heilige Lanze«

■ *15. Juni 1098, Antiochia*
Als die Kreuzfahrer im gerade eroberten Antiochia von einer riesigen türkischen Armee eingeschlossen werden, greift Verzweiflung um sich. Ein »Wunder« stellt den Kampfesmut der Franken wieder her.

Die Kreuzfahrer finden in der Peterskirche die »Heilige Lanze«. Mit Hilfe der bedeutenden Reliquie ändert sich die Stimmung unter den christlichen Truppen schlagartig.

Nach der Erstürmung von Antiochia sind die Kreuzfahrer zwar innerhalb der gewaltigen Mauern vor Kerboghas Truppen, die die Stadt belagern, vorläufig in Sicherheit. Die extreme Lebensmittelknappheit führt jedoch bald zu schwerwiegenden Problemen. Die Vorräte Antiochias sind nach der langen christlichen Belagerung aufgebraucht. Zudem ist die Be-

völkerung den Besatzern nach den Massakern und Plünderungen keineswegs freundlich gesinnt. Hunger und Krankheiten forderten zahlreiche Opfer. Unter den Eingeschlossenen verbreitete sich Hoffnungslosigkeit. Alle wussten, dass eine Kapitulation ein ebensolches Massaker auslösen würde, wie das von den Christen veranstaltete Blutbad unter den Muslimen. Als Gerüchte von Desertionen die Runde machten, sahen sich die Befehlshaber genötigt, die zum Hafen führenden Stadttore zu überwachen.

In dieser verzweifelten Lage meldete sich ein provenzalischer Pferdeknecht namens Peter Bartholomäus (Pierre Barthélemy) beim Grafen Raimund IV. von Toulouse und erzählte von einer Vision. Es sei ihm der Apostel Andreas erschienen und hätte ihm unter dem Boden der Peters-

kirche von Antiochia die »Heilige Lanze« gezeigt – jene Waffe, mit der die Kriegsknechte Jesus' Seite durchstachen, als er am Kreuz hing. Bischof Adhemar von Monteil, der geistliche Führer des Kreuzzuges, schenkte der Erzählung keinen Glauben. Leute niederen Standes kommen nach seiner Ansicht nach nicht für Offenbarungen in Frage. Außerdem sind ihm schon mehrere »Heilige Lanzen« bekannt, die an anderen Orten aufbewahrt werden.

Raimund jedoch spürte, was das Christenheer in seiner gegenwärtigen elenden Verfassung brauchte und griff die Vision auf. Er ordnete Fastentage an und ließ zwölf Männer den Boden der Kirche umpflügen. Die Suche hatte zunächst keinen Erfolg, bis Peter selbst in die Grube steigt: Auf Anhieb findet er die Reliquie. Das deutet zwar alles auf einen Schwindel oder eine Inszenierung hin – gerade bei den Heerführern kommen Zweifel auf –, die Masse der Kreuzfahrer sieht jedoch in der Auffindung der Relique ein deutliches Zeichen Gottes. Neuer Kampfesmut durchdringt die Streiter Christi, die sich nun eine kraftvolle Verteidigung und sogar einen Kampf mit Kerboghas Armee draußen im freien Feld zutrauen.

Beflügelt von seinem Erfolg berichtet Peter Bartholomäus von immer neuen Visionen. Da sie allerdings in der Regel mit den Zielen seines Dienstherrn Raimund übereinstimmen, macht sich bei den übrigen Truppen Unmut breit. Als das Heer später auf dem Weg nach Tripolis vor der Stadt Arqa steht und Raimund eine Belagerung fordert, die der Rest des Heeres ablehnt, behauptet Peter, wieder eine Offenbarung gehabt zu haben. Diesmal habe ihm Christus selbst befohlen, die Stadt anzugreifen. Nun wenden sich die Kreuzfahrer offen gegen den Visionär und bezweifeln sogar die Echtheit der »Heiligen Lanze«. Daraufhin schlägt Peter vor, mit einer Feuerprobe die Richtigkeit seiner Offenbarungen zu beweisen. Am 8. April 1099 findet ein Gottesurteil statt, bei dem zwei Holzstöße in Brand gesetzt werden und Peter mit der Lanze in der Hand durch das Feuer schreitet. Dabei zieht er sich schwere Verbrennungen zu, an denen er wenige Tage später stirbt. Die »Heilige Lanze« verliert dadurch einiges von ihrem Ansehen.

Bischof Adhemar von Puy mit der »Heiligen Lanze« (Miniatur, um 1490)

Die »Heilige Lanze«

Im Johannes-Evangelium wird eine Episode der Kreuzigung erzählt, die in den anderen Evangelien nicht vorkommt: Die römischen Kriegsknechte brechen den zusammen mit Jesus ans Kreuz geschlagenen Verbrechern die Beine, um ihr Sterben zu beschleunigen. Jesus lassen sie bei dieser Marter aus, da er bereits tot ist. Jedoch sticht ihn einer der Soldaten mit einer Lanze in die Seite, sodass Blut und Wasser herauslaufen.

Wie die Dornenkrone und das Kreuz gehörte die Lanze des römischen Kriegers zu den Passionsreliquien, die seit ihrer ersten Auffindung im 4. Jahrhundert durch Kaiserin Helena, der Mutter Konstantins des Großen, besonders verehrt wurden. In den folgenden Jahrhunderten erlebten diese Heiligtümer wechselvolle Schicksale. Oft verschwanden sie für lange Zeit. Während Kriegshandlungen wurden sie versteckt. Danach tauchten sie unverhofft – manch-

Die 50 cm lange Spitze der »Heiligen Lanze«

mal auch in mehreren Exemplaren – wieder auf. In den Kirchen Konstantinopels z. B. konnte man im hohen Mittelalter zahllose Nägel und Splitter vom Kreuz sowie Dutzende von Glasphiolen mit dem Blut des Heilands besichtigen.

Die »Heilige Lanze« spielt auch in der Gralslegende, die der französische Dichter Chrétien de Troyes um 1180 niederschreibt und Wolfram von Eschenbach in seinem »Parzival« (um 1210) übernimmt, eine Rolle. Der Gral ist eine Schale, die ihrem Besitzer alles himmlische und irdische Glück verheißt. In feierlicher Zeremonie wird er von jungen Mädchen in den Saal getragen, wo die auserwählten Ritter speisen. Voran geht ein Jüngling mit einer Lanze, von deren Schneide Blut trieft.

Ein Mann des Ausgleichs
Geistlicher Führer stirbt

■ *1. August 1098, Antiochia*

Mit Takt, diplomatischem Geschick und natürlicher Autorität verstand es Bischof Adhemar bis zu seinem Tod, die religiöse Unduldsamkeit der Kreuzfahrer und die Rivalitäten ihrer Führer zu dämpfen.

In Antiochia, das seit dem Sieg über Kerbogha unangefochten in christlicher Hand ist, stirbt Adhemar von Monteil, der Bischof von Le Puy, an einer Epidemie. Er gehörte zum Kreis derjenigen Kirchenführer, mit denen Papst Urban II. höchstwahrscheinlich den Kreuzzugsaufruf auf dem Konzil von 1095 absprach. Die Versammlung beschloss damals einstimmig, Adhemar zum geistlichen Oberhaupt des Kreuzzuges zu ernennen.

Ein Nachfolger findet sich nicht, sodass das Kreuzzugsheer nach Adhemars Tod keine unumstrittene geistliche Führung mehr besitzt. Dieser Zustand macht sich in den Exzessen bei der Eroberung Jerusalems im folgenden Jahr verhängnisvoll bemerkbar.

Gräueltat der Christen
In Maarat fließt Blut in Strömen

■ *11. Dezember 1098, Maarat*

Die Einnahme der Stadt Maarat an-Numan ist eine wichtige Voraussetzung für den weiteren Vormarsch der Kreuzfahrer auf Jerusalem.

Nach zweiwöchiger Belagerung fällt die südöstlich von Antiochia gelegene Stadt den Kreuzfahrern in die Hände. Die Christen dringen über eine eingestürzte Mauer ein und beginnen mit einem beispiellosen Plündern und Morden. Auf der Suche nach Wertsachen durchwühlen sie sogar die Gedärme von Toten. Die Kreuzfahrer bleiben einen Monat in Maarat an-Numan, währenddessen sich die Versorgungslage ständig verschlechtert. Ein Streit zwischen Bohemund von Tarent und Raimund von Toulouse lähmt das Kreuzfahrerheer zusätzlich. Schließlich drängt die Mehrzahl der Anführer dazu, den Zug ins Heilige Land fortzusetzen. Beim Abmarsch wird Maarat an-Numan in Brand gesteckt – zum Zeichen, dass es keine Umkehr mehr geben soll.

Entscheidung in offener Feldschlacht – Türken fliehen in Scharen
Christen sprengen Belagerungsring um Antiochia

■ *28. Juni 1098, Antiochia*

Ein kraftvoller Ausfall der Christen macht der Belagerung Antiochias durch die Türken ein Ende.

Vor den Mauern Antiochias besiegen die Kreuzfahrer die türkischen Truppen Kerboghas in einer offenen Feldschlacht. Die Anfang des Monats eroberte Stadt wurde für die Kreuzfahrer zur Falle, da die türkische Streitmacht unter Kerbogha, dem Herrscher von Mosul, sie darin eingeschlossen hatte. Um ihren Marsch nach Jerusalem fortsetzen zu können, müssen die Kreuzfahrer den Belagerungsring sprengen. Sie setzten alles auf eine Karte und suchten die Entscheidung in einem Ausfall. Da sein Heer auseinander zu laufen drohte, war auch Kerbogha daran gelegen, mit einer entscheidenden Schlacht den Kampf zu beenden. Er ließ die Christen zunächst unbehelligt aus der Stadt. Vom Waffenglanz des abendländischen Rittertums war bei der aus den Toren ziehenden Streitmacht nicht mehr viel übrig. In Ermangelung von Reittieren – die aus der Heimat mitgebrachten Streitrösser sind fast alle zugrunde gegangen – marschierten viele Kämpfer zur Fuß oder ritten auf Eseln in den Kampf. Dennoch drangen die Christen unaufhaltsam vor. Klugerweise behielten sie Reserveeinheiten zurück, mit denen sie Flankenangriffen der türkischen Reiter begegneten. Auf dem Höhepunkt der Schlacht machten sich immer mehr von Kerboghas Truppenführern mit ihren Kontingenten davon, in wilder Flucht löste sich das türkische Heer schließlich auf. Damit konnten die Kreuzfahrer ihren zweiten Staat – das Fürstentum Antiochia – errichten.

Kreuzritter im Kampf mit Sarazenen (Gemälde von Majocci)

Die muslimischen Seldschuken werden von zwei Seiten bedrängt
Fatimiden bemächtigen sich der Stadt Jerusalem

■ *26. August 1098, Jerusalem*

Ein Jahr vor dem Sturm der Kreuzfahrer auf Jerusalem wechselt die Stadt noch einmal den Besitzer.

Die ägyptischen Fatimiden vertreiben die Seldschuken aus der Stadt. Als die Kreuzfahrer im Heiligen Land erschienen, war die muslimische Welt untereinander keineswegs einig. Die in Kairo residierenden schiitischen Fatimiden benutzten den Einmarsch der Christen vielmehr dazu, ihre seldschukischen Rivalen aus Palästina zu vertreiben. Da die sunnitischen Seldschuken seit 1097 von den Kämpfen mit den Kreuzfahrern in Syrien in Anspruch genommen wurden, konnten sie dieses Vorhaben auch in die Tat umsetzen.

Als die ägyptischen Truppen in Palästina einrückten, zogen sich die Seldschuken-Statthalter Soqman und Ilghazi nach Jerusalem zurück. Das Fatimiden-Heer verfügte über modernste Belagerungsmaschinen, darunter 40 Steinschleudern, die vor den Mauern Jerusalems in Stellung gebracht wurden. Nach 40 Tagen Belagerung geben die Seldschuken auf und ziehen sich nach Damaskus zurück. Die Fatimiden besetzen ganz Palästina bis zum Hundefluss nördlich von Beirut und setzen die Befestigungsanlagen von Jerusalem wieder instand.

Mit den Fatimiden zieht eine den Christen weniger feindlich gesinnte Macht in Jerusalem ein. Dennoch zeichnet sich keine Einigung zwischen den Parteien ab, da die Kreuzfahrer auf jeden Fall eine eigene Herrschaft in Jerusalem anstreben.

Stadtansicht von Jerusalem (kolorierter Holzstich, 1880)

Jerusalem wird christliches Königreich

Im Juli 1099, fast drei Jahre, nachdem sie im Abendland aufgebrochen sind, erobern die Kreuzfahrer nach vielen Opfern und Entbehrungen Jerusalem. Mit der Inbesitznahme der Heiligen Stadt dreier Religionen – des Judentums, des Islam und des Christentums – ist das Hauptziel der Kreuzfahrer und das des Papstes erreicht. Die Orte des Wirkens und Sterbens Jesu, seit jeher bevorzugte Pilgerziele der Gläubigen aus dem Abendland, befinden sich unter Kontrolle der Christenheit. Alle folgenden Kreuzzüge dienen mehr oder weniger der Absicherung des Erreichten. Im Orient hat sich ein neuer Machtfaktor etabliert: Das Auftauchen der Phrángoi, der »Franken«, wie die Kreuzfahrer in ihrer Gesamtheit von den Muslimen genannt werden, bringt die fragile orientalische Machtbalance ins Ungleichgewicht: Neben Byzanz und den islamischen Mächten – Seldschuken und den Fatimiden – etabliert sich ein neuer Machtfaktor. Abendländische Ritter, Franzosen, Deutsche, Italiener, Normannen krönen ihr Eroberungswerk mit der Errichtung von Territorialherrschaften. In ihrem Gefolge kommen Kaufleute ins Heilige Land, vorwiegend aus den italienischen Handelsstädten Venedig, Genua und Pisa.

EIN SIEG DER SCHANDE

In Jerusalem herrschte seit dem Sommer 1098 ein Statthalter der Fatimiden aus Kairo, die schiitische Partei der Fatimiden hat die sunnitischen Seldschuken aus Palästina vertrieben. Im Grunde toleranter als die in Kleinasien und Syrien herrschenden Seldschuken, sind jedoch auch die Fatimiden nicht bereit, den Kreuzfahrern Jerusalem kampflos zu überlassen. Dass Jerusalem nicht im Handstreich zu nehmen ist, wird den Kreuzfahrern sofort klar. Sie müssen zur Belagerung übergehen, die sich über fünf Wochen hinzieht und wegen Wasserknappheit äußerst qualvoll gestaltet. Dabei drängt die Zeit, da eine Streitmacht der Fatimiden aus Ägypten erwartet wird. Am 15. Juli 1099 fällt Jerusalem. Die Kreuzfahrer schänden ihren Sieg, den Endpunkt eines in seiner Verwegenheit und Beharrlichkeit einmaligen Unternehmens, mit einer Orgie von Bestialitäten: Zu Tausenden werden die muslimischen und jüdischen Einwohner Jerusalems hingeschlachtet. Die Ritter machen sich zu Herren der Stadt, sie reklamieren die Wohnsitze der Ermordeten oder Vertriebenen für sich. In Jerusalem hatten bisher Muslime, Juden und Christen der im Osten etablierten Bekenntnisse in Gemeinschaft gewohnt, es gilt den drei monotheistischen Religionen als heiliger Ort. Die christliche Wallfahrt aus dem Abendland ist auch über die Jahrhunderte von den muslimischen Machthabern fast durchgehend geduldet worden. Doch nun heben die Eroberer ohne weiteres die Kultstätten der nichtchristlichen Religionen auf. Für die Beziehung zwischen Christen und Muslimen

aber wird das Blutbad von Jerusalem zur dauernden Hypothek. Den Urheber des Kreuzzuges, Papst Urban II., erreichen die Nachrichten von der Eroberung Jerusalems nicht mehr, er stirbt bereits Ende Juli 1099 in Rom.

Erster Regent in Jerusalem wird der lothringische Herzog Gottfried von Bouillon. Er muss, kaum im Amt, den Abwehrkampf gegen die Fatimiden führen. Bei Askalon fällt am 12. August 1099 das christliche Aufgebot in einem Überraschungsangriff über die ägyptische Armee her und besiegt sie vollständig. Die Folgen sind bedeutend. Mit dem Untergang des Fatimidenheeres ist die vorerst letzte islamische Macht beseitigt, die der Etablierung eines christlichen Staatswesens in Palästina noch hätte entgegentreten können.

STUNDE DER SEEMÄCHTE SCHLÄGT

Auf den Triumph des ersten Kreuzzuges folgt unmittelbar das Desaster: Heere aus Frankreich, Deutschland und Italien gehen in Kleinasien zugrunde. Im Schatten des ersten Kreuzzuges steht ein Unternehmen, das, ausgelöst wohl durch die Nachrichten von den Erfolgen der Kreuzfahrer im Heiligen Land, im Herbst und Winter 1100/01 beginnt. In Frankreich, Deutschland und Norditalien nehmen Zehntausende das Kreuz. Als Erste brechen die Italiener unter Führung des Mailänder Erzbischofs auf. Die Lombarden setzen nach Kleinasien über und nehmen bei Nikomedia Quartier. Im Mai 1101 trifft das französische Kontingent ein; vereint brechen die Heere auf. Bei Mersiwan am Halys werden die Christen von einem türkischen Aufgebot überfallen und fast vollständig aufgerieben. Inzwischen ist eine weitere französische Abteilung unter dem Grafen Wilhelm von Nevers nach Kleinasien gekommen. Sie nimmt den bereits vom ersten Kreuzzug benutzten Weg und geht am Taurusgebirge, zwischen Konya und Heraklea, im Kampf gegen die Türken unter. Zuletzt betritt ein aus Franzosen und Deutschen bestehendes Heer den Schauplatz. Seine französischen Teile stehen unter Führung des Herzogs Wilhelm IX. von Aquitanien, dem berühmtesten Troubadour seiner Zeit, die Deutschen befehligt Herzog Welf IV. von Bayern, begleitet von Erzbischof Thiemo von Salzburg und Markgräfin Ida von Österreich. Fünf Wochen, nachdem Wilhelm von Nevers aus Konstantinopel abmarschiert ist, folgt der deutsch-französische Zug auf demselben Weg. Er findet ein kahl gefressenes, verwüstetes Land vor. Hinter Heraklea wird er Anfang September von den Türken überfallen und zersprengt. Nur spärliche Reste erreichen Tarsos in Kilikien bzw. das von den Kreuzfahrern gehaltene Antiochia. Die Katastrophen von 1101 machen klar, dass der Landweg nach Palästina mit hohen Risiken behaftet ist. Damit schlägt die Stunde der italienischen Seestädte, die nun in großem Stil mit Schiffs-

Kreuzfahrerschiff (o.) und Belagerung einer Stadt (14. Jh.)

transporten ins Heilige Land beginnen. Venedig, Pisa und Genua werden als logistisches Rückgrat der Kreuzzüge zu wichtigen Verbündeten und erhalten Handelsprivilegien, die ihre Bedeutung und ihren Reichtum mehren.

STAATENBILDUNG NACH FRÄNKISCHEM VORBILD

Das abendländische »fränkische« Feudalsystem bildet die Grundlage von Wirtschaft und Gesellschaft auch in den Kreuzfahrerstaaten. Die Kirche vermag den Charakter des Staatsaufbaus kaum zu beeinflussen. Mit Eroberungen in Palästina und Syrien konsolidieren die Kreuzfahrer in den folgenden Jahren ihre Herrschaft im Heiligen Land. Das Königreich Jerusalem, gegründet auf einer Versammlung der Führer des ersten Kreuzzuges am 22. Juli 1099, eine Woche nach der Einnahme Jerusalems, versteht sich nicht als Vasallenstaat des Heiligen Stuhles oder des in Jerusalem neu gegründeten lateinischen Patriarchats. Solche Ansprüche, wie sie der Patriarch Dagobert, Nachfolger des 1098 verstorbenen Bischofs Adhemar, vorbringt, weiß König Balduin I. geschickt zu konterkarieren. Balduin von Boulogne, Herr von Edessa, der seinem Bruder Gottfried von Bouillon als Regent in Jerusalem folgt, erweist sich als Glücksfall für das neu gegründete Reich der Kreuzfahrer. Mit ihm, der sich darauf Balduin I. nennt, beginnt die Geschichte des Königreichs Jerusalem. Während sein Bruder Gottfried noch ablehnt, König zu sein, wo »Christus die Dornenkrone trug«, und sich mit dem Titel »Verteidiger des Heiligen Grabes« begnügt, setzt sich Balduin selbstbewusst die Königskrone auf. Als scharf kalkulierender und umsichtig disponierender Herrscher versteht es Balduin, mit einer Macht, die nach dem Abzug der meisten Kreuzzugteilnehmer nur noch zu weniger hundert Rittern besteht, das Reich zu befestigen und immer weiter auszubauen. Er erobert zwischen 1102 und 1110 Arsuf, Caesarea, Akkon, Beirut und Sidon und schafft die Grundlagen für weitere Landnahmen bis zu den Golanhöhen im Norden und dem Golf von Akaba im Süden. In mehreren Schlachten besiegt er die Ägypter. Ein Unternehmen, das bis an den Nil führt, wird auch der letzte Feldzug des Königs; er stirbt im April 1118 auf dem Rückmarsch. Zur Zeit seiner größten Ausdehnung

Erster Jerusalemer Regent: Gottfried von Bouillon

Gräueltaten der Christen: Kreuzritter mit den abgeschlagenen Köpfen von Sarazenen (Miniatur, um 1185)

(um 1153) umfasst das Königreich ein Gebiet, das im Norden bis Beirut, im Süden bis Eilat am Roten Meer reicht. Die Nordhälfte ist eigentlich nur ein schmaler Streifen Küstenlandes, im Süden dagegen verbreitert sich das von den Kreuzfahrern gehaltene Gebiet bis tief ins heutige Jordanien hinein. Zu den übrigen Kreuzfahrerstaaten, den Grafschaften Tripolis und Edessa und dem Fürstentum Antiochia, bestehen zeitweilig über persönliche Vasallenverhältnisse oder Regentschaften sehr enge Bindungen.

Das Lehnswesen, die Grundlage der mittelalterlichen europäischen Staats- und Gesellschaftsordnung, findet sich auch in den Kreuzfahrerstaaten. Auch hier werden Dienste nicht mit Geld, sondern mit Bodenerträgnissen entlohnt. Wer Kriegs-, Hof- und andere Dienste leistet, wird mit der Nutznießung am Boden in Form eines »Lehens« (lat. feudum, auch beneficium) aus den königlichen Domänen entschädigt. Nur wegen der dauernden kriegerischen Beanspruchung schärfer als in Westeuropa darauf geachtet, dass für die Lehen auch tatsächlich Kriegsdienst geleistet wird und sich nicht wie im Abendland Formen der Ablösung durch Geldabgaben einbürgern.

Die Kreuzfahrer machen nur wenig Anstrengungen, eigene Siedlungen zu gründen. In den Dörfern halten sich meist die einheimischen Strukturen, ebenso die überkommene muslimische Fiskalverwaltung – nur liefert diese jetzt Erträge und Abgaben bei den neuen Herren des Landes ab. In gleicher Weise verfahren die Franken in den Städten bei der Besteuerung von Handel und Gewerbe. Das Königreich ist in einzelne Herrschaften aufgeteilt, deren Inhaber alle Rechte der Jurisdiktion besitzen. Daraus resultiert eine Zersplitterung der politischen Gewalt. Das Königtum verfügt nur innerhalb der

Krondomänen über wirksame Institutionen der Machtausübung, allerdings haben sich die Könige die einträglichsten Gebiete, vor allem die Haupthäfen Akkon und Tyros, als ihren Besitz gesichert.

VÖLKERGEMISCH IN OUTREMER

Balduins Politik ist darauf gerichtet, die Einwanderung zu fördern. Seit ihrer Gründung leiden alle Kreuzfahrerstaaten im Heiligen Land an einem beständigen Mangel: Sie haben nicht genug Menschen. Zwar wirken die Nachrichten vom Erfolg des ersten Kreuzzuges im Abendland als Fanal und es kommen trotz der Katastrophen von 1101 immer neue Gruppen, so z. B. im Jahr 1110 der norwegische König Sigurd I. mit seinen Mannen. Aber ebenso schnell reisen sie auch wieder ab, geschmückt mit dem Lorbeer des Jerusalemfahrers. Diejenigen, die bleiben, sind oft Abenteurer und Mittellose, die meist in den Städten ihr Glück suchen. Balduin wirbt deswegen christliche Siedler aus den muslimischen Nachbarländern an und erlaubt Ehen zwischen Franken und Einheimischen. Juden und Muslimen gewährt er freie Religionsausübung. Auch vor Gericht erhalten sie Gleichstellung. Balduin schafft damit die Grundlage für die besondere Bevölkerungsstruktur Outremers (frz. Übersee, so die Bezeichnung für die Gesamtheit der Kreuzfahrerstaaten im Osten), die den Neuankömmlingen aus dem Westen stets aufs Neue undurchschaubar und verwirrend erscheint: Ob einer als Südfranzose, Lothringer oder Normanne gekommen ist, spielt keine große Rolle mehr. Nationalitäten verblassen in der Lebensgemeinschaft, die sich in Anpassung an die Verhältnisse des Ostens formiert. Die Verständigung funktioniert über ein abenteuerlich anmutendes westöstliches Sprachgemisch auf romanischer Grundlage.

1099 n. Chr.

13. Januar

Unter Führung von Raimund von Toulouse setzt das Kreuzfahrerheer den Marsch nach Jerusalem durch das syrische Hinterland fort. → S. 62

Frühjahr

Während die Kreuzfahrer die Festung Arqa belagern, erreicht sie ein Angebot des Fatimiden-Wesirs al-Afdal: Verzichten die Kreuzfahrer auf Gewalt, würden sie als Pilger angesehen und toleriert werden. Die Christen lehnen den Vorschlag ab. → S. 63

13. Mai

Das vereinigte Kreuzfahrerheer bricht die erfolglose Belagerung der Festung Arqa ab und marschiert weiter in Richtung Tripolis.

19. Mai

Nachdem der Emir von Tripolis dem Kreuzfahrerheer freien Durchzug gewährt hatte, erreichen die Truppen bei Beirut den Hundefluss, den sie prob-

lemlos überqueren. Damit überschreiten sie die Grenze zum fatimidischen Herrschaftsbereich. → S. 63

Anfang Juni

Der fatimidische Statthalter Iftikhar ad-Daula rüstet Jerusalem für den zu erwartenden Angriff der Kreuzfahrer. Er weist die Christen aus der Stadt und lässt im großen Umkreis die Brunnen vergiften, damit die Angreifer kein Wasser zur Verfügung haben. → S. 65

6. Juni

Mit einer Schar von 100 Rittern beenden Tankred von Tarent und Balduin von Le Bourcq die muslimische Herrschaft in Bethlehem. Die christliche Bevölkerung zieht ihren Rettern mit den Reliquien aus der Geburtskirche entgegen. → S. 63

7. Juni

Vom Hügel Montjoie (»Freudenberg«) erblickt das Kreuzfahrerheer erstmals Jerusalem. Der Anblick der Heiligen Stadt verleiht den entkräfteten Rittern neue Motivation.

13. Juni

Die Kreuzfahrerheere greifen Jerusalem zum ersten Mal an. Als sie versuchen, über Leitern die Festungsmauern der Stadt zu erklimmen, werden sie von den Muslimen zurückgeschlagen. Daraufhin beginnen die Kreuzfahrer mit dem Bau von Belagerungsmaschinen. → S. 64

Juni/Juli

Angefeuert von den Erwachsenen kämpfen die Kinder der Kreuzfahrer vor den Mauern Jerusalems gegen muslimische Altersgenossen aus der belagerten Stadt. → S. 66

6. Juli

Der Priester Peter Desiderius berichtet, ihm sei der im August 1098 verstorbene Kreuzzugsbischof Adhemar von Monteil erschienen. Er habe die Kreuzfahrer aufgefordert, drei Tage lang zu fasten und Jerusalem barfuß zu umkreisen.

8. Juli

Angeführt von Priestern und Bischöfen umrunden die Kreuzfahrer in einer Bußprozession Jerusalem. Am Ölberg stärken Peter der Einsiedler, Raimund von Aguilers und Arnulf Malecorne von Rohes mit Predigten die Kampfeslust der Christen. → S. 66

13./14. Juli

Unter heftigen Attacken der muslimischen Verteidiger schieben die Kreuz-

fahrer ihre Belagerungsmaschinen von allen Seiten an die Stadtmauern von Jerusalem.

15. Juli

Nachdem es den rund 5000 Verteidigern Jerusalems am Vormittag noch gelingt, eine Angriffswelle der Kreuzfahrer zurückzuschlagen, stürmen die Christen am Nachmittag die Mauern und erobern die Heilige Stadt. Gegen eine hohe Summe Lösegeld erhält der Statthalter Ifthikar ad-Daula gemeinsam mit seiner Leibwache freien Abzug. → S. 67

15./16. Juli

Nach der Einnahme Jerusalems verüben die Kreuzfahrer ein grausames Blutbad an der muslimischen und jüdischen Bevölkerung. → S. 68

16. Juli

In Jerusalem erstürmt eine Gruppe von Kreuzfahrern die Al-Aqsa-Moschee, in der Muslime Schutz suchen. Sie hatten gegen eine hohe Summe Schutz von Tankred von Tarent erkauft. Dieser kann die besinnungslos mordenden Kreuzfahrer jedoch nicht zurückhalten – im Blutrausch metzeln die Christen die Muslime nieder. → S. 69

17. Juli

Die Kreuzzugsführer beraten in Jerusalem über die zukünftige politische Ordnung. Kandidaten für die Königswahl sind Raimund von Toulouse, Robert von Flandern, Robert von der Normandie und Gottfried von Bouillon. → S. 69

22. Juli

Die Kreuzfahrer wählen Gottfried von Bouillon, den Grafen von Antwerpen und Herzog von Niederlothringen, zum Oberhaupt der Kreuzfahrerherrschaft in Jerusalem. Gottfried lehnt den Königstitel ab und nennt sich »Princeps« (Fürst) oder »Verteidiger des Heiligen Grabes«. → S. 70

29. Juli

Papst Urban II., der Initiator des ersten Kreuzzuges, stirbt in Rom. Die Nachricht von der Erstürmung Jerusalems trifft nicht mehr rechtzeitig in Rom ein.

1. August

Arnulf Malecorne von Rohes, ein Feldgeistlicher aus dem Heer Roberts von der Normandie, wird zum Patriarchen von Jerusalem gewählt. Im Mittelpunkt seiner Bemühungen steht die Latinisierung der christlichen Kirche im Jerusalemer Königreich. Dazu setzt er 20 neue Domherren ein und verbannt die byzantinischen Priester aus der Grabeskirche. → S. 72

Anfang August

Gottfried von Bouillon, der die Nachricht erhalten hatte, dass ein fatimidisches Heer auf Jerusalem marschiere, mobilisiert seine Truppen und schickt sie den Muslimen entgegen. Zur geistlichen Unterstützung der Kämpfer ruft Peter der Einsiedler die Christen in Jerusalem zu Prozessionen und Gebeten auf.

12. August

Bei Askalon trifft das Kreuzfahrerheer auf die Armee der Fatimiden. Es kommt zu einer erbitterten Schlacht, aus der die Kreuzfahrer als Sieger hervorgehen. Damit ist der größte Feind der Christen eine Zeit lang ausgeschaltet. → S. 73

13. August

In einem großen Triumphzug tragen die Kreuzfahrer ihre reiche Beute aus der Schlacht bei Askalon – Gold, Edelsteine, Waffen und Tiere – durch Jerusalem.

13. August

In Rom wird der Mönch und Kardinalspriester Rainerius zum Papst geweiht. Er gibt sich den Namen Paschalis II. und setzt den von seinen Vorgängern initiierten Investiturstreit mit dem römisch-deutschen Kaiser Heinrich IV. fort.

Ende August

Im Abendland trifft die Nachricht von der Eroberung Jerusalems ein und löst große Begeisterung aus. Der Sieg wird als besondere Gnade Gottes gedeutet.

Ende August

Robert von Flandern und Robert von der Normandie reisen in ihre Heimat zurück. Damit verlassen zwei der bedeutendsten Kreuzzugsführer das Heilige Land.

Anfang November

Erzbischof Dagobert von Pisa, der neue päpstliche Legat für das Heilige Land, bricht gemeinsam mit Bohemund von Tarent aus Antiochia auf und setzt seinen Weg nach Jerusalem fort.

25. Dezember

In Bethlehem stürzen Gottfried von Bouillon und Bohemund von Tarent den Jerusalemer Patriarchen Arnulf Malecorne von Rohes und erklären den Pisaner Erzbischof Dagobert zu dessen Nachfolger.

Dezember

Heimkehrende Kreuzfahrer bringen Zucker nach Westeuropa – einen bis dahin unbekannten Süßstoff. In Palästina wird Zuckerrohr seit dem 10. Jahrhundert angebaut.

1100 n. Chr.

In England besteigt Heinrich I. den Königsthron. Damit macht er seinem älteren Bruder – dem rechtmäßigen Thronfolger Robert von der Normandie – die Macht streitig.

Frühsommer

In der Lombardei sammelt der Mailänder Erzbischof Anselm von Buis 20 000 Menschen zu einem Pilgerzug ins Heilige Land. Viele arme Teilnehmer hoffen auf eigenes Land und Reichtum, den ihnen heimgekehrte Kreuzfahrer verhießen hatten. → S. 75

Ende Mai

In Konstantinopel vereinigt sich ein Kreuzzug unter Leitung des Grafen Stephan von Blois mit den Lombarden. Von Raimund von Toulouse angeführt, ziehen die Heere gemeinsam durch Kleinasien und plündern dabei auch christliche Städte.

23. Juni

Die unter seldschukischer Herrschaft stehende kleinasiatische Stadt Ankyra wird von den Kreuzfahrern erstürmt und dem byzantinischen Kaiser Alexios I. übergeben.

Mitte Juli

Das lombardisch-französische Kreuzfahrerheer gerät bei Mersiwan in einen Hinterhalt. Die vereinten Truppen der Seldschuken und Danischmandiden besiegen die Christen und können wichtige Verbindungswege von Kleinasien nach Palästina zurückerobern. Der Seldschuken-Sultan Kilidsch Arslan weitet damit sein Herrschaftsgebiet aus und macht Konya zur Hauptstadt seines Reiches. → S. 76

18. Juli

Gottfried von Bouillon stirbt in Jerusalem vermutlich an Typhus. Vier Wochen zuvor war er zu Gast beim Emir von Akkon. Freunde behaupten, dieser habe Gottfried vergiftete Speisen gereicht. → S. 74

Ende Juli

Mit Hilfe einer venezianischen Flotte erobert das Kreuzfahrerheer unter Führung von Tankred von Tarent und des Patriarchen Dagobert die Hafenstadt Haifa. → S. 75

August

Bohemund von Tarent gerät in einen Hinterhalt der Danischmandiden. Der Emir des türkischen Stammes, Malik Ghazi Gümüschtekin, nimmt den Fürsten von Antiochia gefangen und verschleppt ihn in die Festung Niksar ins ferne Pontos-Gebirge. → S. 74

Herbst

Der Kreuzzug des Herzogs Wilhelm IX. von Aquitanien wird in Kleinasien nahe Heraklea von den Seldschuken gestoppt. Das Schicksal der mitreisenden österreichischen Markgräfin Ida bleibt ungewiss. Legenden berichten, sie sei in einen Harem verschleppt worden, wo sie den späteren muslimischen Feldherrn und Emir Zengi zur Welt gebracht habe. → S. 77

2. Oktober

Balduin von Boulogne erfährt vom Tod seines Bruders, des Jerusalemer Herrschers Gottfried von Bouillon. In der Hoffnung, ihn auf dem Thron zu beerben, bricht er nach Jerusalem auf. Die Herrschaft über den Kreuzfahrerstaat Edessa übergibt er seinem Vetter Balduin von Le Bourcq.

9. November

Mit rund 1000 Mann zieht Balduin in Jerusalem ein. Der machtbewusste Patriarch Dagobert, der die Herrschaft über Jerusalem erzwingen wollte, flieht in ein Kloster. Zwei Tage später nimmt Balduin den Titel »König von Jerusalem« an.

25. Dezember

Der Jerusalemer Patriarch Dagobert, der seinen Traum von einer Theokratie unter seiner Leitung aufgegeben hatte, krönt Balduin zum König. → S. 75

1101 n. Chr.

17. Mai

Mit tatkräftiger Unterstützung einer pisanischen Flotte stürmen die Truppen von König Balduin I. Caesarea. Sie plündern die Schätze der Stadt und metzeln die Bewohner nieder. In der Moschee richten sie ein grausames Blutbad an. → S. 76

22. Juni

In Mileto stirbt Roger I., der Großgraf von Sizilien. Der Normanne hatte Sizilien von den Muslimen erobert und seinem Reich angegliedert.

7. September

Bei Ramleh überrascht das Heer König Balduins I. eine fatimidische Streitmacht. Trotz deren zahlenmäßiger

Überlegenheit besiegen die Kreuzfahrer die Muslime. Für die Fatimiden bedeutet die Niederlage eine weitere Schwächung. → S. 77

1102 n. Chr.

Venedig, das in Konkurrenz zu den italienischen Handelsstädten Amalfi, Genua und Pisa steht, entsendet eine neue Schiffsflotte ins Heilige Land. Sie soll den Kreuzfahrerstaaten vom Meer aus Flankenschutz bieten und so den venezianischen Kaufleuten Handelsprivilegien sichern. → S. 77

Der Kreuzzugsführer Raimund von Toulouse wird zum Grafen von Tripolis ernannt. Eine Eroberung der Stadt gelingt ihm jedoch bis zu seinem Tod im Jahr 1105 nicht.

Papst Paschalis II. bannt erneut Kaiser Heinrich IV., der noch immer auf das Recht zur Einsetzung von Geistlichen pocht. Der Bann schwächt die Autorität von Heinrich IV. unter den deutschen Fürsten.

Herbst

König Balduin I. setzt den Patriarchen Dagobert mit der Begründung ab, dieser habe für das Königreich bestimmte Spendengelder aus Sizilien veruntreut. Nachfolger Dagoberts wird der weniger machtbewusste Priester Evremar. → S. 78

1103 n. Chr.

Balduin Le Bourcq, der Graf von Edessa, verpfändet seinen Bart. Für den Fall, dass sein Schwiegervater ihm kein Geld leihe, wolle er sich rasieren. Die ungewöhnliche Taktik geht auf, da ein Bart im Orient unverzichtbares Zeichen der Männlichkeit ist. → S. 79

6. Januar

Der exkommunizierte Kaiser Heinrich IV. gelobt einen Kreuzzug, falls der Kirchenbann gegen ihn gelöst werde. Papst Paschalis II. lehnt das Ansuchen ab. → S. 79

Frühjahr

Nach zweieinhalb Jahren kommt Bohemund, der Fürst von Antiochia, aus türkischer Gefangenschaft frei. Balduin von Le Bourcq, der Graf von Edessa, hatte 100 000 Byzantii Lösegeld aufgebracht und dem Danischmandiden-Emir Malik Ghazi übergeben. Tankred, der in Bohemunds Abwesenheit die Herrschaft im Fürstentum Antiochia ausübte, erhält als Entschädigung ein kleines Lehen. → S. 79

1104 n. Chr.

Der Mönch Guibert wird Abt von Nogent. Er fordert statt des um sich greifenden Reliquienkultes die Rückkehr zu innerer Frömmigkeit.

König Heinrich V. stellt sich im Konflikt um seinen Vater, dem römisch-deutschen Kaiser Heinrich IV., auf die Seite von dessen Gegnern. Nur dem König könne es gelingen, den Investiturstreit zu beenden und mit der Kirche Frieden zu schließen.

In der spanischen Grafschaft Aragón übernimmt Alfons I., »der Kämpfer«, die Herrschaft. Er kann in den folgenden Jahren im Zuge der Reconquista große Gebiete erobern.

6. Mai

Das Jerusalemer Kreuzfahrerheer unter Führung König Balduins I. beginnt mit genuesischer Hilfe die bedeutende Hafenstadt Akkon zu belagern. Nach 20 Tagen räumen die Fatimiden die Stadt. Obwohl Balduin den Bewohnern freien Abzug gewährt, plündern die Genueser die Stadt und töten viele Fliehende. → S. 80

7. Mai

Bei Harran besiegen türkische Truppen das vereinte christliche Heer von Antiochia und Edessa. Der Sieg bedeutet eine schmerzliche Niederlage der Kreuzfahrerstaaten und gibt den Muslimen neuen Aufschwung. Balduin von Le Bourcq, der Graf von Edessa, wird gefangen genommen. → S. 81

Oktober

Die Bewohner von Tripolis überfallen die unmittelbar vor ihrer Stadt liegende Kreuzfahrerfestung Mons Peregrinus. Raimund von Toulouse wird dabei schwer verletzt und gerät in Gefangenschaft.

Herbst

Um Verstärkung gegen den byzantinischen Kaiser Alexios I. anzuwerben, reist Bohemund von Tarent nach Italien. Die Herrschaft über das Fürstentum Antiochia übergibt er seinem Neffen Tankred. Alexios I. versucht ehemals byzantinische Gebiete, die nun von den Kreuzfahrern beherrscht werden, zurückzuerobern.

1105 n. Chr.

In Speyer wird der Kaiserdom fertig gestellt. Die Grabkirche gilt als bedeutendstes Bauwerk der Romanik im deutschen Reich.

Der ehemalige Priester Petrus von Bruis zieht als Wanderprediger durch Südfrankreich. Mit seiner ketzerischen und papstkritischen Lehre einer »Geistkirche der Gläubigen« kann er viele Anhänger um sich scharen.

28. Februar

Auf der Festung Mons Peregrinus bei Tripolis stirbt Graf Raimund von Toulouse, einer der Anführer des ersten Kreuzzugs, an seinen schweren Verbrennungen. Er schuf die Grundlagen für die spätere Grafschaft Tripolis.

Herbst

Aufgehetzt von Bohemund von Tarent, dem Fürsten von Antiochia, erklärt Papst Paschalis II. den byzantinischen Kaiser Alexios I. zum Hauptfeind der westlichen Kirche. Nicht mehr der Kampf gegen die »Ungläubigen« ist nun Ziel der Kreuzzugsbewegung, sondern die Ausschaltung des byzantinischen Monarchen. → S. 81

18. November

Königstreue römische Adlige unter Führung des Markgrafen Werner von Ancona erheben Maginulf zum Gegenpapst. Silvester IV. kann jedoch in Rom nicht Fuß fassen.

Dezember

Auf der Burg Böckelheim nimmt König Heinrich V. in einem Hinterhalt seinen Vater, den durch den Kirchenbann geschwächten Kaiser Heinrich IV., gefangen.

31. Dezember

Die deutschen Fürsten versammeln sich in Ingelheim unter Führung Heinrichs V. Dieser zwingt seinen gefangenen Vater, offiziell von seinem Amt zurückzutreten. Heinrich IV. muss die Reichsinsignien übergeben und verzichtet somit auf den Thron.

1106 n. Chr.

Der englische König Heinrich I., »der Gelehrte«, besiegt in Tinchebrai seinen Bruder und Machtkonkurrenten Robert von der Normandie – einen Führer des ersten Kreuzzugs – und setzt ihn gefangen. In der Folge erklärt sich Heinrich auch zum Herzog der Normandie.

Frühjahr

Der abgesetzte römisch-deutsche Kaiser Heinrich IV. flieht aus seiner Haft in Ingelheim und sammelt ein Heer, um gegen die unter seinem Sohn Heinrich V. vereinten deutschen Fürsten zu ziehen.

Juni

Bohemund von Tarent reist von Italien nach Frankreich und heiratet dort die französische Königstochter Constance. Gemeinsam mit dem päpstlichen Legaten Bruno wirbt er auf der Synode von Poitiers um Beistand für seinen Kreuzzug gegen Byzanz. Viele der Zuhörer nehmen das Kreuz und geloben, mit ihm gegen Alexios I. zu ziehen.

7. August

Nach einer siegreichen Schlacht gegen die Truppen seines Sohnes Heinrich V. stirbt der römisch-deutsche Kaiser Heinrich IV. in Lüttich.

August

Heinrich V. setzt den von seinem Vater begonnenen Investiturstreit fort. Erste Verhandlungen mit Papst Paschalis II. scheitern an der Forderung des Königs, das Recht der Investitur behalten zu wollen.

2. September

Der Beginn des muslimischen Jahres 500 schürt in der arabischen Welt apokalyptische Spekulationen. Nach Angaben des Propheten Mohammed würden vor dem Ende der Welt Barbaren in das Morgenland eindringen. Die Eroberung Jerusalems durch die Christen wird als Zeichen des nahen Weltendes gedeutet. → S. 81

1107 n. Chr.

Der französische König Philipp I. und Papst Paschalis II. vereinbaren in Saint Denis die vertragliche Lösung des Investiturstreites. Künftig soll der König nur noch ein Mitspracherecht bei der Besetzung von geistlichen Ämtern haben. Philipp I. und sein Sohn Ludwig leisten dem Papst einen Eid und werden dafür als »treue Söhne der Apostel in der Nachfolge Karls des Großen« betitelt.

Verstärkt mit dänischen, englischen und niederländischen Schiffen greift König Balduin I. die Hafenstadt Sidon zum ersten Mal an. Gegen Zahlung einer hohen Geldsumme rückt er jedoch wieder ab.

Sommer

König Sigurd von Norwegen bricht in Bergen zu einem Kreuzzug ins Heilige Land auf. Mit 60 Schiffen durchquert er die Nordsee und segelt die französische Atlantikküste entlang. In Santiago de Compostela, Lissabon und auf den Balearen leistet er der Reconquista Schützenhilfe.

25. Mai

Die Synode von Troyes besiegelt die Aussöhnung des Papsttums mit der französischen Monarchie. Damit ist der Investiturstreit in Frankreich beendet.

16. Juni

In Messina stirbt der seines Amtes enthobene Jerusalemer Patriarch Dagobert. Er war von Papst Paschalis II. rehabilitiert worden und wollte nach Jerusalem zurückkehren.

9. Oktober

In Brindisi sticht Bohemund von Tarent mit einer 34 000 Mann starken Flotte in See. Sein Ziel ist die Eroberung des byzantinischen Reiches.

13. Oktober

Bohemunds Truppen erreichen die byzantinische Küstenstadt Dyrrachion an der östlichen Adria-Küste. Da byzantinische Schiffe seine Nachschubwege blockieren, gelingt es dem Fürsten von Antiochia nicht, die Stadt einzunehmen. → S. 82

1108 n. Chr.

Der cluniazensische Mönch Burdinus wird Erzbischof der portugiesischen Metropole Braga. Nach der Selbständigkeit Portugals von Kastilien kann er dort eine eigene Diözese aufbauen. Zehn Jahre später wird er zum Gegenpapst (Gregor VII.) erhoben.

29. Juli

In der Abtei Fleury stirbt der französische König Philip I. Während seiner Amtszeit hatte er die Monarchie in eine tiefe Krise gestürzt, u. a. durch seinen Ehebruch mit Bertrada von Montfort. Am Ende gelang es ihm, sich vom Kirchenbann zu lösen und mit dem Papsttum auszusöhnen.

1109 n. Chr.

21. April

Der bedeutende Theologe Anselm von Canterbury stirbt. Die von ihm begründete theologische Schule der Scholastik versuchte Glauben und Erkennen miteinander zu vereinen. Als Erzbischof trat er für eine Erneuerung des Klerus ein, unter anderem durch das Ablegen von Keuschheitsgelübden.

12. Juli

Nach einer erneuten sechswöchigen Belagerung durch die Kreuzfahrer übergibt der Statthalter Scharaf ad-Daulah Tripolis an den Jerusalemer König Balduin I. Bei den sich anschließenden Plünderungen brennen genuesische Kämpfer eine der bedeutendsten Bibliotheken der islamischen Welt nieder. → S. 82

1110 n. Chr.

Ende Oktober

Gemeinsam mit der norwegischen Kreuzzugsflotte unter König Sigurd I. und der Unterstützung eines venezianischen Geschwaders belagert das Heer König Balduins I. die Hafenstadt Sidon. Nachdem eine fatimidische Flotte den Eingeschlossenen zur Hilfe kommt, entbrennt eine erbitterte Seeschlacht. → S. 83

6. Dezember

Nach sechs Wochen zermürbender Belagerung übergibt der sidonitische Statthalter die Hafenstadt den Kreuzfahrern. Trotz der Gewährung eines sicheren Geleits durch Balduin I. plündern norwegische und venezianische Soldaten die Stadt.

1111 n. Chr.

Nach langen Verhandlungen gelingt es Abu al Fadl ibn al Kashab, dem Emir von Aleppo, die untereinander zerstrittenen Seldschuken-Fürsten für die Aufstellung eines gemeinsamen Heeres zu gewinnen. Angesichts der Bedrohung durch die christlichen Kreuzfahrer will er den Dschihad, den »Heiligen Krieg«, ausrufen.

Dem angesehenen Bischof Bruno von Segni, einem Vertrauten des Reformpapstes Gregor VII., wird wegen seiner Kritik an Papst Paschalis II. seine Abtswürde abgesprochen.

4. Februar

In Rom treffen sich Heinrich V. sowie Papst Paschalis II. und schließen einen Geheimvertrag: Der deutsche König verzichtet auf das Recht der Investitur. Als Gegenleistung kündigt der Papst die Rückgabe des im Besitz der Kirche befindlichen Reichsgutes an.

12. Februar

Die Urkunde des zwischen Heinrich V. und Papst Paschalis II. geschlossenen Vertrages zur Beilegung des Investiturstreites wird in der Peterskirche öffentlich verlesen. Bei Fürsten und Bischöfen löst die Vereinbarung Entrüstung und Protest aus. Daraufhin fordert der König erneut das Recht auf Investitur. Als der Papst dies verweigert, nimmt Heinrich V. ihn mitsamt mehrerer Kardinäle gefangen und flieht mit ihm auf eine Burg in der Nähe von Rom.

7. März

In Apulien stirbt Bohemund von Tarent. Gedemütigt durch seine vernichtende Niederlage gegen die Byzantiner, kehrte er nicht mehr nach Antiochia zurück, sondern übernahm ein Fürstentum in Apulien.

11. April

Der Investiturstreit neigt sich dem Ende zu: Der gefangene Papst Paschalis II. gesteht König Heinrich V. als Preis für seine Freilassung das Recht auf Investitur (Einsetzung von Geistlichen) zu und erklärt sich bereit, ihn zum Kaiser zu krönen.

13. April

Unter dem Schutz deutscher Truppen krönt Papst Paschalis II. im Petersdom Heinrich V. zum Kaiser des Heiligen Römischen Reiches. Zudem löst der Papst den Kirchenbann gegen den im Jahr 1106 verstorbenen Kaiser Heinrich IV., der daraufhin im Kaiserdom zu Speyer bestattet wird.

1112 n. Chr.

Arnulf Malecorne von Rohes wird erneut zum Patriarchen von Jerusalem ernannt. Er hatte das Amt nach der Eroberung der Heiligen Stadt durch die Kreuzfahrer bereits ein halbes Jahr lang inne. Für Balduin I. ist Arnulf ein idealer Partner, da ihm die Loyalität zum König mehr gilt als die Durchsetzung kirchlicher Interessen. → S. 82

Unter den Anführern des Kreuzzugs entbrennt erneut eine Auseinandersetzung über den Oberbefehl

Raimund von Toulouse marschiert weiter nach Jerusalem

■ 13. Januar 1099, Maarat
Die Mehrheit der christlichen Ritter betrachtet den Grafen von Toulouse als unbestrittenen Führer des Kreuzzugs. Sein Widersacher Bohemund von Tarent bleibt in Antiochia, das er vollständig in Besitz nimmt.

Gedrängt von seinen Truppen, die weiter nach Jerusalem ziehen wollen, verlässt Graf Raimund IV. von Toulouse die von den Kreuzfahrern geplünderte und zerstörte Stadt Maarat an-Numan. Der Heerführer inszeniert den Aufbruch als symbolische Handlung: Barfuß und im Pilgerkleid schreitet Raimund seinen Truppen voran.

Der direkte Weg nach Jerusalem führt entlang der Küste. Auf dieser Route bestünde die Möglichkeit, Nachschub von Byzanz auf dem Seeweg zu erhalten und die Kreuzfahrer könnten mit Antiochia in Verbindung bleiben. Andererseits liegen entlang der Küste starke Festungen des muslimischen Feindes. Das christliche Ritterheer umfasst jedoch nur noch 1000 Ritter und 5000 Mann Fußvolk – zu wenig, um größere Belagerungen durchzuführen. Längere Aufenthalte würden zudem einen Zeitverlust nach sich ziehen, der die Stimmung im ohnehin ungeduldigen Heer noch verschlechtern würde. Das Ziel Jerusalem vor Augen, drängen die Soldaten auf einen zügigen Vormarsch. Ihrer Meinung nach fallen die übrigen großen Städte von allein, wenn sich erst einmal die Heilige Stadt in der Hand der Christen befindet. Somit entscheiden sich die Kreuzfahrer für den Weg durchs Hinterland. Verschiedene lokale Machthaber paktieren dabei mit den Christen.

Über Schaizar und Masyaf gelangt das Heer in die fruchtbare Buqaia-Ebene. Dort stockt der Vormarsch allerdings an der Festung Arqa, die drei Monate lang allen Angriffen trotzt. Raimund von Toulouse muss warten, bis Hilfe aus Antiochia eintrifft. Gottfried von Bouillon und Robert von Flandern, die mit einem Monat Verspätung aufgebrochen sind, treffen Mitte März vor Arqa ein. Da die Führer des Kreuzzugs – mit Ausnahme des in Antiochia bleibenden Bohemunds von Tarent – nun wieder beisammen sind, dauert es nicht lange, bis die alten Zwistigkeiten erneut ausbrechen. Graf Raimund von Toulouse verlangt vergeblich, als oberster Befehlshaber anerkannt zu werden.

Da die Verstärkung nicht ausreicht, um Arqa zu bezwingen, erteilt Raimund am 13. Mai 1099 den Befehl, die Belagerung abzubrechen. Das Heer marschiert nach Tripolis, dessen Emir sich mit den Christen auf einen freien Durchzug verständigt. Am 19. Mai stehen sie an der Grenze zum fatimidischen Herrschaftsbereich, dem so genannten Hundefluss.

Hintergrund

Konflikte zwischen den Kreuzzugsführern gefährden das gesamte Unternehmen

Die Fürsten, die die einzelnen Kontingente des Kreuzzuges anführen, sind es gewohnt, Entscheidungen selbständig zu treffen. Im Zweifelsfall stellen sie zudem eigene Interessen über die gemeinsame Sache. So behalten sie sich vor, den Kreuzzug zeitweilig zu verlassen, um auf private Eroberungszüge zu gehen oder sie geben das Unternehmen frühzeitig auf und kehren in die Heimat zurück.

Der Papst hat es versäumt oder war nicht in der Lage, eine militärische Führungsstruktur aufzubauen. Er hat lediglich den Bischof von Le Puy, Adhemar von Monteil, zum geistlichen Leiter des Kreuzzuges bestellt, der dank seiner überragenden Persönlichkeit die Rivalitäten der Fürsten in Zaum halten konnte. Nach seinem Tod im August 1098 brechen die Auseinandersetzungen offen aus. Sie lähmen den Elan des Heeres und machen es oft für Wochen handlungsunfähig.

Die beiden Hauptkonkurrenten sind Raimund von Toulouse und Bohemund von Tarent. Der Provenzale gebietet über das größte Einzelkontingent und sieht sich zudem als Vertrauter des Papstes. Er vertritt am ehesten die ursprüngliche Kreuzzugsidee und verfolgt nicht unbedingt das Ziel, sich im Orient niederzulassen. Raimund hat in Südfrankreich eine Herrschaft hinterlassen, die ihm eine wohl geordnete und abgesicherte Rückkehr ermöglicht. Bohemund hingegen verfügt in der Heimat über keinen Besitzstand. Ihn leiten daher einzig materielle Interessen. Sein Ziel ist es, sich im Morgenland zum Herrn eines

eigenen Territoriums zu erheben. Bei der ersten Gelegenheit, der Eroberung von Antiochia, greift Bohemund deshalb zu. Seine Berechtigung, die Stadt in Besitz zu nehmen, begründet er damit, dass er den Verrat eingefädelt habe, der den Fall von Antiochia verursachte. Er lässt von seinen Soldaten wichtige Positionen innerhalb der Stadt besetzen und schreckt auch nicht vor bewaffneten Auseinandersetzungen zurück, falls sich andere Kreuzfahrer seinen Leuten in den Weg stellen.

Auch bei der Belagerung der Festung Maarat an-Numan versucht Bohemund seine Kreuzzugsgenossen zu übergehen. Auf eigene Faust nimmt er mit den Bewohnern Verhandlungen auf und verspricht ihnen Schonung, wenn sie ihm persönlich die Stadt übergeben. Nach dem Kampf weigert er sich erneut, seine Soldaten aus den eingenommenen Stellungen abzuziehen. Da die anderen Führer – Gottfried von Bouillon, Robert von der Normandie, Robert von Flandern sowie Bohemunds Neffe Tankred von Tarent – eher zu Bohemund halten, versucht Raimund, sie mittels Bestechung auf seine Seite zu ziehen.

Initiativen aus den Heeren beenden die Zwistigkeiten oder dämmen sie wenigstens so weit ein, dass der Kreuzzug fortgesetzt werden kann. Die Masse der Kreuzfahrer bekundet ihren Unmut, wenn sich die Führer allzu lang in ihrem Zank verstricken und hilft zuweilen mit ungewöhnlichen Maßnahmen nach: In Maarat reißen die Männer die Befestigungen nieder, damit sich niemand mehr darin festsetzen kann.

Die vier Führer des ersten Kreuzzugs: Gottfried von Bouillon, Graf Raimund IV. von Toulouse sowie Bohemund und Tankred von Tarent (Holzstich, 19. Jh.)

Bethlehem wird aus der muslimischen Herrschaft befreit

Tankreds Banner weht von der Geburtskirche

■ *6. Juni 1099, Bethlehem*
Während des Vormarsches auf Jerusalem nutzen Tankred von Tarent und Balduin von Le Bourcq einen Hilferuf der Stadt Bethlehem zu einem symbolträchtigen Alleingang.

Mit einer kleinen Schar von nur 100 Rittern beenden Tankred von Tarent und Graf Balduin von Le Bourcq – später als Balduin II. König von Jerusalem – die muslimische Herrschaft in Bethlehem.

Das Heer der Kreuzfahrer hielt sich nördlich von Jerusalem in der Nähe des Dorfes Emmaus auf, als eine Gesandtschaft aus Bethlehem eintraf. Dessen christliche Bevölkerung bat um die Befreiung vom Joch der Muslime. Tankred und Balduin von Le Bourcq sammelten eine kleine Reiterschar und brachen sofort auf.

Da die Bewohner Bethlehems nicht mit einer so schnellen Hilfsaktion gerechnet haben, halten sie die Kreuzfahrer zunächst für die Vorhut eines ägyptischen Heeres, dessen Anmarsch jederzeit erwartet wird. Erst bei genauerem Hinsehen klärt sich der Irrtum auf und die Ritter werden als Christen erkannt. In einer feierlichen Prozession mit sämtlichen Reliquien sowie den Kreuzen aus der Geburtskirche ziehen die Einwohner aus der Stadt heraus und heißen ihre Retter willkommen. Der Geburtsort Jesu ist erneut unter christlicher Herrschaft.

Der siegreiche Tankred hisst seine Fahne auf den Mauern von Bethlehem (kolorierter Stahlstich, um 1830).

Rascher Vormarsch

Überquerung des Hundeflusses

■ *19. Mai 1099, Palästina*
Der Hundefluss bildet die Nordgrenze des von den Fatimiden besetzten Palästina. Das Kreuzfahrerheer überschreitet ihn ungehindert.

Am Hundefluss nördlich von Beirut erreicht der Kreuzzug fatimidisches Gebiet. Die Fatimiden unterhalten nur kleine Garnisonen in den Küstenstädten, dafür patrouillieren ihre Schiffe auf dem Meer und können zur Verteidigung der Städte eingreifen. Sidon und Tyros bleiben auf diese Weise von den Christen unberührt. In Beirut und Akkon verständigen sich die Statthalter mit den Kreuzfahrern auf freien Durchzug und stellen Lebensmittel zur Verfügung.

Als Pilger bekämen die Kreuzfahrer freien Zutritt zu Jerusalem

Verhandlungen zwischen Fatimiden und Christen

Männliche Elfenbeinfigur aus Fustat (fatimidische Kunst)

■ *Frühjahr 1099, Arqa*
Mit einem weitreichenden Angebot versuchen die ägyptischen Fatimiden den Marsch des Kreuzfahrerheeres auf Jerusalem zu stoppen.

Während die Kreuzfahrer die Festung Arqa belagern, trifft ein Vergleichsvorschlag der Fatimiden-Herrscher aus Kairo ein: Sofern der Kreuzzug in Palästina auf Gewalt verzichte, solle er als Pilgerzug angesehen werden und jede Hilfe und Versorgung erhalten. Die Kreuzfahrer gehen auf dieses Angebot nicht ein.

Zu ihrer Erbitterung müssen die Christen feststellen, dass hinter den Kulissen ein kompliziertes diplomatisches Spiel im Gange ist. Die Fatimiden stehen auch in Verhandlung mit dem byzantinischen Kaiser Alexios I.

Dieser fühlt sich von den Seldschuken bedroht, nicht aber von deren Konkurrenten in Kairo. Außerdem hat er kein Interesse an Palästina und würde sich mit der Herrschaft der Fatimiden über Jerusalem durchaus abfinden – zumal diese bisher keine Christen verfolgt haben und Pilger ungestört ziehen lassen. Die Beziehungen der Kreuzfahrer zu Ostrom verschlechterten sich, als sich die Ritter nicht an die Abmachung hielten, eroberte und ursprünglich byzantinische Territorien an Byzanz zurückzugeben. Das unumstößliche Vorhaben der Kreuzfahrer, Jerusalem einzunehmen und sich dauerhaft im Heiligen Land niederzulassen, bringt die fein ausbalancierten Machtverhältnisse im Orient vollends in Unordnung.

Am Ziel: Gottfried von Bouillon steht mit seinen Kreuzfahrern vor den Mauern Jerusalems (Farblithografie nach einem Gemälde von Max Henze, um 1900).

Der Kampf um die von den Fatimiden beherrschte Heilige Stadt beginnt

Der erste Angriff auf Jerusalem scheitert im Pfeilhagel

■ *13. Juni 1099, Jerusalem*
Als sie ihren ersten Sturmangriff wagen, müssen die Kreuzfahrer erkennen, dass Jerusalem nicht im Handstreich zu nehmen ist.

Einige Tage nach ihrer Ankunft vor den Mauern der Stadt unternehmen die Kreuzfahrer ihren ersten Angriff auf Jerusalem, der jedoch blutig abgewiesen wird.

Jerusalem ist eine der stärksten Festungen der damaligen Welt. Die Mauern stammen aus der Zeit der Römer, danach verbesserten Generationen byzantinischer und arabischer Festungsarchitekten die Anlagen immer weiter.

Als die Kreuzfahrer mit der Belagerung von Jerusalem beginnen, befehligt der fatimidische Statthalter Ifthikar ad-Daula eine Besatzungstruppe von ungefähr 5000 arabischen und sudanesischen Soldaten. Wie beim Beginn der Belagerung von Antiochia ist das Kreuzfahrerheer nicht groß genug, um die Stadt vollständig einzuschließen. So konzentrieren sich ihre Aktionen auf wenige Abschnitte, an denen man dicht an die Mauern gelangen kann. Eine zweite Parallele zur Belagerung von Antiochia ist der

Das Heer der Kreuzfahrer greift die Heilige Stadt an (Miniatur, 1377).

drohende Anmarsch einer Entsatzarmee – diesmal aus Ägypten –, sodass die Belagerer rasch zum Erfolg kommen müssen.

Ein Eremit, der auf dem Ölberg haust, empfahl den Kreuzfahrern einen sofortigen Sturmangriff. Auf den Einwand, es sei kaum Belagerungsgerät vorhanden, antwortete er, wenn sie den Glauben besäßen, werde Gott ihnen den Sieg schenken.

Doch der Angriff, den die Kreuzfahrer daraufhin von Norden aus unternehmen, beweist, dass ihre Bedenken berechtigt waren. Es fehlt an Sturmleitern, um die Mauern auf breiter Front zu überklettern. An den Punkten, wo es gelingt, ist der Pfeilhagel der Verteidiger so dicht, dass sich die Vorstoßtruppen zurückziehen müssen. Die Kreuzzugsführer sehen nach dem Debakel ein, dass sie erst einmal aufrüsten müssen, ehe sie einen erneuten Sturm wagen können. Ein Glücksfall hilft ihnen weiter: Am 17. Juni landen mehrere Schiffe im Hafen von Jaffa, die Seile, Nägel und Bolzen an Bord haben. Auf Streifzügen in die Wälder von Samaria verschaffen sich die Kreuzfahrer das nötige Bauholz für die Belagerungsmaschinen.

Die Verteidiger stellen sich auf eine lange Belagerung ein

Statthalter weist Christen aus der Heiligen Stadt

Juden, Christen und Muslime

Zur Zeit, da die Kreuzfahrer in Palästina auftreten, leben in Jerusalem Angehörige der drei großen monotheistischen Schriftreligionen Judentum, Christentum und Islam. Ihre Kultstätten liegen zum Teil dicht beieinander.

In den Jahrhunderten zuvor stellten Christen die Bevölkerungsmehrheit, aber Verfolgungen durch den Kalifen al-Hakim (1008/09) und die Eroberung durch die Seldschuken im Jahr 1071 haben ihre Zahl verringert. Die Christen siedeln hauptsächlich im Viertel um die Grabeskirche. Muslime sind seit der Übergabe der Stadt an den Kalifen Omar im Jahr 638 in Jerusalem ansässig. In der Omajjadenzeit (685–750) entstanden auf dem Tempelberg, von wo aus der Prophet Mohammed seine Himmelsreise antrat, die Al-Aqsa-Moschee und der Felsendom. Die Muslime ermöglichten auch den Juden, die in römisch-byzantinischer Zeit aus Jerusalem verbannt wurden, die Wiederansiedlung.

■ *Juni 1099, Jerusalem*
Beim Herannahen des christlichen Kreuzfahrerheeres trifft der Statthalter der von Christen, Juden und Muslimen bewohnten Heiligen Stadt umfangreiche Vorkehrungen.

Ifthikar ad-Daula, der fatimidische Statthalter Jerusalems, befiehlt den Christen, die Stadt zu verlassen. Er sieht in ihnen einen zu großen Unsicherheitsfaktor bei einer Belagerung durch das Kreuzfahrerheer. Die Ausweisung trifft sowohl die Angehörigen der Ostkirche als auch der Westkirche. Den Juden erlaubt der Statthalter, in Jerusalem zu bleiben.

Nachdem Ifthikar von den Fatimiden in Ägypten ein Entsatzheer anfordert, trifft er zusätzliche Maßnahmen, um Jerusalem für eine Belagerung zu rüsten. So lässt er die Viehbestände von ihren Weideplätzen rings um die Stadt wegtreiben und die Brunnen im weiten Umkreis versiegeln oder vergiften. Zwar gibt es innerhalb der Stadtmauern keine Quellen, aber in

den Zisternen ist genug Wasser gesammelt, um eine lange Belagerung auszuhalten. Die Kreuzfahrer dagegen spüren den Wassermangel sofort. Er wird während der ganzen Belagerungszeit zur Hauptbelastung des Heeres. Einzige Wasserstelle nahe Jerusalem ist der Teich Siloah, der jedoch in Reichweite der fatimidischen Wurfgeschosse liegt und dessen Wasser faul und schlammig ist. Trupps, die weit ins Hinterland ausschwärmen, bringen kaum besseres Trinkwasser mit. Der Chronist Albert von Aachen erzählt: »Wenn einzelne Brüder ausgeschickt wurden,... Wasser zu holen, so kamen sie wohl manchmal mit gewonnenem Quellwasser zurück; manchmal aber blieben sie auch mit abgeschlagenen Köpfen liegen. Und das Wasser, das sie in Ziegenschläuchen mitbrachten, war oft trübe und voll schlüpfriger Blutegel. Sehr viele vom gemeinen Volk schluckten, froh dieses Wasser trinken zu dürfen, schmutzige Würmer und Wassertiere mit hinunter, bis ihnen Gurgel und Bauch anschwollen und sie daran starben.«

Religiöse Kunst: Auferstehung Christi (Buchmalerei, 11. Jh.)

»Artillerie« der Kreuzfahrerzeit: Zentnerschwere Steinbrocken und Tierkadaver als Wurfgeschosse

Im Abendland ist das Wissen um die Ballistik und die grandiosen Kriegsmaschinen der Römerzeit weitgehend in Vergessenheit geraten. Anders im Orient, hier haben vor allem die Byzantiner das technologische Wissen der Antike bewahrt. Auch arabische Konstrukteure bauen Geräte, die schwere Geschosse über eine größere Distanz schleudern können. Von den Byzantinern lernen die Kreuzfahrer den Bau und Gebrauch von Wurfgeschützen, mit denen sie Städte einnehmen können. Bei den Belagerungen im Heiligen Land kommt es bald zu Duellen zwischen den Geschützen, die auf christlicher Seite Namen wie »Die böse Nachbarin« oder »Gottes höchsteigene Schlinge« tragen und von den Muslimen »Der Siegreiche« oder »Der Wütende« genannt werden.

Die »Artillerie« der Zeit besteht aus Geschützen, die nach dem Torsionsprinzip arbeiten – also die Spannung eines Bogens nutzen – und solche, die ihre Energie aus dem Einsatz eines Gegengewichtes beziehen. Zu den relativ beweglichen Torsionsgeschützen zählt u. a. die Balliste, eine löffelartige Rute, die wie ein Katapult gespannt wird. Schwerfälliger sind die Maschinen, bei denen ein Gegengewicht als Beschleuniger wirkt. Diese »trébuchets« oder Triböcke sind riesige Holzgerüste mit einem langen Balken, der am längeren Ende eine Schleudertasche mit dem Wurfgeschoss, am kürzeren Ende das tonnenschwere Gegengewicht trägt. Zur Vorbereitung des Schusses wird das lange Ende mit Winden heruntergezogen, wodurch sich das kurze Ende anhebt. Beim Freigeben der Spannseile schwingt das Gegengewicht nach unten und erzeugt am anderen Ende des Balkens die nötige Energie für das Wurfgeschoss. Diese Anlagen richten bei den Belagerungen die größten Schäden an, da sie zentnerschwere Steinbrocken abschießen können. Daneben werden sie mit Brand- und Explosivstoffen, aber auch mit Tierkadavern oder abgeschlagenen Köpfen von Gefangenen geladen. Mitführen lassen sich diese Anlagen nicht, sie müssen stets an Ort und Stelle neu errichtet werden.

Kreuzfahrer mit einer Art Steinkatapult (Miniatur, 14. Jh.)

Rohrstöcke und Weidenruten als Waffen

»Schlachten« der Kinder

■ *Juni/Juli 1099, Jerusalem*
Unter dem Beifall der Erwachsenen rücken die Kinder der Kreuzfahrer gegen ihre Altersgenossen aus Jerusalem zu Felde.

Als sich die Kreuzfahrer zum Sturm auf Jerusalem rüsten, kommt es vor den Mauern der Stadt zu kuriosen Szenen. Kinder aus dem Lager des Christenheeres treffen sich zu Kämpfen mit den Kindern aus der belagerten Stadt und tragen auf ihre Weise – mit Rohrstöcken und Schilden aus Weidenruten bewaffnet – den Kampf der Erwachsenen aus. Diese sehen dem Spektakel mit großem Wohlwollen zu und lassen sich davon hin und wieder zu gegenseitigen Scharmützeln animieren. Warum es so viele Kinder im Heer der Kreuzfahrer gab, erläutert der Kreuzzug-Chronist Guibert von Nogent: »Als die Nachricht von dem Zug nach Jerusalem sich in allen Gegenden des Abendlandes verbreitet hatte, unternahmen die Väter die Reise, indem sie ihre noch kindlichen Söhne mitnahmen. Daraus ergab sich, dass, selbst wenn die Eltern einiger von ihnen tot waren, die Kinder dennoch den Weg fortsetzten.«

Geistliche mahnen die Kreuzfahrer zur Eintracht

Bußprozession stärkt Moral

■ *8. Juli 1099, Jerusalem*
Vor dem Angriff soll die darnieder liegende Moral des Kreuzfahrerheeres mit Hilfe einer Bußprozession wieder aufgerichtet werden.

Unbeirrt vom Hohn der muslimischen Verteidiger auf den Mauern, umrunden die Kreuzfahrer mit einem feierlichen Zug die belagerte Stadt.

Während die Handwerker mit Hochdruck an den Belagerungsmaschinen arbeiteten, schwand die Moral der Truppen. Hitze und Wasserknappheit setzten ihnen fürchterlich zu. Dazu kamen Streitigkeiten unter den Fürsten. Über die Frage, wer nach der Eroberung Jerusalems in der Stadt regieren sollte, entzweiten sich Geistlichkeit und Ritter. Anfang Juli wurde zudem der Anmarsch eines ägyptischen Heeres gemeldet.

In dieser Situation trat ein Priester namens Peter Desiderius auf, der die Kreuzfahrer zur Buße mahnte: Der verstorbene Bischof Adhemar sei ihm erschienen und habe gemahnt, allen Zank fahren zu lassen, eine Fastenzeit abzuhalten und barfuß um Jerusalem zu ziehen. Das Heer glaubt an die Vision und fastet drei Tage lang.

Bei dem Prozessionszug schreiten die Bischöfe und Priester mit Kreuzen und Reliquien vorneweg. Dahinter folgen die Fürsten und Ritter. Den Abschluss der Prozession bilden das Fußvolk und die Pilger. Nach der Stadtumrundung steigen sie zum Ölberg hinauf, wo ihnen Peter der Einsiedler, der Provenzale Raimund von Aguilers und Arnulf von Rohes, der Feldkaplan des Herzogs Robert von der Normandie, predigen. Die Beredsamkeit der Geistlichen trägt Früchte – stürmische Begeisterung ergreift das Heer. Sogar die alten Rivalen Raimund von Toulouse und Tankred von Tarent begraben – wenigstens vorübergehend – ihren Streit.

Vor dem Portal der Grabeskirche stimmen die Kreuzfahrer nach dem Sieg das »Te Deum« an.

Zitat

Die Eroberung Jerusalems aus islamischer Sicht

Der arabische Chronist Ibn al-Athir (1160–1223) schildert die Einnahme Jerusalems durch die Kreuzfahrer (»Franken«) und die Wirkung, die der Fall der Stadt in der muslimischen Welt hervorrief:

»Die Franken wandten sich also gegen Jerusalem, nachdem sie Akkon erfolglos belagert hatten, und hielten es nach ihrer Ankunft mehr als vierzig Tage lang eingeschlossen. Sie errichteten zwei Türme, einen davon auf der Seite Zions (am Zionsberg im Süden), aber die Muslime verbrannten ihn und töteten alle, die in ihm waren. Kaum hatten sie ihn verbrannt, als ein Bote mit einem Hilferuf kam: Die Stadt sei von der anderen Seite her genommen. Die Franken nahmen sie tatsächlich von der Nordseite, morgens am Freitag, dem 22. Saban (492/15. Juli 1099). Die Einwohner wurden ans Schwert geliefert, und die Franken blieben eine Woche in der Stadt, während deren sie die Einwohner mordeten. Eine Gruppe von diesen suchte Schutz in Davids Bethaus (dem Davidsturm der Jerusalemer Zitadelle), verschanzte sich dort und leistete einige Tage Widerstand. Nachdem die Franken ihnen das Leben zugesichert hatten, ergaben sie sich. Die Franken hielten den Vertrag, und sie zogen des Nachts in Richtung Askalon und setzten sich dort fest. In der Al-Aqsa-Moschee dagegen töteten die Franken mehr als siebzigtausend Muslime, unter ihnen viele Imame, Religionsgelehrte, Fromme und Asketen, die ihr Land verlassen hatten, um in frommer Zurückgezogenheit an diesem heiligen Ort zu leben. Aus dem Felsendom raubten die Franken mehr als vierzig Silberleuchter, von denen jeder über dreitausendsechshun-

Gottfried von Bouillon erstürmt die Mauern Jerusalems (Illustration, 1894).

dert Drachmen wog, einen großen Silberleuchter im Gewicht von vierzig syrischen Pfund, außerdem von den kleinen Leuchtern einhundertfünfzig silberne und mehr als zwanzig goldene und andere unermessliche Beute.

Die Flüchtlinge erreichten Bagdad im Ramadan. In der Kanzlei des Kalifen gaben sie einen Bericht, der die Augen mit Tränen füllte und die Herzen betrübte. Am Freitag kamen sie in die Hauptmoschee und flehten um Hilfe. Sie waren in Tränen und rührten zu Tränen bei der Erzählung, was die Muslime in dieser erhabenen heiligen Stadt erlitten hatten: Die Männer getötet, Frauen und Kinder gefangen, alle Habe geplündert.

Die verschiedenen muslimischen Fürsten lagen untereinander in Streit, wie wir noch berichten. So konnten die Franken das Land besetzen. Darüber verfasste Abul Muzaffar al-Abiwardi unter anderem folgende Verse: Wir haben Blut in die strömenden Tränen gemischt, und nicht ist in uns Raum für Mitleid geblieben./ Aber die schlechteste Waffe des Mannes ist, Tränen zu vergießen, wenn das Feuer des Krieges aus den schneidenden Schwertern geschlagen wird./ Söhne des Islams! Vor euch liegen Kämpfe, die die Köpfe vor die Füße rollen lassen./ Wagt ihr zu schlummern im Schatten sicheren Glückes, leichten Lebens, wie die Blüte des Blumengartens?/ Aber wie kann das Auge unter den Lidern schlafen bei einem Unglückslärm, der jeden Schlafenden weckt?«

Mit Hilfe ausgeklügelter Belagerungstürme gelingt die Eroberung

Die Kreuzfahrer erstürmen Jerusalem

■ *15. Juli 1099, Jerusalem*
Als der erste abendländische Ritter sein Banner auf den Mauern der Heiligen Stadt hisst, hat der Kreuzzug nach drei Jahren voller Entbehrungen und blutiger Kämpfe sein wichtigstes Ziel erreicht.

Nach fünf Wochen Belagerung erobern die Kreuzfahrer Jerusalem. Die Einnahme gelingt dank einer besonderen technischen Leistung der Belagerer: Sie haben Türme gebaut, die an die Stadtbefestigung herangerollt und von denen aus Enterbrücken auf die Mauerkronen herabgelassen werden können.

Der Bau von Belagerungstürmen wurde möglich, weil rechtzeitig mehrere Schiffe im Hafen von Jaffa eintrafen, die das nötige Material und Werkzeug an Bord hatten. Zudem verstanden sich die Besatzungen auf das Zimmermannshandwerk. Da die Schiffe in Jaffa in der Falle saßen – auf dem Meer lauerte ein ägyptisches Geschwader –, schlossen sich die Seeleute dem Kreuzzug an. Bauholz wurde aus weit abgelegenen Wäldern herbeigeschafft, Kamele oder muslimische Kriegsgefangene mussten die Balken schleppen.

Im Feldlager vor Jerusalem entstanden drei Türme: einer vor der Nordmauer, wo Robert von der Normandie, Robert von Flandern und Gottfried von Bouillon kommandierten, einer im Süden, im Befehlsbereich des Grafen Raimund von Toulouse, und ein dritter, kleinerer, der für die Nordwestecke der Stadtbefestigung bestimmt war. Die Holzbauwerke standen auf Rädern. Auf der Rückseite waren Leitern, obenauf befand sich eine Plattform, auf der sich ein Dutzend Männer aufhalten konnten, darüber erhob sich eine Art Kran, an den eine mit Brettern belegte Brücke eingehängt war. Zum Schutz gegen die Wurfgeschosse der Verteidiger waren die Wände der Türme mit Buschwerk und Ästen gepolstert. Vor Schäden durch das »griechische Feuer« – ein brennendes, explosives Gemisch – sollte eine Außenverkleidung mit blutignassen Häuten frisch geschlachteter Tiere schützen.

Nachdem die Türme am 10. Juli fertig gestellt wurden, begannen in der Nacht zum 13. Juli die unmittelbaren Vorbereitungen für den Sturmangriff. Unter heftigem Beschuss seitens der Verteidiger wurden die Un-

Die Belagerungstechnik bringt die Entscheidung: Jerusalem fällt (französische Miniatur, 15. Jh.).

getüme in die Nähe der Mauern gerollt. Vor allem im Abschnitt von Raimund erwies sich dies als äußerst schwierig, da hier erst noch ein Graben zugeschüttet werden musste, um eine ebene Fläche zur Aufstellung des Turmes herzustellen. Für das gefährliche Unterfangen mitten im Pfeil- und Steinhagel von den Mauern herab setzte der Heerführer eine Belohnung aus: Für jeweils drei Steine, die nach vorn geschleppt wurden, gab es einen Denar. So befand sich am Abend des 14. Juli auch Raimunds Turm in der vorgesehenen Position.

Am Morgen des 15. Juli schwanken die Belagerungstürme auf die Mauern zu. Um die Mittagszeit können die Kreuzfahrer auf der Nordseite eine Brücke anbringen, über die zwei flämische Ritter – Litold und Gilbert von Tournai – als Erste die Mauern Jerusalems betreten. Als ihnen Lothringer aus dem Heer Gottfrieds von Bouillon folgen, verlassen die Verteidiger ihre Posten, sodass die Kreuzfahrer Sturmleitern anlegen können und in größerer Zahl in die Stadt eindringen. Gottfried dirigiert seine Leute zum Säulentor, um es für die Hauptmacht des Heeres zu öffnen.

Immer mehr Kreuzfahrer strömen in die Stadt. In den Straßen toben wilde Kämpfe, in denen sich die Christen behaupten können. Die muslimischen Truppen fliehen in den Tempelbezirk, wo sie versuchen, sich in der Al-Aqsa-Moschee zu verschanzen. Auf den Fersen folgt ihnen Tankred von Tarent. Er garantiert den Musli-

men gegen hohes Lösegeld Schutz und dringt mit seinen Normannen in die Moschee ein, um sie zu plündern. Aus der Schatzkammer des muslimischen Heiligtums raubt er sämtliche Wertgegenstände, seine Männer kratzen sogar das Gold von den Wänden.

In der ganzen Stadt bricht Panik aus, die Einwohner laufen in die südlichen Viertel, wo inzwischen jedoch Raimund von Toulouse vordringt. Am Nachmittag erkennt der muslimische Statthalter Ifthikar ad-Daula die ausweglose Situation und handelt mit Raimund die Übergabe der Zitadelle aus. Er und seine Leibwache erhalten gegen eine große Summe freien Abzug und gehören damit zu den wenigen Muslimen, die das folgende Massaker der Kreuzfahrer überleben.

Das Massaker der Kreuzfahrer endet erst, als kaum ein Einwohner mehr am Leben ist

Die siegreichen Christen veranstalten ein Blutbad

Neben dem blindwütigen Massenmorden veranstalten die christlichen Kreuzfahrer Plünderungen in Jerusalem.

■ *15./16. Juli 1099, Jerusalem*
Der kollektive Blutrausch der Kreuzfahrer ändert die Meinung der geschockten Muslime: Waren sie bisher bereit, die christlichen Ritter als zusätzliche Macht zu akzeptieren, sind sie nun fest entschlossen, sie aus dem Heiligen Land zu vertreiben.

Die christlichen Eroberer von Jerusalem setzen ihr Morden selbst nach dem Erlöschen des organisierten Widerstands ungehemmt fort. Wie von Sinnen machen sie jeden nieder, der ihnen in den Weg kommt. Sie hacken und stechen auf die Opfer ein, bespritzen sich mit Blut und wälzen sich darin. Den Juden, die sich in der Hauptsynagoge versammelt haben, zünden sie als »Mörder Jesu« das Dach über den Kopf an – sie sterben allesamt den Feuertod. Die Kreuzfahrer dringen auch in die muslimischen Gotteshäuser ein und metzeln die dort Schutzsuchenden nieder. Nach den Berichten der Chronisten steht das Blut im Tempelbezirk zwischen den Leichenbergen der Massakrierten knöcheltief.

Vielerorts regt sich bei den Christen neben der fanatischen Mordwut auch Habgier. So nehmen sie Häuser in Beschlag und fahnden dort nach versteckten Reichtümern.

Zitat

Christliche Augenzeugen der Schandtat: »Die ganze Stadt war mit Leichnamen angefüllt«

Die Kreuzzugs-Chronik »Gesta Francorum«, die vermutlich von einem Ritter aus der Umgebung des Bohemund von Tarent verfasst wurde, berichtet vom Blutbad in Jerusalem:

»In die Stadt eingedrungen, verfolgten unsere Pilger die Sarazenen bis zum Tempel des Salomo, wo sie sich gesammelt hatten und wo sie während des ganzen Tages den Unsrigen den wütendsten Kampf lieferten, sodass der ganze Tempel von ihrem Blut überrieselt war. Nachdem die Unsrigen die Heiden endlich zu Boden geschlagen hatten, ergriffen sie im Tempel eine große Zahl Männer und Frauen und töteten oder ließen leben, wie es ihnen gut schien. Bald durcheilten die Kreuzfahrer die ganze Stadt und rafften Gold, Silber, Pferde und Maulesel an sich; sie plünderten die Häuser, die mit Reichtümern überfüllt waren.

Dann, glücklich und vor Freude weinend, gingen die Unsrigen hin, um das Grab Unseres Erlösers zu verehren, und entledigten sich Ihm gegenüber ihrer Dankesschuld. Am folgenden Tag erkletterten die Unsrigen das Dach des Tempels, griffen die Sarazenen, Männer und Frauen an, zogen das Schwert und

Mit unvorstellbarer Grausamkeit erstürmen die Christen Jerusalem (Kupferstich).

schlugen ihnen die Köpfe ab. Einige stürzten sich von der Höhe des Tempels hinab... Man befahl auch, alle toten Sarazenen aus der Stadt zu werfen, wegen des unsäglichen Gestanks, denn die ganze Stadt war völlig mit ihren Leichnamen angefüllt. Die lebenden Sarazenen schleppten die Toten aus der Stadt und machten daraus häuserhohe Haufen. Niemand hat jemals von einem ähnlichen Blutbad unter dem heidnischen Volk gehört oder es gesehen. Scheiterhaufen gab es wie Ecksteine, und niemand außer Gott kennt ihre Zahl.«

Der Chronist Raimund von Aguilers schreibt:

»Als sich die Unsrigen schon der Mauern und Türme bemächtigt hatten, konnte man Wunderbares erblicken. Den einen wurden, was leichter war, die Köpfe abgeschlagen, andere wurden mit Pfeilschüssen gezwungen, von den Türmen zu springen. Wieder andere wurden lange mit Feuer gequält und verbrannt. Man sah Haufen von Köpfen, Händen und Füßen in den Häusern und Gassen.«

Fulcher von Chartres ergänzt die Berichte:

»Was soll ich sagen? Niemand wurde am Leben gelassen. Weder Frauen noch Kinder wurden verschont.«

Kreuzfahrer massakrieren Muslime in der Al-Aqsa-Moschee (Miniatur, 14. Jh.).

Die christlichen Gräuel wirken lange nach

Massaker in Al-Aqsa-Moschee

■ *16. Juli 1099, Jerusalem*
Gleich neben dem Felsendom, dem bedeutendsten islamischen Bauwerk Jerusalems, erhebt sich auf dem Tempelberg die seit dem 8. Jahrhundert errichtete Al-Aqsa-Moschee. Die Heiligtümer belegen die Wichtigkeit dieses Ortes – den Schauplatz der Himmelfahrt des Propheten Mohammed – für die Muslime.

Die Kreuzfahrer beenden das Blutbad von Jerusalem mit der Erstürmung der Al-Aqsa-Moschee. Tankred von Tarent, der als Erster mit seinen Leuten im Tempelbezirk angekommen war, hatte den sich in das Heiligtum geflüchteten Muslimen gegen eine hohe Geldsumme seinen Schutz angeboten. Sein Banner, das über der Moschee weht, hilft den Bedrängten jedoch nicht, als sich eine Gruppe von Kreuzfahrern am Tag nach der Eroberung Zugang zu dem Gotteshaus erzwingt: Die fanatischen Christen ermorden alle Muslime.

Nach dem Zeugnis des Chronisten Raimund von Aguilers ereilt die Muslime eine gerechte Strafe: »Wir kamen zum Tempel Salomons, wo sie ihren Ritus und ihre Gesänge pflegten. Was aber geschah dort? Wenn ich die Wahrheit sage, wird man mir nicht glauben. Es mag genügen, dass sie im Tempel Salomons und im Vorhof bis zu den Knien und den Zügeln ihrer Pferde im Blut ritten. Wahrlich ein gerechtes Gericht, dass der Ort das Blut derjenigen empfing, deren Gotteslästerung er so lange erdulden musste.«

Anschließend schlägt die Stimmung der Kreuzfahrer um. Eben noch in Raserei und Blutdurst schwelgend, lassen sie sich nun von Bußfertigkeit überwältigen. In reine Gewänder gehüllt – mancher auch noch blutbespritzt –, ordnen sie sich zu einer Prozession, die zum Dankgottesdienst in die Grabeskirche und zu den anderen Orten zieht, die durch die Leiden Jesu geheiligt sind. »Überall Tränen, überall Seufzer, aber nicht aus Angst und Betrübnis, sondern aus glühender Andacht«, schreibt der Chronist Wilhelm von Tyros.

Die Gräuel von Jerusalem lösen in der muslimischen Welt dauerhafte Verstörung aus. Das abendländische Christentum hat sich in unvorstellbarer Weise diskreditiert. Der Fanatismus der Kreuzfahrer wird mit ebenfalls blindem islamischem Eifer beantwortet. Allen Versuchen eines friedlichen Ausgleichs steht fortan die Erinnerung an das Gemetzel im Weg.

Die Führer des Kreuzzugs suchen einen Herrscher für Jerusalem

Probleme bei der Besetzung des weltlichen Throns

■ *17. Juli 1099, Jerusalem*
Die ersten Schritte zur Errichtung des Königreichs Jerusalem gestalten sich zögernd und unsicher.

Auf der ersten Versammlung in der eroberten Stadt versuchen sich die Kreuzfahrer über die politische Ordnung im Heiligen Land zu verständigen. Über die Frage, was zu geschehen habe, wenn der Kreuzzug an sein Ziel gelangt sei, haben die Teilnehmer wenig nachgedacht. Wäre Bischof Adhemar von Monteil, der Beauftragte des Papstes, noch am Leben, hätte er wohl eine Art Kirchenstaat gegründet mit Graf Raimund von Toulouse als weltlichem Beschützer. Neben Raimund sind von den großen Fürsten noch drei weitere in Jerusalem angekommen: Gottfried von Bouillon, Robert von Flandern und Robert von der Normandie. Tankred von Tarent spielt bei der Suche nach einem weltlichen Oberhaupt keine Rolle, da er trotz seiner kriegerischen Fähigkeiten nur wenige Anhänger besaß.

Zunächst beschäftigt sich die Versammlung mit den dringendsten Aufgaben: der Beseitigung der Leichen, der Schaffung von Quartieren sowie der Vorbereitungen auf den erwarteten ägyptischen Gegenangriff. Danach geht es um die Frage, ob ein König gewählt werden solle. Die Geistlichen protestieren vehement und verlangen, dass zuerst ein Patriarch für die Stadt bestimmt werde.

In den nächsten Tagen wird erneut über die Wahl eines Königs sowie über geeignete Kandidaten debattiert. Die Versammlung trägt die Krone Raimund von Toulouse an, der sich stets als legitimer Führer des Kreuzzugs betrachtete. Aus taktischer Berechnung oder aus der Erkenntnis heraus, dass ihm der volle Rückhalt des gesamten Kreuzfahrerheeres fehlt, lehnt Raimund das Angebot ab.

Gottfried von Bouillon vor der Grabeskirche: Nachdem Raimund die Krone ablehnt, wird dem Herzog die Führerschaft angetragen (Miniatur, um 1490).

Gottfried von Bouillon wird zum Herrscher gewählt

Kein König für Jerusalem

■ *22. Juli 1099, Jerusalem*

Erst nach Gottfrieds Tod, als die Pilger größtenteils von Abenteurern verdrängt werden, setzen sich seine Nachfolger über religiöse Bedenken hinweg und lassen sich in Jerusalem zum König krönen.

Eine Versammlung der Kreuzfahrer wählt Gottfried von Bouillon, den Graf von Antwerpen und Herzog von Niederlothringen, zum Oberhaupt der Kreuzfahrerherrschaft in Jerusalem.

Gottfried war an der Erstürmung Jerusalems entscheidend beteiligt.

Da Gottfried sich in der Stadt, in der Christus die Dornenkrone getragen hat, keine Krone aufs Haupt setzen möchte, nennt er sich »princeps« (Führer, Fürst) oder »Advocatus Sancti Sepulcri« (Verteidiger des Heiligen Grabes). Nachdem Robert von Flandern und Robert von der Normandie zu erkennen gegeben haben, dass sie in die Heimat zurückkehren möchten und Raimund von Toulouse seine Wahl zum Herrscher nicht angenommen hat, blieb Gottfried von Bouillon als einziger Anwärter für das Führungsamt übrig.

Raimund, der trotz seiner Absage über Gottfrieds Wahl zutiefst getroffen ist, bricht einen Streit mit dem neuen Herrscher vom Zaun. Er weigert sich, die Zitadelle zu räumen, die ihm vom früheren fatimidischen Statthalter persönlich übergeben worden ist. Erst nach langen Verhandlungen, in die sich auch Robert von Flandern und Robert von der Normandie einschalten, wird er gezwungen, Gottfried die Zitadelle auszuhändigen. Gedemütigt verlässt Raimund Jerusalem und zieht mit seinen Leuten ins Jordantal, wo er in Jericho sein Feldlager aufschlägt. Raimunds Weigerung, die Krone anzunehmen, schwächt seine Anhängerschaft.

Der neue Herrscher von Jerusalem lehnt den Königstitel ab und nennt sich stattdessen »Verteidiger des Heiligen Grabes« (Historienbild, 19. Jh.).

Rückblick

Das Grab Christi – der heiligste Ort der Christenheit und Zentrum der Pilgerbewegung

»Macht euch auf den Weg zum Heiligen Grab« ist die Parole, die Papst Urban II. in seinem Kreuzzugsaufruf ausgegeben hat. Der Platz der Grablegung Jesu und seiner Auferstehung gilt den Menschen des Hochmittelters als heiligster Ort der Christenheit. Neigte das frühe Christentum noch dazu, sich stärker mit der allumfassenden Gottheit Christi zu beschäftigen als mit seinem Menschentum, setzte im Lauf der Zeit eine starke Pilgerbewegung zu jenen Stätten in Palästina ein, an denen noch Spuren vom Erdendasein Jesu auffindbar waren.

Eines der wichtigsten Pilgerziele ist seit jeher die Grabstätte auf dem Berg Golgatha am Rande Jerusalems. Den römischen Besatzern war dieser Brauch nicht geheuer, weshalb Kaiser Hadrian (Reg. 117–138) beim Aufbau der von Titus zerstörten Stadt dafür sorgte, dass auf Golgatha ein Tempel der Venus Capitolina errichtet wurde, unter dessen Fundamenten das Grab Jesu verschwand.

Das Grab Christi: Innenansicht der Jerusalemer Grabeskirche

Mit dem Triumph des Christentums zur Zeit Kaiser Konstantins des Großen (Reg. 306–337) nahm auch die Wallfahrt nach Jerusalem wieder zu. Der römische Venustempel wurde abgerissen. Konstantins Mutter Helena ließ im Schutt graben und fand die Hinrichtungsstätte mit den Reliquien der Passion. Ihr Sohn baute über dem Grab die erste Kirche, ein rundes Gebäude, das »Anastasis« (Auferstehung) genannt wurde, dazu ein Atrium sowie eine fünfschiffige Basilika. Mehrfach abgebrannt oder durch Erdbeben beschädigt, wurde die so genannte Grabeskirche immer wieder aufgebaut. Unter der Herrschaft der Omajjaden verfiel die Kirche dann zusehends.

Als die Kreuzfahrer Jerusalem im Jahr 1099 erobern, finden sie die Anlage in einem äußerst kümmerlichen Zustand vor. Sofort beschließen sie einen monumentalen Neubau, der sowohl die Hinrichtungsstätte als auch das Grab Jesu unter einem Dach vereinigt. In der zweiten Hälfte des 12. Jahrhunderts wird das neue Gotteshaus geweiht, der Glockenturm entsteht um 1175. Als Jerusalem 1187 wieder in die Hand der Muslime fällt, befiehlt Sultan Saladin die Schonung des Bauwerks. Entgegen der damaligen Gewohnheit verzichtet er sogar darauf, die Grabeskirche in eine Moschee umzuwandeln. Einige Zeit später verkauft er die Kirche für 40 000 Goldbyzantiner an die syrischen Christen. Erst 1228 gewinnt Kaiser Friedrich II. sie mit Hilfe eines Vertrages wieder für die Lateiner zurück.

Obwohl der spätromanische Bau durch einen Brand im 19. Jahrhundert sowie durch unsachgemäße Renovierungen und Ausschmückungen beeinträchtigt wurde, erstrahlt er bis heute in großer Pracht.

Zwischen Repression und Toleranz: Jerusalem – Heilige Stadt der Juden, Christen und Muslime

Die biblische Geschichte Jerusalems beginnt mit der Versuchung Abrahams auf dem Berg Morija, dem heutigen Tempelberg. Der Erzvater soll hier seinen Sohn Isaak opfern. Um 1000 v. Chr. wird Jerusalem unter König David Hauptstadt des Reiches Juda. 587 v. Chr. erobern die Babylonier die Stadt und zerstören sie mitsamt dem Tempel, den König Salomo im 10. Jahrhundert errichtet hatte. Die Bevölkerung muss ins Exil nach Babylon übersiedeln. 63 v. Chr. gerät die Stadt, in der seit Ende des 6. Jahrhunderts wieder Juden leben, unter römische Oberhoheit. Der um 515 v. Chr. wieder eingeweihte Tempel erhält unter Herodes dem Großen (Reg. 37–4 v. Chr.) neuen Glanz.

Für Jesus Christus ist Jerusalem Schauplatz seines Leidens und Sterbens. Im Garten Gethsemane verbringt er die Nacht vor der Gefangennahme, im Palast des römischen Statthalters wird er verurteilt. Er muss durch die Straßen der Stadt das Kreuz tragen, wird auf dem Hügel Golgatha außerhalb der Stadtmauern gekreuzigt und in ein Grab im Fels gelegt. Nach seiner Auferstehung von den Toten fährt er vom Ölberg in den Himmel auf.

Galt Jerusalem im Alten Testament als »Stadt unseres Gottes« (Psalm 87), in der Jahwe gegenwärtig und deren Schicksal gleichbedeutend mit dem Schicksal des jüdischen Volkes ist, gewinnt im Neuen Testament die Vorstellung von einem himmlischen Jerusalem Raum, einem Jerusalem »das droben ist«, wie es im Brief des Paulus an die Galater heißt. Die Offenbarung des Johannes entwirft ein Bild in leuchtenden Farben: »Und ich sah die Heilige Stadt, das neue Jerusalem, von Gott aus dem Himmel herabfahren, bereitet wie eine geschmückte Braut ihrem Mann... Und die Stadt bedarf keiner Sonne noch des Mondes, dass sie ihr scheinen, denn die Herrlichkeit Gottes erleuchtet sie.«

Stadtansicht von Jerusalem zur Zeit der Kreuzfahrer (Miniatur, um 1120)

Nach jüdischen Aufständen wird der Tempel im Jahr 70 n. Chr. erneut zerstört. Nur die Westmauer bleibt bis in die Gegenwart stehen – sie ist als »Klagemauer« ein Ort der Andacht. 135 vertreiben die Römer die jüdische Bevölkerung und ernennen Jerusalem zur Provinzhauptstadt. Unter byzantinischer Herrschaft (330–638) erfolgt die Umwandlung Jerusalems von einer heidnisch-spätantiken Stadt in ein Zentrum der christlichen Wallfahrt. Nach der anschließenden muslimischen Eroberung, die zur verstärkten Niederlassung islamischer Glaubensbrüder führt, dürfen sich auch Juden wieder ansiedeln.

In der Zeit der Omajjaden-Dynastie (685–750) entstehen auf den Grundmauern des jüdischen Tempels die beiden bedeutendsten islamischen Bauwerke der Stadt, der Felsendom und die Al-Aqsa-Moschee. Für den Islam ist dieser Ort ebenfalls von großer Bedeutung: Abrahams Opferstein auf dem Berg Morija gilt auch Muslimen als Heiligtum, zudem soll die geflügelte Stute Burak, auf der der Prophet Mohammed in den Himmel ritt, in dem Fels den Abdruck ihres Hufes hinterlassen haben.

Unter der muslimischen Herrschaft ist der Strom christlicher Pilger an die heiligen Stätten ihrer Religion zwar geringer geworden, ganz abgerissen ist er jedoch nie. Zur Zeit Karls des Großen lebt die christliche Gemeinde Jerusalems im Status einer tolerierten Minderheit, in der Ausübung ihrer Religion wird sie von den Muslimen nicht behindert. Symbol dafür sind die Schlüssel zur Stadt Jerusalem, die der Abbasiden-Kalif Harun ar-Raschid Karl dem Großen im Jahr 800 zur Kaiserkrönung nach Rom übersenden lässt.

Zu Problemen kommt es Anfang des 11. Jahrhunderts, als der Fatimidenkalif al-Hakim Repressionen gegen die christliche Religionsausübung einleitet und die Zerstörung der Gotteshäuser befiehlt. Die Situation verschlechtert sich durch die wechselnden islamischen Herrschaften Ende des 11. Jahrhunderts, als sich Fatimiden und Seldschuken um Jerusalem streiten. Das besinnungslose Wüten der Kreuzfahrer im Jahr 1099 stellt jedoch alle bisherigen Leiden in den Schatten. In dem Massaker wird die muslimische und jüdische Bevölkerung der Stadt ausgelöscht. Die Al-Aqsa-Moschee wird zunächst Sitz des christlichen Herrschers von Jerusalem, später beziehen die Tempel-Ritter hier Quartier.

Betende Juden an der »Klagemauer«

Der ab 687 errichtete Felsendom ist das älteste islamische Bauwerk der Welt.

Papstkirche übernimmt die heiligen Stätten

Neue Jerusalemer Patriarchen

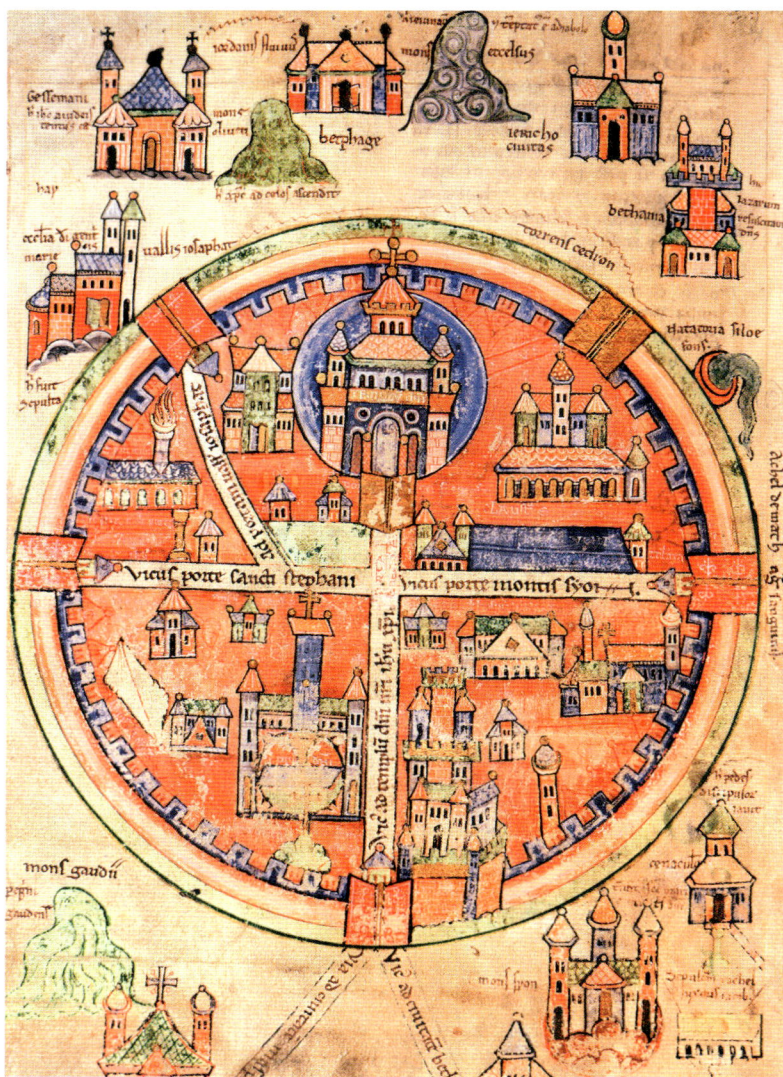

Abstrahierter Plan von Jerusalem und seiner Umgebung (Illustration aus der »Historia Hierosolymitana« von Robert dem Mönch)

■ *1. August 1099, Jerusalem*
Die byzantinische Kirche, die jahrhundertelang die heiligen Stätten betreute, muss die kirchliche Hoheit über Jerusalem an die römische Christenheit abtreten.

Die Kreuzzugsführer wählen Arnulf Malecorne von Rohes, einen Feldgeistlichen, der das Heer des Robert von der Normandie begleitet hatte, zum Jerusalemer Patriarchen.

Gegen den Kandidaten sprachen sich zuvor die Provenzalen aus. Ihrer Ansicht nach wird das Kirchenrecht gebrochen, da Arnulf nicht einmal den Rang eines Subdiakonus innehat. Zudem lasse sein sittlicher Ruf sehr zu wünschen übrig. Die Südfranzosen konnten sich jedoch nicht durchsetzen. Die übrige Bevölkerung ist mit der Wahl des Patriarchen einverstanden.

Nach dem Tod Bischof Adhemars von Monteil im Jahr 1098 rückte Arnulf ins vorderste Glied der Kreuzzugsgeistlichkeit vor. Den Wunsch der Kirchenhäupter, als Patriarch den weltlichen Herrscher Gottfried von Bouillon in die Schranken zu weisen, erfüllt Arnulf nicht. Er spürt genau, dass er mit dem »Verteidiger des Heiligen Grabes« nicht konkurrieren kann und beschränkt sich daher ganz auf die kirchlichen Angelegenheiten. Mit bewegenden Predigten versteht es

Arnulf, die Kreuzfahrer immer neu für den Kampf »im Namen Gottes« zu begeistern. Zudem verfolgt der Nordfranzose den Plan, das Jerusalemer Königreich zu latinisieren. Kurzerhand verbannt er die byzantinischen Priester aus der Grabeskirche.

Doch Arnulfs Amtstage sind bereits gezählt, denn Papst Urban II. hatte kurz vor seinem Tod den Pisaner Erzbischof Dagobert als Legat und Nachfolger Bischof Adhemars ins Heilige Land entsandt. Ende 1098 in Italien aufgebrochen, trifft er im westkilikischen Latakia auf die Kreuzzugsführer Robert von der Normandie, Robert von Flandern und Raimund von Toulouse, die im August 1099 den Weg von Jerusalem zurück in ihre Heimat angetreten waren. In Antiochia findet Dagobert Aufnahme bei Bohemund von Tarent. Im November ziehen die beiden gemeinsam Richtung Jerusalem – Bohemund will endlich sein Kreuzzugsgelübde erfüllen und seine Andacht am Heiligen Grab verrichten.

Weihnachten verbringen Dagobert und Bohemund mit Gottfried von Bouillon in Bethlehem. Dort erklären sie Arnulf, dessen Schutzherr Robert von der Normandie nicht mehr im Heiligen Land ist, für abgesetzt. Dagobert wird zum neuen Patriarchen von Jerusalem gewählt.

Stichwort

Dschihad – Verteidigung und Verbreitung des islamischen Glaubens

»Und kämpft um Allahs Willen gegen diejenigen, die gegen euch kämpfen!« Der Koran, die heilige Schrift der Muslime, gestattet zwar ausdrücklich einen Verteidigungskrieg, die Bedeutung des Begriffes Dschihad umfasst jedoch mehr als die herkömmliche Erklärung »Heiliger Krieg«. Am ehesten trifft die Übersetzung »Anstrengung für den Glauben« zu – und die sollte nach islamischer Auffassung alle Lebensbereiche umfassen. Der Dschihad mit Waffen ist nur eine Möglichkeit unter vielen, den Glauben zu stärken.

Der Religionsgründer Mohammed war nicht nur religiöser, sondern auch politischer Führer und Feldherr. Um die erste islamische Gemeinde zu schützen, musste er Waffengewalt anwenden. Zunächst

Schwerter des Mohammed: Der Prophet stellte strenge Regeln für die Durchführung eines militärischen Dschihad auf (Topkapi-Palast, Istanbul).

der Festigung des islamischen Kalifats trat der militärische Dschihad im 8. Jahrhundert in den Hintergrund. Der Begriff erfuhr einen Bedeutungswandel und wurde auf den inneren oder geistlichen Kampf gegen den Unglauben angewandt. Toleranz gegenüber Angehörigen anderer Religionen gehörte in den islamischen Herrschaftsgebieten bis auf wenige Ausnahmen zu den Grundwerten.

Angesichts der Gemetzel, die die christlichen Kreuzfahrer im Namen ihres Gottes an den Muslimen verüben, stellt sich den arabischen Herrschern an der Wende vom 11. zum 12. Jahrhundert erneut die Frage des bewaffneten Dschihad. Sollen sie tatenlos zusehen, wie ihre Glaubensgenossen abgeschlachtet und islamische Gebiete überrannt werden?

diente der bewaffnete Dschihad als wirksames Mittel, um den politischen Einflussbereich des Islam zu erweitern. Die Mission oder Ausrottung Andersgläubiger verband sich jedoch – anders als im Christentum – nicht damit. Mit

Fatimiden und Seldschuken begründen ihre Feldzüge gegen christliche Reiche zunächst nicht religiös. Erst die militanten Kreuzfahrer zwingen die untereinander zerstrittenen arabischen Herrscher zu einem gemeinsamen Vorgehen.

Hintergrund

Ritter im Kampf

Die Kreuzfahrer ziehen in der Regel mit mehreren disziplinierten Schlachtreihen in den Kampf gegen ihre Feinde. Diese »Haufen« greifen in drei Wellen an: Schlecht ausgebildete Bauern bilden die Vorhut und sollen mit Schwertern und Bogen die Pfeilangriffe der Gegner abwehren. Ihnen folgen kampferprobte Söldner mit Lanzen und schließlich – die Ritter.

Gewöhnlich tragen die Ritter auf dem Schlachtfeld neben dem obligatorischen Schwert auch eine schwere Lanze, die über den Kopf ihres Pferdes hinausragt. Vorteil der unhandlichen Langwaffe: Bei den Furcht einflößenden Kavallerieattacken wird der gesamte Schwung von Tier und Reiter ausgenutzt und auf den Feind übertragen. In eng geschlossener Formation versuchen die Ritter den Gegner zu überrollen und eine schnelle Entscheidung herbeizuführen. Eingeschränkt wird die Kampfkraft der Ritter besonders durch das lange Warten auf Nachschub an Schlachtrössern aus der Heimat. Zusätzlich gerät den Rittern die schwere Rüstung oft zum Nachteil: Haben die Pfeile der Muslime die Pferde niedergestreckt, liegen die Kämpfer unbeweglich am Boden und sind ihren Feinden hilflos ausgeliefert. In diesem Fall greifen jedoch die Knappen und Waffenknechte der Ritter ein, die auch in der Schlacht stets an der Seite ihrer Herren sind.

Ritter bei einer Belagerung und in der Schlacht (Kupferstich)

Die Christen bauen ihre Vormachtstellung im Heiligen Land aus
Kreuzfahrerheer besiegt die Fatimiden

■ *12. August 1099, Askalon*
Mit der Zerschlagung des Fatimidenheeres ist der Erzfeind der Christen für Monate ausgeschaltet. Der Sieg von Askalon bereitet den Boden für den Aufbau eines stabilen Kreuzfahrerstaates.

Im Morgengrauen überrascht das Kreuzfahrerheer die 10 000 Mann motivieren – immerhin stand die Existenz des jungen Kreuzfahrerstaates auf dem Spiel.

Späher erkundeten die Lage und erpressten von gefangen genommenen Fatimiden Einzelheiten über den bevorstehenden Angriff. Diese Erkenntnisse ließen nur eine Taktik zu: Da das fatimidische Heer in der Ebene auf Nachschub wartete und nicht mit einem raschen Kampf rechnete, konnte ein Überraschungsangriff einen schnellen Sieg versprechen. Robert von der Normandie und Raimund von Toulouse eilten mit ihren Truppen aus dem Jordantal nach Jerusalem und vereinten sich mit den Soldaten Gottfrieds. Am 9. August setzten sie sich gemeinsam in Marsch. Während der Patriarch Arnulf mit in die Schlacht zog, organisierte Peter der Einsiedler in Jerusalem geistliche Unterstützung. Er wies die Christen an, Prozessionen zu veranstalten, zu beten und Almosen zu geben, »damit Gott Seinem Volk den Sieg verleihe«, wie ein anonymer Chronist schreibt.

Am Morgen des 12. August erblicken die Kreuzfahrer das fatimidische Heerlager und stellen sich zum Angriff auf. Die Heerführer schärfen ihren Soldaten ein, nicht vor Beendigung der Schlacht mit dem Plündern zu beginnen. Mit der Reliquie des Kreuzes Jesu segnet der Patriarch Arnulf die Soldaten und schickt sie in die Schlacht.

Der Angriff überrascht die völlig unvorbereiteten Fatimiden, sodass sie kaum Widerstand leisten. »Die

Erfolgreicher Feldzug gegen die Fatimiden: Bewaffnete Ritter beim Auszug aus einer Burg (Ritzzeichnung, 13. Jh.)

starke Armee der Fatimiden und metzelt unzählige muslimische Kämpfer nieder.

Das fatimidische Ersatzheer war auf Bitten von Ifthikar ad-Daula losgezogen, als dieser noch Statthalter des von den Christen bedrängten Jerusalem war. Der Emir al-Afdal hatte in Kairo Truppen gesammelt und war damit an der Mittelmeerküste entlang bis zur palästinensischen Küstenstadt Askalon gezogen. Erst nach dem Fall Jerusalems dort angekommen, sandte er einen Boten zu den neuen Herrschern Jerusalems und drohte ihnen Gegenmaßnahmen an. Im Angesicht der Gefahr gelang es Gottfried von Bouillon, dem »Verteidiger des Heiligen Grabes«, die noch immer zerstrittenen und uneinigen Kreuzzugsführer zu einem gemeinsamen Schlag gegen die Fatimiden zu

Schlacht war schrecklich, aber Gottes Macht war mit uns, so dass der Sieg bald errungen war«, berichtet die »Gesta Francorum«. Selbst die kampferprobtesten Fatimiden vermögen die vorpreschenden Kreuzfahrer nicht aufzuhalten. Viele muslimische Kämpfer werden geköpft oder auf andere Weise grausam hingemetzelt, andere auf der Flucht erschlagen. Schließlich fliehen die Überlebenden ins Meer – 3000 Mann ertrinken. Al-Afdal gelingt die Flucht in das befestigte Askalon.

Die Kreuzfahrer kehren mit reicher Beute heim. Robert von der Normandie eignet sich die Standarte des Emirs an und schenkt sie dem Patriarchen Arnulf. Die erbeuteten Edelsteine, Goldbarren, Waffen und Tiere werden am 13. August in einem Triumphzug durch Jerusalem getragen.

Der Fürst von Antiochia gerät in Gefangenschaft

Bohemund von Türken verschleppt

■ *August 1100, Melitene*
Armenien ist seit Jahrhunderten den Übergriffen östlicher Völker ausgesetzt. In Melitene, das 1071 von den Byzantinern geräumt wurde, herrschen christliche Armenier, die vor den Seldschuken geflohen waren. Sie rufen Bohemund zu Hilfe.

In einem völlig unerwarteten Augenblick greift der Danischmandiden-Emir Malik Ghazi Gümüschtekin die Truppen von Bohemund von Tarent an und metzelt das Kreuzfahrerheer grausam nieder. Der Normannenführer Bohemund und sein Vetter Richard von Salerno werden nach der demütigenden Niederlage gefangen genommen und in die Burg Niksar ins Pontos-Gebirge verschleppt.

Bereits seit drei Jahren versuchte der Emir des türkischen Stammes der Danischmandiden, Malik Ghazi Gümüschtekin, die Stadt Melitene im östlichen Kappadokien einzunehmen. In seiner Bedrängnis bat Stadtfürst Gabriel von Melitene Bohemund, den Fürsten von Antiochia, um Hilfe gegen die muslimischen Feinde und versprach einen hohen Lohn: Würde Bohemund die Stadt vor den Danischmandiden schützen, könne er sie seinem Herrschaftsgebiet einverleiben.

Im Frühsommer des Jahres 1100 machte sich Bohemund in Begleitung von 300 Rittern auf den Weg. Am Euphrat entlang zog das Kreuzfahrerheer Richtung Norden. Kurz vor Melitene, als sich Bohemund schon in Sicherheit wähnt, rächt sich die Sorglosigkeit der Truppe: Gümüschtekin überfällt mit seinen Kriegern, die sich in den Bergen versteckt hatten, die unvorbereiteten Kreuzfahrer.

Kreuzfahrer geraten in einen Hinterhalt (Holzstich, 19. Jh.).

Typhus oder Gift?

Gottfrieds Tod: Schwerer Verlust

■ *18. Juli 1100, Jerusalem*
Der Jerusalemer Patriarch Dagobert versucht das durch den Tod Gottfrieds entstandene Machtvakuum auszunützen und auch die weltliche Macht zu übernehmen.

Der erste Herrscher des Kreuzfahrerstaates Jersualem, Gottfried von Bouillon, stirbt. Vier Wochen zuvor war er zu Gast beim ägyptischen Emir von Akkon gewesen. In Jaffa, wo er sich kurz darauf mit venezianischen Abgesandten traf, erlitt er einen Zusammenbruch und kehrte rasch nach Jerusalem zurück. Zu schwach zum Regieren, beauftragte er seinen Vetter Werner von Gray mit der Führung der Amtsgeschäfte, doch auch dieser erkrankte wenig später.

Nach Gottfrieds Tod trauert die Jerusalemer Bevölkerung fünf Tage lang, dann geleitet sie den Leichnam in die Grabeskirche. Einige behaupten, der Emir von Akkon habe Gottfried mit Früchten vergiftet. Neuere Forschungen lassen jedoch vermuten, dass er an Typhus erkrankte.

Hintergrund

Byzanz und die italienischen Hafenstädte kontrollieren das Mittelmeer

Nach dem Zerfall des Römischen Reiches fiel dem Byzantinischen Reich die Oberhoheit im Mittelmeerraum zu. Die Kontrolle über das Mittelmeer ist damals wie zu Zeiten der Kreuzfahrer nur durch schnell einsatzfähige Flottenverbände zu sichern. Zwar setzen auch die muslimischen Truppen bei ihren Eroberungszügen zur Iberischen Halbinsel oder nach Sizilien Schiffe ein, doch zur ständigen Überwachung des Mittelmeerraumes reichen die arabischen Flotten nicht aus. Im Schiffbau sind die Araber zudem auf Überläufer angewiesen, die die Geheimnisse der erfolgreichen byzantinischen Konstruktionen verraten. Zusätzlich leiden die Muslime unter einem Rohstoffproblem. Da sie wenig Holz zur Verfügung haben, sind sie auf Einfuhren aus Europa und Kleinasien angewiesen. Neidvoll blicken die muslimischen Admirale auf die byzantinischen Flotten, die aus mehreren Schiffstypen bestehen, u. a.:

Eine Flotte der Kreuzfahrer belagert Konstantinopel während des vierten Kreuzzugs (französische Buchmalerei, 1490).

– Dromonen: Von bis zu 230 Ruderern mit sieben Meter langen Rudern in Fahrt gebracht, erreichen diese schwimmenden Kastelle eine Höchstgeschwindigkeit von sieben Knoten (Seemeilen). Auf den Decks der bis zu 50 m langen Schiffe befinden sich Befestigungen für Soldaten und große Kriegsmaschinen.

– Kimbaria: Mit den kleineren, wendigeren Frachtschiffen, die über ein großes Fassungsvermögen verfügen, wird der Nachschub in die Kriegsgebiete transportiert.

– Wachtschiffe: Die kleinen Dromonen kontrollieren einzelne Küstenabschnitte und alarmieren bei Bedarf die Flotte.

Ernsthafte Konkurrenz entsteht der byzantinischen Seemacht durch das Erstarken der italienischen Handelsstädte Venedig, Pisa und Genua. Zur Sicherung der Handelswege bauten deren Ingenieure schlagkräftige Kriegsschiffe, die im 12. Jahrhundert unerlässliche Transportmittel für die Kreuzfahrer sind.

Der Mailänder Erzbischof nutzt die Euphorie nach der Eroberung Jerusalems

Lombardischer Kreuzzug stiftet neue Unruhe in Byzanz

■ *Frühsommer 1100, Mailand*
Als die heimkehrenden Kreuzfahrer von den Herrlichkeiten des Orients berichten und die Notwendigkeit von weiteren Siedlern und Kriegern unterstreichen, wächst im Abendland der Wunsch, an einem neuen Kreuzzug teilzunehmen.

Der Mailänder Erzbischof Anselm von Buis ruft zu einem Kreuzzug auf, dem sich rund 20 000 Menschen anschließen. Der große Haufen setzt sich in erster Linie aus zwielichtigen Abenteurern sowie Frauen, Kindern und Geistlichen zusammen. Nur wenige ausgebildete Soldaten schließen sich dem Zug an. An der ungarischen Grenze empfängt ein Geleit-Heer des byzantinischen Kaisers Alexios I. die Menge. Dennoch kommt es zu zahlreichen Plünderungen. Um sie möglichst schnell an ihr Ziel zu verschiffen, lässt Alexios die Lombarden vor die Tore Konstantinopels bringen. Mit der Blockade ihres Nachschubs will er sie zum raschen Weiterzug nötigen, erreicht jedoch das Gegenteil: Aufgebrachte Kreuzfahrer dringen in die Stadt ein, versuchen den Palast zu erstürmen und töten den Lieblingslöwen des Kaisers. Nur mühsam gelingt es Anselm, seine Landsleute zu beruhigen und sie zur Rückkehr in ihr Lager zu bewegen. Außer sich vor Ärger zieht Alexios Raimund von Toulouse als Vermittler zu Rate. Dieser überredet die Lombarden, im kleinasiatischen Nikomedia zu lagern und dort auf Verstärkung aus der Heimat zu warten.

Kreuzfahrer bestaunen kostbare Luxusgüter im Orient (Holzstich, 19. Jh.).

Militärische Unterstützung sichert der Lagunenstadt Handelsvorteile

Mit Venedigs Hilfe stürmen die Kreuzfahrer Haifa

Seeschlacht zwischen Venezianern und Ägyptern (Gemälde, um 1600)

■ *Ende Juli 1100, Haifa*
Trotz der militärischen Erfolge der Christen im Binnenland stehen die großen Küstenstädte Palästinas weiterhin unter ägyptischer Herrschaft.

Nach hartem Kampf erobert das Jerusalemer Kreuzfahrerheer Haifa.

Als Gottfried von Bouillon im Juni von der Ankunft einer venezianischen Flotte in der südlich von Haifa gelegenen Küstenstadt Jaffa erfuhr, hoffte er auf deren militärische Unterstützung. Der Regent von Jerusalem zog nach Jaffa und handelte mit den Italienern ein Abkommen aus: Würden die Venezianer bei der Eroberung der beiden für die Versorgung wichtigen Küstenstädte Akkon und Haifa helfen, könnten sie mit weitreichenden Handelsprivilegien im christlichen Palästina rechnen.

Nach Gottfrieds Tod erfüllten die Venezianer ihren Teil des Vertrags: Gemeinsam mit dem von Dagobert, dem Patriarchen von Jerusalem, und Tankred von Tarent geführten Kreuzfahrerheer griffen sie Haifa an, das nur über eine kleine ägyptische Besatzung verfügte. Eingedenk der blutigen Massaker, die die Christen im Heiligen Land bereits angerichtet hatten, lieferte die überwiegend jüdische Bevölkerung den Angreifern jedoch einen erbitterten Kampf. In einer Schlacht im Hafen verlieren die Venezianer eines ihrer Schiffe.

Nach der Einnahme von Haifa ermorden die Kreuzfahrer die Mehrzahl der jüdischen und muslimischen Einwohner. Die wenigen Überlebenden des Massakers fliehen nach Akkon oder Caesarea.

Der Patriarch Dagobert wird in seine Schranken verwiesen

Balduin I. gelangt auf den Jerusalemer Königsthron

■ *25. Dezember 1100, Bethlehem*
Mit der Krönung Balduins, des vormaligen Grafen von Edessa, wird das Kreuzfahrerreich erstmals von einem König regiert.

In der Geburtskirche krönt der Patriarch Dagobert Balduin zum König von Jerusalem. Da Gottfried von Bouillon keine Kinder hatte, erhob sein Bruder Balduin Anspruch auf die Herrschaft. Er übergab seinem Vetter Balduin von Le Bourcq die Grafschaft Edessa und brach – begleitet von rund 1000 Mann – am 2. Oktober nach Jerusalem auf. Kurz vor Beirut traf er am Hundefluss auf muslimische Truppen. Trotz deren zahlenmäßiger Überlegenheit konnte Balduin sie durch geschickte Kriegstaktik in die Flucht schlagen. Am 9. November zog er unter dem Jubel der Bevölkerung in die Heilige Stadt ein und nahm zwei Tage später den Titel »König von Jerusalem« an.

Für den machtbewussten Patriarchen Dagobert bedeutete dies den Abschied von seinem Lebenstraum, im Heiligen Land eine Theokratie zu errichten. Um seinen Einfluss zu sichern, verbündet er sich mit Balduin. Der neue Herrscher ist auf eine gute Zusammenarbeit bedacht, da er keinen Konflikt mit dem Papst riskieren will. Zudem möchte er die mit Dagobert verbündete pisanische Flotte für seine Zwecke einsetzen.

Grausames Gemetzel in der Moschee
Blutbad der Kreuzfahrer

■ *17. Mai 1101, Caesarea*
Bei der Erstürmung der Stadt Caesarea beweisen die Kreuzfahrer erneut ihre Grausamkeit gegenüber den Andersgläubigen im Heiligen Land.

Mit Hilfe einer pisanischen Kriegsflotte nehmen die Kreuzfahrer unter Balduin I. die Stadt Caesarea ein.

Nach der Ankunft der italienischen Schiffe in Palästina sicherte sich Balduin I. im März ihre Unterstützung bei der Eroberung der fatimidischen Küstenstädte. Als Entschädigung für ihre Mithilfe sollten die Pisaner ein Drittel der Beute bekommen. Kurz darauf zogen die Verbündeten zunächst gegen die Stadt Arsuf und marschierten anschließend nach Caesarea. Nach zweiwöchiger Belagerung erstürmen die Kreuzfahrer die durch starke Festungsmauern gesicherte Küstenstadt und richten ein grausames Blutbad unter der Bevölkerung an. Sie plündern die Häuser und brennen große Teile der Stadt nieder. »Viele, die man sonst geschont hätte, zogen sich selbst das Verderben zu, weil sie Gold und kostbare Steine verschluckten, was die Unseren veranlasste, sie zu zerschneiden, um so Kostbarkeiten aus ihnen herauszuziehen«, rechtfertigt der Chronist Wilhelm von Tyros das Verhalten der Kreuzfahrer. Einige Muslime fliehen in die Moschee, die jedoch von Balduins Truppen erstürmt wird. Das Massaker der Kreuzfahrer erinnert an die blutige Eroberung Jerusalems.

Den Emir der Stadt verschont der König von Jerusalem, da er sich ein hohes Lösegeld erhofft.

Kreuzfahrer im Kampf gegen Sarazenen (Miniatur, 14. Jh.)

Das Ende des lombardischen Kreuzzugs
Niederlage bei Mersiwan

■ *Mitte Juli 1100, Mersiwan*
Mit ihrem Sieg in Kleinasien stärken die arabischen Emire ihre Macht. Seldschuken-Sultan Kilidsch Arslan erweitert sein Herrschaftsgebiet nach Mittelanatolien. Dem byzantinischen Reich gehen durch die Selbstüberschätzung der Kreuzfahrer wichtige Gebiete und Verkehrswege verloren.

Verstärkt durch Kämpfer der Emire von Haran und Aleppo besiegt das verbündete muslimische Heer der Seldschuken und Danischmandiden die lombardischen, französischen und deutschen Kreuzfahrer.

Die Italiener mussten in ihrem Lager im kleinasiatischen Nikomedia nicht lange auf Verstärkung warten. Im Mai 1100 trafen französische Kreuzfahrer unter Stephan von Blois ein, der bereits das erste Heer der Nordfranzosen angeführt hatte. Ihm schloss sich die Truppe des deutschen Marschalls Konrad an, der von Kaiser Heinrich IV. ins Heilige Land geschickt worden war. In Konstantinopel unterstellten sich Stephan und Konrad dem am Hofe Kaiser Alexios' I. weilenden Grafen Raimund von Toulouse.

Gemeinsam mit den Lombarden machte sich das Kreuzfahrerheer auf den Weg ins Heilige Land. Die ersten Kampfhandlungen fanden in Ankyra statt. Obwohl die Stadt unter der Herrschaft der Seldschuken stand, leistete die Bevölkerung wenig Widerstand, sodass die Kreuzfahrer sie rasch einnahmen. Wie vertraglich vereinbart, übergab Raimund die Stadt dem byzantinischen Kaiser.

Auf dem Weitermarsch zeigte sich bald, dass der fehlende Widerstand der Seldschuken nur ein taktisches Manöver war – der Seldschuken-Sultan Kilidsch Arslan hatte das Land entlang der Kreuzfahrerroute geplündert. Derweil rüstete sich ein weiterer muslimischer Gegner zum Kampf. Malik Ghazi, der Emir der Danischmandiden, fürchtete um seine Herrschaft und verbündete sich mit den Seldschuken.

Währenddessen zog das Kreuzfahrerheer plündernd und brandschatzend weiter nach Osten. Nahe der Stadt Mersiwan trifft der räuberische Zug auf das vereinte muslimische Heer. Zunächst gerät die deutsche Truppe des Marschalls Konrad in einen Hinterhalt. Alarmiert bereitet Raimund die lombardischen und französischen Kreuzfahrer auf die Schlacht vor.

Nach zweitägigem Pfeilhagel der arabischen Bogenschützen sind die Lombarden zermürbt und fliehen vom Schlachtfeld. Daraufhin zieht sich Raimund mit seiner Begleittruppe ans Schwarze Meer zurück. Das muslimische Heer hat nun leichtes Spiel: Im Stich gelassen von ihren Führern, sind die Frauen und Kinder, Priester und Kranken eine leichte Beute. Ebenso wie die fliehenden Lombarden werden sie grausam erschlagen oder gefangen genommen. Während die Überlebenden als Sklaven verkauft werden, ziehen sich die Führer Raimund von Toulouse, Stephan von Blois, Anselm von Buis und Konrad nach Konstantinopel zurück.

Mauern der Hafenstadt Caesarea, die von den Kreuzfahrern erstürmt wird

Ende im Harem?
Rätsel um Markgräfin Ida

■ *Herbst 1100, Heraklea*

Um das Schicksal der Markgräfin Ida, die an einem Kreuzzug teilgenommen hat, ranken sich Legenden.

Das Kreuzzugsheer des französischen Herzogs Wilhelm IX. von Aquitanien wird von einem seldschukischen Angriff überrascht. Durstig hatten sich die Kreuzfahrer nahe Heraklea in einen Fluss gestürzt. Die am Ufer lauernden Seldschuken fügen den unvorbereiteten Christen eine vernichtende Niederlage zu.

Dem Herzog hatten sich auch der Salzburger Erzbischof Thiemo sowie die Markgräfin Ida von Österreich angeschlossen. Der Erzbischof stirbt im Kampf mit den Seldschuken, ebenso Hugo von Vermandois, ein Kreuzfahrer der ersten Stunde. Lediglich Wilhelm IX. gelingt die Flucht. Vom Ende der Markgräfin Ida erzählen die Chronisten nichts. Legenden berichten bald, sie sei als Gefangene in einen Harem gebracht worden und habe dort den späteren muslimischen Feldherrn Zengi geboren.

Sieg über Fatimiden
Schlacht von Ramleh

■ *7. September 1101, Ramleh*

Bei Ramleh wehren die Kreuzfahrer erneut einen Angriff der ägyptischen Fatimiden ab.

Im Morgengrauen greift Balduin I. mit knapp 1200 gut ausgebildeten Kreuzfahrern ein Heer der Fatimiden an, das aus rund 30 000 leicht bewaffneten Muslimen besteht. Die erste Angriffswelle wird von den Äyptern noch niedergeschlagen. Schließlich können die Kreuzfahrer die Fatimiden jedoch bezwingen und in die Flucht schlagen.

Zwei Jahre nach der verheerenden Niederlage von Askalon wagte der Fatimiden-Emir al-Afdal einen neuen Versuch, die Kreuzfahrer aus Palästina zu vertreiben. Er entsandte ein Heer und beauftragte den Mamelucken-Feldherrn Sa'ad ad Daulah el-Qawali mit dessen Führung. Anfang September erreichten die muslimischen Truppen Ramleh nahe Jaffa. Von Spähern gewarnt, wartete dort jedoch bereits König Balduin I. mit seinen Streitkräften.

Schützenhilfe über See
Venedig schickt Kriegsschiffe

■ *1102, Venedig*

Zum Verdruss der italienischen Handelsmächte stehen immer noch viele palästinensische Küstenstädte unter fatimidischer Herrschaft.

Der Doge von Venedig schickt eine Flotte gut gerüsteter Kriegsschiffe gen Osten. Sie sollen den Absatzmarkt für Luxusgüter aus dem byzantinischen Raum erschließen und den Handel mit Palästina stärken.

Venedig droht, bei der Neuaufteilung des Heiligen Landes gegenüber seinen italienischen Konkurrenten ins Hintertreffen zu gelangen. Die Pisaner hatten Balduin I. wichtige Schützenhilfe geleistet und dadurch bedeutende Handelsvorteile erlangt. Auch die Kaufleute der italienischen Hafenstadt Amalfi konnten aus der Unterstützung der Kreuzfahrer große wirtschaftliche Vorteile ziehen.

Der Doge von Venedig mit seinen neun Ratgebern (Miniatur, 14. Jh.)

Hintergrund

Kreuzzüge beleben den Seehandel: Der Warenaustausch mit dem Orient verspricht sagenhafte Gewinne

Die Gründung des Kreuzfahrerstaates Jerusalem verschafft dem Mittelmeerhandel neuen Auftrieb. Nach dem Zerfall des Römischen Reiches im 6. Jahrhundert war es weder Byzanz noch der arabischen Welt gelungen, erneut einen strukturierten Handel aufzubauen. Zwar waren Alexandria und Antiochia weiterhin wichtige Handelszentren, doch erst im 10. Jahrhundert gelingt es den italienischen Seestädten Venedig, Pisa, Amalfi und Genua, die alten Handelsrouten langsam wieder neu einzurichten. Die entscheidenden Veränderungen, als deren größte Nutznießer sich die italienischen Händler entpuppen, werden schließlich von den Kreuzfahrern angestoßen.

In Palästina erschließt sich den italienischen Kaufleuten durch die Eroberungen der Kreuzfahrer der Weg zu den Handelswaren des Morgenlandes. Getreide, Wein und Luxusgüter wie Seide, Edelsteine und Gewürze werden nach Konstantinopel verfrachtet und von dort aus nach Europa und in die arabischen Länder transportiert.

Um die Schifffahrtswege zu sichern, bauen die Handelsstädte nicht nur Fracht-, sondern auch Kriegsschiffe. Damit schützen sie die wertvollen Güter vor den Übergriffen meist arabischer Piraten. Für die Kreuzfahrer stellen diese Kriegsschiffe eine entscheidende Unterstützung im Kampf um die palästinensischen Seestädte dar. Die Italiener profitieren aber auch von den Kreuzfahrern: Sie verdienen am Transport von Kriegsgütern, wie Waffen, Pferde, Holz und Lebensmittel.

Die Belebung des Handels im Mittelmeerraum hat weit reichende Folgen. Neu gegründete Handelsgesellschaften kümmern sich von einem Kontor aus um den Transport der begehrten Waren. Die bancherii, die bis dahin ausschließlich mit dem Geldwechseln beschäftigt waren, bieten ab 1200 auch andere Bankgeschäfte wie Einlagen, Wechsel und Kredite an und vereinfachen damit den Warenaustausch.

Vom Orient zum Okzident: Weltkarte von Saint Sever (11. Jh.)

Im Machtkampf zwischen Thron und Altar setzt sich der König von Jerusalem durch

Balduin I. setzt den Patriarchen Dagobert ab

■ *Herbst 1102, Jerusalem*

Obwohl der Jerusalemer Patriarch Balduin I. zum König geweiht hatte, betrachteten sich beide als Konkurrenten um die Macht.

Nach Absprache mit dem neuen päpstlichen Legaten Moritz von Porto enthebt König Balduin I. den unliebsamen Patriarchen Dagobert seines Amtes. Kurz darauf bestätigt eine Synode in Jerusalem die Absetzung Dagoberts. Sein Nachfolger wird der Priester Evremar, dessen Machtbewusstsein deutlich geringer ausgeprägt ist.

Balduin I. scheute sich nicht davor, Verleumdungen gegen seinen geistlichen Rivalen in die Welt zu setzen. So ließ er verlautbaren, der Patriarch habe versucht, ihn zu ermorden. Von diesem Vorwurf konnte sich Dagobert noch freikaufen. Bald darauf folgte jedoch eine neue Anklage. Dagobert habe Spendengelder aus Apulien unterschlagen, die für das Königreich bestimmt gewesen seien. Der Fund von 20 000 Byzantii bei einer Hausdurchsuchung schien die Anklage zu bezeugen und führte schließlich zum Sturz des Patriarchen.

Balduin I. bei der Überquerung des Jordan. In Jerusalem festigt er die Königsmacht (Buchmalerei, 14. Jh.).

Hintergrund

Das Feudalsystem in den Kreuzfahrerstaaten: Eine Kopie nach abendländischem Muster

Die christlichen Herrscher regieren die neu gegründeten Kreuzfahrerstaaten nach dem Vorbild des westeuropäischen Lehenswesens. Gleichwohl passen sie das ihnen bekannte System den Besonderheiten im Heiligen Land an.

An oberster Stelle der Lehenspyramide stehen die Herrscher der Kreuzfahrerstaaten. Der König bzw. Fürst verteilt die Ländereien – vornehmlich enteignetes Land in den fruchtbaren Gebieten an der Mittelmeerküste, am See Genezareth und im Jordantal – an die Kreuzzugsteilnehmer und entschädigt sie damit für die Mühen der Reise und des Kampfes. Neben den Rittern und der Kirche werden auch die italienischen Handelsstädte für ihre militärische Unterstützung mit Ländereien belohnt. Die Lehensempfänger verpachten das Land an Bauern. Diese müssen – genau wie in Europa – Abgaben in Form von Nahrungsmittel an ihre Lehnsherren entrichten. Zudem verpflichten sie sich, ihrem Herrn bei Bedarf Kriegsdienst zu leisten. Dafür sichert ihnen der Lehnsherr Schutz vor feindlichen Übergriffen zu.

Nach der Errichtung der Kreuzfahrerstaaten müssen sich die Herrscher mit einem unerwarteten Problem auseinander setzen: Obwohl die Felder und Haine reichen Ertrag

versprechen und sich die materiellen Verheißungen der Kreuzzugsaufrufe zu bewahrheiten scheinen, kehren viele Teilnehmer nach der Etablierung der christlichen Herrschaft wieder in ihre Heimat zurück. Bald fehlen überall Arbeitskräfte, sodass sich die Christen genötigt sehen, auch die muslimische Bevölkerung mit Land zu belehnen. Die ehemaligen Feinde werden somit zu einem wichtigen wirtschaftlichen Faktor. Für die muslimischen Bauern ändert sich dadurch wenig. Ihre neuen Herren verlangen genauso hohe Abgaben wie zuvor die islamischen Landbesitzer: ein Drittel der Feldfrüchte sowie zusätzlich die Hälfte der Wein- und Öl-Ernte.

Anders als in Westeuropa basiert das Feudalsystem in den Kreuzfahrerstaaten nicht auf gewachsenen Strukturen. Der König von Jerusalem, der Fürst von Antiochia und die Grafen von Edessa und Tripolis können nicht mit uneingeschränkter Loyalität rechnen. Um neue Dynastiebildungen zu vermeiden, fallen die Lehen der Vasallen deshalb nach dem Tod des Lehnsherren zurück an den Herrscher, der sie anschließend wieder neu verteilt. Angesichts der unzähligen Intrigen und Rivalitäten soll dieses System den Machterhalt sichern.

Ein Ritter erhält Abgaben von seinem Lehnsmann (Miniatur, um 1300).

Stichwort

Ritterrüstungen im Mittelalter

Im Kampf unverwundbar zu sein – dieses Ziel verfolgen die Ritter mit Hilfe ihrer Rüstungen. Nur bedingt greifen sie dabei auf die zur Zeit des Römischen Reiches perfektionierte Schutzkleidung zurück. Nach arabischem Vorbild entwickelt sich aus der Brünne – ein mit Metallplatten besetztes Leder- oder Stoffhemd – der Ringelpanzer. Dieser besteht aus kleinen eisernen Ringen, die miteinander verknotet und auf Bänder gezogen werden. Da sie luftdurchlässiger als die Brünnen sind, schützen sie die Kreuzritter nicht nur vor Hieben, sondern eignen sich auch besser für das heiße Klima im Nahen Osten. Allerdings sind die Träger durch die Zwischenräume schlecht gegen Stichwaffen geschützt. Um Abhilfe zu schaffen werden große Eisenplatten über besonders gefährdete Körperpartien gebunden. Mit der Zeit entstehen daraus blanke Harnische. Diese Ganzkörperrüstungen aus Metallplatten prägen das Ritterbild des 14. Jahrhunderts.

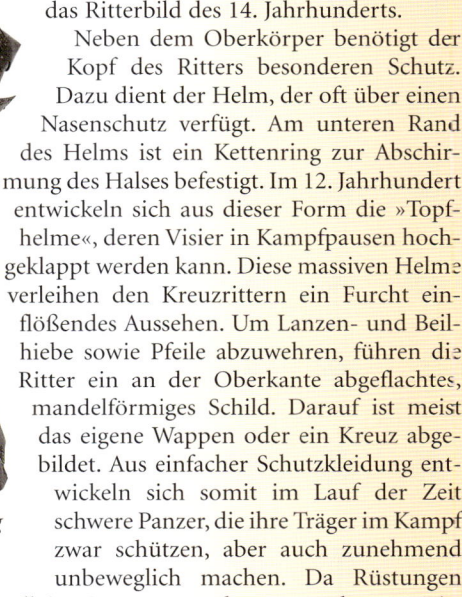

Neben dem Oberkörper benötigt der Kopf des Ritters besonderen Schutz. Dazu dient der Helm, der oft über einen Nasenschutz verfügt. Am unteren Rand des Helms ist ein Kettenring zur Abschirmung des Halses befestigt. Im 12. Jahrhundert entwickeln sich aus dieser Form die »Topfhelme«, deren Visier in Kampfpausen hochgeklappt werden kann. Diese massiven Helme verleihen den Kreuzrittern ein Furcht einflößendes Aussehen. Um Lanzen- und Beilhiebe sowie Pfeile abzuwehren, führen die Ritter ein an der Oberkante abgeflachtes, mandelförmiges Schild. Darauf ist meist das eigene Wappen oder ein Kreuz abgebildet. Aus einfacher Schutzkleidung entwickeln sich somit im Lauf der Zeit schwere Panzer, die ihre Träger im Kampf zwar schützen, aber auch zunehmend unbeweglich machen. Da Rüstungen

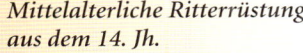

Mittelalterliche Ritterrüstung aus dem 14. Jh.

sehr teuer sind, muss das Fußvolk im Gegensatz zu den gut geschützten Rittern ohne Körperschutz in den Kampf ziehen. Die kleinen Bauern oder Landlosen haben lediglich einfache Schilde zur Verfügung. Erst die Erfindung des Drahtziehens im 13. Jahrhundert macht Kettenhemden auch für die unberittenen Kämpfer erschwinglich.

Der Wandteppich von Bayeux bietet zeitgenössisches Anschauungsmaterial für Rüstungen des 11. Jahrhunderts. Die realistische Darstellung – in Auftrag gegeben von Bischof Odo von Bayeux – zeigt Szenen der normannischen Eroberung Englands durch Wilhelm I.

Normannische Ritter in der Schlacht von Hastings (Teppich von Bayeux)

Ein hohes Lösegeld rettet den Fürsten von Antiochia
Balduin kauft Bohemund frei

■ *Frühjahr 1103, Melitene*
Nachdem Bohemund aus der schmachvollen türkischen Gefangenschaft befreit wird, kann er an die Spitze des Fürstentums Antiochia zurückkehren. Sein Stellvertreter Tankred erhält ein kleines Lehen.

Bohemund heiratet Constance, Tochter des französischen Königs Philipps I.

Für 100 000 Byzantinii kauft Balduin von Le Bourcq, der Graf von Edessa, Bohemund von Tarent frei. Damit endet die zweieinhalbjährige türkische Gefangenschaft des Fürsten von Antiochia.

Zuvor hatte der Danischmandiden-Emir Malik Ghazi Gümüschtekin bereits ein Lösegeldangebot des byzantinischen Kaisers Alexios I. erhalten. Da jedoch der formale Lehnsherr des Emirs, der Seldschuken-Sultan Kilidisch Arslan, mit der Hälfte daran beteiligt werden wollte, stockten die Verhandlungen. In dieser Situation signalisierte Balduin von Le Bourcq sein Interesse an Bohemunds Freilassung. Gemeinsam mit dem Patriarchen Bernhard konnte er die vereinbarte Summe aufbringen.

Sofort nach seiner Freilassung erobert Bohemund die Stadt Muslimiye bei Aleppo. Er presst den Bewohnern Geld ab, das er zur Rückzahlung des Lösegeldes an Balduin verwendet.

Investiturstreit geht weiter
Papst demütigt Heinrich IV.

■ *6. Januar 1103, deutsches Reich*
Im weiterhin schwelenden Investiturstreit geht der römisch-deutsche Kaiser erneut einen Schritt auf den Papst zu und bittet um die Wiederaufnahme in den Schoß der Kirche.

Kaiser Heinrich IV., der wegen des Streites um die Einsetzung von Klerikern mehrfach exkommuniziert wurde, leistet einen Schwur: Wenn der neuerliche Kirchenbann gegen ihn gelöst werde, wolle er einen Kreuzzug ins Heilige Land unternehmen.

Im Jahr zuvor hatte Papst Paschalis II. den Kirchenbann gegen den Monarchen erneuert. Dadurch wurde Heinrich IV. weiter in seiner Autorität geschwächt. Seine Initiative zur Beilegung des Konflikts scheitert jedoch. Paschalis II. lehnt das Ansuchen des Kaisers ab.

Beim Barte des Balduin
Graf von Edessa versetzt Bart

■ *1103, Edessa*
Balduin von Le Bourcq, dem sein Vetter Balduin I. im Jahr 1101 die Grafschaft Edessa vermacht hatte, zeigt großen Einfallsreichtum bei der Beschaffung finanzieller Mittel.

Le Bourcq verpfändet seinen Bart an seinen armenischen Schwiegervater. Der Graf von Edessa zeigte von Beginn an keinerlei Berührungsängste gegenüber der Bevölkerung. Er warb Armenier für sein Heer und heiratete die einheimische Prinzessin Morphia. Als er in Geldnot gerät, droht er seinem Schwiegervater, er würde sich seinen Bart abschneiden, wenn er nicht umgehend 30 000 Byzantinii erhalte. Da der Bart für die Armenier ein unverzichtbares Zeichen der Männlichkeit darstellt, kommt sein Schwiegervater Balduins Forderung nach.

Ein Handelsstützpunkt für das Jerusalemer Königreich

Kreuzfahrer erobern wichtige Hafenstadt Akkon

■ *6. Mai 1104, Akkon*
Nach dem Eintreffen der Kreuzfahrer im Heiligen Land konnte Akkon fünf Jahre lang allen Eroberungsversuchen widerstehen. Die Einnahme durch die Christen macht die Stadt zum Wirtschaftszentrum des Königreiches von Jerusalem.

König Balduin I. beginnt zum zweiten Mal mit der Belagerung von Akkon. Mit einem 40 Schiffe umfassenden Geschwader riegeln die Genuesen den Hafen seewärts ab, während die Kreuzritter die Stadt landwärts umzingeln.

Als der Eroberungszug der Kreuzfahrer im Mai 1099 das erste Mal vor Akkon lagerte, handelte dessen Statthalter klug: Plünderungen der fruchtbaren Felder oder gar der Eroberung der Stadt kam er mit großzügigen Lebensmittellieferungen zuvor, sodass das Heer nach zwei Tagen weiterzog. Am Ende desselben Jahres versuchte Gottfried von Bouillon Akkon wie die anderen unter fatimidischer Herrschaft stehenden Hafenstädte – Askalon, Caesarea und Arsuf – durch die Zerstörung der umliegenden Landwirtschaft auszuhungern. Diese Maßnahme brachte Gottfried jedoch nicht den gewünschten Erfolg.

Gegenüber den anderen Häfen hat Akkon einen entscheidenden Vorteil: Die Stadt verfügt über eine Hafenbefestigung sowie über ganzjährig günstige klimatische Bedingungen. Der Hafen von Caesarea war für größere Schiffe zu seicht, sodass mühsame und gefährliche Fährtransporte nötig waren, um Waren und Menschen an Land zu bringen. In Haifa verfügte der Hafen zwar über eine ausreichen-

de Tiefe, war aber durch seine Lage am Karmelgebirge unberechenbaren Winden ausgesetzt.

Auch nachdem das Jerusalemer Königreich die Mehrzahl der Hafenstädte erobert hatte, trieben im Landesinnern weiterhin Räuberbanden ihr Unwesen. Aus Akkon stießen zudem arabische Schiffe in See, die die christlichen Handelsflotten ausraubten und ihre Besatzungen in die Sklaverei schickten. Gottfrieds Nachfolger Balduin I. entschloss sich daher zum Angriff. Mit einem 5000 Mann starken Heer und einigen englischen Kriegsschiffen begann er im Frühjahr 1104, Akkon zu belagern.

Zu Beginn schien es, als gelänge sein Unterfangen. Die Bevölkerung stand kurz davor, sich zu ergeben. Im letzten Moment eilten jedoch fatimidische Kriegsschiffe aus Tyros und Tripolis den Eingeschlossenen zu Hilfe. Sie brachten Nachschub an Soldaten und Kriegsmaschinen, u. a. Abschussanlagen für das berüchtigte »griechische Feuer«. Der Widerstand der Belagerten erhielt dadurch so starken Auftrieb, dass Balduins Truppen stark dezimiert wurden und der König seine verbliebenen Männer schließlich abziehen musste. Im Kampf schwer verletzt kehrte Balduin nach Jerusalem zurück.

Durch die Ankunft einer genuesischen Flotte wendete sich die Situation erneut. Balduin wagt einen zweiten Versuch. Diesmal wartet der fatimidische Statthalter Mameluck Bena Zahr vergeblich auf Hilfe. Nach 20 Tagen – am 26. Mai – bietet er Balduin die Übergabe der Stadt an, falls der König jenen Bewohnern, die die Stadt

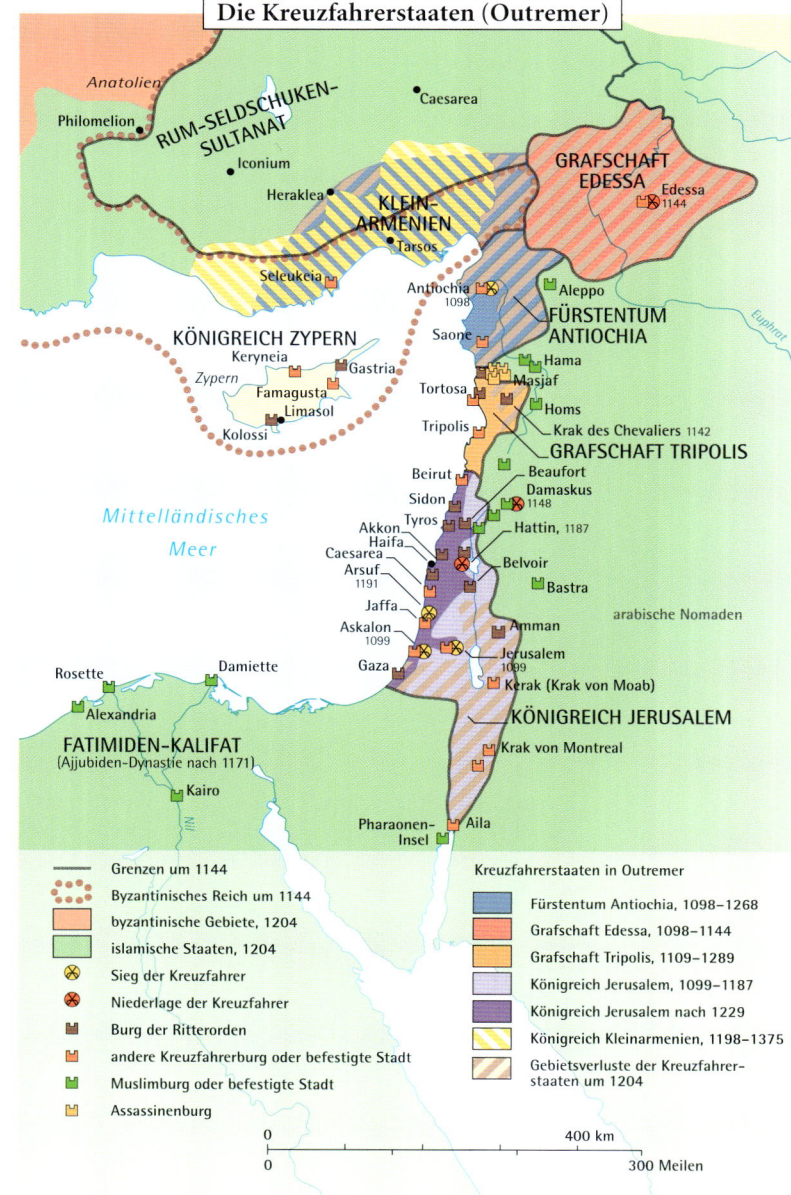

verlassen möchten, freies Geleit zusichert. Balduin willigt ein und zeigt sich ungewöhnlich tolerant. Den verbliebenen muslimischen Einwohnern garantiert er den Erhalt der Moschee.

Die Genueser Verbündeten, denen ein Drittel der Beute zusteht, sind mit Balduins eigenmächtiger Absprache jedoch nicht einverstanden. Sie stellen den Bewohnern nach, die mit ihrem Hab und Gut die Stadt verlassen. »Von Geiz und Habsucht geblendet«, wie der Chronist Albert von Aachen bemerkt, töten sie viele von ihnen. Balduin ist erbost über dieses Vorgehen. Erst dem Jerusalemer Patriarchen Evremar gelingt es, die Parteien wieder zu versöhnen.

Mit der Eroberung der bedeutenden Hafenstadt Akkon kann Balduin einen großen Erfolg verbuchen. Die Stadt wird zum Haupthafen seines Königreiches. Die Genuesen erhalten nach der Aussöhnung einen eigenen Sitz im Geschäftsviertel der Stadt und beleben den Handel. Umfangreiche Privilegien sichern ihnen für lange Zeit gute Geschäfte. Diese Rechte, so behaupten die Genuesen einige Jahre später, seien sogar als goldene Inschrift in der Jerusalemer Grabeskirche eingemeißelt worden. Diese Inschrift sei zerstört worden und müsse nur wieder restauriert werden – eine Behauptung, die sich bald als unwahr herausstellte.

König Balduin I. von Jerusalem im Kampf gegen Türken (Miniatur, 1462)

Alltagsleben in den Kreuzfahrerstaaten

Hatten Papst Urban II. und der byzantinische Kaiser Alexios I. die Muslime noch als unzivilisierte Horden dargestellt, belehrt die

Friedliche Zaungäste: Muslime verfolgen ein Ritterturnier.

Wirklichkeit die Kreuzfahrer oft eines Besseren. Schnell lernen sie, dass es sich besser im Einvernehmen mit der heimischen Bevölkerung lebt. Dennoch ziehen die Kreuzfahrer klare soziale Grenzen. Muslime, Juden und byzantinische Christen werden auf eine niedrigere Stufe gestellt. Als Zeichen dieser Trennung müssen alle Nichtkatholiken eine andere Kleidung tragen als die christlichen Besatzer.

Dennoch gleichen sich die Kreuzfahrer innerhalb kurzer Zeit den örtlichen Gegebenheiten an. »Wer vorher Abendländer war, wurde nun Orientale, wer Römer oder Franke war, wurde hier Galiläer oder Palästinenser. Wir haben unsere Geburtsorte vergessen«, beschreibt der Chronist Fulcher von Chartres. Weiter berichtet er von Franken, die Syrerinnen oder zum Christentum konvertierte Sarazeninnen heiraten. Andere Chronisten, wie der arabische Schriftsteller Usama, berichten von innigen Freundschaften zwischen Christen und Muslimen.

Bald entsteht ein Völker- und Kulturengemisch, in dem es auch keine sprachlichen Barrieren mehr zu geben scheint: »... sie sprechen verschiedene Sprachen und haben es doch alle schon fertig gebracht, sich zu verstehen. Die verschiedensten Mundarten sind jetzt der einen wie der anderen Nation gemeinsam, und das Vertrauen nähert die entferntesten Rassen einander an.«

Schmerzliche Niederlage für die Kreuzfahrer

Christen unterliegen verbündetem Türkenheer

■ *7. Mai 1104, Harran*
Auf die ständigen Übergriffe der Kreuzfahrer reagieren die zuvor zerstrittenen türkischen Emire von Mosul und Mardin mit der Zusammenlegung ihrer Heere.

Im Morgengrauen fügen türkische Truppen dem vereinten Kreuzfahrerheer von Edessa und Antiochia eine vernichtende Niederlage zu. Auf der Flucht werden über 10 000 Franken erschlagen.

Als Bohemund und Tankred von Antiochia sowie Balduin von Le Bourcq, der Graf von Edessa, von der Vereinigung der muslimischen Heere erfuhren, versuchten sie die türkische Festung Harran zu stürmen. Nach der erfolgreichen Einnahme brach jedoch ein Streit darüber aus, wessen Fahne über der Festung wehen darf. Somit konnte das vereinte türkische Heer unbemerkt heranrücken und die Kreuzfahrer besiegen.

Während Bohemund und Tankred die Flucht gelingt, gerät Balduin von Le Bourcq in Gefangenschaft.

Entscheidender Wendepunkt der Kreuzzugsbewegung

Vernichtung von Byzanz als neues Kreuzzugsziel

■ *Herbst 1105, Rom*
Beeinflusst von der massiven Propaganda Bohemunds von Tarent, der um seine Besitzungen im Heiligen Land fürchtet, ruft der Papst zum Kampf gegen Byzanz. Damit gießt er Wasser auf die Mühlen der Kreuzfahrer, die neidvoll auf die Macht des byzantinischen Reiches blicken.

In einem päpstlichen Dekret erklärt Papst Paschalis II. den byzantinischen Kaiser Alexios I. zum Hauptfeind der westlichen Christenheit. Damit ist nicht mehr der Kampf gegen »Ungläubige« das Ziel der Kreuzzugsbewegung, sondern die Ausschaltung der oströmischen Christenheit.

Als Bohemund von Tarent nach seiner danischmandidischen Gefangenschaft 1103 in sein Fürstentum

Papst Paschalis II. ändert die Ausrichtung der Kreuzzüge (um 1180).

Antiochia zurückgekehrt war, stand er vor einer neuen Situation: Offensichtlich versuchte Alexios I. Gebiete, die vormals zum Byzantinischen Reich gehörten und nun von den Kreuzfahrern beherrscht wurden, zurückzuerobern. In Kilikien waren Städte, die Tankred von Tarent eingenommen hatte, bereits wieder in byzantinischen Händen. Gleichzeitig begann Ridwan, der Emir von Aleppo, mit der Rückeroberung von Städten, die ihm von den Kreuzfahrern entrissen worden waren. Seine Krieger rückten bedrohlich nahe an Antiochia heran.

In dieser Zwangslage entschloss sich Bohemund in seine Heimat zurückzufahren, um dort Verstärkung zu mobilisieren. Im Frühjahr 1105 landete er im Fürstentum Tarent und rekrutierte Ritter und Fußvolk. Anschließend begab er sich nach Rom, um beim Papst Stimmung gegen die Byzantiner zu machen.

Das muslimische Jahr 500 löst apokalyptische Ängste aus

Muslime fürchten sich vor dem Weltuntergang

■ *2. September 1106, arabische Welt*
Viele verängstigte Muslime sehen im Treiben der Kreuzfahrer Anzeichen der Apokalypse.

Im nach muslimischer Zeitrechnung beginnenden Jahr 500 kursieren in der islamischen Welt Spekulationen über das nahe Weltende. Der Prophet Mohammed hatte verkündet, dass eine im Westen aufgehende schwarze Sonne das Ende der Zeiten einleiten würde. Barbarische Horden würden Arabien überrennen, danach erscheine Mahdi, ein von Gott geleiteter Mensch, der für die Muslime Gerechtigkeit herstelle. Vor dem endgültigen Sieg der Muslime könne kurzzeitig Jerusalem von den Christen erobert werden, am Ende würde jedoch der Islam Konstantinopel besiegen.

Handschrift des Koran mit ornamentaler Schrift (1389)

»Heiliger Krieg« gegen Byzanz scheitert – Kreuzzugsführer kehrt gebrochen in die Heimat zurück

Bohemund unterliegt dem byzantinischen Kaiser

■ *13. Oktober 1107, Dyrrachion*
Der zurückgeschlagene Angriff Bohemunds auf das byzantinische Reich sät neue Missgunst zwischen Alexios I. und den Kreuzfahrern.

Bohemund von Tarent greift die byzantinische Festungsstadt Dyrrachion an. Kaiser Alexios I. von Byzanz kontert weitsichtig: Seine Flotte blockiert die Nachschubwege von Bohemunds Heer, das keinen entscheidenden Durchbruch erzielen kann. Im September 1108 sind seine Truppen durch Hunger und Krankheiten so geschwächt, dass der Normanne kapitulieren muss. Bohemund darf als Fürst zwar weiter über Antiochia herrschen, muss sich aber als Vasall Alexios I. unterstellen. Trotz des großzügigen Angebots kehrt Bohemund nie mehr nach Palästina zurück. Innerlich gebrochen, stirbt er 1111 in seiner Heimat Apulien.

»Der byzantinische Kaiser ist der Feind der Christenheit« – mit dieser Botschaft des Papstes Paschalis II. war Bohemund 1105 von Rom aus nach Frankreich aufgebrochen. Begleitet

Bohemund wirbt im Abendland neue Kämpfer an: Einschiffung französischer Kreuzfahrer (Buchmalerei).

vom päpstlichen Legaten Bruno wollte er Krieger für einen »heiligen Krieg« gegen Byzanz anwerben. Am Hofe des französischen Königs Philipp I. knüpfte Bohemund Kontakte zu sämtlichen Adelshäusern Frankreichs. In der Normandie traf er den englischen König Heinrich I. Dessen Schwester, Gräfin Adele von Blois, organisierte die Vermählung Bohemunds mit der französischen Königstochter Constance, die im Juni 1106 stattfand. Ade-

le, die herrschsüchtige Witwe des 1102 in der zweiten Schlacht von Ramla gefallenen Stephan von Blois, nutzte die große Versammlung weltlicher und geistlicher Hochzeitsgäste für eine flammende Rede. Sie erzählte von der Heldenhaftigkeit, aber auch vom Leiden ihres Mannes in der Todesstunde. Viele der anwesenden Fürsten sagten Bohemund daraufhin ihre Unterstützung bei seinem Kreuzzugsvorhaben zu. Im selben Monat

predigten Bohemund und der Legat Bruno auf der Synode von Poitiers. Unterstützung für ihren Plan erhielten sie von Flüchtlingen aus Konstantinopel, die in den Machtintrigen am byzantinischen Kaiserhof gegen Alexios unterlegen waren.

Ende des Jahres reiste Bohemund nach Apulien, wo sich das französisch-normannische Heer sammelte. Von Brindisi aus setzte das 34 000 Mann starke Aufgebot über die Adria.

Nach 2000 Tagen Belagerung fällt die Küstenstadt

Tripolis in den Händen der Kreuzfahrer

■ *12. Juli 1109, Tripolis*
Als letzter Kreuzfahrerstaat wird die Grafschaft Tripolis errichtet. Ihr Herrscher unterstellt sich als Vasall dem König von Jerusalem.

Mit der Eroberung der Küstenstadt Tripolis durch die Kreuzfahrer endet die mehr als fünf Jahre dauernde Belagerung.

Bereits im Jahr 1103 ließ Raimund von Toulouse die Festung Mons Peregrinus direkt am Zugang zur Halbinsel errichten. Von der Burg aus konnten die Franken die Stadt genau beobachten. Die muslimischen Bewohner zeigten jedoch eiserne Widerstandskraft. Im Herbst 1104 unternahmen sie unter Führung ihres

Statthalters Fakhr el-Moulk einen Ausbruch und setzten die Kreuzfahrerburg in Brand. Raimund erlag im Februar 1105 den schweren Verbrennungen, die er sich bei diesem Angriff zugezogen hatte.

Nach dem Abschluss eines halbherzigen Friedensvertrags lauerten beide Parteien auf den bestmöglichen Moment für einen Angriff. Im März 1108 reiste Fakhr el-Moulk nach Bagdad, um vom dortigen Sultan Mohammed – jedoch ohne Erfolg – Hilfe zu erbitten. Als er im August zurückkehrte, war Tripolis den Fatimiden unterstellt. Der fatimidische Emir al-Afdal hatte den Bewohnern ein riesiges Heer zur Befreiung versprochen.

Währenddessen nutzten die Kreuzfahrer das Machtvakuum und formierten ihre Heere zum entscheidenden und erfolgreichen Angriff. Nach der Kapitulation des neuen Statthalters Scharaf ad-Daulah sichert Balduin I. den Bewohnern freien Abzug. Wie zuvor in Akkon halten sich die verbündeten Genuesen nicht an die Absprache und plündern die Stadt.

Das von Raimund von Toulouse erbaute Kastell in Tripolis (Rekonstruktion)

Arnulf erneut Oberhaupt

Wiederwahl des Patriarchen

■ *1112, Jerusalem*
Der wiedergewählte Jerusalemer Patriarch Arnulf Malecorne ist ein idealer Partner für Balduin I. Ihm ist die Unterstützung des Königs wichtiger als die Wahrung der kirchlichen Interessen.

Die neuerliche Wahl des ersten Jerusalemer Patriarchen Arnulf Malecorne von Rohes beendet die langjährigen Wirren um das Amt des kirchlichen Oberhauptes in der Heiligen Stadt.

Als eine römische Synode 1108 den wegen Geldveruntreuung entlassenen Patriarch Dagobert rehabilitiert hatte, bedeutete dies gleichzeitig die Absetzung seines Nachfolgers Evremar. Da Dagobert mittlerweile verstorben war, ernannte Papst Paschalis II. den Erzbischof von Arles, Gibelin, zum neuen Patriarchen. Nach drei Jahren Amtszeit stirbt Gibelin. Nun kann Balduin I. Arnulf Malecorne wieder in jenes Amt heben, das jener bereits 1099 bekleidet hatte.

Ein Skandinavier im Heiligen Land

Der Kreuzzug des norwegischen Königs Sigurd I.

■ *Ende Oktober 1110, Sidon*
Als erster europäischer Monarch besucht der norwegische König Sigurd I. den Kreuzfahrerstaat Jerusalem. Von Balduin I. mit hohen Ehren empfangen, hilft er bei der Eroberung der syrischen Küste.

hängen. Sidons Widerstand ist gebrochen, die Stadt kapituliert am 6. Dezember. Obwohl Balduin der muslimischen Bevölkerung freien Abzug garantiert, rauben Norweger und Venezianer die Fliehenden aus und ziehen plündernd durch die Straßen.

christlichen Eroberern im Kampf gegen die Muslime hilfreich zur Seite, u. a. in Santiago de Compostela, Lissabon und auf den Balearen.

In Akkon angekommen, wurde das norwegische Geschwader von König Balduin I. freudig begrüßt, da er sich

Balduin unternahm 1107 den ersten Versuch, die alte phönizische Stadt, die seit 638 unter muslimischer Herrschaft stand, zu erobern. Damals hatte ihm eine Flotte aus dänischen, englischen und niederländischen Schiffen Schützenhilfe angeboten. Doch kurz bevor es zum Kampf kam, folgte Balduin seiner Geldnot mehr als seiner Kriegslust: Für den Fall, dass er die Stadt verschonen würde, bot ihm der muslimische Statthalter 15 000 Byzantii. Balduin ging auf den Handel ein und schickte die Flotte unverrichteter Dinge wieder heim.

In einem feierlichen Zeremoniell wird ein Kreuzritter für den Zug ins Heilige Land ausgerüstet (zeitgen. Darstellung).

Unterstützt von einer Flotte des norwegischen Königs Sigurd I. beginnen die Kreuzfahrer mit der Belagerung der Küstenstadt Sidon. Als den Eingeschlossenen eine muslimische Flotte aus Tyros zu Hilfe eilt, entbrennt ein heftiger Seekampf. Die Norweger scheinen schon fast geschlagen, erhalten im letzten Augenblick jedoch Unterstützung durch ein venezianisches Geschwader.

In seiner ausweglosen Lage ersinnt der Statthalter Sidons einen mörderischen Plan: Er besticht einen muslimischen Diener Balduins I. und beauftragt ihn, den König von Jerusalem zu töten. Die Verschwörung kann mit Hilfe der in Sidon eingeschlossenen Christen jedoch aufgedeckt werden. Diese befestigen eine Warnung an einen Pfeil, den sie über die Stadtmauern ins fränkische Lager schießen. Balduin kann den Attentäter dingfest machen und lässt ihn

Als Kriegslohn erhält Venedig eine Kirche sowie Handelsrechte und Grundstücke in Akkon. Bescheidener sind die Forderungen des norwegischen Königs. Er gibt sich mit einer Reliquie – einem Stück Holz des »wahren Kreuzes Christi« – zufrieden.

In seiner Heimat regiert Sigurd gemeinsam mit seinen beiden Brüdern. Als der norwegische König Magnus Barfuß 1103 bei einer Schlacht in Irland starb, hinterließ er das politisch stabile Land seinen drei Söhnen Olaf, Eystein und Sigurd. Letzterer fühlte sich mit der Herrschaft über die Orkney-Inseln unausgelastet und sah sich zu Heldentaten in der Ferne berufen. Angeregt durch Berichte aus dem Heiligen Land rüstete er eine Flotte für einen Kreuzzug. 1107 brachen die 60 Schiffe in Bergen auf. Ihr Weg führte sie über die Nordsee und entlang der Atlantikküste bis ins Mittelmeer. Unterwegs standen sie den

von den Skandinaviern Unterstützung bei der Einnahme der Hafenstadt Sidon erhoffte.

Ein Jahr lang hielt sich der Jerusalemer König an das Waffenstillstandsabkommen. Danach belagerte er Sidon erneut, diesmal mit Hilfe italienischer Seefahrer. Eine ägyptische Flotte kam den Sidonitern jedoch zu Hilfe und schlug die Belagerer in die Flucht. Erst zwei Jahre später kann Balduin die Stadt gemeinsam mit den Norwegern erobern.

Nach seinem Erfolg im Heiligen Land kehrt Sigurd auf dem Landweg nach Norwegen zurück. Von seinen Untertanen wird er mit Jubel willkommen geheißen. Begeistert verleihen sie ihm den Ehrentitel »Jórsalafari« (»Jerusalemfahrer«). Gestärkt in seinem Glauben widmet sich Sigurd der Festigung der Kirche und führt u. a. einen Kirchenzehnten ein, den die Gläubigen fortan entrichten müssen. Legenden berichten später von einem Vergleich mit seinen Mitregenten. Dabei wird Sigurds heldenhafter Kreuzzug dem friedlichen Wirken seines Bruders Eystein gegenüber gestellt.

Zeugnis des frühen Christentums in Norwegen: Stabkirche in Urnes (11. Jh.)

Die Befriedung von Outremer

Die Zeit, in denen die Kreuzfahrerstaaten um ihre Existenz bangen mussten, weicht in den ersten vier Jahrzehnten des 12. Jahrhunderts einer Phase der Stabilisierung und des relativen Friedens. Sie währt bis zur Eroberung Edessas durch die Seldschuken im Jahr 1144. In der Zwischenzeit entwickeln sich die Kreuzfahrerstaaten, das so genannte Outremer (franz. Übersee), zu einem innerlich gefestigten Feudalstaat nach abendländischem Muster. Als der König von Jerusalem, Balduin I., im Jahr 1118 stirbt, hinterlässt er die Kreuzfahrerstaaten in einer politisch relativ stabilen Verfassung. Zwar fallen muslimische Truppen immer wieder an den Grenzen im Süden und im Osten ein, doch ist die militärische Stärke der Franken hinreichend, um sich immer wieder durchzusetzen. Unter der Regentschaft König Fulcos (1131–1143) beginnt eine Zeit der inneren Konsolidierung und Grenzsicherung der Kreuzfahrerstaaten. Fulco lässt ein aufwändiges Grenzschutzsystem errichten. Insgesamt 75 Festungen sichern im Laufe des 12. Jahrhunderts das Heilige Land, die der König mit ihm treu ergebenen Lehensmännern besetzt. Seine größte Ausdehnung erreicht das Königreich Jerusalem unter Fulcos Nachfolger Balduin III.

Die Idee eines bewaffneten Kreuzzuges scheint in den europäischen Ländern in den Hintergrund zu treten. Das abendländische Interesse an der kriegerischen Wallfahrt ins Heilige Land ist erheblich gesunken. Zwar wurde in den Jahren 1106/07, 1120, 1128 und 1139 zu Kreuzzügen in den Orient aufgerufen, doch ein nennenswertes Echo erfolgte nicht. So ist aus dem Limousin, in dem die Reaktion auf den Aufruf zum ersten Kreuzzug sehr stark gewesen war, zwischen 1102 und 1156 offenbar kein einziger Kreuzritter aufgebrochen. Das gleiche gilt für die Champagne, die ebenfalls sehr viele Kreuzfahrer gestellt hatte, und für die Provence. Offenkundig war für viele Waffenträger des frühen 12. Jahrhunderts der erste Kreuzzug eine einmalige Anstrengung gewesen. Hingegen scheint eine Art friedlicher Pilgerschaft ins Heilige Land stark an Popularität zu gewinnen. Im frühen 12. Jahrhundert findet sich im Limousin sowie in der Champagne eine stattliche Reihe von Jerusalempilgern, darunter auch zahlreiche Pilger höheren Standes, wie beispielsweise Graf Hugo von Troyes, der 1114 und 1125 nach Jerusalem pilgert und schließlich dem Ritterorden der Templer beitritt.

EIN MODERATES BESATZUNGSREGIME

Gleichzeitig intensivieren die Fürsten in den vier Kreuzfahrerstaaten Jerusalem, Antiochia, Tripolis und Edessa die Ansiedlung von Bauern aus dem Abendland. Auch ändert sich die Politik gegenüber der eingesessenen Bevölkerung. Waren die frühen Jahre der Eroberung noch von Massakern, gegenseitigem Misstrauen und Vertreibungen der Muslime und Juden geprägt, so beginnt nun eine auf Ausgleich angelegte Befriedungspolitik. Die Gebiete der Kreuzfahrerstaaten waren zu groß, als dass sie in ihrer Gesamtheit durch christliche Neusiedler hätten bewirtschaftet werden können. Die fränkischen Besetzer vereinbaren deshalb in allen Kreuzfahrerstaaten, dass die muslimische Bevölkerung auf ihrem Land verbleibt und es bebaut. Der wachsende Handel verlangt eine intensive Zusammenarbeit. Die fruchtbaren Landstriche vor allem entlang der Küste werden überwiegend von muslimischen Bauern genutzt, die freilich den christlichen Herren abgabepflichtig sind. Gegenüber den anderen Religionen beginnt um 1120 eine begrenzte Toleranz. Juden, Muslime und Ostchristen können mit Einschränkungen ihre Religion praktizieren. Muslime und Juden nehmen gesellschaftlich den untersten Rang ein, sie dürfen zwar die heiligen Stätten in Jerusalem besuchen, sich aber in der Heiligen Stadt nicht niederlassen. Die Ostchristen stehen über ihnen, aber in allen großen Städten setzen die Franken lateinische Bischöfe ein, um ihren Herrschaftsanspruch auch auf religiösem Gebiet durchzusetzen.

RITTERORDEN BILDEN STAAT IM STAAT

Wesentlich gestärkt werden die Kreuzfahrerstaaten durch die neu entstehenden Ritterorden der Johanniter, Templer und des Deutschen Ordens. Die Ordensritter leben nach Regeln, die den älteren Mönchsorden entlehnt sind, aber neben die religiöse Lebensführung tritt der Kriegsdienst. Zwar gehören den Orden auch Geistliche an, doch sie bleiben in der Minderheit, die Leitung liegt ganz in der Hand von Laien. Gegründet wird im Heiligen Land 1119 lediglich der Templerorden. Benannt nach ihrem ersten Sitz, einem Flügel der al-Aqsa-Moschee im Tempelbezirk Jerusalems, sind die Templer zunächst eine Schutztruppe für christliche Pilger auf der Straße von Jaffa nach Jerusalem. Erst im Laufe der Zeit nehmen die Ritterorden auch an Angriffsaktionen teil. Der Templerorden beweist einen Wandel in der Sicht der christlichen Gesellschaft. Nun gilt es als Dienst der Nächstenliebe, eine gerechte Sache mit Waffen zu verteidigen. Die Einwände aus geistlicher Sicht beseitigt Bernhard von Clairvaux mit seiner grundlegenden Schrift »Über das Lob des neuen Waffendienstes«. Nach den Templern wird im Heiligen Land kein weiterer geistlicher Ritterorden gegründet, allerdings wandeln sich einige bestehende religiöse Gemeinschaften im Königreich Jerusalem zu Ritterorden. Mitte der 1130er Jahre werden die aus dem Hospital des heiligen Johannes hervorgehenden Hospitaliter zum Ritterorden, allerdings ist nicht sicher, ob sie zu dieser Zeit schon Waffendienst leisten. Der Deutsche Orden geht aus dem deut-

Festungsbau: Kreuzfahrerburg Nimrud auf den Golanhöhen

schen Hospital hervor, das zur Zeit des dritten Kreuzzuges in Akkon gegründet wird. Wegen der zahlreichen Schenkungen und dem Zulauf von Or-
densmitgliedern werden die geistlichen Ritterorden
zunehmend eine wichtige Stütze der Kreuzfahrerstaaten, da sie ein stehendes Heer darstellen. Eingeschränkt wird dies allerdings durch die Tatsache,
dass sie zunehmend eine eigene Politik betreiben und
sich nicht ohne weiteres anderen politischen Interessen unterordnen. In ihrem Selbstverständnis sehen sie sich nicht etwa als Untertanen, sondern eher
als Verbündete der Kreuzfahrerstaaten. Die militärische Bedeutung der Ritterorden liegt in ihrer
ständigen Kampfbereitschaft, ihrer straffen Organisation und dem ihnen eigenen Elitegedanken. Ihr
Dienst an der Sache geht teilweise sogar in Fanatismus über, etwa dann, wenn sie sich weigern, Gefangene zu machen oder es ablehnen, sich bei der
eigenen Gefangennahme auslösen zu lassen.

ZWIST UNTER DEN MUSLIMEN

Die einzelnen muslimischen Teilherrschaften reagieren auf die christlichen Eroberungen sehr
unterschiedlich. Zwar erscheint bereits 1105 das
»Buch vom Heiligen Krieg« eines Korangelehrten aus
Damaskus, doch es gibt keinen geeigneten Führer
für einen organisierten Widerstand gegen die Franken. In den von den arabischen Chronisten be-
schriebenen Briefwechseln zwischen den türkischen Machthabern ist oft die Aufforderung enthalten, den heiligen Kampf aufzunehmen. Doch angesichts der Machtkämpfe der türkischen Dynasti-
en untereinander verhallen diese Appelle ungehört.
In Nordsyrien herrscht Ilghazi, ein Mitglied des Clans
der Ortoqiden, einer der vielen türkischen Stam-
mesgruppen, die nach dem Zusammenbruch des
Seldschuken-Reiches ein eigenes Herrschaftsgebiet
errichten. Seinem Gebiet gehört Aleppo an, doch liegt
sein Interesse keineswegs darin, die Franken aus den
eroberten Gebieten zu vertreiben. Der nach ihm (seit
1128) in Aleppo herrschende Atabeg von Mosul,
Imad ad-din Zengi, liegt lange Jahre mit muslimischen Rivalen im Krieg. Insbesondere hofft er, Damaskus seinen syrischen Gebieten hinzuzufügen,

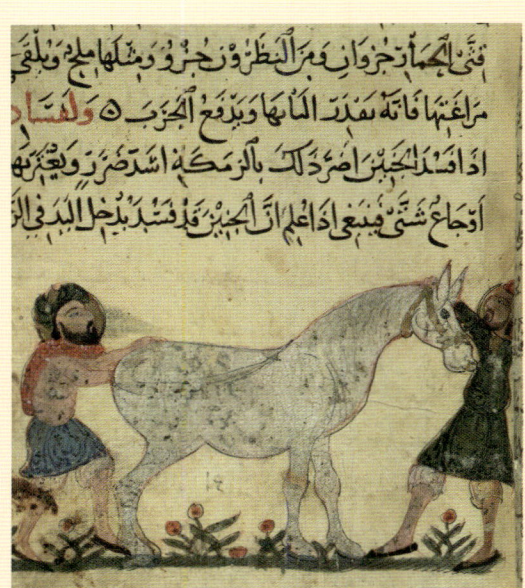

*Landleben in Outremer: Ein Tierarzt hilft einer
Stute bei der Geburt (islam. Buchillustration, 1210).*

Immer mehr friedliche Pilger ziehen ins Heilige Land: Ankunft vor einer Kirche (Fresko, um 1330).

doch dessen Gouverneur Muin ad-din Unur hin-
tertreibt diesen Plan und verbündet sich mit dem
Königreich Jerusalem. Erst 1144 wird Zengi zur erns-
ten Bedrohung für die Franken, als er die Stadt Edessa erobert.

Eine Gefahr geht zeitweise lediglich von Damaskus aus. Dessen Sultan fordert Toghtekin in Nordsyrien auf, mit ihm eine Allianz gegen die Franken
zu schließen. Tatsächlich kommt es zu einer großen
Schlacht (1119 auf dem »Blutfeld«), in dem ein
großer Teil des Heeres des Königreichs Jerusalem vernichtet wird. Doch die Sieger verfolgen weiterhin keine gemeinsame Strategie, sodass die Kreuzfahrerstaaten sich von der Niederlage erholen können. Die
Kreuzfahrerstaaten haben sich in das System rivali-
sierender türkischer und arabischer Staaten erfolgreich eingefügt, im Nahen Osten stellt sich ein neues militärisch-politisches Gleichgewicht ein. Solange
der muslimische Widerstand sich nicht vereinigt,
droht den Kreuzfahrerstaaten keine unmittelbare Gefahr. Im Süden der Kreuzfahrerstaaten bedrohen die
ägyptischen Fatimiden die Franken. Doch sie sind
militärisch zu schwach, neben den gelegentlichen
Übergriffen auf Jerusalemer Gebiet einen organisierten Feldzug zu führen.

BYZANZ GEWINNT NEUE STÄRKE

Die lateinische Reconquista des Heiligen Landes
schwächte Byzanz und verschärfte die Spannungen zwischen der Orthodoxie und Rom. Dennoch wird das militärisch schwache Byzanz unter
Kaiser Alexios I. (ab 1081) und vor allem unter Johannes II. Komnenos (ab 1118) wieder zu einer
Macht, die den alten Glanz des christlichen Zentrums
im Osten noch einmal aufleuchten lässt. Obgleich
Byzanz einen christlichen Herrscher hat, spielt es in
den Jahren nach dem ersten Kreuzzug kaum eine
nennenswerte politische Rolle für die Kreuzfahrerstaaten. Nicht zuletzt deshalb, weil in den Jahren zwischen 1110 und 1130 nahezu an allen Grenzen des
Reiches bewaffnete Auseinandersetzungen stattfan-

den. Erst die Thronbesteigung Johannes' II. Komnenos bringt Byzanz einen neuen Aufschwung. In
langen kriegerischen Auseinandersetzungen gegen
die Danischmandiden in Anatolien kann der Kaiser
die Oberhand gewinnen. Im Norden besiegt er die
Petschenegen. Gegen die normannische Bedrohung
aus Sizilien schließt Johannes II. ein Bündnis mit dem
deutschen Kaiser Lothar III., Pisa, Genua und
Papst Innozenz II. Allerdings beteiligt Byzanz sich
lediglich mit Geld, nicht aber mit eigenen Truppen
am Kampf gegen die Normannen. Als Johannes II.
auch den armenischen Fürsten von Kilikien besiegen kann, wendet er sich nach Antiochia, das eigentlich immer noch zu seinem Reich gehört. Möglicherweise hat Johannes II. auch einen Feldzug gegen das Königreich Jerusalem geplant, sein Tod im
Jahr 1143 veranlasst die byzantinischen Truppen jedoch, sich zurückzuziehen

RECONQUISTA MACHT FORTSCHRITTE

Zu Beginn des 12. Jahrhunderts hat sich das Klima auf der Iberischen Halbinsel erheblich verschlechtert. Nach der Eroberung Toledos (1085)
durch Alfons VI., des Königs von León und Kastilien, hatten die Mauren die nordafrikanischen Almoraviden um Hilfe gerufen. Die Berber-Dynastie
feierte zunächst militärische Erfolge gegen Alfons und
stellte das muslimische Spanien unter ihre Herrschaft.
Die Almoraviden gingen rigoros gegen Andersgläubige – Juden und Christen – in ihrem Einflussbereich vor. Als Gegenreaktion erfasste die Kreuz-
zugsbegeisterung – parallel zur Eroberung Jerusalems 1099 – auch das christliche Spanien. Seither gilt
Spanien als Westfront im Kampf gegen die Ungläubigen. Als Alfons I. von Aragón und Navarra im
Jahr 1118 die Stadt Saragossa den Almoraviden ent-
reißt, tritt die Reconquista in die entscheidende Phase. Die Almoraviden werden Schritt für Schritt
zurückgedrängt. Ab 1146/47 werden sie von den Almohaden abgelöst, ebenfalls eine strenggläubige Berber-Dynastie aus dem Atlas-Gebirge.

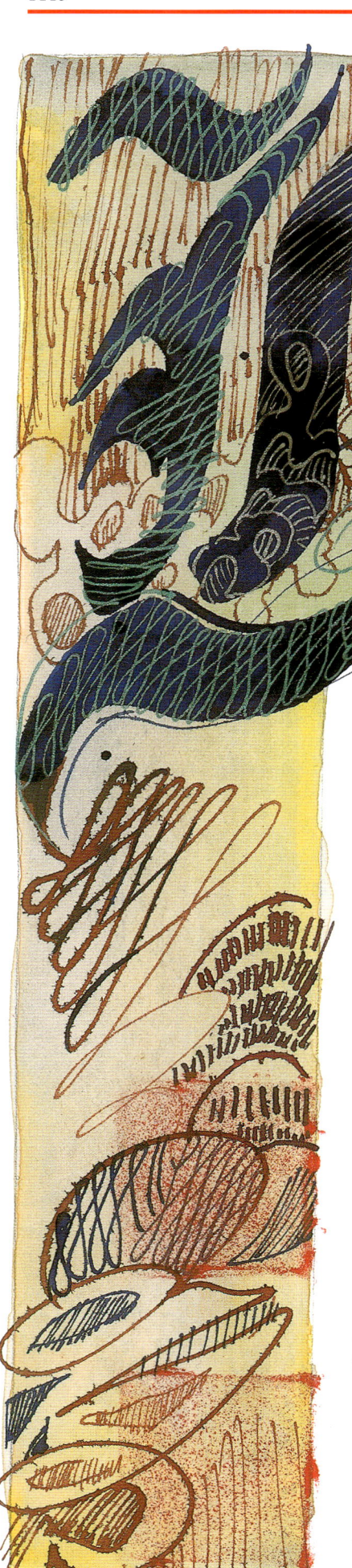

1113 n. Chr.

15. Februar

Papst Paschalis II. stellt das Hospital des heiligen Johannes in Jerusalem unter den apostolischen Schutz. Die Johanniter sind Laienbrüder, die nach festen Regeln leben. Der von ihnen gegründete Johanniterorden entwickelte sich aus einer Brüderschaft, die in Hospitälern die Pilger teilweise schon vor der Ankunft der ersten Kreuzfahrer betreut hatte. → S. 90

August

Adelheid von Sizilien, die neue Gemahlin von König Balduin I. von Jerusalem, trifft in Akkon ein. Zuvor hatte Balduin seine erste Ehefrau vom Hof vertrieben und in ein Kloster geschickt. Adelheid, die Witwe des Normannen-Königs Roger I., zeigt sich dem König von Jerusalem politisch und finanziell erkenntlich. → S. 91

1114 n. Chr.

Sommer

Graf Raimund Berengar III. von Barcelona ruft zum Kreuzzug gegen die Balearen auf. Mit Hilfe pisanischer Schiffe gelangen seine Soldaten nach Mallorca und Ibiza und besetzen dort einige Städte. Damit baut das aufstrebende Barcelona seine Handelswege über das Mittelmeer aus. → S. 91

1115 n. Chr.

Februar

Der Kalif von Bagdad, al-Mustazhir, schickt ein großes Heer gegen die Franken. Diese profitieren von den Unstimmigkeiten unter den Muslimen. So stellt sich Lulu, der Regent von Aleppo, auf die Seite des Fürsten von Antiochia, Roger von Salerno.

14. September

Mit Hilfe eines Überraschungsangriffs schlagen die Franken unter Roger von Salerno, des Fürsten von Antiochia, die Truppen des Kalifen al-Mustazhir bei Tel-Danith nahe der Stadt Sirmin.

November

Ein starkes Erdbeben richtet große Schäden in Antiochia an.

1116 n. Chr.

April

Nachdem Papst Paschalis II. die Bestätigung eines neu gewählten Präfekten verweigert, bricht in Rom ein blutiger Aufstand aus. Der Papst muss aus der Stadt fliehen.

1117 n. Chr.

Ostern

Vom bedrängten Papst um Hilfe gerufen, erscheint Heinrich V. in Rom. Der Kaiser wird begeistert empfangen und lässt seine Frau Mathilde, die Tochter König Heinrichs I. von England, zur Kaiserin krönen.

1118 n. Chr.

21. Januar

Papst Paschalis II. stirbt in Rom. Ohne Wissen des Kaisers Heinrich V. wird drei Tage später Johannes von Gaeta als Gelasius II. zum Nachfolger gewählt. Während der Initiierungszeremonie verschleppt eine Gruppe kaiserfreundlicher Bewaffneter den neuen Papst gewaltsam aus der Kirche.

8. März

Mit Hilfe Kaiser Heinrichs V. wird Erzbischof Mauritius von Braga als Gregor VIII. zum Papst gewählt. Kurz nach der Wahl entzieht ihm Heinrich jedoch seine Unterstützung.

2. April

Der erste König von Jerusalem, Balduin I., stirbt in der Grenzfestung el-Arisch. Seine Tatkraft und sein Weitblick trugen dem fähigen Herrscher große Achtung ein. → S. 92

14. April

Am Ostersonntag krönt der Patriarch von Jerusalem den Grafen von Edessa, Balduin von Le Bourcq, zum neuen König. Balduin II. überträgt die Grafschaft Edessa seinem Vetter Joscelin von Courtenay.

Sommer

In Paris erläutert der Theologe Hugo von St. Viktor zum ersten Mal den Unterschied von Sündenschuld und Sündenstrafe. Demnach kann einem Kreuzfahrer lediglich die zeitliche Bußstrafe erlassen werden. → S. 92

16. August

In Konstantinopel stirbt der byzantinische Kaiser Alexios I. Komnenos. Als seine Tochter Anna Komnena bei dem Versuch scheitert, den vakanten Thron für sich und ihren Gatten Nikephoros Bryennios zu gewinnen, zieht sie sich in ein Kloster zurück und schreibt eine Chronik des Byzantinischen Reiches. → S. 92

18. Dezember

König Alfons I. von Aragón und Navarra greift Saragossa an und erobert die Stadt von den Mauren. Alfons versteht sich als Vorkämpfer der Reconquista. Nach dem Fall von Saragossa erobert er eine Vielzahl weiterer Städte und drängt die Muslime stetig nach Süden zurück. → S. 93

1119 n. Chr.

2. Februar

In Cluny erhält Calixt II. die Papstweihe. Die römischen Kardinäle stimmen der Wahl brieflich zu.

Frühjahr

Der byzantinische Kaiser Johannes II. Komnenos beginnt einen Feldzug gegen die Türken und erobert die Stadt Laodicäa zurück.

28. Juni

Bei der Festung Tel Aqibrin schließt ein rund 40 000 Mann starkes Ortoqidenheer unter Sultan Ilghazi die nur etwa 5000 Kämpfer zählende Truppe Rogers von Salerno ein. Ohne Erfolg versucht der Fürst von Antiochia die Umzingelung zu durchbrechen. Auf dem Schlachtfeld, das die Franken »Blutfeld« nennen, fallen fast alle christlichen Ritter, darunter auch Roger von Salerno. → S. 94

14. August

Nahe dem Dorf Hab auf syrischem Gebiet kämpfen die muslimischen Truppen unter Sultan Ilghazi gegen ein

Kreuzfahrerheer mit König Balduin II. von Jerusalem an der Spitze. Da der Ausgang unklar bleibt, beanspruchen beide Seiten den Sieg.

September

Hugo von Payens gründet in Jerusalem den Templerorden (»Arme Ritterschaft Christi vom salomonischen Tempel«). Hauptaufgabe des neuen Ordens ist der Schutz der Pilger und der Kampf gegen die Muslime. Die Ordensritter kämpfen nicht nur im Heiligen Land, sondern auch gegen die Mauren in Spanien. → S. 95

20. Oktober

Auf der Synode in Reims wiederholt Papst Calixt II. die Exkommunikation von Kaiser Heinrich V.

1121 n. Chr.

April

Papst Calixt II. nimmt den Gegenpapst Gregor VIII. in Sutri gefangen und führt ihn rückwärts auf einem Kamel sitzend im Triumph durch Rom. Gregor wird seiner Bischofswürde beraubt und in einem Kloster bei Salerno inhaftiert.

August

Die vereinigten Heere des Seldschuken-Fürsten Toghrul und des Ortoqiden-Sultans Ilghazi werden von den Georgiern unter König David II. im Araxes-Tal fast vollständig vernichtet.

1122 n. Chr.

Sommer

Bei Beroia (dem heutigen Veria) in Makedonien besiegt der byzantinische Kaiser Johannes II. Komnenos die Petschenegen, ein nomadisches Turkvolk, das zwischen Wolga und Donau lebt. Damit setzt er den Invasionen der Petschenegen ins Byzantinische Reich endgültig ein Ende.

8. August

Eine Flotte von weit über 100 Kriegsschiffen mit Soldaten, Pferden und Belagerungsmaschinen sticht in Venedig in See. König Balduin II. von Jerusalem hatte kurz nach der verheerenden Schlacht auf dem »Blutfeld« Venedig um militärische Hilfe gebeten.

13. September

In Sarudsch schlägt das Heer des Ortoqiden-Fürsten Balak die kleine Truppe des Grafen Joscelin I. von Edessa. Die Muslime nehmen alle Franken gefangen und überstellen sie auf die Burg Kharput. Die Grafschaft Edessa fällt an König Balduin II. → S. 97

23. September

Durch den Abschluss des Wormser Konkordats endet der Investiturstreit. Kaiser Heinrich V. verzichtet auf das Recht der Investitur von Bischöfen mit Ring und Stab. Im Gegenzug erreicht er, dass eine Bischofswahl im deutschen Reichsgebiet nur in Anwesenheit des Königs stattfinden darf. → S. 96

1123 n. Chr.

18. März

Papst Calixt II. beruft das erste Konzil im Abendland nach der Trennung von der Ostkirche (1054) ein. Mehr als 300 Bischöfe nehmen an den Beratungen in Rom teil. Neben Fragen zur Einigung des Papstes mit dem deutschen Kaiser Heinrich V. widmen sich die Konzilsteilnehmer der Situation der Kreuzfahrer. Zum ersten Mal regelt ein kirchlicher Erlass den Rechtsstand der Kreuzfahrer. → S. 98

18. April

Bei der morgendlichen Falkenjagd in Gargar am Euphrat greift der Ortoqiden-Fürst Balak König Balduin II. von Jerusalem an. Fast das gesamte christliche Heer fällt im Kampf. Den König selbst nehmen die Muslime gefangen und bringen ihn zu dem bereits inhaftierten Graf Joscelin I. von Edessa auf die Burg Kharput.

Mitte Juni

Vor Askalon vernichten venezianische Kriegsschiffe einen großen Teil der ägyptischen Flotte.

1124 n. Chr.

15. Februar

Unterstützt durch die venezianische Flotte beginnt König Balduin II. von Jerusalem mit der Belagerung der unter muslimischer Herrschaft stehenden Stadt Tyros.

7. Juli

In Tyros ergeben sich die Muslime den christlichen Belagerern. Die Stadt wird nicht geplündert, die Bewohner können frei abziehen. Damit ist die letzte muslimische Stadt nördlich von Askalon in der Hand der Christen.

13. Dezember

Papst Calixt II. stirbt in Rom. Zu seinem Nachfolger wählen die Kardinäle Coelestin II. Während des Weihgottesdienstes sprengen Bewaffnete die Versammlung und lassen von der Volksmenge Honorius II. zum Papst ausrufen. Im Handgemenge erleidet Coelestin II. tödliche Verletzungen.

1125 n. Chr.

In Palästina errichten Kaufleute aus Pisa, Genua, Venedig, Amalfi und Marseille Handelsniederlassungen in den von den Christen eroberten Städten. Das Heilige Land entwickelt sich zu einem wichtigen und lukrativen Umschlagplatz für viele Waren. → S. 99

23. Mai

In Utrecht stirbt Kaiser Heinrich V. Da er kinderlos geblieben ist, erlischt mit seinem Tod das Haus der Salier.

Ende Mai

In der Nähe von Azaz wird eine der blutigsten Schlachten der Kreuzzugsgeschichte ausgetragen. Il-Bursuqi, der Herrscher von Mosul und Aleppo, unterliegt mit seinem Heer den vereinten Truppen von Antiochia, Tripolis und Edessa unter König Balduin II.

Sommer

Mit einem starken Truppenaufgebot zieht König Alfons I. von Aragón und Navarra durch die muslimischen Gebiete von Andalusien und Valencia. Die großen Städte greift der König nicht an, aber er wirbt rund 10 000 Mozaraber an, die sich bei Saragossa im Ebrotal niederlassen. → S. 99

24. August

Mit Unterstützung der Kirche wird Lothar III. von Supplinburg auf der Versammlung der Fürsten in Mainz gegen den Staufer Friedrich von Schwaben zum deutschen König gewählt. Damit setzt sich erstmalig das freie Wahlrecht gegen das Geblütsrecht durch.

1126 n. Chr.

Januar

König Balduin II. unternimmt einen Feldzug gegen Damaskus. Obwohl er die muslimischen Truppen des Statthalters Toghtekin bei Tel es-Saghab wenige Kilometer südwestlich von Damaskus in die Flucht schlagen kann, bricht Balduin das Unternehmen ab.

März

Graf Pons von Tripolis greift die muslimische Festung Rafaniya an und kann sie mit Hilfe König Balduins II. erobern. Dadurch werden Tripolis sowie die Straßen von Antiochia nach Jerusalem künftig besser geschützt.

26. November

Il-Bursuqi, der Regent von Mosul und Aleppo, wird – vermutlich von einem Assassinen – ermordet. Sein Tod löst heftige Nachfolgekämpfe aus.

1127 n. Chr.

12. August

Vor den Mauern Würzburgs wird das erste Turnier im deutschen Reich abgehalten. Das aus Frankreich stammende, nach festen Regeln durchgeführte Kampfspiel entwickelt sich an den europäischen Fürstenhöfen zu einem höfischen Zeremoniell. → S. 99

Spätsommer

Papst Honorius II. verhängt über Graf Roger II. von Sizilien den Kirchenbann und gibt Robert von Capua Apulien zum Lehen.

18. Dezember

Nach seiner Rückkehr aus dem Heiligen Land wird Konrad III. in Rothenburg ob der Tauber zum Gegenkönig ausgerufen. Er kann sich allerdings gegen Lothar III. von Supplinburg nicht durchsetzen.

1128 n. Chr.

12. Februar

Nach dem Tod des hoch geachteten Statthalters von Damaskus, Toghtekin, brechen im westlichen Syrien Unruhen aus. Diese geben König Balduin II. Gelegenheit, Damaskus anzugreifen.

Sommer

Der Zisterzienser und Theologe Bernhard von Clairvaux verfasst die Werbeschrift »Vom Lob der neuen Ritterschaft«. Darin zeichnet er das Ideal des Gott dienenden Ordensritters und stellt es dem weltlichen räuberischen Rittertum gegenüber.

Sommer

Papst Honorius II. zieht gegen Graf Roger II. von Sizilien zu Felde und verspricht jedem, der im Kampf fällt, die volle, jedem, der lebend zurückkehrt, die halbe Sündenvergebung. Der Feldzug scheitert jedoch aus Mangel an Geld und Lebensmitteln.

22. August

Auf einer Brücke in der Nähe von Benevent schließen Papst Honorius II. und Roger II. Frieden. Der Graf von Sizilien wird erneut mit dem Herzogtum Apulien belehnt.

November

König Balduin II. von Jerusalem bricht die Belagerung der Stadt Damaskus ab. Andauernder Regen verwandelte die wenige Kilometer vor Damaskus liegende Ebene in ein Schlammfeld, sodass Balduin seine Truppen unverrichteter Dinge zurückziehen muss.

Dezember

Der Großmeister des Templerordens, Hugo von Payens, trifft auf seiner Reise durch das Abendland in London den englischen König Heinrich I. Viele Adlige treten dem neuen Ritterorden bei. → S. 99

1130 n. Chr.

14. Februar

Von einer Minderheit jüngerer Kardinäle aus Frankreich sowie Ober- und Mittelitalien wird Innozenz II. in Rom zum Papst gewählt. Im Gegenzug wählt die Mehrheit der Kardinäle am gleichen Tag Anaklet II. Beide Päpste erhalten am 23. Februar in römischen Kirchen die Weihe. Damit beginnt ein achtjähriges Schisma.

Februar

Bei seinem Versuch, kilikische Gebiete zurückzuerobern, wird Fürst Bohemund II. von Antiochia am Fluss Dschihan von armenischen Truppen angegriffen. Verstärkt durch ein Heer des Danischmandiden-Emirs Ghazi reibt Fürst Leo I. von Armenien die Franken vollständig auf. → S. 100

November

In Clermont beruft Papst Innozenz II. eine Synode ein. Eine Reihe von Entschließungen bekräftigt die Vorherrschaft der Kirche vor weltlichen Fürsten bei der Einsetzung von Bischöfen.

Weihnachten

Im Dom zu Palermo wird Roger II. von Papst Anaklet II. zum König von Sizilien, Kalabrien und Apulien gekrönt.

1131 n. Chr.

Ende März

Auf einem Konzil in Lüttich empfängt der deutsche König Lothar III. Papst Innozenz II., der in Begleitung des Zisterziensers Bernhard von Clairvaux erscheint. Obwohl der Papst Lothar III. das Recht verweigert, Bischöfe einzusetzen, verspricht der König einen Kriegszug nach Italien.

14. September

Nach dem Tod Balduins II. werden in Jerusalem Graf Fulco und seine Frau Melisende, die Tochter Balduins, gekrönt. Es ist die erste Krönung, der keine Wahl vorhergegangen ist. → S. 100

Oktober

Ein unter Papst Innozenz II. in Reims tagendes Konzil spricht über Papst Anaklet II. den Kirchenbann aus und krönt Ludwig VII. zum französischen König.

1132 n. Chr.

Spätsommer

In Jerusalem bezichtigt Walter Garnier, der Erbe Caesareas, seinen Stiefvater Hugo von Le Puiset einer Verschwörung gegen König Fulco und fordert ihn zum Duell. Da Hugo dem Zweikampf fernbleibt, spricht ihn der Rat des Königs schuldig. → S. 101

1133 n. Chr.

1. Mai

Gemeinsam mit Papst Innozenz II., den er unterstützt, zieht der deutsche König Lothar III. mit seinen Truppen in Rom ein. Doch die Engelsburg und die Peterskirche bleiben im Besitz des Gegenpapstes Anaklet II.

8. Juni

In der Lateranbasilika von Rom krönt Papst Innozenz II. König Lothar III. zum Kaiser. Am selben Tag erkennt Lothar die kirchliche Oberhoheit über die »mathildischen Güter« in Ober- und Mittelitalien an.

1134 n. Chr.

17. Juli

In der Schlacht von Fraga werden die Truppen König Alfons' I. von Aragón und Navarra von den Sarazenen schwer geschlagen. Alfons I. stirbt an einer Verwundung, die er sich in der Schlacht zugezogen hat.

1135 n. Chr.

Ende Mai

In Pisa nehmen zahlreiche Bischöfe und Äbte an einem Konzil teil, das von Papst Innozenz II. geleitet wird und sich gegen die Normannen in Süditalien richtet. Aus dem deutschen Reich, auf dessen Unterstützung Innozenz II. angewiesen ist, erscheinen nur wenige Geistliche. → S. 101

26. Mai

In León lässt sich König Alfons VII. von León und Kastilien zum Kaiser krönen. Seine Vasallen – der Graf von Barcelona, der König von Navarra und der Graf von Toulouse – stehen jedoch nur in einer lockeren Vasallenbeziehung zu ihm. Mit Alfons Tod 1157 erlischt das Kaisertum wieder.

Juli

Auf dem Hoftag in Merseburg muss der Herzog von Polen, Boleslaw III. Krzywousty (»Schiefmund«), für Rügen, das er noch nicht unterworfen hatte, und Pommern die kaiserliche

Lehenshoheit anerkennen. Außerdem muss er den Tribut für die zurückliegenden zwölf Jahre entrichten.

1. Dezember

König Heinrich I. von England stirbt bei Gisors. Nach seinem Tod beginnt ein Bürgerkrieg um sein Erbe. Anstelle von Heinrichs Tochter Mathilde lässt sich Stephan von Blois krönen. Er behauptet sich mühsam gegen Mathilde und erkennt deren Sohn Heinrich II. Plantagenet als Thronerben an.

1136 n. Chr.

Mai

Um Jerusalem gegen Einfälle aus Ägypten zu sichern, beginnt König Fulco mit dem Bau der Festung Ibelin. Später folgen die Wehrburgen Blanche Garde und Beth Gibelin, ebenfalls in der Gegend um das muslimisch besetzte Askalon.

Juni

Der deutsche Kaiser Lothar III. zieht mit einem Heer nach Italien und erobert Apulien von Roger II. Gemeinsam mit Papst Innozenz II. übernimmt er die Herrschaft über das Gebiet.

Sommer

In Konstantinopel gründet Kaiser Johannes II. Komnenos das Pantokratorkloster. Die Mönche des Klosters widmen sich einer Vielzahl von karitativen Tätigkeiten. Neben einer Armenspeisung wird ein vollständiges Krankenhaus eingerichtet. → S. 102

1137 n. Chr.

Frühjahr

Der byzantinische Kaiser Johannes II. Komnenos zieht mit einem Heer durch Kilikien. Vergeblich versucht der armenische Rubenier-Fürst Leo I., der die ostkilikische Ebene beherrscht, die byzantinischen Angriffe abzuwehren. Nach 37-tägiger Belagerung erobert Johannes II. die Stadt Anazarbos.

Juli

Mit einem großen Heer geht der türkische Emir Zengi von Mosul zunächst gegen Damaskus vor, bricht aber die Belagerung ab und wendet sich gegen die große Grenzfestung Montferrand. Die Kreuzfahrer müssen die Festung den Muslimen übergeben, können aber frei abziehen. → S. 102

29. August

Der byzantinische Kaiser Johannes II. Komnenos taucht mit seinem Heer vor Antiochia auf. Da sich König Fulco von

Jerusalem nicht bereit erklärt, Fürst Raimund gegen Byzanz zu unterstützen, kapituliert die Stadt.

4. Dezember

Auf dem Rückweg von seinem Feldzug nach Italien stirbt Kaiser Lothar III. in Breitwang bei Reutte (Tirol).

1138 n. Chr.

25. Januar

Mit dem Tod von Papst Anaklet II. endet das Schisma, das die Kirche acht Jahre lang geschwächt hat. Innozenz II. ist fortan alleiniger Papst.

März

Mit Unterstützung der Kreuzfahrerstaaten Antiochia und Edessa beginnt der byzantinische Kaiser Johannes II. Komnenos eine Offensive gegen Emir Zengi. Ein Überraschungsangriff auf die Stadt Aleppo misslingt jedoch.

März

Papst Innozenz II. erlässt eine Verfügung, die jedem Christen verbietet, im byzantinischen Heer zu bleiben, falls dieses gegen Antiochia zu Felde ziehen sollte.

1139 n. Chr.

2. April

Zahlreiche Geistliche versammeln sich im römischen Lateran zu einem von Papst Innozenz II. einberufenen Konzil. Hauptinteresse des Papstes ist die Festschreibung der päpstlichen Vormachtstellung bei der Investitur (Einsetzung) von Bischöfen. Ein Teil der Beschlüsse beschäftigt sich auch mit Neuerungen des gesellschaftlichen Lebens. Daneben wird auch der Gebrauch von Fernwaffen, namentlich der Armbrust, verboten. → S. 103

25. Juli

In der Schlacht bei Ourique besiegt Graf Alfons-Heinrich ein maurisches Heer und begründet damit seinen Anspruch auf Unabhängigkeit von Kastilien-León. Nach dem Sieg nimmt er als Alfons I. den Titel eines Königs von Portugal an und macht Coimbra zu seiner Hauptstadt. → S. 103

27. Juli

In Mignano bei Caserta schließt Roger II. von Sizilien einen Vertrag mit Papst Innozenz II. Roger hatte die päpstlichen Truppen geschlagen und den Stellvertreter Christi samt Gefolge in Caserta gefangen genommen. Innozenz II. erkennt nun das normannische Königtum an, das der Gegenpapst Anaklet II. Roger verliehen hatte. Im Gegenzug bestätigt Roger den Papst als Lehensherrn.

Sommer

König Fulco von Jerusalem schließt ein Bündnis mit Unur, dem Regenten von Damaskus. Unter der Bedingung, dass die Franken ihm helfen, Emir Zengi von Mosul zu vertreiben, übergibt Unur den Franken die am Fuß des Berg Hermon gelegene Stadt Banyas.

1140 n. Chr.

Sommer

Der vermutlich in Bologna lehrende Magister Gratian stellt aus älteren Sammlungen kirchliche Rechtssätze zusammen, die rund 1000 Jahre umfassen. Gratian harmonisiert die dabei teilweise auftretenden Widersprüche. Sein Werk wird als »Decretum Gratianum« zur Grundlage eines eigenständigen Kirchenrechts (Kanonistik).

1142 n. Chr.

Herbst

Pagan, ein Lehensmann von König Fulco, lässt auf der strategisch günstig gelegenen Anhöhe »Petra deserti« (Stein der Wüste) eine große Festung bauen. Von der als »Kerak von Moab« bezeichneten Wehranlage können die Kreuzritter das Südende des Toten Meeres kontrollieren sowie die Straßen von Ägypten nach Syrien beherrschen.

1143 n. Chr.

8. April

Der byzantinische Kaiser Johannes II. Komnenos wird auf einer Wildschweinjagd versehentlich von einem Pfeil getroffen. Nachdem sich die Wunde entzündet, stirbt er wenig später. Kurz vor seinem Tod bestimmt er seinen jüngsten Sohn Manuel zu seinem Nachfolger.

Sommer

Benediktinernonnen errichten unter der Schirmherrschaft König Fulcos und Königin Melisendes die Lazarusabtei in Bethanien. Sie umfasst die alte byzantinische Kirche, die heute Maria und Magdalena geweiht ist.

26. September

Als Coelestin II. besteigt Guido de Castello den Papstthron. Der bedeutende Gelehrte kann in die Auseinandersetzungen der europäischen Herrscherhäuser nicht eingreifen und stirbt bereits sechs Monate nach seiner Weihe.

5. Oktober

Alfons I. von Portugal schließt in Zamora einen Vertrag mit Alfons VII. von León und Kastilien. Der kastilische König erkennt den portugiesischen Königstitel sowie die erbliche Thronfolge an, Alfons I. bestätigt im Gegenzug die Kaiserwürde von Alfons VII.

10. November

König Fulco erliegt in Akkon den Folgen eines Jagdunfalls. Zur Sicherung des Königreiches Jerusalem hatte Fulco ein großangelegtes Festungsbauprogramm initiiert. → S. 104

Weihnachten

Der Patriarch Wilhelm krönt Melisende, die Witwe von König Fulco, gemeinsam mit ihrem 13-jährigen Sohn Balduin zur Regentin des Kreuzfahrerstaates Jerusalem. → S. 104

Im Heiligen Land entsteht eine Hospitalbruderschaft

Papst stellt die Johanniter unter seinen Schutz

■ *15. Februar 1113, Rom*

Aus den Hospitälern, die zur Betreuung der Pilger teilweise schon vor Ankunft der ersten Kreuzritter eingerichtet wurden, entwickelt sich im Heiligen Land eine neue Bewegung von Laienbrüdern, die nach festen Regeln leben.

Papst Paschalis II. erkennt durch die Bulle »Pie postulatio voluntatis« das Hospital des heiligen Johannes in Jerusalem als unabhängige Einrichtung an und stellt es unter den apostolischen Schutz. Damit erhebt er die Brüder, die sich zur Betreuung der Pilger zu einer festen Gemeinschaft zusammengeschlossen hatten, zu einer päpstlich autorisierten Gemeinschaft. Als Orden werden die Johanniter allerdings erst rund 40 Jahre später anerkannt: 1154 bestätigt Papst Hadrian IV. die selbst erlassene Regel der Hospitaliter mit der Bulle »Christiane fidei religio« als Ordensregel.

Die Gemeinschaft der Johanniter entstand im Jahr 1099. Vermutlich verschrieben sich fromme Männer, die nach der Regel des heiligen Benedikt lebten, im Hospital Santa Maria Latina dem Dienst an den Pilgern. Nach der Eroberung Jerusalems durch die ersten Kreuzfahrer wurde ein neues und größeres Hospital erbaut. Zudem erwarben die Brüder die benachbarte Kirche, die Johannes dem Täufer geweiht war. Bald nach der Gründung der Gemeinschaft entstanden in europäischen Pilgerorten weitere, vom Stammhaus in Jerusalem abhängige Hospitäler.

Mit der Anerkennung durch den Papst werden die Hospitaliter, die sowohl im westlichen Europa als auch im lateinischen Osten reiche Landschenkungen erhalten, vom Benediktinerorden unabhängig.

Die Johanniter verehren den »heiligen Armen« und verstehen sich als »Diener der Armen Christi«. Ihr religiöses Bestreben – die Armen als Ebenbild Gottes zu ehren – verbinden die Ordensbrüder mit praktischen Hilfeleistungen. So wird ihr Hospital in Jerusalem beispielgebend für die Entwicklung des Hospitalwesens im gesamten Abendland. Bereits in der zweiten Hälfte des 12. Jahrhunderts sind die Johanniter in der Lage, in ihrem Stammhaus rund 2000 Menschen beiderlei Geschlechts aufzunehmen. In dem Hospital, das aus einzelnen Abteilungen besteht, arbeiten vier

Anerkennung des Ordens vom Hospital des heiligen Johannes zu Jerusalem durch den Papst (Historienbild, 19. Jh.)

Ärzte sowie vier Wundärzte. Jede Abteilung verfügt über neun Pfleger. Um die spirituelle Betreuung der Kranken kümmern sich eigene Priester.

Schwarzer Mantel, weißes Kreuz: Brüder in der Tracht der Johanniter

Von Anfang an dürften die religiösen und karitativen Aufgaben des Johanniterordens eng mit militärischen Tätigkeiten verbunden gewesen sein.

Vermutlich haben die Johanniter nicht nur kranke und geschwächte Pilger aufgenommen und gepflegt, sondern ihnen nach der Genesung auch bewaffnetes Geleit gegeben. Für die frühe Ausbildung eines militärischen Zweiges spricht die Tatsache, dass der König von Jerusalem den Johannitern bereits 1136 eine strategisch wichtige Burg im südlichen Palästina verleiht. Damit verbunden ist die Aufgabe, die in Askalon konzentrierten muslimischen Kräfte in Schach zu halten. Einige Jahre später übergibt der Graf von Tripolis den Johannitern die bedeutende Festung Krak des Chevaliers mit der dazugehörigen Grenzmark.

Die Entwicklung der Johanniter von einem überwiegenden Hospital- zu einem Ritterorden wird zudem durch die erstmalige Aufnahme eines Adligen als Mitglied der Bruderschaft im Jahr 1141 belegt. Drei Jahre danach ist der erste Ritterbruder in den Quellen bezeugt.

Obwohl der Papst diese Entwicklung missbilligt, nehmen die militärischen Aufgaben immer mehr Raum ein und drängen das Hospitalwesen in den Hintergrund. Mit den 1206 verabschiedeten Statuten werden die Johanniter schließlich zu einem voll ausgebildeten Ritterorden.

Hintergrund

Hospitalwesen »Hilfe für den Bruder in Not«

Die Gründung von Hospitälern zur Betreuung von Alten, Kranken und Waisen hat eine lange Tradition. Nach der Etablierung des Christentums als Staatsreligion verwirklichte die Kirche das Prinzip der helfenden Nächstenliebe auf breiter Basis. Die ersten Häuser, die sich um die »Hilfe für den Bruder in Not« bemühten, entstanden in Ägypten und Kleinasien. Sie waren kirchlich verwaltet und oft an Klöster angebunden. Zunächst standen diese Häuser allen Notleidenden – Fremden, Armen, Alten, Waisen – offen, während sie sich im Verlauf des 10. Jahrhunderts immer stärker spezialisierten. So entstand in Jerusalem 1086 ein Hospital, das sich nur um die Pilger in der Heiligen Stadt kümmerte.

Das erste islamische Hospital wurde im Jahr 766 vom Kalifen in Bagdad erbaut. Er richtete bereits ein Krankenhaus mit ärztlicher Betreuung ein, in dem im 10. Jahrhundert erste wissenschaftliche Untersuchungen auf dem Gebiet der Medizin angestellt wurden. Das größte Hospital in Bagdad verfügte in dieser Zeit über 100 Betten und beschäftigte 24 Ärzte in verschiedenen Abteilungen. Die ausgezeichneten islamischen Einrichtungen haben die Spezialisierung von Hospitälern im Abend-

Johanniter-Großmeister Raimund Dupuys in der Haustracht des Ordens

land erheblich beschleunigt. Mit ziemlicher Sicherheit geben die zurückkehrenden Kreuzfahrer mit ihren Erzählungen von den arabischen Ärzten entscheidende Anstöße für diese Entwicklung. Zu Krankenhäusern im modernen Sinn werden die Hospitäler des Mittelalters allerdings nicht.

In zunehmenden Maß werden im Abendland Hospitäler von den aufblühenden Städten eingerichtet. In diesen Einrichtungen leben vorwiegend arme und alte Menschen zusammen. Im 13. Jahrhundert werden die größeren Städte schließlich verpflichtet, eigene Hospitäler unter geistlicher Verwaltung einzurichten, die sich wirtschaftlich allerdings selbst tragen müssen.

Mauerreste des Johanneshospitals in Jerusalem (Foto, 1890)

Bigamie am Jerusalemer Königshof
Balduin I. ehelicht Adelheid

■ *August 1113, Akkon*
Der in Finanznöten steckende König Balduin I. von Jerusalem verspricht sich von einer politisch und wirtschaftlich lukrativen Ehe die Lösung seiner Probleme.

Als neue Ehefrau von König Balduin I. von Jerusalem trifft Adelheid, die reiche Gräfin-Mutter von Sizilien und Witwe König Rogers I., in einer prächtigen Galeere in Akkon ein. Begleitet wird sie von zwei Prunkschiffen und sieben weiteren Schiffen, deren Laderäume mit ihren Schätzen gefüllt sind.

Bevor Balduin den Heiratsvertrag mit Adelheid abschließen konnte, verwies er seine erste Ehefrau wegen Ehebruchs vom Hof. Seine zweite Ehefrau verfügt nicht nur über eine reiche Mitgift, sondern bringt Balduin aufgrund ihres Einflusses auf das sizilianische Normannen-Reich auch

Vorderseite des Siegels von König Balduin I. von Jerusalem

politisch große Vorteile. Adelheid wiederum fühlt sich von dem Königstitel angezogen. Außerdem setzt sie durch, dass ihr Sohn Roger II. die Krone von Jerusalem erbt, falls die Ehe mit Balduin kinderlos bleibt.

Trotz der positiven Vorzeichen hält die Ehe nur vier Jahre. In kürzester Zeit verbraucht Balduin die gesamte Mitgift Adelheids, um seine Soldaten zu entlöhnen und Befestigungen zu bauen. In der Bevölkerung wächst der Widerstand gegen die kirchlich gesegnete Doppelehe – Balduin wurde nie rechtskräftig von seiner ersten Ehefrau geschieden. Nach einer schweren Erkrankung gibt Balduin im März 1117 dem Druck nach und erklärt die Ehe für ungültig. Zornerfüllt und mit leeren Händen verlässt Adelheid Jerusalem. Das Verhältnis zu Sizilien ist daraufhin lange Zeit tief gestört.

Ein »heiliger Krieg« für offene Handelswege
Kreuzzug auf die Balearen

■ *Sommer 1114, Mallorca*
Die aufstrebende Grafschaft Barcelona sucht nach Möglichkeiten, die Handelswege über das Mittelmeer auszubauen. Gefahr droht von den Muslimen auf den Balearen, die die Schiffe immer wieder angreifen.

Raimund Berengar III., der Graf von Barcelona, ruft zum Kreuzzug gegen die muslimisch besetzten Balearen auf. Er kann dabei auf die Hilfe pisanischer Schiffe rechnen, die seine Soldaten nach Mallorca und Ibiza übersetzen.

Das Reich unter Mubasir ibn Suleiman steckt zu dieser Zeit in einer schweren Krise. Nachdem der Herrscher die

Reiterstatue des Grafen Raimund Berengar in Barcelona

rund 40 Jahre zuvor ausgerufene Unabhängigkeit der Balearen aufgekündigt und sich den Almoraviden unterworfen hatte, lehnte sich die Bevölkerung gegen Suleiman auf. Somit kann Raimund Berengar die Hauptinseln im Sturm einnehmen und unter die Herrschaft Kataloniens stellen.

Der Graf von Barcelona dehnt seinen Einfluss damit erheblich aus. Der Seeweg ist nun frei für den Handel mit Pisa und Genua. Zudem sichert sich Raimund durch die Ehe mit Douce von der Provence Südfrankreich. Wenige Jahre später vertreiben die Almoraviden die Katalanen jedoch wieder von den Balearen.

Die Gründungsära der Kreuzfahrerstaaten endet
Erster Jerusalemer König stirbt

Balduin I. stirbt inmitten seiner Gefolgschaft (Historienbild, 19. Jh.).

■ *2. April 1118, el-Arisch*

Balduin I. war ein begabter Herrscher, den die Untertanen zwar nicht liebten, aber wegen seiner Tatkraft und seines Weitblicks achteten.

Auf dem Rückmarsch von einem Feldzug gegen Ägypten stirbt König Balduin I. von Jerusalem in den Armen des Bischofs von Ramleh. Sein Leichnam wird nach Jerusalem überführt und in der Grabeskirche neben Gottfried von Bouillon beigesetzt.

Unter Balduins Führung konnte Jerusalem seinen Platz unter den Königreichen im Osten ausbauen. Die Bevölkerung war durch die Ansiedlung orientalischer Christen angewachsen, die königliche Gewalt gefestigt. Zudem dehnte Balduin I. das von den Kreuzfahrern beherrschte Gebiet erheblich aus.

Bußstrafen oder Sünden erlassen?
Theologenstreit um den Ablass

■ *Mitte 1118, Paris*

Die Ankündigung eines vollständigen Ablasses für Kreuzfahrer ist – obwohl von der Kanzel gepredigt – kirchenrechtlich unbegründet.

Der Theologe Hugo von St. Viktor erarbeitet als Erster den Unterschied von Sündenschuld und Sündenstrafe. Seiner Ansicht nach werde einem Kreuzfahrer nur die zeitliche Bußstrafe, die die Kirche auferlegen kann, erlassen. Genauso definierte auch die Synode von Clermont 1095 den Ablass für diejenigen, die im Auftrag der Kirche gegen die Muslime kämpfen.

Die Kreuzzugsprediger hatten allerdings von einem »vollkommenen« Ablass gesprochen, der sich auf die gesamte Sündenschuld eines Menschen bezieht – also eine absolute Reinigung vor Gott darstellt. Diese Zusicherung kann die Kirche jedoch gar nicht geben, worüber die Kreuzzugswerber die Menschen bewusst im Unklaren lassen. Erst nach dem ersten Kreuzzug beginnen Theologen darüber zu diskutieren, in welcher Form ein Kreuzzugsablass gewährt wird.

Im Laufe des 12. Jahrhunderts betonen die Päpste in ihren Aufrufen immer deutlicher einen »Ablass der Sünden« für die Kreuzfahrer. Diese Redeweise führt theologisch und religiös in die Irre, da letztlich nur die Buße für begangene Verfehlungen ausgeglichen werden kann. Eine über das irdische Leben hinausgehende Wirkung des Kampfes gegen Andersgläubige und Heiden – und somit eine Rechtfertigung vor Gott – darf die Kirche nach Ansicht Hugo von St. Viktors nicht versprechen.

In Konstantinopel endet die lange Regierungszeit von Alexios I. – seine Tochter berichtet
Kaisertochter vermittelt Innenansicht aus Byzanz

■ *16. August 1118, Konstantinopel*

Unter der 37 Jahre dauernden Herrschaft von Alexios I. stabilisiert sich das Byzantinische Reich. Der Begründer der Komnenen-Dynastie baut eine feste Verwaltung auf und betreibt eine aktive Außenpolitik. Gleichzeitig gerät Byzanz jedoch in wirtschaftliche Schwierigkeiten und die Konflikte mit den Kreuzfahrern verschärfen sich.

Nach einer schweren Krankheit stirbt der byzantinische Kaiser Alexios I. Unverzüglich versucht seine älteste Tochter Anna Komnena den Thron für sich und ihren Gatten Nikephoros Bryennios zu gewinnen.

Anna wurde bereits als Kind mit dem jungen Mitkaiser Konstantin Dukas verlobt, dem Alexios I. die Thronfolge versprochen hatte. Nach dessen frühen Tod sah Anna sich und ihren Ehemann Nikephoros als Thronerben, doch Alexios I. wollte seinen Sohn Johannes als Nachfolger einsetzen. Noch auf dem Sterbebett überreicht er ihm den Ring mit dem kaiserlichen Siegel. Unmittelbar danach lässt sich Johannes sowohl vom Heer als auch vom Senat zum Kaiser ausrufen.

Die ehrgeizige Anna versucht ihren Bruder durch eine Verschwörung zu beseitigen, die dieser jedoch rechtzeitig aufdecken kann. Nach dem Scheitern ihrer politischen Ambitionen zieht sich Anna in ein Kloster zurück. Dort beginnt die umfangreich gebildete Prinzessin eine Chronik des Byzantinischen Reiches zu schreiben. Die 15-bändige »Alexias«-Chronik schildert die Ereignisse der Jahre 1069 bis 1118 und gilt trotz einiger zeitlicher Ungenauigkeiten als eine der bedeutendsten Quellen der mittelalterlichen Geschichte. Einen Großteil des Werkes nimmt die Beschreibung der Begegnung von Byzantinern und Kreuzfahrern ein, wobei Anna keinen Hehl aus ihrer ablehnenden Haltung gegenüber den Lateinern macht.

Kaiser Alexios I. Komnenos (Mosaik aus der Hagia Sophia, Istanbul)

Hintergrund

Kreuzzugs-Chronisten: Im Idealfall Augenzeugen

Lediglich vier abendländische Chronisten haben den ersten Kreuzzug als Teilnehmer selbst miterlebt und Augenzeugenberichte hinterlassen. Die frühesten Darstellungen sind in den »Gesta Francorum« (Taten der Franken) gesammelt, deren Autor namentlich nicht bekannt ist. Er scheint ein Kleriker gewesen zu sein, der aber offenbar als Krieger ins Heilige Land gezogen ist. Die Berichte in der zwischen 1098 und 1101 entstandenen »Gesta« legen einen süditalienischen Normannen als Verfasser nahe. Vor dem Jahr 1105 erschien ein Bericht des französischen Klerikers Raimund von Aguilers, der dem Anführer der Südfranzosen im ersten Kreuzzugs, Graf Raimund von Toulouse, nahe stand. Zwischen 1105 und 1111 verfasste der Engländer Peter Tudebode seine Ausführungen über den Kreuzzug. Etwa zur gleichen Zeit entstand die wegweisende Chronik des Fulcher von Chartres. In seiner »Historia Hierosolymitana« (Jerusalemsgeschichte) zeigt sich die frühhumanistische Ausrichtung des Geistlichen: Er bildet seine Urteile sehr sorgfältig, ergreift für keine Seite offen Partei, sondern sucht den Ausgleich mit Byzanz und den Christen im Orient.

Etwas später wird Fulchers Werk von der Chronik des Wilhelm von Tyros als Standardwerk abgelöst. Der Geschichtsschreiber und zeitweilige Kanzler des Königreiches Jerusalem schildert sehr ausführlich die Entwicklung der Kreuzfahrerstaaten. Seine umfangreichen Abhandlungen beginnen mit der Beschreibung des ersten Kreuzzuges und enden abrupt im Jahr 1184.

Neben diesen Werken existieren Chroniken, deren Verfasser zwar nicht an den Kreuzzügen teilgenommen, aber Augenzeugen vernommen und deren Berichte festgehalten haben. Zu ihnen gehören u. a. Albert von Aachen, der neben den »Gesta Francorum« heute verschollene Augenzeugenberichte verarbeitet hat, und Robert der Mönch. Die Aufzeichnungen des Klerikers, der aus der Gegend von Reims stammt, beginnen erst im Jahr 1106.

Die wichtigsten arabischen Chronisten der Kreuzzüge sind Ibn al-Athir, Ibn al-Qalanisi und Imad ad-Din, dessen bedeutendstes Werk sich mit der Eroberung Syriens und Jerusalems durch Sultan Saladin beschäftigt.

Die entscheidende Phase der Reconquista beginnt

Etappensieg: Alfons I. nimmt den Mauren Saragossa

■ 18. Dezember 1118, Saragossa
Unter Alfons I. von Aragón und Navarra, dem Sohn Sanchos I., beginnt die langsame, aber stetige Zurückdrängung der Araber auf der Iberischen Halbinsel. Der König versteht sich als Vorkämpfer der Reconquista. Sein Ziel ist es, den Landweg nach Jerusalem freizukämpfen.

Nach einem Kreuzzugsbeschluss, den Alfons I. auf einer Synode in Toulouse von Papst Gelasius II. eingeholt hat, greift der König von Navarra und Aragón mit einem großen Truppenaufgebot die Stadt Saragossa an. Die seit 1110 unter der Herrschaft der Almoraviden stehende muslimische Bevölkerung ergibt sich nach kurzem Kampf.

Saragossa nimmt eine Schlüsselstellung für die Beherrschung des Ebrotales ein. Nach der Eroberung bemüht sich Alfons I., das städtische Leben der rund 17 000 Einwohner zu sichern. Den eingesessenen Bewohnern gesteht er Bleiberecht zu und gestattet ihnen, weiterhin ihre Felder zu bestellen. Allerdings müssen sie den inneren Stadtbereich verlassen und sich im Vorort Curtidores ansiedeln. Als neuen Herrscher von Saragossa setzt Alfons I. der Vizegrafen Gaston von Bearn ein. Der königliche Lehensmann ist zugleich Befehlshaber des Eroberungsheeres. Den prächtigen Palast »Aljaferia«, der im Nordwesten außerhalb der Stadt liegt, lässt Alfons I. zum Tagungsort des christlichen Kronrats von Aragón umbauen. Für die Neubesiedelung Saragossas wirbt der König christliche Ritter an. Seine Maßnahmen zeigen jedoch wenig Erfolg: Viele muslimische Einwohner ziehen aus der ganzen Region fort, während sich nur weniger neue Siedler in der Stadt niederlassen.

Der Fall von Saragossa läutet einen Eroberungsfeldzug ein, in deren Verlauf Alfons I. – »der Kämpfer« – seinen Herrschaftsbereich auf Kosten der Mauren um das Doppelte ausdehnt. Zu Beginn des Jahres 1119 zieht der König mit seinen Truppen den Ebro entlang und nimmt Tudela ein. Von der stark befestigten Stadt aus kann das heftig umkämpfte Grenzgebiet Navarras zu Kastilien und Aragón beherrscht werden. Im Frühjahr 1119 fällt auch Tarazona, eine Stadt im westlichen Aragón, unter dem Ansturm der Christen. Ein Jahr später gelingt Alfons I. die Eroberung von Calatayud und Daroca.

Anschließend marschiert der König erneut Richtung Saragossa und wendet sich gegen die Burg Belchite, die im Südosten der Stadt liegt. Dort gründet er 1122 die so genannte Belchite-Bruderschaft (»Confradía de Belchite«). Die Hauptaufgabe dieser geistlichen Ritterbruderschaft ist die Verteidigung von Saragossa gegen muslimische Angriffe aus dem Süden. Der Beitritt ist jedem Christen – egal ob Laie oder Kleriker – gestattet, der seinen Glauben verteidigen und sein Leben lang in den Dienst Christi treten will. Darüber hinaus können aber auch Menschen eintreten, die diesen Dienst nur ein Jahr lang auf sich nehmen wollen. Jedem, der dieser christlichen Miliz beitritt, werden nach der Beichte alle Sünden vergeben. Nach den Regeln der Belchite-Brüderschaft erhalten alle Mitglieder »die gleiche Vergebung ihrer Verfehlungen, als wenn sie nach Jerusalem gezogen wären«.

Die bisher äußerst erfolgreichen Eroberungszüge von Alfons I. enden vor den Toren von Lérida. Die Stadt, auf die auch der Graf von Barcelona einen Anspruch erhebt, kann von dem Initiator der entscheidenden Phase der Reconquista nicht eingenommen werden, sie fällt erst 1149.

Die christliche Rückeroberung Spaniens

914	1212
1150	1250

1238 ● Rückeroberung einer Stadt, mit Datum

– · – · – politische Grenze, 1250

✕ Schlacht, mit Datum

Gebiet muslimischer Herrschaft, 1300

0   120 km
0   100 Meilen

Stadtansicht von Saragossa mit der Basilika Nuestra Señora del Pilar

Ritter als neuer Stand: Beschützer des Friedens der Christenheit

Illustration eines berittenen Templerritters (kolorierter Stich, 19. Jh.)

Der Ursprung des Rittertums liegt vermutlich in den Kämpfen des aufstrebenden Franken-Reichs, in denen neben dem Fußvolk der berittene Krieger immer wichtiger wurde. Er war beweglicher, konnte größere Entfernungen überwinden und erhöhte zudem die Kampfkraft eines Heeres erheblich. Bereits Karl der Große hatte 807 eine Heeresreform erlassen, der zufolge nur jene Freien zum Krieg ausrücken mussten, die über einen erheblichen Grundbesitz verfügen. Dies war der erste Schritt zur Ausbildung eines Rittertums,

denn der Besitz von Pferden bedingte, dass der berittene Krieger aus wirtschaftlich guten Verhältnissen kam. Während das Volksheer weiterhin aus freien Bauern gebildet wurde, mussten im 10. Jahrhundert die Lehensleute ihrem Lehensherrn als berittene Kämpfer ins Feld folgen. Die rechtlichen und wirtschaftlichen Grundlagen des Rittertums waren somit eng mit dem Feudalismus verknüpft.

Mit den Kreuzzügen wandelt sich das Bild des Ritterkriegers. Nicht mehr der Kampf allein, sondern der Kampf im Namen Christi wird nun zum Ideal. Indem der Ritter die Ungläubigen bekämpft, schützt er den Frieden der Christenheit. Durch die Kreuzzüge entwickelt sich das Rittertum somit zu einem eigenen Stand innerhalb der christlichen Gesellschaft. Zudem wird die europäische Ritterschaft über die Landesgrenzen hinweg im Bewusstsein geeint, Teil einer einzigen großen Gemeinschaft zu sein.

Am deutlichsten ausgeprägt wird das Ideal des »miles christianus«, des christlichen Ritters, durch die Gründung der geistlichen Ritterorden, die die bisher als unvereinbar geltenden Lebensformen des Mönch- und Rittertums verbinden. Einen weiteren Höhepunkt in der Entwicklung des Rittertums stellt die Entstehung einer neuen und eigenständigen höfisch-ritterlichen Kultur dar. Im Mittelpunkt stehen dabei repräsentative Kampfspiele, aus denen sich von Frankreich aus das streng reglementierte Turnier entwickelt, sowie die höfische Literatur – die erste christliche Laienkultur des Mittelalters.

Kniender Ritter im Gebet (Glasmalerei in der Schlosskapelle Cappenberg, um 1350)

Der Kreuzfahrerstaat Edessa bleibt von einem frühen Untergang verschont

Bittere Niederlage der Franken auf dem »Blutfeld«

■ *28. Juni 1119, Tel Aqibrin*
Ein großes Ortoqidenheer unter der Führung von Sultan Ilghazi dringt ins Gebiet des Kreuzfahrerstaates Edessa ein. Dieser Bedrohung für die gesamte Region stellt sich Roger von Salerno, der Fürst von Antiochia, entschlossen entgegen.

In der Ebene von Sarmeda schließen rund 40 000 ortoqidische Kämpfer die nur etwa 5000 Mann zählende Truppe des Fürsten von Antiochia, Roger von Salerno, ein.

Als er vom Feldzug des Ortoqiden-Sultans Ilghazi erfuhr, hatte Roger zwar König Balduin II. von Jerusalem um militärische Hilfe gebeten, doch die zugesagten Truppen treffen nicht rechtzeitig ein. Als Kaufleute verkleidete Späher des Sultans hatten in den

Tagen zuvor gemeldet, dass das christliche Heer viel zu schwach sei, um einen Angriff der Muslime abzuwehren. Entgegen seinem ursprünglichen Plan, auf eine Verstärkung seiner eigenen Truppen zu warten, gab Ilghazi daraufhin den Befehl zur Umzingelung der christlichen Truppen. Verzweifelt versucht Roger mit seinen Männern der Einschnürung durch die Ortoqiden zu entgehen. Unter dem Pfeilhagel der muslimischen Bogenschützen geraten die angeworbenen syrischen und armenischen Fuß-

Ein Ritter im Kampf mit einem muslimischen Krieger (Miniatur, 1300–1325)

zingelung der christlichen Truppen. Verzweifelt versucht Roger mit seinen Männern der Einschnürung durch die Ortoqiden zu entgehen. Unter dem Pfeilhagel der muslimischen Bogenschützen geraten die angeworbenen syrischen und armenischen Fuß-

soldaten in Panik und behindern die christliche Reiterei. Fast alle Christen werden in der Schlacht getötet, darunter auch Roger von Salerno. Einige wenige Ritter werden von Ilghazi gefangen genommen und im Triumphzug nach Aleppo gebracht. Die Franken geben dem Schlachtfeld den Namen »Ager sanguinis«, das »Blutfeld«.

Als die Nachricht von der Vernichtung der Truppen Rogers in Antiochia eintrifft, erwarten die verängstigten Bewohner den Angriff des Sultans. Zur Verteidigung der Stadt gibt es keine Soldaten. Doch Ilghazi verschont Antiochia. Stattdessen schickt er ein Sendschreiben an alle Herrscher der muslimischen Welt, um seinen grandiosen Sieg auf dem »Blutfeld« bekannt zu machen.

Kampf und Gebet werden als christliche Aufgaben miteinander vereint

Die Templer gründen den ersten geistlichen Ritterorden

■ *September 1119, Jerusalem*
Nach der Niederlage auf dem »Blutfeld« fasst Hugo von Payens den Entschluss, einen geistlichen Ritterorden zu gründen. Die Templer entwickeln sich zu einem der bedeutendsten Orden des Mittelalters.

König Balduin II. von Jerusalem überlässt dem Herrn von Montigny-Lagesse, Hugo von Payens, eine Wohnstatt in seinem Palast. Die Räume befinden sich in der al-Aqsa-Moschee, die angeblich auf den Mauern jenes Tempels erbaut wurde, den Salomon errichtet hatte.

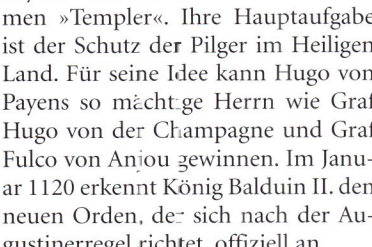

Siegel des Tempelritterorden (12. Jh.)

Von dieser ersten Unterkunft erhalten die Ritter um Hugo von Payens den Namen »Templer«. Ihre Hauptaufgabe ist der Schutz der Pilger im Heiligen Land. Für seine Idee kann Hugo von Payens so mächtige Herrn wie Graf Hugo von der Champagne und Graf Fulco von Anjou gewinnen. Im Januar 1120 erkennt König Balduin II. den neuen Orden, der sich nach der Augustinerregel richtet, offiziell an.

Da es den Herrschern der neu errichteten Kreuzfahrerstaaten an regulären Truppen mangelt, entwickeln sich die Templer bald zu einem schlagkräftigen Teil der christlichen Streitkräfte. Neben der Absicherung der Pilgerwege beteiligen sich die Ordensritter aktiv an der Verteidigung des eroberten Landes gegen die Muslime.

Finanziell sind die Templer in den ersten Jahren schlecht gestellt, da der Orden ohne Anerkennung durch die Kirche keine Schenkungen entgegennehmen kann. Die Lage bessert sich erst, als Hugo von Payens ins Abendland reist und im Januar 1129 am Konzil von Troyes eine eigene Ordensregel aufstellt. Als einflussreicher Fürsprecher tritt dabei der Theologe Bernhard von Clairvaux auf. Der Zisterziensermönch verfasst eine Predigt, in der er eine Lobrede auf das neue Rittertum hält. Die Templerregel schreibt sowohl das Gebet als auch den Kampf im Heiligen Land als Grundaufgaben der Ordensritter fest. Damit steht die Regel im Widerspruch zu der am Beginn des 11. Jahr-

hunderts entwickelten Theorie, die streng zwischen den drei Funktionen Gebet, Kampf und Arbeit unterscheidet. Durch die gregorianische Kirchenreform und das Wirken des Kreuzzugspredigers Bernhard von Clairvaux kommt es nun zu einer Vermischung dieser drei »Stände«.

Auf der Weiterreise durch Frankreich und England kann Hugo Spenden im Überfluss sammeln. Zudem gelingt es ihm, eine große Zahl von Anhängern zu rekrutieren, die ihm ins Heilige Land folgen.

20 Jahre nach ihrer Gründung verleiht Papst Innozenz II. den Templern mit der Bulle »Omne datum optimum« die Ordensprivilegien und unterstellt sie damit seiner Autorität. Im Jahr 1147 wird ihnen schließlich das Recht zugesprochen, das rote Kreuz auf weißem Mantel zu tragen.

Die Anerkennung des Ordens durch die Kirche führt dazu, dass die Templer innerhalb weniger Jahre zahlreiche Tochterkonvente im gesamten Abendland gründen. Vor allem West- und Mitteleuropa wird bald mit einem dichten Netz von Ordenseinrichtungen durchzogen. Besonders viele Niederlassungen errichten die Templer in Frankreich. Auch die Könige der Iberischen Halbinsel lernen den Kampfgeist der Templer rasch zu schätzen und binden sie in die Kämpfe der Reconquista ein. Zudem kümmern sich die Ordensritter um den Schutz der Grenzgebiete. Die portugiesischen Templer sind die einzigen, die das ursprüngliche Hauptziel des Ordens – die Verteidigung der christlichen Herrschaft im Heiligen Land – ganz aufgeben und sich nur mehr auf ihre Aufgaben in Portugal konzentrieren.

An der Spitze des Ordens steht ein Meister, der von einem Rat und hohen Würdenträgern unterstützt wird. Neben den Rittern und Kaplänen, den »frères de couvent«, die das Gehorsams-, Armuts- und Keuschheitsgelübde ablegen, kümmern sich die »frères de métiers« um die wirtschaftlichen Arbeiten.

Rotes Kreuz auf weißem Mantel: Templer in der Tracht ihres Ritterordens

---

Zitat

Armut, Keuschheit und Gehorsam

Wie alle anderen Orden geben sich auch die Templer eine eigene Regel. Bei deren Abfassung auf dem Konzil von Troyes spielt der Mönch Bernhard von Clairvaux eine entscheidende Rolle:

»...Wir versprechen, die Pilger gegen Wegelagerer und Räuber zu verteidigen, die Wege zu schützen und dem König und Herrscher als Ritter zu dienen. Wir halten die Gebote der Armut, der Keuschheit und des Gehorsams ein... Verboten sind die Falkenbeize und die Jagd, weil es für einen religiösen Orden ungehörig ist, sich solcherart den weltlichen Lustbarkeiten hinzugeben... Bei gemeinsamen Mahlzeiten ist Schweigen geboten... In Kleidung und Ausrüstung soll der Ordensritter auf Einfachheit achten, jeder Schmuck und jeder Luxus ist verboten... Den Rittern ist erlaubt, Fleisch zu essen, jedoch nur an drei Tagen in der Woche...«

Der Mönch Bernhard von Clairvaux predigt dem Teufel.

Der Kaiser schließt mit dem Papst einen Kompromiss

Das Wormser Konkordat beendet den Investiturstreit

■ *23. September 1122, Worms*
Der Jahrzehnte während Konflikt zwischen Kaiser und Papst um das Recht auf die Einsetzung von Geistlichen, die zugleich über weltliche Hoheitsrechte verfügen, wird durch einen Kompromiss beigelegt. Dabei büßt der deutsche Herrscher erheblich an Macht ein.

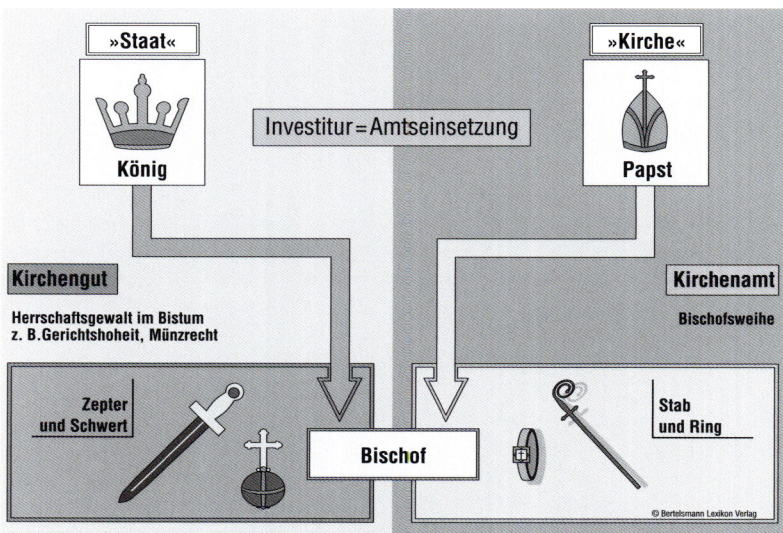

Das Wormser Konkordat regelt die Investitur der Bischöfe.

Auf dem Reichstag und der Synode zu Worms einigt sich eine Kommission aus deutschen Fürsten, die im Auftrag Kaiser Heinrichs V. verhandelt, mit den drei von Papst Calixt II. entsandten Kardinälen auf einen Kompromiss im Streit um das Recht auf die Einsetzung von Bischöfen und Äbten. Die Vereinbarung – das so genannte Wormser Konkordat – unterscheidet zwischen Temporalia (auf Zeit verliehene weltliche Güter) und Spiritualia (geistliche Würden). Fortan muss der Kaiser auf die Investitur (Einsetzung) der Bischöfe mit Ring und Stab verzichten. Der Ring als endlose Verbindung bezeichnet das Verhältnis zur Gemeinde, der Stab symbolisiert die Macht des Bischofs. Mit dieser Regelung ist der Hauptstreitpunkt in der Auseinandersetzung um die Investitur ausgeräumt.

Der Erfolg des Papstes wird möglich, weil die Gesandtschaft aus Rom unter Führung Bischofs Lambert von Ostia von der ursprünglichen kirchlichen Haltung abweicht. Die Kirchenmänner willigen in die Trennung von Amt (die kirchliche Würde des Bischofs) und Besitz (der neu gewählte Bischof wird vom Kaiser mit einem

Besitz belehnt und ist ihm darum lehenspflichtig) ein und machen damit den Weg für den Kompromiss frei.

Am heftigsten wird in Worms über die Forderung Heinrichs V. gestritten, dass die Wahl der Bischöfe künftig in Gegenwart des deutschen Herrschers stattfinden soll. Die Papstgesandten wollen dies zu Beginn auf keinen Fall zugestehen. Erst nach langen Debatten willigen sie schließlich ein, um die Verhandlungen nicht scheitern zu lassen. Der Kaiser erhält damit zwar keine rechtlichen Befugnisse, faktisch jedoch die Möglichkeit, den Wahlausgang in seinem Sinne zu beeinflussen. Immerhin erreichen die Papstgesandten, dass diese Regelung nur für das deutsche Reichsgebiet gilt, überall sonst soll der Gewählte innerhalb von sechs Monaten beim Kaiser um die Belehnung nachsuchen. Dabei handelt es sich um eine reine Formsache, da der Bischof im Augenblick seiner Wahl auch Herrscher über das Bistum wird. Der Papst kann diesem Kompromiss vor allem deshalb zustimmen, weil die italienischen Bischöfe dem unmittelbaren Einfluss des Kaisers entzogen sind.

Nach der Wahl wird der Bischof mit den »Regalien« (dem Münz-, Zoll-, Markt- und Gerichtsrecht) belehnt. Als Symbol und Zeichen seiner weltlichen Gewalt erhält er ein Zepter. Der Papst sieht das Wormser Konkordat keineswegs als langfristig geltende Vereinbarung. Dies zeigt schon der erste Satz der Urkunde: »Ich, Calixt,... gestatte dir, meinem lieben

Sohne Heinrich, ...dass die Wahlen der Bischöfe und Äbte... in deiner Gegenwart stattfinden...« Die persönliche Formulierung beschränkt den Vertrag von vornherein auf die Regierungsdauer der beiden genannten Personen. Da Heinrich 1125 stirbt, werden die päpstlichen Zugeständnisse bereits drei Jahre nach dem Abschluss des Wormser Konkordats hinfällig. Die Belehnung mit den Regalien bleibt zwar bestehen, die Wahl findet jedoch nicht mehr in Gegenwart des Königs statt und die anschließende Huldigung fällt ebenfalls weg.

Zwar werden den deutschen Herrschern damit vom Papst immer noch mehr Rechte zugestanden als den englischen und französischen Königen. Dennoch schwindet die Abhängigkeit der Bischöfe und Reichsäbte vom König. Sie sind nun nicht mehr Reichsbeamte, sondern Vasallen des Königs, die mit den weltlichen Fürsten zu einer Interessengemeinschaft zusammenwachsen und wie diese nach dem Ausbau ihrer weltlichen Macht streben. Auch gegenüber dem Papst, dessen Wahl der römisch-deutsche Herrscher lange Zeit wesentlich mitbestimmte, hat der Kaiser erheblich an Macht eingebüßt.

In England und Frankreich ist der Streit um die Einsetzung der Bischöfe bereits seit längerem beigelegt. Die englische Krone hat mit dem Konkordat von Westminster schon 1107 eine Regelung mit Rom getroffen, die der deutschen später als Vorbild dienen konnte. Ein Jahr vor seinem englischen Amtskollegen verzichtete der französische König Philipp I. auf die Investitur mit Stab und Ring.

Die Sonderstellung des deutschen Herrschers liegt in seiner Nähe zu Rom begründet: Der Kaiser kann praktisch jederzeit vor den Toren der Heiligen Stadt aufmarschieren. So hatte sich Heinrich V. im April 1111 mit Hilfe dieser militärischen Drohung das Recht verschafft, die Bischöfe vor ihrer Weihe unmittelbar nach der Wahl zu belehnen. Anschließend zog Heinrich im Triumph in die Stadt ein, um sich zum Kaiser krönen zu lassen. Gegen die deutschen Vorrechte bildete sich in Rom bald eine starke Opposition, vor der Papst Paschalis II. sogar fliehen musste. Heinrich V. kam dem Papst zu Hilfe und zog zu Ostern 1117 erneut in Rom ein. Diese Ereignisse führten dazu, dass die Kaiser stets in einem gespannten Verhältnis zu den Päpsten standen.

Der friedliche Disput in der »Sächsischen Weltchronik« aus dem 13. Jahrhundert bleibt ein Wunschtraum: Kaiser und Papst bleiben im Mittelalter Rivalen.

Gedrängt und versprochen, verschoben und gebannt: Kreuzzüge im Ränkespiel zwischen Kaiser und Papst

An den ersten Kreuzzügen beteiligen sich nur wenige deutsche Fürsten. Dies mag daran liegen, dass der Aufruf zum ersten Kreuzzug von dem aus Frankreich stammenden Papst Urban II. auf französischem Boden erging. Doch ein weiterer Grund dafür liegt noch tiefer: Die Beziehungen zwischen den deutschen Kaisern und den Päpsten sind durch ständige Konflikte und Machtstreitigkeiten geprägt. Zwischen Heinrich V. und den Päpsten, mit denen er im Investiturstreit ringt, ist niemals die Rede von einem Kreuzzug. Der Kaiser sollte sich vielmehr dem Willen des Papstes unterwerfen. Als Heinrich V. stirbt und der vom Papst begünstigte Lothar von Sachsen die Nachfolge antritt, kann das Heilige Land aus der Sicht Roms niemals ein Pilgerziel des deutschen Kaisers werden – seine ganze Militärmacht wird gebraucht, um dem Papst gegen die normannischen Ansprüche auf Sizilien zur Seite zu stehen. So sollte auch der zweite Kreuzzug ein rein französisches Unternehmen werden. Durch seine mitreißenden Reden gewinnt der Kreuzzugsprediger Bernhard von Clairvaux jedoch auch Konrad III. für die Teilnahme. Papst Eugen III. wirft dem Kaiser zwar vor, er habe ihn nicht um Erlaubnis gefragt, doch das öffentliche Gelübde zum Kreuzzug kann nicht mehr rückgängig gemacht werden. Die deutsche Führung eines Kreuzzuges gegen den Willen des Papstes findet seine Fortsetzung bei Friedrich I. Barbarossa. Seine Teilnahme am dritten Kreuzzug ist keine Bußwallfahrt im Sinne der Kirche, sondern die Bestätigung der besonderen Stellung des Kaisers in der Welt. Eine Krönung in der Grabeskirche würde seinem Herrschertum eine mythische Weihe verleihen – kein Herrscher im Abendland könnte ihm danach noch den Kniefall verweigern. Das Machtspiel zwischen Kaiser und Papst in der Frage der Kreuzzüge gipfelt im Verhalten Friedrichs II. Von der Kirche gebannt, begibt er sich gegen den ausdrücklichen Willen des Papstes auf den sechsten Kreuzzug und lässt sich in der Grabeskirche zum König von Jerusalem krönen. Damit zwingt er den Papst, den Bann aufzuheben und ihn als »guten Sohn der Kirche« und »Verteidiger des Glaubens« zu bezeichnen.

Die Verwendung der Kreuzzüge als Machtmittel im politischen Kräftespiel zwischen Kaiser und Papst liegt im großen Einfluss begründet, den die deutschen weltlichen Herrscher in Italien und Rom ausüben können. Damit geht von ihnen eine weitaus größere Bedrohung für die Macht und Stellung des Papstes aus als von anderen europäischen Herrschern. Züge deutscher Kaiser sind immer eine Demonstration der eigenen Unabhängigkeit und stellen keinen Gehorsamsakt gegenüber der vom Papst beherrschten Kirche dar.

Heinrich V. und Paschalis II. zur Zeit des Investiturstreits (Miniatur, 1113)

Den Ortoqiden gelingt ein prestigeträchtiger Schlag gegen die Franken

Balduin II. und Joscelin I. liegen in Ketten

■ *13. September 1122, Sarudsch*
Das Königreich Jerusalem festigt seine Macht. Selbst die Gefangennahme des Königs kann die Verwaltung des Landes nicht erschüttern.

Graf Joscelin I. von Edessa trifft mit einer kleinen Reiterschar auf das Heer des Ortoqiden-Fürsten Balak. Die zahlenmäßig weit unterlegenen Franken werden von den Muslimen gefangen genommen und auf die Burg Kharput gebracht.

Durch die Gefangennahme des Grafen fällt Edessa an König Balduin II. von Jerusalem. Im April 1123 trifft Balduin in der Grafschaft ein und regelt dort die Herrschaftsverhältnisse. Er setzt Gottfried, den Herrn von Marasch, an die Spitze der Verwaltung. Danach reitet Balduin

nach Nordosten, um die Stelle, an der Joscelin Balak in die Hände fiel, aufzusuchen. Dabei ahnt er nicht, dass Balak sich mit seinen Truppen ganz

Reiter mit Hund auf der Falkenjagd (Miniatur, 1300–1320)

in der Nähe aufhält. Am 18. April wird Balduin II. unweit von Gargar bei einer morgendlichen Falkenjagd von den Ortoqiden angegriffen. Der größte Teil des christlichen Heeres wird umgebracht, der König selbst als Gefangener zu Joscelin nach Kharput überstellt.

Mit Hilfe einer Gruppe Armeniern gelingt Joscelin noch im Jahr 1123 die Flucht. Für eine Befreiung des Königs fehlen ihm jedoch die Mittel. Erst nach dem Tod Balaks kann Balduin mit Fürst Timurtasch, in dessen Obhut er sich nun befindet, Bedingungen für seine Freilassung verhandeln. Er sichert den Ortoqiden ein hohes Lösegeld sowie die Übergabe einiger Städte zu und wird im Sommer 1124 auf freien Fuß gesetzt.

Zitat

Die Flucht aus Kharput

Der Chronist Fulcher von Chartres berichtet von den Vorbereitungen zur Flucht des Grafen Joscelin I. von Edessa aus der Burg Kharput:

»Mittels einiger Geschenke und vieler Versprechungen kam es zu einem Vertrag mit umwohnenden Armeniern. Diese schickten von der Stadt Edessa ungefähr 50 unbekannte Soldaten... Diese Soldaten verkleideten sich als arme Leute, luden Waren auf ihren Rücken und beim Verkauf derselben... drangen sie bis zu den inneren Toren der Burg vor. Dort erschlugen sie den Hauptmann der Wache... Einige... stiegen auf die Leitern zum Mauerrand, pflanzten auf dem höchsten Punkt der Zitadelle das Banner der Christen auf...«

Die Kreuzfahrer und ihr Besitz in der Heimat werden abgesichert

Erstes Laterankonzil: Privilegien für Kreuzfahrer

■ *18. März 1123, Rom*
Das erste Konzil im Abendland nach der Trennung von der Ostkirche (1054) wird von Papst Calixt II. einberufen – es erlangt Bedeutung für die gesamte abendländische Kirche. Zum ersten Mal wird der Rechtsstand der Kreuzfahrer durch einen kirchlichen Erlass geregelt.

300 oder mehr Bischöfe kommen in Rom zu einer Synode zusammen, die Papst Calixt II. einberufen hat. Es ist das erste allgemeine Konzil des Westens. Der wichtigste Punkt, den die kirchliche Versammlung regeln soll, bezieht sich auf die Einigung des Papstes mit dem deutschen Kaiser Heinrich V. Zunächst lässt Calixt den Verzicht des Kaisers verlesen, die Einsetzung eines neu gewählten Bischofs mit Ring und Stab (Investitur) vorzunehmen. Lebhafter Beifall erhebt

sich, der aber rasch lautem Protest weicht, als die Urkunde des Papstes verlesen wird, in der er der Forderung Heinrichs zustimmt, dieser solle bei jeder Wahl eines neuen Bischofs anwesend sein. Wortführer des Protestes sind vor allem die so genannten Gregorianer, strenge Gegner jedes weltlichen Einflusses auf die Kirche und Verteidiger ihrer Freiheit von jedem säkularen Herrscher. Calixt versichert, er habe mit dem Kaiser nicht auf ewige Zeiten Frieden geschlossen, sondern lediglich einen Waffenstillstand auf unbestimmte Zeit. Er habe die Zugeständnisse nicht gebilligt, sondern nur um des lieben Friedens willen geduldet. Daraufhin legt sich der Widerspruch.

Die Konflikte um die Bischofswahl mit dem deutschen Kaiser und die bestätigung des Wormser Konkordats

Singende Mönche im Chorgestühl (aus dem Psalter Heinrichs VII., um 1400)

von 1122 sind jedoch nur ein Teil der rund sechs Wochen dauernden Konzilsberatungen. Grundsätzlich geht es drum, künftig in der Kirche bei Bischofswahlen die Simonie, also den Ämterkauf von Bischöfen, zu vermeiden. Außerdem soll die Synode sich zu Calixt II. als dem rechtmäßigen Papst bekennen – denn kurz zuvor war Gregor VIII. nach Unruhen in Rom gleichfalls zum Papst gewählt worden. Dessen Weihen erkennt die Synode ab. Außerdem verschärfen die versammelten Bischöfe das Heiratsverbot der Priester noch einmal (Zölibat) und verbieten auch den Diakonen und Subdiakonen die Ehe.

Besondere Beratungen widmen die Bischöfe der Situation der Kreuzfahrer. Sie bestätigen ausdrücklich den Erlass der zeitlichen Sündenstrafen für jeden, der das Kreuz nimmt und ins Heilige Land zum Kampf gegen die Ungläubigen zieht. Neu ist die Forderung, die Familien der Kreuzfahrer sollten in der Zeit ihrer Abwesenheit einen besonderen Schutz der Kirche und des Grundherren genießen, auch dürfe sein Eigentum in dieser Zeit nicht angetastet werden. Diese Bestimmungen sollen für alle Zeiten gelten – zum ersten Mal werden damit die Kreuzfahrer offiziell von der Kirche privilegiert.

Wie weit Calixt selbst sich mit diesen Erlassen zu den Kreuzfahrern identifiziert, ist nicht klar. Die Kreuzfahrerstaaten sind zu seiner Zeit in einem guten Zustand, sie dehnen sich aus und sind wenig bedroht. Darum ergeht wohl auf dem Konzil kein aus-

drücklicher Aufruf, erneut ins Heilige Land zu ziehen, um die heiligen Stätten von den Ungläubigen zu befreien. Das Hauptaugenmerk der Geistlichen richtet sich auf die Lage der Kreuzfahrer in der Heimat.

Die übrigen Beschlüsse der Synode, die am 6. April zu Ende geht, bestärken noch einmal den Primat des Papstes als dem obersten Herrn der Bischöfe und Priester des Abendlandes. Deren Einfluss auf die kirchlichen Ordnungen in ihren Gebieten wird noch einmal unterstrichen. Die neu entstandenen Orden und mönchischen Gemeinschaften werden ausdrücklich in die Ziele der Reform der Kirche eingebunden.

Ein entscheidendes Ergebnis der Synode ist: Das kirchliche Recht empfindet sich als über dem weltlichen stehend. Nach dem Waffenstillstand mit dem deutschen Kaiser kann Rom sich tatsächlich als Sieger fühlen. In einem Wandgemälde im Lateran wird der Augenblick malerisch verewigt, in dem Kaiser Heinrich V. dem Papst seine Verzichtserklärung überreicht. Den vollen Wortlaut kann der Betrachter des Bildes lesen.

Als »Laterankonzilien« werden die allgemeinen Konzilien der katholischen Kirche bezeichnet, die im Lateranpalast in Rom abgehalten werden. Bis 1308 war der Lateranspalast auch Amtssitz der Päpste. Auf den Mauern des Palastes der Familie Laterani entstand 312 der erste Monumentalbau der Christenheit in Form einer fünfschiffigen Säulenbasilika mit Querhaus und Apsis.

Das Konzil gewährt Ablass: »Die Verdammten in der Hölle«, Verduner Altar.

Geistlicher Ritterorden wird in Europa aktiv
Templer rekrutieren Mitglieder

■ *Dezember 1128, London*
Auf seiner Reise durch das Abendland wirbt Hugo von Payens, der erste Großmeister des neu gegründeten Templerordens, Ritter zur Verteidigung des Heiligen Landes an.

Der englische König Heinrich I. empfängt den Großmeister des Tempelritterordens, Hugo von Payens, mit allen Ehren in seinem Londoner Palast. Hugo nutzt die Gelegenheit, um die anwesenden jungen Adligen dazu aufzurufen, dem neu entstandenen Ritterorden beizutreten. Sie sollen helfen, das Heilige Land zu befreien und die Wege der christlichen Pilger zu sichern.

Bei seinem Aufbruch nach Europa Ende 1127 gab König Balduin II. von Jerusalem Hugo den Auftrag, auf seiner Reise im Abendland eine ähnlich große Begeisterung für den Kampf in Outremer zu entfachen, wie sie zur Zeit des ersten Kreuzzugs herrschte. Spuren vom Wirken des Templers lassen sich vor allem in Flandern, in der Provence und in der Normandie nachweisen. Viele Adlige treten dem Orden begeistert bei, die genaue Zahl der Mitglieder, die Hugo anwerben kann, ist allerdings nicht überliefert. Der Großmeister erhält zudem zahlreiche Schenkungen. Neben Geldzuwendungen bekommen die Templer auch Güter und Ländereien.

Hugo von Payens selbst überschreibt dem Templerorden seinen gesamten Besitz. Zu dieser Handlung ist auch jeder, der neu in den Orden eintritt, verpflichtet.

Tempelritter eskortieren Pilger nach Jerusalem (Xylographie, 19. Jh.).

Das Heilige Land als Umschlagplatz
Granatäpfel und Zuckerrohr

■ *Um 1125, Palästina*
Das Heilige Land entwickelt sich zu einem Umschlagplatz für zahlreiche Waren.

Kaufleute aus Pisa, Genua, Venedig, Amalfi und Marseille, die sich nach dem ersten Kreuzzug im Heiligen Land niedergelassen hatten, sichern sich Quartiere in den von den Christen eroberten Städten. Von dort aus betreiben sie ihren lukrativen Fernhandel mit dem Orient.

Die Händler leben nach den in ihren Heimatstädten geltenden Gesetzen und sondern sich damit von der übrigen Bevölkerung der Kreuzfahrerstaaten ab. Ihre Schiffe und bewaffneten Söldner werden zunehmend zu einem wichtigen Machtfaktor im Heiligen Land sowie in der Vorbereitung und Durchführung neuer Kreuzzüge.

Die muslimischen Bewohner des Heiligen Landes hatten bereits weite Landstriche kultiviert. Besonders gut gedeihen Wein, Granatäpfel, Zitronen, Limonen, Kräuter, Gemüse sowie Rosen. Bereits im 10. Jahrhundert gelangte das Zuckerrohr von Indien über Persien nach Palästina. Zur Zeit der Kreuzfahrerstaaten konzentriert sich die Zuckerverarbeitung auf die Städte Tripolis und Tyros. Auch Baumwolle wird bereits angebaut.

Ein neues höfisches Kampfspiel entsteht
Erste deutsche Ritterturniere

Turnierszene (Miniatur aus der Manessischen Handschrift, 14. Jh.)

■ *12. August 1127, Würzburg*
Die deutschen Ritter übernehmen aus Frankreich das Turnier. Das nach festen Regeln mit Lanze und Schwert geführte Kampfspiel dient der militärischen Übung.

Auf einem besonders eingerichteten Platz (»in den Schranken«) findet vor den Toren Würzburgs das erste nachweisliche Turnier auf deutschem Boden statt. Die Teilnehmer messen sich im Reiten, im Lanzenstechen und im Schwertkampf. Ein Schiedsrichter überwacht die Einhaltung der Regeln. Meist winkt dem Sieger ein Preis, immer bedeutender wird aber auch der Gewinn an Ehre. Die Duelle bleiben dabei nicht immer spielerisch. Chroniken berichten von zahlreichen Verletzungen und tödlichen Unfällen. Auch von Fällen der Raserei wird berichtet, in denen aus dem Vergnügen plötzlich tödlicher Ernst wird.

Die Kirche protestiert zunächst heftig gegen das blutige Zeremoniell. 1130 untersagt das Konzil von Clermont die »abscheulichen Märkte und Jahrmärkte, auf denen Ritter ihre Kräfte messen«. Dem kirchlichen Verbot zum Trotz finden auf vielen fürstlichen Treffen große Turniere statt. Mitte des 13. Jahrhunderts ist das Turnier fester Teil des Hoflebens. Zu der Zeit fällt auch das Turnierverbot – die Kampfspiele gelten nun als nützliche Vorbereitung für Kreuzzüge.

Christliche Streifzüge ohne Ergebnis
Alfons I. zieht durch Südspanien

■ *Sommer 1125, Andalusien*
Alfons I. von Aragón nutzt die Schwäche der Almoraviden-Dynastie für Kriegszüge in den Süden.

Standarte von Baeza: Der heilige Isidor hilft im Kampf gegen die Mauren.

Ohne nennenswerten Widerstand der Almoraviden durchstreift König Alfons I. von Aragón und Navarra muslimische Gebiete in Andalusien und Valencia. Obwohl Alfons I. keine der großen Städte angreifen kann, verwirklicht er eines seiner Ziele: Er wirbt rund 10 000 Mozaraber (spanische Christen, die unter maurischer Herrschaft leben) an, um sie im Gebiet von Saragossa im Ebrotal neu anzusiedeln. Weniger erfolgreich gestaltet sich die Belagerung der Stadt Fraga. Jahrelang gelingt es Alfons I. nicht, die muslimischen Verteidiger zu besiegen. 1134 stirbt er schließlich bei einer Schlacht vor Fraga.

Der Kalif von Bagdad erhält Bohemunds Haupt als Geschenk

Franken schwer geschlagen: Türken töten Bohemund II.

■ *Februar 1130, am Fluss Dschihan*
Fürst Bohemund II. von Antiochia versucht die kilikischen Gebiete zurückzugewinnen. Er bezahlt seinen Plan mit dem Leben.

Fürst Leo I. von Armenien greift, verstärkt durch Truppen des Danischmandiden-Emirs Ghazi, den kleinen Heerzug Bohemunds II. überraschend an und vernichtet ihn vollkommen. Eigentlich hätten die Danischmandiden den Fürsten des bedeutenden Lösegeldes wegen mit

Enthauptungsszene aus der Offenbarung (frühes 14. Jh.)

Sicherheit gefangen genommen. Doch sie erkennen ihn zunächst nicht. Stattdessen wird sein abgeschlagenes Haupt dem Emir überbracht, der es einbalsamieren lässt und dem seldschukischen Kalifen von Bagdad als Geschenk übersendet. Dieses Vorgehen gilt als Zeichen für den wachsenden Widerstand der Muslime gegen die Kreuzfahrer.

Voller Ehrgeiz hatte Bohemund II. versucht, alle Gebiete zurückzugewinnen, die früher Teil des Fürstentums Antiochia waren. In Kilikien plante er die Rückeroberung der Stadt Anazarbos. Dessen Herrscher, der armenische Rubenier-Fürst Thoros, war 1129 gestorben. Sein Sohn und Nachfolger war kurze Zeit später im Zuge einer Palastintrige ebenfalls ums Leben gekommen. Leo I., der Bruder von Thoros, der daraufhin die Herrschaft übernahm, erkannte die Gefahr durch die Franken jedoch rechtzeitig und schloss ein Bündnis mit den Danischmandiden.

Der Adel im Heiligen Land wittert die Chance auf das Abschütteln der Lehensherrschaft und revoltiert

Fulco muss sich die Macht in Jerusalem erst erkämpfen

■ *14. September 1131, Grabeskirche*
Als Balduin II., König von Jerusalem, stirbt, steht die Autorität seines Nachfolgers Fulco von Angers als oberster Lehensherr der Kreuzfahrerstaaten in Frage. Überdies erhebt der Kaiser von Byzanz Ansprüche.

Drei Wochen nach dem Tod Balduins II. werden in Jerusalem Graf Fulco gemeinsam mit Melisende, der Tochter Balduins, gekrönt. Schon Ende 1127 hatte Balduin eine Gesandtschaft zu Fulco nach Frankreich geschickt, dem Grafen die Hand seiner Tochter angeboten und, da er selbst ohne männlichen Erben war, auch den Titel eines Königs eigenen Rechts versprochen. Als Fulco 1128 ins Heilige Land kam, ehelichte er Melisende und erhielt als Mitgift die Städte Akkon und Tyros. Auf dem Sterbebett hatte Balduin sein erstes Versprechen jedoch geändert und Melisende sowie beider Sohn Balduin mit der Königswürde bedacht. Unmittelbar nach der Krönung versucht Fulco seine Frau aus der Regentschaft zu verdrängen. Die fränkischen Fürsten, die Grafen von Edessa und Tripolis, insbesondere aber Alice, die Witwe Bohemunds II. von Antiochia und Tochter Balduins II., wollen die Gelegenheit nutzen, sich von der Jerusalemer Oberherrschaft zu befreien. Mit Waffengewalt verschafft Fulco sich die Anerkennung als König. Bei Chastel Rouge besiegt er die aufständischen Verbündeten. Fulco behält die Oberherrschaft über Antiochia, kann allerdings den Widerstand nicht vollständig brechen. Der Konflikt schwelt weiter, wird aber durch die politischen Ereignisse verdrängt.

Ein Feldhauptmann Sawar aus Damaskus, der im Dienste des Emirs Zengi von Mosul steht, drängt im Frühjahr 1133 zusammen mit umherziehenden Turkmenen nach Westen und fällt in Antiochien ein. Fulco muss ihm entgegentreten. Antiochia selbst scheint wenig gerüstet. Auch Joscelin II. von Edessa erweist sich als entschlussschwacher Herrscher, unfähig, den christlichen Vorposten gegen die vordringenden Muslime zu verteidigen. Er ruft Fulco zu Hilfe, bei dessen Herannahen die Turkmenen kampflos abziehen. Widerstand leistet lediglich Sawar. Fulco schlägt Sawar jedoch in einem Überraschungsangriff und kann im Triumph in Antiochia einziehen. Die Gefahr aus dem Osten ist damit allerdings noch nicht beseitigt. Als Fulco im Sommer 1133 wieder abzieht, beginnen die Überfälle durch Sawars Truppen erneut.

Zudem flammt der alte Streit um die Oberherrschaft Fulcos über Antiochia wieder auf. Alice bietet die Hand ihrer Tochter Konstanze dem jüngsten Kaisersohn Manuel von Byzanz an. Auf den ersten Blick ein kluger politischer Schachzug. Byzanz scheint stark genug, Antiochia gegen die Muslime zu verteidigen. Doch die fränkischen Adligen sind entsetzt. Fulco selbst sorgt für einen neuen Bewerber um Konstanze, Raimund von Poitiers, der heimlich ins Heilige Land gebracht wird. Die neunjährige Konstanze wird aus dem Palast entführt und in aller Eile mit dem 37-jährigen Raimund verheiratet. Alice muss sich geschlagen geben. Fulcos Oberherrschaft ist gesichert.

Jerusalem im Mittelalter (Miniatur aus dem »Livre de Voyage«, 15. Jh.)

Kreuzfahrerkunst – Verschmelzung unterschiedlicher Kunsttraditionen zu einem neuen Stil

Von einer speziellen Kreuzfahrerkunst lässt sich erst rund 30 Jahre nach der Eroberung Jerusalems (1099) sprechen. Das früheste Zeugnis figürlicher Malerei ist ohne Zweifel das Bild Marias mit dem Kind, das im südlichen Schiff der Geburtskirche in Bethlehem an eine Säule gemalt ist. Der unbekannte Künstler hat ein Werk geschaffen, das byzantinische mit westeuropäischen und einheimischen Elementen verbindet.

Ein Jesusbild in der Geburtskirche zu Bethlehem (12. Jh.)

Das wachsende Bedürfnis nach Reliquien ist ein weiteres Motiv für die Entwicklung einer eigenständigen Kunst. In Jerusalem entsteht südlich des Heiligen Grabes in den 1130er Jahren ein Zentrum für Goldschmiedearbeiten, in dem im Auftrag von Pilgern Reliquiare in Form eines doppelarmigen Kreuzes angefertigt werden. Das Reliquiar des wahren Kreuzes (heute in Barletta) wird vermutlich 1138 dort hergestellt. Ein Zeugnis für die Buchmalkunst, die sich im Heiligen Land entwickelt, ist das Psalterium der Melisende, das von König Fulco in Auftrag gegeben wird. Vier Illustratoren, ein nordfranzösischer Schreiber, ein Elfenbeinschnitzer für die Buchdeckel und ein Seidensticker verfertigen das Psalterium im Frühjahr 1135. Das Manuskript ist das wichtigste erhaltene Werk aus der Schreibwerkstatt der Kirche des Heiligen Grabes. Die Ausschmückung der Grabeskirche leistet der Entwicklung einer eigenständigen Kreuzfahrerkunst erheblichen Vorschub.

Eine undurchsichtige Geschichte um ein verweigertes Duell

Fehden und Intrigen am Jerusalemer Königshof

■ *Spätsommer 1132, Jerusalem*
Genau wie an anderen abendländischen Königshöfen gibt es auch am Hof in Jerusalem Liebesgeschichten, Duelle und Verschwörungen.

Am Hof in Jerusalem soll ein Duell stattfinden. Herausforderer ist Walter Garnier, der Erbe Caesareas. Er bezichtigt seinen nur um wenige Jahre älteren Stiefvater Hugo von Le Puiset, den Herrn von Jaffa, einer Verschwörung gegen König Fulco von Jerusalem. Doch Hugo erscheint nicht in den Turnierschranken. Möglicherweise hat Königin Melisende, Gattin des Fulco, ihren Jugendfreund gebeten, dem Kräftemessen aus dem Weg zu gehen. Das Fernbleiben Hugos aber versteht der Hof als Eingeständnis seiner Schuld. Der Rat des Königs spricht ihn der Verschwörung schuldig. Daraufhin flieht Hugo nach Askalon und bittet dessen ägyptische Besatzung um Hilfe. Unter deren Be-

gleitschutz kann er nach Jaffa zurückkehren, jedoch nicht verhindern, dass die Ägypter die Dörfer im Umland verwüsten. Damit aber scheint Hugos Verrat offensichtlich. König Fulco schickt Truppen gegen Jaffa, das sich widerstandslos ergibt.

Hugo von Le Puiset wird auf drei Jahre in die Verbannung geschickt. Nach Verbüßung seiner Strafe kann er jedoch unbehelligt an den Königshof zurückkehren.

Altstadt Jerusalem: das Jaffa-Tor

Für kurze Zeit kämpfen Kaiser und Papst wieder Seite an Seite – der Papst gewährt Kreuzzugsprivilegien

Das Konzil von Pisa richtet sich gegen die Normannen

■ *Ende Mai 1135, Pisa*
Papst Innozenz II., der sich gegen seinen Konkurrenten Anaklet II. nicht in Rom halten kann, findet in Pisa Aufnahme. Dort versucht er Verbündete im Widerstand gegen die sizilianischen Normannen zu finden, die Anaklet unterstützen.

Zahlreiche Bischöfe und Äbte aus Frankreich und Italien folgen dem Ruf von Papst Innozenz II. zu einem Konzil nach Pisa. Aus dem deutschen Reich, auf dessen Unterstützung Innozenz II. vor allem angewiesen ist, erscheinen nur wenige Geistliche.

Auf dem Konzil sagt der Papst denjenigen die Kreuzfahrerprivilegien zu, die seinen Anspruch gegen die Normannen unter Roger II. von Sizilien – der die Partei Anaklets II. ergriffen hatte – unterstützen. Der von Innozenz zu Hilfe gerufene deutsche Kaiser Lothar III. zieht 1136 mit einem großen Truppenkontingent zu seinem zweiten Italienzug über die

Alpen. König Roger II. kapituliert vor dem Heer, dem sich die großen Städte Apuliens widerstandslos ergeben, und zieht sich nach Sizilien zurück. Der Papst und der Kaiser setzen gemeinsam einen neuen Herzog von Apulien ein, Rainulf von Alife. Der Zug Lothars stärkt den Einfluss der Deutschen in Italien erheblich. Im Kloster Montecassino wird ein deutscher Reichsabt eingesetzt, Heinrich von Baiern zum Markgrafen der Toskana bestellt.

Zunächst scheint es, als sollten die alten Zeiten wieder erstehen, in denen der Papst Seite an Seite mit dem deutschen Kaiser die Vormachtstellung in den italienischen Gebieten innehat. Doch sind die Erfolge nur von kurzer Dauer: Nach dem Abzug des kaiserlichen Heeres bringt Roger II. von Sizilien die verloren gegangenen Gebiete wieder unter seine Kontrolle. Lothar stirbt 1137 auf dem Rückweg nach Deutschland.

Kapelle des Normannenpalastes in Palermo (Sizilien), erbaut von Roger II.

Neue Ausrichtung der Klostertätigkeit widmet sich Alten, Kranken und Armen

Das Pantokratorkloster entsteht im Geiste der Caritas

■ *Sommer 1136, Konstantinopel*
In Konstantinopel entsteht ein Kloster, das zugleich Krankenhaus ist. Es wird ein Vorbild für viele Hospitäler im Abendland.

Der byzantinische Kaiser Johannes II. Komnenos gründet das Pantokratorkloster. Es ist das erste Kloster, das die »Basiliusregel« ganz erfüllt: Die von Erzbischof Basilius II. von Caesarea im 4. Jahrhundert aufgestellte Regel fordert von den Mönchen eine karitative Tätigkeit. So richtet das Kloster eine Speisung für die Armen ein, nimmt Pilger und reisende Kaufleute auf, gründet ein Altenheim und richtet ein Asyl für Geisteskranke ein.

Besondere Bedeutung gewinnt die neu gegründete Einrichtung dadurch, dass sie ein vollständiges Krankenhaus betreibt, in dem Pfleger die in einzelnen Betten liegenden Patienten betreuen und Ärzte nach den neuen Erkenntnissen der medizinischen Wissenschaft Krankheiten behandeln. Das Hospital verfügt über ein Bad, in dem bis zu sechs Menschen Platz finden. Es gibt sogar eine eigene Apotheke, die dem Pantokratorklos-ter angegliedert ist. Pfleger und Ärzte sind nicht Mitglieder der rund 700 Mönche umfassenden Klostergemeinschaft, sondern werden als Arbeitskräfte bezahlt. Im Unterschied zu den Landklöstern im Byzantinischen Reich ist das Kloster in der Hauptstadt wirtschaftlich ausgerichtet.

Die Klosterkirche Pantokrator ist heute in Istanbul die Molla-Zeyrek-Moschee.

Vom Pantokratorkloster aus findet das Hospitalwesen, vermittelt durch die Kreuzritterorden, seinen Weg ins Abendland. Das Kloster verdankt seinen Namen dem als Weltherrscher (»Pantokrator«) dargestellten Christus in der Südkirche, des größten Kreuzkuppelraums Konstantinopels. Der Überlieferung nach soll Kaiserin Eirene, Gattin Johannes' II., große Zuneigung zu den Armen in der Stadt empfunden haben. Kurz nach dem Regierungsantritt ihres Mannes hatte sie eine riesige Kreuzkuppelkirche in Auftrag gegeben. Doch der Bau überstieg ihre Kräfte. Unter Tränen soll sie ihren Mann gebeten haben, ihr Vorhaben fortzusetzen. Gerührt von der Schönheit des Gebäudes soll Johannes II. seiner Frau versprochen haben, das Kloster zum Schönsten der Stadt zu machen. Es sollte dem Pantokrator, dem es geweiht war, würdig sein. Das Kloster wird später zur Grablege der Komnenen- und der nachfolgenden Palaiologen-Dynastie. Kurz vor ihrem Tod im Jahr 1124 soll sich Kaiserin Eirene unter dem Namen Xene in ein Kloster zurückgezogen haben.

Hintergrund

Die Bündnispolitik der Muslime: jeder gegen jeden

Die politische Situation im Vorderen Orient begünstigt zur Zeit der ersten beiden Kreuzzüge die Eroberer. Im Lager der Muslime führt der gemeinsame Glaube nicht zu gemeinsamem Handeln. Den beiden bedeutenden Reichen, dem Fatimiden-Reich in Ägypten und dem Seldschuken-Reich in Kleinasien und Syrien, mangelt es an Geschlossenheit und militärischer Macht. Die Seldschukenherrschaft war in viele im Grunde selbständige Kleinreiche zerfallen, die nur noch formal der Oberherrschaft Bagdads unterstehen, sich aber häufig gegenseitig befehden. Damaskus, Aleppo und Mosul im Osten grenzen an die Kreuzfahrerstaaten, gehen aber wechselnde Bündnisse ein. So ziehen 1115 Kreuzritter, Aleppo und Damaskus gemeinsam gegen das Heer des Seldschuken-Sultans von Bagdad. 1139 schließen die Kreuzfahrer kurzfristig ein Bündis mit Damaskus gegen Aleppo und Mosul. Aufgefordert dazu werden sie vom Statthalter von Damaskus, der sich gegen einen Angriff des Emirs Zengi zur Wehr setzt. Mit den ägyptischen Fatimiden verbündet sich sogar der Graf von Jaffa einmal gegen den König von Jerusalem. Das Fatimiden-Reich in Ägypten bildet zwar einen geschlossenen Staat, der Ansprüche auf das gesamte Heilige Land erhebt. Doch fürchtet es bei einem Angriff eine Schwächung, die es den Angriffen aus dem Seldschuken-Reich aussetzen könnte. Die mehrfachen Überfälle Balduins II. auf Ägypten belegen zudem, dass es zu einem Verteidigungsbündnis der muslimischen Herrschaftsgebiete gegen die christlichen Eroberer nicht kommt.

Im Norden und Nordosten der Kreuzfahrerstaaten gelingt es den armenischen Fürstentümern, sich aus der seldschukischen Herrschaft zu lösen, zunehmend werden sie zu einer eigenen politischen Kraft in Kleinasien. Zwar erhebt Byzanz noch immer Anspruch auf die Gebiete, ist aber militärisch zu schwach, um diesen Anspruch durchzusetzen.

Der »heilige Krieg« der Muslime beginnt

Zengi erobert Montferrand

■ *Juli 1137, Buqaia-Ebene*
Der Emir Zengi von Mosul beginnt die arabischen Gebiete zu unterwerfen und eröffnet einen Glaubenskrieg gegen die Franken. Er profiliert sich als Vorkämpfer des Islam.

Der Prophet Mohammed im Kreise seiner Getreuen (Miniatur, 1583)

An der Spitze eines Heeres zieht der türkische Emir Zengi vor die Grenzfestung Montferrand, die Tripolis vor Einfällen aus Syrien schützt. Raimund von Antiochia ruft König Fulco von Jerusalem zu Hilfe, der mit eilig zusammengerufenen Truppen in Eilmärschen nach Norden zieht. Zengi greift die erschöpften Soldaten an. Der König kann sich mit nur wenigen Leibwächtern in die Burg retten. In seiner Not bietet König Fulco die Übergabe an. Zengi gewährt freien Abzug. Seine Milde geht noch weiter: Er beschenkt jeden Adligen mit einem kostbaren Gewand. Die Geste zeigt, dass Zengi die Kreuzfahrerstaaten nicht fürchten muss.

Die Feldzüge Zengis deuten eine Verschiebung der Kräfteverhältnisse an. Ein arabischer Chronist vermerkt: »Es traf die Nachricht ein, der Emir Imad ad-din Atabeg Zengi sei... in Aleppo eingezogen, mit der Entschlossenheit, den ›heiligen Kampf‹ (Dschihad) zu führen.«

Auf der Iberischen Halbinsel entsteht ein neues Königreich

Alfons besiegt Mauren und wird König

■ *25. Juli 1139, bei Ourique*

Alfons I. von Portugal, dem von Kastilien-León abhängigen Gebiet, begründet mit seinem Sieg über die Mauren die Ansprüche seines Gebietes auf Unabhängigkeit.

Alfons I. von Portugal besiegt ein maurisches Heer. Wo genau der Ort liegt, an dem Alfons-Heinrich von Portugal triumphiert, ist nicht bekannt. Der Sieg über einen »König Esmar« – andere Quellen sprechen von »fünf Heidenkönigen« – veranlasst den Kanzler Alfons' I., Pedro Roxo, seinen Herrn nicht mehr »infans« (Thronfolger), sondern nun »rex« (König) zu nennen. Die aus dem 12. Jahrhundert stammenden Quellen wissen von einer derartigen Erhebung allerdings nichts. Erst in den Darstellungen des 14. und 15. Jahrhunderts wird berichtet, das Heer habe den Sieger von Ourique zum König ausgerufen. Auch wird erzählt, Christus sei Alfons vor der Schlacht in einer Vision erschienen und habe ihm den Sieg verheißen. Eine päpstliche Anerkennung des neuen Königtums erfolgt erst 1179, obgleich Alfons bereits im Jahr 1143 danach ersucht.

Castelo de Almourol im Tejo: 1171 zum Schutz gegen die Mauren errichtet

Hintergrund

Portugal als eigenständige Macht

Im 11. Jahrhundert gehört das heutige Gebiet Portugals zum Königreich Kastilien-León, regiert vom Vetter Alfons' VI., Heinrich von Burgund und dessen Frau Teresa, einer illegitimen Tochter Alfons' VI. Der einheimische Adel revoltiert gegen die Fremdherrschaft. Als Heinrich stirbt, ist sein Sohn Alfons-Heinrich noch minderjährig. Teresa übernimmt für ihn die Regierung, geht aber eine enge Bindung zu galicischen Adligen ein. Als sie dem neuen König von Kastilien-León, Alfons VII., den Treueid ablegt, entlädt sich der Zorn des einheimischen Adels. In der Schlacht bei Guimarães (24. Juni 1124) wird Teresa entmachtet und des Landes vertrieben. Alfons-Heinrich setzt sich an die Spitze des portugiesischen Heeres und regiert das Land als »princeps« (Fürst). Mit König Alfons VII. schließt er einen Friedensvertrag (4. Juli 1134). Erst der Sieg über die Mauren bei Ourique macht den Weg zu einem unabhängigen Königreich frei.

Die Einheit der abendländischen Kirche ist wiederhergestellt

Blick nach vorn: Das zweite Laterankonzil

■ *2. April 1139, Rom*

Acht Jahre lang beanspruchen zwei Päpste die Leitung der Kirche für sich: Innozenz II. und Anaklet II. Beide wurden am 14. Februar 1130 gewählt, aber von unterschiedlichen politischen Kräften gestützt. Erst der Tod Anaklets beendet das Schisma, das die Kirche schwächt.

800 Bischöfe und Äbte, so berichten Quellen, versammeln sich im Lateran zu einem Konzil, das Papst Innozenz II. einberufen hat. Nachweisbar sind allerdings nur 126 Erzbischöfe, Bischöfe und Äbte. In seiner Eröffnungsrede stellt Innozenz fest, dass die Einheit der Kirche wiederhergestellt sei, nachdem sein Gegenpapst Anaklet am 25. Januar 1138 gestorben sei. Sein Hauptinteresse liegt zunächst in der Bestätigung der Vormacht des Papstes bei der Bestellung von Bischöfen. Lediglich neun Tage beraten die Geistlichen. Dabei werden vor allem Streitigkeiten mit den Bischöfen beigelegt, die während des

Schismas zu Anaklet gehalten hatten. Ein Teil dieser Bischöfe verliert Insignien und Amt. In insgesamt 30 besonderen Entschließungen wird bereits geltendes Recht wiederholt, daneben gibt es aber auch den neuen Entwicklungen Rechnung tragende Mahnungen an die christliche Welt. So wird etwa vor dem Medizin- und Jurastudium gewarnt, da diese eine Gefahr für die Seelen darstellen könnten. Ergänzt wird das Gebot gegen die Zinsnahme. Die immer mehr Zulauf erhaltende Bewegung von religiösen Frauengemeinschaften – die sich in Privathäusern versammeln – wird verboten, ebenso die gemeinsamen Chorgebete von Mönchen und Nonnen.

Ein Teil der Beschlüsse zeugt vom Bemühen, das gesellschaftliche Leben zu humanisieren. So geraten die hoffähig werdenden Ritterturniere auf den Index, außerdem wenden sich die Geistlichen gegen den Gebrauch von Fernwaffen im Krieg. Insbesondere hat das Konzil dabei die Armbrust im

Sinn, die zwar schon bei den Römern in Gebrauch war, nun aber durch technische Weiterentwicklung zu einer wesentlich gefährlicheren Waffe geworden ist. Sie reicht inzwischen rund 300 m weit und kann Rüstungen durchschlagen. Die Kreuzfahrer haben sie häufig eingesetzt. Es ist

aus den Quellen nicht ersichtlich, ob den Geistlichen bei ihrem Beschluss bewusst ist, dass sie den Kreuzrittern mit dem Verbot einen Teil ihrer Kampfkraft nehmen. Vielleicht war das Verbot der Fernwaffen auch mehr auf die kriegerischen Auseinandersetzungen in Europa gemünzt.

Belagerung von Jerusalem: Das Konzil verbietet den Einsatz von Armbrüsten.

Rege Bautätigkeit: Das Königreich wird mit einem Netz von Burgen gesichert

König Fulco fördert den Festungsbau in Outremer

■ *10. November 1143, Akkon*
Um Jerusalem gegen Einfälle aus Ägypten zu sichern, hat König Fulco drei Wehrburgen in der Gegend um das muslimisch besetzte Askalon anlegen lassen.

Ein Jagdunfall beendet die Regentschaft von König Fulco von Jerusalem. Mit ihm stirbt ein fähiger Herrscher, der es verstanden hat, das Königreich Jerusalem nach innen und außen zu sichern. Dazu zählt etwa sein großangelegtes Festungsbauprogramm. Wenige Kilometer südlich von Lydda, an einer gut mit Wasser versorgten Stelle, die gleichzeitig die Straßen von Askalon nach Jaffa und Ramleh beherrscht, ließ 1136 Fulco mit Ibelin die erste Festung im Süden des Landes erbauen. Als Baumaterial wurden Quadersteine der alten Römerstadt Jamnia verwendet. Die europäische Burgenbaukunst passen die Kreuzfahrer den Anforderungen der neuen Umgebung an. Von den Byzantinern lernen sie das Anbringen von Pechnasen in den Mauern, von denen aus heißes Pech auf die Angreifer geschüttet werden kann. Ibelin ist als Kastell mit vier Türmen konstruiert. Um einen zentralen Innenhof werden große Räume angelegt, die als Versammlungs-, Schlaf- und Wohnräume für die Besatzung dienen. Auch die Türme konnten als Wohnräume genutzt werden. Umgeben ist die Burg von einem starken Mauerring, dem später Vorwerke angebaut werden, um die Belagerungsmaschinen und Türme von den Mauern fern zu halten. König Fulco übergibt die Festung Balian, einem Bruder des Vizegrafen von Chartres, der Fulco in der Auseinandersetzung mit Hugo von Le Puiset unterstützt hatte. Als Burgvogt von Ibelin wird er in den Stand eines Kronlehensmanns erhoben. Die Burg dient nicht nur militärischen Zwecken, sie wird auch ein Mittelpunkt der Ansiedlung fränkischer Bauern, fördert den landwirtschaftlichen Anbau und repräsentiert die königliche Verwaltung.

Südlich von Ibelin, unmittelbar an der Straße von Askalon nach Jerusalem, wird wenig später die Burg Blanche Garde erbaut. Sie steht auf einer Berghöhe, die von den Arabern »der schimmernde Hügel« genannt wird. Ihre Bauweise entspricht in Größe und Grundriss ungefähr der Burg Ibelin. Auch sie bekommt einen Burgherren, Arnulf, der später zu den mächtigen Adligen des Landes zählt. Die dritte Burg ist Beth Gibelin an der Straße von Askalon nach Hebron, sie vertraut Fulco den Hospitalitern an. Angriffe aus dem Süden können die meist schwach besetzten Burgen nicht ganz verhindern, doch der Hauptzweck der Burgen ist es, Angreifer aufzuhalten. Zugleich aber werden sie zu Amtssitzen der Landesverwaltung. Es gelang Fulco, das Königreich auf diese Weise straff zu organisieren. Insgesamt werden die Kreuzfahrerstaaten mit 75 Burgen überzogen, oft in Sichtweite voneinander, sodass eine rasche Nachrichtenübermittlung möglich wird.

Nur noch Ruinen zeugen von der einst stolzen Burg Belvoir (Israel).

Hintergrund

Vier Kreuzfahrerreiche und ein Staat im Staate

Die christlichen Eroberungen organisierten sich in vier große Herrschaftsbereiche: das Fürstentum Antiochia, die Grafschaft Edessa, die Grafschaft Tripolis und das Königreich Jerusalem. Die Grenzen sind nicht eindeutig festgelegt, sie richten sich nach den jeweiligen Eroberungen. Regiert werden die Gebiete von wenigen Familien, wobei der König von Jerusalem zwar der Bedeutung nach an der Spitze steht, aber doch als Gleicher unter Gleichen gilt. Er ist verpflichtet, alle wichtigen Entscheidungen vor eine Adelsversammlung zu bringen. Nicht selten kommt es zu Streitigkeiten, die den König handlungsunfähig machen. Neu ankommende Adlige werden nicht selten mit dem Besitz von Städten belehnt. Sie sind – wie der Graf von Jaffa oder die Herrscher

Das so genannte Jerusalem-Kreuz – ein Krückenkreuz mit vier weiteren Kreuzen

von Tyros und Sidon – Vasallen des Königs, haben aber die volle Regierungsgewalt inne. Als die Ritterorden gegründet werden, entwickeln sie sich zu einem Staat im Staate. Sie entziehen sich zunehmend der geistlichen und politischen Unterordnung innerhalb der Kreuzfahrerstaaten. Die Orden erhalten große Schenkungen an städtischem und ländlichem Grundbesitz.

Schwache Regentschaft in Jerusalem

Melisende ohne Tatkraft

■ *Weihnachten 1143, Jerusalem*
Nach dem Tod König Fulcos überwerfen sich die Kreuzfahrerstaaten. Ein starker König, der die Unruhen beilegen könnte, ist nicht in Sicht.

Gemeinsam mit ihrem 13-jährigen Sohn Balduin wird Melisende vom Jerusalemer Patriarchen Wilhelm zur Königin gekrönt. Obgleich sie sich ihren Vetter Manasses von Hierges, den Sohn eines wallonischen Grundherren, als Ratgeber holt, bleibt ihre Regierung ohne politische Tatkraft. Zwischen dem Fürsten von Antiochia und dem Grafen von Edessa bricht ein Streit aus. Joscelin von Edessa schließt einen Waffenstillstand mit Sawar, dem muslimischen Statthalter von Aleppo, und unterläuft damit die Eroberungspläne des Fürsten von Antiochia. Ein Bruch zwischen beiden Fürsten scheint unausweichlich. Das Eingreifen der Autorität eines starken Königs von Jerusalem könnte den Streit schlichten. Doch Jerusalem schweigt. In diesem Augenblick rückt Zengi aus Mosul mit seinen Truppen gegen Edessa vor.

Das Psalterium der Melisende, verfertigt im Frühjahr 1135

Die Architekten der Kreuzfahrerburgen nehmen Anleihen bei Byzantinern und Muslimen

Die Kreuzritter nahmen zunächst die abendländischen Vorstellung einer Burg mit ins Heilige Land: In deren Zentrum stand der große, viereckige Bergfried, den die Normannen entwickelt hatten. Doch für die kriegerischen Auseinandersetzungen im Heiligen Land erwies sich die Konstruktion als unzureichend. Zunächst machten die Kreuzfahrer Anleihen an der byzantinischen Burgbaukunst. Sie brachten eine Reihe von Steinnasen an, durch die flüssiges Pech auf die Angreifer gegossen werden konnte. Bald wurde der viereckige Turm durch einen runden ersetzt, weil dieser den Bombardements der Steinschleudern besser widerstehen konnte. Die ersten kleineren Burgen wurden nach byzantinischem Muster erbaut, ein viereckiges Kastell mit Turm. Bald jedoch fügten die Kreuzritter ein Fallgatter hinzu, das seit den Tagen der Römer im Osten nicht mehr verwendet worden war. Für die Bogenschützen wurden besondere Schießscharten konstruiert. Außerdem schufen die Baumeister ein gewinkeltes Eingangstor, das

Imposante Anlage: Krak des Chevaliers im heutigen Syrien wurde ab 1142 von den Johannitern errichtet.

Die Kreuzritterburg Kolossi auf der Insel Zypern, erbaut im 13. Jh.

bald von den Muslimen nachgebaut wurde. Komplizierter wurden die größeren Burgen angelegt. Eine Festung wie Kerak musste auch als große Wohneinheit geplant werden: Der Grundherr und seine Familie, die Beamten und die Soldaten zur Verteidigung wollten angemessen untergebracht sein. Für gewöhnlich wurde der Burgturm in einer entlegenen und leicht zu verteidigenden Ecke der Ummauerung aufgebaut. In der Mitte der Burg befanden sich meist die Kapelle und Lagerräume. Weitere auf den Mauern aufgebaute Türme enthielten Kasernenräume und Verwaltungsstuben. Der Anlageplan richtete sich vor allem nach dem Standort. Das äußere Mauerwerk war massiv und unbearbeitet, aber die inneren Räumen schmückten Verzierungen. Leider hat sich von der Innenausstattung des 12. Jahrhunderts nichts erhalten. Generell ist wenig über die Innenarchitektur bekannt. Doch das Gemach des Großmeisters im Krak des Chevaliers hält den Vergleich mit bedeutenden abendländischen Bauten stand. Ein geripptes Deckengewölbe, schlanke Stützpfeiler mit einfachem, aber schön gemeißeltem ornamentalem Stuckfries aus fünfblätterigen Blumen schufen sicher einen der schönsten Räume der Burg, der von einer intensiven architektonischen Entwicklung in Outremer zeugt. Der Raum ist im Stil der nordfranzösischen Gotik des 13. Jahrhunderts gehalten. Im Verlauf des 12. Jahrhunderts ändert sich die Bauweise der Burgen. Sie werden immer gewaltiger. Die Zahl der Türme erhöht sich und mehr Pforten werden eingebaut. Die Burgen der Ritterorden gleichen reinen Militärstädten, die

mitunter mehreren tausend Mann Besatzung als Wohn- und Kasernenraum dienen. Die Verteidigungsmauern werden doppelt gezogen, so etwa in Krak und Marqab. Zugleich verrät der Bauplan dieser Ritterburgen die geistliche Orientierung der Burgherren. Um den zentralen Innenhof wird ein Schlafraum, ein Wohnraum, eine Kapelle, die Küche und weitere Klosterräume eingerichtet. Nebengebäude bieten den Handwerkern Raum für ihre Werkstätten. Wohnungen für die Dienerschaft der Garnison ergänzen die Burgen. Die Erfahrungen mit den Belagerungsmaschinen der Muslime fügt den

Die Reste der Burg Belvoir in Israel, die 1189 von Saladin erobert wurde

traditionellen Mauerbauten eine weitere Besonderheit hinzu: Immer mehr Burgen werden mit Vorwerken ausgestattet, welche die Belagerungstürme und Steinwurfschleudern davon abhalten sollen, zu nahe an die Mauern heranzukommen. Für die Verteidigung der Burg war die Lage meist entscheidend. Die meisten Burgen wurden auf steilen Anhöhen erbaut, nicht nur des guten Überblicks wegen, sondern auch deshalb, weil die Belagerungsmaschinen nur schwer steile Anstiege überwinden konnten. Mitunter wurden alte byzantinische Befestigungsanlagen mitverwendet und ausgebaut, wie etwa der lange Graben, der zum Eingang der Burg Sahyun führte. Festungen am Meer wurden oft mit einer langen Mauer, die unmittelbar ins Meer ragte, gegen Angriffe gesichert.

Der zweite Kreuzzug: Ein Desaster

Mit der Ausrufung des zweiten Kreuzzuges im Jahr 1146 kommt 50 Jahre nach dem Beginn der Kreuzzugsbewegung eine Entwicklung in Gang, die den Rahmen des bisher Dagewesenen sprengt. Angefeuert von den aufpeitschenden Reden des Zisterzienserabtes Bernhard von Clairvaux finden Kreuzzüge in der Folge an fast allen Grenzen der abendländischen Christenheit gleichzeitig statt: im Heiligen Land, im Nordosten des deutschen Reichs, auf der Iberischen Halbinsel. Der Kreuzzugsgedanke hat längst alle geographischen Fesseln abgestreift, nicht mehr nur um die heiligen Stätten des Christentums in Jerusalem geht es, sondern auch um das Schicksal des christlichen Spanien und das Seelenheil der heidnischen Slawen im deutschen Osten. Die Zerfaserung und Zersplitterung des Kreuzzuggedankens – die Zielsetzung des zweiten Kreuzzuges wechselte mehrere Male – trugen wesentlich zum Scheitern des Unternehmens im Jahr 1149 bei. Die Eroberung von Edessa durch den Seldschuken-Emir Zengi schürt den Verdacht, die muslimischen Herrscher im Nahen Osten seien auf dem Weg zu einem Bündnis gegen die Kreuzfahrerstaaten. Doch dieser Eindruck täuscht. Auch unter Nureddin, dem Sohn und Nachfolger Zengis, entsteht noch keine gemeinsame Front. Zwar betrachtet sich Nureddin als Erfüller der historischen Mission, die islamischen Kräfte gegen die Franken zu einen. Doch scheint dieses Ziel aufgrund der religiösen und machtpolitischen Differenzen der Muslime unerreichbar – bis ein junger Herrscher namens Saladin auf den Plan tritt. Von Ägypten aus eint der gebürtige Kurde einen Großteil der muslimischen Welt.

DIE KÄMPFE UM DAS HEILIGE LAND

Als Edessa, der älteste fränkische Kreuzfahrerstaat, 1144 von den Seldschuken erobert wird, spürt das Abendland instinktiv die Bedrohung, die daraus für die Existenz der übrigen Kreuzfahrerstaaten erwächst. Der Aufruf Papst Eugens III. zu einem neuen Kreuzzug verdankt sein großes Echo in erster Linie den Predigten des Theologen Bernhard von Clairvaux. Papst Eugen III. beauftragt den Zisterzienserabt mit der Kreuzzugspredigt nördlich der Alpen. Die flammenden Worte des Bernhard über die Sünden des Abendlandes, die ein Grund dafür seien, dass die Feinde des Kreuzes im Heiligen Land ihre Häupter erheben, überzeugt viele, die zur Versammlung nach Vézelay gekommen waren. Begeistert von der Idee nimmt König Ludwig VII. gemeinsam mit vielen französischen Adligen das Kreuz. Ebenso ließ sich auch der deutsche König Konrad III. zu einem Kreuzzugsgelübde bewegen. So ziehen zwei Heere in engem zeitlichem Abstand ins Heilige Land. Unter dem Kommando der Grafen von Auvergne und Savoyen segeln viele Franzosen und Italiener direkt ins Heilige Land. Ein zwar kostspieliger, aber zugleich kluger Entschluss – der kräftezehrende Landweg schwächt die Truppen erheblich, mit dem Schiff kommen die Kreuzfahrer frisch im Nahen Osten an. Das eigentliche Ziel des zweiten Kreuzzuges, die Rückeroberung Edessas, scheitert aber vor allem am Unvermögen der Kreuzfahrer, sich zu einem einzigen großen Heer zusammenzuschließen. Beigetragen hat dazu einerseits das Konkurrenzgefühl zwischen Deutschen und Franzosen, die schon auf dem Weg nach Byzanz in Zwistigkeiten geraten waren. Zudem weichen die Pläne der Heerführer weit voneinander ab. Jeder versucht auf eigene Faust seinen Weg ins Heilige Land zu finden.

Belastet wird das Kreuzzugsunternehmen aber nicht nur durch die französisch-deutsche Konkurrenz. Auch mit Byzanz zeichnen sich Konflikte ab. Zwar hatten beide Heere sich der Unterstützung durch Byzanz versichert. Doch schon beim Anmarsch entstehen Probleme, die Kreuzfahrer plündern byzantinisches Gebiet, Kaiser Manuel I. hält zudem gemachte Zusagen zur Unterstützung der Kreuzfahrer nicht ein. So stellt er zu wenige Schiffe bereit, die die Truppen nach Syrien bringen

Die Führer des zweiten Kreuzzugs, der deutsche König Konrad III. und Ludwig VII. von Frankreich, ziehen in Konstantinopel ein.

sollen. Bei Dorylāum greifen die Seldschuken im Oktober 1147 schließlich das deutsche Heer unter Konrad III. an und vernichten es. Ein weiterer Grund für das Scheitern des zweiten Kreuzzuges liegt schließlich in der Tatsache, dass die Ziele mehrfach geändert werden. Der französische König zieht zunächst allein nach Jerusalem, um sein Kreuzzugsgelübde zu erfüllen. Als König Konrad III. sich mit den Resten seines Heeres dem französischen König anschließt, treffen die beiden Führer eine folgenschwere Fehlentscheidung: Angesichts der vielen Rückschläge beschließen sie, den ursprünglichen Plan der Rückeroberung Edessas aufzugeben. Stattdessen kommen sie überein, Damaskus anzugreifen. Bis heute ist nicht ganz geklärt, wie dieser Beschluss zustande kam. Gemeinsam mit Balduin, dem König von Jerusalem, beginnen die Kreuzfahrer mit der Belagerung von Damaskus. Die Stadt hält jedoch stand, sodass sich die christlichen Truppen schließlich zurückziehen müssen. Damit ist der zweite Kreuzzug gescheitert. Nicht nur der Kreuzzugspropagandist Bernhard von Clairvaux muss sich für das schmähliche Ende scharfe Kritik gefallen lassen, auch der gesamte Kreuzzugsgedanke gerät in Misskredit. Die drei Jahrzehnte nach dem Scheitern des Unternehmens sind von schwacher Aktivität geprägt, sporadische Aufrufe seitens des Papstes, etwa 1157, 1165, 1166 oder 1181, verhallen ohne größere Resonanz.

SALADIN EINT DIE MUSLIME

Das im Süden des Königreichs Jerusalem gelegene Ägypten gilt mit seiner Fruchtbarkeit und seinen schier unerschöpflich wirkenden Ressourcen als Schlüssel zur Herrschaft über den gesamten Nahen Osten. Es wird jedoch von schiitischen Muslimen beherrscht, die Nureddin und seiner Idee von einer gemeinsamen muslimischen Religion feindlich gegenüberstehen. Zunächst unternimmt das Königreich Jerusalem Anstrengungen, das militärisch relativ schwache Nilland zu unterwerfen. Unter König Amalrich handeln die Christen einen Waffenstillstand sowie eine Tributzahlung aus, wodurch sich Ägypten zu einer Art fränkischem Protektorat entwickelt. Diese Veränderung ruft Nureddin auf den Plan. Um die schiitischen Fatimiden zu vertreiben, schickt er aus Aleppo eine Streitmacht nach Ägypten. Im Januar 1169 zieht sein kurdischer Feldherr Schirkuh in Kairo ein und macht sich zum Wesir von Ägypten. Als er zwei Monate später stirbt, tritt sein Neffe Saladin an seine Stelle und beendet die Fatimidenherrschaft in Ägypten.

Doch die erhoffte Einigkeit auf muslimischer Seite bleibt zunächst noch aus. Die Beziehungen zu Nureddin, als dessen Statthalter Saladin in Kairo residiert, sind gespannt. Erst als Nureddin 1174 in Damaskus stirbt und Saladin sein politisch-religiöser Nachfolger wird, wird die Lage für die Kreuzfahrerstaaten bedrohlich. Ein Waffenstillstand mit den Franken verschafft ihm die nötige Pause, um die eigene Armee zu verstärken. Saladin, unter dessen Herrschaft die islamische Welt im Nahen Osten zu einer Einheit zusammenfindet, beginnt mit dem Angriff auf die Kreuzfahrerstaaten. Der entscheidende Sieg über die Christen gelingt Saladin, der aufgrund seiner Bildung und seines gelegentlichen Großmutes viel zum Bild des »edlen Heiden« beigetragen hat, im Jahr 1187 bei Hattin. Sein Ziel,

Im Zuge der Reconquista erobert König Alfons VII. von Kastilien im Jahr 1147 die Stadt Almería.

die Wiederherstellung eines islamischen Großreiches unter seiner Führung, hat Saladin schon fast erreicht.

DER KREUZZUG GEGEN DIE WENDEN

Das deutsche Kreuzfahrerkontingent, das ins Heilige Land ziehen sollte, erfährt im Jahr 1147 eine entscheidende Schwächung: Auf dem Reichstag in Frankfurt erklären die sächsischen Fürsten, statt ins Heilige Land zu ziehen lieber einen Kreuzzug gegen die heidnischen Slawen im Osten des Reiches unternehmen zu wollen. Gleichzeitig mit dem Beginn des zweiten Kreuzzugs schließen sich deutsche Fürsten zu einem Zug gegen die ostelbischen Slawen (Wenden) zusammen. Bernhard von Clairvaux und Eugen III. billigen den ersten innereuropäischen Kreuzzug nach einigem Zögern. Der Papst verspricht den Kämpfern die gleichen Sonderrechte wie denen, die ins Heilige Land ziehen. Dem ersten Versuch, die Slawen im Osten des deutschen Reichs zu unterwerfen, ist kein Erfolg beschieden. Der Feldzug endet im gleichen Jahr, in dem er begann, mit einer Scheintaufe der Wenden und einem Waffenstillstand mit dem wendischen Fürsten Niklot. Dennoch verändert dieser Schritt die Kreuzzugsidee entscheidend. Sind die Gegner an der Iberischen Halbinsel immerhin noch Muslime und darum indirekt an der Besetzung des Heiligen Landes beteiligt, so werden nun Heiden insgesamt zum Ziel der Kreuzzüge. Den Ausschlag gibt Bernhard von Clairvaux, der ohne Rücksprache mit dem Papst denen die Sündenvergebung zusagt, die das Kreuz gegen die Slawen auf sich nehmen. Der Papst widerspricht nicht, sondern bestätigt die Entscheidung Bernhards. Künftig werden die Kreuzzugsprivilegien an vielen

Der Kreuzzugsprediger Bernhard von Clairvaux (Gemälde von Jörg Breu, um 1500)

Fronten verliehen, an denen die Kirche sich um die Bekehrung von Heiden, dann sogar von Menschen, die vom Kirchenglauben abweichen, bemüht. Bei den folgenden Eroberungszügen ins Baltikum, durch den Deutschen Orden im 12. Jahrhundert beginnen, bleibt die Kreuzzugsidee maßgebliches Leitbild. Auch in Finnland ruft Papst Hadrian IV. 1155 zu einem Kreuzzug gegen die dortigen Heiden auf. Der Wahlspruch »Tod oder Bekehrung«, den Bernhard 1147 in Frankfurt auf die Christianisierung der Slawen münzte, zeigt somit sowohl in Ost- als auch in Nordeuropa blutige Folgen.

DIE CHRISTENFRONT IM WESTEN

Im 12. Jahrhundert wird die christliche Front in Spanien noch einmal verstärkt. Die christlichen Herrscher bedenken die Ritterorden der Johanniter (seit 1108) und der Templer (seit 1128) mit großzügigen Schenkungen. Sie erhalten Besitzungen im Norden und eine Anzahl von Burgen im Innern Spaniens, um somit den muslimischen Heeren die Einfallswege versperren zu können. Diese Rechnung geht jedoch nicht auf, da es den bestehenden Ritterorden widerstrebt, die für die Verteidigung des Heiligen Landes bestimmten Mittel nach Spanien umzuleiten. Somit mischen sie sich nur gelegentlich in die Kämpfe auf der Iberischen Halbinsel ein. Ein immerhin beachtlicher Teilerfolg ist es, dass die Kreuzfahrerflotte vor der spanischen Küste in die Reconquista eingreift und 1147 mithilft, Lissabon für das neue Königreich Portugal von den Mauren zu erobern. In Spanien entstehen daraufhin nach dem Vorbild der Templer in der zweiten Hälfte des 12. Jahrhunderts eigene Ritterorden, die für die Reconquista von großer Bedeutung sind. Die Ritter von Calatrava, von Santiago und von Alcantara sehen ihre Hauptaufgabe – anders als die Templer oder Johanniter – nicht in der Verteidigung Jerusalems, sondern im spanischen Befreiungskampf von der Herrschaft der Muslime. Sie spielen im weiteren Verlauf der Reconquista eine bedeutende militärische Rolle. Auf islamischer Seite findet seit der Eroberung Saragossas (1118) durch die Christen ein schleichender Machtwechsel statt, der in der vollständigen Vertreibung der Berber-Dynastie der Almoraviden (1155) durch die andere Berbermacht der Almohaden gipfelt.

1147 n. Chr.

März

Auf dem Fürstentag in Frankfurt erreichen die sächsischen Fürsten die päpstliche Zusage, dass ihr Zug gegen die Slawen im Osten des Reiches, die so genannten Wenden, als Kreuzzug gewertet wird. Nach einigem Zögern gibt der päpstliche Beauftragte Bernhard von Clairvaux das Motto »Tod oder Bekehrung« aus. → S. 115

Juli

König Roger II. von Sizilien greift Byzanz an und erobert Korinth. Er vernichtet dort die Zentren der byzantinischen Seidenherstellung. Erst zwei Jahre später kann Kaiser Manuel I. Komnenos ihn mit Hilfe Venedigs wieder vertreiben.

Juli

Vor der Feste Dobin am Schweriner See endet der Wendenkreuzzug unter Heinrich dem Löwen ohne Erfolg. Zum Schein willigen die Slawen in die Taufe ein.

Sommer

Mit Hilfe dänischer, deutscher und englischer Kreuzfahrer, die ihre Reise ins Heilige Land unterbrechen, erobert der portugiesische König Alfons I. die Stadt Lissabon von den Mauren. Die Moschee wird zur Kathedrale umgebaut, Lissabon zur Residenz der portugiesischen Könige. → S. 113

August

In Köln kommt es in Folge der fanatischen Kreuzzugsstimmung zu Massakern an Juden. Im gesamten Rheinland lassen sich die Menschen durch den Kreuzzugsprediger Rudolf – einem Zisterziensermönch – zu grausamen Judenverfolgungen hinreißen. Auch in Speyer und Würzburg finden Pogrome statt. → S. 113

Herbst

Die Almohaden unter Abd al Mumin erobern Marrakesch. Damit stürzt die Dynastie der Almoraviden im Maghreb. Die Almohaden erobern bis 1160 ganz Nordafrika und beherrschen Marokko bis 1269.

25. Oktober

Das deutsche Kreuzfahrerheer unter König Konrad III. wird bei Doryläum von den Seldschuken vernichtend geschlagen. Ein Teil des Heeres kehrt um, die übrigen Soldaten ziehen über den Landweg weiter und vereinigen sich in Nicäa mit den Truppen des französischen Königs Ludwig VII. → S. 114

Oktober

Die französischen Kreuzfahrer plündern auf ihrem Zug nach Konstantinopel Gebiete des byzantinischen Kaisers Manuel I. Komnenos. Dieser verzichtet zwar auf Strafen, doch bleibt sein Verhältnis zu den abendländischen Rittern getrübt. → S. 116

4. November

Eine Chronik erwähnt zum ersten Mal Moskau. Die Stadt – Ende des 11. Jahrhunderts als Herrschaftssitz entstanden – wächst rasch zu einem russischen Machtzentrum.

1148 n. Chr.

April

Der französische König Ludwig VII. verzichtet auf einen Feldzug gegen Aleppo. Stattdessen zieht er mit seinen Truppen von Antiochia in Richtung Jerusalem. → S. 116

24. Juli

Das französische Kreuzfahrerheer und die Reste der geschlagenen deutschen Truppen geben das ursprüngliche Ziel, die Rückeroberung Edessas, auf und entschließen sich zur Belagerung von Damaskus. → S. 117

Oktober

Konrad III. schließt mit dem byzantinischen Kaiser Manuel I. Komnenos einen Vertrag, in dem er sich mit ihm gegen die Normannen in Sizilien verbündet. Mit der Unterstützung von Byzanz will der deutsche König im Sommer darauf mit einem Heer von Italien aus gegen Sizilien ziehen.

1149 n. Chr.

15. Juli

Der Chor der Jerusalemer Grabeskirche wird eingeweiht. Das Gebäude ist ein wichtiger Teil der neuen, prächtigen Kathedrale, die sich über dem dort vermuteten Grab Jesu erhebt. Unter der Kuppel ist im Fußboden der »Nabel der Welt« markiert.

Juli

Auf der Rückreise vom zweiten Kreuzzug besucht der französische König Ludwig VII. König Roger II. von Sizilien. Der Normanne gewinnt Ludwig VII. als Bundesgenossen gegen den deutschen König Konrad III. und schlägt offenbar einen weiteren Kreuzzug vor, der gegen die Griechen gehen soll. Doch tritt weder der Papst dem Bündnis bei noch sind die französischen Ritter bereit, schon wieder einen Kreuzzug auf sich zu nehmen.

1144 n. Chr.

Weihnachten

Edessa in Südanatolien wird von den Seldschuken unter Führung von Imad ad-din Zengi erobert. Der Fall der ersten fränkischen Festung im Orient und des Kreuzfahrerstaates Edessa löst im Abendland den zweiten Kreuzzug aus. → S. 113

1146 n. Chr.

Ostern

Der Zisterzienserabt Bernhard von Clairvaux hält vor den Toren des französischen Wallfahrtsortes Vézelay eine Kreuzzugspredigt. Er handelt im Auftrag von Papst Eugen III., der am 1. März seinen Kreuzzugsaufruf wiederholte. → S. 112

Weihnachten

Der deutsche König Konrad III. legt im Dom zu Speyer das Gelübde zum Kreuzzug ab. Der Staufer hatte lange Zeit gezögert, da zunächst innere Schwierigkeiten im Reich geordnet werden mussten. Unter dem Eindruck einer mitreißenden Predigt des Zisterzienserabtes Bernhard von Clairvaux willigt Konrad III. schließlich ein. Einige deutsche Fürsten, unter ihnen Herzog Friedrich von Schwaben, folgen seinem Beispiel.

1150 n. Chr.

In Salerno beginnt die Blütezeit der wahrscheinlich ältesten medizinischen Hochschule des europäischen Mittelalters. Auch Kreuzritter werden hier ärztlich versorgt. → S. 117

Der indische Mathematiker Bhaskara führt in einer Abhandlung über die Arithmetik die Quadratwurzel ein und erkennt die Unmöglichkeit, aus negativen Zahlen Wurzeln zu ziehen.

Sommer
Aus dem kleinen Spital der Amalfianer bauen die Hospitaliter ein großes Pilgerhospital, das 2000 Kranke aufnehmen kann. Es umfasst elf Säle und hat einen gesonderten Saal für Frauen. Vier Ärzte und 143 Pfleger sind in der Krankenstation beschäftigt. Das Jerusalemer Hospital wird zum Vorbild vieler Hospitäler in Europa.

September
Die geistlichen Schulen der Stadt Paris schließen sich zu einer gemeinsamen Lehranstalt zusammen.

1151 n. Chr.

Herbst
Auf ihrem Rückweg aus dem Heiligen Land bringen die Kreuzfahrer die schwarze Ratte nach Europa, deren Flöhe Überträger der Pest sind.

1152 n. Chr.

4. März
Nach dem Tod Konrads III. wird sein Neffe, Friedrich I. Barbarossa, der Urenkel Heinrichs IV., von den Fürsten in Frankfurt zum König gewählt. Am 9. März wird Friedrich in Aachen zum deutschen König gekrönt. → S. 118

März
Graf Raimund II. von Tripolis wird aus dem Hinterhalt überfallen und von Assassinen ermordet. Sein Tod löst ein Massaker unter der muslimischen Bevölkerung von Tripolis aus. → S. 116

1153 n. Chr.

23. März
In Konstanz schließen Papst Eugen III. und König Friedrich I. Barbarossa ein Bündnis, das die Bedingungen für die Kaiserkrönung Friedrichs festlegt. Zudem verpflichtet sich Friedrich I. im Vertrag von Konstanz, ohne päpstliches Einverständnis weder mit den Römern noch mit dem normannischen Sizilien Frieden zu schließen.

6. November
König Stephan von Blois erkennt Heinrich von Plantagenet als Thronfolger in England an.

1154 n. Chr.

April
Unmittelbar nach dem Abzug von Ludwig VII. und Konrad III. aus Damaskus beginnt Nureddin, der Emir von Aleppo, seine Macht auszudehnen. Er erobert die Stadt, dessen Herrscher sich unter die fränkische Schutzherrschaft begeben hatten, und setzt einen eigenen Verwalter ein. → S. 119

19. Dezember
Heinrich II. wird zum ersten englischen König der Plantagenet-Dynastie erhoben. Er herrscht auch über Teile Frankreichs.

1155 n. Chr.

18. Juni
König Friedrich I. Barbarossa wird in Rom von Papst Hadrian IV. zum römisch-deutschen Kaiser gekrönt. Unmittelbar nach der Krönung bricht in der Stadt ein Aufstand los, der von deutschen Rittern niedergeschlagen wird. Friedrich I. hatte ein Angebot des Patriziats, von ihm die Kaiserwürde zu nehmen, abgewiesen.

Sommer
Nach der Ermächtigung durch Papst Hadrian IV. beginnt der schwedische König Erik IX. einen Kreuzzug gegen Finnland zur Missionierung der Heiden. → S. 119

Sommer
Mit der Eroberung Córdobas, Almerías und Granadas schließt der Almohaden-Kalif Abd al Mumin seinen Feldzug gegen die Almoraviden ab. Das ganze maurische Spanien wird nun von den Almohaden beherrscht. → S. 118

1157 n. Chr.

Oktober
Auf dem Reichstag von Besançon verlesen päpstliche Legaten einen Brief von Papst Hadrian IV. an Kaiser Friedrich I. Barbarossa, in dem von »Beneficia« des Papstes an den Kaiser die Rede ist. Der deutsche Kanzler übersetzt das Wort mit »Lehen«, weshalb erregte Proteste ausbrechen. Friedrich I. weist den päpstlichen Vorstoß gegen die kaiserliche Vormachtstellung zurück und proklamiert demgegenüber die Unabhängigkeit des Kaisertums vom Papst.

1158 n. Chr.

Juni
Die Universität in Bologna erhält das Gründungsprivileg durch Kaiser Friedrich I. Es befreit Studenten und Lehrer von der weltlichen Gewalt. Die erste Universität Europas wird zum wichtigsten Zentrum des Studiums der weltlichen und kirchlichen Rechte.

1159 n. Chr.

April
Der byzantinische Kaiser Manuel I. Komnenos zieht in Antiochia ein. Ihm huldigen Rainald von Châtillon und König Balduin III. von Jerusalem. Byzanz kann seinen alten Glanz in der Region wieder herstellen. Sein Waffenstillstand mit Nureddin, dem Emir von Aleppo, sichert den christlichen Pilgern für 20 Jahre einen friedlichen Weg ins Heilige Land. → S. 120

Sommer
Heinrich der Löwe gründet die im Jahr 1157 durch einen Brand vollkommen zerstörte Stadt Lübeck neu. Der Bau der ersten Marienkirche wird noch im Gründungsjahr begonnen. Lübeck entwickelt sich später zum Zentrum der Hanse.

7. September
Alexander III. wird in Rom zum Papst gewählt. Gleichzeitig ernennt eine kleine Gruppe von Kardinälen, die Kaiser Friedrich I. ergeben sind, Viktor IV. zum Gegenpapst. Es kommt zu tumultartigen Szenen, in deren Verlauf sich die Kontrahenten den Papstmantel entreißen. Alexander III. verbündet sich mit den oberitalienischen Städten und kämpft gegen die Oberherrschaft des deutschen Kaisers an.

1160 n. Chr.

13. Januar
Auf dem von Kaiser Friedrich I. einberufenen Konzil von Pavia sprechen sich die deutschen Bischöfe gegen Papst Alexander III. aus und unterstützen Viktor IV. Somit sind zwei Päpste proklamiert.

Frühjahr
Maurus wird Leiter der medizinischen Schule in Salerno. Er kennt die Naturbücher des Aristoteles, die er aus arabischer Hand überliefert bekam, und ist in die reiche medizinische Tradition der Araber eingeweiht. Seine Methode der Blutanalyse, die so genannte Salernitaner Hämatoskopie, bleibt bis in die Neuzeit maßgebend.

Sommer
Der arabische Philosoph Averroës (Ibn Ruschd) beobachtet als erster Mensch Sonnenflecken. Die Werke des in Córdoba geborenen Gelehrten üben in ihrer lateinischen Übersetzung großen Einfluss auf die europäischen Universitäten aus und tragen wesentlich zur Entwicklung des Aristotelismus in der europäischen Philosophie bei.

1161 n. Chr.

Juli
Das erste Handels- und Seerecht auf europäischem Boden, das »Constitutum usus«, wird in Pisa schriftlich festgehalten.

25. Dezember
Der byzantinische Kaiser Manuel I. Komnenos heiratet in Konstantinopel Maria von Antiochia, die Kusine König Balduins III. von Jerusalem. Das Fürstentum Antiochia fällt damit an das Kaiserreich. Manuel I. betreibt eine kluge Politik gegenüber den Seldschuken und sichert seinem Reich so eine sichere Ostgrenze. → S. 121

1162 n. Chr.

Februar
Der Patriarch von Jerusalem krönt Amalrich, den jüngeren Bruder Balduins III., zum König von Jerusalem. Wegen des Protestes der Barone gegen seine Frau Agnes von Courtenay lässt Amalrich sich scheiden. Indem er auf Antiochia verzichtet, gewinnt er die Gunst Kaiser Manuels I. → S. 121

August
Kilidsch Arslan, der Sultan des Rum-Seldschukenreiches, sagt dem byzantinischen Kaiser Manuel I. militärische Unterstützung gegen seine Feinde zu.

1163 n. Chr.

Nach 16 Jahren kehrt der Kreuzritter Hugo von Vaudémont, der am zweiten Kreuzzug teilgenommen hat, nach Lothringen zurück. → S. 121

September
Der Jerusalemer König Amalrich zieht mit Truppen gegen Ägypten. Er hofft durch eine sichere Grenze nach Süden sein Land zu festigen. Da der Emir Nureddin seinen Zug ausnutzt, um Tripolis anzugreifen, muss Amalrich jedoch umkehren. → S. 121

Oktober
Papst Alexander III. verbietet jegliche Forschung auf dem Gebiet der Physik.

1164 n. Chr.

10. August

Mit rund 600 Rittern greift Fürst Bohemund III. von Antiochia bei Artah die Truppen Nureddins, des Emirs von Aleppo, an. Als dieser hört, dass auch byzantinische Soldaten auf der Seite Bohemunds in den Krieg ziehen, weicht er zunächst zurück. Er lockt die feindlichen Krieger damit in eine Falle und fügt den Kreuzfahrern eine empfindliche Niederlage bei. Nureddin bleibt eine Bedrohung im Norden der Kreuzfahrerstaaten und greift häufig kleine Festungen und Städte in Galiläa an. → S. 123

August

In der Jerusalemer Grabeskirche, auch Auferstehungskirche genannt, wird der Chor der Kreuzfahrer errichtet. → S. 122

1167 n. Chr.

Mai

In der Kirche St. Felix de Caraman bei Toulouse versammeln sich Häretiker aus allen Teilen Frankreichs zu einer Art Konzil. Auch Bogomilen, Vertreter einer auf dem Balkan verbreiteten Sekte, die großen Einfluss auf die Bewegung der Katharer hat, kommen nach Südfrankreich.

Juli

Der römisch-deutsche Kaiser Friedrich I. vertreibt Papst Alexander III. aus Rom. Auf Betreiben des Papstes schließt sich der zweite Lombardenbund mit Mailand an der Spitze zusammen und widersetzt sich den kaiserlichen Herrschaftsansprüchen.

1169 n. Chr.

Januar

Eine starke Armee Nureddins unter Führung von Schirkuh zieht in Kairo ein. Das seldschukische Heer war unter dem Vorwand, Hilfe gegen die Kreuzritter zu leisten, nach Ägypten gezogen. In Wahrheit richtet sich der Angriff aber gegen die dort herrschenden Fatimiden. Als Schirkuh im März stirbt, übernimmt sein Neffe Saladin das Amt des Wesirs. → S. 124

1170 n. Chr.

Februar

Mit Hilfe von Truppen des Emirs von Aleppo, Nureddin, fällt der zum Islam bekehrte ehemalige Tempelritter Mleh in Kilikien ein, um sich den armenischen Thron zu sichern. König Amalrich von Jerusalem leistet dem byzan-

tinischen Kaiser Manuel I. militärische Hilfe und kann Kilikien befrieden.

29. Juni

Ein starkes Erdbeben erschüttert das nördliche Syrien. In Antiochia stürzt die Kathedrale zusammen. Unter ihr wird der von Kaiser Manuel I. eingesetzte griechische Patriarch verschüttet. → S. 125

Sommer

Ohne Vorwarnung lässt Kaiser Manuel I. im ganzen Byzantinischen Reich venezianische Kaufleute festnehmen. Ihre Handelsplätze werden zerstört, ihre Waren konfisziert. Die Gewaltaktion setzt der bis dahin friedlichen Beziehung zwischen Byzanz und der Seemacht Venedig ein Ende. → S. 125

1172 n. Chr.

Januar

Eine Gesandtschaft der muslimischen Assassinen trifft in Jerusalem ein und bietet König Amalrich ein Bündnis gegen Nureddin an. Obgleich die Gesandten auf dem Rückweg von Tempelrittern überfallen und niedergemetzelt werden, halten die Assassinen nach der Entschuldigung Amalrichs das Bündnis. → S. 125

Frühjahr

Der »Große Rat« (»Rat der Weisen«) wird in Venedig ins Leben gerufen. Dieses Adelsparlament beschneidet die Macht des Dogen und leitet den Übergang zur Stadtrepublik ein.

Sommer

Kaiser Manuel I. schlägt in Anatolien Serben und Rum-Seldschuken. Die Siege festigen zwar sein militärisches Ansehen, der Niedergang der byzantinischen Macht ist jedoch nicht mehr aufzuhalten.

1173 n. Chr.

Der wohlhabende Kaufmann und Bußprediger Petrus Waldes (Valdes) gründet die Bewegung der »Armen von Lyon«. Daraus entwickeln sich die Waldenser (Valdenses), die später von der Inquisition als Häretiker verfolgt werden.

1174 n. Chr.

15. Mai

Nureddin, der Emir von Aleppo, stirbt in Damaskus. Die Zengidenherrschaft zerfällt. Saladin will Nureddins Erbe antreten und bricht von Ägypten mit einem starken Heer nach Norden auf.

Sommer

Die Pariser Universität erhält die königlichen Privilegien. Rasch entwickelt sie sich zum bedeutendsten Mittelpunkt der Bildung nördlich der Alpen.

26. November

Saladin zieht mit seinen Truppen kampflos in Damaskus ein. Da die fränkischen Kreuzritter keine Hilfe schicken können, fällt dem ägyptischen Sultan damit eine wichtige Stadt im syrischen Herrschaftsbereich in die Hände. Sein Aufstieg zum mächtigsten Herrscher der Region beginnt. → S. 126

1176 n. Chr.

17. September

Ein großes Heer des byzantinischen Kaisers Manuel I. wird von den Seldschuken unter Sultan Kilidsch Arslan bei Myriokephalon vernichtend geschlagen. Der Verlust ist so groß, dass der Kaiser seine militärische Vormachtstellung im Orient für alle Zeiten verliert. → S. 127

September

Saladin fällt in den Kreuzfahrerstaat ein, seine Truppen stehen vor Askalon und Jerusalem. Der Sultan von Ägypten und Syrien schließt jedoch einen Waffenstillstand.

November

Der jüdische Arzt und Philosoph Moses Maimonides beginnt in Kairo sein Hauptwerk »Führer der Unschlüssigen«. Der Arabisch verfasste, später ins Lateinische und Hebräische übersetzte Text begründet seinen Ruf als bedeutender Philosoph. Der in Córdoba geborene Gelehrte dient Sultan Saladin als Arzt.

1177 n. Chr.

Auf Befehl von Papst Alexander III. macht sich in Rom eine kleine Gruppe auf den Weg, um in Äthiopien den legendären Priesterkönig Johannes aufzuspüren. → S. 127

Sommer

Trotz einer scharfen päpstlichen Rüge setzt der Großmeister der Johanniter, Roger de Moulins, militärische Aufgaben als Ordensziel fest. Sie sollen neben der Krankenpflege und der Betreuung der Pilger zu einem wesentlichen Bestandteil der Ordensregel werden.

25. November

König Balduin IV., der vom Aussatz befallene Sohn Amalrichs, greift von

Norden kommend die Truppen Saladins an und fügt ihnen bei Ramleh eine Niederlage zu. Doch die Kreuzritter sind zu schwach, um aus dem Sieg Kapital schlagen zu können. Ein Angriff gegen Ägypten bleibt ausgeschlossen.

1178 n. Chr.

Februar

Der Abt von Clairvaux, Henri de Mary, reist zu Gesprächen mit den häretischen Katharern (Albigenser) nach Südfrankreich. Unterstützt vom französischen und englischen König, soll er die Ketzer zum rechten Glauben zurückführen. Als er in Toulouse ankommt, wird er von den Katharern selbst als Ketzer beschimpft.

1179 n. Chr.

5. März

Papst Alexander III. eröffnet in Rom das dritte Laterankonzil, auf dem das Papstwahlrecht neu geregelt wird. Um die bisherigen Unklarheiten bei der Wahl zu beseitigen, soll künftig die Zweidrittelmehrheit der Kardinäle nötig sein. Außerdem wird Christen das Geldleihen gegen Zinsen verboten.

1180 n. Chr.

Mai

Sultan Saladin schließt in Damaskus einen zweijährigen Waffenstillstand mit Vertretern des Jerusalemer Königs Balduin IV. Kurz darauf schließt sich auch Graf Raimund III. von Tripolis der Vereinbarung an. → S. 128

24. September

Kaiser Manuel I. Komnenos stirbt in Konstantinopel. Da sein Sohn Alexios erst elf Jahre alt ist, übernimmt seine Mutter Maria die Herrschaft. Die Bürger stellen sich gegen die aus Antiochia stammende Lateinerin. Ihr Thronanspruch wird angefochten. Unter Führung ihrer Stieftochter Maria Porphyrogennete formiert sich eine Opposition.

1181 n. Chr.

Sommer

Rainald von Châtillon, der Herrscher von Oultrejourdain, überfällt im Süden Palästinas eine muslimische Karawane und bricht so den Waffenstillstand mit Sultan Saladin. Als Rainald keinen Ersatz für die Waren leisten will, legt Saladin 1500 christliche Pilger in Ketten. Ein Krieg wird unausweichlich. → S. 128

1182 n. Chr.

April

Die byzantinischen Thronstreitigkeiten eskalieren, als der Vetter von Manuel I. Komnenos, Andronikos Komnenos, gegen Konstantinopel zieht. Es kommt zu einem Massaker gegen die Lateiner in der Stadt. Die Regentin Maria wird von Andronikos zum Tod durch Erdrosseln verurteilt, ihr Sohn Alexios muss das Urteil unterzeichnen.

1183 n. Chr.

20. November

Saladin und seine Truppen belagern die Kreuzfahrerburg Kerak. Es gelingt ihm jedoch nicht, die gut ausgebaute Festung einzunehmen. → S. 129

1184 n. Chr.

Juli

In der Schlacht bei Santarem siegen die Truppen der spanischen Königreiche über die muslimischen Almohaden.

November

Auf dem Konvent von Verona verfasst Lucius III. die Bulle »Ad abolendam«.

Darin verurteilt der Papst die Waldenser und die Katharer als Ketzer. Die Bischöfe aller Länder werden aufgefordert, sämtliche Häretiker in ihren Gebieten aufzuspüren und zu verfolgen.

1185 n. Chr.

Frühjahr

Unter Wilhelm II. von Sizilien erobern die Normannen die Insel Korfu sowie die Hafenstadt Durazzo (Durrës), später unterwerfen sie auch Thessaloniki. Damit fügen sie dem Byzantinischen Reich einen empfindlichen Verlust zu. Der letzte Komnenen-Kaiser Andronikos I. wird daraufhin gestürzt und von der Menge in Stücke gerissen. Isaak II. begründet als neuer Kaiser die Dynastie der Angeloi.

1186 n. Chr.

Februar

Der Sohn Kaiser Friedrichs I., der spätere Heinrich VI., heiratet die Tochter König Rogers II. von Sizilien und begründet damit den Erbanspruch der Staufer auf die normannischen Besitzungen in Süditalien.

Sommer

Das bulgarische Reich unter Asen I. erreicht die Unabhängigkeit von Byzanz. Das oströmische Kaiserreich verliert damit endgültig seine Vorherrschaft auf dem Balkan.

August

Nach dem Tod des achtjährigen Königs Balduin V. krönt der Patriarch Heraklios die Schwester Balduins IV., Sibylle, zur Königin von Jerusalem. Sie setzt ihrem in der Bevölkerung unbeliebten Mann Guido von Lusignan die Krone auf. → S. 128

1187 n. Chr.

4. Juli

Sultan Saladin fügt dem größten christlichen Heer, das jemals vom Königreich Jerusalem ins Feld geschickt wurde, auf dem Hügel »Hörner von Hattin« eine vernichtende Niederlage zu. → S. 130

2. Oktober

Nach zwölftägiger Belagerung zieht Sultan Saladin mit seinen Truppen in Jerusalem ein. Die Kreuzfahrer übergeben die Heilige Stadt den Muslimen ohne große Gegenwehr. → S. 131

29. Oktober

In einem Rundschreiben ruft Papst Gregor VIII. alle Gläubigen zu einem Kreuzzug auf.

November

Sibylle, die Ehefrau des Fürsten Bohemund III. von Antiochia, liefert Sultan Saladin wertvolle Informationen über die christlichen Verteidigungsmaßnahmen. Durch den Verrat der Spionin können die muslimischen Soldaten den fränkischen Kämpfern mit gezielten Aktionen entgegentreten. → S. 130

Mit glühenden Predigten gewinnt Bernhard von Clairvaux den europäischen Adel

Papst Eugen III. fordert einen zweiten Kreuzzug

■ *Ostern 1146, Vézelay*

Als die Stadt Edessa im Jahr 1144 von den Truppen des Emirs von Mosul, Zengi, eingenommen wurde, löste dies in Rom Erschrecken aus. Die erste Eroberung der Kreuzfahrer und zudem ein wichtiger Knotenpunkt im Osten war verloren. Papst Eugen III. entschließt sich daraufhin, zu einem Kreuzzug aufzurufen. Die Appelle richten sich vor allem an den jungen französischen König Ludwig VII.

Im Auftrag von Papst Eugen III. ruft der Zisterzienserabt Bernhard von Clairvaux in einer flammenden Predigt zum Kreuzzug auf. Vor den Toren des Wallfahrtsortes Vézelay wird dafür auf freiem Feld ein Gerüst errichtet, da die herbeiströmende Menschenmenge zu groß ist, um in der Kathedrale Platz zu finden. Mit welchen Worten Bernhard die Anwesenden, darunter zahlreiche Fürsten und Adelige, auffordert, das Kreuz zu nehmen, ist nicht überliefert. Mit Sicherheit aber verliest er ein päpstliches Schreiben, das zum heiligen Zug nach Osten auffordert und den Teilnehmern Absolution – die Erlösung von ihren Sünden – verspricht. Aufgepeitscht von den Worten Bernhards rufen die Männer nach Kreuzen für ihre Kleidung. Noch ehe die Sonne untergeht, ist alles Material verbraucht, aus dem Kreuze genäht werden können. Selbst aus dem Übergewand des Zisterzienserabts sollen Kreuze geschnitten worden sein.

Bei dem französischen König Ludwig VII. stößt der Aufruf auf offene Ohren. Er hatte schon zu Weihnachten 1145 den Entschluss gefasst, nach Jerusalem zu ziehen. Als nun Bernhard, einer seiner wichtigsten Berater, vom Papst mit der Werbung betraut wird, findet Ludwig VII. genügend Gefolgsleute. Dem Papst hatte ursprünglich sogar ein rein französischer Kreuzzug vorgeschwebt, aber Bernhard dehnt das Vorhaben aus. Nach mehreren Versuchen, den deutschen König Konrad III. zur Teilnahme zu überreden, legt dieser schließlich zu Weihnachten 1146 im Dom zu Speyer öffentlich das Gelübde dazu ab. Ihm schließen sich viele Adelige an. Nach dem Scheitern des zweiten Kreuzzuges wird Bernhard von Clairvaux heftig angegriffen. Erfolglos setzt er sich 1150 erneut für einen Kreuzzug ein.

Im Beisein von Bernhard von Clairvaux nimmt Frankreichs König Ludwig VII. das Kreuz (Miniatur, um 1450).

Zitat

Flammende Kreuzzugsrhetorik: Die Predigten des Bernhard von Clairvaux

Der genaue Wortlaut von Bernhards Predigt in Vézelay ist nicht überliefert. Doch in zahlreichen Briefen und anderen Predigten befürwortet er den Kreuzzug. Dabei spricht er unterschiedliche Schichten an. An die Adeligen wendet er sich mit den Worten:

»Du tapferer Ritter, du Mann des Krieges, jetzt hast du eine Fehde ohne Gefahr, wo der Sieg Ruhm bringt und der Tod Gewinn. Bist du ein kluger Kaufmann, ein Mann des Erwerbs in dieser Welt, einen großen Handel sage ich dir an. Sieh zu, dass er dir nicht entgeht. Nimm das Kreuzeszeichen, und für alles, was du reuigen Herzens beichtest, wirst du auf gleiche Weise Ablass erlangen. Das Holz selbst kostet wenig, wenn man es kauft. Wenn es demütig auf die Schulter genommen wird, ist es ohne Zweifel das Reich Gottes wert.«

Aber auch einfache Männer und sogar Kriminelle ruft Bernhard zur Teilnahme auf:

Bernhard von Clairvaux (Ausschnitt eines Wandgemäldes)

»Jetzt bewirken es unsere Sünden, dass dort die Feinde des Kreuzes ihr gottloses Haupt erhoben haben und mit der Schärfe des Schwertes das gesegnete Land verwüsten...Was tut ihr, tapfere Männer...? Werdet ihr so das Heilige den Hunden und die Perlen den Säuen vorwerfen...? Wohl könnte der Allmächtige mehr als zwölf Legionen Engel senden... Ich aber sage euch: Euer Gott versucht euch... Zieht in Erwägung, wie viel Kunst er dafür verwendet, euch zu retten... nicht euren Tod will er, sondern dass ihr euch bekehrt und lebt... Ist es denn nicht eine ausgesuchte und allein für Gott auffindbare Gelegenheit, dass der Allmächtige Mörder, Räuber, Ehebrecher, Meineidige und mit anderen Verbrechen Belastete in seinen Dienst ruft? Misstraut nicht, Sünder, der Herr ist mit euch... Er müht sich..., indem er seine Streiter durch Nachlass ihrer Vergehen und ewige Herrlichkeit entlohnt.«

Schock für das Abendland
Seldschuken nehmen Edessa

■ *Weihnachten 1144, Edessa*

Edessa ist für die Kreuzfahrer ein Symbol. Die uralte christlich geprägte Stadt war die erste fränkische Festung im Orient, zugleich liegt sie wie ein Keil zwischen den osmanisch beherrschten Gebieten des heutigen Iran und Anatoliens.

Am Weihnachtsabend beginnen die Mauern Edessas unter den Stößen der seldschukischen Belagerungsmaschinen einzustürzen. Vier Wochen lang konnte die Stadt den Truppen unter Führung des Emirs von Mosul, Imad ad-din Zengi, standhalten. Nach dem Fall der Stadt werden alle Franken umgebracht, ihre Frauen in die Sklaverei verkauft. Nur die einheimischen, überwiegend armenischen Christen verschont Zengi zunächst, bis er sie ein Jahr später auch vertreibt. Die Eroberung der Stadt wird Auslöser des zweiten Kreuzzuges.

Kreuzfahrer erneut in Pogromstimmung
Mob mordet Juden im Rheinland

■ *August 1147, Köln*

Wie schon 1096 werden im deutschen Reich jüdische Gemeinden die ersten Opfer fanatisierter Kreuzfahrer.

Als Simon der Fromme ein Schiff besteigen will, versuchen aufgebrachte Kreuzfahrer ihn zur Taufe zu zwingen. Der Jude weigert sich und wird grausam ermordet.

Ein Jahr zuvor war der französische Mönch Rudolf ins Rheinland gekommen und hatte mit einer Hetzkampagne begonnen, die die Menschen zum Mord an den Juden aufstachelte. Nach Appellen der Geistlichkeit zwang Bernhard von Clairvaux den Mönch im November 1146 zur Rückkehr nach Frankreich.

Obwohl Geistliche die bedrängten Juden unter ihren Schutz nehmen und Kaiser Konrad ihnen Burgen als Asylstätten zur Verfügung stellt, bricht sich der Volkszorn Bahn. In Köln greifen Kreuzfahrer die Burg, die Bischof Arnold als Zufluchtsort öffnete, zwar nicht an, sie metzeln aber alle Juden nieder, die ihnen in die Hände fallen. Vor den Augen des Mainzer Erzbischofs ermordet der Mob alle Juden, die der Geistliche in sein Haus aufgenommen hat. Auch in Speyer und Würzburg kommt es zu Pogromen. Erst als das Kreuzzugsheer die deutschen Grenzen passiert, können die Juden ihre Asylburgen verlassen.

Die Juden der Stadt Köln werden lebendig verbrannt (Holzschnitt, 15. Jh.).

König Alfons I. besiegt die Araber und nimmt die spätere Hauptstadt Portugals ein
Lissabon kommt unter portugiesische Herrschaft

■ *1147, Lissabon*

Schon 1093 war Lissabon von Franzosen und Spaniern eingenommen worden, doch 1111 eroberten die Almoraviden die Stadt wieder zurück. Die Reconquista hat in Portugal erst jetzt Erfolg. Für Lissabon beginnt eine wirtschaftlich bedeutende Zeit.

Alfons I., König von Portugal, erobert die Stadt Lissabon von den Mauren. Nach mehreren vergeblichen Versuchen gelingt ihm die Einnahme vor allem aufgrund der Hilfe einer deutsch-flämisch-englischen Kreuzfahrerflotte, die sich auf dem Weg ins Heilige Land an der Reconquista beteiligt. Der bis zur Eroberung amtierende mozarabische Bischof fällt bei den Kämpfen, an seine Stelle tritt ein englischer Priester aus den Reihen der Kreuzfahrer. Die Moschee wird zur Kathedrale umgebaut.

Als Graf und Lehensmann des Königreiches Kastilien-León hatte Alfons die Mauren in einer legendenumwobenen Schlacht bei Ourique 1139 besiegt, woraufhin er als Herrscher mit erblicher Thronfolge anerkannt wurde. Um seine Rechte abzusichern, legte Alfons I., der erste König Portugals, gleichzeitig einen Lehenseid gegenüber dem Papst ab.

Aufgrund der günstigen Lage entwickelt sich Lissabon rasch zu einem wirtschaftlichen Knotenpunkt. Wenige Jahre nach der Rückeroberung durch Alfons I. steigt Lissabon zur Hauptstadt auf. Als die handelsorientierte Bürgerschaft König Alfons III. auf den Thron hilft, wird die Stadt 1260 königliche Residenz. Ihre Blütezeit erlebt sie im 15. Jahrhundert zur Zeit der großen Entdeckungen.

Mit Hilfe der Kreuzfahrer befreit König Alfons I. Lissabon von den Mauren (Stahlstich nach einem Gemälde, um 1830/40).

Der zweite Kreuzzug endet für die deutschen und französischen Truppen in einem militärischen Desaster

Vernichtende Niederlage der christlichen Kreuzfahrer

■ *25. Oktober 1147, Doryläum*
Im zweiten Kreuzzug sollte eigentlich die Stadt Edessa von den Seldschuken zurückerobert und Damaskus eingenommen werden. Doch die Heerzüge der Deutschen unter Konrad III. und der Franzosen unter Ludwig VII. werden aufgerieben, bevor sie ihr Ziel erreichen. Das gesamte Unternehmen scheitert kläglich.

Das Kreuzfahrerheer unter Konrad III. wird nahe Doryläum von seldschukischen Truppen angegriffen. Die Soldaten des deutschen Königs sind für den schwierigen Marsch durch das Innere Kleinasiens völlig unzureichend ausgerüstet. Es fehlt an Proviant und vor allem an Wasser. Das Fußvolk ist müde und durstig, viele der Reiter sind gerade abgestiegen, als die türkischen Krieger angreifen. In dem Gemetzel, das kaum mehr an eine geordnete Schlacht erinnert, verliert Konrad III. den Groß-

teil seiner Truppen. Er selbst kann nur knapp nach Nicäa entkommen.

Wie groß die Verluste im Einzelnen sind, ist nicht genau bekannt. Mit etwa 20 000 Kreuzfahrern, darunter viele waffenlose Pilger, war Konrad III. im Mai in Regensburg aufgebrochen. Schon bevor der Zug Byzanz erreichte, hatte es Auseinandersetzungen mit dem byzantinischen Kaiser Manuel I. Komnenos gegeben, der fürchtete, Konrad wolle sich auf dem Zug ins Heilige Land auch gegen ihn wenden. Manuel I. hatte sich in Geheimverträgen mit den Seldschuken auf einen Waffenstillstand geeinigt. Manuels Frau Bertha, die Schwägerin von Konrad III., konnte jedoch zwischen den beiden Herrschern vermitteln.

Gegen den Rat des byzantinischen Kaisers zog Konrad III. mitten durch Kleinasien, auf der gleichen Route, die rund 50 Jahre zuvor das erste Kreuzfahrerheer genommen hatte.

Zudem versäumte der Staufer es, die passenden Vorbereitungen für den schwierigen Marsch durch das zerklüftete Hochland zu treffen.

In Nicäa treffen Konrad III. und der spärliche Rest seiner Truppen mit dem Zug Ludwigs VII. zusammen. Gemeinsam marschieren sie an der Küste entlang, immer in Kontakt mit byzantinischen Begleitschiffen. Nachdem Konrad III. erkrankt, bleibt er in Ephesos zurück. Für das Kreuzzugsheer wachsen die Probleme: Es leidet unter dem Winterwetter, wird von den Byzantinern mangelhaft versorgt und zudem fortwährend von Seldschuken angegriffen. Bereits am Berg Cadmus entgeht der Zug nur knapp der Vernichtung.

Im Januar 1148 erreichen die Truppen Attaleia. Für die Überfahrt nach Antiochia stehen jedoch zu wenig byzantinische Schiffe bereit. Der ungeduldige französische König schickt

deshalb den größten Teil seiner Truppen auf den gefährlichen Landweg durch Kilikien – nur knapp die Hälfte überlebt die Strapazen.

Aufgrund der vielen Rückschläge gibt Ludwig VII. den ursprünglichen Plan auf, Edessa zurückzuerobern. Gemeinsam mit König Balduin III. von Jerusalem belagert er schließlich Damaskus, doch die geschwächten Truppen können die Stadt nicht einnehmen. Es bleibt nur der Rückzug.

Für das katastrophale Scheitern des zweiten Kreuzzuges machen westliche Chronisten vor allem die Byzantiner verantwortlich: Neben der mangelnden Versorgung berichten sie von Irreführungen durch die byzantinischen Begleiter und verräterischen Absprachen mit den Türken. Byzantinische Chronisten hingegen werfen den Kreuzfahrern vor, mehrfach gegen den Rat der ortskundigen Byzantiner gehandelt zu haben.

Konrad III. reitet an der Spitze des deutschen Kreuzfahrerheers (Miniatur).

Zitat

Doryläum: »An die Kehlen des fremden Volkes«

Als am 25. Oktober 1147 das deutsche Kreuzfahrerheer von Nicäa kommend am kleinen Fluss Bathys nahe Doryläum rastet, greifen die Seldschuken an. Ein Würzburger Chronist berichtet von den Kämpfen:

»Da plötzlich erhebt sich in der Stille der tiefsten Nacht Lärm im Lager. Die Geschosse der Bogenschützen zeigen an, dass eine gottlose Sarazenenschar da ist. Während jeder versucht, für sein Leben zu sorgen und sich in eilender Flucht dem Schwert, das seinem Halse droht, zu entziehen, ergießt sich plötzlich eine Schar Barbaren ins Lager der Christen und bringt die vor Mühsal kaum noch atmenden Glieder der Pilger bald mit Pfeilen, bald mit gezogenem Schwert zum Erschlaffen. Überall werden die Diener Christi von Götzendienern niedergehauen, und keiner konnte den Schlächtern widerstehen... Es war nichts zu hören außer dem aus tiefem Schmerz und mit Geschrei ausgestoßenen Stöhnen der Sterbenden. Von der Gegenseite kam nur der schreckliche Ruf: ›An die Kehlen des fremden Volkes‹ der sich gegenseitig mit hundeartigem Geheul Ermunternden.

Das Heer Konrads löst sich auf, die versprengten Kreuzfahrer werden verfolgt, viele von ihnen auf der Flucht erschlagen. Weniger als ein Fünftel kommt mit dem Leben davon. Das gesamte Lager fällt in die Hände der Angreifer, die Beute wird von den Siegern in allen Basaren der muslimischen Welt bis nach Persien feilgeboten.«

Auch die nicht kämpfenden Pilger, die unter Führung des Otto von Freising entlang der Küste unterwegs sind, werden in die Kampfhandlungen verwickelt. Der Würzburger Chronist schreibt dazu:

»Dort gerieten sie in solches Elend, dass sie ausgedörrt von Hunger und Durst die Pferde, Kamele und Esel, die ihnen noch als Lasttiere verblieben waren, töteten und das Fleisch des Zugviehs zur Stillung ihres Hungers, das Blut zum Löschen des brennenden Durstes nicht ausreichten. Als schließlich fast alle dahinsiechten und auch viele durch Hunger, Durst, Krankheit und tägliche Mühe gestorben sind, da stürzen die Sarazenen ... plötzlich gegen sie hervor, zerfleischen sie widerstandslos, zerstreuen sie und töten die Älteren. Die Jüngeren führen sie in Gefangenschaft, um sie mit erbarmungswürdiger Knechtschaft zu bedrücken.«

Die Reise ins Heilige Land

Über die Größe der jeweiligen Kreuzritterheere, die über Land zu den heiligen Stätten ziehen, ist wenig Genaues bekannt. Während des zweiten Kreuzzugs sollen unter Ludwig VII. und Konrad III. jeweils 70 000 Teilnehmer den mühsamen Marsch angetreten haben. Auf jeden Fall ist der Tross der Kreuzritter sehr umfangreich. Von

Eine Truppe Kreuzfahrer zieht übers Land (Miniatur).

Ochsen gezogene Wagen führen die Ausrüstung, Zelte und Verpflegung, das Kriegsmaterial sowie persönliche Gebrauchsgegenstände mit. Die Ritter legen Wert darauf, mindestens zwei Pferde mitzuführen. Einen Teil der Verpflegung und Ausrüstung kaufen oder rauben sie unterwegs. Die Plünderungen sind ein kalkulierter Teil der Kriegsführung, selbst die mit Byzanz geschlossenen Verträge hindern die Kreuzritter nicht daran, sich beim Durchzug fremdes Eigentum anzueignen.

Die Karawanen der Kreuzfahrer sind bunt zusammengewürfelte Haufen. Knechte und Mägde reisen zur persönlichen Bedienung der Herren mit, hinzu kommt eine beträchtliche Anzahl von Pilgern, Abenteurern, Prostituierten und Kriminellen. Wiederholt müssen die Führer der Kreuzzüge Anweisungen erlassen, um für die Kriegsführung unerwünschte Begleiter zurückzudrängen. Immer wieder wird auch gefordert, Frauen und Greise generell nicht in die Züge aufzunehmen.

Erstmals werden »Heiden« im Osten des deutschen Reichs mit Gewalt missioniert

Papst billigt Kreuzzug gegen die Wenden

■ *März 1147, Frankfurt*
Im deutschen Reich findet der Aufruf des Bernhard von Clairvaux zu einem neuen Kreuzzug nur geringes Echo. Als Bernhard auf dem Reichstag in Frankfurt seinen Aufruf wiederholt, weitet er darum die Kreuzfahrererlaubnis auf einen Feldzug gegen die heidnischen Wenden aus.

Der heilige Bonifatius bei der Taufe von Heiden (Buchmalerei, 11. Jh.)

Auf dem Fürstentag erreichen die sächsischen Fürsten das Zugeständnis, einen Kreuzzug gegen die Slawen im Osten des deutschen Reiches unternehmen zu dürfen. Sie weisen Bernhard von Clairvaux darauf hin, dass sie eigene Grenzen zu den Heiden haben und entziehen sich so der Pflicht, ins Heilige Land ziehen zu müssen. Erst nachträglich billigt Papst Eugen III. den Plan und bestellt Anselm von Havelberg als päpstlichen Legaten, der den Kreuzzug gegen die ostelbischen Slawen (Wenden) begleitet.

Bis zum Wendenkreuzzug hatte Graf Adolf von Holstein eine mühsame Ansiedlungspolitik im Osten betrieben. Um 1144 ließ er anstelle der alten, zerstörten Slawensiedlung die deutsche Marktsiedlung Lübeck erbauen, die zum Zentrum der Neubesiedelung wurde und durch ihre Lage bald als Handelsplatz Bedeutung gewinnt. Nun soll der Feldzug die ostelbischen Slawengebiete gewaltsam unterwerfen. Noch bevor die Bewaffneten aufbrechen, überfallen Slawen unter Niklot Lübeck und vernichten die umliegenden Siedlungen. Als das Kreuzfahrerheer naht, ziehen die Slawen sich in ihre Burgen zurück.

Erst im Juli 1147 können zwei Kreuzzugsheere in Richtung Osten aufbrechen. Das kleinere unter der Führung Heinrichs des Löwen, Konrads von Zähringen und des Bremer Erzbischofs belagert die Feste Dobin am Schweriner See, wo der Wende Niklot sich verschanzt. Durch die Belagerung in schwerer Bedrängnis, geben die Wenden zum Schein die Einwilligung zur Taufe, woraufhin das christliche Heer abzieht.

Ein zweites, größeres Heer unter der Führung Albrechts des Bären und Konrads von Meißen zieht von der Mittelelbe in Richtung Demmin und Stettin. Demmin wird erfolglos belagert. Mit Fürst Ratibor von Stettin verhandeln die Wendenkreuzfahrer. Sie schließen einen Vertrag ab, der die Christianisierung sichern soll, dann löst sich auch dieses Heer auf. Der Wendenkreuzzug endet im Oktober 1147 ohne direkten Erfolg, wie zeitgenössische Quellen berichten.

Zwar ist der unmittelbare Missionserfolg gering, doch schwächt der Kreuzzug den Widerstand gegen die Expansion des Reiches nach Osten. Der päpstliche Legat Anselm kann seine Arbeit als Bischof in Havelberg auf die östlichen Gebiete ausdehnen. In der Prignitz werden während des Wendenkreuzuges zudem kleine deutsche Grundherrschaften errichtet, die später eine wesentliche Grundlage für die deutsche Besiedlung im Osten darstellen. In der Folge bauen die Erzbischöfe von Magdeburg ihre Gebiete aus und gründen neue Bistümer im Osten, unter anderem in Ratzeburg (1154), in Schwerin (1158), in Lübeck (1160) sowie in Kammin (1172).

Eine weitere Besonderheit macht den Wendenkreuzzug zu einem wichtigen Ereignis: Zum ersten Mal richtet sich ein Kreuzzug nicht gegen die muslimische Herrschaft im Orient oder in Spanien. Stattdessen ist das Ziel, die »Heiden« im Allgemeinen zu christianisieren — mit Hilfe militärischer Aktionen, die vom Papst sanktioniert und deren Teilnehmer mit ähnlichen Privilegien versehen werden wie die Kreuzfahrer im Heiligen Land.

Modell der slawischen Befestigungsanlage Stellerburg in Teterow (Mecklenburg)

Streitpunkte sind Plünderungen und die Rückgabe eroberter Gebiete

Schwere Spannungen zwischen Franzosen und Byzanz

■ *Oktober 1147, Konstantinopel*
Nicht nur der Staufer Konrad III. kämpft mit massiven Problemen, auch der Zug Ludwigs VII. scheint unter einem unglücklichen Stern zu stehen. Schon die Ankunft in der Kaiserstadt löst eine Reihe von Streitigkeiten zwischen den abendländischen Rittern und dem byzantinischen Kaiser aus.

Freundlich empfängt Kaiser Manuel I. Komnenos den französischen König Ludwig VII. und seine Adeligen. Das war nicht ohne weiteres zu erwarten. Denn kaum hatten die Kreuzfahrer byzantinischen Boden betreten, begannen sie zu plündern. Ludwig VII. bestrafte zwar die Übeltäter hart, zudem hielten sich die byzantinischen Behörden zurück, dennoch stehen die Beziehungen zwischen Kreuzfahrern und dem Kaiser von vornherein unter einem schlechten Stern.

Das gegenseitige Misstrauen steigt noch an, als die Franzosen von dem Waffenstillstand zwischen Manuel I. und dem Sultan von Konya erfahren. Diesen Vertrag war der Kaiser in einer Zwangslage eingegangen. Er wollte einen Zweifrontenkrieg verhindern, da Roger II. von Sizilien das byzantinische Reich vom Westen her über das Mittelmeer angegriffen hatte.

Im Lager der Franzosen ist man zunächst unschlüssig. Einer der mitreisenden Bischöfe schlägt vor, man könne sich mit Roger von Sizilien verbünden und gemeinsam mit ihm Konstantinopel angreifen. Obwohl sich Ludwig VII. dagegen ausspricht, kommt es weiter zu Übergriffen der französischen Kreuzfahrer. Überdies fordert Manuel I., die Franzosen müssten Gebiete, die sie in den muslimisch besetzten Ländern erobern, an ihn zurückgeben, da er der legitime Besitzer sei. Auch in diese Forderung willigt Ludwig VII. ein – er weiß, dass der Erfolg seiner Pilgerreise von den Lebensmittellieferungen des Kaisers abhängt. Im November 1147 sind die Verhältnisse so weit geklärt, dass die Franzosen nach Kleinasien übersetzen können. Die Niederlage Konrads III. bei Doryläum im Oktober 1147 trifft die französischen Kreuzfahrer jedoch hart. Ludwig VII. reist zunächst nach Jerusalem, wo er von König Balduin III. und seiner Frau Melisende in Ehren empfangen wird.

Im Juni 1148 trifft sich der abendländische Hochadel mit dem Adel des Königreiches Jerusalem in Akkon. Eine Minderheit will den Kreuzzug sofort abbrechen und in die Heimat zurückkehren. Doch Ludwig VII. erinnert an die Mission, die Bernhard von Clairvaux ihnen aufgetragen hat: die Ungläubigen mittels Schwert und Taufbecken zu christianisieren. Die vereinten Heere können zwischen zwei Zielen wählen: Aleppo, die Residenz Nureddins, oder das näher liegende Damaskus, das zudem militärisch schwächer ist. Die Entscheidung fällt schließlich auf den ehemaligen Kalifensitz Damaskus.

Hohe Diplomatie: der deutsche König Konrad III., Ludwig VII. von Frankreich und König Balduin III. von Jerusalem in Akkon (Miniatur aus der Chronik Wilhelms von Tyros, 12. Jh.)

Ein Ehezwist beeinflusst den Kreuzzug

Entscheidung aus Eifersucht

Eleonore von Aquitanien (Grabfigur)

■ *April 1148, Antiochia*
Die Rückeroberung Edessas scheitert auch wegen persönlicher Konflikte. Gerüchten zufolge hat die Frau Ludwigs VII., Eleonore von Aquitanien, ein Verhältnis mit ihrem Onkel Raimund, dem Fürsten von Antiochia.

Der Patriarch von Jerusalem bittet Ludwig VII. dringend in die Heilige Stadt. Raimund hingegen drängt den französischen König, gegen Aleppo und weiter nach Edessa zu ziehen. Ludwig VII. zögert. Dann bricht der Eifersüchtige in Richtung Süden auf – und verschont Edessa.

Der Graf von Tripolis wird Opfer eines Attentats

Assassinen erdolchen Raimund

■ *1152, Tripolis*
Graf Raimund von Tripolis fällt einem rätselhaften Attentat zum Opfer. Begünstigt durch ein Machtvakuum in Tripolis greift Nureddin, der Emir von Aleppo, die Grafschaft im Norden an.

König Balduin III. von Jerusalem trifft mit seiner Frau Melisende und seinem Sohn in Tripolis ein. Grund für die Reise ist das Zerwürfnis zwischen dem Grafen Raimund II. von Tripolis und seiner Gattin Hodierna von Jerusalem, der Schwester Melisendes. Aufgrund von Gerüchten, Nureddin ziehe gegen Tripolis, verlässt Balduin die Stadt, Graf Raimund gibt ihm das Geleit. Als er in die Stadt zurückkehrt, wird er im Stadttor von einem Trupp Assassinen überfallen und erstochen. Die Leibwache kann die Mörder nicht fassen. Daraufhin schwärmt die Garnison aus und erschlägt jeden Muslim, dessen sie habhaft werden kann. Die Assassinen entkommen, ein Motiv für den Mord wird nie gefunden. Nureddin fällt unmittelbar danach im Norden der Grafschaft ein, kann sich allerdings nur kurz in Tortosa halten.

Emir nutzt Uneinigkeit der Christen

Belagerung von Damaskus

■ 24. Juli 1148, Damaskus

In Akkon einigten sich die Kreuzfahrer mit den Vertretern des Königreichs Jerusalem, gemeinsam gegen Damaskus zu ziehen. Eine Eroberung würde die islamischen Reiche Ägyptens und Afrikas von Nordsyrien und dem Osten abschneiden.

Das größte Heer, das die Franken im Orient je aufgestellt haben, schlägt seine Zelte vor den Toren von Damaskus auf. Der dort residierende Emir Unur schickt einen Boten nach Aleppo, um Hilfe bei Nureddin zu erbitten. Als die Kreuzfahrer bereits die Obsthaine vor den Toren eingenommen haben und bis zu den Stadtmauern vorgedrungen sind, treffen die ersten Hilfstruppen von Unurs Provinzstatthaltern ein. Da Unur jedoch fürchtet, auch Nureddin wolle Damaskus an sich reißen, versucht er zunächst die fränkischen Kämpfer mit eigenen Soldaten abzuwehren. Unur zwingt das christliche Heer, sich in die Ebene zurückzuziehen. Gleichzeitig verhandelt er mit der Führung und bietet Geld an.

Unter den Fürsten entsteht ein Streit über die Zukunft von Damaskus, der nach nur vier Tagen die Belagerung scheitern lässt. Die Einzelheiten der Entscheidung zum unvermittelten Abbruch bleiben im Dunkeln.

Das Kreuzfahrerheer belagert Damaskus (Buchmalerei, 15. Jh.).

Arabische Gelehrte verleihen dem Abendland neue Impulse

Salerno entwickelt sich zum Zentrum der Medizin

■ 1150, Salerno

Die durch die Kreuzzüge ausgelöste Begegnung mit der arabischen Welt führt zu einem fruchtbaren Austausch der Wissenschaften. Die bedeutenden Werke griechischer Philosophen finden als arabische Übersetzungen ihren Weg ins Abendland, arabische Medizinbücher revolutionieren die Heilkunst.

Die Blütezeit der Medizinschule von Salerno beginnt. Während der bis 1180 dauernden Zeitspanne entsteht als eines der einflussreichsten Werke das Lehrgedicht »Regimen sanitatis Salernitanum«. Angeregt wird es u. a. von Kreuzrittern, die nach einer Verwundung in Salerno ärztlich versorgt werden. Sie bitten um eine allgemein verständliche Anleitung für ein gesundes Leben zu Hause.

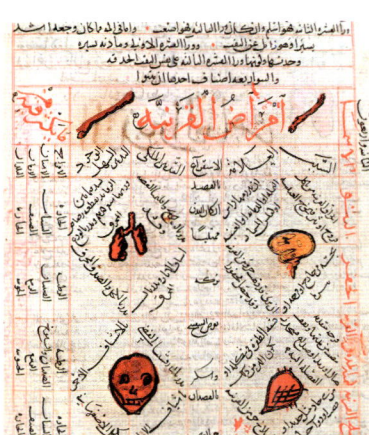

Seite aus dem »Kanon der Medizin« des Arztes und Philosophen Avicenna

Der Legende nach wurde die wohl älteste medizinische Hochschule im mittelalterlichen Europa von vier Magistern gegründet, von denen jeder in einer anderen Sprache lehrte: Salernus in Latein, Pontus in Griechisch, Adela in Arabisch und Elinus in Hebräisch. Diese Gründungslegende macht deutlich, dass in der Stadt südlich von Neapel ein reger Kulturaustausch zwischen der lateinischen, griechischen, arabischen und jüdischen Wissenschaft möglich war. Wahrscheinlich ging die Schule um 850 aus einer Korporation von salernitanischen Ärzten hervor, die insbesondere die hippokratische Überlieferung pflegte.

Einer der einflussreichsten Gelehrten der Hochschule war Constantinus Africanus. 40 Jahre lang war der aus Karthago stammende Kaufmann als muslimischer Kräuterhändler im Mittelmeerraum unterwegs. Auf seinen Reisen kam er 1075 nach Salerno, ließ sich taufen und trat als Laienbruder ins Kloster Montecassino ein. Er übersetzte arabische Medizinbücher ins Lateinische und schrieb ein Kompendium der arabisch-griechischen Medizin. Constantinus gilt als einer der ersten Vermittler griechisch-arabischen Wissens in den lateinischen Raum und begründete den Ruf der Hochschule von Salerno.

Um 1170 werden in Salerno, das sich im Verlauf des 12. Jahrhunderts zu einem kulturellen Zentrum des Mittelalters entwickelt, entscheidende Neuerungen in der Chirurgie eingeführt, darunter Schädelbohrungen sowie neue Techniken bei Bauchoperationen und Tumorbehandlungen. In der anatomischen Forschung werden Sektionen von Menschen und Tieren wieder gefördert. Auch die Einführung von Alkohol als vorteilhaftes Lösungsmittel für Medikamente wird in Salerno entwickelt.

Die Manuskriptseite der »Chirurga Rolandina« zeigt Behandlungsmethoden Rogers, eines bedeutenden Chirurgen der medizinischen Schule in Salerno.

Der Papst muss gegenüber dem Kaiser zurückstecken
Friedrich I. besteigt den Thron

■ *5. März 1152, Frankfurt*

Mitte des 12. Jahrhunderts tritt der Kreuzzugsgedanke im Abendland in den Hintergrund. Das Hauptaugenmerk richtet sich auf die Machtkämpfe zwischen Rom und dem Kaiser.

Gegen den Willen der Kirche, die den minderjährigen Sohn des verstorbenen Konrads III. favorisiert wird Herzog Friedrich von Schwaben von den deutschen Fürsten zum König gewählt. Als Friedrich I. Barbarossa am 9. März in Aachen gekrönt wird, unterrichtet er Papst Eugen III. lediglich von der Wahl, bittet aber nicht um dessen Zustimmung.

Fortan steht die politische Neuordung des deutschen Reichs im Vordergrund. Friedrich, der gemeinsam mit seinem Onkel Konrad III. am zweiten Kreuzzug teilgenommen hatte, ignoriert die Forderung der deutschen Bischöfe nach einem raschen Zug nach Rom, um dort den Papst gegen

die sizilianischen Normannen zu unterstützen. Im Vertrag von Konstanz bestätigt Friedrich am 23. März 1153 zwar die Privilegien der Kirche, bestimmt aber zugleich die Bedingungen seiner Kaiserkrönung. Im Gegenzug verpflichtet er sich, die Unruhen des

Patriziats in Rom zu bekämpfen und verspricht, gegen die Normannen zu ziehen. Der Vertrag zeugt vom neuen Selbstbewusstsein des deutschen Königtums, das sich dem Papsttum gleichwertig empfindet.

Zwei Jahre nach dem Vertragsabschluss krönt Papst Hadrian IV. Friedrich am 18. Juni 1155 in Rom zum Kaiser. Am selben Tag bricht in der Stadt ein Aufstand aus, den deutsche Truppen unter Heinrich dem Löwen niederschlagen. Während der deutsche Kaiser den Anführer des römischen Aufstands, Arnold von Brescia, dem Papst ausliefert und seine Hinrichtung billigt, bleibt er die zweite Forderung des Vertrages schuldig: Er rückt nicht gegen die Normannen vor, sondern fügt sich dem Ruf der deutschen Fürsten und zieht über die Alpen wieder in den Norden seines Reiches. Dem Papst bleibt nichts anderes übrig, als sich mit den Normannen friedlich zu einigen. Im Vertrag von Benevent kennt er das normannische Königreich endgültig an.

Das Zerwürfnis zwischen dem deutschen Kaiser Friedrich Barbarossa und dem Papst setzt sich auf dem Reichstag in Besançon (1157) fort. In einer heftigen Auseinandersetzung mit den geistlichen Würdenträgern stellt ein päpstlicher Legat die provokante Frage: »Von wem hat der Kaiser das Kaisertum, wenn nicht vom Papst?« Die daraufhin ausbrechenden Unruhen zwingen die Legaten, den Reichstag fluchtartig zu verlassen.

In einem kurz danach verfassten Protestschreiben an Papst Hadrian IV. besteht Friedrich I. darauf, das Kaisertum unmittelbar von Gott erhalten zu haben. Da dieser Anspruch von den deutschen Bischöfen bestätigt wird, muss der Papst eine schwere Niederlage einstecken. Sein Machtanspruch ist stark beschnitten, während Friedrich die Unabhängigkeit des Kaisertums vom Papsttum durchsetzen kann.

Barbarossa festigt die kaiserliche Vormachtstellung (Kopfreliquiar aus Bronze, um 1160).

Almohaden verdrängen Almoraviden
Machtwechsel in Südspanien

■ *1155, Marrakesch*

Die islamische Herrscherdynastie der Almohaden organisiert den Aufstand gegen die Almoraviden und errichtet eines der glanzvollsten Berberreiche der Geschichte.

Die Almohaden, eine von dem Berber Ibn Tumart gegründete religiöse Reformbewegung strenger Muslime,

der Admiral der Flotte, zu den Almohaden überlaufen. Zwar versuchen viele maurische Fürsten, ihr Reich wieder aufzurichten, doch sie scheitern alle. Nur die Balearen bleiben bis 1203 eigenständig. Bis zu seinem Tod 1172 leistet auch der Herrscher der spanischen Levante, Ibn Mardanisch, Widerstand.

Der Alcázar in Sevilla war im 12. und 13. Jh. eine Palastburg der Almohaden.

schließen die Vertreibung der Almoraviden aus dem maurischen Spanien erfolgreich ab. Bereits im Jahr 1147 konnten die Almohaden durch die Eroberung von Marrakesch die Almoraviden im Maghreb stürzen. Bis dahin herrschte die Dynastie der Almoraviden seit fast 100 Jahren in Marokko und Westalgerien.

Die Reformbewegung der Almohaden beruht auf einem strengen Bekenntnis der göttlichen Einheit. Ein Kernpunkt ist der Glaube an den von Gott gesandten Mahdi, den letzten Erneuerer des Glaubens. Die Lehre von Ibn Tumart, der sich 1121 im Hohen Atlas zum Mahdi proklamierte, breitet sich rasch aus. Unter der Führung von Abd al Mumin, einem treuen Jünger des Mahdi, erobern die Almohaden ein Reich, das auf seinem Höhepunkt das Gebiet zwischen Tripolis und dem Atlantik umfasst und auch das arabische Spanien einschließt.

Die Eroberung schreitet deshalb so schnell voran, weil die meisten almoravidischen Statthalter, allen voran

Der Staat der Almohaden beruht auf einem ausgeklügelten Kontrollsystem von Räten, Predigern und Kommissaren. Der Umstand, dass ein Clan an der Spitze des Staates steht, verkörpert beispielhaft das System der Berberdynastien. Die Almohaden regieren länger als andere Dynastien, weil sie sich auf die volkreichste Berbergruppe, die Masmuda, stützen. Einem rein islamischen Staat zuliebe versäumen sie es allerdings, alle Berbervölker unter sich zu vereinen.

Unter der Almohaden-Herrschaft werden Wissenschaften und Künste, vor allem die Architektur, gefördert. Dem Einfluss der Almohaden auf die Wissenschaften ist zu verdanken, dass sich bedeutende Gelehrte wie Averroës (Ibn Ruschd) frei entfalten können. In Andalusien entsteht der unverwechselbare Stil der monumentalen almohadischen Architektur, z. B. in der Giralda in Sevilla.

Erst 1276 zerfällt der Almohaden-Staat, nachdem das Zentrum Marrakesch bereits 1269 von dem Berberclan der Mariniden erobert wurde.

Der Emir von Aleppo dehnt seinen Machtbereich gegenüber den Kreuzfahrerstaaten weiter aus

Damaskus fällt fast kampflos in die Hand Nureddins

■ *18. April 1154, Damaskus*

Die Macht Nureddins, des islamischen Herrschers von Aleppo, wächst unaufhaltsam und wird zur Bedrohung für die Kreuzfahrer. Als die Eroberung von Damaskus im zweiten Kreuzzug scheitert, gewinnt Nureddin dort Einfluss. Wie sein Vater Zengi greift Nureddin den Gedanken des »heiligen Krieges« gegen die Kreuzfahrer auf.

Die Truppen von Nureddin lagern vor den Mauern von Damaskus. Dessen Herrscher Mudschir steht unter dem Schutz der Franken – ein Umstand, der Unruhe unter der islamischen Bevölkerung schafft. Kurz zuvor hatte Nureddin Geleitzüge abgefangen, die Damaskus mit Korn aus dem Norden versorgen sollten. In der

Mosaik der Großen Moschee (Omajjadenmoschee) in Damaskus

Stadt ließ er das Gerücht verbreiten, Schuld an der einsetzenden Lebensmittelknappheit sei Mudschir, der sich weigere, mit seinen islamischen Brüdern zusammen gegen die Christen zu kämpfen. Zudem schürte Nureddin den Verdacht, damaszenische Kreise planten einen Anschlag auf Mudschirs Leben. Dieser ging hart gegen die vermuteten Attentäter vor und verscherzte sich auf diese Weise die Sympathie vieler Bewohner von Damaskus.

So spielen sich bei der Belagerung der Stadt durch Nureddin lediglich kleine Scharmützel an der Ostmauer ab. Nach vier Tagen lässt eine Damaszenerin einige Soldaten durch die Tür ins jüdische Viertel, bald danach öffnet die Bevölkerung die Stadttore. Mudschir flieht in die Zitadelle, ergibt sich aber nach wenigen Stunden. Nureddin, der seinen Truppen Plünderungen verbietet und stattdessen die Vorratskammern und Lebensmittelmärkte der Stadt füllen lässt, setzt einen Verwalter für Damaskus ein.

Sein Herrschaftsgebiet erstreckt sich jetzt über die gesamte Ostgrenze der fränkischen Kreuzfahrerstaaten. Allerdings scheint Nureddin eine unmittelbare Konfrontation noch nicht zu suchen. Gemäß dem Bündnis von Damaskus mit Jerusalem entrichtet er 1156 ohne Widerspruch den fälligen Tribut an die Heilige Stadt. Seine Zurückhaltung ist durch die Rivalität zu den anatolischen Seldschuken begründet, deren Anteil an der Grafschaft Edessa er übernehmen will.

Niederlage der Kreuzfahrer gegen ein muslimisches Heer (Miniatur, 1490)

Die Christianisierung der finnischen Stämme wird sowohl von Rom als auch von der Ostkirche vorangetrieben

Papst fordert Kreuzzug gegen die Heiden in Finnland

■ *1155, Rom*

Dem Oberhaupt der römischen Kirche liegt viel daran, in Finnland den Einflussbereich der byzantinischen Missionare, die aus Russland einwandern, zurückzudrängen.

Papst Hadrian IV. ermächtigt den schwedischen König Erik IX. zum Kreuzzug gegen die Heiden in Finnland. Damit wird die Christianisierung des Landes eingeleitet.

Finnland steht unter der Hoheit Schwedens, doch auch Russland versucht das Land von Süden aus unter Kontrolle zu bekommen. König Erik IX. von Schweden plant nun ei-

Hadrian IV. (Xylographie, 19. Jh.)

ne groß angelegte Eroberung. Um eine offizielle Ermächtigung Roms zu erhalten, bedient er sich des im Jahr 1154 zum Papst ausgerufenen Hadrian IV. Unter seinem bürgerlichen Namen Nikolaus Brakespeare war der spätere Papst 1153 mit dem englischstämmigen Landsmann Bischof Henrik von Uppsala nach Schweden gereist und kannte somit die Situation vor Ort sehr gut. Auf dem Reichstag von Linköping hatte er sich gemeinsam mit dem päpstlichen Kardinallegaten Nikolaus von Albano für eine gesicherte Rechtsstellung der schwedischen Kirche eingesetzt.

Nach dem päpstlichen Kreuzzugsaufruf überqueren König Erik IX. und Bischof Hendrik im Sommer mit einigen Schiffen und Truppen die Ostsee und landen in den bereits um 1100 gegründeten christlichen Siedlungen. Diese werden zum Ausgangspunkt für die Missionierung des Hinterlands. Obwohl die Stadt Nousiainen zum Bischofssitz ausgebaut wird, gelingt es dem Kreuzzug nicht, eine feste kirchliche Struktur zu bilden.

König Erik verfolgt nicht nur religiöse Ziele. Die finnischen Hafenstädte sind wichtige Umschlagplätze für den Handel mit dem Baltikum.

Ein französischer Abenteurer wird Fürst von Antiochia

Das bewegte Leben des Ritters Rainald von Châtillon

■ *12. April 1159, Antiochia* Für den byzantinischen Kaiser Manuel I. liegen die Kreuzfahrerstaaten am Rande seines Reiches. Er hat weniger Interesse an den Kriegszügen der christlichen Ritter gegen die Muslime als vielmehr an der Sicherung seiner Reichsgrenzen durch eine kluge Politik. Das zeigt sich besonders in den Auseinandersetzungen mit Rainald von Châtillon, dem Fürsten von Antiochia.

Am Ostersonntag zieht Kaiser Manuel I. feierlich in die Stadt Antiochia ein. Der prächtige Zug wird von der skandinavischen Abteilung der kaiserlichen Leibwache, der Warägergarde, angeführt. Dahinter reitet, in einen Purpurmantel eingehüllt und mit einem perlenbesäten Diadem auf dem Haupt, der byzantinische Kaiser. Den Zaum des kaiserlichen Pferdes hält Rainald von Châtillon. Unbewaffnet und ohne Krone schließen sich Balduin III., der König von Jerusalem, sowie hohe Würdenträger des Kaiserreichs dem Zug an. Eine glänzende Festwoche beginnt, die Sympathien der Bewohner von Antiochia fliegen dem Kaiser zu.

Am Ende der Woche sprechen Gesandte Nureddins, des Emirs von Aleppo, vor. Sie sind von ihm ermächtigt, über einen Waffenstillstand zu verhandeln. Dies löst den Zorn der Franken aus, die erwartet hatten, dass der Kaiser mit seinem Heer gegen Aleppo zieht. Nureddin bietet jedoch an, alle christlichen Gefangenen – etwa 6000 – freizulassen und ein Heer gegen die türkischen Seldschuken zu schicken. Manuel I. willigt ein.

Der Zug des Kaisers nach Antiochia kommt unerwartet. Ausgelöst wurde er durch die Untaten des Rainald von Châtillon. Rainald war im Gefolge des französischen Königs Ludwig VII. ins Heilige Land gekommen. Da er in Frankreich wenig zu erwarten hatte, blieb er in Jerusalem. Er diente zunächst Balduin III., doch bald wurde die verwitwete Fürstin Konstanze von Antiochia auf ihn aufmerksam. Nachdem Balduin III. seine Einwilligung gegeben hatte, heiratete Konstanze 1153 den Kreuzritter. Rainald wurde zum Fürsten von Antiochia erhoben, ein Schritt, der wenig Anklang bei der Bevölkerung und den vornehmen Familien des Landes fand.

Verärgerung löste die Verbindung auch am Kaiserhof aus, da Konstanze es verabsäumt hatte, beim obersten Lehensherrn um Erlaubnis zu bitten.

Rainald von Châtillon verhaftet den Patriarchen Aimery (Miniatur, 13. Jh.).

Widerwillig gab Manuel I. nachträglich sein Einverständnis, knüpfte es aber an die Bedingung, dass Rainald gegen den Armenier Thoros einen Feldzug führt. Rainald willigte zunächst ein, schloss aber mit Thoros ein Bündnis. Gemeinsam mit dem Fürsten überfiel und brandschatzte er die Insel Zypern, die zum kaiserlichen Hoheitsgebiet gehört.

Als der Kaiser im Herbst 1158 an der Spitze eines großen Heeres nach Osten aufbrach, floh Thoros ins Gebirge. Rainald unterwarf sich dem Kaiser, der ihn nach langem Zögern begnadigte. Manuel I. stellte ihm jedoch erneut Bedingungen: Rainald musste die Zitadelle Antiochiens dem Kaiser zur Verfügung halten, ein Kontingent Truppen stellen und an die Stelle des lateinischen einen griechischen Patriarchen einsetzen.

Manuel I. gewinnt mit dem Zug nach Osten wesentlich an Prestige, sein Waffenstillstand mit Nureddin sichert für 20 Jahre den Pilgerweg ins Heilige Land. Rainald hingegen wird 1160 nach Raubzügen vom Statthalter von Aleppo gefangen genommen. Weder der Kaiser noch die fränkischen Fürsten bemühen sich um seine Freilassung, er bleibt 16 Jahre im Kerker. Nach seiner Freilassung heiratet er 1177 die verwitwete Stephania und wird somit Herr des Jerusalemer Lehnsfürstentums Oultrejourdain (Transjordanien). 1187 wird er schließlich von Saladin enthauptet.

Kerak, die Ritterburg des Rainald von Châtillon im heutigen Jordanien, wird 1188 von Saladin erobert.

Kreuzzugslegende beleuchtet das Schicksal der wartenden Frauen

Der vermisste Hugo von Vaudémont kehrt zurück

■ *1163, Lothringen*
Während der Abwesenheit ihrer Männer müssen die Ehefrauen mit der Ungewissheit über das Schicksal der Kreuzfahrer leben und sich um den Besitz der Familie kümmern.

Der totgeglaubte Kreuzritter Hugo von Vaudémont kehrt nach 16 Jahren zu seiner Frau Anne von Lothringen zurück. Zu Beginn des zweiten Kreuzzugs unter König Ludwig VII. nahm auch der lothringische Ritter das Kreuz und reiste ins Heilige Land. Seine daheim gebliebene Gattin hörte Jahre lang nichts von ihm. Obwohl ihr geraten wurde, ihren Mann für tot zu erklären und wieder zu heiraten, verlor sie nicht die Hoffnung auf seine Rückkehr.

Eine Grabplatte, die heute in der 1487 erbauten Franziskanerkirche von Nancy steht, verkündet das Schicksal der Anne von Lothringen und zeigt den Moment des glücklichen Wiedersehens: Hugo von Vaudémont, in zerrissener Kleidung und mit einem Wanderstock in der Hand,

steht neben seiner Gattin, die eine ihrer Hände als Willkommensgruß auf seine Brust legt.

Diese Legende mit wahrem Hintergrund spiegelt das Schicksal unzähliger Frauen, deren Männer dem Kreuzzugsruf folgten. Teil des Kreuzzugsgelübdes ist auch folgender Vers aus dem Matthäus-Evangelium: »Wer Häuser oder... Frau und Kinder verlässt um meines Namens willen,... der wird das ewige Leben ererben.«

Der Enthusiasmus für den Kreuzzug ist gepaart mit Sorgen um die Sicherung des heimischen Besitzes und die Versorgung der Familie. Aus Angst davor, dass sich die eigene Frau nach längerer Abwesenheit neu verheiratet, schicken nicht wenige Kreuzfahrer ihre Gattinnen in Klöster – versehen mit einer ordentlichen Mitgift. Für den Fall, dass ein Kreuzfahrer sterben sollte, werden auch Vorbereitungen getroffen. So befiehlt der Ritter Fulco von Plessis-Macé seiner Familie, nach seinem Tod solle seine Tochter heiraten oder Nonne werden.

Rückkehr eines Kreuzfahrers: Hugo wird von seiner Frau begrüßt; 12. Jh.

Byzanz stärkt die Bindungen zu den Kreuzfahrerstaaten

Manuel I. heiratet eine lateinische Prinzessin

■ *25. Dezember 1161, Konstantinopel*
Kaiser Manuel I. Komnenos zählt zu den glanzvollen Herrschern des Byzantinischen Reiches. Politisches Verhandlungsgeschick und kluge Heiratspolitik sichern seinem Reich Frieden und wirtschaftliche Blüte.

Kaiser Manuel I. Komnenos mit seiner jungen Frau Maria von Antiochia

In die heilige Sophienkirche zu Konstantinopel zieht ein ungleiches Paar: Der 41-jährige byzantinische Kaiser Manuel I. Komnenos führt Maria von Antiochia, die 16 Jahre alt ist, vor den Traualtar.

Seine erste Frau, Bertha von Sulzbach, die als Kaiserin den Namen Irene annahm, starb 1159. Daraufhin schickte Manuel eine Gesandtschaft nach Jerusalem an den Hof König Balduins III., um eine geeignete Prinzessin aus dem Bereich des Outremer für seine zweite Hochzeit zu suchen. Auf diesem Weg wollte er die Beziehungen zu den Kreuzfahrerstaaten festigen. In die engere Wahl kamen nur zwei Frauen: Maria, die Tochter der Konstanze von Antiochia, und Melisende, die Tochter des Grafen Raimund II. von Tripolis. Beide waren Balduins Kusinen und wegen ihrer Schönheit berühmt. Da Balduin III. eine zu enge Bindung zwischen Antiochia und Byzanz fürchtete, schlug er die in Tripolis lebende Melisende vor. Als ihr Bruder Raimund III. davon erfuhr, gab er gewaltige Summen für die Aussteuer aus, aber die Bestätigung aus

Byzanz ließ auf sich warten. Als Raimund schließlich ungeduldig einen Botschafter an den Kaiserhof schickte, musste er erfahren, dass der Kaiser die Verlobung ablehnte, um stattdessen Maria von Antiochia zu heiraten. Einen Grund nannte Manuel nicht, es wurde aber vermutet, dass Gerüchte über Melisendes eheliche Geburt aufkamen. Die Gesandten hatten nicht nur Melisendes Schönheit gepriesen, sondern auch Bemerkungen über den tiefen Streit ihrer Eltern fallen gelassen. Melisende wurde von der Absage so tief getroffen, dass sie noch im selben Jahr vor Gram stirbt. Das Andenken an die Prinzessin von Tripolis geht jedoch nicht verloren, sie wird zum Vorbild für die »Princesse Lointaine« der mittelalterlichen französischen Ritterromane.

Der wütende Raimund verlangte von Manuel I. Ersatz für die geleistete Aussteuer. Als ihm dies verweigert wurde, rüstete er die zwölf Galeeren, die er für die Brautfahrt nach Byzanz bestellt hatte, zu Kriegsschiffen um. Er überfiel Zypern, konnte den Kaiser jedoch nicht ernsthaft treffen.

Scheidung macht Weg frei

König nur ohne Verwandtenehe

■ *Februar 1162, Jerusalem*
Das Königreich Jerusalem lebt in ständiger Bedrohung. Dennoch kann es sich halten – nicht zuletzt deshalb, weil der im Norden herrschende Nureddin das Gebiet nicht um jeden Preis erobern will.

Feierlich krönt der Patriarch von Jerusalem Amalrich, den jüngeren Bruder von Balduin III., zum König von Jerusalem. Balduin, der auf einer Reise tödlich erkrankte, hatte keine Kinder hinterlassen. Obgleich kein anderer Anwärter auf die Krone zur Verfügung stand, wollen die Barone nicht auf ihr Recht zur Königswahl verzichten. So protestieren sie zwar nicht gegen Amalrich, wohl aber gegen dessen Ehefrau Agnes von Courtenay. Sie ist Amalrichs Kusine dritten Grades und damit innerhalb der von der Kirche verbotenen Blutsverwandtschaft. Als der Patriarch und die Barone verlangen, die Ehe zu annullieren, geht Amalrich darauf ein.

Kämpfe ums Land am Nil

Amalrich zieht gegen Ägypten

■ *September 1163, Pelusium*
Ägypten erlebt in der zweiten Hälfte des 12. Jahrhunderts eine tief greifende Krise. Das lockt sowohl die christlichen Kreuzfahrerstaaten als auch die Muslime an. Wer Ägypten in der Hand hat, besitzt den Schlüssel zur Herrschaft im Nahen Osten.

Amalrich, der König von Jerusalem, fällt in Ägypten ein und belagert die Stadt Pelusium. Als Vorwand nennt er die Tatsache, dass ein im Jahr 1160 an seinen Vorgänger Balduin III. gegebenes Versprechen eines jährlichen Tributs nicht eingehalten worden sei. Zwar kann Amalrich den Isthmus von Suez leicht durchqueren, Probleme bereitet ihm jedoch der Hochwasser führende Nil. Als der Kalif Dhirgham zwei Deiche durchsticht, zwingt er Amalrich damit zum Rückzug. Unterdessen nutzt Nureddin Amalrichs Abwesenheit aus und greift im Norden Tripolis, den schwächsten Kreuzfahrerstaat, an. Vom Hilferuf aus Ägypten alarmiert, wendet sich Nureddin schließlich Richtung Kairo.

Die Kirche des Heiligen Grabes, auch Auferstehungskirche genannt, erstrahlt in neuer Pracht

Kreuzfahrer vollenden die Grabeskirche in Jerusalem

■ *August 1164, Jerusalem*
Die Kirche des Heiligen Grabes bildet für viele Christen das irdische Zentrum ihres Glaubens. Errichtet über der Stelle, an der man das Grab Jesu vermutet, spiegelt ihr Bau das Bemühen wider, dem Ort eine besondere Achtung zu erweisen.

Der Chor der Kreuzfahrer wird in der Grabeskirche erbaut. Zwar wurde seine Einweihung bereits am 15. Juli 1149 gefeiert, doch er entsteht erst nach der Regierungsübernahme von König Amalrich. Symbolisch ist auf dem Fußboden, direkt unter der Kuppel über dem Querschiff des neuen Chores, der »Nabel der Welt« markiert. Er liegt nahe dem Platz, an dem der Leib Christi zum Begräbnis gesalbt worden sein soll. Das Gebäude ist ein wichtiger Teil des fünfschiffigen romanischen Neubaus der Kathedrale, die sich über dem vermuteten Grab Jesu erhebt. Der Bau aus dem 12. Jahrhundert steht bis heute, wurde allerdings – bedingt durch Schäden von Feuer, Erdbeben oder vorsätzlicher Zerstörungen – häufig überarbeitet.

Den Ort des Grabes bestimmte Helena, die Mutter des römischen Kaisers Konstantin, die nach ihrer Taufe eine Pilgerreise unternahm und auf dem Jerusalemer Forum Jesus Begräbnisstätte und einige Kreuze entdeckt haben soll. Der von Konstantin initiierte Urbau der Grabeskirche begann im Jahr 326, die Weihe der Rotunde mit der hohen Holzkuppel fand 335 statt. Als die Perser 614 Jerusalem überrannten, brannte ein Großteil des Gebäudes nieder.

Die Omajjaden, die 638 die Herrschaft über Jerusalem antraten, garantierten den Christen Religionsfreiheit und ließen die Kirche unangetastet. Erst im Jahr 1009 ordnete der Fatimiden-Kalif al-Hakim die Zerstörung der Grabeskirche an. Bis auf wenige Mauerreste blieb von der Kirche nichts stehen, »um die letzte Spur davon vom Erdboden zu vertilgen«, wie ein arabischer Chronist des 11. Jahrhundert berichtet. Dem Kaiser von Byzanz wurde jedoch 20 Jahre später erlaubt, mit der Restauration der Kirche zu beginnen. Kaiser Konstantin Monomachus konnte die Bauarbeiten im Jahr 1048 abschließen.

Als die ersten Kreuzfahrer im Jahr 1099 nach Jerusalem kamen, zog eine kleine Klostergemeinschaft in die Kirche ein. Gottfried von Bouillon wurde im selben Jahr zum »Wächter des Heiligen Grabes« ernannt. Besetzt wurde die Grabeskirche mit Augustinerchorherren (Chorherren vom Heiligen Grab). Da die Kirche die zahlreichen Pilger bald nicht mehr beherbergen konnte, begannen die Kreuzfahrer mit dem Ausbau des Gotteshauses. Während der folgenden 50 Jahre entstand durch zahlreiche Veränderungen und Ergänzungen als Gesamtkomplex eine prächtige Kathedrale.

Das Besitzrecht an der Grabeskirche ist bis heute durch ein Dokument geregelt. Es teilt den einzelnen christlichen Denominationen (Kirchen oder Sekten) – griechisch-orthodox, römisch-katholisch, Armenier, Kopten, Abessinier und Syrer – nicht nur bestimmte Räume in der Grabeskirche zu, sondern regelt auch die Eigentumsverhältnisse der einzelnen Gegenstände in dem Gotteshaus.

Der Großteil der heutigen Grabeskirche ist das Ergebnis des Wiederaufbaus unter den Kreuzfahrern im 12. Jh.

Hintergrund

Datierungsprobleme bei den Renovierungen und Neubauten

In goldenen Lettern wird in einem Bogen, der zur Kapelle von Golgatha, der heutigen Adamskapelle, gehört, von den Kreuzfahrern die Bedeutung dieses Ortes hervorgehoben:
»Diese Stätte ist heilig, geheiligt durch das Blut Christi, durch unsere Weihe wird ihre Heiligkeit nicht erhöht. Doch das Haus, das um und über diese heilige Stätte erbaut wurde, wurde am fünfzehnten Tag des Juli geweiht in Anwesenheit anderer Patres durch den Patriarchen Fulcher, der damals im vierten Jahr seines Patriarchats stand, im fünfzigsten Jahr seit der Eroberung der Stadt, die damals glänzte wie reines Gold. Von der Geburt des Herrn zählte man Elfhundertneunundvierzig Jahre.«

Die Grabeskirche in Jerusalem

Vermutlich ist das Datum 1149 künstlich gesetzt worden, um damit das 50-jährige Jubiläum der Eroberung der Stadt durch die Kreuzritter hervorheben zu können. Von einer Einweihung nach Vollendung des Baus 1149 berichtet keiner der Chronisten. Die Kreuzfahrer stellen den Chor, den Umgang und die Querschiffe erst in den 1160er Jahren fertig. Zum ersten Mal sind damit alle heiligen Stätten in einem einzigen Bauwerk untergebracht. Für Johannes von Würzburg, der Jerusalem um 1170 besucht, ist der Chor »ein neues, kürzlich hinzugefügtes Bauwerk, in dem der Hochaltar zu Ehren der Anastasis, der heiligen Auferstehung, geweiht wurde«.

Kirchenbau in Outremer: Verschiedene Einflüsse

Sobald die Kreuzfahrer sich im Heiligen Land anzusiedeln beginnen, gilt ihre erste Sorge den heiligen Stätten, deren heruntergekommene Bauten instand gesetzt werden müssen. Zudem errichten sie in den wichtigsten Städten des christlichen Königreiches neue Kirchen. Einige Pilgerzüge bringen Baumeister mit, die ihre Kenntnisse den Gegebenheiten des fremden Landes anpassen. So entsteht eine spezielle Kreuzfahrerarchitektur.

Die erste Kirche, die von den Kreuzfahrern errichtet wird, ist die vor 1102 vollendete St.-Pauls-Kathedrale in Tarsos. Das grobe Bauwerk, das ziemlich unelegant wirkt, ist rechteckig angelegt und dreischiffig gebaut. Das Gebäude erinnert an die nordfranzösischen romanischen Kirchen, allerdings sind die Rundbogen durch Spitzbogen ersetzt – ein Stil, der arabische Einflüsse verrät. Die Säulen der Kirche haben die Erbauer wohl von antiken Bauwerken übernommen.

Grotte unter der Geburtskirche in Bethlehem mit einem in den Boden eingelassenen Stern

Die Geburtskirche in Bethlehem ist die einzige Kirche, die bei der Ankunft der Kreuzfahrer noch in relativ gutem Zustand ist. Sie war im 4. Jahrhundert von Konstantin erbaut worden und wurde nach ihrer Zerstörung von Justinian wieder hergestellt. Die Kreuzfahrer fügen lediglich einen gotischen Kreuzgang hinzu, ansonsten bleibt die Kirche unverändert. König Balduin I. wird in ihr am Weihnachtstag 1100 zum König gekrönt.

Die neu erbauten Kirchen in Outremer sind einfach konstruiert. Die Seitenschiffe der meist rechteckigen Gotteshäuser entsprechen der ganzen Länge des Mittelschiffs. Fast überall finden sich drei Apsiden oder Altarnischen, die oftmals in der Dicke der Mauern verborgen und von außen nicht zu sehen sind. In der großen Kathedrale von Tyros errichten die Kreuzfahrer kurze Querschiffe, die dem Grundriss die Gestalt eines Kreuzes geben. In einigen wenigen Kirchen, wie in der St.-Annen-Kirche in Jerusalem und der Kathedrale von Caesarea, überwölbt eine Kuppel auf Strebebogen den Hochaltar. Türme sind äußerst selten.

Im Vergleich zu den Kirchen im Abendland wirken die Gotteshäuser in Outremer breit und geduckt. Ein Grund dafür ist der Mangel an Holz in dieser Region, sodass die Baumeister auf dieses Material weitgehend verzichten müssen. Außerdem sichert die niedrige Bauweise die Kirchen besser gegen Erdbeben. Es ist schwer, die Ursprünge der verschiedenen baulichen und ornamentalen Einflüsse festzustellen. Die romanische Steinmetzarbeit, von den mitreisenden Baumeistern ausgeführt, verbindet sich eng mit byzantinischen und armenischen Traditionen. Die wenigen Beispiele der erhaltenen Malereien sind deutlich byzantinischer Herkunft. Ebenso sind die Mosaike in Bethlehem eindeutig von Kunsthandwerkern aus Byzanz gearbeitet. Abgebildet sind allerdings sowohl griechische als auch lateinische Heilige, die Inschriften sind in beiden Sprachen abgefasst.

Innenansicht der Jerusalemer Grabeskirche mit Blick zum Chor

Heftige Kämpfe um Antiochia

■ *10. August 1164, Artah*

Das Verhältnis des Königreichs Jerusalem zum muslimischen Emir von Aleppo, Nureddin, ist ständigen Veränderungen unterworfen. Durch Waffenstillstände und Kämpfe versuchen beide Seiten die Vorherrschaft im Nahen Osten zu gewinnen. Mit einer List gelingt dem Emir ein wichtiger Etappensieg.

Rund 600 Ritter des Fürsten Bohemund III. von Antiochia greifen die Truppen von Nureddin bei Artah an und werden blutig zurückgeschlagen. Sie fallen auf eine List der muslimischen Truppen herein, die nur scheinbar zu fliehen beginnen, in Wahrheit aber die Reiter Bohemunds in einen Hinterhalt locken. Fast alle christlichen Kämpfer werden gefangen genommen oder erschlagen. Unter den Gefangenen sind die Mehrzahl der vornehmen Ritter aus dem Fürstentum Antiochia, unter ihnen Raimund von Tripolis und Hugo von Lusignan. Aneinander gefesselt werden sie nach Aleppo gebracht.

Auslöser des Kampfes waren die Eroberungsversuche Nureddins. Sobald der Emir von Aleppo erfahren hatte, dass der Jerusalemer König Amalrich an der Spitze eines Heeres nach Ägypten zieht, sammelte er ein Heer, um das schutzlose Antiochia zu erobern. Als er die Festung Harenc nahe Artah belagerte, rief Fürst Bohemund Byzanz und Tripolis zu Hilfe. Das Heranrücken der byzantinischen Truppen veranlasste Nureddin, die Belagerung scheinbar abzubrechen und sich zurückzuziehen. Bei der Verfolgung durch die Truppen Bohemunds kommt es zur vernichtenden Niederlage der christlichen Kämpfer.

Im Grunde ist Antiochia nun wehrlos, weshalb Ratgeber Nureddin dazu drängen, die Stadt rasch einzunehmen. Der Emir weigert sich jedoch. Er fürchtet, wenn er gegen Antiochia zöge, würde Byzanz die Zitadelle besetzen und womöglich so lange halten, bis der Kaiser seine Truppen gesammelt hat und sie nach Antiochia schicken könnte. Nureddin bevorzugt es stattdessen, einen fränkischen Kleinstaat zum Nachbarn zu haben anstelle eines großen Reichsgebiets

Zitadelle der syrischen Stadt Aleppo, die von Nureddin beherrscht wird

unter der Herrschaft des Kaisers von Byzanz. Umgehend entlässt er den byzantinischen Heerführer, der bei Artah in seine Gefangenschaft geraten ist, gegen ein geringes Lösegeld von 150 Seidengewändern.

Als Amalrich hört, dass Antiochia in Gefahr ist, sammelt er Bewaffnete und zieht sofort nach Norden. Er verhandelt mit Nureddin, der daraufhin die beiden Fürsten Bohemund und Thoros gegen ein hohes Lösegeld freigibt. Allerdings weigert er sich, Raimund von Tripolis ebenfalls auszuliefern. Auf Befehl von Byzanz zieht Amalrich zurück nach Süden. Kaum ist der König von Jerusalem abgezogen, belagert Nureddin die kleine Festung Banyas und droht, in Galiläa einzufallen. Dessen Barone kaufen sich mit dem Versprechen einer hohen Tributzahlung vom Angriff frei.

Das seldschukische Heer beendet die Fatimiden-Herrschaft in Kairo

Saladin wird zum mächtigen Wesir von Ägypten

■ *März 1169, Kairo*
Die zahlreichen Streitigkeiten zwischen den muslimischen Herrschern und ihre wechselhafte Bündnispolitik hatte den Kreuzfahrerstaaten relative Sicherheit beschert. Das ändert sich, als Nureddin, der Emir von Aleppo, sein Interesse auf Ägypten richtet. Dort beginnt zugleich der Aufstieg Saladins.

Der kurdische Heerführer Schirkuh stirbt an den Folgen eines zu reichlichen Mahles. Nur zwei Monate zuvor war er an der Spitze einer starken syrischen Armee in Ägypten einmarschiert, um den Auftrag Nureddins zu

chen der Kreuzritter starben, zerschlugen die Bündnishoffnungen des Kalifen. Stattdessen musste er Nureddin um Hilfe bitten.

Die Unterstützung des Emirs von Aleppo brachte gleichzeitig das Ende für die Fatimidenherrschaft. Mit einer List tötete Schirkuh den Wesir von Kairo und übernahm selbst das Amt. Als er stirbt, gehen sein Titel und seine Machtbefugnisse auf seinen Neffen Saladin über.

Amalrich von Jerusalem ist sich der Gefahr bewusst, die ihm nun droht, da Syrien und Ägypten in einer Hand sind. Er bittet den Papst und den by-

Saladin ist 1169–1171 Wesir des ägyptischen Kalifen (Miniatur, um 1180).

Blick auf die Saladino-Zitadelle mit der Alabaster-Moschee in Kairo

erfüllen, den heiligen Kampf gegen die Häretiker in Kairo – die schiitischen Fatimiden – aufzunehmen.

Als Leiter einer kleinen Einheit zog Saladin mit dem Heer nach Ägypten. Der 27-jährige Neffe Schirkuhs zeichnete sich durch eine besondere Zielstrebigkeit und Kampfgeschick aus. Der Zug nach Ägypten wurde für ihn die erste Bewährungsprobe auf dem Weg in eine große Zukunft.

Die Lage für Schirkuh und Saladin schien günstig. 1167 hatte der Kalif von Kairo die Kreuzfahrer gegen die Syrer zu Hilfe gerufen, dabei allerdings eine tiefe Enttäuschung erlebt: Die Ritter unter Amalrich, dem König von Jerusalem, hatten die Gelegenheit nutzen wollen, sich in Ägypten festzusetzen. Blutige Gefechte, bei denen auch Kopten – ägyptische Christen – unter den Schwertstrei-

zantinischen Kaiser Manuel I. um Hilfe. Während sich der Westen taub stellt, schickt Manuel eine Flotte, die aber erfolglos umkehren muss. Das Heer Amalrichs, das unter seiner Führung nach Ägypten vordringt, belagert zwar die Festung Damiette, doch schließlich scheitert der Feldzug. Die Christen ziehen sich auch deshalb zurück, weil Amalrich darauf hofft, dass das Verhältnis zwischen Saladin und seinem Herrscher Nureddin bald zerbrechen wird.

In der Tat kommt es wenige Monate später zu einem erneuten Heerzug Nureddins nach Ägypten – diesmal, um sich Saladin gefügig zu machen. Dieser weicht einem Kampf jedoch aus. Nachdem auch der letzte Fatimiden-Kalif gestorben ist, ist Saladin zunächst der unumstrittene Herrscher Ägyptens.

Zitat

Lobgedicht über Saladin

Als die muslimischen Heere aus Syrien sich in Ägypten festsetzen und Saladin nach dem Tod seines Onkels Schirkuh im März 1169 dessen Stelle als Wesir beim Kalifen al-Adid in Kairo übernimmt, ist Usama ibn Munqid im

Jusuf ibn Ajjub Saladin

Gefolge Saladins dabei. Der Chronist, der alle Heerzüge des späteren Sultans von Ägypten und Syrien begleitet und darüber berichtet, lässt im folgenden Gedicht Saladins Heldentat hochleben:

»Ägypten hat durch ihn die Schönheit und den Glanz seiner Jugend wiedergefunden, nachdem es gebeugt war vom Alter; es viel unwürdige Freier hat es abgelehnt, bis es gefreit wurde von einem Bewerber, der als Mitgift sein Schwert bot. Er hat es verteidigt, wie der Löwe seine Höhle verteidigt, er hat es beschirmt, wie das Lid ein Auge beschützt gegen die Verletzung durch ein Strohteilchen.«

Durch die Beteiligung an den Kreuzzügen baut Venedig seine Stellung aus

Aus Rivalität: Byzanz brüskiert die Seerepublik Venedig

■ *1170, Byzanz*

Die bedeutende See- und Handelsmacht Venedig beteiligt sich zunächst nur zögernd an den Zügen der Kreuzfahrer. Doch mit der Zeit zieht Venedig erhebliche Vorteile aus der Unterstützung – zum Ärger des byzantinischen Kaisers.

Ohne Vorwarnung werden zahlreiche venezianische Kaufleute im ganzen byzantinischen Reich festgenommen, ihre Güter, Schiffe und Waren konfisziert. Die überraschende Aktion des byzantinischen Kaisers Manuel I. Komnenos beendet endgültig die bis dahin guten Beziehungen zu Venedig, die sich u. a. in der Privilegierung und Steuerfreiheit für dessen Handel ausdrückten.

Bereits zuvor hatte Manuel I. den Ungarn die Länder Kroatien, Bosnien

Kaiser Friedrich I. Barbarossa empfängt eine venezianische Gesandtschaft.

sowie Dalmatien entrissen und damit die Interessen Venedigs auf dem Balkan verletzt. Die Privilegien der venezianischen Kaufleute entwickelten sich immer mehr zur wirtschaftlichen Belastung für Byzanz. Die wachsenden Gegensätze ließen die Verbundenheit der beiden Mächte schließlich in Feindschaft umschlagen.

Das Vorgehen der Byzantiner führt dazu, dass Venedig die Ritter des vierten Kreuzzuges veranlasst, die dalmatinische Stadt Zara (1202) sowie Konstantinopel (1204) zu erobern. Venedig erhält dadurch einen wichtigen Stützpunkt am Bosporus sowie einige griechische Inseln und andere Besitzungen in Griechenland. Das sichert der Seerepublik weitere Handelsvorteile und die Vorherrschaft im Mittelmeerraum.

Der neu eingesetzte griechische Patriarch stirbt bei einem Erdbeben

Franken setzen lateinisches Patriarchat durch

■ *29. Juni 1170, Antiochia*

Als Strafe für den Angriff auf Zypern verlangt Kaiser Manuel I., dass Rainald von Antiochia den lateinischen Patriarchen durch einen griechischen ersetzt. Ein Naturereignis hebt die Entscheidung wieder auf.

In der Kathedrale von St. Peter in Antiochia zelebrieren der griechische Patriarch Athanasios und seine Geist-

lichen gerade die Messe, als das Gebäude über ihnen zusammenstürzt. Syrien wird von einem der verheerendsten Erdbeben des Jahrhunderts heimgesucht. Die Franken sehen darin ein Gottesurteil. Noch während Athanasios sterbend unter den Trümmern liegt, eilt Fürst Bohemund zu dessen lateinischen Konkurrenten Aimery und bittet ihn, auf seinen Patri-

archenstuhl in Antiochia zurückzukehren. Damit ist das kurze Zwischenspiel eines griechischen Patriarchen in Antiochia zu Ende. Manuel I., auf dessen ausdrücklichen Befehl die Einsetzung Athanasios erfolgte, kann nicht einschreiten, da er sich gegen Angriffe in Kilikien zur Wehr setzen muss. Um Manuel I. zu besänftigen, ersucht Bohemund Amalrich, den

König von Jerusalem, Truppen zur Unterstützung des Kaisers nach Norden zu schicken. Mit dieser Hilfe kann die kaiserliche Herrschaft in Kilikien wieder hergestellt werden. Allem Anschein nach lässt sich Manuel I. dadurch mit den Ereignissen in Antiochia versöhnen, jedenfalls unternimmt er nichts gegen die Wiedereinsetzung des lateinischen Patriarchen.

Christen und Muslime schließen ein Abkommen

König Amalrich verbündet sich mit den Assassinen

■ *1172, Jerusalem*

Eine taktische Option für die Kreuzfahrerstaaten ist die Uneinigkeit unter den islamischen Herrschern. Dadurch können sie sich immer wieder – zumindest kurzfristig – durch Bündnisse absichern.

Eine kleine Gesandtschaft der Assassinen trifft bei König Amalrich ein. Die seit etwa 1140 in den Bergen Syriens siedelnde islamische Sekte ist mit Nureddin verfeindet und aufgrund ihrer Meuchelmorde allgemein gefürchtet. Den Franken gegenüber zeigen sie keine offene Feindschaft – bis auf die Ermordung des Raimund von Tripolis im Jahr 1152.

Offenbar erweckt die Abordnung den Eindruck, die Assassinen könnten

zum Christentum konvertieren. Amalrich geht jedenfalls auf das Angebot ein und verspricht, sich im Gegenzug für die Aufhebung des von den Assassinen an die Tempelritter von Tortosa zu zahlenden Tributs einzusetzen. Er verspricht, eine Gesandtschaft an den Statthalter der Assassinen, Raschid ed-Din Sinan, zu schicken.

Auf dem Rückweg werden die Assassinen von Tempelrittern überfallen und getötet. Amalrich bricht wütend mit einer kleinen Truppe nach Sidon auf, nimmt den Verantwortlichen – Walter von Mesnil – gefangen und wirft ihn in den Kerker. Die Assassinen nehmen Amalrichs Entschuldigung an – ein arabischer Bündnispartner gegen Nureddin ist gefunden.

Die Bergfestung Alamut im heutigen Iran ist das Zentrum der Assassinen

Der ägyptische Sultan dringt weit nach Syrien vor und bringt Jerusalem in eine Zwangslage

Kampflos nimmt Sultan Saladin Damaskus ein

■ *26. November 1174, Damaskus*
Nachdem König Amalrich von Jerusalem am 11. Juli 1174 stirbt, ist der Kreuzfahrerstaat zunächst ohne Führung. Für den ägyptischen Sultan Saladin steht damit der Weg nach Syrien offen. Sein Aufstieg zum mächtigsten Herrscher der gesamten Region beginnt.

Als Saladin mit seinem Heer vor den Mauern von Damaskus erscheint, öffnet die Bevölkerung freiwillig die Tore. Der Statthalter Ibn al-Muqaddam hatte zwar, nachdem er vom Heerzug Saladins Richtung Norden erfahren hatte, die Franken um Hilfe gerufen, doch waren diese nach dem Tod Amalrichs zu keiner militärischen Aktion fähig. Ein Hilferuf in Richtung Aleppo hätte Damaskus wieder unter die Herrschaft der nördlich gelegenen Stadt gebracht. Dort hatte nach dem Tod Nureddins am 15. Mai 1174 der bisherige Statthalter Gümüschtekin die Macht an sich gerissen, da Nureddin nur seinen elfjährigen Sohn Malik as-Salih als Thronfolger hinterlassen hatte. Dieser lebte mit seiner Mutter in Damaskus, floh aber beim Herannahen Saladins wieder nach Aleppo. Auch aus Mosul erhält der Statthalter eine Absage. So fällt Damaskus schließlich kampflos in die Hände Saladins.

Saladin bleibt nur eine Nacht in Damaskus, danach zieht er weiter nach Norden. Am 9. Dezember 1174 nimmt er Homs ein und beginnt anschließend mit der Belagerung von Aleppo. Zwar kann er ein Entsatzheer aus Mosul schlagen, die Mauern von Aleppo bleiben aber unüberwindbar. Saladin muss sich zurückziehen und schließt einen Waffenstillstand, der allerdings kurze Zeit später sowohl von Mosul als auch von Aleppo gebrochen wird. Daraufhin zieht Saladin wieder ins Feld und besiegt die vereinigten Heere beider Städte. Am 24. Juni 1175 beginnt er erneut, Aleppo zu belagern und erreicht schließlich einen Friedensschluss. Er trägt fortan den Titel »König (Sultan) von Syrien und Ägypten« und dokumentiert damit seine neue Macht.

Saladins nächstes Ziel ist Jerusalem. Als König Balduin IV. ein Heer aufstellt, glaubt Saladin zunächst, leichtes Spiel zu haben. Allerdings treffen die Kreuzritter auf den Sultan, als dieser sein Heer durch eine enge Schlucht an der südlich von Ramlah gelegenen

Nahe der Burg Montgisard besiegen die Christen unter König Balduin IV. von Jerusalem 1177 die Truppen Saladins.

Burg Montgisard führt. Am 25. November 1177 überfallen sie den Heereszug und fügen Saladin eine empfindliche Niederlage zu. Der Sieg verschafft Jerusalem aber lediglich eine Atempause, es fehlt den Christen weiter an Soldaten und an Nachschub. Balduin IV. nutzt die kampffreie Zeit, um Festungen zu verstärken und zu erneuern. Ein Angriff gegen Ägypten oder Damaskus ist aber ausgeschlossen. Dafür scheinen die Ressourcen Ägyptens zu unerschöpflich. Saladin ist der Niederlage zum Trotz auf dem Gipfel seiner Macht.

Der byzantinische Kaiser Manuel I. kann den Kreuzfahrerstaat nicht mehr schützen

Vernichtende Niederlage: Seldschuken schlagen Byzanz

■ *17. September 1176, Myriokephalon*

Das Jahr 1176 wird zum Wendepunkt in der Geschichte von Byzanz. Kaiser Manuels Macht bricht unter dem Ansturm eines Heeres, das vom Seldschuken-Sultan Kilidsch Arslan II. geführt wird, zusammen.

Ein großes kaiserliches Heer mit Manuel I. Komnenos an der Spitze wird auf dem Pass Tzibritze, an dessen Ausgang die zerstörte Burg Myriokephalon liegt, vernichtend geschlagen. Sultan Kilidsch Arslan II., der den Heerzug im Hohlweg überfällt, erringt einen leichten Sieg. Manuel I. willigt sofort in einen Friedensschluss ein und zieht sich nach Byzanz zurück.

Byzantiner kämpfen gegen iranische Seldschuken (Buchmalerei, 13. Jh.).

Gemäß der Absprache mit den siegreichen Seldschuken lässt er die beiden neu erbauten Festungen Sublaon und Doryläum schleifen. Der hohe Verlust an Soldaten macht es Kaiser Manuel I. in Zukunft unmöglich, gegen Syrien zu ziehen oder zu drohen, Antiochia unter seine Herrschaft zu zwingen.

Für den Kreuzfahrerstaat ist die Niederlage von Myriokephalon äußerst bedrohlich. Zwar hatte Manuel I. Jerusalem nie ausdrücklich verteidigt, doch die Existenz einer starken byzantinischen Macht hatte die muslimischen Herrscher im Nahen Osten doch zu einer gewissen Zurückhaltung gezwungen.

Papst lässt nach mysteriösem Helfer fahnden

Die Legende um den Priesterkönig Johannes

■ *1177, Rom*

Die fremde Welt des Orients regt die Fantasie der Abendländer kräftig an, sodass viele Legenden und Gerüchte kursieren. Eine ständig wiederkehrende Fantasiegestalt ist ein gewisser Johannes, der den Christen angeblich zu Hilfe kommt.

Papst Alexander III. beauftragt eine kleine Gruppe, den sagenhaften Priesterkönig Johannes in Äthiopien zu suchen. Niemand hat diesen Mann je gesehen, seine Existenz ist in historischen Quellen nicht bezeugt. Dennoch wird immer wieder von ihm berichtet. In der großen Sammlung der »Gesta Friderici«, der Taten Kaiser Friedrich Barbarossas, beschreibt der Theologe Otto von Freising in der Mitte des 12. Jahrhunderts einen König Johannes aus dem Geschlecht der Magier. Otto nennt dessen geografische Herkunft nicht, berichtet aber, er habe die Perser besiegt und wolle den Christen gegen die Muslime helfen. Ein anderer Chronist berichtet, Johannes der Priesterkönig (Presbyter), der »Herr über die drei Indien«, soll einen Brief an Kaiser Manuel I. Komnenos geschrieben haben, in dem er sein Kom-

Alexander III. sitzt von 1159 bis 1181 auf dem Stuhl Petri.

men ankündigt. Dieser Besuch ist in Byzanz aber nicht bezeugt. Als Damiette – eine Hafenstadt im Nildelta – im Jahr 1220 während des fünften Kreuzzuges von den Kreuzfahrern erobert wird, erwartet man auch hier die Ankunft des legendären Johannes. Er soll in Äthiopien leben, bleibt aber weiter im Dunkel der Geschichte. In späteren Zeiten wird sein Bild durch Züge verschiedener Mongolen-Khans überlagert.

Die sagenhafte Gestalt eines fremden, unerklärlichen Helfers der Christen führt schließlich dazu, dass Johannes zur literarischen Gestalt wird. Eine Gralsdichtung mit dem Titel »Der jüngere Titurel«, die im Anschluss des »Titurel« von Wolfram von Eschenbach um 1270 geschrieben wird, sieht Johannes sogar als Hüter des Grals. Noch in der Mitte des 15. Jahrhunderts spukt die Fantasiegestalt in den Köpfen der Abendländer. Als Heinrich der Seefahrer, der Infant von Portugal, Schiffe an der Küste Afrikas entlang nach Süden schickt, um neue Handelswege zu entdecken, lässt er seine Kapitäne auch nach dem geheimnisvollen Helfer der Christenheit Ausschau halten.

Hintergrund

»Griechisches Feuer«: Die Superwaffe des Mittelalters für Festungskampf und Seekrieg

In den Kriegen mit den Muslimen lernen die westlichen Kreuzritter das »griechische Feuer« (auch »byzantinisches Feuer«) kennen, das – wie ein zeitgenössischer Chronist berichtet – »dröhnte und aussah wie ein durch die Lüfte fliegender Drache«. Der Brandsatz war von den Byzantinern bereits in der zweiten Hälfte des 7. Jahrhunderts als Kampfmittel verwendet worden. Vor allem in Seeschlachten gegen die Araber wird die Waffe, deren genaue Zusammensetzung nicht mehr bekannt ist, eingesetzt. Fest steht, dass das »griechische Feuer« sich bei der Berührung mit Wasser von selbst entzündete. Es konnte aber auch schon brennend in Wurfmaschinen eingesetzt werden. Die Flüssigkeit wurde mittels Überdruck aus Rohren herausgeschleudert und explodierte beim Erreichen einer bestimmten Temperatur. Die Substanz des Brandsatzes war wahrscheinlich ein dünnflüssiges Gemisch aus Erdöl, Schwefel, Harz, Salz sowie ungelöschtem Kalk.

Das »griechische Feuer« galt 500 Jahre lang als Wunderwaffe (Miniatur).

Zitat

Sittenbild der Franken

Der syrische Ritter und Literat Usama ibn Munqid kämpfte während der ständig wechselnden Bündnisse zwischen den Kreuzfahrerstaaten und den muslimischen Herrschern gelegentlich auch auf Seite der Franken. Nach seiner kriegerischen Karriere widmete er sich ab 1164 literarischen Studien. Seine Erfahrungen mit den Christen schildert er in seiner Autobiografie »Kitab al-I'tibar«. In dieser einzigartigen Quelle zur Geschichte der Kreuzfahrer im Orient entwirft er ein überaus differenziertes Bild der Franken. Besonders positiv bewertet Usama ihre Körperkraft und ihren Kampfeswillen, die im Nahen Osten sprichwörtlich werden. Weniger Schmeichelhaftes berichtet er über die primitiven Heilkünste der Kreuzfahrer sowie über ihre mangelnde

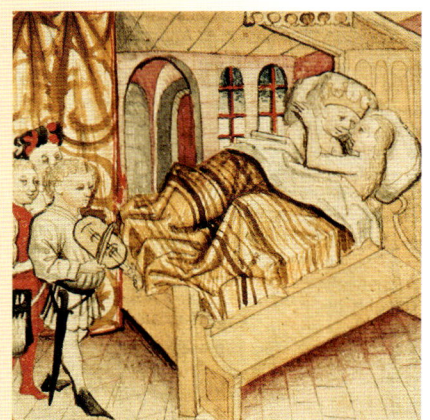

Die lockere Sexualmoral der Kreuzfahrer gilt der arabischen Welt als verwerflich.

Körperpflege und die lockere Sexualmoral. In einer Anekdote erzählt Usama von einem heimkehrenden Weinhändler, der seine Frau mit einem fremden Mann im Bett findet:

»›Was ist das hier?‹ fragt er. ›Ich war müde, bin hineingegangen und habe mich ein bisschen hingelegt.‹ – ›Und warum in mein Bett?‹ – ›Das war gerade aufgeschlagen.‹ – ›Und meine Frau auch drin!‹ – ›Das Bett gehört ja ihr, hätte ich sie rauswerfen sollen?‹ Das einzige, was dem Ehemann dazu einfällt, ist: ›Sieh zu, dass dir das nicht noch mal passiert!‹«

Der König von Jerusalem bittet um Waffenstillstand

Saladin schont die Kreuzfahrer

■ *Mai 1180, Damaskus*

Nur knapp entkommt Balduin IV. am Litanifluss der Gefangennahme durch Saladin. Der Kreuzfahrerstaat braucht dringend eine Atempause.

Eine Delegation des Königs von Jerusalem bittet Saladin um einen Waffenstillstand. Nach einigem Zögern willigt der Sultan ein. Zwei Jahre sollen die Waffen zwischen Jerusalem und Damaskus ruhen. Tripolis ist in den Vertrag zunächst nicht mit einbezogen, dessen Fürst Raimund III. schließt sich aber wenig später an.

Balduin IV. und Raimund III. hatten 1179 ihre Truppen zusammengelegt und waren nach Norden gezogen, um einen Überfall durch den Neffen Saladins zu rächen. Saladin schlug am Litanifluss zunächst die Tempelritter Raimunds in die Flucht und griff dann das Heer Balduins an. Beide Heerführer konnten sich in die Festung Beaufort am anderen Flussufer retten, viele christliche Ritter aber wurden erschlagen oder flohen. Adelige, die in Saladins Gefangenschaft gerieten, mussten ausgelöst werden.

Saladin gilt als weiser, großmütiger Herrscher (Stich von J. Lijs, 18. Jh.).

Der Sieg ermutigte Saladin, die Festung Balduins an der Jakobsfurt am oberen Jordan zu belagern; am 29. August 1179 konnte er sie erobern. Dennoch erklärt sich Saladin zum Waffenstillstand bereit. Grund dafür mag auch eine Hungersnot sein, die Syrien wegen schlechter Ernte droht.

Der Überfall auf eine Karawane löst neue Kämpfe mit Saladin aus

Rainald von Châtillon bricht Waffenstillstand

■ *Sommer 1181, Oase Taima*

Der zweijährige Waffenstillstand, den Saladin mit dem König von Jerusalem im Jahr 1180 geschlossen hat, hält wegen des ungestümen Vorgehens von Rainald von Châtillon nur knapp ein Jahr.

Rainald von Châtillon, der ehemalige Fürst von Antiochia und jetzige Herr von Oultrejourdain, überfällt eine muslimische Karawane auf ihrem Weg von Damaskus nach Mekka. Schon länger ärgerte es den Abenteurer, dass er die reich beladenen Handelszüge aufgrund des geltenden Waffenstillstands, der die christlichen und muslimischen Kaufleute schützt, unbehelligt vorbeiziehen lassen muss.

Nach dem Überfall protestiert Saladin bei König Balduin IV. und verlangt Ersatz für die geraubten Waren. Da sich Rainald weigert und sein Lehensherr Balduin die Sache nicht weiter verfolgt, nimmt Saladin 1500 Pilger, deren Schiff in Ägypten landet, als Geiseln. Als sich Rainald weiter weigert, einen Ersatz zu leisten, wird ein Krieg unausweichlich.

Arabische Karawane (Miniatur, 13. Jh.)

Streit um den Thron

Staatsstreich in Jerusalem

■ *August 1186, Akkon*

Als König Balduin V. mit acht Jahren stirbt, soll Raimund III., der als sein Regent eingesetzt war, die Nachfolge antreten. Eine Intrige vereitelt jedoch diesen Plan.

Der Jerusalemer Patriarch Heraklios krönt Sibylle, die Schwester Balduins IV., zur Königin von Jerusalem. Ihr Mann Guido von Lusignan wird König. Keiner der adligen Kreuzritter nimmt an der Zeremonie teil, weil sie gegen die vereinbarte Thronfolge verstößt. In die Wege geleitet hatte diesen Staatsstreich der Seneschall Joscelin. Er schickte den für Balduin V. eingesetzten Regenten Raimund III. von Tripolis unter einem Vorwand nach Tiberias und machte so den Weg für Sibylle und Guido frei.

Da die übergangenen Adeligen dennoch auf ihr Wahlrecht bestehen, rufen sie das Hochgericht in Nablus an. Gegen die Tatsache der vollzogenen Krönung kann das Gericht jedoch nichts unternehmen.

Trotz innerer Konflikte kann der Kreuzfahrerstaat eine wichtige Burg halten

Saladin belagert die Kreuzfahrer-Festung Kerak

■ 20. November 1183, Kerak

Es ist nur eine Frage der Zeit, wann der Kreuzfahrerstaat in die Hand Saladins fällt. Die Uneinigkeit zwischen den christlichen Kleinfürsten sowie die Schwäche des vom Aussatz befallenen Königs Balduin IV. beeinträchtigen die Schlagkraft Jerusalems erheblich. Bevor Saladin die Heilige Stadt jedoch zurückerobern kann, muss er die Gebiete der Kleinfürsten im Osten und im Norden des Königreiches einnehmen.

Saladin beginnt mit der Belagerung der östlich des Toten Meeres gelegenen Burg Kerak, mit dessen Herrn Rainald von Châtillon er sich überworfen hat. Zudem liegt die Burg in der Nähe eines wichtigen Handelswegs zwischen Syrien und Ägypten, den es zu sichern gilt. Obwohl die Verteidiger der Burg durch die Ankunft des Heeres überrascht werden, gelingt es ihnen, sich in die Befestigungen zurückzuziehen. Mit neun Belagerungsmaschinen beginnt Saladin die Festung zu beschießen.

Rainald fühlt sich jedoch so sicher, dass er nicht einmal die Hochzeitsfeierlichkeiten unterbricht, die während der Belagerung auf Kerak stattfinden. Die Vermählung der elfjährigen Prinzessin Isabella mit dem 17-jährigen Humfried von Toron soll helfen, die Fürsten des Königreichs wieder auszusöhnen. Sie hatten sich kurz zuvor überworfen, weil der an schwerem Fieber erkrankte König Balduin IV. die Regentschaft an Guido von Lusignan, den Gatten seiner Schwester Sibylle, übergeben hatte. Nur widerwillig hatten sich die Kleinfürsten dieser Entscheidung gebeugt. Ihnen war Guido zutiefst verhasst. Ihre Annahme, er sei als Regent unfähig, sollte sich wenig später als richtig erweisen. In einem Feldzug gegen Saladins Truppen, die 1183 von Damaskus aus in Galiläa eingefallen waren, versagte Guido kläglich. Als sich die beiden Heere gegenüberstanden, befahl Guido weder einen Angriff noch bereitete er eine ausreichende Verteidigung vor, sodass sich die Heeresführung heillos zerstritt. Die Soldaten hielten Guido für einen Feigling, die mitziehenden Kleinfürsten beklagten seine Entscheidungsschwäche. Bei seiner Rückkehr nach Jerusalem überwarf sich Guido zudem mit König Balduin IV., woraufhin dieser die Regentschaft wieder in

Muslimische Kämpfer beim Angriff auf Kreuzfahrer (Buchmalerei, 14. Jh.)

die eigenen Hände nahm und seinen Neffen Balduin, den Sohn Sibylles aus ihrer ersten Ehe, zu seinem Erben ausrief. Guido zog sich tief getroffen auf seine Grafschaften Askalon und Jaffa zurück und kündigte seine Lehenstreue gegenüber Balduin auf. Der Jerusalemer König brachte zwar Jaffa wieder unter seine Kontrolle, in Askalon konnte sich Guido aber halten. Sein Verhältnis zum König blieb jedoch zerrüttet. Balduin IV. versuchte erfolglos seine Schwester dazu zu bewegen, die Ehe mit Guido annullieren zu lassen.

Alle Fürsten, die im Zuge dieser Auseinandersetzung schlichtend eingreifen wollten und ein Wort für Guido einlegten, ließ Balduin IV. vom Hof in Jerusalem verbannen.

Rainald, der bei der Beratung des Königs und dessen Entschluss zur Absetzung Guidos nicht anwesend war, lud die verfeindeten Parteien nun zur prunkvollen Hochzeit auf die Burg Kerak und gab ihnen so die Möglichkeit auf eine Aussöhnung.

Zur Unterstützung der in Kerak belagerten Christen stellt Balduin IV. in Jerusalem ein Entsatzheer unter Lei-

tung Raimunds von Tripolis auf. Er besteht jedoch darauf, selbst in einer Sänfte mitzuziehen. Als die Truppen in die Nähe Keraks ziehen, bricht Saladin die Belagerung ab. Im Triumph wird die Sänfte des Königs in die Burg getragen. Doch auch seine Ankunft vermag dem Zwist zwischen den Kleinfürsten kein Ende zu setzen.

Eine Anekdote über die Belagerung der Burg zeugt vom Großmut Saladins sowie vom Umgang der Edlen miteinander. Die Mutter der Braut, Stephanie von Oultrejourdain, die in dritter Ehe mit Rainald verheiratet ist, füllt Schüsseln mit Leckereien des Hochzeitsmahls und schickt sie zu Saladin. Daraufhin fragt dieser, in welchem Turm das Hochzeitspaar wohnt und weist seine Truppen an, diesen Turm nicht zu beschießen.

Nach der erfolglosen Belagerung zieht sich Saladin nach Damaskus zurück. Die strategisch wichtige Festung liegt ihm jedoch weiter am Herzen. Schon ein Jahr später steht er wieder am Fuß der Burg Kerak, erneut erweisen sich die Befestigungsmauern als zu stark. Vergeblich versucht Saladin die Verteidiger aus der Burg zu locken. Als Jerusalem nochmals ein Ersatzheer schickt, zieht sich Saladin zum zweiten Mal zurück. Ein Teil seines Heeres zieht nach Norden, überquert den Jordan und fällt plündernd über Galiläa her.

Ein Gewölbe in der Kreuzritterburg Kerak im heutigen Jordanien, die im 11. Jh. unter Payen Le Boutelier erbaut wurde

Zitat

Militärisches Debakel der Franken

Der arabische Chronist Ibn al-Athir berichtet von der blutigen Schlacht bei Hattin:

»Saladin sprach zu seinem Sohn: ›Die Franken werden erst wirklich geschlagen sein, wenn die Standarte des Königs fällt.‹ Nun, er hatte diese Worte kaum ausgesprochen, als die Standarte sank. Sogleich stieg Saladin vom Pferde, warf sich vor Allah nieder und dankte ihm unter Freudentränen.

Die Standarte des Königs sank auf folgende Weise: Als die Franken, die sich auf den Hügel zurückgezogen hatten, die Moslems mit solcher Gewalt angriffen, geschah das, weil sie entsetzlich unter dem Durst litten und sich einen Weg bahnen wollten. Als sie sich zurückgeworfen sahen, stiegen sie von den Pferden und setzten sich auf die Erde. Da stiegen die Moslems den Hügel hinauf und stürzten das Zelt des Königs um. Alle Christen, die sich dort befanden, wurden gefangen genommen. Außer dem König waren dort Fürst Gottfried, sein Bruder, Reinhold, der Herr des Krak, der Herr von Gebail, der Sohn des Honfroi, der Großmeister der Templer und mehrere Spitalritter und Tempelritter. Wer die Zahl der Toten sah, glaubte nicht, dass es Gefangene gab, und wer die Gefangenen sah, glaubte nicht, dass es Tote gab. Niemals seit ihrem Einfall in Palästina hatten die Franken eine solche Niederlage erlitten. Ich selbst kam ein Jahr später über das Schlachtfeld und sah dort die Gebeine in Haufen. Hier und da lagen sie auch zerstreut, ohne zu rechnen, was die Gießbäche und die Raubtiere fortgetragen hatten, auf die Berge und in die Täler.«

Ein großer Teil des Königreichs Jerusalems fällt an die Muslime

Vernichtende Niederlage der Kreuzritter

■ *4. Juli 1187, Hattin*

Als bekannt wird, dass Saladin mit einem großen Heer über den Jordan zieht, sammelt das Königreich Jerusalem alle verfügbaren Kämpfer für eine Entscheidungsschlacht.

Auf dem Hügel »Hörner von Hattin« westlich des Sees Genezareth erliegt das christliche Heer dem Ansturm der Truppen Saladins. Die lange Schlacht fordert unter den tapfer kämpfenden, vom Durst geschwächten Kreuzrittern viele Opfer. Als Gefangene betreten die Heerführer und Adligen Jerusalems, allen voran König Guido, sein Bruder Amalrich, Rainald von Châtillon, Humfried von Toron und der Großmeister des Tempelritterordens, das Zelt Saladins. Der Sultan begnadigt die hochgestellten Christen, nur Rainald von Châtillon, der wiederholt ungesühnt muslimische Karawanen ausgeraubt hatte, schlägt er eigenhändig mit dem Schwert den Kopf ab. Die Ordensritter überlässt Saladin einer Horde fanatischer Sufis, die alle Templer und Hospitaliter erschlagen. Die gefangenen Christen schickt Saladin nach Damaskus, wo die Edlen in bequemen Quartieren untergebracht werden. Die meisten Soldaten werden auf dem Sklavenmarkt feilgeboten.

Auf den »Hörnern von Hattin« wird das größte christliche Heer geschlagen, das vom Königreich Jerusalem je ins Feld geschickt wurde. Die Macht des christlichen Jerusalem ist gebrochen. Zudem fällt auch das Wahre heilige Kreuz, das der Bischof von Akkon auf dem Feldzug mitführte, in die Hände der Muslime.

Gefallene christliche Ritter in der Schlacht bei Hattin (Historienbild, 19. Jh.)

Zitat

Nach Hattin: Appell an die Christenheit

Nach der Schmach von Hattin entstehen im Abendland viele Kreuzfahrerlieder, in denen die Fürsten aufgefordert werden, sich mehr als bisher zu engagieren. Der Dichter Gaucelm Faidit spricht von der Schande, die alle Christen trifft:

»... denn das falsche Volk, das nicht an ihn (Gott) glaubt, enterbt ihn und beleidigt ihn an dem Ort, wo er litt und starb. Es gebührt sich für jeden der Gedanke, dorthin zu gehen, vor allem aber für die Fürsten, die so hochgestellt sind, denn niemand kann behaupten, Gott treu und gehorsam zu sein, der ihm nicht in diesem Unternehmen beisteht. Über den Grafen, meinen Herrn, will ich sagen, dass, weil er der Erste ist, der die Ehre hatte, Sorge tragen sollte, dass Gott Grund hat, ihm zu danken, denn das Lob kommt hier mit dem Fortgehen.«

Mit dem Grafen ist wohl Richard Löwenherz gemeint, der als Erster nach Hattin das Kreuz nimmt.

Die Frau eines Kreuzfahrerfürsten ist Spionin für Sultan Saladin

Sibylle von Antiochia verrät die fränkischen Truppen

■ *1187, Antiochia*

Die Fürstin von Antiochia versorgt Saladin gegen Geld und Geschenke mit Informationen über Stärke und Bewegungen der fränkischen Heere.

Als Saladin auf seinem Feldzug nach Jerusalem auch Antiochia bedroht, werden die Verteidigungsmaßnahmen des Fürsten Bohemund III. stets durch gezielte Aktionen der muslimischen Kämpfer zunichte gemacht. Der Sultan wird durch Bohemunds Ehefrau Sibylle über jeden Schritt der christlichen Verteidiger im Voraus informiert. Dass seine Frau gegen kostbare Geschenke als Spionin für Saladin arbeitet, scheint Bohemund wenig zu stören. Sibylle bleibt Fürstin von Antiochia und versucht sogar, mit Hilfe des armenischen Fürsten die Erbansprüche ihres Sohnes gegen die Nachkommen aus Bohemunds ersten beiden Ehen durchzusetzen.

Bohemund heiratete die aus Antiochia stammende Sibylle, nachdem er seine griechische Gattin verstoßen hatte. Der zweite Ehebruch – Bohemund hatte bereits seine erste Frau vom Hof geschickt – und das lockere Vorleben Sibylles erregten den Unmut des Patriarchen. Er ließ Bohemund wegen Bigamie exkommunizieren. Dies schadete dem Fürsten zwar nicht, steigerte aber seinen Zorn gegen die Kirche.

Saladin gelingt die Rückeroberung der Heiligen Stadt

Kreuzfahrer verlieren Jerusalem an die Muslime

Ohne große Kämpfe erobern die Truppen Saladins Jerusalem von den Christen (französische Buchmalerei, um 1400).

■ *2. Oktober 1187, Jerusalem*
Nachdem sich der Verfall des Kreuzfahrerstaates bereits lange abzeichnete, brach die vernichtende Niederlage der Kreuzfahrer in der Schlacht bei Hattin den letzten militärischen Widerstand der Christen. Die Eroberung Jerusalems versetzt dem Kreuzfahrerstaat den Todesstoß.

Am 27. Tag des Monats Radschab – nach muslimischem Kalender der Jahrestag, an dem Mohammed im

Die Grabeskirche: Saladin lässt die rechte Seite der Doppeltür zumauern.

Schlaf Jerusalem aufgesucht hatte und von dort in den Himmel getragen wurde – zieht Saladin an der Spitze seiner Truppen in die Stadt ein. Je-

rusalem wird friedlich den Muslimen übergeben – lange Verhandlungen hatten dies möglich gemacht.

Die Belagerung dauerte nur zwölf Tage. Nachdem Saladin am 27. September mit dem Angriff begonnen hatte, schlugen seine Soldaten bereits zwei Tage später an derselben Stelle, an der die Kreuzfahrer 88 Jahre zuvor in die Stadt eingedrungen waren, eine Bresche in die Mauer. Die Christen konnten die Stelle zwar noch einmal verteidigen, aber Jerusalem befand sich insgesamt in einer aussichtslosen Lage. Als Erster riet der griechische Patriarch Heraklios zur Kapitulation, ihm schloss sich Balian von Ibelin an, der die Leitung der Verteidigung übernommen hatte. Balian begab sich am 30. September in das Lager Saladins, um die Bedingungen für die Übergabe auszuhandeln. Nach langem Feilschen zeigte Saladin sich schließlich großmütig, überdies wünschte er, dass Jerusalem so wenig Schaden wie möglich nehmen sollte. Balian einigte sich mit dem Sultan auf eine Summe von 30 000 Dinaren, mit der 7000 Menschen freigekauft werden sollten. Da in der Stadt mehr als 20 000 Menschen lebten, gerieten über die Hälfte in die Sklaverei.

Als Eroberer tritt Saladin mit großer Milde auf. Im Unterschied zu den Franken, die bei der Einnahme Jerusalems ein Gemetzel angerichtet

hatten, wird nicht ein Gebäude geplündert oder ein Mensch verletzt. Auf Befehl Saladins patrouillieren Wachen durch die Straßen und verhindern jeden Übergriff auf die Christen. Drei lange Züge von Flüchtlingen ziehen nach einigen Tagen aus der Stadt: der erste unter der Führung der Tempelritter, der zweite unter den Hospitalitern, der dritte unter Balian und dem Patriarchen. Die Vertriebenen suchen lange nach einem Zu-

fluchtsort. Tyros nimmt nur kriegstüchtige Männer auf, Tripolis leidet selbst unter einer Lebensmittelknappheit. Die Stadt hatte bereits andere Flüchtlinge aufgenommen und schließt die Stadttore. Erst in Antiochia finden die Flüchtlinge einen Ruheplatz.

Die orthodoxen Christen bleiben in Jerusalem. Sie hatten schon während der Belagerung durch Saladin signalisiert, dass sie ihm widerstandslos die Tore öffnen würden. Die Wohlhabenden unter ihnen kaufen die leer stehenden Gebäude, ebenso wie Muslime und Juden, die Saladin auffordert, in die Stadt zu ziehen.

Als die Nachricht vom Fall Jerusalems Byzanz erreicht, schickt Kaiser Isaak Angelos einen Glückwunsch an Saladin und bittet ihn um die Rückgabe der heiligen Stätten an die Orthodoxie. Saladin zögert zunächst, dann stimmt er dem Begehren zu. Er verzichtet darauf, die Grabeskirche zu zerstören, da die Christen seiner Auffassung nach nicht das Gebäude, sondern die heilige Stätte verehrten. Allerdings wurde das Kreuz, das den Felsendom schmückte, herabgeholt – noch während die Christen in der Stadt weilten.

In der neu geweihten Al-Aqsa-Moschee feiert Saladin am 9. Oktober 1187 einen Dankgottesdienst. Der Sultan ist am Ziel seiner Wünsche. Nur wenige fränkische Festungen müssen noch bezwungen werden.

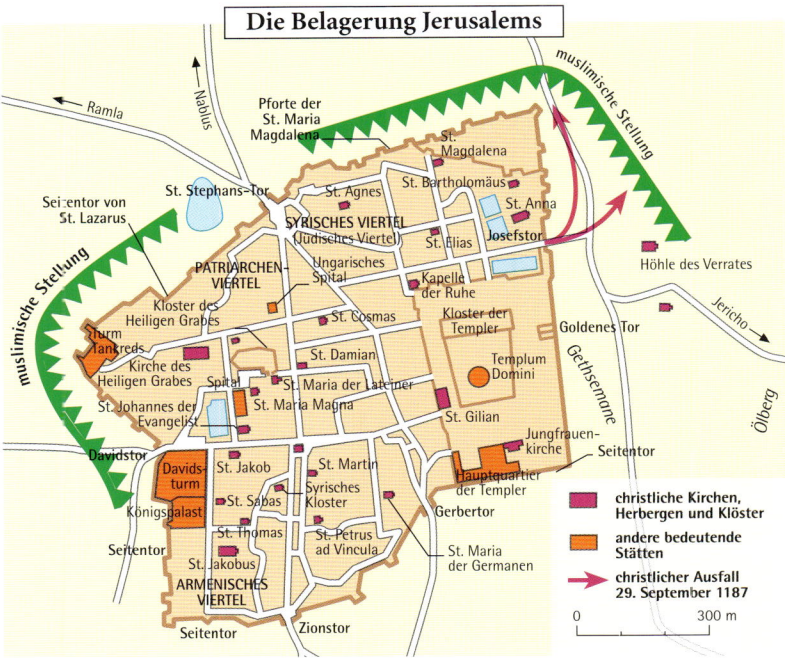

Die Belagerung Jerusalems

muslimische Stellung

Ramla — Nablus

Pforte der St. Maria Magdalena

St. Magdalena

Seitentor von St. Lazarus

St. Stephans-Tor

St. Agnes

St. Bartholomäus

St. Anna

SYRISCHES VIERTEL (Jüdisches Viertel)

St. Elias

Josefstor

PATRIARCHEN-VIERTEL

Ungarisches Spital

Kapelle der Ruhe

Höhle des Verrates

Kloster des Heiligen Grabes

St. Cosmas

Kloster der Templer

Goldenes Tor

muslimische Stellung

Turm Tankreds

Kirche des Heiligen Grabes

St. Damian

Templum Domini

Gethsemane

Spital

St. Maria der Lateiner

Jericho

St. Johannes der Evangelist

St. Maria Magna

St. Gilian

Ölberg

Davidstor

Jungfrauenkirche

Seitentor

Davidsturm

St. Jakob

St. Martin

Hauptquartier der Templer

Königspalast

St. Sabas

Syrisches Kloster

Gerbertor

Seitentor

St. Thomas

St. Petrus ad Vincula

St. Maria der Germanen

St. Jakobus

ARMENISCHES VIERTEL

Seitentor

Zionstor

■ christliche Kirchen, Herbergen und Klöster

■ andere bedeutende Stätten

→ christlicher Ausfall 29. September 1187

0   300 m

Statt Jerusalem fällt Konstantinopel

Die arabische Welt im Nahen Osten war durch die christlichen Eroberungen der ersten beiden Kreuzzüge deutlich zusammengerückt. Dem kurdischen Sultan Saladin war es gelungen, die vorher konkurrierenden muslimischen Herrschaftsgebiete Syrien und Ägypten unter seiner Herrschaft zu vereinen. Noch ist es kein »heiliger Krieg« gegen die Ungläubigen, den Saladin führt. Zwar gibt es bereits Schriften im muslimischen Lager, die diese Idee mit dem Kampf gegen die eingedrungenen Christen verbinden. Doch das Interesse Saladins war eher politischer Natur. Ihm war daran gelegen, eine geschlossene Front gegen die Bedrohung durch die Franken zu schaffen. Es war ihm gelungen, die christlichen Kreuzfahrerstaaten in die Knie zu zwingen. Mit ausschlaggebend für Saladins Erfolge waren seine reichen Ressourcen in Ägypten und seine strategischen Fähigkeiten. So rüstet er z. B. eine Flotte, mit der er

Friedrich Barbarossa mit seinen Söhnen Heinrich VI. (l.) und Friedrich II. (um 1180)

die auf Schiffen eindringenden Kreuzfahrer bedroht. Nach seinem Sieg über das Kreuzfahrerheer bei Hattin im Jahr 1187 war Jerusalem wehrlos, die Stadt war Saladin in die Hand gefallen. Mehr noch: Die Christen waren auf einige wenige Festungen und drei Städte – Antiochia, Tripolis, Tyros – zurückgedrängt. Das ehemals stolze Königtum Jerusalem ist auf kleine Landstriche zusammengeschrumpft und militärisch geschwächt. Jeder neue Versuch, das Heilige Land zurückzugewinnen, stößt auf den Widerstand eines militärisch und strategisch gefestigten Islam. Da gerät unter dem Eindruck wechselnder, auch kommerzieller Interessen ein neues Ziel ins Blickfeld: die unermesslichen Reichtümer von Konstantinopel, der Hauptstadt von Byzanz.

EINE NEUE KONSTELLATION

Zwei tief greifende Veränderungen begleiten den dritten Kreuzzug: Sie betreffen allerdings nicht so sehr den Nahen Osten als vielmehr das Abendland. Zum einen löst der Schock nach der Niederlage von Hattin und dem Verlust Jerusalems die lange Jahre dauernde Erstarrung zwischen England und Frankreich im Streit um die Thronfolge in England. Papst Gregor VII. gelingt es, die Rivalen Philipp II. August und Richard Löwenherz zu einem Stillhalteabkommen während des Kreuzzuges zu bewegen. Der Tod des englischen Königs Heinrich II. im Jahr 1189 und die Tatsache, dass Richard nun den Thron Englands besteigen kann, erleichtert beiden Kontrahenten den Aufbruch. Zugleich wendet sich die schwierige Frage, wie der Kreuzzug eigentlich bezahlt werden kann, in eine neue Dimension: Eine allgemeine, von den weltlichen Herrschern verkündete und eingezogene Kreuzzugssteuer wird sowohl in Frankreich als auch in England eingeführt. Die zweite Veränderung:

Zum ersten Mal rüstet ein deutscher Kaiser ein gewaltiges Heer für den Zug ins Heilige Land und unternimmt diplomatische Verhandlungen mit Byzanz und sogar mit Saladin, um den Erfolg des Zuges schon im Vorfeld zu sichern. Der Weg beider Züge ins Heilige Land steht geradezu exemplarisch für die hergebrachte und die neu aufkommende Weise, in den Orient zu gelangen: An der Spitze seines Heeres zieht Kaiser Barbarossa nach alter Weise den Landweg vor. Es wird der letzte große Kreuzzug sein, der diese beschwerliche Variante wählt. Philipp und Richard entscheiden sich für den Seeweg. Inzwischen haben die Handelsstädte Oberitaliens genügend Schiffe gebaut, sodass dieser Zeit und Kräfte sparende, aber teure Weg auch den Transport größerer Truppenkontingente erlaubt.

MILITÄRISCHES PATT IM HEILIGEN LAND

Die Situation, die die Kreuzfahrer erwartet, ist freilich denkbar ungünstig, denn die Kreuzfahrerstaaten liegen untereinander im Streit. Dennoch haben die ankommenden Kreuzfahrer zunächst Erfolg. Ein abenteuerlicher Angriff des Jerusalemer Königs Guido von Lusignan auf die in arabische Hand gefallene Festung Akkon leitet im August 1189 die zwei Jahre währende Belagerung der Stadt ein.

Für die deutschen Kreuzzugsteilnehmer stehen die ersten Schritte auf dem Boden Kleinasiens unter keinem guten Stern. Kaiser Barbarossa ertrinkt 1190 in Kleinasien. Sein Tod bringt den deutschen Heerzug ins Stocken, viele Kreuzritter kehren entmutigt in ihre Heimat zurück. Ein kleiner Rest nur schließt sich dem französischen König an. Dieser steuert gemeinsam mit Richard Löwenherz Akkon an. Die belagerte Stadt kann der christlichen Übermacht nicht standhalten, 1191 fällt sie in die Hand der Kreuzfahrer. Daraufhin kehrt Philipp II. sofort zurück nach Frankreich, während Richard Löwenherz sich anschickt, die Küste in Richtung Jerusalem zurückzuerobern. Saladin trifft dieses Mal auf einen strategisch mindestens gleichwertigen Gegner. Obwohl Richards Truppen denen Saladins zahlenmäßig unterlegen sind, kann der Engländer einen Sieg über Saladin erringen und nach Jaffa vorstoßen. Zwar scheitert sein Versuch, Jerusalem einzunehmen, doch erobert er einige Teile des Küstenstreifens zurück, sodass die Kreuzfahrerstaaten wieder eine begrenzte territoriale Basis erhalten.

Nachdem Richard Löwenherz den Angriff Saladins auf Jaffa zurückschlagen konnte, unterzeichnet er 1192 einen Frie-

Charismatische Führer und Hauptprotagonisten des dritten Kreuzzugs: der englische König Richard I. Löwenherz (l.) und Sultan Saladin (Kachel, um 1250)

densvertrag mit dem Sultan. Er verschafft den christlichen Staaten damit eine Ruhepause, wenn auch mit erheblichen Zugeständnissen. Die Kreuzfahrerstaaten geben für den Waffenstillstand wichtige Festungen auf, Richard kann aber wenigstens den friedlichen Pilgern freien Zugang zum Heiligen Grab sichern. Der Vertrag Richards I. mit Saladin trägt Löwenherz im Abendland scharfe Kritik ein. In den Augen vieler Eiferer handelt Richard falsch, weil er mit einem Muslim einen Vertrag abschließt, statt ihn mit dem Schwert zu bekämpfen.

ÖKONOMISCHE INTERESSEN IM VORDERGRUND

Es scheint, als sei mit dem Ende des dritten Kreuzzuges auch das Ende der alten Kreuzfahreridee gekommen, das Heilige Land und die heiligen Stätten zu befreien. Die Fahrt ins Heilige Land wird zum Dreh- und Angelpunkt wechselnder Machtinteressen. Innerhalb kurzer Zeit spielen die oberitalienischen Handelsmächte eine entscheidende Rolle bei den Kreuzfahrten. Vor allem Venedig hat mit einer starken Flotte und zahlreichen Verträgen seine Machtinteressen im Nahen Osten erheblich ausgebaut. So bietet sich Venedig als Partner für den vierten Kreuzzug an. In der Tat unterstützt die reiche Stadtrepublik das Unternehmen finanziell, versteht es als Gegenleistung aber auch, ihre ökonomischen Interessen durchzusetzen. Gleich zu Beginn des Kreuzzugs zwingt der venezianische Doge Enrico Dandolo die Kreuzfahrer, die von ihm erstrebte Herrschaft über die christliche Stadt Zara an der dalmatinischen Küste zu erkämpfen. Seine diplomatischen Beziehungen zum Sultan von Ägypten führen dazu, dass er das Kreuzfahrerheer von seinem ursprünglichen Ziel, in Ägypten zu landen, abbringt und die Flotte stattdessen nach Konstantinopel lenkt. Zwar besitzt Venedig dort bereits Handelsprivilegien, diese sind jedoch nicht so abgesichert, dass sie dem Zugriff des byzantinischen Kaisers ganz entzogen wären. Hinzu kommt, dass die Macht des Kaisers durch eine Niederlage gegen die Seldschuken gebrochen ist und er ohnehin im Verdacht steht, die Kreuzfahrer im Heiligen Land nur halbherzig zu unterstützen. Mit der Zeit stellte sich eine deutliche antibyzantinische Haltung ein. Während des vierten Zugs bricht sich diese Stimmung mit Gewalt Bahn. Er endet – im Interesse Venedigs – mit der Eroberung und Plünderung der christlichen Stadt Konstantinopel.

KONSTANTINOPEL WIRD GEPLÜNDERT

Die schrecklichen Massaker an der griechisch-christlichen Bevölkerung Konstantinopels sowie der Raub reicher Kunstschätze zählen zu den größten und bleibenden Schandflecken der christlichen Kreuzfahrten. Ein nur kurzes Intermezzo ist hingegen das 1204 in Konstantinopel von Venezianern und Kreuzfahrern errichtete Lateinische Kaiserreich. Bereits ein Jahr nach seiner Gründung wird es durch eine verheerende Niederlage gegen die orthodoxen Bulgaren entscheidend geschwächt. Byzanz kann seine frühere Stärke nie mehr erreichen. Somit haben die Kreuzfahrer selbst ihren bisherigen Flankenschutz zu Grunde gerichtet. Die Veränderung der Kreuzzüge aufgrund der immer größer werdenden Einflussnahme politischer Interessen ruft

auch Kritiker auf den Plan. Herausragend ist die Schrift des Aragoneser Chronisten Ramon Muntaner, der behauptet, die Kreuzzugsidee sei im 13. Jahrhundert insgesamt missbraucht worden. Auf Kosten des Königreichs von Jerusalem, das ganz aus dem Gesichtsfeld der Kreuzfahrer verschwunden sei, sei man gegen Ketzer und die eigenen Glaubensbrüder zu Felde gezogen. Dennoch bleibt die Kritik vereinzelt. Von einer breiten kritischen Stimmung in ganz Europa kann nicht die Rede sein. So findet die Kreuzzugsidee immer wieder neue Nahrung. Der Kinderkreuzzug von 1212 ist ein weiteres tragisches Kapitel der an bizarren Ereignissen überaus reichen Kreuzzugsgeschichte.

DER PAPST UND DIE KREUZZUGSIDEE: EXPANSION UND INQUISITION

Die Kreuzzugsidee hat sich im Abendland vom tradierten alleinigen Ziel, die heiligen Stätten aus der Hand der Muslime zu befreien, längst gelöst. Mitverantwortlich dafür ist unter anderem Papst Innozenz III. Ein neuer Kreuzzug ist auch für ihn das höchste Gebot seiner Amtszeit, doch treiben den Heiligen Vater übergreifende machtpolitische Motive an. Es geht ihm um die Sicherung der kirchlichen Vormachtstellung in ganz Europa. Während seines Pontifikats vergeht kein Jahr, in dem nicht in irgendeiner Region ein Kreuzzug geführt wird. Dreimal ruft Innozenz III. zu einem Zug in den Orient auf. Um sich Siziliens zu bemächtigen, initiiert er einen Kreuzzug gegen Markward von Anweiler. Im Baltikum autorisiert er einen Kreuzzug nach Livland, in Spanien ruft er zum Kampf gegen die Araber auf. Die entscheidende Neuorientierung des Kreuzzugsgedankens geschieht durch seinen Entschluss, die Ketzerei der Albigenser (Katharer) im Süden Frankreichs durch einen Kreuzzug zu bekämpfen. Die Albigenserkreuzzüge überziehen den Süden Frankreichs fast 20 Jahre lang mit blutigen Verfolgungen. Plötzlich wird aus den Kreuzzügen gegen Heiden und Muslime ein bewaffneter Kampf gegen Irrgläubige im Abendland. So verknüpft Innozenz III. geschickt die Kreuzzugsidee mit der beginnenden Inquisition, der Glaubensüberprüfung in den eigenen christlichen Reihen. Der Kreuzzug wird zu einem Instrument, die Rechtgläubigkeit mit Gewalt durchzusetzen. Als politisch denkender Mensch institutionalisiert Innozenz III. die Idee des Kreuzzugs. Dazu zählt auch eine Neuordnung der finanziellen Grundlagen. Auf dem vierten Laterankonzil im Jahr 1215 lässt er die Erhebung einer Kreuzzugssteuer beschließen.

KREUZZÜGE IM DEUTSCHEN OSTEN

Die wohl entscheidende Neuerung der Kreuzzugsidee in der Mitte des 12. Jahrhunderts ist ihre Ausweitung auf die bewaffnete Mission aller Heidenvölker, auch derer, die mit dem Heiligen Land nichts zu tun haben. Einzelne deutsche Fürsten entbinden sich von einem Zug ins Heilige Land mit der päpstlichen Bestätigung, der Kampf gegen die Heiden im Norden und Osten Europas gelte auch als Kreuzzug.

Nachdem Coelestin III. allen Verteidigern des Bistums Livland den Kreuzzugsablass gewährt, beginnt in den 90er Jahren des 12. Jahrhunderts die systematische Eroberung der baltischen Länder. Zunächst unterstützen einzelne Ritter aus Norddeutschland und Flandern eine Missionskirche, die bei den Liven im unteren Bereich des Flusses Düna errichtet wurde. 1201 gründet Bischof Albert Riga und verlegt seinen Bischofssitz dorthin. Dann aber, ein Jahr später, stiftet er zum Zweck der Unterwer-

Der Doge Enrico Dandolo beschwört in der Markuskirche in Venedig den Vertrag mit den Kreuzfahrern (Gemälde von Carlo Saraceni, 1619).

fung und Christianisierung Livlands und Lettlands eine Bruderschaft von deutschen Rittern, den so genannten Schwertorden der Brüder der Ritterschaft Christi von Livland (»Schwertbrüder«). Als Albert 1207 mit Livland belehnt wird, überlässt er den Schwertbrüdern ein Drittel des eroberten Landes als Lehen. Dann aber wird der Deutsche Orden, dessen Wiege 1198 im Heiligen Land stand, zur entscheidenden Kraft der Eroberung des Ostens. Ein eigener Ordensstaat entsteht, der Kreuzzug nach Osten ist dem des Zuges ins Heilige Land ebenbürtig.

11. Mai

Das deutsche Kreuzfahrerheer bricht von Regensburg aus ins Heilige Land auf. Die Führung übernehmen Kaiser Friedrich I. Barbarossa und sein ältester Sohn, Herzog Friedrich von Schwaben. Das Heer wird von Zeitgenossen auf 100 000 Mann geschätzt. In Wahrheit ist der Zug zwar kleiner, aber immer noch einer der größten, die Europa je in Richtung Jerusalem verlassen. Die Regentschaft im Deutschen Reich geht auf Barbarossas Sohn Heinrich VI. über. → S. 141

Juli

Nachdem die mächtigen Mauern von Beaufort dem Ansturm Sultan Saladins zwei Jahre standgehalten haben, können die Muslime die Kreuzritterburg schließlich doch einnehmen. → S. 140

28. August

König Guido von Lusignan beginnt mit der Belagerung der Stadt Akkon. Die tollkühne Aktion leitet die christliche Rückeroberung des Heiligen Landes ein. → S. 140

3. September

Richard I. Löwenherz wird in der Westminster-Abtei zum englischen König gekrönt. Während der Feier entsteht vor dem Palast ein Tumult unter der Bevölkerung, der sich auf das jüdische Viertel ausbreitet. Die Besatzung des Towers greift in die gewalttätigen Ausschreitungen nicht ein. Rasch breiten sich die Pogrome auf andere englische Städte aus. → S. 141

18. November

König Wilhelm II. von Sizilien stirbt in Palermo. Da er kinderlos ist, fällt das Erbe seiner Tante Konstanze zu, der Gattin des deutschen Königs Heinrich VI. Heinrich muss das Land von Tankred von Lecce, einem illegitimen Sohn Wilhelms II., erobern.

1190 n. Chr.

Februar

Im Vertrag von Adrianopel zwingt Kaiser Friedrich I. Barbarossa den byzantinischen Kaiser Isaak II. Angelos, das deutsche Kreuzfahrerheer nach Kleinasien überzusetzen.

März

Der französische König Philipp II. und der englische Monarch Richard I. Löwenherz treffen in Nonancourt (Normandie) zusammen und versichern sich gegenseitig, keiner werde das Gebiet des anderen während der Dauer des dritten Kreuzzuges antasten.

18. Mai

Bei Ikonium trifft das deutsche Kreuzfahrerheer auf die Seldschuken unter dem Sultanssohn Qutb ad-Din und erringt einen glänzenden Sieg. Der Weg durch Anatolien ist damit frei.

10. Juni

In Kleinasien ertrinkt Kaiser Friedrich I. im Fluss Saleph. Der Tod des Anführers lässt den deutschen Kreuzzug zusammenbrechen. Friedrichs Nachfolger, Herzog Friedrich von Schwaben, kann die Kreuzfahrer nicht zusammenhalten. Von kilikischen und syrischen Häfen aus treten viele Deutsche die Heimfahrt an. → S. 142

4. Juli

Richard I. Löwenherz und Philipp II. August brechen in Vézelay gemeinsam zum Zug ins Heilige Land auf. Beide entscheiden sich für den Seeweg, ihre Wege trennen sich in Lyon. Der französische König zieht nach Genua, Richard nach Marseille, wo er die englische Flotte erwartet.

Juli

Mannschaften der englischen Kreuzfahrerflotte plündern Lissabon und schänden Frauen. Der König von Portugal lässt die Schuldigen verhaften, die Flotte kommt verspätet in Marseille an.

September

Die französische und die englische Kreuzfahrerflotte treffen in Messina ein. Sie wollen auf Sizilien überwintern. Wegen beginnender Unruhen in der sizilianischen Bevölkerung erobert Richard Löwenherz in einer fünftägigen Blitzaktion Messina. Um die Beute entbrennt ein Streit zwischen Franzosen und Engländern.

7. Oktober

Der kärgliche Rest des deutschen Kreuzfahrerheeres trifft in Akkon ein. Hier vereinigen sich die Kreuzfahrer mit den per Schiff angereisten deutschen Truppen unter Leopold von Österreich. Die plötzliche Abreise des thüringischen Landgrafen schwächt die Deutschen erneut. Sie spielen im Verlauf des Kreuzzuges keine wichtige Rolle mehr.

November

Vor Akkon gründen Lübecker und Bremer Kaufleute eine deutsche Hospitalgenossenschaft. Aus dem Spital entwickelt sich ein zunächst nur der Krankenpflege gewidmeter Orden, der zum Ursprung des geistlichen »Ritterordens vom Hause der heiligen Maria der Deutschen in Jerusalem« (Deutscher Orden) wird.

1188 n. Chr.

21. Januar

Bei Girors in der Normandie nehmen der englische König Heinrich II. und Philipp II. August von Frankreich das Kreuz. Ihrem Beispiel folgen zahlreiche Adlige.

Ende Januar

Der englische Kronrat beschließt eine zehnprozentige Sondersteuer, mit der der Kreuzzug finanziert werden soll (»Saladinzehnter«). → S. 139

27. März

Auf einem von Kaiser Friedrich I. Barbarossa einberufenen »Hoftag Christi« in Mainz fordert ein Legat des Papstes die deutschen Fürsten auf, das Kreuz zu nehmen. → S. 138

29. Juli

Sultan Saladin erobert die bedeutende Hospitaliterfestung Sahyun in der Nähe von Latakia. → S. 139

1189 n. Chr.

In seiner Schrift »De re militari« (Vom Kriegswesen) kritisiert der englische Theologe und Jurist Radulf Niger die Kreuzzugsbewegung. Seiner Ansicht nach verbiete Gott den Mord an allen Menschen, einschließlich der Muslime. Zudem missbilligt er die Sündenerlasse für Kreuzfahrer. → S. 140

1191 n. Chr.

14. April

Der deutsche König Heinrich VI. erzwingt die Kaiserkrönung durch Papst Coelestin III.

Mai

Der englische König Richard I. Löwenherz erobert die Insel Zypern, die vom selbst ernannten Kaiser Isaak Dukas Komnenos beherrscht wird. Auf der Insel trifft Richard mit Guido von Lusignan zusammen, der sich mit Konrad von Montferrat um die Jerusalemer Königswürde streitet, und stellt sich auf dessen Seite. → S. 143

8. Juni

Sofort nach ihrer Ankunft beteiligen sich die englischen Truppen an der Belagerung der Stadt Akkon. Große französische Belagerungsmaschinen aus der Flotte Philipps II. kommen dabei zur Anwendung.

12. Juli

Nach fast zweijähriger Belagerung kapituliert die Stadt Akkon vor den Kreuzfahrern. Die Besatzung soll freigelassen werden, sobald Sultan Saladin das in der Schlacht bei Hattin von den Muslimen eroberte »wahre Kreuz« herausgibt und 1500 namentlich genannte christliche Gefangene freilässt. Außerdem soll Saladin ein stattliches Lösegeld bezahlen. Als der erste Teilbetrag nicht rechtzeitig eintrifft, lässt Richard Löwenherz 3000 muslimische Gefangene ermorden. → S. 143

7. September

Bei Arsuf nördlich von Jaffa greift Sultan Saladin den Heerzug des englischen Königs an. Richard I. Löwenherz, der am 22. August von Akkon aufgebrochen war, schlägt den Angriff zurück. Obwohl die Verluste auf beiden Seiten gering sind und die Schlacht keinen entscheidenden Erfolg bringt, hat sie doch einen wichtigen moralischen Effekt für die Christen: Die Legende von Saladins Unbesiegbarkeit wird zerstört. → S. 143

1192 n. Chr.

28. April

Der zum König von Jerusalem gewählte Konrad von Montferrat wird auf dem Heimweg zu seiner Burg in Tyros von zwei Assassinen ermordet. Gerüchte beschuldigen Richard Löwenherz wegen dessen Bündnis mit Guido von Lusignan der Anstiftung zum Mord. Die wahren Hintergründe bleiben ungeklärt.

Sommer

Richard Löwenherz versucht zum zweiten Mal Jerusalem zu erreichen, scheitert jedoch in Bait Nuba. Als sein Heer sich nach Akkon zurückzieht, erobert Sultan Saladin Jaffa.

2. September

Richard Löwenherz schließt einen dreijährigen Waffenstillstand mit Saladin, nachdem er im Handstreich Jaffa zurückerobert hat. Der Vertrag sieht vor, dass die Küste von Tyros bis Jaffa wieder christlich wird und die Pilger freien Zugang zu den heiligen Stätten bekommen. → S. 143

9. Oktober

Der englische König Richard I. Löwenherz verlässt das Heilige Land in Richtung Heimat. Als er auf der Rückfahrt Schiffbruch erleidet, muss er zu Fuß weiterziehen.

Dezember

Trotz seiner Verkleidung als einfacher Pilger wird Richard Löwenherz erkannt und in der Nähe von Wien von Herzog Leopold V. von Österreich gefangen genommen. → S. 145

1193 n. Chr.

Papst Coelestin III. spricht einen Kreuzzugsablass für die Verteidiger des Bistums Livland aus, die gegen die heidnischen Livonier kämpfen. → S. 144

3. März

In Damaskus stirbt Saladin, der Sultan von Ägypten und Syrien. Sein Großmut und seine Tapferkeit machten ihn im islamischen Orient zum Inbegriff des idealen Herrschers. → S. 144

1194 n. Chr.

Weihnachten

Kaiser Heinrich VI. wird im Dom zu Palermo zum König von Sizilien gekrönt. Er verlobt Irene, die Tochter des byzantinischen Kaisers Isaak II. Angelos, mit seinem Bruder Philipp. Damit erwirbt er für die Staufer Erbansprüche in Byzanz.

1195 n. Chr.

31. März

Kaiser Heinrich VI. nimmt in Bari das Kreuz. Er will nicht nur das Heilige Land befreien, sondern plant die Eroberung des oströmischen Reiches, um die Einheit des römischen Imperiums wiederherzustellen. Der Beginn des Kreuzzuges wird auf Weihnachten 1196 festgelegt. → S. 144

1197 n. Chr.

September

Während der Vorbereitungen zum Kreuzzug stirbt Kaiser Heinrich VI. in Sizilien. Da sein Sohn, der spätere Friedrich II., erst drei Jahre alt ist, entbrennt im deutschen Reich zwischen Otto IV. und Heinrichs Bruder Philipp von Schwaben ein Kampf um die deutsche Königskrone.

1198 n. Chr.

8. Januar

In Rom tritt Papst Innozenz III. die Nachfolge von Coelestin III. an. Er baut den päpstlichen Führungsanspruch aus und entwickelt eine Kirchenlehre. → S. 146

15. August

Papst Innozenz III. ruft zum Kreuzzug auf. Dabei wendet er sich nicht an die Könige, sondern an die Geistlichen, den Landadel und die italienischen Seehandelsstädte. Wie der erste Kreuzzug soll dieser Zug ein Unternehmen der Kirche sein. → S. 146

September

Durch die Anerkennung des Papstes und des Königs von Jerusalems wandelt sich der Deutsche Orden von einem Krankenpflegeorden zum Ritterorden. Sein Hauptsitz ist Akkon, Hauptfestung wird Montfort. → S. 145

24. November

Markward von Annweiler, ein Lehensmann der Staufer, will nach dem Tod der Königin Konstanze die staufischen Ansprüche auf Sizilien geltend machen. Papst Innozenz III., der seinen eigenen Einfluss auf Sizilien vergrößern möchte, beginnt einen Feldzug gegen Markward. → S. 146

1199 n. Chr.

März

Söldner König Richards I. Löwenherz belagern die Burg Chalus, um einen Aufstand des Grafen von Limoges zu bekämpfen. Dabei wird Richard von einem Armbrustpfeil getroffen und tödlich verletzt. Johann (Ohneland) kann daraufhin den englischen Thron besteigen.

Juni

Als päpstliche Sondersteuer wird der Kreuzzugszehnte eingeführt.

November

Auf der französischen Burg Ecry in der Champagne findet ein Ritterturnier statt, in dessen Verlauf Graf Tibald von Champagne zusammen mit Ludwig von Blois das Kreuz nimmt. Fast alle anderen adeligen Gäste folgen ihrem Beispiel. → S. 147

Dezember

Papst Innozenz III. erlässt eine Sondersteuer für Geistliche und ordnet die Aufstellung von Opferstöcken in den Kirchen an. Das zusätzliche Geld soll die hohen Kreuzzugskosten mitfinanzieren. Darüber hinaus steuern der englische und der französische König den 40. Teil ihres Jahreseinkommens bei. → S.147

1201 n. Chr.

Herbst

Das byzantinische Reich muss die Unabhängigkeit Bulgariens anerkennen.

1202 n. Chr.

April

Die ersten Teilnehmer des vierten Kreuzzuges treffen in Venedig ein. Gegen eine hohe Summe und unter der Bedingung, das eroberte Land sowie die Beute zwischen den Kreuzfahrern und Venedig zu teilen, stellt der Doge Enrico Dandolo Kriegsschiffe zur Verfügung.

Sommer

Zum Schutz der neu getauften livländischen Christen an der Dünamündung gründet der Zisterzienser Theoderich zusammen mit einer kleinen Gruppe norddeutscher Ritter den Schwertbrüderorden.

August

Die Mongolen unter Dschingis Khan unterwerfen die Tataren.

September

Der Mathematiker Leonardo Fibonacci (Leonhard von Pisa) schreibt das Werk »Liber abaci«. Damit verbreiten sich die so genannten arabischen Ziffern in Europa. → S. 148

September

Venedig, das für Verpflegung und Transport sorgt, erpresst die Kreuzfahrer: Die Republik will ihre Dienste nur dann fortsetzen, wenn die Kreuzfahrer den politischen Zielen Venedigs folgen und zunächst die dalmatinische Küste ansteuern. → S. 148

14. November

Nach dreitägiger Belagerung kapitulieren die Bewohner von Zara vor den Kreuzfahrern. Die christliche Stadt an der dalmatinischen Küste wird geplündert. Die Beute teilen sich die Kreuzfahrer mit den Venezianern. Außer sich vor Zorn exkommuniziert Papst Innozenz III. das ganze Kreuzfahrerheer. → S. 149

Dezember

Eine Gesandtschaft aus dem deutschen Reich fordert die Kreuzfahrer im dalmatinischen Zara auf, den Kaiserthron in Konstantinopel für den gestürzten Kaiser Isaak II. Angelos zurückzuerobern.

1203 n. Chr.

Januar

Alexios, der Sohn Isaaks II. Angelos, verspricht die Kreuzfahrer zu unterstützen, wenn sie den Bruder seines Vaters, Alexios III., stürzen und ihm selbst die Krone verschaffen. Als Gegenleistung will er die Schulden der Kreuzfahrer bei der Republik Venedig bezahlen und den byzantinischen Patriarchen unter die Autorität Roms stellen.

April

Am Ostermontag brechen die Kreuzfahrer von ihrem dalmatinischen Winterquartier Richtung Konstantinopel auf. Die Venezianer zerstören die Mauern und Türme der Stadt Zara, brennen die Häuser nieder und plündern. Zum ersten Mal wird eine christliche Stadt von Kreuzfahrern wie eine Stadt der Ungläubigen behandelt.

25. Juni

Die Kreuzfahrerflotte ankert im Marmarameer vor Konstantinopel und beginnt die Stadt anzugreifen. Französische Kreuzfahrer verwüsten und plündern die ländliche Umgebung.

5. Juli

Das Kreuzfahrerheer setzt über den Bosporus und beginnt mit der Belagerung von Konstantinopel. Zunächst erobern die Angreifer die Festung Galata, am 17. Juli gelingt es den Venezianern, in die byzantinische Hauptstadt einzudringen. → S. 149

1. August

Der junge Alexios IV. wird in Konstantinopel zum Mitkaiser gekrönt. Sein Vater, der gestürzte Isaak II., wurde aus dem Gefängnis geholt und wieder als Kaiser eingesetzt. Da der Ursupator Alexios III. mit dem Staatsschatz flieht, kann Isaak II. den Kreuzfahrern die Geldsumme, die er versprochen hatte, nicht auszahlen. Daraufhin greift er Kirchen und Klöster an, um sich in den Besitz ihrer Schätze zu bringen.

1204 n. Chr.

Januar

In Konstantinopel brechen Unruhen aus, Venezianer und Pisaner verwüsten muslimische Viertel. Dabei wird ein Drittel der Stadt zerstört.

5. Februar

Dukas Murtzuphlos verbündet sich mit der byzantinischen kaiserlichen Leibwache und präsentiert sich unter dem Namen Alexios V. als neuer Kaiser von Byzanz. Isaak II. Angelos stirbt einige Tage später, sein Sohn Alexios IV. wird gefangen genommen und ermordet. Aufgrund des Mordes erklären die Geistlichen unter den Kreuzfahrern einen Kreuzzug gegen Konstantinopel für gerechtfertigt.

12. April

Nachdem die Kreuzfahrer Konstantinopel besetzt haben, beginnen sie mit beispiellosen Plünderungen. Viele tausend Einwohner der Stadt werden niedergemetzelt. Aus Kirchen und Klöstern rauben die Kreuzritter Schätze und Reliquien und bringen sie ins Abendland. → S. 150

16. Mai

Balduin IX. von Flandern und Hennegau wird als Balduin I. zum ersten Kaiser des Lateinischen Kaiserreiches von Konstantinopel gekrönt. Zwar ist er formal Oberlehensherr des neu errichteten Reiches, faktisch gehört ihm jedoch nur ein Viertel, den Rest teilen sich die adligen Kreuzfahrer und Venedig je zur Hälfte. → S. 151

Juli

In der Stadt Carcassonne im Languedoc findet ein Disput zwischen Albigensern und päpstlichen Kirchenvertretern statt. Zwar werden die Albigenser der Häresie beschuldigt, aber der Vizegraf von Carcassonne und Béziers, Trencavel, sieht keinen Grund, die Ketzer mit weltlicher Macht zu bekämpfen. → S.151

1205 n. Chr.

Frühjahr

Bei Adrianopel treffen die Bulgaren und Kumanen auf das Heer des Lateinischen Kaiserreiches unter Balduin I. Die Lateiner erleiden eine schwere Niederlage, das Kaiserreich ist entscheidend geschwächt.

Sommer

Isabella, die letzte Königin von Jerusalem, stirbt in Akkon. Zum Regenten an Stelle ihrer 13-jährigen Tochter

Maria von Montferrat wird Isabellas älterer Halbbruder Johann von Ibelin ernannt. → S. 151

Herbst

Wilhelm von Champlitte errichtet zusammen mit Gottfried von Villehardouin einen neuen Staat auf der westlichen Peloponnes. Nach Wilhelms Tod im Jahr 1209 geht die Herrschaft auf Gottfried über. → S. 153

1206 n. Chr.

21. Juni

Aus persönlicher Rachsucht lässt der bayerische Pfalzgraf Otto III. von Wittelsbach, ein Vetter Ludwigs I., in Bamberg den deutschen König Philipp von Schwaben ermorden.

Mitte

Ein Fürstenrat (Kuriltai) beschließt die Bildung einer mongolisch-tatarischen Stammeskonföderation unter Dschingis Khan. Das Mongolen-Reich entsteht.

1208 n. Chr.

14. Januar

Der päpstliche Legat Peter von Castelnau, der mit der Niederwerfung der häretischen Albigenser beauftragt ist, wird bei Arles ermordet. Der Mörder ist ein Vasall des Grafen Raimund VI. von Toulouse. Der Vorfall wird zum unmittelbaren Anlass für die Ausrufung des Albigenserkreuzzugs.

1209 n. Chr.

April

Vor Lyon versammelt sich ein großes Heer, das nach dem Aufruf von Papst Innozenz III. zum Kreuzzug gegen Albigenser im Süden Frankreichs auszieht. → S. 152

Mai

In Villeneuve bei Paris trifft der französische König Philipp II. August mit dem Abt von Citeaux, der mit dem Kreuzzug gegen die Albigenser betraut ist, und französischen Adligen zusammen. Der König weigert sich, den Albigenserkreuzzug anzuführen, erlaubt aber seinen Vasallen ausdrücklich, das Kreuz zu nehmen.

Mai

Papst Innozenz III. erlaubt den Mönchen des von Franz von Assisi (eigentlich Giovanni Bernardone) gegründeten Ordens der »Minoriten« frei nach der Form des Evangeliums zu leben. Damit entsteht der erste Bettelorden der Kirchengeschichte. → S. 153

18. Juni

Graf Raimund VI. von Toulouse, der sich schützend vor die Albigenser stellt, unterwirft sich vor der Kathedrale von St. Gilles der Kirche. Dennoch wird der Kreuzzug gegen die Häresie beschuldigten Albigenser nicht abgebrochen. Er richtet sich nun gegen den Vizegrafen von Carcassonne und Béziers, Trencavel.

22. Juli

Ein Kreuzzugsheer aus dem Norden Frankreichs stürmt die südfranzösische Stadt Béziers und richtet ein Blutbad unter der Bevölkerung an. → S. 153

August

Nach wenigen Tagen fällt die südfranzösische Stadt Carcassonne in die Hände des Kreuzzugsheeres. Der Vizegraf Trencavel wird gefangen genommen. Die Bevölkerung darf zwar abziehen, muss aber ihren gesamten Besitz in der Stadt lassen. Trencavel wird exkommuniziert, seine Vizegrafschaft fällt an Simon von Montfort, den Führer des Albigenserkreuzzugs.

1210 n. Chr.

Ende Juni

Simon von Montfort belagert gemeinsam mit dem Abt von Citeaux die Stadt Minerve. Obgleich der Abt fordert, die Bevölkerung zu schonen, werden 140 Albigenser vor der Stadt öffentlich verbrannt, weil sie sich weigern, ihrem Glauben abzuschwören.

1211 n. Chr.

Februar

Um seine politischen Gegner bekämpfen zu können, ruft der bulgarische Zar Boril in Tarnovo ein Konzil gegen die häretischen Bogomilen ein. → S. 155

Juni

Simon von Montfort belagert Toulouse. Weil er nicht genügend Kämpfer hat, muss er die Belagerung jedoch abbrechen. Die Truppen, unter ihnen auch deutsche Kreuzfahrer, erobern die umliegenden Städte und Burgen, dabei werden viele hundert Albigenser hingerichtet.

1212 n. Chr.

Frühjahr

In Köln predigt ein Knabe namens Nikolaus den »Kreuzzug der Kinder«. Binnen kurzer Zeit sammeln sich rund 20 000 Kinder und Jugendliche in der Stadt und machen sich auf den Weg ins Heilige Land. Nur wenige von ihnen überleben den beschwerlichen Marsch über die Alpen und erreichen Genua. → S. 154

16. Juli
Die vereinigten Heere von Kastilien, Aragón, Navarra und Portugal besiegen die maurischen Almohaden bei Las Navas de Tolosa. Die Almohadenherrschaft ist durch diesen christlichen Sieg schwer getroffen. → S. 156

Herbst
Französische Kinder und Jugendliche, die am Kinderkreuzzug teilgenommen haben und von Marseille aus in See gestochen sind, werden gefangen genommen und in Ägypten als Sklaven verkauft. → S. 155

1213 n. Chr.

Januar
König Peter II. von Aragón trifft in Toulouse ein und wird begeistert empfangen. Auf einem Konzil in Lavour verlangt Peter II., der seit der Heirat seiner Schwester Eleonore mit Graf Raimund VI. von Toulouse im Jahr 1202 in die Albigenserkriege involviert ist, eine Garantie für die bestehenden Besitzverhältnisse. Simon von Montfort lehnt ab, woraufhin Peter sich zum Schutzherrn über die Grafschaft Toulouse erklärt.

September
In der Schlacht von Muret erleidet das Heer König Peters II. von Aragón eine Niederlage gegen das Kreuzfahrerheer unter Führung Simons von Montfort. Peter II. fällt in der Schlacht.

1214 n. Chr.
Die Byzantiner schließen mit dem Herrscher des Lateinischen Kaiserreichs, Heinrich I., Frieden. Den Lateinern bleibt nur mehr ein Gebiet in Nordwest-Kleinasien bis Adramyttion.

1215 n. Chr.

Januar
Das Konzil von Montpellier setzt Graf Raimund VI. von Toulouse ab, der als Schutzherr der Albigenser auftritt. Simon von Montfort wird zum neuen Verwalter der Grafschaft ernannt.

15. Juni
Nach seiner Niederlage bei Bouvines (in der Nähe von Lille) gegen ein französisches Heer unter König Philipp II. August muss der englische König Johann Ohneland den Baronen die Magna Charta gewähren. Dieses Gesetz begrenzt die Lehensverpflichtungen und die Rechte der Magnaten und Ritter. Die Magna Charta ist ein erster Schritt in Richtung Parlamentarismus und Demokratie.

Sommer
Unter der Führung von Dschingis Khan erobern die Mongolen das Land der Dschurdschen. Sie nehmen auch Peking ein, das bald darauf zur neuen Hauptstadt erhoben wird. → S. 156

Herbst
Nach der Vorlage eines altfranzösischen Heldenepos beginnt der deutsche Dichter Wolfram von Eschenbach ein Versepos über den Ritter Wilhelm von Oranien. Der »Willehalm« spielt in karolingischer Zeit und kritisiert die Kreuzzugsideologie. → S. 157

1. November
Auf dem vierten Laterankonzil wird in Rom der Kampf gegen alle Ketzer, besonders gegen die Albigenser, beschlossen. Zu diesem Zweck richtet das Konzil die Inquisition ein. Juden müssen fortan an der Kleidung kenntlich sein (Hut, gelber Fleck auf dem Kleid). Sie dürfen keinen gesellschaftlichen Verkehr mit Christen pflegen und über keinerlei Grundbesitz verfügen. Zudem soll künftig auf die Jahreseinkünfte der Geistlichen eine Kreuzzugssteuer erhoben werden. → S. 156

1216 n. Chr.

März
Raimund VI., der ehemalige Graf von Toulouse, und sein Sohn Raimund VII. landen in Marseille. Bei ihrem Versuch, die Herrschaft über die provenzalischen Gebiete von Simon von Montfort zurückzuerobern, schließen sich viele Adlige an. Am 13. September 1217 zieht Raimund VI. in Toulouse ein, die Bewohner feiern ihn wie einen Befreier. Er befestigt die Stadt neu, sodass sie der Belagerung durch das Kreuzzugsheer standhält.

16. Juli
Der aus einem römischen Adelsgeschlecht stammende Cencio Savelli wird als Honorius III. Nachfolger des verstorbenen Papstes Innozenz III.

22. Dezember
Papst Honorius III. bestätigt in Toulouse den Orden der Dominikaner. Der spanische Theologe Dominikus gründete die Predigervereinigung im Jahr zuvor und verpflichtete sich zur radikalen Armut. Im Zentrum der missionarischen Tätigkeit des Ordens steht die Bekämpfung der »Ketzer«.

Im Westen beginnen die Vorbereitungen zur Rückeroberung der heiligen Stätten

Das Abendland entflammt in neuem Kreuzzugseifer

■ 27. März 1188, Mainz
Der Fall Jerusalems versetzt den Westen in Alarmstimmung. Augenblicklich verschwindet die Gleichgültigkeit, mit der die Auseinandersetzungen im Heiligen Land wahrgenommen wurden. Die Kreuzzugsidee, in Misskredit geraten und kraftlos geworden, ersteht neu und erfasst die Fürstenhöfe Westeuropas.

Kaiser Friedrich I. Barbarossa ruft die Fürsten und ihre Vasallen zu einem »Hoftag Christi« nach Mainz, wo ein Legat des Papstes die deutschen Fürsten auffordert, das Kreuz zu nehmen.

Der französische König Philipp II. August (Porträt, 1841)

Auch im deutschen Reich löst die Nachricht vom Fall Jerusalems Aufbruchsstimmung aus. Friedrich I., der auf der Höhe seiner Macht steht, hat wohl auch die Erinnerung an den zweiten Kreuzzug dazu bewegt, das Kreuz aus den Händen Bischofs Gottfried von Würzburg zu nehmen. Er war damals zusammen mit seinem Onkel Konrad ins Heilige Land gezogen. Nun will der 66-jährige Kaiser die heiligen Stätten des Christentums wieder zurückerobern. Ein Jahr lang lässt sich Friedrich I. Zeit für die Vorbereitungen: Er überträgt die Regentschaft seinem Sohn, dem künftigen König Heinrich VI. Seinem Rivalen Heinrich dem Löwen von Sachsen bietet er an, entweder auf eigene Kosten am Kreuzzug teilzunehmen oder für drei Jahre in die Verbannung zu gehen. Dieser entscheidet sich für Letzteres und zieht sich an den englischen Hof seines Schwiegervaters zurück.

Auch den Zug selbst bereitet Friedrich I. gewissenhaft vor. Zur Voranmeldung schickt er Briefe an die Herrscher jener Gebiete, die sein Heer durchqueren wird. Durch einen Botschafter appelliert er an Saladin, ganz Palästina an die Christen zurückzugeben. Zudem fordert er ihn für November 1189 zu einer Schlacht auf dem Feld von Zoan.

Noch ehe er die Weihe empfing, hatte Papst Gregor VIII. am 29. Oktober 1187 ein Rundschreiben verfasst. In düsteren Worten beschrieb er die verzweifelte Lage der Christen in den heiligen Stätten, sowie die blutigen Gemetzel und Zerstörungen durch die Muslime. Rückhaltlos prangerte er die Schuld des Abendlandes an, das keine Hilfe gesendet hatte. Der Papst rief alle Gläubigen auf, am großen Werk der Befreiung der heiligen Stätten mitzuwirken.

Wer das Kreuz nähme, würde von allen Sünden erlöst, die er bereut und bekennt. Außerdem kündigte Gregor VIII. an, jedem Kreuzfahrer werde ein Zinserlass gewährt – mit Ausnahme der Bürger und Bauern, die ohne Erlaubnis ihres Grundherrn das Kreuz nehmen. Zugleich regelte Gregor VIII., wie das Vermögen derjenigen Kreuzfahrer aufgeteilt werden sollte, die auf dem Kreuzzug sterben. Für die Dauer von fünf Jahren dehnte er die wöchentlichen Fastentage für Geistliche und Laien auf drei aus.

Gregor VIII. beließ es nicht bei diesem Aufruf. Da er wusste, dass er die Hilfe der bedeutenden Könige benötigte, baten weitere Sendschreiben aus Rom alle Fürsten des Abendlandes um die Einhaltung eines siebenjährigen Waffenstillstands. Die Folgen seiner Bemühungen erlebte Papst Gregor VIII. nicht mehr. Nach

Papst Gregor VIII. fordert einen neuen Kreuzzug (Xylografie, 1900)

nur 57 Tagen im Amt starb er am 17. Dezember in Pisa. Die Weiterführung des Auftrags übernahm sein Nachfolger Klemens III.

Der Aufruf aus Rom war nicht die einzige Stimme für einen neuen Kreuzzug. Aimery, der Patriarch von Antiochia, hatte bereits im September durch den Bischof von Banyas einen Brief an den englischen König Heinrich II. überbringen lassen, in dem er die Nöte der Christen im Heiligen Land schilderte und um Hilfe bat. Der Erzbischof von Tyros zog über die Alpen, um die Könige von Frankreich und England aufzusuchen, und in England warb Erzbischof Balduin von Canterbury mit glühenden Predigten für den Zug ins Heilige Land.

Die Aufrufe verfehlten ihre Wirkung nicht. Als Erster nahm Herzog Richard von Aquitanien, der spätere König von England, das Kreuz. In der Kathedrale von Tours gelobte er öffentlich, nach Jerusalem zu ziehen. Allerdings lagen der englische König Heinrich II. und der französische König Philipp II. miteinander im Krieg, ein gemeinsamer Kreuzzug schien zunächst undenkbar. Erst eine mühevolle Einigung zwischen beiden Parteien, bei dem Richard als Erbe der englischen Krone eingesetzt wurde, machte einen vereinten Kreuzzug möglich. Dieser wurde von beiden Königen bei einem Treffen im Januar 1188 in der Normandie gelobt. Unmittelbar danach legte auch Philipp von Flandern ein Gelöbnis zum Kreuzzug ab. Zahlreiche weitere Angehörige des Hochadels versicherten ebenfalls durch Schwüre, die Könige auf dem Zug ins Heilige Land zu begleiten.

Kaiser Friedrich I. Barbarossa als Kreuzfahrer (Buchminiatur, 1188)

Hintergrund

Kopfsteuer finanziert die Kreuzzüge

Die Teilnahme an einem Kreuzzug ist ein finanzieller Kraftakt. Jeder, ob Pilger, Ritter oder Soldat, muss seinen Anteil am Zug bezahlen und sich um die Versorgung mit Lebensmitteln kümmern. Wer sich als Kämpfer einem der Adligen anschließt, muss seine Ausrüstung selbst bezahlen. Zahlreiche Ritter suchen sich deshalb wohlhabende Förderer. Andere verkaufen oder verpfänden ihren gesamten Grundbesitz und setzen damit die Existenz ihrer Familie aufs Spiel. So verpfändet der Herzog der Normandie, Robert, für den ersten Kreuzzug sein ganzes Herzogtum. Für einen König können die Kosten Schwindel erregende Höhen erreichen. Ludwig IX. von Frankreich verbringt sechs Jahre auf einem Kreuzzug. In dieser Zeit muss er den Sold für die Ritter und das Fußvolk bezahlen. Hinzu kommen die Kosten für den Bau oder die Reparaturen von Festungen im Heiligen Land. Schätzungen zufolge belaufen sich Ludwigs Ausgaben auf das Zwölffache des königlichen Jahreseinkommens. Die Einführung des Saladinzehnten durch Heinrich II. und Philipp II. revolutioniert daher die Kreuzzugsfinanzierung: Zum ersten Mal wird die gesamte Bevölkerung zu einer Kreuzzugsabgabe verpflichtet.

Bei Versäumnis droht Exkommunikation

Untertanen müssen »Saladinzehnten« entrichten

■ **Ende Januar 1188, Le Mans**
Die große Begeisterung für einen neuen Kreuzzug nutzen die Herrscher des Abendlandes, um eine spezielle Abgabe zur Finanzierung der teuren Heereszüge ins Heilige Land einzurichten.

Der Kronrat des englischen Königs Heinrich II. verabschiedet eine neue Steuer. Künftig soll jeder weltliche Untertan des Königs in Frankreich und in England ein Zehntel seiner gesamten beweglichen Habe und aller Einkünfte zur Unterstützung des Königreichs Jerusalem entrichten, wenn er nicht mit auf den Kreuzzug zieht. Im so genannten Edikt von Le Mans heißt es wörtlich: »Dabei wird die Exkommunikation... über jeden ausgesprochen, der den festgesetzten Zehnten nicht gegeben hat.«

Entrichtet werden soll der Zehnte in den einzelnen Pfarreien, und zwar in Anwesenheit des Pfarrpriesters, eines Mitglieds der Ritterorden, eines Dienstmannes und Geistlichen des Königs, eines Dienstmannes und Geistlichen des Barons sowie eines Geistlichen des Bischofs. Dieser Sicherung zum Trotz wird wohl nicht jeder gesammelte Saladinzehnt für den Kreuzzug verwendet.

Als einziger Lehensmann Heinrichs II. sieht sich der schottische König Wilhelm der Löwe außer Stande, seine sparsamen Barone zu der Abgabe zu zwingen.

Bauern liefern den zehnten Teil ihres Rohertrages, den so genannten Kirchenzehnt, bei ihrer Kirchengemeinde ab (Holzstich, 1866).

Wehrhafte Mauern – aber Besatzung ist zu schwach

Saladin nimmt Hospitaliterfestung Sahyun ein

■ **29. Juli 1188, bei Latakia**
Um die Kreuzfahrerstaaten nach dem Fall Jerusalems endgültig zu besiegen, muss Sultan Saladin auch deren letzte Festungen erobern.

Die bedeutende Festung Sahyun, die zur Zeit der Kreuzfahrer auch Saône genannt wird und bereits von den Byzantinern erbaut wurde, fällt in die Hände Saladins.

Saladin hatte zuvor seine Truppen mit frischen Reserven aufgefüllt und war durch die Buquaia-Ebene nach Norden gezogen, vorbei an der Hospitaliterfestung Krak des Chevaliers, die ihm für eine Belagerung zu stark erschien. Er belagerte und eroberte Tortosa und zog dann in Latakia ein. Nach der Plünderung der unter der

Sultan Saladin besiegt ein christliches Kreuzfahrerheer (Miniatur).

byzantinischen Herrschaft aufgeblühten Stadt war Saladins nächstes Ziel die scheinbar uneinnehmbare Festung Sahyun.

Der fränkische Graf Robert von Sahyun hatte die Burg mit einem 850 m langen und zwölf Meter tiefen künstlichen Graben gesichert, der zwischen 1108 und 1132 hinzugefügte Bergfried (Hauptturm) war 22 m hoch und mit vier Meter dicken Mauern versehen. Doch die Besatzung der Burg war zu schwach, sie konnte dem Ansturm der Muslime nicht widerstehen. Sahyun ist nun für die westlichen Eroberer endgültig verloren. Obwohl Saladin die Burg selten besucht, erhält sie dennoch den Namen Saladinsburg (Qal'at Salah ad-Din).

Zwei Jahre lang dauert der Kampf
Die Belagerung von Akkon

■ *28. August 1189, Akkon*
Nachdem Jerusalem erobert ist, scheint der Kreuzfahrerstaat wehrlos. Unversehens belagert König Guido mit seinen Truppen die Stadt Akkon. Was wie eine verzweifelte Tollheit aussieht, leitet die Wende ein: Die christliche Rückeroberung des Heiligen Landes beginnt.

Östlich von Akkon am Ufer des Flusses Belus schlägt Guido von Lusignan ein Feldlager auf. Der Versuch des Königs von Jerusalem, die stark befestigte Stadt im Sturm zu nehmen, scheitert. Er zieht sich zurück und wartet auf Verstärkung. Wenige Tage später treffen bereits die ersten Kreuzfahrer aus dem Westen ein: Eine Flotte Dänen und Friesen legt an, italienische Schiffe bringen französische und flämische Truppen heran. Noch vor Ende September treffen Deutsche unter der Führung des Markgrafen Ludwig von Thüringen ein, der Kaiser Friedrich I. Barbarossa nicht auf dem Landweg gefolgt war, sondern zu Schiff reiste.

Saladin ist durch die Truppenansammlung alarmiert und zieht aus dem Norden heran, wo er die Burg Beaufort erobert hatte. Ein erster Sturm der Muslime auf das Feldlager Guidos schlägt fehl. Am 4. Oktober greifen die christlichen Truppen Saladin an, es kommt zu einer heftigen Schlacht, bei der beide Seiten starke Verluste erleiden. Obwohl Saladin Sieger zu sein scheint, können die Christen nicht aus ihren Stellungen vertrieben werden. Zudem kommen immer mehr Kreuzfahrer aus dem Westen, unter ihnen rückt auch Kaiser Friedrich I. zügig heran. Nachdem Saladin viele muslimische Fürsten um Hilfe bittet, schicken seine Vasallen aus Asien Hilfstruppen, doch die

Die Kreuzfahrer versuchen die Stadt Akkon einzunehmen.

Herrscher Marokkos und Spaniens winken ab. Dennoch wächst sein Heer, sodass Saladin seinerseits den Belagerungsring um Akkon einriegeln kann. Vom Meer aus durchbrechen 50 Galeeren die Kreuzfahrerflotte und können frische Lebensmittel in die Stadt bringen, schließlich kann Saladin einen freien Zugang für Schiffe aus Ägypten schaffen. Den ganzen Winter lang liegen die Truppen einander gegenüber, ohne eine Entscheidung herbeiführen zu können. Es kommt zwar zu Scharmützeln und Zweikämpfen, zugleich aber knüpfen beide Seiten Beziehungen. Augenzeugen berichten, dass sich die Kämpfer schätzen lernen und gelegentlich sogar freundschaftlich unterhalten. Die Gegner laden sich sogar zu Festlichkeiten ein.

Die Pattstellung dauert jedoch an: Beide Seiten leiden unter Hunger und Seuchen, erhalten aber auch immer neue Verstärkungen. Jeder Angriff der christlichen Belagerer wird zurückgeschlagen. Im Herbst 1190 befällt eine Seuche beide Heere. Unter den Opfern im christlichen Lager sind auch Königin Sibylle von Jerusalem und ihre beiden Töchter.

Erst im März 1191 kommt per Schiff die erlösende Nachricht, dass sich die Könige von Frankreich und England im östlichen Mittelmeer eingefunden haben.

Die mächtige Stadtmauer von Akkon (heute Akko) in Israel

Eine List verzögert die Einnahme der Festung
Kreuzritterburg Beaufort fällt

■ *Juli 1189, südlich Sidon*
Auf seinem Weg durch das aufgeriebene Königreich Jerusalem erobert Sultan Saladin zahlreiche fränkische Kreuzfahrerburgen.

Nach längerer Belagerung kann Saladin die stark befestigte Kreuzritterburg Beaufort nehmen. Die hoch über dem Fluss Litani gelegene Festung war im Besitz von Reinhold von Sidon, der Saladin durch sein Interesse am Islam und seine Kenntnis der arabischen Literatur für sich einnehmen konnte. Zudem deutete Reinhold an, zum Islam überzutreten und erbat sich dafür drei Monate Bedenkzeit. Als danach nichts geschah, bestand Saladin darauf, dass Reinhold Beaufort als Faustpfand für seine guten Absichten abtreten solle. Er führte Reinhold vor die Mauern seiner Burg, wo er die Besatzung auffordern sollte, sich zu ergeben. Der Burgherr tat dies nur auf Arabisch, auf Französisch rief er zum Widerstand. Saladin ließ sich zunächst täuschen. Schließlich durchschauten die Araber die List jedoch und Reinhold wurde in Damaskus eingekerkert.

Gott missbilligt den Mord an Heiden
Kritik an den Kreuzzügen

■ *1189, England*
Im gleichen Jahr, in dem die Heere zum dritten Kreuzzug aufbrechen, formt sich unter Theologen Kritik an der Kreuzzugsbewegung.

Der englische Theologe und Jurist Radulf Niger veröffentlicht seine Schrift »De re militari« (Vom Kriegswesen). Darin kritisiert er die Aufrufe der Päpste, da sie gegen den Glauben verstießen. Die Verkündigung eines Sündenerlasses für Kreuzfahrer sei irrig, denn Gott nehme den Dienst der Sünder nicht an, bevor diese nicht ihre Sünden abgebüßt und Genugtuung geleistet hätten. Er stellt die Frage, ob es überhaupt richtig sei, Sarazenen hinzumorden, und gibt selbst die Antwort: »Jener (Gott) hat gesagt, Ich will nicht den Tod der Sünder. Sie sind Menschen von derselben natürlichen Beschaffenheit wie wir... Das Vergießen jeglichen Blutes, geschweige denn von Menschen, ist wohl keine angemessene Genugtuung, und die Pilgerfahrt verhilft oder genügt nicht bei beliebigen Sünden zur Genugtuung.«

Der dritte Kreuzzug bekommt einen energischen Führer

Richard I. wird englischer König

■ *3. September 1189, Westminster*
Als er den englischen Thron besteigt, hat Richard I. Löwenherz große Gebiete in Frankreich geerbt. Der Sohn Heinrichs II. und Eleonores von Aquitanien gilt als schillernde Person.

In der Westminster-Abtei wird Richard I., seit 1172 Herzog von Aquitanien, zum englischen König gesalbt und gekrönt. Als französischer Ritter war Richard u. a. mit der Liebe zur Troubadourdichtung erzogen worden. Er verkörpert das Ritterideal seiner Zeit. Der Aufenthalt in seinem Königreich England nimmt nur einen kurzen Teil seines Lebens in Anspruch. Kaum hat er den Thron bestiegen, beginnt er mit den Vorbereitungen für den zwei Jahre zuvor gelobten Kreuzzug. Noch während der Krönungsfeierlichkeiten wird jedoch das jüdische Viertel in London, das eigentlich unter königlichem Schutz steht, von der Bevölke-

Der englische König Richard I. Löwenherz

rung angegriffen. Richard ist zwar empört, dennoch sehen seine Soldaten, die eigentlich für Ruhe und Ordnung in der Stadt zu sorgen haben, dem Treiben tatenlos zu.

Das Hauptinteresse des Königs gilt der Frage, wie er rasch Geld beschaffen kann, um den Kreuzzug zu finanzieren. In kurzer Zeit treibt er den Großteil aller Steuern der nächsten Jahre ein und versilbert Titel und Ämter. Sein Hauptaugenmerk liegt in der Beschaffung von Schiffen. Ein Chronist bemerkt, der König hätte sogar ganz London für den Kreuzzug verkauft, wenn er einen Käufer gefunden hätte.

London atmet auf, als Richard schließlich aufbricht, nachdem er dem Kanzler William Longchamp die Verwaltung des Reiches übergeben hat. Mit dem französischen König Philipp II. vereinbart Richard beim Aufbruch, dass keiner der beiden während des Kreuzzuges das Land des anderen angreift.

Einschiffung zum dritten Kreuzzug unter Philipp II. (Miniatur, um 1490)

Kaiser Friedrich Barbarossa bricht auf

Der dritte Kreuzzug beginnt

■ *Mai 1189, Regensburg*
Kaiser Friedrich I. Barbarossa stellt das größte Einzelheer zusammen, das je zu einem Kreuzzug aufgebrochen ist. Den Zug bereitete er auch politisch gründlich vor. Im Abendland sind die Erwartungen hoch, dass dem Kaiser die Rückeroberung der heiligen Stätten gelingt.

An der Donau bricht ein großes Heer unter der Führung Kaiser Friedrich Barbarossas flussabwärts auf. Ein Chronist spricht von 30 000 Mann, die Hälfte davon seien gut ausgebildete Ritter. Vermutlich ist die Zahl übertrieben, es dürften insgesamt rund 15 000 Mann sein. Der Kaiser lässt nur waffenerprobte Männer mitziehen, zudem überprüft er, ob die teilnehmenden Fürsten über genügend Finanzmittel verfügen, um sich

für zwei Jahre versorgen zu können. Allerdings mischt sich auch erste Enttäuschung in die Aufbruchsstimmung: Nach Regensburg waren weniger deutsche Fürsten gekommen als erwartet.

Friedrich I. schickte schon Monate zuvor Botschafter nach Ungarn und Byzanz sowie zum Seldschukensultan Kilidsch Arslan. Er versicherte ihnen, dass er ihre Länder friedlich durchziehen werde. Die deutschen Fürsten legten zudem vor einer Gesandtschaft des byzantinischen Kaisers Isaak II. einen Eid zur Friedenseinhaltung ab. Doch kaum betraten die deutschen Truppen byzantinisches Gebiet, lässt Isaak II. eine Gesandtschaft des Kaisers gefangen nehmen. Die Geiselnahme soll den Frieden garantieren, löst aber den Zorn Friedrichs I. aus.

Richard Löwenherz in Ritterrüstung auf dem Pferd (Lithographie, 1824)

Nach dem Tod des römisch-deutschen Kaisers verliert der deutsche Kreuzzug seine Schlagkraft

Kaiser Friedrich I. Barbarossa ertrinkt in Kilikien

■ *10. Juni 1190, Kleinasien*
Der Zug Kaiser Friedrichs I. scheint unaufhaltsam. Er bricht den Widerstand der Seldschuken und nähert sich dem Heiligen Land. Doch der plötzliche Tod des Kaisers verwirrt die deutschen Kreuzfahrer und lässt das gesamte Unternehmen ins Stocken geraten.

Beim Hineinreiten in den Fluss Saleph fällt Kaiser Friedrich I. Barbarossa vom Pferd und ertrinkt. Andere Quellen behaupten, er sei beim Baden umgekommen. Was wirklich geschieht, wissen auch die Augenzeugen nicht zu sagen. Bis heute sind die genauen Umstände ungeklärt. Vermutlich aber erliegt der fast 70-Jährige einem Herzschlag. Das ganze Kreuzzugsheer steht unter Schock. Manche sehen im Tod des Anführers ein Gotteszeichen und machen sich sofort auf den Heimweg. Ein anderer Teil lässt sich auf Schiffen weitertransportieren, die übrigen ziehen zu Fuß unter der Führung des Herzogs von Schwaben weiter in Richtung Antiochia. Den in Essig eingelegten Leichnam des toten Kaisers führen sie mit sich, seine Eingeweide werden in der Kathedrale von Tarsus bestattet.

Der Mut der deutschen Kreuzfahrer weicht der Verzweiflung. Mitte Mai noch errangen sie bei Ikonion (Konya), der Residenz des Seldschuken-Sultans Kilidsch Arslan, einen Sieg. Der Sohn des Sultans hielt sich nicht an die Zusagen seines Vaters

Der Leichnam des römisch-deutschen Kaisers Friedrich Barbarossa wird aus dem Fluss Saleph geborgen (Historienbild).

und griff die deutschen Kreuzfahrer an. Diese besiegten das Heer der Türken und erstürmten anschließend die Stadt, obgleich sie – wie Chronisten berichten – 15 Tage hatten hungern müssen. Die offene Feldschlacht forderte bereits zahlreiche Todesopfer, nun erschlugen die Kreuzfahrer-Truppen auch noch viele Einwohner der Stadt und raubten Lebensmittel. Kilidsch Arslan, der sich in die für die Deutschen uneinnehmbare Burg zurückgezogen hatte, öffnete schließlich den Markt, damit die Kreuzritter Lebensmittel, Futter, Pferde und Esel kaufen konnten. Außerdem stellte der Sultan 20 Geiseln, die den friedlichen Weitermarsch garantieren sollten.

Anfang Juli erreichen die deutschen Kreuzfahrer schließlich völlig entkräftet das Fürstentum Antiochia. Sie werden gut versorgt, doch kostet der Ausbruch einer Seuche vielen Kämpfern das Leben. Nach Akkon gelangen nur wenige hundert Überlebende. Als dann auch noch Herzog Friedrich von Schwaben, Barbarossas Nachfolger, erkrankt und stirbt, scheint der deutsche Kreuzzug gescheitert.

Aus der Betreuungsstation der kranken deutschen Pilger vor Akkon geht der deutsche Ritterorden hervor.

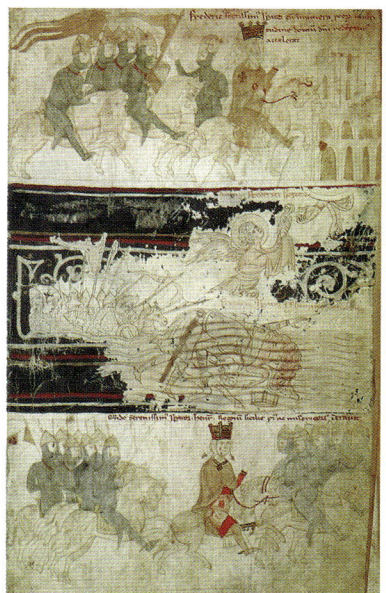

Szenen aus dem Leben Friedrichs I. u. a. der Aufbruch zum Kreuzzug (o.)

Ausblick

Ein deutscher Mythos – der Kaiser im Kyffhäuser

Schon bald nach dem Tod Kaiser Friedrichs I. entstehen die ersten Legenden um seine Person. Zunächst soll auch Alexander der Große an derselben Stelle beinahe verunglückt sein. Außerdem gebe es eine alte Prophezeiung, dass an dieser Stelle »der Menschen Größter« untergehen würde.

In späteren Jahrhunderten entsteht die Legende, derzufolge Friedrich durch einen Zauber in den thüringischen Berg Kyffhäuser nahe der Königspfalz Tilleda versetzt worden sei – wo er tatsächlich im Jahr 1147 weilte. Der Sage nach sitzt der Kaiser dort in einem unterirdischen Schloss auf einem Stuhl aus Elfenbein an einem großen, runden Marmortisch und stützt seinen Kopf in die Hände. Sein feuerrot leuchtender Bart ist durch den Tisch bis auf die Füße gewachsen. Alle 100 Jahre wacht der Kaiser auf, bewegt sein Haupt und blinzelt mit den Augen. Dann bittet er den treuen Zwerg

Denkmal Friedrichs I. auf dem Kyffhäuser bei Steinthaleben

Alberich nachzusehen, ob die Raben noch um den Berg fliegen. Erst wenn sie dies nicht mehr tun, werde er zurückkehren und den Deutschen Frieden und Einheit bringen. Die Idealisierung Barbarossas setzt schon zu seinen Lebzeiten ein, erfährt aber im Zuge der deutschen Romantik noch eine Steigerung. Das so genannte Kyffhäuser-Denkmal wird erst im 19. Jahrhundert zu Ehren Wilhelms I. errichtet, da dieser Barbarossas Ideale erfüllt habe.

Tempelritter kaufen Mittelmeerinsel
Zypern fällt an Löwenherz

■ *Ende Mai 1191, Zypern*

Das ursprünglich byzantinische Zypern wird seit fünf Jahren vom selbst ernannten Kaiser Isaak Dukas Komnenos regiert.

Eine Flotte des englischen Königs Richard I. Löwenherz greift in der Nähe des heutigen Limassol zyprische Truppen an und überwindet den schwachen Widerstand der Verteidiger. Knapp einen Monat nach Ankunft der englischen Kreuzfahrer ergibt sich Isaak Komnenos, der Herrscher Zyperns, bedingungslos.

Mit ständig wechselnden Allianzen konnte sich Isaak fünf Jahre lang auf der Mittelmeerinsel behaupten. Zunächst schloss

Die orthodoxe Kirche Panagia Angeloktistos auf Zypern (11. Jh.)

er ein Bündnis mit den Normannen in Sizilien, danach verbündete er sich mit den kilikischen Armeniern bevor er schließlich ein Gefolgsmann von Sultan Saladin wurde.

Nachdem Richard I. Löwenherz Zypern an sich gerissen hat, erzwingt er von Isaak Dukas Komnenos die Rückgabe der geraubten Waren, die dieser gestrandeten Schiffen aus Richards Flotte gestohlen hatte.

Bald nach der Eroberung verkauft Richard I. die Mittelmeerinsel für 100 000 Goldstücke an die Tempelritter. Der Orden kann knapp die Hälfte der Summe aufbringen und versucht den Rest aus der zyprischen Bevölkerung zu pressen.

Richard I. beweist militärische Qualitäten
Ein Dämpfer für Saladin

■ *7. September 1191, Arsuf*

Die erste offene Feldschlacht zwischen Saladin und Richard Löwenherz geht zugunsten der Christen aus. Der Sieg bei Arsuf hat vor allem symbolischen Wert, denn beide Heere haben nur geringe Verluste.

Am Abend eines langen Kampftages muss Saladin sich geschlagen geben. Der Sieg Richards I. stellt zwar keinen entscheidenden militärischen Erfolg dar, dennoch büßt Saladin den Nimbus der Unbesiegbarkeit ein. Seine Stellung ist fortan geschwächt.

Richard Löwenherz und sein Gefolge auf dem Weg durch das Heilige Land

Nach vielen Niederlagen erzielen die Christen den ersten Erfolg
Die Kreuzfahrer erobern Akkon zurück

■ *12. Juli 1191, Akkon*

Die Ankunft englischer Schiffe gibt den Ausschlag für die christliche Rückeroberung Akkons. Eine von König Richard I. angeordnete Hinrichtungsaktion wirft einen Schatten auf den militärischen Erfolg.

Ohne das Einverständnis Saladins kapituliert Akkon vor den Kreuzfahrern. Durch die Ankunft der Galeere des englischen Königs Richard I. fasste das kleine Belagerungsheer des Königs von Jerusalem im Juni neuen Mut. Beherzt unternahmen die verstärkten Reihen der Kreuzfahrer neue Angriffe auf die Stadt, die vom Nachschub durch Saladins Truppen völlig abgeschnitten war.

Der Übergabevertrag sieht die Freilassung von 1500 gefangenen Christen, die Zahlung eines hohen Lösegelds sowie die Rückgabe des 1187 bei Hattin erbeuteten wahren heiligen Kreuzes vor. Neben Streitigkeiten zwischen dem Herzog von Österreich und Richard I. kommt es nach dem Einzug der Franken in die Stadt zu Unstimmigkeiten bei der Abwicklung der mit Saladin getroffenen Vereinba-

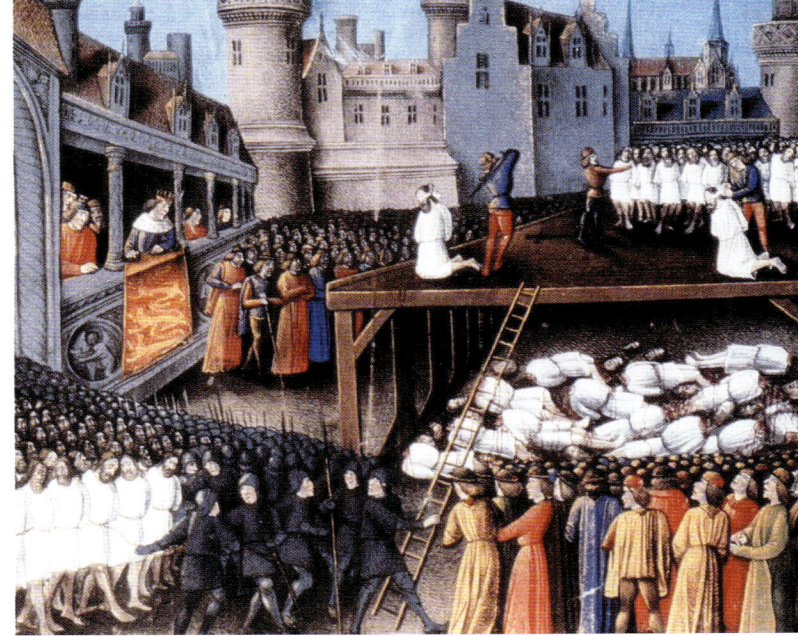

Massaker von Akkon: Hinrichtung muslimischer Geiseln (Miniatur, um 1490)

rungen. Als der Sultan ein Ultimatum verstreichen lässt, befiehlt Richard I., der so schnell wie möglich nach Jerusalem weiterziehen will, ein kaltblütiges Massaker: Die rund 3000 Überlebenden der Besatzung werden an einer für das muslimische Heer gut einsehbaren Stelle hingerichtet.

Saladin muss nachgeben
Abschluss eines Waffenstillstands

■ *2. September 1192, Jaffa*

Die Kämpfe zwischen dem englischen König Richard Löwenherz und Sultan Saladin enden durch einen Friedensschluss.

Richard I. liegt krank darnieder, als die Gesandten Saladins ihm ein Friedensangebot überbringen. Drei Jahre lang soll der Kampf ruhen. Tags darauf unterzeichnet auch Saladin den Vertrag im Beisein von Richards Botschaftern.

Mit einer Flotte von 50 Galeeren und wenigen Kämpfern brach Richard I. nach blutigen Kämpfen die Übermacht der Truppen Saladins, wehrte die Belagerung Jaffas ab und zwang Saladin schließlich zum Frieden. Der Vertrag sichert den Christen die Küstenstädte bis Jaffa im Süden zu. Pilger sollen die heiligen Stätten frei und ungehindert aufsuchen können, Muslime und Christen dürfen frei durch beide Länder ziehen. Nur Askalon muss abgerissen werden. Der Friede ist auch im Interesse Richards, der nach England zurückkehren will.

Ritter als Schutztruppe

Ablass für Livlandkreuzzug

■ *1193, Rom*

Die Heilige Stuhl verbindet die Kreuzzugsidee mit der Christianisierung des Baltikums.

Papst Coelestin III. gewährt all jenen den Kreuzzugsablass, die das Bistum Livland gegen die im Land heidnisch gebliebenen Livonier verteidigen.

Zunächst kamen deutsche und skandinavische Kaufleute nach Livland, um Bernstein, Holz und Pelze zu erwerben. Ihnen folgten im 12. Jahrhundert Zisterziensermönche, deren Missionstätigkeit unter den Livoniern einen gewissen Erfolg hatte. Kirchen wurden errichtet und im Jahr 1184 wurde in Üxküll das Bistum Livland gegründet. Als dieses sich in verstärktem Maße livonischer Angriffe erwehren musste, rief Bischof Albert deutsche Ritter zum Schutz seiner Gläubigen zur Hilfe. Die päpstlichen Kreuzzugsprivilegien ermöglichen die Entsendung dieser Hilfstruppe.

Der Bischof weiß, dass er ein fest gefügtes Territorium braucht, um sich langfristig verteidigen zu können. 1200 wird ein Kreuzzug gepredigt, der zu einer deutlichen Gebietserweiterung führt. Albert gründet Riga und ruft Kolonisten zur Besiedlung der Stadt. Mit Hilfe der Zisterzienser bildet der Bischof im Jahr 1202 eine Bruderschaft von in Norddeutschland rekrutierten Rittern, um die eroberten Gebiete und die Bischofsburg von Riga zu verteidigen.

Ein großer Herrscher

Orient trauert um Saladin

■ *3. März 1193, Damaskus*

Großmut und Tapferkeit machen Saladin im islamischen Orient zum Inbegriff des idealen Herrschers.

Der Sultan von Ägypten und Syrien stirbt an den Folgen eines plötzlichen Fiebers. Nach dem Friedensschluss mit dem englischen König Richard I. Löwenherz war Saladin im November 1192 wieder in seine Hauptstadt Damaskus zurückgekehrt. Die Krankheit überfiel ihn, als er im Februar einem Pilgerzug aus Mekka entgegenritt. Sein ältester Sohn al-Afdal tritt die Nachfolge an.

Ein Kreuzzug zur Versöhnung mit dem Papst

Der Staufer Heinrich VI. ergreift das Kreuz

Der von Heinrich VI. geplante Kreuzzug muss wegen des plötzlichen Todes des Kaisers abgebrochen werden (Miniatur, Manessische Liederhandschrift, um 1300).

■ *31. März 1195, Bari*

Nachdem Kaiser Heinrich VI. Sizilien erobert hat, bemüht er sich um die Zustimmung des Papstes, der bis dahin Lehensherr der Insel war. Das Gelöbnis zur Kreuzfahrt scheint ihm das richtige Mittel, um sich mit Coelestin III. auszusöhnen.

Kurze Zeit nach seiner Krönung zum sizilianischen König lässt sich Kaiser Heinrich VI. vor Zeugen das Kreuz anheften. Wenige Tage später verkündet er auf einem Reichstag aus eigener Machtvollkommenheit einen Kreuzzug.

Den Papst hat Heinrich VI. zuvor nicht über sein Vorhaben informiert, er bittet jedoch die Kardinäle, im Nachhinein zwischen ihm und Coelestin III. zu vermitteln. Der Stellvertreter Christi, durch die Eroberung seines Lehens Sizilien brüskiert, zögert zunächst. Erst am 25. Juli lässt er seinen Aufruf zum Kreuzzug in Deutschland predigen. Dieser findet ein starkes Echo, viele Fürsten und hohe Geistliche folgen ihm. Bevor Heinrich VI. ins Heilige Land aufbricht, kümmert er sich um die Regelung der Thronnachfolge im Reich. 1196 wird sein zweijähriger Sohn Friedrich von den Reichsfürsten zum deutschen König gewählt.

Der Kreuzzug wird sehr sorgfältig vorbereitet. Die seefahrenden Städte Italiens unterstützen ihn. Doch kaum sind die ersten Schiffe in See gestochen, stirbt der Kaiser am 28. September 1197 in Messina.

Ausblick

Von Gotthold Ephraim Lessing bis Walter Scott: Saladin hält Einzug in Weltliteratur

In Europa genießt Saladin hohes Ansehen. Er gilt als besonders großmütiger und ritterlicher Sultan. Bald nach seinem Tod bilden sich Legenden um den Monarchen, der einfach gelebt hat und Wissenschaft sowie die Künste förderte. Er soll, so berichten französische und spanische Geschichten, sogar Europa besucht haben und in seinem Herzen ein christlicher Ritter gewesen sein. In der arabischen Überlieferung nimmt er den gleichen Rang ein wie Kalif Omar und Harun ar-Raschid.

Im 18. Jahrhundert wird Saladin in Europa als frühes Ideal eines »aufgeklärten Herrschers« dargestellt.

Szene aus dem Theaterstück »Nathan der Weise« von G. E. Lessing

Der deutsche Dichter Gotthold Ephraim Lessing hat ihm in seinem Drama »Nathan der Weise« (1779) ein Denkmal gesetzt. Das Stück spielt im Jerusalem der Kreuzzugszeit und thematisiert die problematische Koexistenz von Juden, Christen und Muslimen, ist aber auch ein Plädoyer für Toleranz und Geistesfreiheit. Auch im Roman »Der Talisman« (1825) des englischen Schriftstellers Walter Scott findet sich eine literarische Beschreibung des Sultans.

Im arabischen Sprachraum hat der Schriftsteller Nahda die Person Saladins als Ideal eines islamischen Führers neu aufleben lassen.

Der englische König muss den römisch-deutschen Kaiser als Lehensherrn anerkennen

Richard Löwenherz gerät in deutsche Gefangenschaft

■ *Ende Dezember 1192, bei Wien*
Die Gefangennahme Richards I. auf seinem Weg vom Heiligen Land nach England ändert die Machtverhältnisse in Europa.

In einem Gasthaus wird der als einfacher Pilger verkleidete englische König Richard I. von Schergen des Herzogs Leopold von Österreich festgenommen. Mit diesem hatte sich Richard bei der Belagerung von Akkon verfeindet. Leopold nimmt den Gefangenen mit nach Regensburg, um mit Kaiser Heinrich VI. einen Preis für die Übergabe auszuhandeln. Richard I. wird über ein Jahr auf der staufischen Reichsburg Trifels gefan-

gen gehalten. Heinrich VI. klagt Richard an, er habe durch seinen Vertrag mit Saladin das Königreich Jerusalem verraten. Vor allem aber fürchtet der Staufer ein Wiedererstarken des Welfen Heinrich des Löwen, der seine von Friedrich Barbarossa eingezogenen Gebiete in Bayern und Sachsen mit Unterstützung des englischen Königs wiederzuerlangen versucht. Deshalb fordert Heinrich, dass Richard ihn als Lehnsherrn anerkennt. Damit würde er dessen Beziehungen mit dem Welfen unterbinden. Als Richard auf diese Bedingung eingeht und ein hohes Lösegeld zahlt, wird er im Jahr 1194 freigelassen.

Gefangennahme von Richard Löwenherz in Österreich (Miniatur, um 1200)

Als Gründung der Deutschen entsteht der dritte christliche Ritterorden im Heiligen Land

Der Deutsche Orden wird ein bedeutender Machtfaktor

■ *September 1198, Akkon*
Die beiden erstgegründeten Ritterorden, die Templer und die Johanniter, hatten nur wenige Deutsche in ihren Reihen. Erst während des dritten Kreuzzugs entsteht der Deutsche Orden, der bald zu einer wichtigen Stütze der kaiserlichen Politik wird und die Erweiterung des deutschen Reiches nach Osten vorantreibt.

Der König von Jerusalem und der Papst erkennen den Deutschen Orden, eine Vereinigung von Rittern und Helfern, als neuen Ritterorden an. Seine Anfänge gehen auf das Jahr 1190 zurück. Während der Belagerung Akkons hatten einige Kaufleute aus Bremen und Lübeck improvisierte Zelte aus Segeln ihrer Schiffe auf-

gestellt. Nach dem Vorbild des St. Johannes-Hospitals in Jerusalem dienten sie dazu, deutsche Pilger und verletzte Kreuzfahrer zu versorgen. Das Feldlazarett unter den Segeln wurde der Heiligen Jungfrau geweiht. Als der deutsche Kreuzzug nach dem Tod Friedrich Barbarossas zusammenbrach, kehrten einige der Kreuzritter nicht mehr in ihre Heimat zurück, sondern schlossen sich den Samaritern an. Nach der Eroberung Akkons wurde ein Gartengrundstück innerhalb der Stadtmauern erworben und darauf ein Hospital und eine Marienkirche erbaut.

Als sich die Bruderschaft vom Hospital in Akkon in einen Ritterorden verwandelt, werden die Regeln der beiden älteren Orden weitgehend übernommen. Die Tracht des Deutschen Ordens besteht aus einem weißen Mantel mit schwarzem Kreuz. Nach ihrer Anerkennung widmen sich die Deutschordensritter überwiegend militärischen Aufgaben. König Amalrich von Jerusalem überlässt dem neuen Orden einen befestigten Turm innerhalb Akkons. Spenden und Schenkungen ermöglichen es den Ordensrittern, die Burg Montfort zu kaufen; sie erhält den Namen »Starkenburg« und wird zur Residenz des Hochmeisters, der dem Orden vorsteht.

Über die ersten drei Hochmeister ist nichts Näheres bekannt. Erst unter dem vierten, dem aus Thüringen stammenden Hermann von Salza,

Ritter in der Tracht des Deutschen Ordens (Holzschnitt, 16. Jh.)

Hochmeister des Deutschen Ordens (links) und Schwertbruder (Farbholzstich)

nimmt der Orden an Bedeutung zu und dokumentiert seine Geschichte genauer. Kaiser Friedrich II. bedient sich des Ordens später als Berater und Stütze seiner Politik gegenüber dem Papst, was den Rittern großes Ansehen verschafft. Da der Orden nach

seiner Anerkennung durch den Papst über den Kreuzzugsablass verfügen kann und ihm bald eine Reihe prominenter Adliger beitreten, wächst ihm auch außerhalb des Heiligen Landes, vor allem in Deutschland, ein beträchtlicher Besitz zu.

Ein Glücksfall für den Heiligen Stuhl
Innozenz III. wird Papst

■ *8. Januar 1198, Rom*

Unter der Führung von Innozenz III. entfaltet das Papsttum im Mittelalter seine größte Macht. Eine straffe Rechtsorganisation sichert den Führungsanspruch des Papstes als Oberhaupt der Christenheit und Stellvertreter Christi.

Der 38-jährige Lothar von Segni wird als Nachfolger Coelestins III. zum Papst gewählt. Er ist über seine Mutter mit der römischen Adelsschicht verwandt. Innozenz III., der von der Würde seines Amtes zutiefst überzeugt ist, beginnt gleich nach seiner Wahl mit der rechtlichen und theologischen Untermauerung des Papsttums.

Bereits vor seiner Berufung auf den Heiligen Stuhl hatte der in Paris und Bologna ausgebildete Theologe die ersten Ansätze einer Kirchenlehre entwickelt. Darin übertrug er das Hohepriesteramt der Bibel auf das Papstamt und begründete dessen Führungsanspruch über alle Christen. Seine ersten Jahre als Papst widmet Innozenz III. der Absicherung dieser Stellung: Er reformiert die Kurie, die nun eine Zentralbehörde wird, und weist dem Kirchenrecht eine entscheidende Rolle zu.

Das Verhältnis zu den weltlichen Fürsten lässt Innozenz III. im Unklaren. Zwar tritt er gegenüber den christlichen Königen und Kaisern rhetorisch mit dem Anspruch auf, ihr Oberlehensherr zu sein. So beschreibt er das Verhältnis zwischen geistlicher und weltlicher Macht mit dem Bild von Sonne und Mond: Wie Gott zwei Lichter geschaffen hat, die den Tag und die Nacht beherrschen, so hat er zwei Gewalten geschaffen, die katholische Kirche als Herrscherin über die Seelen und die weltliche Macht als Herrin über die Körper.

Seine Politik gegenüber dem deutschen Kaisertum sowie dem englischen und französischen Königtum ist aber eher von pragmatischen Fragen bestimmt. So mischt er sich zwar in den deutschen Thronstreit zwischen Otto IV. und Philipp von Schwaben ein, lässt sich aber stark von seinem Interesse am Königreich Sizilien leiten. 1209 krönt er Otto IV. zum Kaiser. Als dieser jedoch nach Italien marschiert und das Königreich Sizilien wieder seinem Reich einverleiben will, bannt ihn Innozenz III. Als Vormund Friedrichs II. unterstützt der Papst 1212 die Wahl seines Mündels zum deutschen König.

Innozenz III. bestätigt die Ordensregeln der Franziskaner (Fresko, um 1300).

Die christlichen Kräfte sollen zur Befreiung Jerusalems gebündelt werden
Der Papst läutet den vierten Kreuzzug ein

■ *15. August 1198, Rom*

Die Befreiung Jerusalems ist für Papst Innozenz III. ein mit aller Leidenschaft verfolgtes Ziel.

Schon wenige Monate nach seiner Wahl ruft Innozenz III. zu einem neuen Kreuzzug auf. Bereits zuvor hatte der neue Papst begonnen, die Kämpfer im Heiligen Land mit Geld und Lebensmitteln zu unterstützen. Da er die verbliebenen Reste des Königreichs Jerusalem als ihm untergeben betrachtet, erlässt er eine Reihe von Rechtsverordnungen und greift in die Streitigkeiten im Königtum ein.

Den Kreuzzugsaufruf unterstreicht Innozenz III. durch diplomatische Schritte. Er nimmt Verbindung mit dem byzantinischen Kaiser Alexios III. Angelos auf, wobei er eine Wiedervereinigung der beiden Kirchen im Auge hat. Außerdem schickt der Papst Kreuzzugsprediger nach Deutschland und Frankreich. Zugleich versucht er

die Teilnehmer auf die Angehörigen des Landadels zu konzentrieren. Dem König von Jerusalem in Akkon verspricht er, er werde seinem Land helfen und mit allen Kräften nützen. Trotz der umfangreichen Vorbereitungen entfachen die Kreuzzugspredigten nur langsam ihre Wirkung.

Papst Innozenz III. (Wandgemälde der Kirche Sacro Speco in Subiaco, 13. Jh.)

Papst rüstet zum Krieg
Ein Stauferheer auf Sizilien

■ *24. November 1198, Palermo*

Papst Innozenz III. scheitert beim Versuch, seinen Anspruch auf die Herrschaft in Sizilien durchzusetzen.

Markward von Annweiler, ein Lehensmann der Staufer, landet in Sizilien und beginnt mit der Eroberung der Insel. Er will die Interessen des Kaisersohnes Friedrich in Sizilien wahren. Innozenz III. wirft Markward vor, er strebe selbst nach der Krone und ruft zum Kampf gegen den Eindringling auf. Wenig später lässt er den Worten ein Heer folgen, das Markward vertreiben soll. Der Feldzug hat zunächst Erfolg. Markward wird 1200 bei Monreale schwer geschlagen, dann aber geht den päpstlichen Truppen das Geld aus und sie kehren unverrichteter Dinge um. Markward verbündet sich mit dem in Palermo residierenden Kanzler.

Die glühenden Kreuzzugspredigen des Fulk von Neuilly begeistern immer mehr Franzosen

Auf dem Turnier von Ecry nehmen die Ritter das Kreuz

■ *November 1199, Burg Ecry*

Die Kreuzzugsidee ist allen Misserfolgen zum Trotz noch immer lebendig. Das beweist ein Treffen des französischen Adels.

Graf Tibald von Champagne (in anderen Quellen auch Tedbald oder Thibaut genannt) fordert seine Nachbarn und Freunde auf, zu einem Turnier auf seiner über dem kleinen Fluss Aisne gelegenen Burg Ecry zu kommen.

Turniere, eine Art Waffenübung, bei der durchaus auch Verletzungen auftreten, sind damals hoch in Mode. Das Turnier von Ecry nimmt eine Sonderstellung ein, denn kaum ist das Lanzenstechen beendet, entspannt sich eine Diskussion über einen neuen Kreuzzug. Der Gastgeber hat triftige Gründe, dieses Thema anzusprechen: Er ist sowohl der Neffe von Richard Löwenherz als auch des französischen Königs Philipp II. August, zudem lebt sein Bruder Heinrich im Nahen Osten. Der Graf schlägt vor, man solle einen Wanderprediger anhören. Niemand geringerer als Fulk von Neuilly, der von Papst Innozenz III. zum Kreuzzugsprediger für Frankreich ernannt wurde, tritt vor die Gäste. Seine Rede bewegt die An-

Turnierkampf zwischen Rittern (Buchmalerei, Melusinenhandschrift)

wesenden so sehr, dass sie alle das Kreuz nehmen. Ein Bote soll den Entschluss dem Papst überbringen.

Nachdem der Kreuzzugsaufruf des Papstes vom August 1198 zunächst nur im einfachen Volk Begeisterung ausgelöst hat, können nun auch Adel und Ritter für das Vorhaben gewonnen werden. An der Seite Tibalds stehen der Graf von Flandern, Graf Ludwig von Blois, Simon von Montfort sowie zahlreiche Herren aus Nordfrankreich und den Niederlanden. Johann von Nesle, der Burghauptmann von Brügge, stellt ein Geschwader auf, mit dem er nach Akkon segelt. Dieses Ziel verfolgt auch Bischof Walter von Autun, der in Marseille aufbricht. Bald darauf folgen mächtige norditalienische Grundherren unter Führung des Marquis Bonifaz von Montferrat.

Die Hauptmacht des vierten Kreuzzuges will von Venedig aus ins Heilige Land reisen. Da Tibald als Anführer angesehen wird, beginnt Gottfried von Villehardouin in seinem Namen mit Venedigs Dogen Enrico Dandolo zu verhandeln. Tibald erlebt den Aufbruch in den Nahen Osten nicht mehr, er stirbt noch während der Vorbereitungen im Jahr 1201.

Eine neue päpstliche Steuer soll die hohen Kreuzzugskosten decken

Kirche zieht Geld für die Ausstattung der Kreuzfahrer ein

■ *Dezember 1199, Rom*

Anders als seine Vorgänger sichert Papst Innozenz III. die finanzielle Unterstützung des Kreuzzugs durch Sonderabgaben.

Zur Finanzierung des vierten Kreuzzugs stellt Innozenz III. einen ausgeklügelten Plan vor, wonach sämtliche Prälaten, Kardinäle und Bischöfe den Zehnten ihres Einkommens pflichtgemäß abführen sollen. Alle übrigen Geistlichen sollen nach eigener Schätzung ein Vierzigstel beisteuern. Weiters sollen in allen Kirchen Opferstöcke zur Aufnahme von Almosen aufgestellt werden. Bei den Königen von England und Frankreich erreicht Innozenz III., dass sie den 40. Teil eines Jahreseinkommens zur Verfügung stellen. Auch die Mönchsorden bezieht der Papst in die Besteuerung mit ein. Zisterzienser und Prämonstratenser sollen ein Fünfzigstel ihres Einkommens bereitstellen. Können Gläubige Wallfahrtsgelübde nicht er-

füllen, müssen sie diese durch eine entsprechende Summe als Beisteuer zum Kreuzzug ablösen. Ferner erlässt Innozenz jedem ein Viertel seiner Buße, der gemäß seines Vermögens zur Ausrüstung eines Kreuzfahrers beiträgt. Der volle Sündenerlass gilt jedem, der einen Kämpfer ein Jahr lang finanziert.

Mehr als zuvor wird der Kreuzzug eine Frage des Geldes. Es ist darum nur konsequent, dass Innozenz III. während des großen Laterankonzils im Jahr 1215 noch einen Schritt weiter geht. Offenbar bringen die Geldsammlungen und der Loskauf von einmal geleisteten Gelübden nicht genügend Geld, weshalb der Papst nun auf eine förmliche Besteuerung der ganzen Kirche zurückgreift. Jeder Geistliche soll den 20. Teil seines Einkommens für den Kreuzzug abführen, die Kardinäle den doppelten Betrag. Die Prälaten verpflichtet Innozenz III. dazu, alle Christen zu frei-

willigen Abgaben aufzufordern oder eine Beisteuer zu entrichten.

Die Beschlüsse lösen zwar Proteste aus, die aber nur leise formuliert werden. Der deutsche Minnesänger Walther von der Vogelweide be-

schreibt den Widerstand in seinem Lied über Herrn »Stock«, den der Papst ausgesandt habe, um sich reich und die Deutschen arm zu machen: »Ich denk, des Silbers wenig kommt zu Hilf in Gottes Land.«

Innozenz III. setzt eine förmliche Besteuerung des Klerus durch: Jeder Geistliche zahlt fünf Prozent seines Einkommens (Buchmalerei, 14. Jh.).

Umbruch in Mathematik

Abendland nutzt arabische Zahlen

■ *September 1202, Pisa*
Leonardo Fibonacci, der Sohn des pisanischen Kaufmanns Guglielmo Bonaccio, erlernt im algerischen Bugia das arabische Zahlensystem und macht es in Italien populär.

Das mathematische Werk »Liber abaci« des Leonardo Fibonacci erscheint. Es führt das System des Rechnens mit den indoarabischen Ziffern ein. Behandelt werden die Grund-

| Indien (Brahmi) 3. Jh. v. Chr. |
| Indien (Gwalior) 8. Jh. n. Chr. |
| Araber (Gobār) 11. Jh. |
| Europa 15. Jh. |
| Europa (Dürer) 16. Jh. |
| Neuzeit (Grotesk) 20. Jh. |

Die Entwicklung der so genannten arabischen Ziffernzeichen

rechenarten mit zahlreichen praktischen Anwendungen, etwa das Umrechnen von Geldeinheiten und Zinsrechnungen. Leonardo führt die arabische Bezeichnung für die unbekannte Größe in Gleichungen ein, in einem zweiten Werk behandelt er geometrische Fragen, u. a. die Berechnung und Teilung von Flächen und Figuren. Er gilt als erster bedeutender Mathematiker des Abendlandes.

Arabische Wissenschaften fördern den Fortschritt im Abendland

Der intensivste Austausch zwischen den wissenschaftlichen Erkenntnissen der Araber und dem Abendland ist auf der Iberischen Halbinsel möglich. Lange Zeit ist der nordöstliche Teil Spaniens die einzige christliche Region, die in den mathematischen und astronomischen Wissenschaften eine Ausbildung bietet, die dem islamischen Niveau entspricht. Im Kloster Santa Maria in Ripoll in den Pyrenäen werden erstmals in Europa wissenschaftliche Texte in ein arabisiertes Latein übersetzt. Hier absolviert vermutlich auch Gerbert von Aurillac, der später als Silvester II. zum Papst gewählt wird, sein mathematisches Studium. Ihm verdankt Europa vermutlich die Einführung der indoarabischen Ziffern. Das neue Zahlensystem setzt sich in Europa aber erst im 13. Jahrhundert durch, als die arabischen Wissen-

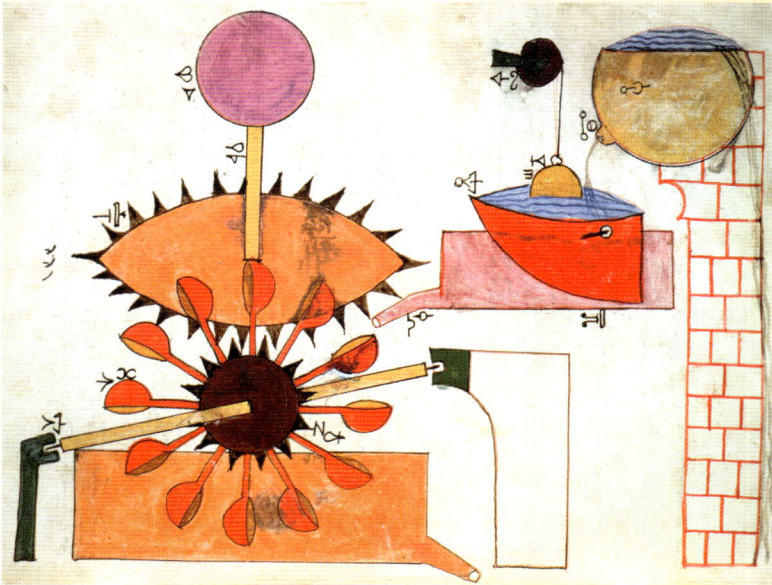

Schematische Darstellung einer Wasserpumpe von al-Djazari (1206)

schaften – insbesondere die Algebra – in ihrer Bedeutung erkannt werden. Die Verwendung der arabischen Zahlen und der indischen Vorstellung von der Null erlaubte den Arabern früh Berechnungen im mathematischen und astronomischen Bereich, die den Europäern mit den starren römischen Zahlen verwehrt blieben.

Entscheidend für die geisteswissenschaftliche Entwicklung werden die Übersetzungen der klassischen griechischen Philosophen und der arabischen Denker ins Lateinische. Einer der großen Übersetzer des 12. Jahrhunderts ist Gerhard von Cremona. Er überträgt 72 Werke griechischer und arabischer Philosophen aus dem Arabischen ins Lateinische, darunter viele Werke des Aristoteles, die die Entwicklung der scholastischen Theologie in Europa stark beeinflussen. Eine große Wirkung hat auch die Übersetzung der um 820 entstandenen Algebra von Alchwarismi. Das grund-

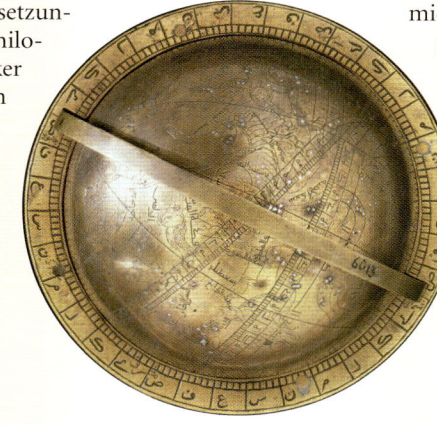

Islamische Erdkugel aus dem Jahr 1285

legende Werk erläutert ein Stellenwertsystem der Zahlen und führt in die Grundrechenarten – Addition, Subtraktion, Multiplikation und Division – ein. Außerdem erklärt die Abhandlung das Ziehen der Quadratwurzel. Rund 200 Jahre später entwickelt ein weiterer arabischer Mathematiker die Lösung von Gleichungen mit zwei Unbekannten. Auf dem Gebiet der Astronomie übersetzt Gerhard Werke von al-Fargani und Djabar ibn-Aflah. Mit deren Hilfe entwickelt sich in Europa die Einsicht in den Nutzen eines Magnetkompasses zur Berechnung der Positionen von Sonne und Mond. Erstmals können damit Finsternisse vorausbestimmt werden. Die Übersetzungen medizinischer Werke führt zur Anwendung neuer Arzneien und Heilmittel. In der Färbetechnik von Stoffen und Leder werden arabische Werke ebenfalls eine wichtige Quelle für technischen Fortschritt im Abendland.

Die Lagunenstadt treibt ein diplomatisches Doppelspiel

Venedig erpresst das Heer des vierten Kreuzzugs

■ *September 1202, Venedig*
Der vierte Kreuzzug leidet darunter, dass außer Philipp von Flandern keiner der Teilnehmer über Schiffe verfügt. Venedig bietet seine Hilfe an, benutzt allerdings das Unternehmen zur Durchsetzung seiner eigenen politischen Ziele.

Auf der kleinen Insel San Nicolo di Lido versammelt sich das Kreuzfah-

rerheer, um die Schiffe in Richtung Ägypten zu besteigen, die die Republik Venedig zur Verfügung stellt. Allerdings kann das Heer unter der Führung des Bonifaz von Montferrat die vereinbarten Bedingungen nicht erfüllen. 85 000 Kölnische Silbermark sollten die Kreuzfahrer für über 1000 Schiffe sowie die Verpflegung für ein Jahr an Venedig bezahlen. Im

Gegenzug hatte Venedig versprochen, 50 Galeeren zur Begleitung des Kreuzzuges bereitzustellen, allerdings unter der Bedingung, dass die Hälfte der eroberten Gebiete an die Republik fallen sollte.

Da die Kreuzfahrer das Geld nicht aufbringen können, sind sie den Bedingungen des Dogen Enrico Dandolo ausgeliefert. Dieser verhandelt

gleichzeitig mit Botschaftern des Sultans von Kairo und unterzeichnet mit diesen ein Handelsabkommen. Venedig sichert den Gesandten zu, es werde verhindern, dass der Kreuzzug sich gegen Ägypten richte. Das durchtriebene diplomatische Doppelspiel Venedigs wird zwar von den Kreuzfahrern geahnt, doch sie können nichts dagegen unternehmen.

Der Heilige Vater belegt den Kreuzzug mit dem Kirchenbann

Auf Geheiß Venedigs: Kreuzfahrer nehmen Zara

■ *14. November 1202, Zara*
Die Kreuzzüge entfernen sich immer stärker von ihrem ursprünglichen Ziel, der Rückeroberung der heiligen Stätten. Unabhängig vom Papst und den großen weltlichen Herrschern des Abendlandes werden sie zunehmend von machtpolitischen Interessen gelenkt.

Nach einem wütenden Sturmangriff von venezianischen Truppen und Kreuzfahrern muss sich die Hafenstadt Zara an der dalmatinischen Küste nach dreitägiger Belagerung ergeben. Die seit 1181 zum ungarischen Königreich gehörende Stadt wurde wegen ihrer Schlüsselstellung zur Beherrschung Dalmatiens zum Zankapfel zwischen Venedig und dem ungarischen König.

Während der Plünderung von Zara kommt es zu Schlägereien zwischen den Venezianern und den Kreuzfahrern. Der Frieden zwischen beiden Seiten kann nur mühsam wiederhergestellt werden. Als die Nachricht von der Eroberung und Plünderung Zaras Innozenz III. erreicht, ist dieser außer sich. Der Gedanke, dass ein Kreuzfahrerheer entgegen seinem Wunsch sich dazu missbrauchen lässt, die Stadt eines Rom treu ergebenen Königs zu erobern, ist ihm unerträglich. Er belegt den Kreuzzug mit dem Kirchenbann. Als er erfährt, dass die Kreuzfahrer zu diesem Kriegszug von den Venezianern als

Mit Hilfe des französischen Kreuzfahrerheers erobern Venezianer die von den Ungarn besetzte Stadt Zara (Gemälde).

Gegenleistung für die Schiffspassage erpresst worden waren, nimmt er den Bann gegen sie zurück, erhält ihn aber gegen Venedig aufrecht. Dessen Doge Enrico Dandolo bleibt gelassen und verhandelt mit dem Führer des Kreuzzuges, Bonifaz von Montferrat, bereits über den Feldzug gegen Konstantinopel. Für einen Aufbruch ist es allerdings zu spät, das Heer überwintert in Zara und macht sich erst im April 1203 auf den Weg nach Byzanz.

Thronwirren in Byzanz – in Aussicht steht die Vereinigung von West- und Ostkirche

Neue Stoßrichtung: Kreuzfahrer belagern Konstantinopel

■ *5. Juli 1203, Konstantinopel*
Die Teilnehmer des vierten Kreuzzuges lassen sich zur Intervention in die innerbyzantinischen Machtkämpfe hinreißen.

Kreuzfahrer nehmen Konstantinopel ein (Miniatur).

Die Kreuzfahrer beginnen mit der Belagerung der kaiserlichen Hauptstadt. Nachdem die ersten Sturmangriffe zurückgeschlagen werden, besetzen die christlichen Truppen zunächst die Stadt Galata am Goldenen Horn gegenüber von Konstantinopel.

Der byzantinische Kaiser Alexios III. Angelos kam 1195 an die Macht, nachdem er seinen Bruder Isaak II. vom Thron gestürzt hatte und einkerkern ließ. Isaaks Sohn Alexios, der ebenfalls gefangen gehalten wurde,

konnte in den Westen fliehen und bat dort seinen Schwager Philipp von Schwaben um Hilfe gegen den Usurpator. Auf Philipps Vermittlung hin schloss sich Alexios den in Zara lagernden Kreuzfahrern an. Als Gegenleistung für ihre Unterstützung gegen Alexios III. versprach er ihnen eine hohe Geldsumme sowie die Wiedervereinigung der Ost- und Westkirche. Da die neue Stoßrichtung gegen Konstantinopel im Interesse der meisten Kreuzzugsführer – allen voran der Venezianer – lag, unterzeichneten sie im Mai 1203 ein entsprechendes Abkommen mit Alexios.

Als es den Venezianern am 17. Juli gelingt, eine Bresche in die Stadtmauer von Konstantinopel zu schla-

gen, flieht der Usurpator Alexios III. mit der Staatskasse aus der Stadt. Die Regierungsbeamten holen seinen geblendeten Vorgänger Isaak II. aus dem Gefängnis und verkünden den Kreuzfahrern, dass die Kämpfe nun beendet werden können, da der Thron wieder rechtmäßig besetzt sei.

Alexios erklärt sich bereit, seinen Vater als Hauptregent anzuerkennen. Am 1. August wird er als Alexios IV. in der St.-Sophien-Kirche in Anwesenheit führender Kreuzfahrer zum Mitkaiser gekrönt. Da er die versprochenen Geldsummen nicht auftreiben kann, verschlechtert sich das Verhältnis zu den Kreuzfahrern. Im Januar 1204 fällt Alexios IV. schließlich einem Volksaufstand zum Opfer.

Ein Chronist schreibt: Noch niemals ist in einer einzigen Stadt so viel erbeutet worden

Die Erstürmung Konstantinopels durch die Kreuzfahrer

■ *12. April 1204, Konstantinopel*
Die Plünderungen der Kreuzfahrer zerstören die Metropole des östlichen Christentums. Weder Kirchen noch Klöster, noch die reichen Bibliotheken bleiben verschont. Die Stadt, die neun Jahrhunderte die Hauptstadt der christlichen Zivilisation war, liegt in Trümmern.

Im Sturmangriff erobern die Kreuzfahrer Konstantinopel. Die beiden wichtigsten Führer des vierten Kreuzzugs, der Doge von Venedig und Bonifaz von Montfort, erlauben ihren Soldaten, die Stadt drei Tage lang zu plündern. Schon lange hatten die Venezianer darauf gedrängt, Konstantinopel im Sturm zu nehmen und einen Kaiser aus dem Abendland einzusetzen. Sie konnten sich bisher jedoch auf keinen Kandidaten einigen.

Anlass zum Sturm auf Konstantinopel gab ein Volksaufstand, in dessen Folge Kaiser Alexios IV. abgesetzt und erdrosselt wurde. Sein Vater und Mitregent Isaak II. starb wenige Tage später. Daraufhin bestieg Alexios V., ein Schwiegersohn von Alexios III., den Thron. Er versuchte in aller Eile die Befestigungen zu verstärken, doch dem Angriff der Kreuzfahrer konnte nichts mehr standhalten.

Die dreitägige Plünderung ist eines der furchtbarsten Ereignisse der Kreuzzugsbewegung. Christen ermorden ihre Glaubensbrüder und morden ihre Glaubensbrüder und

Kreuzfahrer des vierten Kreuzzugs erobern Konstantinopel (Gemälde von Domenico Tintoretto, 16. Jh.)

schänden Klöster und Kirchen. Die Venezianer raffen alle kostbaren Gegenstände an sich, Franzosen und Flamen zerstören alles, was sie nicht wegtragen können, metzeln Kinder und Greise nieder und vergewaltigen Frauen. Selbst die Sarazenen, so meint der Geschichtsschreiber Niketas, wären barmherziger gewesen. Niemals, so schreibt ein anderer Chronist, sei in einer einzigen Stadt so viel erbeutet worden. Die Beute wird einem Vertrag zufolge zwischen den Kreuzfahrern, den Venezianern und dem künftigen Kaiser geteilt.

Der vierte Kreuzzug

FRANKREICH
HEILIGES RÖMISCHES REICH
UNGARN
Aigues-Mortes
Marseille
Genua
Venedig
Zara
Pisa
Ancona
Korsika
Serbien
Bulgarien
Donau
Schwarzes Meer
Sinope
GEORGIEN
Rom
Neapel
Amalfi
Bari
Sardinien
KÖNIGREICH VON SIZILIEN
Dyrrachion
Thessalonike
Edirne (Adrianopel) zu Venedig
Konstantinopel 1203, 1204
LATEINISCHES KAISERREICH
KAISERREICH TRAPEZUNT
Trapezunt
DESPOTAT EPIRUS
KÖNIGREICH THESSALONIKE
Gallipoli an Venedig
Nicäa
Ancyra
RUM-SELDSCHUKEN-SULTANAT
Armenier
REICH VON NICÄA
Anatolien
Caesarea
Sizilien
FÜRSTENTUM ACHÄA
Athen
Ägäisches Meer
GRAFSCHAFT EDESSA
KLEIN-ARMENIEN
Edessa
SENGIDEN-SULTANAT VON MOSUL
Tunis
ALMOHADEN-EMIRAT
Rhodos
Antiochia
FÜRSTENTUM ANTIOCHIA
Malta
KÖNIGREICH ZYPERN
Aleppo
Kreta
Kandia
Limasol
Zypern
Tripolis
GRAFSCHAFT TRIPOLIS
Mittelländisches Meer
Beirut
Sidon
Damaskus
Akkon
arabische Nomaden
Jaffa
Rosette
Damiette
Askalon
Gaza
Jerusalem
KÖNIGREICH JERUSALEM
Alexandria
AJJUBIDEN-EMIRAT
Kairo

— Grenzen um 1144
⋯ Byzantinisches Reich um 1144
■ byzantinische Gebiete, 1204
■ islamische Staaten, 1204
■ Besitzungen Venedigs, 1204
■ Kreuzfahrerstaaten, 1204
▨ Gebietsverluste der Kreuzfahrerstaaten um 1204
— Hauptstreitmacht, 1202–1204
→ Walter von Autun
→ Simon von Montfort
→ Johannes von Nesle
⊗ Sieg der Kreuzfahrer

0　　400 km
0　　300 Meilen

Die südfranzösische Sekte stößt auf Toleranz der weltlichen Fürsten

Erste Auseinandersetzungen mit Albigensern

■ *1204, Carcassonne*
Die Sekte der Albigenser, eine Gruppe der Katharer, breitet sich in Südfrankreich mit Billigung der weltlichen Fürsten aus.

Auf Einladung des Vizegrafen von Béziers und Carcassonne, Trencavel, treffen Albigenser mit Vertretern der offiziellen Kirche zu einem Streitgespräch zusammen. Die Albigenser vermeiden es sorgfältig, gegen kirchenrechtliche Bestimmungen zu verstoßen. Sie bekennen lediglich ihren Glauben und bezeugen, dass sie in absoluter Keuschheit leben. Die offiziellen Kirchenvertreter beschuldigen sie der Häresie, können diese aber nicht nachweisen.

Neben der Einhaltung strenger Askese verwerfen die Albigenser die kirchlichen Sakramente, Altäre, Kreuze und Bilder sowie die Heiligen- und Reliquienverehrung. Das Selbstbewusstsein, mit dem sie auftreten, erklärt sich aus der Toleranz ihrer weltlichen Fürsten. Schon 1167 hatte nahe Toulouse in St. Felix ein überregionales »Konzil« der katharischen Sekte stattfinden können. Graf Trencavel duldet sogar einen katharischen Bischof. Trencavel pflegt an seinem Hof – weitab von Paris – große religiöse Toleranz. Der König missbilligt zwar das Treiben im Süden seines Landes, greift aber nicht ein.

Carcassonne – Schauplatz des Streitgesprächs zwischen Albigensern und Kirchenvertretern

Balduin wird erster Herrscher des Lateinischen Kaiserreichs

Das Reich Romania entsteht am Bosporus

■ *16. Mai 1204, Konstantinopel*
Nachdem Alexios V. geflohen war, bestimmen Venezianer und Kreuzfahrer einen neuen Kaiser, der in Konstantinopel residiert. Dessen Titel ist wesentlich bedeutsamer als seine tatsächliche Macht. Dem neu entstandenen Lateinischen Kaiserreich, das den Namen Romania trägt, fehlt der staatliche Zusammenhang.

In der St.-Sophien-Kirche wird Graf Balduin IX. von Flandern und Hennegau feierlich zum Kaiser gekrönt. Als Balduin I. wird er Oberlehensherr aller byzantinischen Gebiete, mit Ausnahme jener Regionen, die Venedig aufgrund eines Vertrages mit den Kreuzfahrern zugestanden worden sind. Am 1. Oktober hält der neue Kaiser eine Hofversammlung in Konstantinopel ab, bei der er 600 Vasallen mit der Herrschaft über seine Gebiete belehnt. Darunter befindet sich auch der Führer des vierten Kreuzzugs, Bonifaz von Montfort, der sich zunächst selbst Hoffnungen auf den Thron gemacht hatte. Er wird nun König von Thessalonike.

Für das neue Reich Romania wird eine Verfassung entworfen, die sich zum Teil auf das Vorbild des Königreichs Jerusalem stützt. Der Kaiser wird in allen politischen Fragen von einem Kronlehensrat beraten, der zugleich alle militärischen Unternehmungen leitet und die Verwaltungsanordnungen des Kaisers rückgängig machen kann.

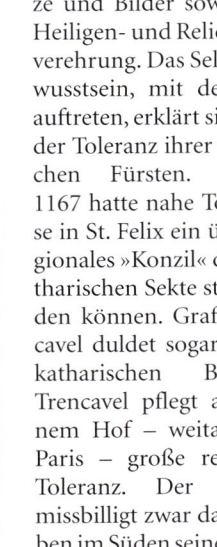
Der venezianische Doge Dandolo krönt Balduin I. zum Kaiser von Byzanz.

Stichwort

Reliquien: Kultobjekte der Frömmigkeit

Im 12. und 13. Jahrhundert erreicht die Verehrung von Reliquien – Überreste eines Heiligen bzw. Gegenstände, die dem Heiligen einst gehörten – einen Höhepunkt. Sie werden in großer Zahl von Kreuzfahrern ins Abendland gebracht. Die Hochachtung beruht auf dem Glauben, von den Reliquien gehe eine Macht aus, die sich körperlich übertragen könne. Diese Vorstellung trägt dazu bei, dem

Heiligendreikönigsschrein

Besitzer oder Ort ihrer Aufbewahrung eine besondere Würde zu verleihen. Aufbewahrt werden die Reliquien in kunstvollen Behältern. Seit dem 12. Jahrhundert erleben die Reliquien eine geradezu inflationäre Verbreitung.

Eine schwache Königin

Isabella von Jerusalem stirbt

■ *1205, Akkon*
Von allen Herrschern des Königreiches Jerusalem hat Isabella am wenigsten Spuren hinterlassen. Sie hätte großen Einfluss nehmen können, wäre sie mit größerem politischem Ehrgeiz ausgestattet gewesen.

Kurz nach ihrem vierten Mann Amalrich II. stirbt Isabella, die in Akkon residierende letzte Königin von Jerusalem. Nach dem Tod von Amalrich, der ein Jahr zuvor das Königreich Zypern geerbt hatte, ging die Regierungsgewalt auf Isabella über.

Ihr folgt ihre 13-jährige Tochter Maria von Montferrat auf den Thron, zum Regenten wird jedoch Isabellas älterer Halbbruder ernannt, Johann von Ibelin. Der Herr von Beirut gilt als tapferer und kluger Mann, er regiert das Königreich drei Jahre lang äußerst umsichtig. Dennoch muss auch er alle Hoffnung fahren lassen, das Königtum mit Hilfe von neuen Kreuzzügen wieder aufzubauen: Die Ritter zieht es in reichere Gegenden.

Blutige Verfolgung von »Ketzern« in Frankreich
Kreuzzug gegen Albigenser

■ *April 1209, Lyon*

Papst Innozenz III. verknüpft den Kampf gegen Häretiker mit der Kreuzzugsidee. Aus dem Widerstand gegen die Heiden wird ein Krieg um die Rechtgläubigkeit im Abendland. Diese Verschiebung trägt der Kirche den Vorwurf ein, blutig gegen jede Abweichung vom rechten Glauben vorzugehen.

Ein großes Heer, das einem Aufruf von Papst Innozenz III. gefolgt ist, versammelt sich vor den Toren der Stadt. Der Papst hatte im Oktober 1208 einen Kreuzzug gegen die von der Kirche als Ketzer angesehenen Albigenser im Land des Grafen Raimund VI. von Toulouse gefordert. Jedem Teilnehmer gewährt der Papst den vollen Kreuzzugserlass, allerdings kann Innozenz III. den französischen König Philipp nicht dazu bewegen, den Ketzerkreuzzug anzuführen. So bestimmt er den Abt von Citeaux, den päpstlichen Legaten sowie zwei Bischöfe zu den Führern.

Unmittelbarer Anlass für die Ausrufung des Kreuzzuges war die Ermordung eines päpstlichen Legaten durch einen Vasallen des Grafen Raimund. Ohne weitere Untersuchung sprach Innozenz III. den Grafen als Urheber schuldig und nutzte den Vorfall, um gegen die ihm verhassten Albigenser vorzugehen. Um 1200 breitete sich diese Glaubensrichtung im Südwesten Frankreichs vor allem in den gebirgigen Regionen weit aus.

Die Albigenser unterscheiden in ihrem Glauben einen guten Gott, der die geistige Welt erschaffen habe von einem satanischen, der die materielle Welt beherrsche und die Seelen gefangen halte. Daher rührt eine strenge Enthaltsamkeit, der sich die Mitglieder der Sekte unterwerfen. Sie essen weder Fleisch noch Eier, trinken keine Milch und enthalten sich aller sexueller Beziehungen. Außerdem weisen sie die Vermittlerrolle der Priester zurück. Diese kritische Haltung gegenüber der Kirche machte sie rasch populär. Bereits im Jahr 1167 waren die Albigenser so zahlreich, dass sie ein eigenes Bistum in Val d'Aran gründen konnten. Die Popularität des einfachen Lebens richtet sich in den Augen vieler auch gegen die wohlhabende und mächtige Kirche, worin wohl der wahre Grund dafür liegt, dass der Papst so entschlossen gegen die Sekte vorgeht.

Während der folgenden 20 Jahre, in denen der Kreuzzug auf die Albigenser geführt wird, werden im Süden Frankreichs Zehntausende Menschen umgebracht. Graf Raimund, der die Albigenser schützt, kann sich zwar mit der Kirche einigen, dennoch fallen die Festungen Béziers und Carcassonne. Die Herrschaft über den Landstrich übernimmt Simon von Montfort, ein Baron aus Nordfrankreich. Simon erobert Burg für Burg und zieht weiter in die Berge, in die sich viele Albigenser zurückziehen.

Verbrennung der Albigenser von Montsegur im Jahr 1226 (Holzstich, um 1880)

Nach dem Tod von Simon von Montfort im Jahr 1218 führt der spätere französische König Ludwig VIII. den Kreuzzug gegen die Sekte weiter; erst 1226 wird er abgeschlossen. Ludwigs Witwe Blanca von Kastilien handelt schließlich 1229 den Frieden von Paris aus, wonach große Teile der südlichen Grafschaften an die französische Krone fallen.

Stichwort

Ketzer – Irrgläubige, die von der offiziellen kirchlichen Lehre abweichen

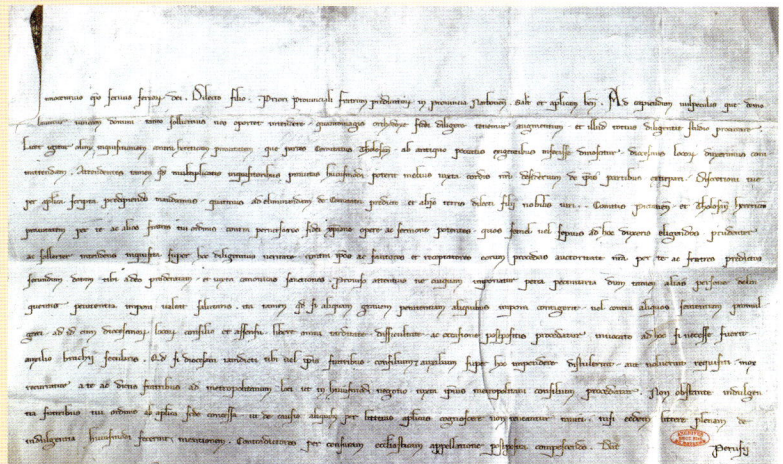

Bulle von Innozenz IV., in der er zur Bekämpfung der Ketzer aufruft

Das Wort »Ketzer« entsteht in der Auseinandersetzung mit den Katharern und ist vermutlich aus diesem Begriff abgeleitet. Seit dem 12. Jahrhundert wird das Wort »Ketzerei« gebräuchlich und löst das traditionelle Wort »Häresie« ab. Ein Häretiker ist nach dem Kirchenrecht ein Getaufter, der den Namen eines Christen beibehalten will, aber eine kraft göttlichen und katholischen Glaubens anzunehmende Wahrheit hartnäckig leugnet oder anzweifelt. Schon zu Zeiten der Urchristen gab es von der offiziellen Lehrmeinung abweichende Glaubensgruppen, die aber erst mit dem Beginn des Staatskirchentums tatkräftig verfolgt werden. Ging es in diesen Zeiten lediglich um Glaubenswahrheiten, so wandelt sich das Bild im 11. und 12. Jahrhundert. Als Ketzer werden nun auch Menschen angesehen, die durch ihr Verhalten oder ihre Ansichten die Kirche schädigen. Eine besondere Rolle spielt der Ungehorsam gegenüber dem Papst und seinen Aussagen. Auch alle Verstöße gegen zentrale Glaubensinhalte werden als Ketzerei bezeichnet – etwa der Machtmissbrauch sowie Tendenzen, die bestehende Ordnung zu stören. Letzteres wird besonders gegen die Waldenser und Katharer als Argument benutzt. Im 12. Jahrhundert werden Ketzer nicht nur mit kirchlichen Strafen (Bann) belegt, sondern zugleich mit staatlichen Sanktionen (Acht) verfolgt.

Der missionierende Prediger Franz von Assisi macht das Armutsideal in ganz Europa populär

Giovanni Bernardone gründet den Franziskanerorden

■ *Mai 1209, Rom*

Mit den Bettelorden entsteht eine neue Form des Mönchtums. Die Ordensbrüder ahmen in vielerlei Hinsicht die Lebensweise Jesu nach. Ohne feste Behausung ziehen sie bettelnd umher und widmen sich der Seelsorge sowie der Pflege der Wissenschaft. Den ersten dieser Orden ruft Franz von Assisi ins Leben.

Angeführt von Franz von Assisi (Franziskus) treten elf Männer in schlichten Wollkleidern vor Papst Innozenz III. Sie weigern sich, die klösterlichen Mönchsregeln der Benediktiner oder der Augustiner zu übernehmen, sondern fordern vielmehr, dass der Papst ihre Lebensweise als eine gültige Form christlichen Verhaltens anerkennt. Innozenz III. gibt nach und erlaubt den »Minderbrüdern«, wie sie sich bescheiden nennen, frei nach der »Form des Evangeliums« zu leben. Aus den Worten des Papstes stellt Franz eine kurze, nicht mehr erhaltene Regel zusammen.

Franz von Assisi, der eigentlich Giovanni Bernardone heißt, erhielt den Anstoß für sein einsiedlerisches Leben in Armut im Jahr 1206 durch die Predigt eines Bischofs. Der Sohn eines Tuchhändlers aus Assisi verzichtete fortan auf jeglichen weltlichen Besitz und führte das Leben eines Wanderpredigers. Seine ersten Gefährten waren ein reicher Adliger und ein Rechtsgelehrter aus Assisi, sehr rasch gesellten sich immer mehr Männer aus allen Schichten hinzu.

Die Botschaft des Franziskus rüttelt die Menschen auf. In einer Zeit, da die Kirche mit Reichtum und Macht protzt und in den wachsenden Städten eine immer größere Zahl armer Menschen lebt, gibt sie der christlichen Verkündigung eine neue Glaubwürdigkeit.

Wesentlich an der Idee des Armutsideals ist, dass viele Laien sich diesem Gedanken öffnen, ohne sich einem mönchischen Klosterleben verschreiben zu wollen. So ist auch Franz von Assisi nicht daran gelegen, einen durchorganisierten und privilegierten Orden ins Leben zu rufen. Er will den Menschen dabei helfen, ein christliches Leben in Einfalt, Demut und Armut in die Tat umzusetzen. Aus dieser Vorstellung entwickelt sich die Ordnung für die so genannten Tertiarier. Diese Menschen haben einen Beruf und eine Familie und können sich trotzdem dem franziskanischen Ideal anschließen.

Der heilige Franz von Assisi (13. Jh.)

Franziskus selbst kann die Führung des neuen Bettelordens nur wenige Jahre übernehmen. Im Jahr 1220 ist er fast erblindet, kurze Zeit später zieht er sich in eine Einsiedelei am Avernerberg nördlich von Assisi zurück, die ihm zum Geschenk gemacht worden war. Der Legende nach soll er dort 1224 in einer Vision die Wundmale Christi an seinem Leib empfangen haben. Diese Zeichen gelten vielen als die Bestätigung für die leibhaftig gelebte Christus-Nachfolge. Franz von Assisi hat diesen Anspruch jedoch selbst nie erhoben.

Am 3. Oktober 1226 stirbt er im Alter von 45 Jahren in vollkommener Armut. Zu diesem Zeitpunkt zählt seine Bruderschaft, die sich bereits über fast ganz Europa ausgebreitet hat, rund 10 000 Mitglieder. Die »Minoriten«, wie sich die Mönche nennen, werden zu einer der stärksten Reformbewegungen des Mittelalters. In Europa wächst die Zahl der Klöster, die sich den Gedanken des Franziskus anschließen, rasant an. Auch an den Universitäten fassen die Franziskaner Fuß. Sie errichten eigene Studienhäuser, an denen sich eine besondere franziskanische Theologie entwickelt.

Dynastie der Fürsten von Achäa

Franzosen regieren Peloponnes

■ *Herbst 1205, Morea*

Einzelne Kreuzfahrer nutzen den vierten Kreuzzug zur Eroberung eigener neuer Herrschaftsgebiete.

Nach einer schweren Schlacht gegen die Einheimischen beendet Wilhelm von Champlitte, Enkel des Grafen Hugo von Champagne, gemeinsam mit seinem Freund Gottfried von Villehardouin erfolgreich den Eroberungszug gegen Morea an der westlichen Peloponnes. Die beiden französischen Herren bauen einen neuen Staat auf der Halbinsel auf.

1209 wird Wilhelm in die Heimat zurückgerufen, um das Erbe seines Bruders in Burgund anzutreten. Nach seinem Tod im gleichen Jahr geht die Herrschaft in Morea ganz auf Gottfried über, der die Dynastie der Fürsten von Achäa begründet.

Gottfried war an den diplomatischen Verhandlungen nach der Eroberung Konstantinopels beteiligt. Darüber berichtet er in einem der ersten Geschichtswerke, das in (Alt-)französisch erscheint. Als Marschall für die Balkanbesitzungen des lateinischen Kaisers führt Gottfried zudem einige Kriegszüge gegen die Bulgaren.

Gottfried von Villehardouin (Stich)

Wahlloses Abschlachten der Bewohner

Das Blutbad von Béziers

■ *22. Juli 1209, Béziers*

Die Albigenserkreuzzüge im Süden Frankreichs verlaufen mit unmenschlicher Grausamkeit.

Nach kurzem Widerstand fällt Béziers in die Hände der Kreuzfahrer, die von Lyon aus in den Languedoc kamen. Vergeblich forderte der Bischof die Bürger auf, die Stadt kampflos zu übergeben. Die Kreuzritter metzeln rund 15 000 Bewohner nieder, egal ob Katholiken oder Albigenser.

Massaker in Béziers durch Truppen des Simon von Montfort (Holzstich, 1875)

Missbrauch frommer Unschuld: Tausende Jugendliche brechen ins Heilige Land auf

Sinnloser Kinderkreuzzug fordert unzählige Opfer

■ *Frühjahr 1212, Köln*

Die Idee der Kreuzzüge treibt in Frankreich und Deutschland bizarre Blüten. Nachdem die Feldzüge der Ritter gescheitert sind, greifen nun Kinder – viele von ihnen verwahrlost – die Vorstellung auf.

Vor dem Altar der Heiligen Drei Könige predigt ein Knabe namens Nikolaus einen Kreuzzug. Kinder vermögen Besseres zu leisten als erwachsene Männer, verkündet er. Das Meer werde sich öffnen, um ihnen einen Weg ins Heilige Land freizugeben. Binnen weniger Wochen versammelt sich eine große Anzahl Kinder und Jugendlicher in Köln mit dem Ziel, nach Italien zu ziehen und von dort aus weiter ins Heilige Land zu reisen.

Die Kreuzzugskinder teilen sich in zwei Gruppen, wobei die erste Chronisten zufolge rund 20 000 Teilnehmer umfassen soll. Weniger als ein Drittel davon übersteht den beschwerlichen Weg rheinaufwärts über die Alpen bis nach Genua. Die Stadt bietet den Kindern für eine Nacht Quartier, schickt sie dann aber weiter, als sich ihre Vorhersage, Gebete könnten das Meer teilen, nicht erfüllt. Einige bleiben in der Gegend, die anderen ziehen weiter und sollen zum Teil in Pisa von zwei Schiffen mitgenommen werden. Der Großteil bleibt jedoch verschollen.

Nikolaus selbst zieht mit einem Teil nach Rom, wo er von Papst Innozenz III. freundlich empfangen und belehrt wird: Sobald sie erwachsen seien, sollten sie ihr Gelübde erfüllen, jetzt sollten sie aber wieder zurückkehren. Nur einige wenige von ihnen gelangen im Frühjahr 1213 zurück ins Rheinland, Nikolaus ist nicht unter ihnen. Aus Zorn über den Verlust ihrer Kinder ergreifen einige Eltern den Vater des Nikolaus und hängen ihn.

In Köln sammeln sich Kinder und Jugendliche für den Zug ins Heilige Land.

Die zweite Gruppe der deutschen jugendlichen Pilger hat ebenso wenig Glück. Sie erreicht das Meer bei Ancona und zieht weiter nach Brindisi. Einige finden offensichtlich einen Platz auf Schiffen, die nach Palästina fahren. Die übrigen kehren um, nur wenige sehen ihre Heimat wieder.

Irregeleiteter religiöser Eifer: Kinder auf dem Kreuzzug (Holzschnitt, 18. Jh.)

Zitat

»Plötzlich lief einer dem anderen nach...«

Die Kölner Königschronik widmet sich in den Einträgen zum Jahr 1212 den Kindern, die zu einem Zug ins Heilige Land aufbrechen:

»Um Ostern und Pfingsten haben aus Deutschland und Frankreich... viele tausend Knaben von sechs Jahren bis zum Mannesalter, gegen den Willen ihrer Eltern, Verwandten und Freunde... das Kreuz genommen. Einige verließen die Pflüge und Wagen, die sie führten, und liefen plötzlich einer dem anderen nach.

In diesem Jahr bezeichneten sich... Knaben verschiedenen Alters und Standes mit dem Kreuz und erklärten, es sei ihnen von Gott aufgetragen zur Unterstützung des Heiligen Landes nach Jerusalem zu ziehen. Nach ihrem Beispiel nahm eine Menge Jünglinge und Frauen das Kreuz und verlangte, mit ihnen zu ziehen. Auch einige schlechte Menschen mischten sich unter sie, und was jene mit sich genommen hatten und was sie täglich von den Gläubigen empfingen, unterschlugen diese heimlich und in nichtswürdiger Weise und machten sich mit dem gesammelten Geld heimlich davon. Einer von diesen wurde in Köln ergriffen und seines Lebens durch den Strang beraubt. Von jenen aber gingen viele... durch Hitze, Hunger und Durst zu Grunde. Andere wurden, sobald sie die Alpen überschritten hatten und Italien betraten, von den Lombarden beraubt und zurückgejagt und kehrten mit Schande heim.«

Schändliches Schauspiel: Kinder auf dem Sklavenmarkt

Kreuzzugskinder wohl verkauft

■ *Herbst 1212, Alexandria*
Um die abstrusen Kinderkreuzzüge ranken sich rasch Legenden. Wie weit sie der Wirklichkeit entsprechen, ist unsicher.

In Ägypten landet ein Schiff, auf dem 700 Kinder und Jugendliche aus Frankreich als Sklaven angeboten werden. Den größten Teil kauft der Statthalter, der die Jugendlichen auf seinen Landgütern arbeiten lässt.

Das berichtet ein Priester, der 1230 aus dem Nahen Osten nach Frankreich zurückkehrt. Er sei, so sagt er, einer der jungen Geistlichen gewesen, die den jugendlichen Stephan von Cloyes auf seinem Kinderkreuzzug von Frankreich aus begleitet haben. Der charismatische Stephan hat in Paris gepredigt und Kinder dazu aufgefordert, unter seiner Führung nach Jerusalem zu ziehen. 30 000 begeisterte Anhänger sollen sich schließlich in Marseille versammelt haben, keiner davon sei älter als zwölf Jahre gewesen. Der Priester berichtet, zwei der Schiffe, die die Kinder in Marseille aufgenommen hätten, seien im Südwesten Sardiniens im Sturm zerschellt. Die übrigen fünf Schiffe, die den Sturm heil überstanden hätten, seien von einer sarazenischen Flotte umzingelt und gekapert worden. Dabei hätten sie erfahren, dass sie von vornherein auf den Sklavenmärkten in Nordafrika feilgeboten werden sollten.

Viele von ihnen sollen unmittelbar nach der Ankunft in Bougie an der algerischen Küste verkauft worden sein. Ein Teil, unter ihnen auch der Priester selbst, soll nach Ägypten verschifft worden sein, weil dort die Preise für Sklaven höher waren. Eine kleine Schar sei sofort nach Bagdad auf die Sklavenmärkte gebracht worden. Dort seien 18 Kinder den Märtyrertod gestorben, da sie sich geweigert hätten, zum Islam überzutreten.

Freigekommen sei der Priester nur deshalb, weil der Statthalter von Ägypten Interesse an den Sprachen und Wissenschaften des Westens gehabt habe und einige der Sklaven, die lesen und schreiben konnten, für sich erworben habe. Diese arbeiteten als Sekretäre und Dolmetscher bei ihm. Der Statthalter habe auch nicht versucht, sie zu seinem Glauben zu bekehren.

Von dem Ereignis ist lediglich die Erzählung des jungen Priesters erhalten. Er verschwindet danach und lässt sich bis heute nicht identifizieren.

Hintergrund

Weit verbreitet: Sklavenwesen im Mittelmeerraum

Sklaven sind sowohl im christlichen wie im muslimischen Raum billige Arbeitskräfte. Häufig werden Gefangene im Anschluss an Auseinandersetzungen versklavt. Im Allgemeinen werden Sklaven in größerer Zahl aus fremden Kulturkreisen bezogen – vor allem aus den slawischen Ländern (daher stammt die moderne Bezeichnung »Sklave«). Die Küsten der Ägäis und des Schwarzen Meeres liefern ebenso Sklaven wie die Küste Afrikas (Sarazenen). Nicht selten kommen Sklaven auch aus den arabischen Gebieten der Iberischen Halbinsel sowie von den Mittelmeerinseln Korsika und Sardinien.

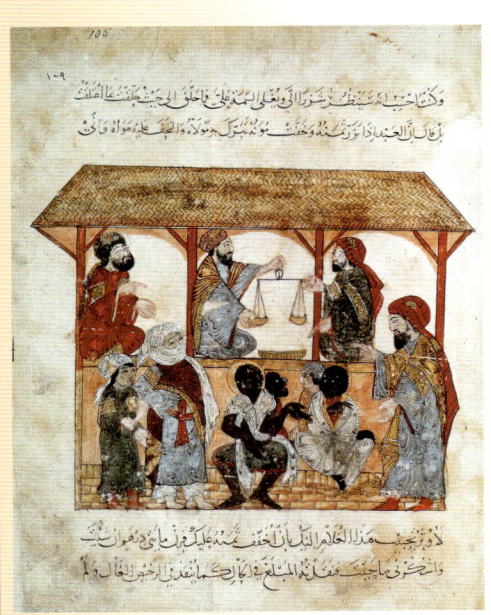

Sklavenmarkt (arabische Buchmalerei, 1237)

Der Handel mit Sklaven liegt zunächst in den Händen von Arabern und Juden, zunehmend drängen auch Venezianer, Genuesen und Süditaliener in den Sklavenhandel. Bezogen werden die Sklaven oft von Türken und Mongolen, aber auch von europäischen Seeleuten und Piraten. Im arabischen Bereich gilt der Sklave als vererbbare Sache, der Koran schreibt jedoch eine gute Behandlung vor. Die Freilassung gilt als gottgefälliges Werk und ist unwiderruflich. Ein Sklave kann sich aber auch von seinem Herrn durch die Rückzahlung des Kaufpreises lossagen.

In den armen Bevölkerungsschichten findet die häretische Lehre des Priesters Bogumil Anklang

Die Bogomilen gewinnen auf dem Balkan viele Anhänger

■ *Februar 1211, Tarnovo*
Die religiöse Sonderbewegung der Bogomilen (slawisch »Gottesfreunde«) findet in Kleinasien und vor allem in Südosteuropa viele Anhänger. Von Rom wird die Sekte, die Einfluss auf die französischen Albigenser ausübt, kompromisslos bekämpft.

Der bulgarische Zar Boril beruft ein Konzil gegen die häretischen Bogomilen ein, das er als Vorwand benutzt, um seine politischen Gegner zu verfolgen. Boril bestieg 1207 als einziger volljähriger Nachfolger von Zar Kalojan den Thron, den ihm jedoch die Söhne von Zar Asen I., dem Vorgänger Kalojans, streitig machen. Boril hat nur kurzfristig Erfolg, 1218 wird er von Ivan Asen II. gestürzt. Der neue Zar beendet die blutigen Verfolgungen der Bogomilen. Sie gewinnen unter seiner Herrschaft an Einfluss.

Die Bogomilen leiten sich von einem bulgarischen oder makedonischen Priester namens Bogumil ab, der um 930 in Bulgarien wirkte. Ihre dualistische Lehre predigt die Abkehr von der Welt, wendet sich gegen die Sakramente und die Verehrung des Kreuzes und bekämpft die kirchliche Hierarchie. Durch die Kreuzfahrer kommt die bogomilische Bewegung nach Oberitalien und Südfrankreich, wo sie auf die Albigenser wirken.

Den größten Einfluss erreichen die Bogomilen in Bosnien. Dort wurde ihre Lehre im 12. Jahrhundert unter Ban Kulin zur Staatsreligion. Der Herrscher selbst trat mit 10 000 Untertanen zur Sekte über. Damit dokumentierte Kulin zugleich seine Unabhängigkeit vom katholischen Ungarn. Dessen König Emmerich weigerte sich allerdings, militärisch gegen Bosnien vorzugehen, obgleich Papst Innozenz III. ihn aufgefordert hatte, der Ketzerei ein Ende zu setzen. Ebenfalls ohne Erfolg ruft Rom zweimal – 1227 und 1245 – zu einem Kreuzzug gegen die Bogomilen auf. Im Gebiet zwischen Dalmatien, Kroatien und Bulgarien stellen die Bogomilen sogar einen Gegenpapst auf.

Im Balkanraum üben die Bogomilen bis zur türkischen Invasion Einfluss auf das politische Leben aus.

Bogomilenstein eines ehemaligen Friedhofs der Häretiker in Stolac (Bosnien)

Die Schlacht von Tolosa endet mit einem entscheidenden Sieg der Christen (Gemälde von F. de Paula van Halen, 19. Jh.).

Sieg in Spanien
Markstein der Reconquista

■ *16. Juli 1212, Las Navas de Tolosa*
Die Schlacht von Tolosa wendet das Verhältnis zwischen Christen und Muslimen in Spanien, der Niedergang der Maurenherrschaft beginnt.

In Andalusien trifft das Heer des kastilischen Königs Alfons VIII. auf die maurischen Truppen unter Emir an-Nasir; es kann diese in einer offenen Feldschlacht vernichtend schlagen. Dem Kriegszug wurde von Papst Innozenz III. zuvor der Charakter eines Kreuzzugs verliehen. Unter dem Schutz des Erzbischofs Rodrigo Jiménez de Rada, einem glühenden Kreuzzugsprediger, versammelten sich die spanischen Kreuzritter bei Toledo und marschierten nach Süden. Nach dem Sieg fallen wichtige Festungen in die Hände der Kreuzfahrer.

Eine neue Macht im Osten
Die Mongolen erobern Peking

■ *Sommer 1215, Peking*
Mit dem Fall Pekings gerät das alte Chin-Land unter die Herrschaft der Mongolen.

Mongolische Reiter unter Führung des Dschingis Khan erobern das Land der Dschurdschen und zerstören deren Hauptstadt Peking (Chung-tu = Mittlere Hauptstadt). Damit beginnt die Herrschaft der mongolischen Kaiser in China. Kublai Khan macht das eroberte Peking 1267 zur Residenz.

Dschingis Khan auf der Falkenjagd (chinesische Seidenmalerei)

Generalsynode richtet sich gegen Häretiker und läutet die Inquisition ein
Das vierte Laterankonzil ordnet die Kirche neu

■ *1. November 1215, Rom*
Mit einer glänzenden Versammlung im Lateran krönt Papst Innozenz III. seine einflussreiche Regentschaft. Beraten werden vor allem die Reform der Kirche und die Rückeroberung des Heiligen Landes.

Mehr als 2000 Kirchenführer und weltliche Herrscher nehmen auf Einladung des Papstes an einem Konzil teil. Insgesamt treffen rund 70 Erzbischöfe, 400 Bischöfe, 80 Äbte und zahlreiche Vertreter von Kapiteln in Rom ein. Aus dem Osten kommt der Patriarch von Jerusalem, die Patriarchen von Alexandria und Antiochia schicken Vertreter. Hinzu gesellen sich Gesandtschaften der Könige von England, Frankreich, Aragon, Ungarn, Jerusalem und Zypern sowie des lateinischen Kaisers von Romania.

Innozenz III. begrüßt die Gäste mit einer bewegenden Ansprache. Die meisten Beratungen werden hinter verschlossenen Türen abgehalten, dreimal finden öffentliche Diskussionen statt. Das Ergebnis des Konzils wird in 71 Einzelbeschlüssen (Konstitutionen) festgelegt. An der Spitze steht die Erklärung, welches die wahre Kirche sei, die jedermann anerkennen müsse. Dann folgen Bestimmungen zur Bekämpfung der Ketzerei. Allen Bischöfen wird vorgeschrieben, Ketzer aufzuspüren und gegen Verdächtige einzuschreiten. Damit wird das Glaubensgericht der Inquisition zum festen Bestandteil der Kirchenverwaltung. Alle weltlichen Fürsten werden aufgefordert, Ketzer aus ihren Ländern zu vertreiben. Diese Verpflichtung sollen sie bei ihrem Amtsantritt beschwören; kommen sie ihr nicht nach, können die Bischöfe sie exkommunizieren.

Zur Befreiung des Heiligen Landes erlässt das Konzil eine förmliche Besteuerung der ganzen Kirche. Drei Jahre lang soll jeder Geistliche den 20. Teil seines Einkommens für einen neuen Kreuzzug abgeben, Papst und Kardinäle bezahlen das doppelte. Die Kreuzzugskonstitution soll das Unternehmen besser organisieren und planen, damit die Fehler des vierten Kreuzzugs vermieden werden können.

Das Laterankonzil beschließt außerdem eine Abgrenzung von weltlicher und geistlicher Gerichtsbarkeit, wobei festgelegt wird, dass alle staatlichen Gesetze hinter dem Kirchenrecht zurücktreten müssen.

Inquisitionsgericht (Gemälde, um 1500)

Kritische Stimmen zu den Kreuzzügen

Nicht nur Wolfram von Eschenbach kritisiert die Kreuzzüge. Zunächst gilt die Kritik immer dem Missbrauch der Idee, nicht der Idee selbst. Bereits nach dem gescheiterten zweiten Kreuzzug formiert sich offener Widerstand an diesem Unternehmen. Besonders in Deutschland wird die Kritik nach dem schmachvollen Scheitern der deutschen Kreuzfahrer laut. Sie hätten zu viel riskiert und sich verleiten lassen, unüberlegt zu handeln, schreibt ein anonymer Chronist aus Würzburg. Schärfer ist der Vorwurf des englischen Theologen und Juristen Radulf Niger. Er protestiert gegen die Vorstellung, man müsse die Heiden um jeden Preis ermorden und tue damit etwas Gottgefälliges.

Auch im Volk ändert sich die Stimmung gegenüber den Kreuzzügen. Zu oft müssen neue Gelder

Wolfram von Eschenbach in ritterlicher Rüstung (Miniatur)

abgeführt werden, um die immensen Kosten der Unternehmen zu decken. Die Kritik wächst noch mehr, als sich die Kreuzzüge immer stärker von dem einmal gefassten Ziel – der Rückeroberung der heiligen Stätten – entfernen. Der aragonesische Chronist Ramon Muntaner stellt sogar fest, dass die Kreuzzugsidee selbst missbraucht worden ist: Sie wird – wie bei den Albigenserkriegen – gegen Häretiker eingesetzt und dient als Vorwand, die griechischen Christen unter die Herrschaft Roms zu zwingen – wie die Eroberung Konstantinopels zeigt.

Wolfram von Eschenbach stellt in seinem Epos negative Seiten dar

Hehres Kreuzzugsideal auf dem Prüfstand

■ *Herbst 1215, Thüringen*
Die Erfolglosigkeit der Kreuzzüge und deren blutige Auswüchse veranlassen nachdenkliche Christen, die gesamte Ideologie zu kritisieren und ihr ein anderes Denken entgegenzusetzen. Eine der berühmtesten Kreuzzugskritiken ist das mittelhochdeutsche Versepos »Willehalm«.

Der Dichter Wolfram von Eschenbach beginnt am Hof des thüringischen Landgrafen mit der Niederschrift eines Epos über den Ritter Wilhelm von Orange. Als Vorlage dient ihm ein altfranzösisches Heldenepos, die »Chanson d'Aliscans«, das einen Kampf zwischen Christen und Muslimen in der Provence beschreibt. Der Held ist die historische Gestalt des Grafen Wilhelm von Toulouse, ein Enkel Karl Martells, der sich als Herzog von Aquitanien im Kampf gegen die Sarazenen große Verdienste erworben hatte und seinen Lebensabend als Mönch in dem von ihm gestifteten Kloster Gellone verbrachte. Wilhelm wurde bald zu einer legendenhaften Figur.

Wolfram lehnt sich stark an die Vorlage an, versetzt die Handlung aber in die Kreuzfahrerzeit. Mit einem riesigen Heer rückt der muslimische König Terramer in der Provence gegen Willehalm, wie der Held bei Wolfram heißt, vor. Er will die Entführung seiner verheirateten Tochter Arabel rächen, die sich taufen ließ und unter dem Namen Giburg Willehalms Frau wurde. Trotz ihrer Tapferkeit unterliegen die Christen, die sich vor Orange versammelt haben, der heidnischen Übermacht. Willehalm rettet sich auf seine Burg, sammelt erneut ein Heer um sich und kann schließlich mit Hilfe von Rennewart, dem Sohn von Terramer, die Heiden aus der Provence vertreiben. Nach der entscheidenden Schlacht lässt Willehalm die getöteten muslimischen Könige einbalsamieren und die Überreste in ihre Heimat bringen.

Bei dem Epos handelt es sich zwar um eine Kreuzritterdichtung, es ist jedoch nicht der christlichen Kreuzzugsideogie verhaftet. Anders als in früheren Werken, z. B. dem »Rolandslied« des Pfaffen Konrad, distanziert sich Wolfram von religiös motivierten Kriegen. Obwohl das Werk kaum als Plädoyer für einen uneingeschränkten Pazifismus angesehen werden kann, stellt der Autor

doch das Konzept des »gerechten Krieges« (bellum iustum) in Frage. Dieses wurde von Augustinus und Thomas von Aquin begründet bzw. ausgebildet und besonders auf die Kreuzzüge angewandt.

Die Kriegsproblematik wird besonders an der Figur des Willehalm deutlich: Auch außerhalb der Schlachten zeichnet ihn eine hohe Gewaltbereitschaft aus. So erschlägt er kaltblütig einen wehrlosen, um Gnade flehenden Verwandten. Willehalm ist damit ein drastisches Gegenbild zu den idealisierten Rittern der Artusromane.

In einem neuen Blickwinkel sieht Wolfram auch die Muslime. Sie werden im »Willehalm« nicht als die Verkörperung des Bösen dargestellt. Zudem verzichtet der Autor darauf, den Glauben der Muslime zu diffamieren. Giburg versucht vor dem Beginn der Schlacht die Christen auf Milde einzustimmen und rückt dabei die Hei-

den in ein helleres Licht. In dieser Rede vor dem christlichen Kriegsrat argumentiert Willehalms Frau, die Heiden seien wie die Christen Kinder Gottes und hätten darum genau denselben Anspruch darauf, menschlich behandelt zu werden. Auch dies steht der Kreuzzugsideologie entgegen, die den christlichen Kriegern erlaubt, Heiden wie Vieh niederzumetzeln.

Schonungslos stellt Wolfram das Leid dar, das Christen und Muslime einander zufügen. Zahlreiche Klagen verdeutlichen die unermessliche Grausamkeit auf beiden Seiten.

Wolframs Werk findet in seiner Zeit ein starkes Echo. Vom »Willehalm« sind fast ebenso viele Handschriften verbreitet wie von Wolframs bedeutendstem Epos, dem »Parzival«. Offenbar war der »Willehalm« besonders bei den Ordensrittern beliebt – in ihren Bibliotheken stehen die meisten überlieferten Handschriften.

Seite aus einer Handschrift der Willehalm-Trilogie (2. Hälfte des 13. Jh.)

Die Kreuzfahreridee verliert an Kraft

Die bittere Einsicht in die strategische und militärische Realität zu Beginn des 13. Jahrhunderts lautet: Das Heilige Land ist für die abendländische Christenheit nicht mehr im alten Umfang zurückzuerobern. Deshalb ändern die Kreuzzüge im 13. Jahrhundert ihren Charakter. An die Stelle der militärischen Eroberung tritt die politische und diplomatische Strategie. Viele kleine Pilgerreisen und regelmäßige Kreuzfahrten treten an die Stelle großer Kreuzfahrerheere – dafür finden die Kreuzzüge in rascherer Folge statt. Ständig ziehen kleinere Kontingente in den Nahen Osten, es kommt sogar zu regelrechten Saisonfahrten von bewaffneten und unbewaffneten Pilgern ins Heilige Land. Ausgelöst werden sie nicht mehr durch Aufsehen erregende Ereignisse wie der Fall Edessas oder Jerusalems. Ihr Motiv sind entweder politische Machtinteressen oder Hilfe für die ständig schwächelnden Kreuzfahrerstaaten. Weil ein großer Anlass fehlte, der Massen in Bewegung setzen könnte, sind die Kreuzzüge des 13. Jahrhunderts durchweg kleiner. Das unerwartete Auftauchen der Mongolen und die Eroberung Bagdads 1258 nährt im Westen die vergebliche Hoffnung auf einen neuen Verbündeten gegen den Islam. Die neue Macht ist jedoch ausschließlich dem eigenen Expansionsdrang verpflichtet und wendet sich abwechselnd gegen Christen und Muslime. Historiker verweisen darauf, dass die mongolische Bedrohung für die Muslime wesentlich gefährlicher und ernster war und viel mehr Kräfte gebunden hat, als der Kampf gegen die ermatteten Kreuzfahrer im Heiligen Land.

WENIGER KREUZFAHRER, MEHR PILGER

Wichtigster Partner der Kreuzfahrer sind die italienischen Handelsstädte. Nur sie verfügen über ausreichend Schiffe und Geld, um die Passagen zu bewerkstelligen. Sie bieten zweimal im Jahr – im Frühjahr und im Herbst – Fahrten ins Heilige Land an. Diese Reisen, zunächst als Handelsfahrten geplant, werden zunehmend von Pilgern unternommen. Die Pilgerfahrten erleben sogar einen regelrechten Boom. Das finanzielle Interesse der Städte wird im Laufe der Jahre so stark, dass Marseille und Venedig schließlich das Monopol der geistlichen Ritterorden brechen: Diese dürfen nur noch 6000 Pilger jährlich transportieren. Die Dauer des Aufenthaltes im Heiligen Land wird im 13. Jahrhundert stark von diesen regelmäßigen Fahrten beeinflusst: Entweder der Pilger kehrte zu dem von den Handelsstädten gesetzten Fristen von wenigen Wochen im Frühjahr oder Herbst zurück – oder er bleibt ein halbes oder ein ganzes Jahr im Heiligen Land.

FRIEDLICHE KOEXISTENZ IM ALLTAG

Die kriegerischen Auseinandersetzungen prägen zwar das Bild der Kreuzzüge, doch lassen sie leicht vergessen, dass es auch lange Phasen fruchtbaren Nebeneinanders von Christen und Muslimen gibt. Im Abendland hat sich das Bild des Islam gewandelt. Hatte man bis ins späte 12. Jahrhundert geglaubt, die Muslime seien Heiden, so erkannte man langsam, dass sie strenge Monotheisten waren, die die Bilderverehrung ablehnten. Ihre Ideale waren denen der christlichen Ritter zumindest

gleichwertig, so jedenfalls beginnen abendländische Schriftsteller die »edlen Heiden« zu schildern. Zudem war der Koran im Abendland bekannt geworden, seit der Generalabt von Cluny, Petrus Venerabilis, ihn ins Lateinische hatte übersetzen lassen (1143). Zwar kann man noch nicht von einer echten Toleranz sprechen, doch es entwickelt sich ein Bewusstsein von Humanität, das mit der verfeinerten höfischen Bildung Hand in Hand geht. Wie stark der Trend zur Assimilation ist, zeigt sich an vielen einzelnen Gewohnheiten. Die Kreuzritter passten sich in ihren Lebensgewohnheiten an die Umgebung an. Ihre Paläste wurden nach dem neuesten Stand der arabischen Bewässerungstechnik mit frischem Wasser versorgt. Die Christen nutz-

Der fünfte Kreuzzug richtet sich gegen Ägypten: Christliche Kreuzfahrer besiegen Muslime in der Schlacht um Damiette (Illustration, 15. Jh.).

ten nach arabischem Brauch die öffentlichen Bäder. Sie ließen vom orientalischen Personal die Mahlzeiten nach einheimischen Rezepten bereiten und übernahmen Gewürze und Rezepte. Es fehlt nicht an Äußerungen von Kreuzrittern, die es strikt ablehnten, Schweinefleisch zu essen. Auch die Kleidung war bald orientalisch beeinflusst. Seidener Burnus und Turban waren für Kreuzritter natürlich, bestickte Seide und goldfadendurchwirkte Stoffe, das Zaumzeug orientalisch verziert, das Schmuckschwert aus Damaszenerstahl. Die Barttracht hatte man schon im 12. Jahrhundert übernommen, es galt im Unterschied zu Europa als Schande, sich den Bart scheren zu lassen. Auch die Kleidung der Frauen hatte sich angepasst. Der Schleier gehörte zur normalen Kleidung und natürlich schminkte sich die Damenwelt nach orientalischem Brauch. Dennoch bleiben die reichen Bibliotheken der Kalife und Wesire den Kreuzfahrern weitgehend fremd. Überwiegend Geistliche sind es, die im Heiligen Land arabische und griechische wissenschaftliche Arbeiten aus den geistigen Zentren der arabischen Welt ins Lateinische übersetzen.

EIN ZENTRUM DER GELEHRSAMKEIT IN SPANIEN

Ein anderes Klima herrscht dagegen auf der Iberischen Halbinsel. Dort sorgt eine jahrhundertealte Toleranz dafür, dass sich ein reger wissenschaftlicher Austausch entwickelt. Juden und Christen wurden toleriert und durften eigene Gottesdienste abhalten. Die Christen hatten eigene Bischöfe und Kirchen. Das relativ friedliche Zusammenleben machte einen regen Austausch im Bereich des Wissens und der Kultur möglich. Die muslimischen Gebiete hatten in vieler Hinsicht einen höheren Entwicklungsstand, das galt etwa für den Bergbau, wo Blei-, Eisen-, Gold- und Quecksilberminen ausgebeutet wurden. Auch das Handwerk war weit entwickelt. Eine hohe Kunstfertigkeit hatten die Araber in der Herstellung von Luxusgütern entwickelt (Lederwaren aus Córdoba, Edelsteinverarbeitung). Da im Westen kein Griechisch verstanden wurde, die Araber aber viele griechische Werke – sowohl mathematische als auch medizinische und philosophische Abhandlungen – ins Arabische übersetzt, zudem erheblich weiterentwickelt hatten, begann eine rege Übersetzungsarbeit vor allem in Hispania. Die Astronomie erhielt wertvolle Impulse. Bis heute tragen Planeten und Sterne arabische Namen. Zudem wurde die Berechnung von Sonnen- und Mondfinsternissen möglich. Auch im Bereich der Medizin gewann das Abendland wertvolle neue Kenntnisse. Das Werk »Einleitung in die Medizin« des arabischen Gelehrten Hunain ibn Ishak (810 – 873) fand Eingang in das klassische Lehr- und Prüfungsbuch des lateinischen Mittelalters, die »Articella«. Die Einrichtung von Apotheken mit gesammelten Arzneien wurde aus Bagdad übernommen. Vor allem Córdoba wird zu einem Zentrum der Gelehrsamkeit. Es gibt um 1000 bereits 27 Schulen und eine Universität, deren Bibliothek 400 000 Bände umfasst, eine Sammlung von seltenen und wichtigen Werken, die sorgfältig kopiert und auch ins Lateinische übersetzt werden. Über Avicenna (lateinisch-spanischer Name des Abdallah ibn Sina, † 1037 in Hamadan) kamen viele medizinische und philosophische Werke nach Europa, die das mittelalterliche Denken wesentlich beeinflussten. Aus dem Arabischen ins Lateinische übertragene Werke der griechischen Philosophen (Aristoteles) haben vor allem der christlichen Theologie neue Anstöße gegeben.

EIN KREUZZUG GEGEN DEN PAPST

Der Papst verliert zunehmend Einfluss auf Ausführung und Verlauf der Kreuzzüge. Am deutlichsten wird der Autoritätsverlust beim Kreuzzug des deutschen Kaisers Friedrich II. Zunächst scheut der Papst vor dessen Kreuzzugsgelübde zurück – Innozenz III. will unbedingt einen Kreuzzug unter päpstlicher Oberhoheit. Notgedrungen muss er einlenken, bannt aber dann den Kaiser, als dieser seinem Gelübde nicht schnell genug nachkommt und der endlich erfolgte Aufbruch durch eine Krankheit zunichte gemacht wird. Friedrich II. – ein Novum in der Geschichte der Kreuzzüge – bricht gegen den Willen des Papstes auf. Sein Kreuzzug ist nicht nur deshalb ein Sonderfall. Friedrich versucht erstmals auch, statt auf militärischem auf politischem Weg zum Erfolg zu kommen. Immerhin ist der Staufer auch der einzige Kreuzfahrer, der schon vor seinem

Glanzvolle Kultur im maurischen Teil der Iberischen Halbinsel: Islamische Würdenträger im Zwiegespräch (Deckengemälde im Saal der Könige; Teil der Palastanlage Alhambra in Granada)

Einzug in Jerusalem Ansprüche auf die Krone des Heiligen Landes erheben kann, weil er die Tochter eines Königs von Jerusalem geheiratet hatte – Isabella von Jerusalem. Sie war während des Kreuzzuges kurz nach der Geburt eines Sohnes zwar gestorben, doch führte Friedrich nominell die Regentschaft für seinen minderjährigen Sohn.

Für fast 14 Jahre gewinnt Friedrich II. Jerusalem noch einmal für die Christen zurück, dazu große Teile im Norden des Landes – ein letzter Erfolg der Kreuzzugsdiplomatie. Doch auch die Muslime bleiben in Jerusalem, die heiligen Stätten gesteht Friedrich ihnen zu – gegen den Protest des Papstes und des lateinischen Patriarchen von Jerusalem.

Dieser Erfolg mag einem allgemeinen Bewusstseinswandel im Abendland über die Kreuzzüge Vorschub geleistet ha-

Kaiser Friedrich II. übernimmt die Herrschaft des Königreichs Jerusalem (14. Jh.).

ben. Die bis dahin eher zaghafte Kritik an den Kreuzzügen richtet sich immer mehr gegen den Papst. Die ständig steigenden Steuerbelastungen durch von Rom verordnete Kreuzzugsabgaben sowie der ausbleibende Erfolg bewaffneter Züge lassen die Kreuzfahreridee langsam an Popularität verlieren. Viele Fürsten nehmen zwar das Kreuz, doch sie erfüllen das Gelübde nicht. Der mittlerweile offenbar gewordene Wandel der Kreuzzugsidee, die nun verstärkt auf christliche Ketzer angewandt werden soll, verunsichert viele Menschen. Ist es der Sinn der Sündenvergebung, christliche Brüder und Schwestern zu töten, nur weil sie Rom missfielen?

MONGOLEN ALS DRITTE MACHT

Als der Großkhan der Mongolen die Ausweitung seines Einflusses in Richtung Westen beschließt, gerät die bis dahin leidlich ausbalancierte Beziehung von Christen und Muslimen in eine unerwartete Schieflage. Gleichzeitig wandelt sich das Weltbild im 13. Jahrhundert noch einmal entscheidend. Bis dahin hatten die Christen die Muslime als die einzigen »Ungläubigen« im Heiligen Land ausgemacht. Unvermittelt zeigt sich nun aber ein neuer Gegner. Als Feinde wurden die Mongolen aus dem fernen Ostasien zunächst nicht angesehen. Man wusste, dass Christen am Hof in Karakorum lebten, auch wenn es so genannte Nestorianer waren, eine nach dem Konzil in Ephesus (432) sich in Opposition formierte eigenständige Kirche, die sich in Persien halten konnte und China sowie Tibet missioniert hatte. Doch die Botschaft des römischen Papstes an den mongolischen Großkhan in Karakorum war ohne befriedigende Antwort geblieben. Dann beginnen die Eroberungszüge der Mongolen und werfen ein ganz neues Licht auf die Auseinandersetzungen zwischen Christen und Muslimen im Heiligen Land. Beide Seiten müssen nun fürchten, von einem zahlenmäßig und militärisch weit überlegenen Feind besiegt und unterworfen zu werden.

Dass aus dem Abendland gegen diese neue Bedrohung keine Hilfe kommen würde, war schnell klar. Schließlich bedrohten die Mongolen auch Europa an dessen Ostgrenze. Zudem zeigt das vollständige Scheitern des Kreuzzugs des französischen Königs Ludwig IX., dass eine militärische Aktion künftig ohne Gewinne bleiben wird. Längst haben die Handelsstädte das Zepter übernommen, sie sind reicher und besitzen die nötigen Schiffe – allerdings zur Durchsetzung ihrer eigenen, der Handelsinteressen. So liegen die Gebiete der Kreuzfahrer um die Mitte des 13. Jahrhunderts schutzlos vor den Angreifern aus dem Osten. Der Wunsch, die Heilige Stadt jemals wieder in christlicher Hand zu wissen, entpuppt sich vollends als Illusion.

1217 n. Chr.

Juni

In Brindisi und Messina brechen französische Kreuzfahrer zum Zug ins Heilige Land auf. Aufgrund unzureichender Planung stehen nicht genügend Schiffe zur Verfügung, sodass sich der Beginn des fünften Kreuzzuges äußerst chaotisch gestaltet. → S. 164

1218 n. Chr.

Der Mönch Franz von Assisi, der zwischen den Kriegsparteien im Heiligen Land vermitteln möchte, wird auf seiner Reise nach Damiette von Sarazenen aufgegriffen. Mehrere Tage lang predigt er vor dem Sultan al-Adil, bevor er wieder in das Lager der Kreuzfahrer zurückgebracht wird. → S. 164

Nachdem König Andreas II. von Ungarn mit einem kleinen österreichisch-ungarischen Heer mehrere Feldzüge in Galiläa unternommen hat, reist er von Akkon aus wieder zurück in seine Heimat. Das Hauptinteresse des Königs richtet sich auf das Sammeln von Reliquien. → S. 165

Mai

Die Flotte der Kreuzfahrer landet vor Damiette und belagert den zweitwichtigsten Hafen Ägyptens. → S. 165

1219 n. Chr.

12. Juni

Rund 10 000 Bogenschützen und 600 Ritter erobern im Auftrag des späteren Königs Ludwig VIII. die südfranzösische Stadt Marmande. Zuvor hatte Papst Innozenz III. erneut zu einem Kreuzzug gegen die Albigenser (Katharer) aufgerufen. Obwohl die meisten Einwohner kirchentreue Christen sind, wird die Stadt zur Plünderung freigegeben.

5. November

Unter Führung des Kardinallegaten Pelagius von Albano nehmen die Kreuzfahrer Damiette ein. Die Bewohner der ägyptischen Hafenstadt werden entweder vertrieben oder versklavt.

1220 n. Chr.

April

Auf dem Frankfurter Hoftag lässt der deutsche König Friedrich II. seinen fünfjährigen Sohn Heinrich (VII.) zu seinem Nachfolger wählen. Er wird zu seinem Stellvertreter in Deutschland.

Sommer

Nachdem Buchara und Samarkand von den Mongolen erobert worden sind, wird Karakorum zur Hauptstadt des Mongolen-Reiches.

Herbst

Der Dichter Wolfram von Eschenbach stirbt. In seinen Versepen hat er die Kreuzfahrten nicht nur kritisiert (»Willehalm«), sondern auch das Ideal einer friedlichen Begegnung zwischen Orient und dem Abendland gezeichnet (»Parzival«) → S. 166

1221 n. Chr.

August

Die Kreuzfahrer müssen das eroberte Damiette aufgeben, da ihr Heer beim Marsch auf Kairo von den ägyptischen Truppen besiegt wurde. → S. 166

1223 n. Chr.

Mai

Die Mongolen schlagen die Russen und Kumanen in der Schlacht an der Kalka am Asowschen Meer, ziehen sich dann aber wieder zurück.

Sommer

Völlig unerwartet überrennt ein Mongolenheer die Halbinsel Krim. In einem Sturmangriff vernichtet es die genuesischen Handelsniederlassungen in Soldaia. → S. 167

29. November

In der Bulle »Solet annuere« erkennt Papst Honorius III. die Regeln des Franziskanerordens offiziell an.

1224 n. Chr.

Sommer

In Neapel wird eine Universität gegründet, die sich zur zentralen Ausbildungsstätte für die Verwaltung des sizilischen Königreiches entwickelt.

1225 n. Chr.

9. November

In Brindisi heiratet Kaiser Friedrich II. die 14-jährige Isabella von Jerusalem und erwirbt dadurch das Recht auf die Regentschaft über das Königreich Jerusalem. Im Vertrag von San Germano verpflichtet sich der Kaiser, im August 1227 endgültig zum Kreuzzug aufzubrechen. → S. 166

1226 n. Chr.

März

Kaiser Friedrich II. ermächtigt den Deutschen Orden jene Gebiete in Besitz zu nehmen, die dieser im Kampf gegen die Heiden in Preußen und im Baltikum erobert (»Goldene Bulle von Rimini«). Dem Hochmeister Hermann von Salza verleiht Friedrich II. alle Rechte eines Reichsfürsten. → S. 168

Sommer

Herzog Konrad von Masowien ruft die Deutschordensritter zu Hilfe gegen die Preußen. Als Ausgleich schenkt er dem Orden das Land Kulm.

29. November

In Reims wird Ludwig IX. zum König von Frankreich gekrönt.

1227 n. Chr.

22. Juli

Der dänische König Waldemar II. versucht seine norddeutschen Gebiete zurückzugewinnen, wird jedoch in der Schlacht bei Bornhöved vom Heer der norddeutschen Fürsten und Städte geschlagen. Daraufhin verliert er die Oberhoheit über die Gebiete südlich der Eider sowie über die nordslawischen Gebiete am südlichen Ostseeufer. Die deutsche Expansion nach Osten hat freie Bahn.

18. August

Während der Belagerung der nordchinesischen Stadt Ninghsia stirbt Dschingis Khan. Das von ihm gegründete mongolische Reich erstreckt sich vom Chinesischen Meer bis an die Schwelle Europas und wird von seinen Söhnen einträchtig verwaltet.

August

Kaiser Friedrich II. sammelt in Brindisi ein Heer und bricht damit zum Zug ins Heilige Land auf. Als er kurz darauf erkrankt und umkehren muss, belegt ihn Papst Gregor IX. mit dem Kirchenbann. → S. 169

1228 n. Chr.

8. Mai

Isabella von Jerusalem, die Frau Kaiser Friedrichs II., stirbt an den Folgen der Geburt ihres Sohnes Konrad IV. Nach dem Jerusalemer Recht übt Friedrich nun nur noch als Stellvertreter seines Sohnes die Regentschaft über das Königreich Jerusalem aus.

Juni

Obwohl er noch mit dem Kirchenbann belegt ist, reist Kaiser Friedrich II. seinem Heer ins Heilige Land nach. Der Staufer ist der erste abendländische Monarch, der einen Kreuzzug gegen den Willen des Papstes unternimmt.

7. September

Kaiser Friedrich II. landet in Akkon und wird dort begeistert als »Heil Israels« empfangen. Sofort nimmt er Verhandlungen mit Sultan al-Kamil auf. Seine militärischen Unternehmungen sind eher Ablenkungsmanöver.

1229 n. Chr.

18. Februar

Friedrich II. schließt in Jaffa mit Sultan al-Kamil einen mehr als zehnjährigen Friedensvertrag. Jerusalem sowie einige Orte an der Küste und die Gebiete um Tyros und Sidon fallen an die Kreuzfahrer.

18. März

In der Jerusalemer Grabeskirche setzt sich Kaiser Friedrich II. die Krone des Königtums Jerusalem auf. Seither tragen er und seine Nachfolger – bis hin zum Habsburger Franz Josef I. – den Titel eines Königs von Jerusalem.

12. April

Graf Raimund VII. von Toulouse beugt sich in Meaux bei Paris dem französischen König und unterzeichnet einen Vertrag, der die blutigen Albigenserkriege beendet. Der mit den Albigensern verbündete Graf verliert seine provenzalischen Besitzungen an die Krone. → S. 169

31. Dezember

Der maurische Emir von Medina Mayurca (Palma) kapituliert vor König Jakob I. Damit ist die katalanische Rückeroberung der Baleareninsel Mallorca abgeschlossen. → S. 170

1230 n. Chr.

Frühjahr

Auf der Fastensynode zu Bremen ruft Erzbischof Gerhard II. zum Kreuzzug gegen die aufständischen Bauern von Stedingen auf. → S. 171

Mai

In San Germano schließt Kaiser Friedrich II. Frieden mit Papst Gregor IX. Der Kirchenbann gegen ihn wird aufgehoben. Friedrich II. erstattet der Kirche zwar Kosten zurück, kann sich nun aber als rechtmäßiger König von Sizilien in Italien etablieren.

12. September

Papst Gregor IX. gestattet dem Deutschen Orden, sich in Preußen festzusetzen. Er verpflichtet die Ritter, die Heiden dem christlichen Glauben zu unterwerfen.

1231 n. Chr.

Januar

Papst Gregor IX. übernimmt die Ketzerordnung in das Kirchenrecht und macht damit die Inquisition zur ständigen päpstlichen Einrichtung.

1232 n. Chr.

März

Kaiser Friedrich II. erlässt eine Ketzerordnung für das deutsche Reich. Der Irrglaube gilt fortan als Majestätsverbrechen. Wer als Ketzer von der Kirche verurteilt worden ist, soll der weltlichen Gewalt überführt und von ihr gebührend bestraft werden.

1233 n. Chr.

Frühjahr

Papst Gregor IX. beauftragt zwei Dominikanermönche mit der Verfolgung von Ketzern in Montpellier und Toulouse. Der junge Dominikanerorden wird zu einem wichtigen Stützpfeiler der Inquisition. → S. 171

Dezember

Der Hochmeister des Deutschen Ordens, Hermann von Balk, erlässt die »Kulmer Handfeste«. Nach dem Vorbild Magdeburgs erhalten die Städte Kulm und Thorn damit ein Stadtrecht, das die Beziehungen zwischen be-

kehrten Bürgern, Siedlern und Rittern regelt. Außerdem wird ein einheitliches Münz- und Maßrecht eingeführt.

1235 n. Chr.

Frühjahr

In Karakorum, der Hauptstadt des Mongolen-Reichs, beschließt Großkhan Ögädäi einen Feldzug gegen Europa.

Dezember

In Fulda werden 32 Juden des Kindermordes beschuldigt und hingerichtet. Im ganzen Abendland breiten sich Judenpogrome aus. → S. 172

1236 n. Chr.

29. Juni

König Ferdinand III. von Kastilien und León erobert Córdoba. Damit endet die Herrschaft der Almohaden über die große andalusische Stadt. → S. 173

Juni

Auf dem Hoftag in Hagenau erlässt Kaiser Friedrich II. ein Judenprivileg, wonach die Juden unter seinem persönlichen Schutz stehen. Gleichzeitig wird in einem öffentlichen Prozess der Vorwurf widerlegt, Juden würden Ritualmorde an Christen begehen.

Oktober

Auf dem Hoftag von Monzon beschließen die aragonesischen Adeligen, dass die Eroberungen der muslimischen Gebiete des Reiches von Valencia als Kreuzzug gelten.

1237 n. Chr.

Januar

Kaiser Friedrich II. erhebt Wien zur Reichsstadt. Gleichzeitig lässt er seinen neunjährigen Sohn Konrad zum König wählen. Dieser soll aber erst nach dem Tod seines Vaters gekrönt werden und regieren.

14. Mai

Eine päpstliche Bulle ordnet an, dass sich der livländische Orden der Schwertbrüder mit dem Deutschen Orden vereint. Als Hermann von Salza, der Großmeister des Deutschen Ordens, den Meister von Preußen, Hermann von Balk, auch zum Meister von Livland ernennt, verdeutlicht er seine Absicht, die beiden Länder zu vereinigen. Dagegen legen die Bischöfe von Riga Protest ein.

Sommer

Die Mongolen beginnen mit der Eroberung der russischen Fürstentümer.

Zu Beginn unterwerfen sie die Kumanen in der südrussischen Steppe.

1238 n. Chr.

28. September

Nach fünfmonatiger Belagerung übergibt der muslimische Herrscher von Valencia, Zayyan ben Mardanis, die Stadt an König Jakob I. von Aragón. Dieser widmet sich fortan verstärkt der Expansion im Mittelmeerraum.

1239 n. Chr.

November

Rund 100 Tage nach dem Ende des Waffenstillstands, den Kaiser Friedrich II. mit Sultan al-Kamil ausgehandelt hatte, erobert an-Nasir Dawud, der Fürst von Kerak, im Handstreich die Stadt Jerusalem. In den Augen der Araber hat an-Nasir damit die Schmach beseitigt, die al-Kamil den Muslimen mit der Übergabe Jerusalems an die Kreuzfahrer zugefügt hatte.

1240 n. Chr.

15. Juli

Fürst Alexander von Nowgorod besiegt an der Newa die immer weiter vordringenden Schweden und sichert damit die Nordgrenze seines Reiches. Zur Erinnerung erhält er den Beinamen »Newskij«.

6. Dezember

Der mongolische Eroberer Batu Khan nimmt Kiew ein und unterwirft die südwestrussischen Fürstentümer. Das Fürstentum Nowgorod sowie das nordwestliche Russland bleiben verschont, müssen aber an den Khan Tributzahlungen entrichten.

1241 n. Chr.

9. April

Herzog Heinrich II. von Niederschlesien unterliegt mit einem Heer aus deutschen Siedlern und Polen auf der Wahlstatt bei Liegnitz einem anstürmenden Heer der Mongolen. Der Herzog fällt im Kampf. → S. 172

25. Oktober

Nach dem Tod von Papst Gregor IX. lässt der römische Senator Matteo Rosso die Kardinäle, die sich nicht auf einen Kandidaten für das Papstamt einigen können, in einem Prachtbau auf dem Palatin in Rom so lange einschließen, bis sie einen neuen Papst gewählt haben. Bei dieser ersten Konklave in der Geschichte der Papstwahl können sich die Kardinäle schließlich auf den erkrankten Coelestin IV.einigen, der allerdings bereits zwei Wochen später stirbt.

1242 n. Chr.

5. April

Alexander Newskij fügt dem Deutschen Orden in der Schlacht auf dem zugefrorenen Peipussee eine verheerende Niederlage zu. Er beendet damit die Versuche der Ordensritter, noch weiter in den Osten vorzudringen.

Sommer

Im Deutschordensstaat beginnen die heidnischen Preußen einen Aufstand gegen die immer weiter vordringenden Ordensritter. → S. 173

1243 n. Chr.

5. Juni

Alice von der Champagne, die Königin von Zypern, übernimmt für ihren 15-jährigen Großneffen Konrad, den Sohn von Kaiser Friedrich II., die Regentschaft über das Königreich Jerusalem. Dieses Amt bekleidet sie drei Jare bis zu ihrem Tod. → S. 173

27. Juli

Eine päpstliche Bulle bestätigt den Deutschen Orden als souveränen Herrscher in Preußen. Er wird mit der Aufgabe betraut, das Gebiet zu verteidigen und die Missionierung des Landes voranzutreiben.

Sommer

Die Mongolen besiegen in der Schlacht bei Köndag die Seldschuken. Das Rum-Sultanat von Anatolien wird zum mongolischen Vasallenstaat.

1244 n. Chr.

Frühjahr

Der Gelehrte Albertus Magnus tritt einen vierjährigen Lehrauftrag an der Universität Paris an. Zu den Schülern des Dominikaners zählt u. a. Thomas von Aquin.

23. August

Ein rund 10 000 Mann starkes Heer der Choresmier, eines türkischen Volkes aus dem Osten Persiens, erobert Jerusalem und vertreibt die christlichen Bewohner. → S. 174

17. Oktober

Ein gemeinsames Heer von Christen und Muslimen stellt sich bei La Forbie in der Nähe von Gaza den verbündeten Truppen der Choresmier und Ägypter. Christen und Muslime

erleiden eine schwere Niederlage, wodurch alle vorangegangenen diplomatischen Verhandlungserfolge der Kreuzfahrer mit einem Schlag zunichte gemacht werden. → S. 175

1245 n. Chr.

April

Papst Innozenz IV. schickt eine Delegation franziskanischer Mönche von Lyon aus an den Hof des Mongolen-Khans in Karakorum. Die Franziskaner überbringen einen Brief, in dem der Papst die Mongolen auffordert, zum Christentum überzutreten. Der Großkhan hingegen verlangt, dass der Papst seine Oberherrschaft anerkenne. → S. 175

17. Juli

Das 1. Konzil von Lyon unter Papst Innozenz IV. setzt Kaiser Friedrich II. ab und exkommuniziert ihn. Er wird als Friedensstörer und Tyrann angeklagt sowie als Kirchenverfolger der Ketzerei verdächtigt. Politischer Hintergrund für die Absetzung des Kaisers ist der fünf Jahre zuvor erfolgte Einmarsch von Friedrichs Truppen in den Kirchenstaat.

1246 n. Chr.

Das muslimische Granada im Süden der Iberischen Halbinsel wird zum Vasallenstaat von Kastilien-León.

Sommer

Im Kampf gegen die Mongolen fällt Friedrich II., der Herzog von Österreich und der Steiermark. Mit ihm erlischt die Dynastie der Babenberger. Österreich und Steiermark werden als Reichslehen eingezogen und fallen vorübergehend an den König von Ungarn.

1247 n. Chr.

3. Oktober

In Worringen bei Köln wählen Vertreter der päpstlichen Partei den 19-jährigen Grafen Wilhelm II. von Holland zum antistaufischen deutschen König. Er soll an die Stelle des vom Papst gebannten Kaisers Friedrich II. treten. → S. 177

1248 n. Chr.

Sommer

Das Königreich Portugal erobert die Algarve und beendet damit in diesem Gebiet die Reconquista. Im Wesentlichen umfasst Portugal damit die heutigen Grenzen.

Sommer

In der muslimischen Stadt Granada beginnen die Arbeiten an der palastartigen arabischen Festung, der so genannten Alhambra.

Juli

Papst Innozenz IV. schränkt die Privilegien der vier geistlichen Ritterorden im Heiligen Land ein. Genannt werden der Lazarusorden, der Orden der Templer, die Johanniter sowie der Deutsche Orden.

August

Vom südfranzösischen Hafen Aigues Mortes aus bricht König Ludwig IX. zum Kreuzzug auf. Die Schiffe stellen Marseille und Genua zur Verfügung. Mehr als 10 000 Söldner und Lehenspflichtige folgen dem König. → S. 176

17. September

König Ludwig IX. trifft auf Zypern ein. Dort sammelt er weitere Truppen und beschließt, Damiette in Ägypten anzugreifen.

1. November

Unter der Führung des zum deutschen Gegenkönig gewählten Wilhelm II. von Holland erobern Truppen, die vom Papst den Segen erhielten und als Kreuzfahrer angesehen werden, die Kaiserpfalz von Aachen.

November

Nach zweijähriger Belagerung erobert König Ferdinand III. von Kastilien-León die südspanische Stadt Sevilla. Die muslimische Bevölkerung muss daraufhin die Stadt verlassen. → S. 177

Dezember

Der französische König Ludwig IX. empfängt auf Zypern eine mongolische Delegation, die von einer Bekehrung der Mongolen zum Christentum spricht. Sofort lässt der König kostbare Geschenke nach Karakorum bringen. Doch am mongolischen Hof wird der Sinn der Präsente missverstanden: Die Mongolen halten Ludwig IX. für einen Vasallen und fordern von ihm fortan jedes Jahr Geschenke im gleichen Wert.

1249 n. Chr.

7. Februar

Nach Vermittlung des Bischofs Jakob von Lüttich schließen die Deutschordensritter mit den aufständischen Preußen den Christburger Frieden. Künftig erhalten die getauften Preußen die gleichen Rechte wie die neuen christlichen Siedler.

13. Mai

Unter Führung des französischen Königs Ludwig IX. brechen die Schiffe der Kreuzfahrer von Zypern in Richtung Ägypten auf.

4. Juni

Die französischen Kreuzfahrer belagern Damiette. Nach einer erbitterten Schlacht, bei der die Muslime hohe Verluste erleiden, räumen die Ajjubiden die Stadt. Zwei Tage nach ihrer Ankunft im Nildelta ziehen die Kreuzfahrer in Damiette ein. → S. 177

1250 n. Chr.

8. Februar

Bei Mansurah am Nil wird die Vorhut der französischen Kreuzfahrer nahezu vollständig aufgerieben. Das Hauptheer unter König Ludwig IX. beginnt mit der Belagerung der Stadt. → S. 178

Anfang April

Das Richtung Norden abziehende Kreuzfahrerheer wird von den Mamelucken gefangen genommen. König Ludwig IX. wird in Ketten gelegt und nach Mansurah gebracht.

6. Mai

Gegen Zahlung eines hohen Lösegelds sowie die Rückgabe der von den Kreuzfahrern eroberten Stadt Damiette entlassen die Mamelucken Ludwig IX. aus der Gefangenschaft. Der französische König segelt nach Akkon und beschließt, vorerst im Heiligen Land zu bleiben. → S. 179

13. Dezember

Kaiser Friedrich II. stirbt in Castelfiorentino bei Lucera. Sein Sohn und Nachfolger Konrad IV. bleibt ohne kaiserliche Autorität. Im deutschen Reich beginnt das Interregnum.

1251 n. Chr.

Januar

Vor Amiens versammeln sich etwa 30 000 Anhänger der Pastorellen (Pastouraux), einer Aufstandsbewegung, der sich vor allem Bauern und Tagelöhner anschließen. Sie wollen das Heilige Land befreien. Als die Bewegung immer gewalttätiger auftritt und Geistliche, Adlige und Juden ermordet, wird sie schließlich mit Waffengewalt niedergeworfen. → S. 179

1252 n. Chr.

Alfons X. besteigt als Sohn des verstorbenen Ferdinand III. den kastilischen Königsthron.

Mai

Papst Innozenz IV. erlaubt die Folter bei Ketzerverhören. Den Tod auf dem Scheiterhaufen begründet er damit, dass so wenigstens die Seelen der Ketzer durch das Fürbittgebet der Kirche gerettet werden können.

Sommer

Thomas von Aquin wird an das Studienzentrum der Dominikaner nach Paris berufen. Der Theologe hat die Schriften des griechischen Philosophen Aristoteles intensiv studiert und baut darauf eine Theologie auf, die für Jahrhunderte das Denken der Kirche im Abendland bestimmt. → S. 180

1253 n. Chr.

Sommer

Der Franziskanermönch Wilhelm von Rubruk unternimmt eine Missionsreise nach Karakorum an den Hof des mongolischen Großkhans Möngke.

1254 n. Chr.

21. Februar

Der französische König Ludwig IX., der von Akkon aus die Regierungsgeschäfte von Outremer führt, schließt mit Sultan an-Nasir Yusuf einen zweijährigen Waffenstillstand. → S. 181

24. April

Nachdem der französische König Ludwig IX. sechs Jahre im Orient verbracht hat, bricht er von Akkon aus in seine Heimat auf.

1255 n. Chr.

Auf dem Kreuzzug gegen Litauen errichten Deutschordensritter an der Pregelmündung eine Burg. Zu Ehren des Kreuzzugsführers Ottokars II. von Böhmen erhält sie den Namen »Königsberg«. → S. 181

1256 n. Chr.

März

Der kastilische König Alfons X. lässt sich von den Pisanern zum römischen König und Kaiser wählen.

Juli

Die Mongolen greifen den islamischen Bund der Assassinen an und vernichten deren Residenz Alamut. Ganz Persien wird nun von den Mongolen beherrscht.

September

Turkmenen und Christen unter Führung des späteren byzantinischen Kaisers Michael VIII. Palaiologos werden von einem Mongolenheer geschlagen. Die Mongolen besetzen Teile Kleinasiens.

1257 n. Chr.

13. Januar

Vor den Toren Frankfurts wählen der Kölner Erzbischof und der Pfalzgraf bei Rhein Richard von Cornwall zum deutschen König. Elf Wochen später bestimmt der Erzbischof von Trier Alfons X., den König von Kastilien und León, zum deutschen König. Die Doppelwahl lähmt das Kurfürstenkolleg.

1258 n. Chr.

22. Januar

Die von den Abbasiden gegründete Stadt Bagdad wird von den Mongolen belagert und nach kurzem Kampf eingenommen. Auf Befehl des mongolischen Anführers Hulagu werden der Kalif von Bagdad sowie rund 80 000 Einwohner umgebracht. Die christliche Gemeinde bleibt von den Ausschreitungen verschont. Damit endet die 750 entstandene Abbasiden-Monarchie im Kalifenreich. → S. 182

24. Juni

Vor Akkon bekämpfen sich die Flotten der Handelsstädte Genua und Venedig. Der Handelskrieg weitet sich zu einem Bürgerkrieg aus, da die Ritterorden und Adeligen im Heiligen Land Partei ergreifen. → S. 183

Herbst

Fürst Daniel von Wolhynien-Galizien muss die Oberhoheit der »Goldenen Horde« anerkennen. Im Gegenzug gewähren ihm die Mongolen Schutz vor den Angriffen ungarischer und polnischer Fürsten.

Es fehlt an Schiffen und einheitlicher Planung

Ein chaotischer Auftakt des fünften Kreuzzugs

■ *Juni 1217, Brindisi und Messina*
Zur Zeit des fünften Kreuzzugs hat sich die Kreuzzugsidee im Abendland bereits verselbständigt. Eine Art permanente Kreuzzugsstimmung rechtfertigt unterschiedliche politische Ziele, die eher der europäischen Expansion dienen als der Befreiung Jerusalems.

Kleine französische Trupps versammeln sich in Süditalien, um zum fünften Kreuzzug aufzubrechen, finden jedoch keine Schiffe vor. Zwar hatte Papst Innozenz III. auf dem vierten Laterankonzil im November 1215 leidenschaftlich zum Kreuzzug aufgerufen und für eine Finanzierung des bevorstehenden Zuges gesorgt. Aber offenbar hat niemand daran gedacht, das eingesammelte Geld für den Kauf oder die Anmietung von Schiffen auszugeben.

Im Zuge der Vorbereitungen schrieb Innozenz III. an den Sultan al-Adil und warnte ihn vor dem heraufziehenden Zorn Gottes. Er forderte ihn auf, Jerusalem freiwillig aufzugeben. Als die Kreuzzugsprediger im Frühjahr 1216 durch Frankreich zogen, war das Echo bei den Adligen trotz der päpstlichen Leidenschaft nur schwach. Auch Honorius III., der Innozenz 1216 auf den Heiligen Stuhl folgte und dessen Kreuzzugsidee begeistert übernahm, konnte an dieser Situation nichts ändern. Der große Kreuzzug, von dem die beiden Päpste träumten, kam nicht zustande.

Während die Kreuzfahrer in Süditalien auf Beförderungsmittel warten, trifft Herzog Leopold von Österreich, der sich dem Zug des ungarischen Königs Andreas II. anschließen möchte, mit einer kleine Truppe in Spalato (Split) ein. Doch auch dort sind nicht genügend Schiffe vorhanden. Leopold gelingt es als Erstem, seine kleine Truppe auf ein Schiff zu bringen und erreicht mit seinen Mannen in nur 16 Tagen Akkon. Der ungarische König kann erst 14 Tage spä-

Papst Innozenz III. ruft auf dem IV. Laterankonzil zum Kreuzzug auf.

ter mit einem Teil seiner Truppen nachreisen, da er nur zwei Schiffe beschaffen kann. Der größte Teil seiner Truppen muss in Spalato bleiben. Etwa um die gleiche Zeit bricht auch König Hugo von Zypern mit einigen Soldaten in Richtung Akkon auf.

Der Planlosigkeit des Aufbruchs entspricht die Desorganisation der Unternehmungen im Heiligen Land. Der König von Jerusalem, Johann von Brienne, fühlt sich als Oberbefehlshaber, doch die österreichisch-ungarischen Truppen gehorchen ausschließlich König Andreas II., während die Zyprioten nur ihrem König Hugo gehorchen. Ein geschlossener Angriff in Richtung Jerusalem, den Sultan al-Adil eigentlich erwartet, kommt somit nicht zustande. Die Truppen ziehen planlos und getrennt voneinander durch den Norden des Heiligen Landes. Auch die Ritterorden vergeuden ihre Kraft in Einzelaktionen.

Stichwort

Bettelorden: Besitzlos wandern und predigen

Im 13. Jahrhundert entsteht eine bis dahin unbekannte Bewegung unter den Mönchen im Abendland. Bis zu diesem Zeitpunkt hatten sich die Ordensbrüder als Einzelpersonen zur Besitzlosigkeit verpflichtet, nun gilt das Prinzip der Besitzlosigkeit für die gesamte Ordensgemeinschaft. Das Ideal der Bettelorden sind die frühen besitzlosen Urchristen. So soll die Mönchsgemeinschaft nun weder Häuser noch Grund besitzen und über keine erarbeiteten Einkünfte verfügen, sondern ihr Leben nur von erbettelten Almosen fristen. Nach dem Vorbild Jesu und seiner Jünger ziehen sich die Mitglieder der Bettelorden nicht wie die vorher gegründeten Mönchsorden der Benediktiner und Zisterzienser in abgelegene Klöster zurück, sondern wandern umher und predigen das Evangelium. Mit ihrer Einstellung geraten die Bettelorden an die Grenze der kirchlichen Rechtgläubigkeit. So entbrennt zwischen Franziskanern und hohen Kirchenvertretern eine heftige Diskussion darüber, ob nicht auch die Kirche dem Vorbild Christi folgen und besitzlos bleiben müsse.

Mönch und Nonne vom Orden der Karmeliter (Holzskulpturen, 17. Jh.)

Die Päpste halten die neue Mönchsbewegung innerhalb der Kirche, indem sie ihre Regeln anerkennen. 1223 erhält Franziskus von Papst Honorius III. die offizielle Anerkennung. Die Dominikaner, die sich der Aufgabe widmen, Ketzer durch ihre Wanderprediger zu bekehren, werden 1220 anerkannt und von Rom sogar mit der Inquisition betraut, der Verfolgung von Irrlehren. Der Orden der Karmeliter, ein in der Nähe von Haifa nach dem dritten Kreuzzug gegründeter Bettelorden, wird 1226 vom Papst bestätigt.

Bettelmönch als Friedensstifter

Franz von Assisi beim Sultan

■ *1218, Damiette*
In der Überzeugung, eine Friedensmission könne den Kriegen im Heiligen Land Einhalt gebieten, reist Franz von Assisi in den Osten und erbittet sich eine Audienz beim Sultan.

Sarazenen greifen den Mönch Franz von Assisi auf seinem Weg zum Sultan auf und bringen ihn zu al-Adil. Das »wilde Tier«, wie ein Chronist den Sultan bezeichnet, sei beim Anblick dieses Gottesmannes zur Milde gestimmt worden und habe mehrere Tage lang geduldig dessen Predigten gelauscht. Eine öffentliche Diskussion über die Religion will der Sultan nicht führen, aber er lässt Franz von Assisi nach einigen Tagen mit Achtung und in voller Sicherheit in das Lager der Kreuzfahrer zurückbringen. Wie ein Chronist berichtet, fürchtet al-Adil, »einige aus seinem Heer würden, von der Predigt beeindruckt, zu den Christen überlaufen«.

Franz von Assisi predigt vor dem Sultan (Altartafel der Bardi-Kapelle, Florenz).

Nach eineinhalbjähriger Belagerung fällt Damiette in die Hände der christlichen Kreuzfahrer

Die Kreuzritter erringen erste Siege in Ägypten

■ *Mai 1218, Damiette*

Der fünfte Kreuzzug richtet sich zunächst gegen Ägypten, um die Kreuzfahrerstaaten gegen die muslimischen Einfälle zu sichern.

Eine große Zahl Kreuzfahrer landet vor der starken Festung im Nildelta, die zugleich der zweitwichtigste Hafen Ägyptens ist. Vor allem die Schiffe der friesischen und rheinländischen Kreuzfahrer überraschen die Besatzung von Damiette. Die Kreuzfahrer errichten am westlichen Nilufer gegenüber der Stadt ein Lager und beginnen mit der Belagerung.

Mit Hilfe einer besonderen Konstruktion, bei der zwei Koggen einen Belagerungsturm tragen, gelingt es den Kreuzfahrern, die stärkste Befestigung, den Kettenturm, zu erobern. Dennoch bleibt die Stadt in den Händen der Muslime. Im Herbst stoßen Verstärkungen aus Europa zu den Kreuzfahrern, unter denen sich auch der Kardinallegat Pelagius von Albano befindet. Sein Führungsanspruch führt zu einem Zerwürfnis mit dem König von Jerusalem, Johann von Brienne. Trotz der Spannungen gelingt es Sultan al-Kamil nicht, das Lager der Kreuzfahrer zu erobern. Deshalb bietet er den Belagerern einen langfristigen Waffenstillstand an und ist sogar bereit, das gesamte Königreich Jerusalem außer Transjordanien, für das er eine hohe Entschädigung zahlen will, zu übergeben. König Johann von Brienne will den Vorschlag annehmen. Die Einigung scheitert jedoch am Widerstand von Pelagius.

Obwohl al-Kamil von seinem Bruder al-Muazzam Verstärkung erhält, kann er nicht verhindern, dass die Kreuzfahrer die Stadt am 5. November 1219 ohne großen Widerstand einnehmen. Die von Hunger und Krankheiten gezeichneten Bewohner werden entweder vertrieben oder versklavt, die Kinder zwangsgetauft und somit verschont.

Der Fall von Damiette löst in den muslimischen Ländern Entsetzen aus. Die Kreuzfahrer werden jedoch durch wieder aufflammende Streitigkeiten geschwächt. Johann von Brienne bezeichnet sich als Herrscher von Damiette, während Pelagius erklärt, die Stadt gehöre der Gemeinschaft der Kreuzfahrer, deren Vertretung allein der Kirche zufallen müsste. Verärgert segelt König Johann im Frühjahr 1220 zurück nach Akkon.

Der päpstliche Legat Pelagius trifft mit Belagerungstruppen vor der ägyptischen Stadt Damiette ein (15. Jh.).

Militärisch und politisch bleibt der Kreuzzug des ungarischen Königs erfolglos

Andreas II. sammelt Reliquien im Heiligen Land

■ *1218, Akkon*

Da sich seine Hoffnungen auf den lateinischen Kaiserthron nicht erfüllt hatten, konzentrierte sich der ungarische König Andreas II. auf den Raub von Reliquien.

Gegen den wütenden Protest des Patriarchen von Jerusalem gibt Andreas II. die Abreise in seine Heimat bekannt, da er sein Gelübde erfüllt habe. Das Reisegepäck des ungarischen Königs weist eine erstaunliche Zahl von Reliquien auf. Neben einem Teil des Stabes von Aaron, des Bruders von Mose, der rechten Hände der Apostel Thomas und Bartholomäus und dem Haupt der heiligen Margarethe nimmt Andreas II. auch den Kopf des Märtyrers Stephanus in seine Heimat mit. Besonders stolz ist der König auf einen Krug, den er aus Galiläa mitgebracht hat. Darin soll Jesus auf der Hochzeit zu Kanaan Wasser in Wein verwandelt haben.

Das kleine österreichisch-ungarische Heer unter Führung des Königs erzielte auf seinen Zügen von Akkon aus an den See Genezareth, an Kapernaum vorbei und durch Galiläa keine nennenswerten militärischen Erfolge. Nachdem die Stadt Beisan geplündert wurde, richtete sich das Hauptinteresse der Kreuzfahrer auf das Sammeln von Reliquien. Für die Befreiung Jerusalems hat der Kreuzzug des ungarischen Königs nichts bewirkt.

Wolfram von Eschenbach beschäftigte sich in seinen Werken mit den Kreuzzügen
»Parzival«: Begegnung von Orient und Okzident

■ *1220, Eschenbach*
Wolfram von Eschenbach hat die Kreuzzugsidee nicht nur kritisiert – wie im Epos »Willehalm« –, sondern beschreibt im »Parzival« auch die mögliche Versöhnung zwischen Orient und Abendland.

Auf der Suche nach dem Gral trifft Parzival, der Held des vielschichtigen Versepos, einen überreich mit Edelsteinen geschmückten fremden Ritter, der auf einem edlen Pferd – einem Araber – reitet. Die beiden Ritter kämpfen bis zur Erschöpfung gegen-

entalischen Königin Belakane. Arm in Arm ziehen Parzival und Feirefiz in das Lager von König Artus. Wegen seiner Majestät und seines glänzenden Benehmens wird Feirefiz von allen bewundert.

Wolframs Schilderung kann als literarischer Kunstgriff verstanden werden. Im Grunde kämpft Parzival gegen sich selbst. Er verliert, wird aber durch den Edelmut des orientalischen Halbbruders vor einer beschämenden Niederlage bewahrt. Die Tatsache, dass Feirefiz zunächst nicht von Allah oder Mohammed spricht, sondern von Juno und Jupiter, zeigt, dass die religiösen Unterschiede nicht im Vordergrund stehen.

■ *Juli 1221, Nildelta*
Die Uneinigkeit der Kreuzfahrer führt schließlich zum Verlust der eroberten Stadt Damiette.

Das Heer der Kreuzfahrer rückt von Damiette ins Innere Ägyptens vor. Geschwächt wird die beeindruckende christliche Streitmacht durch den Machtkampf zwischen dem päpstlichen Legaten Pelagius und dem Jerusalemer König Johann von Brienne. Trotz der erwarteten Nilüberschwemmungen, vor denen Johann eindringlich warnt, drängt Pelagius auf einen raschen Vormarsch. In der Nähe der von den Kreuzfahrern besetzten Stadt Scharimschah gelang es den Heeren des Sultans al-Kamil, die Christen einzukesseln und ihnen den Rückzug nach Damiette abzuschneiden.

Parzival im Zweikampf mit seinem Halbbruder Feirefiz (Buchmalerei, 13. Jh.)

In seinem Geburtsort, dem heutigen Wolframs-Eschenbach, findet der Dichter Wolfram seine Grabstätte. Sein 1210 vollendetes Hauptwerk »Parzival« verbindet das christliche Ritterideal mit der Artussage und der Kreuzfahreridee. Im mittelalterlichen Bildungsroman entwickelt sich der Auszug des Ritters nach Abenteuern zu einer Suche des Menschen nach Gott.

einander, schließlich zerbricht Parzivals Schwert. Der Fremde erschlägt seinen Gegner jedoch nicht, sondern beweist großen Edelmut, indem er sein eigenes Schwert in den Wald wirft. Als er den Helm abnimmt, erkennt Parzival in dem schwarz-weiß gefleckten Gesicht seinen Halbbruder Feirefiz. Ihr gemeinsamer Vater Gahmuret zeugte Feirefiz mit der ori-

Feirefiz übertrifft alle Gesprächspartner an Bildung und Verständnis. Dass er sich schließlich taufen lässt, gehört zu den gängigen Klischees des Mittelalters und schmälert nicht die eigentliche Botschaft dieser eigenartigen Begegnung: Es geht um die Auseinandersetzung zweier Kulturen, die sich gleichen wie zwei Männer, die denselben Vater, nur unterschiedliche Mütter haben. Der christliche und der orientalische Ritter sind in Wahrheit Blutsbrüder. Mit diesem Bild tritt Wolfram von Eschenbach für beiderseitige Toleranz ein.

Ende August muss Pelagius kapitulieren. Er bietet al-Kamil die Übergabe Damiettes gegen den freien Abzug der Kreuzfahrer an. Beide Parteien schließen einen achtjährigen Waffenstillstand. Im September zieht der Sultan in Damiette ein, während sich das Kreuzfahrerheer Richtung Heimat einschifft. Damit endet der fünfte Kreuzzug erfolglos.

Der römisch-deutsche Kaiser schließt eine vorteilhafte Ehe
Friedrich II. übernimmt die Herrschaft in Jerusalem

■ *9. November 1225, Brindisi*
Friedrich II., im Jahr 1220 von Papst Honorius III. zum römisch-deutschen Kaiser gekrönt, wird durch einen klugen politischen Schachzug auch König von Jerusalem.

Im Dom wird die 14-jährige Isabella (Jolande) von Jerusalem dem 31-jährigen Friedrich II. angetraut. Bereits am Morgen nach der Hochzeit verkündet Friedrich II. Johann von Brienne, dem Vater von Isabella, der die Vormundschaftsregierung für seine Tochter führt, er werde nun auch die Regentschaft in Jerusalem übernehmen.

Der Papst begünstigte die Heirat, weil er davon ausgeht, Friedrich II. werde nun sein Versprechen aus dem Jahr 1215 einlösen und endlich das Kreuz nehmen. Bislang hatte Friedrich II. in Rom immer wieder einen Aufschub erreicht, jetzt scheint der

Kaiser Friedrich II. heiratet Isabella II. von Brienne, die Königin von Jerusalem.

Kaiser einen Plan zu verfolgen. Der von der Regentschaft abgelöste Johann von Brienne flüchtet nach Rom, doch kann ihm der Papst als Trost lediglich die Regierung über die toskanischen Kirchenbesitzungen verleihen.

Friedrich II. setzt zwar einen weiteren zweijährigen Aufschub für seinen Kreuzzug durch, verpflichtet sich jedoch im Vertrag von San Germano, im August 1227 endgültig nach Osten aufzubrechen. Zudem stellt er unverzüglich 1000 Ritter als Entsatz und hinterlegt in Rom 100 000 Unzen Gold, die der Kirche anheimfallen, falls er sein Gelübde brechen sollte.

Seine Frau Isabella schickt Friedrich II. in seinen Harem nach Palermo, wo sie am 25. April 1228 den gemeinsamen Sohn Konrad zur Welt bringt. Sechs Tage später stirbt Isabella im Alter von knapp 17 Jahren im Kindbett.

Eine neue Macht tritt auf den Plan: Genuesische Handelsniederlassungen geplündert

Mongolenzüge werden zur bleibenden Bedrohung

■ *1223, Soldaia*

Der Westen hörte von den Eroberungen des Mongolenherrschers Dschingis Khan nur Gerüchte und hielt ihn für einen heimlichen Verbündeten der Christen. Seine Heere werden jedoch zur Bedrohung für die gesamte Bevölkerung in Asien.

Ein Reiterheer unter den Mongolenführern Subutai und Dschebe fällt von Norden in die Halbinsel Krim ein und zerstört die genuesischen Handelsniederlassungen. Der Überfall kam unerwartet, denn eigentlich wurden die mongolischen Reiter ausgeschickt, um den Beherrscher Choresmiens (etwa das Gebiet des heutigen Iran) zu unterwerfen. Dschingis Khan selbst war bereits auf dem Weg zu seiner südlich des Baikalsees gelegenen Hauptstadt Karakorum.

Wie ein Sturm überrannten die schnellen mongolischen Reiter die Städte am Südrand des Kaspischen Meeres. Die Bewohner von Reyi und Kaswin, die sich den Heeren entgegenstellten, wurden umgebracht. Nur Kunsthandwerker wurden verschont

und ins Reich des Großkhans verschleppt. Anschließend fielen die Truppen in Aserbaidschan ein, warfen das Königreich Georgien nieder und drangen bis zur Krim vor. Am 31. Mai 1222 fügten sie einem großen russischen Heer in der Nähe des Asowschen Meeres eine vernichtende Niederlage zu.

Das Reich des Dschingis Khan erstreckt sich nun vom Indischen Ozean bis Sibirien und von Korea bis an den Persischen Golf. Die westlichen Opfer des umfangreichen Raubzuges sind entsetzt. Zunächst verbreitete sich im Kreuzfahrerlager vor Damiette das Gerücht, ein König David habe Persien erobert und widme sich jetzt der Befreiung Jerusalems. Nun offenbart der Eroberer jedoch eine andere Gesinnung. Auch die Hoffnung, der Raubzug sei ein einmaliges Ereignis, erfüllt sich nicht. Die Mongolenzüge werden zur bleibenden Bedrohung – nicht nur für die muslimischen, sondern auch für die christlichen Gebiete im Osten. Zudem wird deutlich, dass es im westlichen Asien kein Heer gibt, das die Mongolen aufhalten kann.

Dschingis Khan begründet das mongolische Weltreich (persischer Miniatur).

Hintergrund

Mongolische Reiterkunst: Eins werden mit dem Pferd

Die Reiterheere der Mongolen sind ihren Gegnern nicht nur an Kopfzahl überlegen. Ausschlaggebend für ihre Dominanz ist vor allem die Geschwindigkeit, mit der sich die berittenen Bogenschützen fortbewegen. Bis zu 120 km können die Pferde an einem Tag zurücklegen – dieses Tempo lässt den Verteidigern der bedrohten Gebiete oft nicht genügend Zeit, um sich zu sam-

Begnadete Reiter: Jagdzug der Mongolen (Rollbild, um 1300)

meln. Kommt es zur offenen Schlacht, können die Mongolen ihre überlegene Reitkunst ausspielen. Angegriffen wird stets in Formationen, Zweikämpfe versuchen die Mongolen zu vermeiden. Sie bemühen sich, möglichst schnell am Feind zu sein, ihre Pfeile abzuschießen und sich dann rasch wieder zurückzuziehen. Auf diese Weise wird der Gegner langsam zermürbt und geschwächt. Oft täuschen die mongolischen Reiterheere einen Angriff lediglich vor, fliehen dann – manchmal sogar über mehrere Tage – und verleiten die Gegner dazu, ihnen nachzusetzen. Sobald die Feinde ihre festen Verbände aufgelöst haben, wenden die Mongolen und greifen die Verfolger blitzschnell an. Ihre Pfeile erzielen eine Reichweite von bis zu 900 m und können auf geringere Entfernung sogar eine Rüstung durchschlagen. Die Mongolen selbst sind lediglich durch ein Kettenhemd und darunter liegende schwere Seidenkleidung geschützt.

Grundlage der mongolischen Reitkunst ist die vollkommene Verschmelzung der Kämpfer mit den Bewegungen des Pferdes. Der Bogen wird tief vor der Brust gespannt, die Hände vom Zügel gelöst und das Pferd lediglich mit den Knien gelenkt. Der eingelegte Pfeil schwingt mit der Bewegung des Pferdes ganz leicht auf dem Handrücken vor und zurück. Der Zeitpunkt des Abschusses hängt allein von den Bewegungen des Pferdes ab. Wenn das Pferd während des Galopps in der so genannten Schwebephase ist, also alle vier Beine in der Luft sind, dann entsteht ein kurzer Augenblick der Ruhe – genau in diesem Moment wird der Schuss ausgelöst.

Diese Harmonie zwischen Reiter und Pferd wird bei den Mongolen früh eingeübt. Ein Teil des Trainings besteht darin, ohne Zügel zu galoppieren und dabei alle Reitmanöver auszuführen. Ebenso wichtig ist das Spannen und Abschießen des Bogens sowohl in Reitrichtung als auch nach rückwärts. Im Kampftechniktraining muss ein auf einem Pfahl aufgesteckter Kürbis beim Vorwärts- und Rückwärtsschießen getroffen werden. Hierbei lernt der Schütze, die Zügel fallen zu lassen und das Pferd allein mit seinem Körper zu lenken. Gelegentlich kommt es bei diesen Übungen zu tödlichen Unfällen, z. B. wenn der Reiter mit dem Pfahl zusammenstößt. Das Training wird durch Kampfspiele und vor allem auf Jagden intensiviert.

Im Osten Europas entwickelt sich der Deutsche Ritterorden zu einem staatsbildenden Faktor

Der Deutsche Orden christianisiert die Preußen

■ *März 1226, Rimini*

Der Kampf gegen die letzten Heidenvölker im Osten Europas und im Baltikum gilt den Christen als religiöse Aufgabe, während er für die Mächtigen ein verlockendes politisches Ziel darstellt. Der Deutsche Orden verfügt über die militärischen Mittel, um beides zu erreichen: Christianisierung und Landgewinn.

Kaiser Friedrich II. ermächtigt den Deutschen Orden unter dem Hochmeister Hermann von Salza, das Kulmer Land östlich der unteren Weichsel sowie alle preußischen Gebiete, die der Orden im Kampf gegen die Heiden gewinnen wird, für sich in Besitz zu nehmen. Das Kaiserprivileg, die »Goldene Bulle von Rimini«, gewährt dem Orden die Ausübung der Gerichtsbarkeit und Landeshoheit in diesen Gebieten, freilich ohne Dienste und Verpflichtungen gegenüber dem Reich. Das ist eine ungewöhnliche Rechtslage, die dem Orden eine Sonderstellung im deutschen Reich einräumt. Die »Goldene Bulle von Rimini« wird somit zur Gründungsurkunde eines neuen Ordensstaates.

Im gleichen Jahr bittet Herzog Konrad von Masowien die Deutschen Ordensritter um Hilfe gegen die Preußen. Er soll den Rittern für ihre Unterstützung das Kulmer Land geschenkt haben, doch ist davon in der »Bulle von Rimini« nicht die Rede. Kulm wurde bereits 1215 zum Missionsbistum für die Preußen gemacht,

konnte jedoch keine Erfolge erzielen. Immer wieder kam es zu blutigen Raubzügen der Preußen gegen Masowien und Kulm, die nun von den Deutschordensrittern unterbunden werden sollen.

Am 12. September 1230 gestattet Papst Gregor IX. den Deutschen Ordensrittern, sich in Preußen festzusetzen, allerdings mit der Auflage, seine Bewohner dem christlichen Glauben zu unterwerfen. Schon 1222/23 hatte der Papst einen Kreuzzug gegen die Preußen und Balten genehmigt, nun machen sich die Ordensritter mit kaiserlicher und päpstlicher Legitimierung an die Eroberung Preußens und Livlands.

Mit Unterstützung einiger Kreuzfahrer dringen die Ordensritter unter dem 1230 zum Landmeister ernannten Hermann Balk von der Weichsel her nach Preußen ein. Das Vorwärtskommen gestaltet sich äußerst schwierig, da das Land von Sümpfen und Wäldern durchzogen ist. Nur während der trockenen Sommer kann marschiert werden. Dennoch vollzieht sich der Zug der Ordensritter sehr planvoll. Als erste Stützpunkte legen sie Burgen in Thorn (1231), Kulm (1232) und Marienwerder (1233) an.

Mit der militärischen Aktion verbinden die Ordensritter zugleich eine planmäßige Besiedelung, die Siedler kommen überwiegend aus Böhmen. Bereits Ende 1233 erlässt der Hochmeister mit der »Kulmer Handfeste« ein Stadtrecht für Kulm und Thorn. Zugleich wird ein großzügiges Lehens- und Siedlungsrecht für Adel,

Erster Landmeister: Hermann Balk

Bürger und Bauern beschlossen sowie ein einheitliches Münz- und Maßrecht eingeführt. Das Recht gilt nicht nur für die Städte, es wird auch auf die neu gegründeten und bereits bestehenden Dörfer ausgedehnt.

Zunächst verläuft die Eroberung und Besiedelung des größten Teils von Preußen scheinbar problemlos, doch ist der Erfolg trügerisch. Ermutigt von Herzog Swantopolk von Pommerellen erheben sich die bereits unterworfenen und getauften Preußen im Jahr 1242.

Im Gegensatz zu einem gängigen Vorurteil haben die Ordensritter die preußische Bevölkerung nicht ausgerottet. Zwar finden teilweise blutige Eroberungskämpfe statt und viele Bekehrungen werden erzwungen, doch weite Teile des preußischen Adels schließen sich den neuen Herren freiwillig an. Zudem bleiben viele Bauern in ihren Dörfern und erhalten die gleichen Rechte wie die Neusiedler, die in den meisten Fällen unbesiedeltes Land urbar machen.

Das Eindringen in Livland vollzieht sich nach anderen Regeln. Dort gründete Albert von Buxhovden, der Bischof von Üxküll, eine Bruderschaft von deutschen Rittern zum Schutz seiner Gläubigen. 1204 hatte Papst Innozenz III. die Bruderschaft anerkannt, die sich »Schwertorden der Brüder der Ritterschaft Christi von Livland« nannte. 1237 werden die Schwertbrüder nach einer schweren Niederlage gegen die Livländer dem Deutschen Orden angegliedert.

Das Gebiet des Ordensstaates ist in drei Provinzen aufgeteilt. In Livland und in Preußen (bis 1309) steht jeweils ein Landmeister an der Spitze, im Gebiet des deutschen Reiches regiert der Deutschmeister. Die höchste Position im Ordensstaat nimmt der Hochmeister ein. Ihm sind fünf so genannte Großgebieter – vergleichbar mit heutigen Ministern – beigestellt, die für das Kriegswesen (Marschall), das Finanzwesen (Tressler), die Verwaltung (Großkomtur), das Sozialwesen (Spittler) sowie das Zeugwesen (Trappler) verantwortlich sind.

Die Ausdehnung des Deutschen Ordensstaates: Nachdem der Orden 1126 die landesherrlichen Hoheitsrechte für das Kulmer Land verliehen bekommen hatte, konnte er sein Staatsgebiet bis zur Mitte des 15. Jh. stetig erweitern.

Nach dem Sieg Simons von Montfort über Graf Raimund VI. von Toulouse bei Muret 1213 werden die Albigenser gefangen genommen (Buchmalerei, 14. Jh.).

Ein Kreuzzug mitten in Frankreich
Ende der Albigenserkreuzzüge

■ *12. April 1229, Meaux bei Paris*
Der grausame Kampf gegen die »ketzerischen« Katharer währt 20 Jahre. Am Ende wird ein politischer Friede erreicht, die Häresie kann jedoch nicht besiegt werden.

Mit der Ratifizierung des Vertrags von Meaux enden die Albigenserkreuzzüge. Raimund VII., der Graf von Toulouse, muss seine provenzalischen Besitzungen sowie Gebiete im Norden des Landes der französischen Krone überlassen. Zudem muss er die Mauern von Toulouse schleifen lassen.

Nachdem Papst Innozenz III. den Kreuzfahrern aufgetragen hat, die Ketzerei der Katharer endgültig zu beenden, stürmten am 12. Juni 1219 rund 10 000 Bogenschützen und 600 Ritter die südfranzösische Stadt Marmande. Angeführt vom späteren französischen König Ludwig VIII. und 20 Bischöfen, wurde die Stadt, die überwiegend von kirchentreuen Christen bewohnt wird, zur Plünderung freigegeben. Bei dem sinnlosen Massaker, das bestenfalls der Abschreckung diente, wurden weder Frauen noch Kinder geschont.

Obwohl Raimund VII., der wie sein Vater auf Seiten der Albigenser kämpfte, einige Erfolge gegen die königlichen Kreuzfahrertruppen erzielen konnte, verdeutlichte ein neuer Kreuzzug von Ludwig VIII., dass Kirche und Krone den Druck noch verstärken wollten. Raimunds Gegenwehr erlahmte zusehends. Nachdem Ludwig VIII. 1226 auf dem Rückweg vom Kreuzzug starb, setzten die Statthalter seines Sohnes, des noch unmündigen Ludwigs IX., die Taktik ständiger Angriffe und Raubzüge fort.

Nach dem Friedensschluss willigt Raimund VII. in die Heirat seiner Tochter Jeanne mit Alfons von Poitiers, einem Bruder Ludwigs IX., ein. Damit fällt die Grafschaft Toulouse nach dem Tod Raimunds an die französische Krone. Die Albigenserkreuzzüge tragen somit zur Einigung des französischen Königreichs bei.

Dokument

Bitte um Jerusalem

Auszug aus dem Brief Friedrichs II. an Sultan al-Kamil:

»Ich bin dein Freund. Du weißt sehr wohl, wie hoch ich über allen Fürsten des Abendlandes stehe. Ist es nicht dieses Jerusalem, das die

Siegel König Friedrichs II. (1214)

christliche Religion hat entstehen lassen? Und seid ihr es nicht, die es zerstört haben? Ich bitte euch, übergebt es mir in dem Zustand, in dem es ist, damit ich bei meiner Rückkehr unter den Königen den Kopf hoch tragen kann. Ich verzichte von vornherein auf alle Vorteile, die ich daraus ziehen könnte.«

Obwohl mit dem Kirchenbann belegt, unternimmt der Kaiser den sechsten Kreuzzug
Friedrich II. krönt sich zum König von Jerusalem

■ *August 1227, Brindisi*
Zum ersten Mal in der Geschichte der Kreuzzüge macht sich ein Kaiser gegen den Willen der Kirche auf den Weg nach Jerusalem.

Ein starkes Heer unter Führung des römisch-deutschen Kaisers Friedrich II. sammelt sich zum sechsten Kreuzzug ins Heilige Land. Obgleich eine Seuche ausbricht, legen die Schiffe ab. Als Friedrich II. erkrankt und umkehren muss, belegt ihn Papst Gregor IX. mit dem Kirchenbann. Trotzdem reist der Kaiser seinem Heer im Juni 1228 nach. Am 7. September trifft er in Akkon ein und wird dort von der Bevölkerung enthusiastisch gefeiert.

Sofort nach seiner Landung beginnt Friedrich II. mit dem Sultan al-Kamil zu verhandeln. Dieser hatte sein Angebot über die Rückgabe Jerusalems und einiger weiterer Gebiete erneuert. Nach einigen militärischen Maßnahmen, die eher als Ablenkungsmanöver gedacht sind, schließt Friedrich II. am 18. Februar 1229 in Jaffa einen Friedensvertrag mit al-Kamil. Demnach sollen die Waffen zwischen Christen und Muslimen zehn Jahre, fünf Monate und 40 Tage ruhen. Die Stadt Jerusalem sowie größere Gebiete um Tyros und Sidon im Norden fallen wieder an die Franken. Im Gegenzug erhalten die Muslime in Jerusalem freien Zugang zum Felsendom und zur al-Aqsa-Moschee.

Sowohl der Papst wie der Patriarch von Jerusalem verdammen den Vertrag und weigern sich, Friedrich II. zum König von Jerusalem zu krönen. Dem kirchlichen Protest zum Trotz setzt sich Friedrich am 18. März 1229 während einer Messe in der Grabeskirche die Königskrone selbst aufs Haupt. Am Krönungstag lässt Friedrich II. ein Manifest an die »Völker der Erde« ergehen. Er stellt sich selbst in die Tradition des biblischen Königs David. Als der Papst mit einem Heer in Sizilien einfällt, muss Friedrich II. nach Italien zurückkehren. Am 1. Mai 1229 schifft er sich in Akkon ein.

Friedrich II. setzt sich im Jerusalemer Grabmünster die Krone des Heiligen Landes auf.

Unter Jakob I. drängt das Königreich Katalonien und Aragón die Mauren immer weiter zurück

Die Reconquista überrollt die Balearen und Valencia

■ *31. Dezember 1229, Las Palmas* Unterstützt von Papst Gregor IX., der die christlichen Eroberungen als »Kreuzzug« anerkennt, dehnt sich das Königreich Katalonien im Mittelmeerraum immer weiter aus. Die Reconquista erreicht zunächst die Balearen, fast gleichzeitig fällt Valencia auf dem Festland an die Katalanen. Auch Sizilien und Sardinien werden katalanisch.

Der katalanische König Jakob I. nimmt am Silvestertag die Kapitulation von Abu Yahia Muhammed, des Emirs von Medina Mayurca (Palma), entgegen. Die Eroberung Mallorcas

Belagerung und Eroberung von Mallorca (Fresko, um 1280)

ist damit besiegelt, auch wenn Jakob noch einige Jahre benötigt, um die Bevölkerung der Insel vollständig zu unterwerfen.

Die Hintergründe des Angriffs auf die Balearen sind ökonomischer Natur. Katalonien ist auf sichere Schiffswege im gesamten Mittelmeerraum angewiesen, um seinen Handel mit den angrenzenden Küstenländern ungestört betreiben zu können. Arabische Piraten bedrohten jedoch von Mallorca aus jedes aus- und einlaufende Schiff. Deshalb beschloss Jakob I. im Jahr 1228, die Balearen unter seine Herrschaft zu bringen. Zur Absicherung der Aktion sollte Papst Gregor IX. den Feldzug als »Kreuzzug« anerkennen. Im Januar 1229 gab der Papst seine Zusage.

Nach achtmonatigen Vorbereitungen stach Jakob I. mit 150 Schiffen und einer Streitmacht von rund 1500 katalanischen und südfranzösischen Rittern sowie etwa 15 000 Mann Fußsoldaten am 1. September 1229 in

See. Begleitet wurde der König von drei Erzbischöfen, die den Kreuzzugscharakter des Angriffs garantieren sollten. Die katalanischen Truppen landeten zunächst unbehelligt in der Bucht von Ponça. Ein erstes Heer, das ihnen der Emir entgegenschickte, konnte zurückgeschlagen werden.

Nachdem der Emir Jakobs Angebot ablehnte, allen Bürgern von Palma freien Abzug zu gewähren, falls die Stadt kampflos übergeben würde, befahl der katalanische König die Belagerung. Als am 31. Dezember ein Teil der Stadtmauer unter dem Angriff der Belagerer einbricht, kann der Emir Palma nicht mehr halten. Die bewaffnete Besatzung flieht in den Norden der Insel. Acht Tage lang plündern Jakobs Truppen die Stadt. Ein großer Teil der Bevölkerung wird ermordet oder in die Sklaverei geführt, nur wenige entkommen nach Granada oder Nordafrika. Die katalanischen Kreuzfahrer zerstören die arabischen Sakralbauten in Palma, darunter auch die Hauptmoschee. Auf ihren Grundmauern beginnen wenig später die Bauarbeiten zur Kathedrale, die bis heute das Stadtbild von Palma de Mallorca prägt. Der Palast des Emirs, die Almudaina, wird zur Residenz von Jakob I. umgebaut.

Der Rest der Baleareninsel ergibt sich fast widerstandslos, die noch kampffähigen Truppen des Emirs

werden kurze Zeit später im Nordosten Mallorcas aufgerieben. Ein Teil der Soldaten, der sich in Höhlen versteckt hat, wird ausgeräuchert. Im Jahr 1232 ist Mallorca fest in katalanischer Hand. Sämtliche Spuren der Araber wurden bis dahin beseitigt.

König Jakob (Jaime) I. von Aragón, »der Eroberer« (Miniatur)

Menorca, die kleine Nachbarinsel von Mallorca, wird zunächst verschont, da sie sich unterwirft und Tributzahlungen verspricht. Ende des 13. Jahrhunderts müssen die Araber

jedoch auch Menorca räumen, dann fällt die Insel ganz an Katalanien.

Der Fall Mallorcas schafft die Voraussetzung für den Angriff Kataloniens auf das muslimische Reich Valencia. Bereits 1225 hatte Jakob versucht, Valencia anzugreifen, war jedoch gescheitert. 1229 bat der muslimische Statthalter von Valencia Jakob I. wegen Streitigkeiten in der Familie um Hilfe und schloss einen Vertrag mit ihm ab. Bei seinen neuerlichen Angriffen umgeht Jakob I. zunächst die Burgen des arabischen Reiches und konzentriert sich auf die Städte und Siedlungen, um so die befestigten Anlagen auszuhungern. Erst danach wagt er den offenen Kampf. 1232 erobern aragonesische Adlige den Norden des Reiches, anschließend beginnt die Belagerung der Stadt Valencia. Zu dieser Zeit wird die Eroberung des Reiches als Kreuzzugsunternehmen beschlossen. Nach fünfmonatiger Belagerung fällt Valencia am 28. September 1238. Der Kreuzzug gegen das arabische Reich endet erst 1245, als auch der Südteil des Gebiets ganz in katalanischer Hand ist.

Damit ist ein historischer Moment erreicht: Bis heute spiegelt die katalanische Sprache die Grenzen von Jakobs Eroberungen wider. In diesem Gebiet entfaltet und erhält sich bis in die Gegenwart ein katalanisches Nationalgefühl.

Katalanische Kreuzfahrer bekämpfen die arabischen Mauren 1229 auf den Balearen (Stich, 19. Jh.)

Mit allen Mitteln versuchen die Bremer Fürsten ihre Territorialherrschaft auszubauen

Der Kreuzzug gegen die aufrührerischen Stedinger

■ *1230, Bremen*

Im deutschen Reich wird der Kreuzzugsgedanke bedenkenlos auf politische Konflikte übertragen.

Auf der Bremer Fastensynode erklärt Erzbischof Gerhard II. die Bauern in Stedingen, einer Marschlandschaft zwischen Weser und Hunte, zu Ketzern und ruft zum Kreuzzug gegen sie auf. Die ersten Siedler, die überwiegend aus Holland stammten, ließen sich hier im 12. Jahrhundert nieder. Um das feuchte, nahezu ertraglose Marsch- und Bruchland zu entwässern, wurden die Stedinger mit besonderen Rechten ausgestattet. Die Stedinger – der Name bedeutet wohl Leute am Gestade – sind in einer Art Bauernrepublik organisiert.

Bereits etwa 25 Jahre zuvor brachen erste Unruhen aus, in deren Verlauf zwei Burgen der Grafen von Oldenburg angegriffen und zerstört wurden. 1229 kam es zu einem bewaffneten Konflikt, als sich die Bauern weigerten, dem Erzbischof den Zehnten zu bezahlen. Die bäuerliche Schar schlug das bischöfliche Ritterheer in die Flucht. Vergeblich versuchte Hermann von Salza, der Hochmeister des Deutschen Ordens, zu vermitteln.

Zunächst erlaubt Papst Gregor IX. nur zögernd, den Kreuzzug gegen die

Die Schlacht bei Altenesch während des Kreuzzugs gegen die friesisch-sächsische Bauernschaft der Stedinger (Holzstich)

Stedinger zu predigen. Erst im Juni 1233 gewährt er den Kämpfern gegen die Aufständischen die Kreuzzugsprivilegien. Im Juli ziehen bewaffnete Kreuzzugstruppen gegen die Stedinger, werden aber zurückgeschlagen. Erneut ruft der Bremer Erzbischof einen Kreuzzug aus. Es gelingt ihm diesmal, ein größeres Heer zu sammeln. Am 27. Mai 1234 werden die Bauern trotz heftiger Gegenwehr bei Altenesch vernichtend geschlagen, ihre Dörfer von den Soldaten geplündert. Das Gebiet der Stedinger kommt größtenteils zu Oldenburg.

Bettelmönche spüren Ketzer auf und führen Prozesse durch

Im Auftrag des Papstes: Dominikaner als Inquisitoren

■ *1233, Rom*

Die Verfolgung von so genannten Ketzern wird vom Papst als eine gesamtkirchliche Aufgabe gesehen. Die Inquisition entsteht – eine ständige Einrichtung, die Abweichungen vom rechten Glauben nicht nur aufspüren, sondern auch ahnden soll.

Papst Gregor IX. setzt zwei Dominikanermönche als Inquisitoren für Montpellier und Toulouse ein, die die Katharer bekämpfen sollen. Zum ersten Mal wird damit ein Mönchsorden mit der gesamtkirchlichen Aufgabe der Inquisition betraut. Im Januar 1231 wurde die Inquisition vom Papst als Gesetz erlassen.

In die Zuständigkeit der Dominikaner fällt künftig das systematische Aufspüren und Verhören von Menschen, die des Irrglaubens verdächtigt werden, sowie der anschließende Prozess samt Verurteilung. Damit ist die rechtliche Seite der Ketzerverfolgungen dauerhaft geregelt. Wer angeklagt wird, erhält keinen rechtlichen Beistand, die Namen der Zeugen werden verschwiegen, die Hingerichteten nicht kirchlich beerdigt. Selbst ihre Nachkommen unterliegen gesellschaftlicher Ächtung.

Das neue kirchliche Sondergericht stützt sich auch auf weltliche Gesetze. 1232 erließ Kaiser Friedrich II. für das deutsche Reich eine Ketzerordnung, in der er Ketzer als politische Verbrecher bezeichnete und schwört, er werde »das leibliche Schwert gegen die Feinde des Glaubens und zur Ausrottung der verderblichen Ketzerei anwenden«. Zugleich gibt Friedrich II. bekannt, dass »der Prior und die Brüder des Dominikanerordens von Würzburg in Glaubensangelegenheiten gegen die Ketzer für Deutschland unsere treuen Beauftragten sind und dass sie überall unter dem besonderen Schutz von Kaiser und Reich stehen«.

Obwohl sich überall in Europa bald Widerstand gegen die blutigen Verfolgungen regt, überlebt die Institution bis in die Moderne. 1542 überträgt Papst Paul III. die Inquisition einer Kardinalskommission, die über die Glaubens- und Sittenlehre zu wachen hat (heute: Glaubenskongregation).

Papst Honorius III. bestätigt die Ordensregel der Dominikaner.

Die christlichen Heere Europas sind machtlos gegen den aus dem Osten eindringenden Reiteransturm

Sieg bei Liegnitz: Mongolen bedrohen das Abendland

■ *9. April 1241, Liegnitz*
Mongolische Reiterhorden, die Ende 1240 in Russland auftauchen, Kiew unterwerfen und weiter nach Ungarn sowie Polen vordringen, versetzen das gesamte Abendland in Angst und Schrecken.

Auf der Wahlstatt bei Liegnitz stellt sich Herzog Heinrich II. von Niederschlesien mit deutschen Siedlern und Flüchtlingen aus Polen den Tataren – wie man in Europa die Mongolen nach einem ihrer Volksstämme nennt – entgegen. Die christlichen Truppen werden von den Eindringlingen unter Batu Khan aufgerieben, Heinrich II. fällt im Kampf. Vergeblich hatte er Hilfe erbeten, sowohl der Papst als auch der Kaiser erkannten das Ausmaß der Gefahr viel zu spät. Zwar rief Papst Gregor IX. zum Kreuzzug gegen die Tataren auf und Kaiser Friedrich II. mahnte alle Fürsten Europas zur Einigkeit, doch die bedrohten Länder blieben auf sich selbst gestellt.

Die Legende, dass es beim Kampf vor Liegnitz zum ersten Einsatz von Pulverraketen in Europa gekommen ist, kann nicht bewiesen werden. In der Tat machten die Mongolen 1232 mit diesen Waffen Bekanntschaft, als sie von der Besatzung einer belagerten chinesischen Stadt mit Bambusstäben beschossen wurden, die mit Pulver und Brandsätzen gefüllt waren. Daneben wurden ihnen mit Pulver und Lunte versehene eiserne Gefäße (»Bomben«) entgegengeschleudert. Ohne Zweifel jedoch begründet vor allem die große Beweglichkeit der leicht bewaffneten Reiter die militärische Überlegenheit der Mongolen.

Nach seinem Sieg bei Liegnitz zieht Batu Khan, ein Enkel des Mongolenherrschers Dschingis Khan, mit seinen Reitern in die Lausitz und schwenkt von dort nach Südosten. Am 11. April schlägt ein Teil des mongolischen Heeres die Ungarn an der Theiß. Nur der Tod des Groß-Khans Ögädäi bewahrt Mitteleuropa vor einer mongolischen Invasion: Um die Nachfolge zu regeln und an der Neuwahl teilzunehmen, zieht sich Batu mit seinen Heeren nach Osten zurück.

Batu Khan setzt sich schließlich im südlichen Russland fest. Das von ihm gegründete Khanat Kiptschak – zwischen Dnjepr und Wolga gelegen – ist im Westen unter dem Namen »Goldene Horde« bekannt.

Große Niederlage der Christen: Die Mongolen besiegen das polnisch-deutsche Ritterheer bei Liegnitz (Kupferstich).

In der aufgeheizten Kreuzzugsstimmung mehren sich die Pogrome

Erneut blutige Ausschreitung gegen Juden

■ *Dezember 1235, Fulda*
Vor und während der Kreuzzüge wächst im gesamten Abendland regelmäßig die Pogromstimmung gegen Juden. Immer wieder kommt es zu blutigen Verfolgungen.

In der Weihnachtsnacht brennt das Haus eines Müllers ab, seine fünf Kinder sterben in den Flammen. Sofort werden die Juden der Stadt beschuldigt, die Kinder getötet zu haben, da sie deren Blut zur Herstellung ihrer Heilmittel benötigten. Obgleich derartige Beschuldigungen von Papst Innozenz IV. und Kaiser Friedrich II. als unsinnige Verleumdungen zurückge-

wiesen werden, verhaften die Verantwortlichen in Fulda 32 Juden. Sie pressen ihnen Geständnisse ab und richten sie schließlich hin.

Zur Aufklärung des Vorfalls in Fulda ordnet Friedrich II. eine Untersuchung an, bei der vor allem zum Christentum bekehrte Juden aussagen. Die Verhandlung endet 1236 auf dem Hoftag von Hagenau mit einem völligen Freispruch. Es konnte bewiesen werden, dass den Juden laut Tora und Talmud der Genuss von Blut – einschließlich das Blut erlaubter Tiere – verboten ist. Trotz dieser Klärung dient die Blutbeschuldigung bis in

die Neuzeit als beliebte Rechtfertigung antijüdischer Propaganda.

Die Pogromstimmung wird durch die rechtliche Sonderstellung, die die Juden im 13. Jahrhundert zugewiesen bekommen, zusätzlich angefacht. Auf dem vierten Laterankonzil im Jahr 1215 verbot Papst Innozenz III. den Juden, öffentliche Ämter zu bekleiden. Überdies mussten sie sich durch ihre Kleidung kenntlich machen. Friedrich II. drückt die Juden durch Sonderrechte auf die Stufe von Kammerknechten. Dadurch sind sie samt ihres Eigentums Besitz des Kaisers, stehen aber auch unter seinem Schutz.

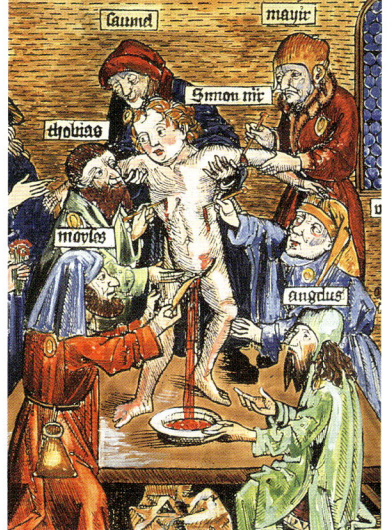

Angeblicher jüdischer Ritualmord an den Knaben Simon von Trient

Mauren verlieren geistiges Zentrum
Córdoba wird christlich

■ *29. Juni 1236, Córdoba*
Córdoba war 300 Jahre lang das kulturelle und politische Zentrum der muslimischen Reiche in Spanien. Der Verlust der Stadt läutet das Ende der arabischen Kultur auf der Iberischen Halbinsel ein.

Mit der Eroberung von Córdoba durch Ferdinand III., dem König von Kastilien und León, fällt die erste große Stadt Andalusiens in die Hand der Christen. Der Überlieferung nach sollen 500 000 Menschen in der Stadt leben, damit hat Córdoba zu dieser Zeit fast so viele Einwohner wie Konstantinopel und Bagdad. Nach der Eroberung wird die maurische Bevölkerung vertrieben und durch Christen ersetzt, die Moschee in eine Kirche umgewandelt. Nur die jüdische Gemeinde bleibt verschont und darf ihren Besitz behalten.

Hintergrund

Das Badewesen kommt nach Europa

Bedingt durch den wachsenden Orienthandel und den Alltag des ritterlichen Lebens setzen sich im Abendland Gewohnheiten durch, die bis dahin zwar bekannt waren, denen aber nicht nachgegangen wird. Vielmehr verpönen die Christen des Mittelalters die ausschweifende römische Badetradition. Ein

Kachelgeschmücktes Hauptgemach der Bäder in der Alhambra

Bad im Monat ist mit dem christlichen Glauben gerade noch zu vereinen. In den türkischen Badehäusern lernen die Kreuzritter nun, wie gesund und heilsam ein tägliches warmes Bad sein kann. Nach dem Vorbild von Córdoba, wo ein besonders luxuriöses Bad als Treffpunkt für Gespräche und Hygiene viele Menschen anzieht, entstehen überall in Europa öffentliche Badestuben. Das Badevergnügen setzt sich in fast allen Städten durch.

Westliches Eingangstor zur Mezquita, der Großen Moschee, in Córdoba

---

Eine zyprische Regentin
Neue Königin von Jerusalem

■ *5. Juni 1243, Akkon*
Als Konrad, der Sohn Kaiser Friedrichs II., 15 Jahre und damit offiziell großjährig wird, soll er die Regentschaft im Königreich Jerusalem übernehmen. Doch er bleibt im Westen.

Auf Vorschlag Philipps von Novara bestimmen die Barone Outremers sowie die Vertreter der Kirche und der italienischen Handelsniederlassungen im Palast des Patriarchen, bis zur Ankunft Konrads dessen nächste Verwandte zur Regentin zu erklären. Damit wird Konrads Großtante Alice von der Champagne, die Königin von Zypern, mit der Regentschaft betraut. Die Barone leisten ihr – vorbehaltlich der Rechte Konrads – den Lehenstreueid. Bis zu ihrem Tod 1246 bleibt Alice dem Titel nach Regentin.

Ein Aufstand der heidnischen Preußen endet mit einem Kompromiss
Preußen erheben sich gegen Ordensritter

Ritter des Deutschen Ordens beim Kampf in einer Schlacht (um 1322)

■ *1242, Deutschordensstaat*
Aufsässige Preußen wehren sich gegen die fortschreitende Expansion des Deutschen Ordens.

Ein preußischer Aufstand gegen den Deutschen Orden beginnt. Im Verlauf der Kämpfe, in die auch Herzog Swantopolk II. von Pommerellen auf Seiten der Preußen eingreift, können die Ritter nur die Burgen Thorn, Kulm, Elbing und Rehden halten. Die bedrohliche Situation endet erst am 7. Februar 1249, als auf Betreiben Bischof Jakobs von Lüttich der Christburger Frieden geschlossen wird. Die Preußen müssen den christlichen Glauben annehmen, ihren heidnischen Bräuchen abschwören und den Deutschen Orden als alleinigen Herrschaftsträger anerkennen. Dafür verleiht der Orden allen bekehrten Preußen die persönliche Freiheit.

Unbarmherzig plündern und brandschatzen türkische Choresmier die Heilige Stadt

Jerusalem für die Kreuzfahrer endgültig verloren

■ *23. August 1244, Jerusalem*
Der von Kaiser Friedrich II. ausgehandelte Vertrag aus dem Jahr 1229 sicherte der Stadt Jerusalem und den Pilgern zehn Jahr lang Frieden mit den Arabern. Eine neue Gefahr, die sowohl Christen als auch Muslime im Heiligen Land bedroht, kommt aus dem Osten.

Eine 10 000 Mann starke Reiterarmee erobert die Heilige Stadt. Die Choresmier, Angehörige eines türkischen Volkes aus dem ostpersischen Raum, vertreiben die christlichen Bewohner – Jerusalem geht den Kreuzfahrern für immer verloren.

Nach dem Tod des Sultans al-Kamil im März 1238 brach unter seinen Nachfolgern ein Bürgerkrieg aus. Choresmier zogen plündern und raubend durch das nördliche Syrien, das rasch im Chaos versank. Mitten in dieser Umbruchzeit endete auch der Friedensvertrag, den Friedrich II. 1229 mit al-Kamil geschlossen hatte. An-Nasir von Kerak nützte die instabile Situation und machte sich auf den Weg nach Jerusalem. Die Stadt, die nicht mehr unter der Regierung von Akkon stand, sondern seit 1232 von Richard Filangieri verwaltet wurde, war so gut wie unverteidigt. Filangieri, der aus einer süditalienischen Adelsfamilie stammt und Friedrich II. als Kommandant auf dem sechsten Kreuzzug begleitete, hatte es versäumt, eine ausreichende Besatzung für Jerusalem aufzustellen. Somit gelang es an-Nasir, Jerusalem Ende 1239 ohne nennenswerte Gegenwehr der Franken zu besetzen. Der Fürst von Kerak ließ die Befestigungsanlagen – darunter auch die Davidsburg – niederreißen. Anschließend zog er sich wieder nach Kerak zurück. Als Filangieri 1243 das Heilige Land verließ und in seine Heimat zurückkehrte, fiel die Regierungsaufsicht über Jerusalem erneut an die Regenten des Kreuzfahrerstaates.

Der Angriff der Choresmier auf die Heilige Stadt kam völlig überraschend. Viel zu spät erkannten die Franken die Gefahr für Jerusalem. Überstürzt verstärkten die Tempelritter und Hospitaliter die Besatzungen der Stadtbefestigungen. Sie konnten jedoch nicht verhindern, dass immer mehr türkische Reiter in die Stadt eindrangen. Am 11. Juli 1244 kam es zu heftigen Straßenkämpfen, in deren Verlauf das Jakobskloster in die Hände der Choresmier fiel.

Da von Seiten der Franken keine Unterstützung zu erwarten war, rief die Besatzung der Zitadelle an-Nasir von Kerak zu Hilfe. Obwohl dieser nur einige kleine Truppen schickte, ließen sich die Choresmier zunächst davon einschüchtern und sicherten der Besatzung sicheres Geleit zu, falls diese die Zitadalle übergebe.

Am 23. August gewinnen die Choresmier endgültig die Oberhand, Jerusalem wird weitgehend zerstört. Die Türken plündern sämtliche Läden und stecken sie anschließend in Brand. Sie dringen in die Grabeskirche ein, in der gerade eine Messe gefeiert wird, und erschlagen die Priester und Mönche. Auch die einheimischen orthodoxen Christen finden keine Gnade. Die Gebeine der Könige von Jerusalem werden aus den Gräbern gerissen. Als die Stadt verwüstet ist, zieht die Reiterhorde weiter in Richtung Ägypten.

Rund 6000 Frauen, Männer und Kinder verlassen Jerusalem und ziehen nach Jaffa. In der Hoffnung, von den Auswirkungen der Invasion verschont zu bleiben, kehren einige um und finden den Tod, andere werden auf dem Weg überfallen. Schließlich erreichen nur 300 ehemalige Bewohner Jerusalems die Stadt Jaffa.

Für 700 Jahre geht damit Jerusalem den Christen verloren. Die heiligen Stätten sind längst nicht mehr das Ziel der Kreuzfahrer. Jerusalem wird zu einem ideellen Symbol.

Zwar ruft Innozenz IV. auf dem Konzil von Lyon im Jahr 1245 zur Hilfe für die Kreuzfahrerstaaten auf, in den Vordergrund tritt jedoch die Auseinandersetzung des Papstes mit Kaiser Friedrich II. um die Vormachtstellung des Heiligen Stuhls vor der weltlichen Herrschaft.

Rund um die Jerusalemer Altstadt lässt der osmanische Sultan Süleyman im 16. Jh. massive Mauern errichten.

Zitat

Reaktion der Franken: Ein Propaganda-Feldzug nach Rom

Als Jerusalem 1244 für die Christen endgültig verloren ist, heizt sich die antimuslimische Stimmung weiter auf. Der arabische Chronist Ibn al-Athir schildert die Reaktion der Kreuzfahrer:

»Nach dem Fall von Jerusalem kleideten sich die Franken in schwarze Gewänder und fuhren übers Meer, um überall Hilfe zu suchen, besonders auch im großen Rom. Um die Menschen zur Rache aufzustacheln, zeigten sie ein Bild des blutüberströmten, von einem Araber misshandelten Messias, Friede sei mit ihm. Dazu erklärten sie: ›Seht, dies ist der Heiland, und dies ist Mohammed, der Prophet der Muslims, der ihn totschlägt!‹ Alle Franken, Männer und Frauen, strömten herbei, und wer nicht kommen konnte, zahlte die Kosten für diejenigen, die an seiner Stelle in den Kampf zogen. Einer der fränkischen Gefangenen hat mir erzählt, dass er Einzelkind sei und dass seine Mutter ihr Haus verkauft habe, um seine Ausrüstung zu bezahlen. Die Franken waren religiös und psychisch derart motiviert, dass sie bereit waren, jegliches Hindernis zu überwinden, um zu ihrem Ziel zu gelangen.«

Christen in Verhandlung mit Muslimen

Christen und syrische Muslime verbünden sich
Die Katastrophe von La Forbie

■ *17. Oktober 1244, La Forbie* **Muslimische Truppen versuchen gemeinsam mit den Rittern der Kreuzfahrerstaaten die Bedrohung, die von den türkischen Choresmiern und den ägyptischen Truppen der Ajjubiden ausgeht, abzuwehren.**

Einige Kilometer nordwestlich von Gaza stößt das größte Heer, das die Kreuzritter seit der Schlacht bei Hattin (1187) aufbieten, auf die Truppen der Ägypter und die mit ihnen verbündete Reiterei der Choresmier. Das fränkische Reiterheer – weit über 1000 Ritter, darunter je 300 Templer und Hospitaliter – zog gemeinsam mit den syrischen Muslimen unter dem Befehl von al-Mansur, dem Fürst von Homs, und an-Nasir, dem Fürst von Aleppo, nach Süden.

Die Zahl der Kämpfer scheint für die christlich-muslimische Seite zu sprechen, doch die Schlacht nimmt eine unerwartete Wende. Binnen weniger Stunden bricht die syrische Front zusammen, das fränkische Heer wird komplett aufgerieben. Die Zahl der Toten steigt auf über 5000, 800 Gefangene werden nach Ägypten gebracht, nur wenige entkommen.

Die Katastrophe von La Forbie vernichtet alle Vorteile, die sich die Franken in den Jahren davor durch diplomatische Verhandlungen verschaffen konnten. Auch die Ritterorden sind so geschwächt, dass sie lediglich ihre Burgen halten können. Nur bei der Schlacht von Hattin waren die Verluste der Christen größer.

Das einzige, was die Kreuzfahrer vor dem völligen Untergang bewahrt, ist die Tatsache, dass der ägyptische Sultan Ayub zunächst die muslimischen Herrscher von Damaskus und Syrien in die Knie zwingen muss, bevor er sich daranmachen kann, die christlichen Beherrscher der letzten Küstenlandstriche zu bekämpfen.

Hintergrund

Mongolen: Lernfähige und unnachgiebige Eroberer

Die Mongolen sind ein zentralasiatisches Volk, das demselben Sprachverband wie die Türken und Tungusen angehört. Seit Ende des 11. Jahrhunderts treten sie im Nordosten der heutigen Mongolei auf. An der Spitze des Reiches steht der Großkhan, der sich als ein von Gott gesandter Herrscher versteht. Nach dem Ende des ersten Mongolen-Reiches (etwa um 1150) wird im Jahr 1206 auf einer Reichsversammlung der Mongole Temudschin als Dschinghis Khan auf den Thron gehoben. Mit ihm erlangt die Völkergruppe ein neues Selbstbewusstsein. Dschingis Khan baut ein schlagkräftiges Heer und eine neue Führungsstruktur in seinem Reich auf, gleichzeitig übernimmt er Anregungen verschiedener besiegter Völker und entwickelt auf diesem Weg neue Waffen- und Belagerungstechniken. So lässt er nach chinesischem Vorbild verschiedene Maschinen und Raketen bauen, während er von den Türken die Reit- und Bogentechnik kopiert. Außerdem entsteht ein einheitliches Schrift- und Verwaltungswesen.

Ihre Eroberungszüge sowohl nach China als auch in den Westen machen die Mongolen zur ständigen Bedrohung, zumal die unterjochten Völker jeder Möglichkeit des Widerstands beraubt werden. Die Städte werden entvölkert, jedes Aufbegehren mit planmäßigem Terror niedergeschlagen, ganze Landstriche verödet und fruchtbares Ackerland in Weiden umgewandelt.

Gefecht zwischen mongolischen Stämmen (persische Miniatur, 13. Jh.)

Rom will Mongolen als Verbündete
Vergebliche Missionsversuche

■ *April 1245, Lyon* **Die Mongolen schienen den Christen freundlich gesinnt, zumal Nestorianer am Hof des Khans lebten. So kommt es zu Versuchen, die Mongolen im Kampf um das Heilige Land auf die christliche Seite zu ziehen.**

Eine Gesandtschaft unter Führung des Franziskaners Johannes von Pian del Carpine bricht an den Hof des Großkhans in Karakorum auf. Sie führt einen Brief von Papst Innozenz IV. mit sich, in dem dieser verlangt, der Großkhan solle zum Christentum übertreten. 15 Monate ist die Gesandtschaft unterwegs, sie reist durch Russland und die Steppe Zentralasiens. Als sie das Feldlager in Karakorum erreichen, werden sie zunächst freundlich empfangen. Die Forderung des Papstes beantwortet der Großkhan Guyuk mit dem schriftlichen Befehl, der Papst solle seine Oberherrschaft anerkennen und mit allen weltlichen

Mongolischer Reiter (Darstellung auf einer Keramikkachel)

Fürsten des Westens nach Karakorum kommen und ihm huldigen. Ende des Jahres 1247 überreicht der Franziskaner das Schreiben dem Papst und berichtet, die Mongolen seien nur auf Eroberungen aus.

Eine zweite Delegation unter dem Dominikaner Ascelin von der Lombardei trifft im Jahr 1247 in Täbris auf den mongolischen Heerführer Baitschu. Dieser ist bereit, ein Bündnis gegen die ägyptischen Ajjubiden zu diskutieren und schickt zwei Gesandte mit Ascelin nach Rom zurück. Doch die Abgesandten haben keine Vollmachten, sie verweilen ein Jahr in Rom, ohne dass etwas geschieht. Schließlich verlassen sie Rom wieder, das Bündnis kommt nicht zustande. Auch eine dritte Delegation, die im Dezember 1248 aufbricht, wird in Karakorum als Unterwerfungsgeste verstanden, ihre Geschenke werden als eine Art Tribut betrachtet.

Die erste Station des Kreuzzugs ist die Insel Zypern, erklärtes Ziel ist Ägypten

Ludwig der Heilige bricht zum siebten Kreuzzug auf

■ *August 1248, Aigues Mortes*
Als König Ludwig IX. von Frankreich von der lebensgefährlichen Krankheit Malaria genas, gelobt er einen Kreuzzug. Für viele Jahre wird er damit zum Garanten im Kampf um das Heilige Land.

tertanen, auch den Geistlichen, legte er außerordentliche Steuern auf. Für einen reibungslosen Ablauf während seiner Abwesenheit regelte er die innen- und außenpolitischen Angelegenheiten. Mit dem englischen König Heinrich III. erreichte er eine friedli-

Kampf um Damiette 1218, Jerusalem gegen die Räumung der ägyptischen Stadt zu tauschen, ist noch gut in Erinnerung. Ludwig, der zum raschen Aufbruch drängt, wird von den Großmeistern der Ritterorden zunächst zurückgehalten. Sie raten, die

Zitat

Die Pest wütet unter den Kreuzfahrern

Der französische Seneschall der Champagne, Johann von Joinville, schildert einen Seuchenausbruch vor Damiette:

»Nach den beiden Schlachten, die ich geschildert habe, begann für das Heer das große Elend, denn nach neun Tagen kamen die Leichen unserer Leute wieder an die Oberfläche des Wassers (und man sagte, es geschah, weil die Gallenblasen verwesten) und trieben bis an die Brücke, die sich zwischen unseren beiden Lagern befand, und konnten unter der Brücke nicht durch, weil diese das Wasser berührte. Es gab davon eine so große Menge, dass der ganze Strom von einem Ufer zum anderen voller Toten war und längsseits so weit, wie man einen kleinen Stein wirft. Und durch dieses Unglück und wegen der Ungunst des Landes, wo niemals ein Tropfen Regen

Ludwig IX. (»der Heilige«) bricht zu seinem ersten Kreuzzug auf (französische Buchmalerei, um 1325/50).

Mit mehr als 10 000 Söldnern und Lehenspflichtigen sticht Ludwig IX. vom neu erbauten südfranzösischen Hafen Aigues Mortes aus in See. Nachdem die Venezianer Ludwig eine Abfuhr erteilten, da sie eine Störung ihrer guten Handelsbeziehungen zu Ägypten befürchteten, besorgte sich der König von Genua und Marseille die nötigen Schiffe.

Drei Jahre lang bereitete Ludwig IX. den Kreuzzug vor. Allen Un-

che Einigung und Kaiser Friedrich II. unterrichtete er im Voraus über seinen geplanten Kreuzzug. Schließlich war dieser der Vater des rechtmäßigen Königs von Jerusalem.

Am 17. September 1248 trifft der königliche Flottenverband in Zypern ein, wo sich weitere Truppen sammeln und ein Kriegsplan erarbeitet wird. Schnell einigt man sich auf Ägypten als erstes Ziel des Kreuzzugs – die Bereitschaft der Ägypter im

gefährlichen Winterstürme abzuwarten. Zudem plädieren sie für Verhandlungen mit den Ajjubiden, da aus deren Familienzwisten eventuell Kapital geschlagen werden könne: Der Sultan von Homs ist von seinem Vetter in Aleppo aus seiner Stadt vertrieben worden und bat den ägyptischen Sultan Ayub um Hilfe. Für den Fall, dass Ayub Gebiete abtreten würde, haben die Ritterorden bereits ihre Hilfe angeboten. Ludwig IX. lehnt jedoch Verhandlungen mit Muslimen kategorisch ab – er möchte die »Ungläubigen« bekämpfen.

Während sich Ludwig IX. auf Zypern aufhält, besuchen ihn zahlreiche Bittsteller. Maria von Brienne, die lateinische Kaiserin von Konstantinopel, ersucht um Hilfe gegen den griechischen Kaiser von Nicäa, Bohemund von Antiochia erhält 600 Bogenschützen, um sich gegen turkmenische Räuber zu wehren. Unter der Verzögerung leiden auch die sorgfältigen Vorbereitungen. Die unerwartet zahlreichen Truppen, die in Zypern eintreffen, verbrauchen die Vorräte, die eigentlich für den Feldzug gegen Ägypten bestimmt waren. Am 13. Mai 1249 legen die Schiffe schließlich in Limassol ab.

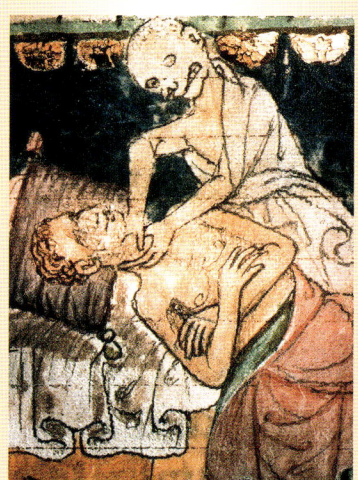

Der Tod erwürgt ein Pestopfer (böhmische Buchmalerei, 14. Jh.).

fällt, vertrocknete das Fleisch unserer Beine, und die Haut unserer Beine bekam wie ein alter Stiefel schwarze und erdfarbene Flecken; und die diese Krankheit hatten, bekamen entzündetes Zahnfleisch, und beinahe keiner überstand diese Krankheit, sondern musste sterben. Wenn die Nase blutete, so war dies ein Anzeichen des baldigen Todes.«

Ludwig IX. zu Schiff auf einem Kreuzzug (französische Miniatur, 14. Jh.)

Der Papst ruft zum Kreuzzug gegen Friedrich II. auf

Kreuzfahrer belagern Aachen

Achteckige Pfalzkapelle im 805 geweihten Aachener Münster

■ *3. Oktober 1247, Worringen bei Köln*
Papst Gregor IX. hat zum Kreuzzug gegen den »häretischen Kaiser« Friedrich II. aufgerufen. Hintergrund ist der Machtkampf zwischen Kaiser und Papst um die Vorherrschaft in Italien.

Anhänger der päpstlichen Partei, u. a. die Erzbischöfe von Köln, Mainz und Trier, wählen Wilhelm II., den Grafen von Holland, zum antistaufischen König. Die ersten Jahre des Gegenkönigs sind mühsam. Die Kaiserpfalz Aachen muss von seinen Kreuzzugstruppen ein halbes Jahr belagert werden, ehe er sich dort krönen lassen kann. Als Friedrich II. 1250 stirbt, kämpft Wilhelm II. noch immer um seine Anerkennung. Erst ein Jahr später kann der »Pfaffenkönig« die norddeutschen Fürsten für sich gewinnen.

Hauptstadt der spanischen Muslime wird kastilisch

Ferdinand III. erobert Sevilla

■ *November 1248, Sevilla*
Die christliche Eroberung der von den Muslimen beherrschten Gebiete auf der Iberischen Halbinsel schreitet in der ersten Hälfte des 13. Jahrhunderts rasch voran.

Sevilla, seit 1163 Hauptstadt des arabischen Teils der Iberischen Halbinsel, fällt nach zweijähriger Belagerung in die Hand Ferdinands III., König von Kastilien-León. Damit verlieren die Muslime ihr Zentrum in Südspanien. König Ferdinand III. zieht in wenigen Jahren bis an die Küste des Atlantiks.

Die andalusische Stadt war unter den Almoraviden und ihren Nachfolgern, den Almohaden, zu großem Glanz aufgestiegen. Nachdem Sevilla zur Hauptstadt erhoben wurde, begannen die Muslime mit der Errichtung neuer Stadtmauern. Der hartnäckigen Belagerung von Ferdinand III. können jedoch auch diese starken Mauern nicht standhalten. Der christliche König zwingt die muslimische Bevölkerung dazu, die Stadt zu verlassen. Zu dieser Zeit leben rund 70 000 Einwohner in Sevilla, obwohl Christen und Juden in der Mitte des 12. Jahrhunderts aus der Stadt vertrieben worden waren.

Sevilla wird Hauptstadt eines Königreiches innerhalb der Krone Kastiliens. Das Minarett der kurz vor der christlichen Eroberung neu erbauten Hauptmoschee lässt Ferdinand III. zum Turm einer neuen Kathedrale (Giralda), in der er nach seinem Tod beigesetzt wird, umbauen.

Der französische König Ludwig IX. sichert sich die strategisch wichtige Nilstadt

Damiette erneut in der Hand der Kreuzfahrer

■ *4. Juni 1249, Nildelta*
Zum zweiten Mal erlangt Damiette eine Schlüsselstellung im Kampf um das Heilige Land. Die ägyptischen Ajjubiden hatten die Landung Ludwigs IX. eigentlich in Syrien erwartet.

Die königliche Flotte Ludwigs IX. ankert vor Damiette. Unmittelbar nachdem die Soldaten im Morgengrauen des 5. Juni westlich der Nilmündung an Land gehen, beginnt eine erbitterte Schlacht gegen die ajjubidischen Truppen unter Führung des Emirs Fakhr ed-Din. Am Abend ziehen sich die Muslime nach schweren Verlusten in die Stadt zurück. In der Bevölkerung macht sich Panik breit, sodass der Emir beschließt, Damiette sofort zu räumen. Während die meisten Muslime dem Emir folgen, benachrichtigen die christlichen Bewohner die Kreuzfahrer von dem überstürzten Aufbruch.

Am nächsten Morgen ziehen die Kreuzfahrer im Triumph in die unverteidigte Stadt ein. Wie gewohnt beginnt sofort eine umfassende Neugestaltung. Die große Moschee wird zur Kathedrale umfunktioniert. Die Ritterorden bekommen Gebäude zugewiesen, die Barone von Outremer werden mit Lehen versehen. Die Genuesen und Pisaner, die zusätzlich Schiffe gestellt hatten, erhalten eigene Märkte. Selbst die Venezianer, die nun ihre ablehnende Haltung gegenüber dem Kreuzzug bereuen, bekommen einen eigenen Markt.

Einen Sommer lang ist Damiette die Hauptstadt von Outremer. Allerdings werden die Lebensmittel in der Stadt bald knapp. Als der von einer schweren Krankheit gezeichnete Sultan Ayub anbietet, Jerusalem abzutreten, wenn die Kreuzfahrer Damiette verlassen, lehnt König Ludwig IX. dies ab. Daraufhin sammelt der Sultan neue Truppen und schlägt sein Lager oberhalb des Nillaufs in Mansurah auf. Beduinische Kämpfer machen die Gegend bis vor die Mauern Damiettes unsicher. Als am 24. Oktober neue Truppen aus Frankreich eintreffen, beschließt Ludwig IX. gegen den Rat der Barone von Outremer, nach Kairo zu marschieren.

Ludwig IX. greift mit seinem Kreuzfahrerheer die ägyptische Stadt Damiette an (14. Jh.).

Die Kreuzfahrer unterliegen bei Mansurah

Ludwig IX. gerät in mameluckische Gefangenschaft

■ *8. Februar 1250, Mansurah*
Der Zug des französischen Expeditionskorps Richtung Kairo wird in Mansurah aufgehalten. Zunächst haben die Franzosen das größere Kampfesglück, doch schließlich müssen sie sich der Übermacht der ajjubidischen Truppen ergeben.

Gemeinsam mit den Tempelrittern überquert Robert von Artois mit der Vorhut des Kreuzzugsheeres die Furt des Flusses Bahr as-Sahir. Obwohl Robert von seinem Bruder Ludwig IX. den ausdrücklichen Befehl erhalten hatte, die Ägypter nicht auf eigene Faust hin anzugreifen, will er den zeitlichen Vorsprung nutzen und die Feinde überrumpeln. Trotz der Bedenken der Tempelritter greift Robert das wenige Kilometer außerhalb Mansurahs liegende ägyptische Lager an. Sein Plan geht auf: Die völlig überraschten Ägypter versuchen in Panik zu fliehen. Viele von ihnen, darunter auch der Oberbefehlshaber Fakhr ed-Din, werden niedergemetzelt.

Nachdem Robert das ägyptische Lager eingenommen hat, raten die Tempelritter erneut, er solle warten, bis Ludwig IX. mit der Hauptstreitmacht die Furt überquert hat und sich ihnen anschließen kann. Doch Robert möchte nun auch Mansurah im Alleingang einnehmen und setzt den fliehenden ägyptischen Truppen nach. Die mameluckischen Befehls-

haber lassen die christlichen Reiter zunächst durch die offenen Stadttore stürmen. Erst in den verwinkelten Gassen, in denen die Pferde der Kreuzfahrer kaum wenden können, greifen die Ägypter an. Nur wenigen Rittern gelingt die Flucht, die meisten sterben unter den Säbelhieben der Verteidiger. Auch Robert von Artois fällt im Kampf.

König Ludwig IX. hat inzwischen den Fluss mit allen Truppenteilen überquert, als die Nachricht von der schweren Niederlage eintrifft. Einen ersten Angriff der Mamelucken, die aus Mansurah anstürmen, kann er nur mit Mühe zurückschlagen. Die Lage der demoralisierten Kreuzfahrer erinnert in bedrückender Weise an den fünften Kreuzzug, als das fränkische Heer nach der Eroberung von Damiette an fast der gleichen Stelle den Rückzug antreten musste. Die Kreuzfahrer schaffen es gerade noch, ihr Lager einzurichten, als die Ägypter am 11. Februar einen erneuten Angriff starten. Auch diesmal gelingt es Ludwig IX., die Mamelucken zurückzuschlagen.

Nach den erbitterten Kämpfen folgen für die Kreuzfahrer acht Wochen untätigen Lagerlebens. Währenddessen trifft bei den ägyptischen Truppen Verstärkung ein. Zudem fangen die Mamelucken immer mehr Schiffe ab, die die christlichen Kämp-

Gefangennahme Ludwigs IX. in der Schlacht bei Mansurah (Miniatur, 14. Jh.)

fer mit Lebensmitteln versorgen sollten. Eine drohende Hungersnot sowie der Ausbruch von Krankheiten im Kreuzfahrerlager zwingen Ludwig IX. schließlich dazu, dem Sultan den Austausch Damiettes gegen Jerusalem anzubieten. Doch die Ägypter wissen, dass die Kreuzfahrertruppen zu geschwächt sind, um noch gefährlich werden zu können und lehnen das Angebot ab. Daraufhin ordnet Ludwig IX. den Rückzug an.

Am 5. April brechen die demoralisierten Christen ihr Lager ab. Immer wieder greifen die Mamelucken die abziehenden Kreuzfahrer an, die für eine geordnete Gegenwehr zu schwach sind. Als der tapfer kämpfende König Ludwig IX. ebenfalls erkrankt, ist das Schicksal der Kreuzfahrer besiegelt. Erneut bieten die Barone von Outremer die Rückgabe Damiettes gegen einen freien Abzug an. Als die Mamelucken kurz vor der Zustimmung stehen, reitet ein – al-

lem Anschein nach von den Ägyptern bestochener – Bote durch die Reihen der Christen und weist die Heerführer im Namen Ludwigs an, sich kampflos zu ergeben. Die Führer beugen sich dem Befehl, der vom König jedoch niemals ausgesprochen wurde, und legen ihre Waffen nieder. Das gesamte christliche Heer gerät nun in die Gefangenschaft der Mamelucken. Die zum Marschieren zu schwachen Kämpfer werden getötet. Auf Befehl Sultan Turanschahs – Sohn und Nachfolger des im November 1249 verstorbenen Ayub – werden eine Woche lang jeden Tag 300 Kreuzfahrer enthauptet. König Ludwig IX. wird in Ketten gelegt und nach Mansurah geführt.

Gegen die Aufgabe Damiettes und ein Lösegeld sollen das Heer und Ludwig IX. freigelassen werden. Der geforderte Betrag ist etwa doppelt so hoch wie das jährliche Steueraufkommen des französischen Königs.

Ludwig IX. in einer Schlacht gegen Araber am Nil (Buchmalerei, 15. Jh.)

Hintergrund

Botenwesen im Mittelalter

Bis die Nachricht von der Gefangennahme König Ludwigs IX. im Abendland eintrifft, vergehen einige Wochen, da das europäische Botensystem im Mittelalter noch unterentwickelt ist. Regelmäßige Botendienste entstehen erst im 13. Jahrhundert unter den Handelsstädten. So wird 1260 von einem organisierten Botendienst zwischen Siena und Florenz berichtet. Alle kaufmännischen Botenverbindungen bilden im 14. Jahrhundert ein das ganze Mittelmeer umspannendes Netz von zum Teil regelmäßigen Nachrichtenverbindungen. Sie ermöglichen, dass von Venedig nach Konstantinopel alle sechs und von Florenz nach Spanien jeden Tag Briefe befördert werden.

Die muslimischen Abbasiden entwickelten bereits im 11. Jahrhundert ein ausgeklügeltes Nachrichtensystem. Das gesamte staatliche Botenwesen untersteht einem Verwalter am Kalifenhof. Die Nachrichtenwege laufen von Syrien nach Ägypten, von Bagdad nach Iran und weiter bis an die chinesische Grenze sowie von Bagdad nach Mekka. In bestimmten Abständen sind Wachstationen eingerichtet, die Rennkamele bereithalten. In Kriegs- und Krisenzeiten kommen neben den Läufern – von denen die Tüchtigsten angeblich 180 km pro Tag zurücklegen – vor allem Brieftauben zum Einsatz, die die Nachrichtenübermittlung wesentlich beschleunigen.

Boten überbringen wichtige Nachrichten (12. Jh.).

Ludwig IX. kehrt nach Akkon zurück
König wieder in Freiheit

■ 6. Mai 1250, Damiette
Schwierige Verhandlungen um die Erfüllung der gestellten Bedingungen hatten die Freilassung König Ludwigs IX. verzögert.

Der Seneschall Gottfried von Sargines übergibt den Muslimen die Festung Damiette und erfüllt damit eine entscheidende Bedingung für die Entlassung König Ludwigs IX. aus mameluckischer Gefangenschaft.

Noch am selben Tag werden Ludwig IX. und die ebenfalls gefangen gehaltenen Barone von Outremer nach Damiette gebracht und dort in die Freiheit entlassen. Nachdem Ludwig IX. die erste Teilzahlung des Lösegeldes aufbringen kann, schifft er sich zusammen mit den Baronen nach Akkon ein. Sein Bruder Alfons von Poitou muss bis zur Zahlung des gesamten Lösegeldes als Geisel in Damiette zurückbleiben.

Da die Schatztruhen des Königs leer sind, muss er eine neue Geldquelle beschaffen. Als bekannt wird, dass die Tempelritter eine beträchtliche Summe auf ihren Schiffen mitführen, werden sie durch Androhung von Gewalt

Ludwig IX., »der Heilige«, beim Handauflegen (Holzschnitt, 19. Jh.)

dazu gezwungen, das Geld herauszugeben. Daraufhin wird auch Alfons von Poitou auf freien Fuß gesetzt.

Am 3. Juli verkündet Ludwig IX. öffentlich, jeder könne nach Hause zurückkehren. Er selbst wolle jedoch in Outremer bleiben. Mitte Juli machen sich die Brüder des Königs sowie die adligen Führer des Kreuzzugs auf den Weg in ihre Heimat. Nur 1400 Mann bleiben in Akkon.

Aufgeheizt von der Kreuzzugshysterie tyrannisiert eine französische Aufstandsbewegung die Bevölkerung
Die Pastorellen – eine Massenbewegung in Frankreich

■ *April 1251, Amiens*
Zeitgleich mit dem Eintreffen der Kunde von der Kreuzzugsniederlage Ludwigs IX. in Frankreich entsteht dort eine Protestbewegung, die am Anfang von bäuerlichen Unterschichten (»pastor« franz.: Hirte) getragen wird.

Angeführt von Jakob, einem nicht näher bekannten »Meister von Ungarn« – vermutlich ein sprachgewandter ehemaliger Zisterziensermönch –, treffen rund 30 000 Anhänger der Pastorellen (Pastoureaux) in Amiens ein. Ziel der Aufstandsbewegung, der sich im Norden Frankreichs, in Flandern und in der Picardie auch Menschen aus der städtischen Unterschicht anschließen, ist die Befreiung des Heiligen Landes. Ob der päpstliche Aufruf zum Kreuzzug, der sich gegen den Stauferkaiser Friedrich II. richtet, die Massenbewegung beeinflusst, bleibt unklar.

Von Amiens aus ziehen die Pastorellen weiter nach Paris, wobei der Zug auf 100 000 Menschen anwächst.

Die »Pastoureaux« brennen den Turm von Verdun-sur-Garonne im Languedoc nieder, in den sich 500 Juden geflüchtet haben (Buchmalerei, um 1375/1400).

In Paris empfängt die Königin-Regentin Blanca von Kastilien den Anführer der Massen und zeigt sich der Bewegung gegenüber zunächst aufgeschlossen.

Als sich die Pastorellen zunehmend radikalisieren und Geistliche sowie Adlige ermorden, verlieren sie die Unterstützung der Regentin. Nachdem sie in Tours, Orléans und Bourges einfallen, wo sie auch Juden verfolgen, wird ihre Bewegung mit Gewalt bekämpft. Ihr Anführer wird vermutlich am 16. Juni 1251 getötet. Versprengte Pastorellen-Gruppen gelangen dennoch bis nach Marseille und Südengland, werden dort aber rasch niedergekämpft.

Bis heute sind der Ursprung und die genauen Ziele der Bewegung nicht geklärt. Es existieren keinerlei Zeugnisse von den Pastorellen selbst. Lediglich in Aufzeichnungen feindlich gesinnter Chroniken finden sich Berichte, die allerdings wegen ihrer Parteilichkeit keine genaue historische Beurteilung ermöglichen.

Der Theologe gilt als einer der größten Philosophen

Thomas von Aquin wird Kirchenlehrer in Paris

■ *1252, Paris*

Die für die Entwicklung von Theologie und Kirche im Hochmittelalter entscheidende Hochscholastik findet ihr Zentrum an der Universität in Paris. Ihr bedeutendster Repräsentant ist Thomas von Aquin, der das Denken des griechischen Philosophen Aristoteles für die christliche Theologie erschließt.

Auf Empfehlung seines Kölner Lehrers Albertus Magnus wird der Dominikaner Thomas von Aquin an das Studienzentrum in Paris berufen. Er beginnt seine Lehrtätigkeit mit den Erklärungen zu den Sentenzen (Lehrsätzen) des Petrus Lombardus. Schon fünf Jahre später wird Thomas gemeinsam mit dem Franziskaner Bonaventura in die Körperschaft der Pariser Universität aufgenommen, an der er bis 1259 und noch einmal von 1269 bis 1272 lehrt. In den Jahren zwischen der Pariser Lehrtätigkeit wirkt er in Rom und an verschiedenen Dominikanerschulen.

Durch die Aufnahme und Umformung der Gedanken des griechischen Philosophen Aristoteles entwickelt sich Thomas von Aquin zum bedeutendsten Theologen des Hochmittelalters. Nahezu alle Werke des Griechen sind durch die arabischen Gelehrten Avicenna und Averroës erhalten geblieben. Vor allem Mönche in Spanien erstellten von den arabischen Ausgaben lateinische Übersetzungen, sodass sie für Thomas, der die griechische Sprache nicht beherrscht, zugänglich sind. Sein Verständnis der aristotelischen Philosophie entwickelt Thomas in der Auseinandersetzung mit der islamisch-arabischen Auslegung. Wegen der Nähe zu dieser Art des Denkens gerät er sogar in den Verdacht der Ketzerei. Konservative Augustinertheologen werfen Thomas vor, er sei heimlicher Averroist. 1270 verurteilt die Kirche den so genannten Averroismus – eine in ihren Augen falsche Auslegung des Aristoteles.

Zu dieser Zeit schreibt Thomas von Aquin – dessen ausgeprägtes Konzentrationsvermögen es ihm ermöglicht, mehreren Sekretären simultan Schriften verschiedener Abhandlungen zu diktieren – an seinem Hauptwerk, der »Summa theologiae«. Angelegt als Lehrbuch für Studenten, formuliert der Dominikaner darin in über 3000 Artikeln eine Art Grundlagenwissen der gesamten Theologie sowie ein System seiner Philosophie. Die Artikel sind schematisch aufgebaut: Sie beginnen mit einer Frage, auf die zwei gegensätzliche Antworten folgen, die anschließend diskutiert werden. Am Ende steht die Widerlegung der ersten Antwortreihe.

Mit den Mitteln der aristotelischen Philosophie gibt Thomas der Theologie den Charakter einer Wissenschaft. Zur Aufklärung der Gottesgeheimnisse dient ihm die Vernunft. Die Entwicklung seiner vernüftigen Natur ist das sittliche Ziel des Menschen. Von Aristoteles übernimmt Thomas den Gedanken, dass der Intellekt unter den verschiedenen Seelentätigkeiten die höchste sei. Der freie Wille des Menschen muss sich von seiner Vernunft leiten lassen (Intellektualismus).

Seiner Auffassung nach ist für den Menschen vor allem die Einheit von Leib und Seele wichtig. Ein Leib ohne Seele kann überhaupt nicht gedacht werden, weil die Seele die wesentliche, grundlegende Form des Leibes ist. Andererseits kann die Seele nicht ohne den Leib existieren, weil sie nur in und mit dem Körper lebt. Dieses Denken widerspricht der im

Dokument

Ein Gottesbeweis

Auszug aus der »Summa theologiae« des Thomas von Aquin:
»Fünf Wege gibt es, die Existenz Gottes zu beweisen. Der erste... geht von der Bewegung aus. Es ist eine sichere... Tatsache, dass es in der Welt Bewegung gibt. Alles aber,

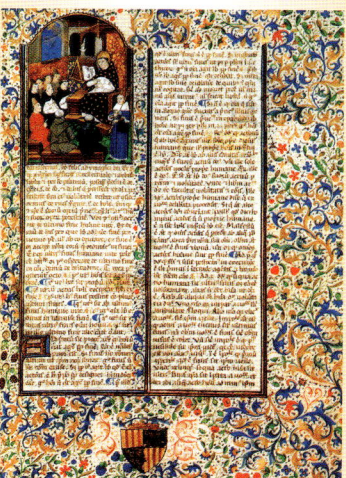

Seite aus der »Summa theologiae« (Mitte 15. Jh.)

was in Bewegung ist, wird von einem anderen bewegt... Wir müssen also unbedingt zu einem ersten Bewegenden kommen. Dieses erste Bewegende aber meinen alle, wenn sie von ›Gott‹ sprechen.«

Christentum bis dahin innewohnenden Abwertung des Körperlichen.

Weitere Hauptwerke sind die »Summa contra gentiles«, in denen sich Thomas mit dem nicht christli-

Legt die Grundlagen: der griechische Philosoph Aristoteles (Kupferstich)

chen, in erster Linie islamischen Denken auseinander setzt sowie die »Quaestiones disputatae«, die Niederschriften seiner akademischen Erörterungen und Streitgespräche.

Thomas von Aquin erhält die Inspiration des Heiligen Geistes (Tafelmalerei).

Kreuzzug gegen Preußen

Die Gründung von Königsberg

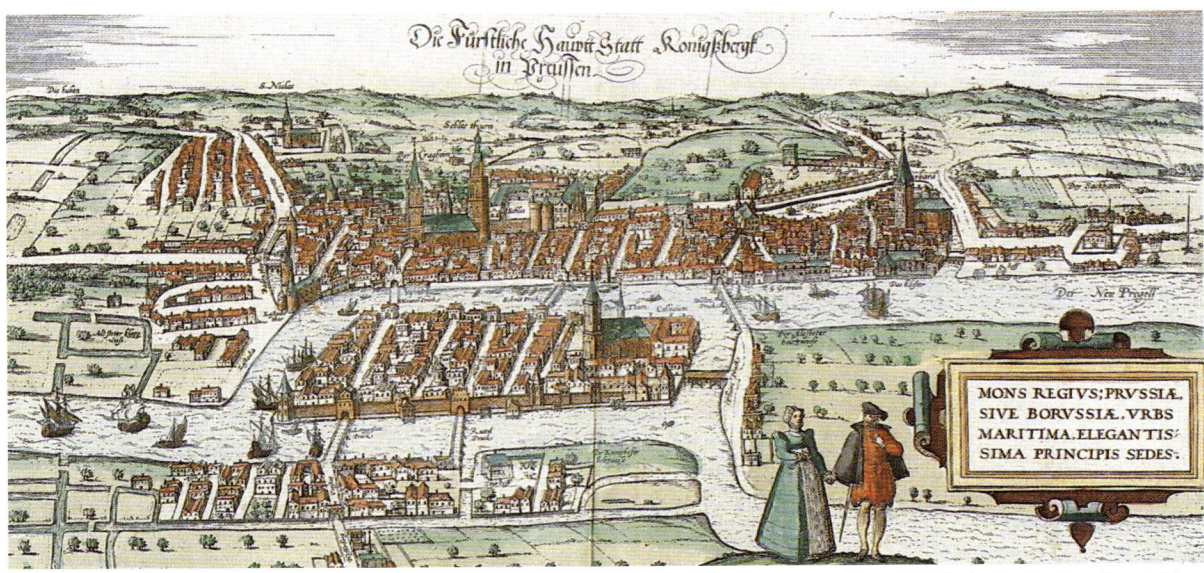

Königsberg liegt am Pregel, vor dessen Einmündung ins Frische Haff (Stadtansicht um 1590, kolorierter Kupferstich).

■ *Jahreswende 1254/55, Elbing*
Immer wieder flammen im Samland Aufstände der Preußen (Pruzzen) auf. Ein erneuter Kreuzzug soll die eroberten Gebiete in Ostpreußen endlich befrieden.

Unter der Führung des böhmischen Königs Ottokar II. zieht ein Kreuzfahrerheer von Elbing aus in Richtung Pregelmündung. Die Truppen, darunter zahlreiche Ritter des Deutschen Ordens, überqueren das zugefrorene Haff und dringen ins Samland ein. Wie ein Chronist berichtet, verbrennen sie dort – den Regeln des Kampfes gegen Heiden entsprechend – die Dörfer, erschlagen viele Menschen oder treiben sie zu Zwangstaufen zusammen. An der Stelle einer preußischen Wallanlage

über dem Fluss Pregel errichten Kreuzfahrer eine Burg aus Holz und Erddämmen. Zwei Jahre später wird die Burg mit Steinen befestigt und im Jahr 1260 so ausgebaut, dass sie gegen

Angriffe verteidigt werden kann. Zu Ehren des Anführers Ottokar II. erhält sie den Namen »Königsberg«.

Von hier aus setzen die Kreuzfahrer ihren Kampf gegen die Preußen fort,

erst 1286 sind die Bewohner des Samlandes endgültig unterworfen. Die Stadt Königsberg entwickelt sich rasch zu einem wichtigen Handelszentrum, das 1368 der Hanse beitritt.

Mit Bündnissen versucht der französische König Gefahren für das Königreich Jerusalem abzuwehren

König Ludwig IX. führt die Regierung in Outremer

■ *21. Februar 1254, Akkon*
Als Kaiser Friedrich II. 1250 stirbt und sein Sohn Konrad, der eigentliche König von Jerusalem, nicht in Outremer erscheint, wird die Titular-Regentschaft von Jerusalem frei. König Ludwig IX., der sich vier Jahre in Akkon aufhält, führt praktisch die Regierungsgeschäfte.

Ein zweijähriger Waffenstillstand, den der französische König Ludwig IX. mit an-Nasir Yusuf von Damaskus schließt, tritt in Kraft. Die Gefahr durch die Mongolen veranlasst den Sultan, an der Front zu den Franken Ruhe einkehren zu lassen.

Kurz zuvor verwüstete das damaszenische Heer auf der Rückkehr aus Ägypten noch fränkische Landstriche. Die Befestigungen von Akkon, Haifa und Caesarea hatte Ludwig IX. allerdings während seiner Anwesenheit verstärken lassen, sodass sie den Angriffen standhielten. Eine größere militärische Auseinandersetzung riskierten aber weder der Sultan von Damaskus noch der ägyptische Herrscher Aibek – davon hielt sie das Ansehen ab, das Ludwig IX. bei ihnen genoss. Zwar gingen fast alle militärischen Unternehmungen des französischen Königs katastrophal aus, seine integre Persönlichkeit beeindruckte jedoch auch seine Gegner.

Innenhof der Kirche Saint-Jean d'Acre in Akkon (heute Akko, Israel)

Aus der europäischen Heimat können die Kreuzfahrer keine Unterstützung erwarten. Zwar nahm der englische König Heinrich III. bereits im Jahr 1250 das Kreuz, er bat den Papst jedoch um Aufschub. Die Brüder Ludwigs IX. lehnten es ab, Hilfe aus Frankreich zu schicken. Auf seiner Suche nach Verbündeten konnte Ludwig im Jahr 1252 lediglich die Assassinen in Syrien dazu bewegen, einen Verteidigungspakt mit ihm zu schließen. Als nach dem Tod seiner Mutter, der Königin-Regentin Blanca, in Frankreich Unruhen ausbrechen, muss Ludwig IX. in seine Heimat zurückkehren. Widerwillig besteigt er am 24. April 1254 in Akkon ein Schiff. Im Juli betritt er wieder französischen Boden.

Der Kreuzzug des französischen Königs hat Outremer in eine militärische Katastrophe gerissen, allein die zahlenmäßigen Verluste an Rittern und Soldaten zwingen die Kreuzfahrerstaaten künftig zur defensiven Untätigkeit. Während seines vierjährigen Aufenthalts in Akkon konnte Ludwig dennoch die Situation stabilisieren. Seine Abreise ist für die Kreuzfahrer kaum zu verschmerzen: Erst danach wird deutlich, dass es unter den Bewohnern Outremers Konflikte gibt, die allein durch Ludwigs Autorität am Ausbruch gehindert wurden.

Die einstige Weltmetropole sinkt nach Vertreibung der Abbasiden zur Provinzstadt herab

Bagdad hält dem Mongolensturm nicht lange stand

■ *22. Januar 1258, Bagdad*
Der Plan, das Mongolen-Reich bis ans Mittelmeer auszudehnen, war am Hof des Großkhans Möngke bereits 1254 sorgfältig ausgearbeitet worden. In ganz Asien verschieben die mongolischen Feldzüge und Eroberungen die Machtverhältnisse.

Ein riesiges mongolisches Reiterheer unter Führung von Hulagu schließt den Belagerungsring um Bagdad. Aus China ließen die Mongolen schwere Belagerungsmaschinen kommen. Zudem riegelten sie den Tigris, der durch Bagdad fließt, mit Hilfe von Schiffsbrücken oberhalb und unterhalb der Stadt ab.

Al-Mustasim, der Kalif von Bagdad, versucht mit Hulagu zu verhandeln, doch dieser verweigert den Gesandten den Zutritt zu seinem Lager. Der Mongolenführer setzt vielmehr den massiven Beschuss der Stadtmauern fort, unter dem der östliche Teil einzustürzen beginnt. Als am 10. Februar die ersten mongolischen Truppen in die Stadt eindringen, kapituliert al-Mustasim mitsamt seinen Heerführern und Staatsbeamten. Hulagu lässt alle töten, auch der Kalif wird – nachdem er den Mongolen das Versteck seiner Schätze gezeigt hat – ermordet. Die mongolischen Truppen ziehen plündernd und mordend durch Bagdad. Im Verlauf von 40 Tagen sollen rund 80 000 Einwohner zu Tode kommen. Nur wenige Bewohner überleben in unentdeckten Verstecken, einige Knaben und Mädchen

Die Mongolen belagern Bagdad, das von den Abbasiden 762 in einer Tigris-Schleife gegründet wurde (Miniatur, 14. Jh.).

werden als Sklaven deportiert. Vom Morden verschont bleibt nur die christliche Gemeinde, deren Mitglieder in den Kirchen Schutz suchten. Dies geschieht auf besondere Anordnung des Großkhans, an dessen Hof die nestorianischen Christen großen Einfluss ausüben.

Aus Angst vor einer Epidemie – der Gestank der Leichenberge soll unerträglich geworden sein – zieht Hulagu seine Truppen Ende März aus der Stadt ab. Die Mongolen marschieren gemächlich in Richtung Hamadan und Aserbaidschan, in Bagdad bleibt lediglich ein Statthalter zurück. Der nestorianische Patriarch Makika erhält den königlichen Palast als Residenz und Kirche. Mühsam wird Bagdad wieder aufgebaut, 40 Jahre später gilt sie als blühende Provinzstadt – allerdings erreicht sie nur mehr ein Zehntel der Größe, die sie unter den Abbasiden-Kalifen hatte.

Als Möngke im Jahr 1254 den Thron des Großkhans in Karakorum bestiegen hatte, nahmen die Mongolen ihre Expansionspolitik nach Westen wieder auf. Der armenische König Hethum ahnte sofort die drohende Gefahr, die der Mongolensturm auslösen

würde. Im September 1254 begab er sich nach Karakorum, unterwarf sich als Vasall und erhielt dadurch einen persönlichen Schutzbrief sowie die Zusicherung, sein christliches Königreich bleibe unangetastet. Außerdem wurden die christlichen Kirchen und Klöster von künftigen Besteuerungen befreit.

Im Januar 1256 brach das riesige Mongolenheer in Richtung Westen auf. Der Kriegszug wurde sorgfältig vorbereitet: In Turkestan und Persien wurden Straßen und Brücken gebaut. Um den Pferden genügend Futter zu verschaffen, wurden die Herden von den Weiden genommen. Jeder Stamm des mongolischen Staatenbundes musste ein Fünftel seiner kampffähigen Männer stellen.

Erstes Ziel der Mongolen war das Hauptquartier der Assassinen in Alamut, das das Heer im Dezember 1256 erreichte. Die befestigte Stadt konnte dem massiven Ansturm nur wenige Tage standhalten. Aus Karakorum kam der Befehl, alle Assassinen zu töten, sodass der Eroberung wochenlange Exekutionen folgten. Nur wenige überlebten, indem es ihnen gelang, in die Berge zu flüchten.

Das Stadttor Bab el-Wastani war Teil jenes Mauergürtels, der 100 Jahre vor dem Ansturm der Mongolen um Bagdad, der Hauptstadt der Abbasiden, gezogen wurde.

Das mongolische Großreich

Als der Abgesandte des französischen Königs Ludwig IX., der Franziskaner Wilhelm von Rubruk, im Jahr 1254 am Hof des Großkhans Möngke in Karakorum eintrifft, stellt er erstaunt fest, dass er das Zentrum der damaligen diplomatischen Welt betritt. Er trifft auf Gesandtschaften des griechischen Kaisers, der Kalifen von Syrien, des Königs von Delhi und des Seldschuken-Sultans sowie auf Emire aus Kurdistan und russische Fürsten. In der Stadt haben sich auch Europäer niedergelassen, darunter ein Juwelier aus Paris und ein Architekt aus Russland.

Am Hof gibt es nach der Beurteilung von Rubruk weder religiöse noch rassische Benachteiligungen. Zwar sind die wichtigsten politischen Stellen den Mitgliedern der Familie des Großkhans vorbehalten, doch unter den Ministern und Statthaltern finden sich Angehörige nahezu aller asiatischen Völker. Auch die unterschiedlichen Religio-

Der Franziskaner Wilhelm von Rubruk als Gesandter bei den Mongolen

nen scheinen friedlich miteinander auszukommen. Der Großkhan selbst hängt dem Schamanismus an, doch er besucht auch christliche, muslimische und buddhistische Feierlichkeiten. Teile der herrschenden Familie gehören der christlichen Richtung der Nestorianer an, weshalb die Mongolen eine besondere Nähe zu den christlichen Gebieten im westlichen Asien pflegen.

Allerdings stellt der Franziskanergesandte auch fest, dass der Großkhan nicht bereit ist, die Existenz eines anderen souveränen Herrschers außer ihm selbst anzuerkennen. Somit ist es kaum verwunderlich, dass Möngke den Entschluss fasst, ganz Asien zu unterwerfen. Sein Bruder Kublai Khan widmet sich der systematischen Eroberung Chinas, ein anderer Bruder prüft die Ausdehnung nach Süden in Richtung Indien. Die Regierung Persiens geht auf Hulagu, Möngkes dritten Bruder, über. Der Großkhan selbst organisiert das Reich der Mongolei. Schließlich verlegt Batu Khan sein Hauptquartier an die Wolga und begründet dort das Khanat Kiptschak (»Goldene Horde«).

Nach dem Fall Bagdads wird Syrien zum nächsten Ziel der mongolischen Eroberungen: Aleppo fällt im Januar 1260, im selben Jahr ereilt Damaskus das gleiche Schicksal. Es scheint nur mehr eine Frage der Zeit, wann die Mongolen die Küste des Mittelmeers erreichen. Die Kreuzfahrer sind auf jeden Fall eingeschlossen, erhoffen sich aber dennoch eine bessere Zukunft, da die Macht der Muslime im Vorderen Orient durch den Mongolensturm gebrochen scheint. Doch diese Hoffnung trügt, da das Mongolen-Reich nach dem Tod Möngkes in eine Krise gerät. Seine Söhne sind zu jung, um die Nachfolge brechen Streitigkeiten aus. Die großen Heerführer stoppen ihre Eroberungszüge, um im Zentrum der Herrschaft eingreifen zu können.

Mongolen stürmen eine chinesische Festung (indische Miniatur, um 1590).

Italiener beginnen Bürgerkrieg in Outremer

Der Handelskrieg vor Akkon

■ *24. Juni 1258, vor Akkon* **Die Wirtschaftsmächte Pisa, Genua, Venedig und Marseille kämpfen nicht nur um gute Handelsplätze, sondern auch um machtpolitischen Einfluss in Outremer.**

Im Zuge der Auseinandersetzungen um die Vorherrschaft in Akkon stoßen an der Küste 48 Schiffe aus Genua auf 38 Galeeren aus Venedig und Pisa. Die Venezianer verfügen mit dem Befehlshaber Tiepolo über den besseren Taktiker, sodass die Genuesen 24 Schiffe sowie 1700 Mann verlieren. Sie werden gezwungen, den Handelsplatz Akkon aufzugeben und ziehen sich nach Tyros zurück.

Bereits zwei Jahre zuvor brachen in Akkon bewaffnete Kämpfe zwischen den genuesischen und venezianischen Stadtvierteln aus. Vergeblich versuchte Papst Alexander IV. zu schlichten. Der Krieg der rivalisierenden Handelsmächte weitete sich zu einem Bürgerkrieg aus, da die Adligen und Ritterorden für die eine oder andere Seite Partei ergriffen. So unterstützten die Tempelritter die Venezianer, während die Hospitaliter für die Genuesen eintraten. Selbst die königliche Familie wurde in den Kampf hineingezogen: Die Venezianer schlugen sich auf die Seite der Königin-Regentin Plaisance, die für ihren fünfjährigen Sohn Hugo von Zypern die Regentschaft übernommen hatte; Genua verfocht die Thronanwärterschaft des Staufers Konradin, des Enkels von Kaiser Friedrich II.

Erst im Januar 1261 schließen die Bürgerkriegsparteien in Outremer Frieden. Der Handelskrieg kann mit einer Vereinbarung über getrennte Handelsplätze beendet werden.

Venezianer entreißen Genuesen die Stadt Akkon (Gemälde, 16. Jh.).

Bitteres Ende der Kreuzfahrerstaaten

Um die Mitte des 13. Jahrhunderts wächst die existenzielle Bedrohung der den Kreuzfahrern verbliebenen Städte, Burgen und Landstriche an der Küste sprunghaft an. Neben der Uneinigkeit der Kreuzfahrer ist der Hauptgrund dafür ein Machtwechsel im muslimischen Bereich. An die Stelle der alten Ajjubidenherrschaft in Ägypten treten die Mamelucken, ursprünglich zum Kriegsdienst herangezogene Sklaven meist türkischer Herkunft. In der Regierungszeit des Mamelucken-Sultans Baibars (1260–1277) vergeht kein Jahr, in dem die Mamelucken die Kreuzfahrergebiete nicht angreifen. Zunächst gelten die Angriffe den Vororten der Städte, die Soldaten verwüsten Dörfer, Felder sowie Obstgärten und treffen die Versorgung der Städte. Dann greift Baibars die bis dahin als uneinnehmbar geltenden Burgen und Festungen an. Viele, die in Küstennähe liegen, werden erobert und bis auf die Grundmauern geschleift, sodass eine Rückeroberung sinnlos wird. Als 1266 die Festung Saphet fällt, errichtet Baibars dort den ersten befestigten Stützpunkt westlich des Jordans. Die Stadt dient ihm als Regierungszentrum und als Ausgangsposition für Militäraktionen im Süden des Heiligen Landes. Es ist nur noch eine Frage der Zeit, wann das Ende der Kreuzfahrerstaaten kommt.

DIE MAMELUCKEN – EINE AUFSTREBENDE MACHT

Der letzte ajjubidische Herrscher Ägyptens und Syriens aus der Familie des Saladin, al-Salih, hatte, um seine militärische Schlagkraft zu erhöhen, ein neues mächtiges Mameluckenregiment rekrutiert, die Bahri- oder Flussmamelucken. Eine folgenschwere Entscheidung, denn ein Jahr nach seinem Tod 1249 ermordeten die Mamelucken seinen Sohn und rissen die Macht an sich. Zwar erhalten sie die alten Ämter, doch organisieren die ehemaligen Soldatensklaven den Staat um. An die Stelle der lockeren Beziehungen der alten Verwaltungsbezirke tritt eine straff zentralistische Führung. Die ehemals weitgehend unabhängigen Verwalter der Teilgebiete werden durch mameluckische Offiziere ersetzt, die dem Sultan unmittelbar unterstellt sind und ihm regelmäßig Bericht erstatten. Eine Art mittelalterlicher Militärdiktatur entsteht, die von Ägypten aus den gesamten Nahen Osten zu unterwerfen beginnt. Der Versuch der in Syrien herrschenden Ajjubiden, durch einen Einfall in Ägypten die alten Herrschaftsverhältnisse wiederherzustellen, misslingt. Zusätzlich begünstigt der Einfall der Mongolen in Syrien den Aufstieg der Mamelucken. Dem Ansturm aus dem Fernen Osten erliegen die Ajjubiden und als die Mame-

lucken 1260 ein Mongolenheer bei Ain Dschalud schlagen können, ist ihre Oberherrschaft über die muslimischen Gebiete endgültig gefestigt. Zudem steht an der Spitze der Mamelucken der politisch und strategisch hochbegabte Sultan Baibars I. Er sorgt dafür, dass auch die weitgehend zivil besetzten Verwaltungsbereiche durch Offiziere kontrolliert werden. Die Provinzen außerhalb Ägyptens (Damaskus, Aleppo, Kerak und Saphet) werden von mameluckischen Verwaltern regiert, gleichzeitig installiert Sultan Baibars aber in den Zitadellen zusätzlich Militärgouverneure, um die Gefahr eines Aufstandes in den Provinzen von vornherein zu bannen. Der Zustrom von Mamelucken aus den türkischen Gebieten in Kleinasien hält während der Herrschaft Baibars unvermindert an, er versorgt das Heer des Sultans ständig mit neuen Soldaten, sodass sein straff geführtes Heer zu einer beispiellosen Stärke heranwächst.

DIE CHRISTEN IM HEILIGEN LAND – EINE IN SICH ZERRISSENE GEMEINSCHAFT

Die politische Lage in den christlichen Städten entlang der Küste ist in der zweiten Hälfte des 13. Jahrhunderts denkbar ungünstig. Dafür gibt es drei Gründe: Zunächst gibt es keine klare politische Führung. Um den Königsthron entbrennt ein heftiger Streit, zur gleichen Zeit erheben Hugo von Zypern und Karl von Anjou, der die Königswürde von Melisende gekauft hat, Ansprüche auf den Thron. Die Adligen wechseln häufig die Parteien, eine klare Verteidigungspolitik ist unmöglich. Die geistlichen Ritterorden, lange Zeit das militärische Rückgrat der Kreuzfahrerstaaten, planen und handeln unabhängig von den Fürsten.

Die Mamelucken nehmen 1289 die Kreuzfahrerstadt Tripolis ein.

Zwar haben sie fast alle Festungen und Burgen in der Hand, doch unterstützen sie die wechselvolle Politik der Fürsten nur, wenn sie ihren Eigeninteressen dient. Johanniter und Templer verfügen über genügend Soldaten, aber niemals in den Jahren der Bedrohung durch die Mamelucken kommt es zu einer gemeinsamen militärischen Aktion. Die Ritterorden beargwöhnen sich gegenseitig. Ihre Großmeister sind in die Streitigkeiten um den Thron verwickelt, gelegentlich schließen sie sogar Abkommen mit den Mamelucken, um ihre eigenen Interessen zu wahren, ihre Dörfer und Burgen zu schützen und ihren wirtschaftlichen Wohlstand zu sichern.

Einen dritten Grund stellen die starken Stützpunkte der italienischen Handelsstädte dar. Diese verfügen über eine wachsende Flotte und eigene Soldaten. Schon in den ersten Kreuzzügen waren die Schiffe aus Pisa, Genua, Amalfi und Venedig unentbehrliche Helfer der Eroberung des Heiligen Landes gewesen. Sie hatten v. a. ein großes ökonomisches

Interesse daran, in den Küstenstädten des Nahen Ostens Handelsstützpunkte zu errichten. In der Tat hatten die Fürsten den italienischen Städten – in Annahme, dass der Handel den Kreuzfahrerstaaten zugute kommt – reiche Privilegien zugestanden. Allerdings führten diese Privilegien zu einer wachsenden Unabhängigkeit der Handelsstädte. Die Schiffe brachten Zucker, Gewürze, Seide, Baumwolle, Medikamente und Pfeffer nach Westeuropa, von dort aber wurden Waffen, Textilien und Nahrungsmittel an die arabischen Händler geliefert. Hauptumschlagsplätze waren Tyros und Akkon. Die durch den expandierenden Handel und den steigenden Reichtum rasch anwachsenden Flotten werden zu einer eigenen militärischen Macht im Nahen Osten, die aber ganz den konkurrierenden Interessen der Handelsstädte unterliegt. Insbesondere Genua und Venedig sind wechselnde Bündnispartner der Adligen im Heiligen Land. Sie geraten immer häufiger miteinander in Konflikte. Regelrechte Seeschlachten vor den Küstenstädten schwächen die eigentlich dringend nötige Verteidigung der Kreuzfahrergebiete gegen die Mamelucken sowie den Nachschub.

So fallen in der zweiten Hälfte des 13. Jahrhunderts nach und nach die Burgen und Städte in die Hand der muslimischen Angreifer. Zunächst Arsuf und Caesarea (1265), dann verlieren die Orden ihre großen Burgen, schließlich fällt Tripolis (1289) unter dem Angriff des Sultans Qalawun. Der Westen schickt zwar eilige Hilfe – eine Flotte mit 20 venezianischen und aragonesischen Galeeren versucht die Siedler zu entsetzen –, doch kommt die Unterstützung zu spät. Im März 1291 bricht al-Aschraf mit einem großen Heer aus Ägypten gegen Norden auf und zieht, verstärkt durch Truppen aus dem gesamten Mameluckengebiet, vor Akkon. Als die Stadt fällt, ist die letzte Bastion der Kreuzfahrer im Heiligen Land verloren, das gesamte Gebiet mit den heiligen Stätten befindet sich wieder in der Hand der Muslime.

KEIN BÜNDNIS MIT DEN MONGOLEN

In der Mitte des 13. Jahrhunderts scheinen die Mongolen ihre expansive Politik in Richtung Mittelmeer zunächst fortzusetzen. Unter dem Khan Hulagu werden die Assassinen aus Alamut unterworfen, 1258 fällt Bagdad in die Hände der Reiter aus dem Osten. Doch als sie gegen die Küste marschieren, hält das Heer der Mamelucken sie auf. Die Christen im Heiligen Land sind in einer Zwickmühle. Einerseits sind ihre Feinde, die Mamelucken, auch die der Mongolen. Doch gleichzeitig hatten die Mongolen das christliche Europa bedroht. So kommt ein Bündnis gegen die Mamelucken nicht zustande. Überdies wandelt sich die politische Lage im Mongolen-Reich. Das ehemals unter dem Großkhan vereinte Reich zerfällt in vier Teilreiche, der Ilkhan von Persien wird unabhängiger. Sein Kampf gegen die Mamelucken wird zugleich dadurch erschwert, dass der Khan der Goldenen Horde im Süden Russlands mit den Mamelucken im Bündnis steht. Nach dem Fall Akkons bemüht sich der Ilkhan Arghun intensiv um ein Bündnis mit den europäischen Königshäusern, um die Mamelucken zurückzutreiben, doch seine Bemühungen bleiben erfolglos. Selbst das Versprechen, den Christen die Städte wiederzugeben, die von den Mamelucken erobert worden waren, stimmt die Europäer nicht um. Vielleicht hätte das

Furchteinflößende Kämpfer: Die Mongolen unter Kublai Khan setzen in der Schlacht auch Elefanten ein.

Bündnis, wäre es zustande gekommen, das Heilige Land wenigstens teilweise in die Hand der Christen zurückführen können, doch scheint das Interesse des Abendlandes zu schwinden.

EUROPA GIBT OUTREMER VERLOREN

Als Akkon im Jahr 1291 gefallen und das Heilige Land damit endgültig verloren ist, löst dies in Europa einen Schock aus. Daraus resultiert ein hektischer Aktionismus: Das Abendland wird regelrecht überflutet von Plänen zu neuen Kreuzzügen, aber nicht ein einziger wird in die Tat umgesetzt. Vor allem am päpstlichen Hof und am Hof der französischen Könige werden immer neue Kreuzzugspläne geschmiedet. Zum Teil werden Höflinge unmittelbar aufgefordert, Pläne für die Rückeroberung von Outremer zu entwerfen. Zuvorderst sind Militärexperten gefragt, allen voran die Großmeister der Templer und der Johanniter, Jakob von Molay und Fulk von Villaret. Bis in die nötigen Truppenstärken und Landepunkte gehen diese Planungen, die Finanzierung wird kalkuliert, doch es findet sich niemand zur Realisierung. Einer der umfassendsten Pläne stammt aus der Hand des Venezianers Marino Sanudo Torsello. Sein Plan zielt auf die mameluckische Herrschaft in Ägypten, dessen Vormachtstellung durch ein Handelsembargo und durch neue politische Allianzen geschwächt werden soll. Auf dem Seeweg soll ein kleines schlagkräftiges Vorausheer den Weg bahnen, ihm folgt ein großes Heer auf dem Landweg. Selbst der katalanische Mystiker Raimundus Lullus entwickelt einen eher der theologischen Reflexion entspringenden Plan für einen neuen Kreuzzug. Dennoch kommt kein Kreuzzug mehr zustande, die Befreiung des Heiligen Landes scheint sich zur fixen Idee zu wandeln. Wie gelähmt scheint auch das Papsttum, an dessen Hof sich ein halbes Jahr lang die Abgesandten des mongolischen Ilkhans Arghun auf der Suche nach einem Bündnispartner

aufhalten, ohne ihrem Ziel auch nur einen Schritt näher kommen zu können. Auch die geistlichen Orden scheiden als Träger eines neuen Kreuzzuges aus, weil sie sich zur gleichen Zeit in einer tiefen Krise befinden. Nicht nur, dass sie ihre Hauptstützpunkte verloren haben und sich nun eine neue Heimat suchen müssen. Sie werden darüber hinaus mit schweren Vorwürfen konfrontiert. Ihre Kritiker werfen ihnen nicht nur Verrat an der Kreuzzugsidee vor, sondern auch, sie hätten sich an den Kreuzzügen bereichert, seien sogar häretisch geworden. Die Templer werden öffentlich angeklagt, sie verlieren durch eine gemeinsame Aktion des französischen Königs mit dem Papst alle ihre Besitzungen. Sie werden zum Teil als Ketzer verfolgt, ihr Besitz den Johannitern übertragen. Nur mühsam können die Deutschordensritter dem gleichen Schicksal entkommen. Sie finden im preußischen Marienburg die neue Heimat und mit der Ostkolonisation eine neue Aufgabe. Lediglich die Johanniter, auf dem von ihnen eroberten Rhodos neu heimisch geworden, können auf ihren Schiffen Pilger mitnehmen oder geleiten. Ein neuer Kriegszug ins Heilige Land ist aber auch aus ihrem Sinn getilgt.

Wegen des Vorwurfs der Häresie werden Tempelritter in Frankreich verfolgt und auf dem Scheiterhaufen verbrannt (Miniatur, 14. Jh.).

1259 n. Chr.

11. August

Während eines Feldzuges in China, den er gemeinsam mit seinem Bruder Kublai unternimmt, stirbt der mongolische Großkhan Möngke.

Oktober

Der byzantinische Kaiser Michael VIII. Palaiologos schlägt den Fürsten von Achäa, Wilhelm von Villehardouin, in der Schlacht von Pelagonia und verdrängt die Franken damit von der Peloponnes. → S. 190

1260 n. Chr.

Frühjahr

In Karakorum lassen sich Kublai und Ariqboga jeweils zum mongolischen Großkhan wählen. Kublai kann seinen Bruder schließlich unterwerfen und herrscht unangefochten über das Mongolen-Reich. → S. 190

13. Juli

Ein litauisches Heer fügt den Rittern des Deutschen Ordens in Livland eine schwere Niederlage zu. → S. 190

2. September

Im Norden des Heiligen Landes unterliegen die Reiter der Mongolen unter Kitbuka den mameluckischen Truppen des Sultans Qutuz. Der Sieg über die Mongolen wendet die Machtverhältnisse im Nahen Osten und läutet das Ende der Kreuzfahrerstaaten ein. → S. 191

1261 n. Chr.

25. Juli

Mit Hilfe der Genuesen gelingt dem byzantinischen Mitkaiser Michael VIII. Palaiologos die Rückeroberung von Konstantinopel. Damit beendet er die Existenz des Lateinischen Kaiserreichs (Romania). → S. 191

1263 n. Chr.

Frühjahr

Der auf Mallorca geborene Philosoph Raimundus Lullus hat beim Schreiben eines Liebesgedichts Visionen vom gekreuzigten Christus. Daraufhin wendet er sich der Philosophie sowie der Missionierung der Muslime zu. Er entwickelt eine »Philosophie der Liebe«, die alle Religionsgrenzen überschreitet. → S. 193

4. April

Als die Tempelritter und Hospitaliter sich weigern, muslimische Gefangene an Baibars zu übergeben, fällt der Mamelucken-Sultan in Akkon ein. Es kommt zu schweren Straßenkämpfen. Unvermittelt bricht Baibars die Angriffe ab und plündert lediglich die Vororte.

1265 n. Chr.

27. Februar

Sofort nach dem Beginn der mameluckischen Belagerung fällt die Stadt Caesarea in die Hände von Sultan Baibars. Die Zitadelle können die Kreuzfahrer noch bis zum 5. März halten. Anschließend zerstört Baibars die Stadt vollständig.

26. April

Sultan Baibars greift die Johanniterfestung Arsuf an. Obwohl die Stadt mit einer starken Besatzung und reichlich Vorräten ausgerüstet ist, erstürmen die Mamelucken problemlos die Unterstadt. Drei Tage später fällt auch die Zitadelle. Baibars verspricht den Einwohnern zunächst freien Abzug, nimmt dann aber doch alle gefangen.

28. Juni

Urban IV. ruft zum Kreuzzug gegen den Staufer Manfred auf, der durch seine Eroberungen den Kirchenstaat bedroht. Der Papst ernennt Karl von Anjou zum neuen König. → S. 192

1266 n. Chr.

Der bayerisch-salzburgische Dichter und Sänger Tannhäuser stirbt an einem unbekannten Ort. Er ist einer der wenigen Poeten, die das Heilige Land als Pilger besucht haben. → S. 192

26. Februar

Karl von Anjou besiegt bei Benevent die Truppen des exkommunizierten Königs Manfred. Mit der Niederlage endet die Stauferherrschaft auf Sizilien. → S. 192

22. Juli

Der Mamelucken-Sultan Baibars erobert die Kreuzfahrerburg Safed. Die Einnahme gelingt durch den Verrat eines Unterhändlers der Templer. Zwar hatte Baibars der Besatzung freien Abzug nach Akkon garantiert, doch als die Tempelritter die Burg übergeben, lässt er sie allesamt enthaupten. Die Eroberung von Safed verschafft Baibars die Herrschaft über Galiläa.

24. August

Beim Amnanosgebirge kommt es zu einer entscheidenden Schlacht zwischen den Mamelucken unter Qalawun – einem Emir von Sultan Baibars – und einem armenischen Heer. Die zahlenmäßig unterlegenen Armenier werden in die Flucht geschlagen. Nachdem die Mamelucken Armenien verwüstet haben, kehren sie mit 40 000 Gefangenen nach Aleppo zurück.

1267 n. Chr.

Mai

Mit einem großen Truppenaufgebot erscheint Sultan Baibars vor Akkon. Als sein Sturmangriff zurückgeschlagen wird, verwüsten die Mamelucken das gesamte Umland.

16. August

Der genuesische Admiral Lucchetto Grimaldi erzwingt sich mit 28 Galeeren die Zufahrt des von Venezianern beanspruchten Hafens von Akkon. Als er 15 Tage später einige Schiffe nach Tyros bringt, greift eine venezianische Flotte die Genuesen in Akkon an. In der Schlacht gehen fünf genuesische Schiffe verloren. Die übrigen entkommen nach Tyros.

1268 n. Chr.

7. März

Nach zwölfstündigem Kampf fällt die Kreuzfahrerstadt Jaffa den Mamelucken in die Hände. Viele der Einwohner werden erschlagen, die Besatzung kann jedoch unbehelligt nach Akkon abziehen. Nach dem Abriss der Zitadelle schaffen die Mamelucken das Holz nach Kairo, wo es zum Bau einer neuen Moschee verwendet wird.

18. Mai

Antiochia, die letzte große Bastion der Kreuzfahrerstaaten, fällt unter dem Ansturm des mameluckischen Heeres. Die Eroberer richten in den Straßen der Stadt ein furchtbares Blutbad an. Nur wenige Einwohner können Antiochia gegen Zahlung eines hohen Lösegeldes verlassen. → S. 194

23. August

Nahe der italienischen Stadt Tagliocozzo treffen die Truppen des Staufers Konradin auf das Heer des sizilianischen Königs Karl von Anjou. Konradin wird vernichtend geschlagen und schließlich gefangen genommen. → S. 193

29. Oktober

Karl von Anjou lässt Konradin, den Herzog von Schwaben und Titularkönig von Deutschland, Sizilien und Jerusalem, auf dem Marktplatz von Neapel öffentlich hinrichten. Der Tod des letzten Staufers besiegelt das Ende des Herrschergeschlechts.

1269 n. Chr.

1. September

In Barcelona schifft sich der aragonesische König Jakob I. zur Überfahrt ins Heilige Land ein. Nach Erfolgen bei der Reconquista will der König auch Jerusalem von den Muslimen befreien. Der Kreuzzug endet jedoch ohne Erfolg. → S. 195

1270 n. Chr.

Der französische Dichter Rutebeuf schreibt ein Gedicht, das den Kreuzzugsführer Tankred von Tarent als idealen Ritter schildert, der selbstlos für die Befreiung der Heiligen Stadt kämpft. → S. 194

17. August

Auf Befehl von Sultan Baibars dringt ein Assassine in die Kapelle von Tyros ein, in der Philipp von Montfort zusammen mit seinem Sohn Johannes ins Gebet vertieft ist, und ermordet den Herrscher von Toron und Tyros. Der Tod des einflussreichen Barons ist ein schwerer Schlag für Outremer.

25. August

Auf seinem zweiten Kreuzzug gegen die Muslime stirbt der französische König Ludwig IX. in Tunis an einer Epidemie. Er hatte seinen ursprünglichen Plan, Sultan Baibars in Ägypten anzugreifen, geändert und war stattdessen nach Tunis gezogen. → S. 195

1271 n. Chr.

15. März

Nach schweren Beschießungen stürmen die Truppen des Sultans Baibars die äußeren Umfassungsmauern der mächtigen Hospitaliterfestung Krak des Chevaliers. Zwei Wochen später gelingt es den Mamelucken, die innere Mauer zu durchbrechen. Die Eroberung der Festung, die sogar dem Ansturm Saladins standgehalten hatte, öffnet Baibars den Weg nach Tripolis.

9. Mai

Prinz Eduard von England, der auf Anraten seines Vaters Heinrich III. zu einem Kreuzzug aufgebrochen ist, landet in Akkon. Die Suche nach Bündnispartnern gegen die Mamelucken verläuft erfolglos. → S. 196

Ende Mai

Völlig überraschend bietet Sultan Baibars Fürst Bohemund VI. von Tripolis einen zehn Jahre dauernden Waffenstillstand an. Er stellt lediglich die Bedingung, dass die von ihm bereits eroberten Gebiete unter seiner Herrschaft bleiben.

12. Juni

Der Deutsche Ritterorden ist der mameluckischen Übermacht nicht gewachsen und übergibt die Burg Montfort Sultan Baibars. Landeinwärts besitzen die Christen nun keine einzige Burg mehr.

1. September

Im italienischen Viterbo wird Gregor X. zum neuen Papst gewählt. Er gilt als der »letzte Kreuzzugspapst«. → S. 196

1272 n. Chr.

22. Mai

Auf Vermittlung des englischen Prinzen Eduard unterzeichnet die Regierung von Akkon in Caesarea einen Friedensvertrag mit Sultan Baibars. Der Vertrag gilt zehn Jahre und zehn Monate und verbürgt dem christlichen Königreich den Besitz seiner gegenwärtigen Länder. Zudem garantiert er die Benutzung der Pilgerstraße nach Nazareth.

16. Juli

Ein als einheimischer Christ verkleideter Assassine dringt in das Gemach des englischen Prinzen Eduard ein und verletzt ihn mit einem vergifteten Dolch. Der Thronerbe überlebt den Anschlag, braucht jedoch einige Zeit, um sich wieder zu erholen.

22. September

Prinz Eduard verlässt Akkon in Richtung England, wo sein Vater Heinrich III. im Sterben liegt.

1273 n. Chr.

Um die Muslime auch auf See besser bekämpfen zu können, gründet König Alfons X. von Kastilien und León in Grandselve den neuen Ritterorden Santa Maria España. → S. 196

1274 n. Chr.

7. Mai

Auf dem zweiten Konzil von Lyon kommen über 250 Kirchenführer aus Europa zusammen. Zur Finanzierung eines neuen Kreuzzuges erlässt Papst Gregor X. eine Sondersteuer. Erfolglos versucht er die Ostkirche wieder mit Rom zu vereinen. → S. 197

1275 n. Chr.

Mai

Bohemund VI., der letzte Fürst von Antiochia, stirbt. Da sein Sohn Bohemund erst 14 Jahre alt ist, erhebt König Hugo III. als nächster Verwandter Anspruch auf die Regentschaft in Tripolis. Diese sichert sich jedoch die Fürstin-Mutter Sibylle von Armenien.

1277 n. Chr.

Maria von Antiochia, die Regentin des Königreiches Jerusalem, verkauft ihr Thronrecht und ihren Titel an Karl von Anjou. Der König von Sizilien schickt Truppen nach Akkon und setzt Roger von San Severino als Bevollmächtigten (»Bailli«) ein. Aufgrund der militärischen Drohungen erkennen die Adligen in Outremer Karl als ihren König an. → S. 198

1. Juli

Der Mamelucken-Sultan Baibars stirbt in Damaskus. Über die Ursachen seines Todes kursieren viele Gerüchte. Einige Chronisten behaupten, er erlag den Verletzungen, die er sich auf seinem letzten Feldzug in Anatolien zugezogen hatte. Andere berichten, der Sultan habe zu viel vergorene Stutenmilch getrunken. Ein weiteres Gerücht besagt, Baibars habe einen Ajjubitenfürsten mit vergifteter Stutenmilch beseitigen wollen und den Trank versehentlich selbst zu sich genommen.

1280 n. Chr.

15. November

In Köln wird der verstorbene Gelehrte Albertus Magnus in einer Ordenskirche beigesetzt. Durch die intensive Beschäftigung mit den Werken des griechischen Philosophen Aristoteles leitete der Theologe die Epoche der Hochscholastik ein. → S. 199

1281 n. Chr.

30. Oktober

Bei Homs treffen mongolische Heere auf die Truppen der Mamelucken. Obwohl die mit den Mongolen mitkämpfenden christlichen Armenier einen Teil des Mameluckenheeres in die Flucht schlagen können, gibt es keinen eindeutigen Sieger. Trotzdem ziehen die Mongolen sich wieder hinter den Euphrat zurück.

1282 n. Chr.

Die Mystikerin Mechthild von Magdeburg stirbt im Kloster Helfta. Als erste Frau beschrieb die Zisterzienserinnonne ihre Visionen in der Volkssprache. → S. 201

31. März

Gegen den sizilianischen König Karl von Anjou bricht in Palermo ein Aufstand aus. Die so genannte Sizilianische Vesper führt zum Sturz der französischen Fremdherrschaft. König Peter III. von Aragón wird am 4. September zum neuen Herrscher von Sizilien gekrönt. → S. 199

1283 n. Chr.

Sommer

Der Sudauer-Häuptling Skomand gibt den Widerstand gegen den expandierenden Deutschen Orden auf. Er zieht sich aus Ostpreußen zurück und lässt sich in Weißrussland nieder. → S. 200

1284 n. Chr.

4. März

In Tyros stirbt König Hugo III. von Zypern und Jerusalem. Seine Versuche, das Königtum in den kleinen Gebieten der Kreuzfahrerstaaten noch einmal zu festigen, waren gescheitert.

1285 n. Chr.

17. April

Sultan Qalawun beginnt mit der Belagerung der Hospitaliterfestung Marqab. Den mächtigen Schleudern der Mamelucken hält die Burg jedoch stand. Erst als die Angreifer den Turm untergraben und dieser einstürzt, ergeben sich die Verteidiger.

1286 n. Chr.

15. August

Heinrich II. von Zypern wird in Tyros von Erzbischof Bonnacorso von Gloria zum König von Jerusalem gekrönt. Der erst 15-jährige Monarch setzt Balduin von Ibelin zum Bevollmächtigten (»Bailli) in Akkon ein. → S. 201

1287 n. Chr.

Jahresbeginn

Der Mongolen-Khan Arghun schickt einen Gesandten in den Westen, der sowohl den französischen als auch den englischen König sowie den Papst um Hilfe gegen die Mamelucken bittet. Obwohl der Gesandte überall freundlich empfangen wird, kommt es zu keinem Bündnis.

1288 n. Chr.

22. Februar

Als Nachfolger von Honorius IV. wird Nikolaus IV. zum Papst gewählt. Wenige Wochen nach seiner Wahl proklamiert er einen neuen Kreuzzug.

1289 n. Chr.

26. April

Der mameluckische Sultan Qalawun erobert die Stadt Tripolis. Die Gegenwehr der Christen wird durch einen Machtkampf zwischen Genua und Venedig geschwächt. Nach dem Ende von Edessa und Antiochia bricht damit der dritte Kreuzfahrerstaat zusammen. → S. 202

1290 n. Chr.

August

Ein Haufen norditalienischer Kreuzfahrer – in erster Linie Tagelöhner und Abenteurer – landet in Akkon. Da die Kreuzfahrer hauptsächlich an Plünderungen interessiert sind, greifen sie muslimische Kaufleute an. Unzählige Menschen fallen dem Massaker zum Opfer. Sultan Qalawun erklärt daraufhin den Waffenstillstand mit dem Kreuzfahrerstaat für gebrochen und bereitet sich auf einen Feldzug gegen Akkon vor. → S. 202

Herbst

Im Auftrag von König Eduard I. ziehen einige englische Ritter zusammen mit dem Schweizer Otto von Grandson ins Heilige Land. Der Ratgeber des englischen Königs eilt der von den Mamelucken bedrohten Stadt Akkon zu Hilfe. → S. 203

10. November

Nur wenige Kilometer von seiner Hauptstadt Kairo entfernt stirbt Sultan Qalawun. Fünf Tage zuvor war er an der Spitze eines großen Heeres aufgebrochen, um Akkon anzugreifen. Auf dem Sterbebett nimmt er seinem Sohn und Nachfolger al-Aschraf das Versprechen ab, den Feldzug fortzuführen und Akkon zu erobern.

1291 n. Chr.

6. April

Mit rund 60 000 Berittenen und 160 000 Mann Fußvolk beginnen die Mamelucken mit der Belagerung der Stadt Akkon.

18. Mai

Die christlichen Verteidiger von Akkon können der Übermacht des mameluckischen Belagerungsheeres nicht mehr standhalten. Unter Führung von Sultan al-Aschraf stürmen die Muslime die letzte große Kreuzfahrerstadt im Heiligen Land. → S. 204

Mai

Im Hafen von Akkon bemächtigt sich der Templer Roger de Flor einer Galeere und erpresst von reichen Einwohnern, die auf der Flucht vor den Mamelucken sind, hohe Gelder für die Überfahrt nach Zypern. → S. 205

22. Juli

Nach Tyros und Sidon wird auch die christliche Stadt Beirut kampflos den Mamelucken übergeben. Mit der Zerstörung aller befestigten Städte an der Mittelmeerküste nehmen die Mamelucken den Franken die Möglichkeit zur Rückkehr.

30. Juli

Sultan al-Aschraf besetzt die Stadt Haifa. Ohne Gegenwehr ergeben sich die Einwohner. Die Mamelucken brennen die Klöster auf dem Berg Karmel nieder und ermorden die Mönche.

3. August

Da eine Gegenwehr aussichtslos erscheint, räumen die Templer angesichts des riesigen Mameluckenheeres die Festung Tortosa an der Küste Syriens. Tortosa wurde von den Christen während des ersten Kreuzzuges 1099 erobert. Um die Stadt besser verteidigen zu können, übergab der Jerusalemer König Balduin III. Tortosa im Jahr 1152 den Templern. → S. 205

1292 n. Chr.

18. August

In der Enzyklika »Dura nimis« schlägt Papst Nikolaus IV. vor, die beiden geistlichen Ritterorden der Templer und Johanniter zu vereinigen.

1294 n. Chr.

Sommer

In Peking stirbt Kublai Khan, der letzte Großkhan der Mongolen. Unter ihm erreichte das Mongolen-Reich die größte Ausdehnung – es erstreckte sich von China bis ans Mittelmeer. Nach dem Tod von Kublai fällt das Reich auseinander. → S. 205

24. Dezember

Der aus einer römischen Adelsfamilie stammende Benedetto Caetani wird als Bonifatius VIII. zum Papst gewählt.

1296 n. Chr.

23. Februar

Papst Bonifatius VIII. verbietet die Besteuerung der Geistlichen. Frankreichs König Philipp IV. antwortet mit einer Ausfuhrsperre für Edelmetall und weist alle päpstlichen Nuntien aus dem Land. Daraufhin lenkt der Papst ein und gestattet die Besteuerung des Klerus, falls der Staat in finanzielle Not gerät.

1299 n. Chr.

23. Dezember

Der mongolische Ilkhan Ghazzan fällt in Syrien ein und schlägt die mameluckischen Truppen in der Nähe von Homs.

1300 n. Chr.

Januar

Damaskus ergibt sich den mongolischen Truppen und erkennt die Oberherrschaft des mongolischen Ilkhans Ghazzan an.

Ostern

Papst Bonifatius VIII. ruft das erste Heilige Jahr aus. Rompilgern wird fortan ein Ablass der kirchlichen Sündenstrafen gewährt. Gleichzeitig führt Bonifatius VIII. die Tiara (Kopfbedeckung aus drei übereinander gesetzten Kronen) als Hoheitszeichen des Papstes ein.

Juni

Ein vereinigtes christliches Heer unter Führung des Templergroßmeisters Jakob von Molay greift die muslimische Küstenfestung Tortosa an. Der

Angriff scheitert kläglich, das Hauptheer wird zurückgeschlagen. Den Templern gelingt es jedoch, sich auf der Felseninsel Ruwad vor Tortosa festzusetzen.

1302 n. Chr.

Sommer

Eine Mameluckenflotte schneidet die Templer auf der Felseninsel Ruwad vom Nachschub ab. Die Ritter werden zur Aufgabe der Festung gezwungen und als Gefangene nach Kairo gebracht. Vor die Wahl gestellt, entweder zum Islam überzutreten oder geköpft zu werden, entscheiden sich alle für den Tod. → S. 207

18. November

Mit der Bulle »Unam sanctam« verkündet Papst Bonifatius VIII. die Vorherrschaft der geistlichen vor der weltlichen Gewalt und damit den Vorrang des Papsttums gegen den französischen König Philipp IV.

1303 n. Chr.

7. September

Veranlasst durch König Philipp IV. von Frankreich wird Papst Bonifatius VIII. auf der Reise zu einem Konzil in Anagni gefangen genommen. Nachdem der Papst von den Bürgern und einem römischen Ritterheer befreit wird, kehrt er nach Rom zurück, wo er am 11. Oktober stirbt.

1306 n. Chr.

27. Mai

Gemeinsam mit dem Seeräuber Vignolo dei Vignoli plant der Großmeister der Johanniter, Fulk von Villaret, auf Zypern einen Überfall auf Rhodos. Die Johanniter wollen dort ihr neues Hauptquartier errichten. → S. 206

6. Juni

In einem Schreiben an die Großmeister der Templer und Johanniter regt Papst Klemens V. erneut die Zusammenlegung der beiden Orden an.

1307 n. Chr.

Sommer

Jakob von Molay, der Großmeister der Templer, übersendet Papst Klemens V. in Avignon einen neuen Kreuzzugsplan, der jedoch nie in die Tat umgesetzt wird. → S. 207

13. Oktober

König Philipp IV. lässt alle Mitglieder des in Frankreich ansässigen Templerordens verhaften und klagt sie der Ketzerei an. Das Vermögen des Ritterordens soll die französische Staatskasse sanieren. Da die geistlichen Orden dem Papst unterstehen, protestiert Klemens V. dagegen. → S. 207

22. November
In der Bulle »Pastoralis praeeminentiae« ordnet Papst Klemens V. an, sämtliche Templer im Abendland sowie auf der Insel Zypern zu verhaften und ihren Besitz zugunsten der Kirche zu beschlagnahmen.

1308 n. Chr.

Mai
Auf Zypern übergibt der aus Avignon angereiste Prior Hayton einen Brief von Papst Klemens V. an den Herren von Tyros, Amalrich. In dem Schreiben wird die Verhaftung aller Templer auf der Insel angeordnet. Der zeitweilig mit den Templern verbündete Amalrich zögert, den Befehl auszuführen.

1. Juni
Die Tempelritter auf Zypern geben ihren Widerstand auf. Ihr Ordensschatz wird in das Haus des zypriotischen Herrschers Amalrich gebracht. Alle Ritter werden gefangen gesetzt. Nach drei Jahren kommt es zum Prozess, bei dem die Templer in allen Punkten freigesprochen werden.

Juli
Ilkhan Ghazzan fällt erneut in Syrien ein und marschiert mit seinen Truppen bis vor Jerusalem. Einem Gerücht zufolge soll der Mongolenherrscher geplant haben, die Stadt wieder in die Hände der Christen zu geben, falls irgendein christlicher Staat ihm ein Bündnis angeboten hätte.

Sommer
Rhodos ergibt sich den anstürmenden Truppen der Johanniter. Der Ritterorden beginnt mit dem Ausbau des neuen Machtzentrums.

12. August
Nach einer Anordnung von Klemens V. sollen alle Templer durch bischöfliche Kommissionen verhört werden. Abschließend soll ein für den Herbst 1310 einberufenes Generalkonzil das Urteil über den gesamten Orden fällen.

1309 n. Chr.

Mai
Der Hochmeister der Deutschordensritter, Siegfried von Feuchtwangen, beschließt die Verlegung des Ordenshauptsitzes nach Ostpreußen.

1310 n. Chr.

19. Juni
Papst Klemens V. beauftragt Erzbischof Johannes von Bremen und den Domherrn von Ravenna, Albert von Mediolano, einen Vorwurf aus Livland zu prüfen. Demnach seien die Deutschordensritter keine Helfer und Beschützer der Christen, sondern innere Feinde, die gegen Christen und deren Getreue kämpfen würden.

1311 n. Chr.

Oktober
In Vienne berät ein Konzil unter der Leitung von Klemens V. das Vorgehen gegen die Templer. Obwohl der Papst zunächst dazu neigt, die Templer freizusprechen, muss er sich schließlich dem Druck des französischen Königs Philipp IV. beugen.

1312 n. Chr.

22. März
Mit der Bulle »Vox in excelso« hebt Papst Klemens V. den Templerorden auf. Er verzichtet auf ein ordentliches Gerichtsverfahren oder Urteil. Am 12. Mai verfügt er, dass alle Güter der Templer auf die Johanniter übergehen.

1314 n. Chr.

März
In Paris wird der Großmeister der Templer, Jakob von Molay, nach langen Jahren der Gefangenschaft und Folter öffentlich verbrannt.

Probleme bei der Aufteilung des mongolischen Weltreichs

Streit um die Thronfolge der Steppenkrieger

■ *Frühling 1260, Karakorum*
Nach dem Tod des Großkhans Möngke bricht unter seinen Brüdern ein Kampf um die Nachfolge aus. Die Auseinandersetzungen der mongolischen Thronaspiranten verschaffen dem Nahen Osten eine Atempause.

Kublai und Ariqboga, die beiden Brüder des 1259 verstorbenen Großkhans Möngke, halten jeweils einen so genannten Kuriltai ab. Auf diesen Versammlungen werden beide zum neuen mongolischen Großkhan gewählt. Während Kublai die Unter-stützung der Heerführer genießt, die in China weilen, stehen hinter Ariqboga vor allem die Mitglieder des mongolischen Herrscherhauses.

Keine der beiden Wahlen ist gültig, da nicht alle maßgeblichen Verwandten anwesend sind. Sowohl Berke, der Khan der Goldenen Horde in Südrussland, als auch Hulagu, der Ilkhan von Persien, sind während der Kuriltai nicht in Karakorum. Kublai schafft es dennoch, die Herrschaft als Großkhan anzutreten, nachdem er seinen jüngeren Bruder unterworfen hatte. Anschließend kommt es zu Kämpfen im Kaukasus, dem Grenzgebiet zwischen Berke und Hulagu. Der Khan der Goldenen Horde verfolgt eine promuslimische Politik, während Hulagu die Christen bevorzugt und an der Westgrenze seines Reiches – z. B. in Damaskus – eine islamfeindliche Haltung einnimmt. Hulagu scheitert bei dem Versuch, Berke und seine Heerführer zurückzudrängen, die die christlichen Stämme am Kaukasus verfolgen.

Kublai Khan, der sich im Machtkampf durchsetzt, bei der Jagd

Franken verlieren die Peloponnes

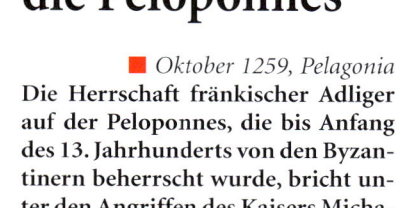

■ *Oktober 1259, Pelagonia*
Die Herrschaft fränkischer Adliger auf der Peloponnes, die bis Anfang des 13. Jahrhunderts von den Byzantinern beherrscht wurde, bricht unter den Angriffen des Kaisers Michael VIII. Palaiologos zusammen.

An der Westgrenze Makedoniens treffen die Heere des byzantinischen Kaisers Michael VIII. Palaiologos und des Fürsten von Achäa, Wilhelm von Villehardouin, aufeinander. Obwohl die Truppen des fränkischen Adligen durch Reiter des sizilianischen Königs Manfred sowie durch griechische Soldaten verstärkt sind, verliert Villehardouin die Schlacht. Der Fürst wird zusammen mit seinen Baronen gefangen genommen und gezwungen, die Festungen Maina, Mistra und Monemvasia auf der Osthälfte der Peloponnes an den byzantinischen Kaiser abzutreten. Damit legt Michael VIII. den Grundstein zur Rückgewinnung der Halbinsel.

Der Kreuzzug gegen die baltischen Länder muss Rückschläge hinnehmen

Litauer besiegen die livländischen Deutschordensritter

■ *13. Juli 1260, Durben*
Die Unterwerfung der »Heiden« im baltischen Ostseeraum wird durch Aufstände immer wieder verzögert. Die größte Gefahr droht den Ostkreuzfahrern von den Litauern.

Die Deutschordensritter aus Livland müssen sich einem Heer der Litauer geschlagen geben. Schon ein Jahr zuvor hatten Semgalen und Kuren – zwei baltische Volksstämme – den offenen Krieg gegen die Eindring-linge eröffnet, nachdem es jahrelang zu Grenzübergriffen, Scharmützeln, Raubüberfällen und Plünderungen gekommen war. Eine Entscheidungs-schlacht schien unausweichlich.

Die ausgedehnten Gebiete der Litauer schoben sich wie ein Keil zwischen die livländischen und preußischen Eroberungen der Deutschordensritter. Zwar hatte sich der litauische König Mindaugas bereits im Jahr 1251 zum Christentum bekehrt, doch als die Ordensritter die Grenzgebiete Litauens zu erobern begannen, fühlte er sich bedroht. Mindaugas brach mit dem Christentum und begann einen Krieg gegen die Eindringlinge.

Nach der Niederlage von Durben besiegt Mindaugas die Deutschordensritter mitsamt ihren polnischen Verbündeten erneut im Januar 1261 bei Pocarwist in Masowien. Zur gleichen Zeit erheben sich die Preußen, sodass der Deutsche Orden zunehmend in Bedrängnis gerät und an zwei Fronten kämpfen muss. Auch die Semgalen, deren Unterwerfung 1272 besiegelt schien, erheben sich erneut und gestehen erst 30 Jahre spä-

Christianisierung Livlands durch den Deutschen Orden (Kupferstich, 13. Jh.)

Wappen des Deutschen Ordens (Deutschordenskirche, Frankfurt/M.)

ter ihre Niederlage ein. Die Überlebenden fliehen nach Litauen, dem größten Feind der Deutschordensritter im Baltikum.

Rückzug der bisher unbesiegbar scheinenden Mongolen – Mamelucken wenden sich gegen Kreuzfahrerstaaten

Die Mamelucken besiegen die geschwächten Mongolen

■ *2. September 1260, Ain Dschalud*
Der Sieg der Mamelucken über das Mongolenheer rettet den Islam vor der wachsenden Bedrohung aus dem Osten. Für 200 Jahre wird das Mamelucken-Reich zur Hauptmacht im Nahen Osten.

An den Goliaths-Tümpeln – dem Ort, an dem die Franken im Jahr 1183 Saladin die Stirn geboten hatten – trifft das von Kitbuka geführte Mongolenheer auf die mameluckischen Truppen unter Sultan Qutuz und dem Heerführer Baibars. Die Mongolen sind den Mamelucken an Zahl unterlegen, da große Teile ihres Heeres nach dem Tod von Großkhan Möngke Richtung Karakorum abgezogen sind. Ein mameluckisches Täuschungsmanöver lässt die Mongolen glauben, dass ihre Gegner nur eine kleine Zahl von Reitern stellen – ihnen selbst fehlen die Kundschafter, um die genaue Stärke des mameluckischen Heeres festzustellen. Ahnungslos verfolgen die Mongolen die unter Baibars fliehenden Reiter und gelangen somit in einen Hinterhalt: Sie werden von der Hauptmacht eingekesselt, die Sultan Qutuz befehligt. Obwohl sich die Mongolen bitter wehren, ist die Schlacht nach wenigen Stunden entschieden. Als Kitbuka gefangen genommen und erschlagen wird, ist die Niederlage der Mongolen besiegelt.

Der Sieg der Muslime führt zu einer bedeutenden Verschiebung der Machtverhältnisse im Nahen Osten

und läutet zudem das Ende der Kreuzfahrerstaaten ein. Hatten die Mamelucken bei ihrem Marsch von Ägypten in Richtung Norden noch einen friedlichen Durchzug durch die Küstengebiete ausgehandelt, ändert sich nun die Stimmung. Fünf Tage nach seinem Sieg in Ain Dschalud zieht Sultan Qutuz in Damaskus ein, Aleppo wird einen Monat später besetzt. Die zum Teil vor den Mongolen nach Ägypten geflohenen Emire werden wieder eingesetzt, sodass ein Teil Syriens nun unter mameluckischer Herrschaft steht.

Eine radikale Wendung in den Beziehungen zu den Christen erfolgt, nachdem Baibars den Sultan am 23. Oktober 1260 auf dem Heimweg nach Ägypten vor den Augen seiner Getreuen ermorden und die Macht an sich reißt. Während Qutuz gegenüber den Christen eine zurückhaltende Politik betrieben hatte – zum Teil aus Sorge, die Christen könnten Truppen gegen ihn mobilisieren –, macht Baibars aus seinen Feindseligkeiten ihnen gegenüber keinen Hehl. Bereits bei ihrem ersten Besuch in Akkon hatte er Qutuz dazu gedrängt, die Stadt einzunehmen, doch der Sultan lehnte ab. Baibars brennt darauf, die Christen endgültig aus dem Nahen Osten zu vertreiben.

Noch während des Heimmarsches erweisen alle Heerführer Baibars ihre Huldigung. Zurück in Ägypten, bereitet der neue Sultan einen Schlag gegen die Gebiete im Norden vor.

Dschingis Khan und sein General Gebe in der Schlacht: Die große Zeit der Mongolen neigt sich langsam dem Ende zu.

Nach knapp 60 Jahren endet die Existenz des Kaiserreiches Romania

Die Byzantiner erobern Konstantinopel zurück

■ *25. Juli 1261, Konstantinopel*
Das von Kreuzfahrern und Venezianern gegründete Lateinische Kaiserreich verfügt nicht über genügend militärische Macht, um sich gegen Angriffe zu wehren. Sein Ende wird durch den Handelskrieg der italienischen Städte eingeleitet.

Unterstützt von genuesischen Schiffen und Truppen zieht der byzantinische Mitkaiser Michael VIII. Palaiologos in Konstantinopel ein. Damit endet das Lateinische Kaiserreich Romania, das im Zuge des vierten Kreuzzugs 1204 errichtet wurde.

Das Reich Romania war ohnehin nur überlebensfähig, weil es von den

mächtigen italienischen Handelsstädten gestützt wurde. Deren Interesse begründete sich durch die lukrativen Handelsniederlassungen in Konstantinopel. Vor allem Venedig möchte seine großen Besitzungen absichern.

Nach der Niederlage im Handelskrieg vor Akkon ging Genua auf Bündnissuche und gewann den byzantinischen Kaiser als Partner. Dieser eroberte äußerst erfolgreich immer mehr Gebiete zurück und schloss 1261 mit den Genuesen einen Vertrag, der den italienischen Kaufleuten große Privilegien in allen byzantinischen Gebieten zusicherte – auch in

jenen, die Michael VIII. Palaiologos zukünftig noch erobert. Dafür versprechen die Genuesen dem Kaiser Militärhilfe.

Den alten Glanz kann Konstantinopel nach der byzantinischen Rückeroberung jedoch nicht mehr erreichen. Den größten Gewinn tragen die Genuesen davon, die sich nun die Vorherrschaft über alle Handelsorte am Schwarzen Meer sichern. Dieses Gebiet gewinnt zunehmend an Bedeutung, da die Mongolen die Handelswege durch Zentralasien öffnen.

Das Ansehen Michaels VIII. Palaiologos, der seit dem Jahr 1258 regierender Mitkaiser ist, steigt durch die

Eroberung Konstantinopels so sehr, dass er sich zum Hauptkaiser krönen lässt. Seinen Konkurrenten Johannes IV. Laskaris lässt er blenden und gefangen setzen. Durch die Freilassung des Fürsten von Achäa, Wilhelm von Villehardouin, den der Kaiser 1259 gefangen nehmen ließ, erhält Michael VIII. drei Festungen im Norden Griechenlands und treibt damit die Wiedereroberung der Peloponnes voran. Die größte Gefahr für den Kaiser geht nun von Karl von Anjou aus, der nach der Vertreibung der Staufer aus Sizilien seine Aufmerksamkeit nun auf die Eroberung von Konstantinopel richtet.

Roms politische Taktik
Der Kreuzzug gegen Sizilien

■ *28. Juni 1265, Rom*
Manfred, der Sohn Friedrichs II., hatte sich 1258 zum König von Sizilien ausgerufen. Da der Staufer die Herrschaft über Reichsitalien erstrebt und somit den Kirchenstaat zu umklammern versucht, gerät er in einen Konflikt mit Rom.

Um die Herrschaft über Sizilien wiederherzustellen, ruft Papst Klemens IV. zum Kreuzzug gegen König Manfred auf. Zum neuen Herrscher des Königreiches ernennt er Karl von Anjou, den Bruder des französischen Königs Ludwig IX.

Den Kämpfern, die gegen den exkommunizierten Manfred ziehen, verspricht der Papst die gleichen Belohnungen wie den Kreuzfahrern, deren Ziel das Heilige Land ist. Mit großem Erfolg rekrutieren Kreuzzugsprediger in Frankreich Truppen, sodass Karl mit einer gewaltigen Armee von etwa 40 000 Mann in Rom Richtung Süden aufbricht.

Gegen Ende des 13. Jh. lässt Karl von Anjou das mächtige Castel Nuovo in Neapel als neue Residenz erbauen.

Karl von Anjou erweitert seine Macht
Das Ende der Staufer in Sizilien

■ *26. Februar 1266, Benevent*
Mit dem Sieg über Manfred sichert sich Karl von Anjou die Herrschaft in Sizilien. Als päpstlicher Vasall verpflichtet er sich, die Rechte der Kirche uneingeschränkt zu beachten.

Im Morgengrauen stürmt das große französische Heer unter Karl von Anjou aus den Wäldern in die süditalienische Ebene von Benevent und greift das bunt zusammengewürfelte Aufgebot des Staufers Manfred an. In aller Eile hatte dieser eine Truppe aus Sarazenen, Italienern, Deutschen und katalanischen Söldnern aufgestellt.

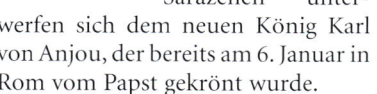

Kampf zwischen Karl von Anjou und Manfred (1370)

Schon nach einer Stunde hat die französische Reiterei – die von ihrem langen und schnellen Marsch durch Italien nicht geschwächt scheint – die Truppen des Staufers zersprengt. Manfreds Männer ergreifen die Flucht. Am Abend liegen rund 3000 Tote auf dem Schlachtfeld, König Manfred wird zunächst vermisst. Erst zwei Tage später entdeckt man seine Leiche unter den Gefallenen. Karl lässt sie mit einem Steinhaufen und einem Kreuz bedecken, doch der Erzbischof von Cosenza befiehlt, die Leiche des »Ketzers« an einen anderen Ort zu bringen. Eine weitere Gegenwehr ist den Staufern nach der Niederlage von Benevent nicht mehr möglich: Das Heer hat sich aufgelöst, die Führer sind gefangen oder tot. Die Sarazenen unterwerfen sich dem neuen König Karl von Anjou, der bereits am 6. Januar in Rom vom Papst gekrönt wurde.

Am 15. Mai gibt Klemens IV. bekannt, dass Karl seinen Auftrag erfüllt hat. Bald zeigt sich jedoch, dass dieser seine Regentschaft ausschließlich in eigenem Interesse führt und ehrgeizige Eroberungspläne verfolgt.

Ein dichtender Kreuzfahrer
Tannhäuser tritt letzte Reise an

■ *1266*
Nur wenige deutsche Dichter haben das Heilige Land besucht und schriftliche Zeugnisse hinterlassen. Der bekannteste von ihnen ist der Minnesänger Tannhäuser.

Der Dichter Tannhäuser stirbt auf einer seiner vielen Reisen. Seine Dichtungen weisen auf einen gebildeten, ritterlich erzogenen Mann hin. Vermutlich genoss er eine geistliche Ausbildung und war dann als fahrender Kleriker unterwegs. Eine Zeit lang lebte der aus dem bayrisch-salzburgischen Geschlecht von Tannhausen stammende Minnesänger in Wien.

Tannhäusers Dichtungen greifen viele Themen auf, u. a. besuchte er als Pilger das Heilige Land. Die Heidelberger Liederhandschrift stellt ihn wohl deshalb in der Tracht des Deutschen Ritterordens dar. Die meisten seiner Werke sind lebenslustige Liebes- und Vagantenlieder, in denen er auch den höfischen Minnesang parodiert. Im Gegensatz dazu steht das »Bußlied« (Kreuzlied), in dem er seine Sündenschuld beklagt und Gott bittet, ihm zu verzeihen und den rechten Weg zu zeigen. Daraus entsteht im späten 14. Jh. die Tannhäuser-Sage über den Ritter, der von Venus in den Zauberberg gelockt wird. Von Gewissensbissen geplagt, pilgert er nach Rom und erbittet hier vergeblich die Vergebung des Papstes.

Der Minnesänger Tannhäuser im Ornat eines Deutschordensritters

Der neue König von Sizilien lässt Konradin öffentlich hinrichten – ein stolzes Herrschergeschlecht erlischt

Karl von Anjou besiegt den letzten Staufer Konradin

■ *23. August 1268, bei Tagliacozzo*
Die Eroberung Siziliens durch Karl von Anjou löst im deutschen Reich große Empörung aus. Konradin, der Enkel Friedrichs II., zieht nach Italien, um seinen Anspruch auf das Königreich durchzusetzen.

Nach einem überwältigenden Empfang in Italien trifft das Heer Herzog Konradins von Schwaben in Tagliacozzo auf die Truppen Karls von Anjou. Zunächst scheint der letzte legitime Staufer den Sieg davonzutragen, doch als Karl von Anjou eine bis dahin verborgene Reserve in den Kampf schickt, müssen die deutschen Truppen weichen.

Auf der Flucht wird der besiegte Konradin gefangen genommen und von einem eiligst einberufenen Gericht in einem Scheinprozess wegen Landesverrats zum Tode verurteilt. Am 29. Oktober lässt Karl von Anjou den Stauferherzog zusammen mit etwa einem Dutzend seiner Begleiter auf dem Marktplatz von Neapel enthaupten. Das Blutgericht von Neapel ist ohne Beispiel: Nie zuvor war ein fürstlicher Gefangener öffentlich hingerichtet worden.

Herzog Konradin von Schwaben, der letzte Staufer, wird auf dem Marktplatz von Neapel enthauptet (Historienbild, 17. Jh.).

Ein Katalane begründet die »Philosophie der Liebe«

Raimundus Lullus überwindet die Religionsgrenzen

■ *Frühjahr 1263, Mallorca*
Die Begegnung zwischen christlicher, jüdischer und muslimischer Welt im Mittelmeerraum findet in der Philosophie von Raimundus Lullus ihren geistigen Ausdruck. Der Katalane denkt über die engen Grenzen der einzelnen Religionen hinaus.

Als Raimundus Lullus (Ramon Lull) ein Gedicht für eine geliebte Frau niederschreibt, erscheint ihm fünfmal der gekreuzigte Christus als Vision. Daraufhin beschließt er – so beschreibt es ein von ihm bestellter Biograf später –, sein ausgelassenes weltliches Leben als gut situierter Hofbeamter aufzugeben und fortan drei Ziele zu verfolgen: sein Leben bei der Bekehrung der Muslime zu geben, das beste Buch der Welt gegen die Ungläubigen zu schreiben sowie Papst und Fürsten zur Gründung von Klöstern zu bewegen, in denen die Missionare Arabisch sowie weitere Sprachen von ungläubigen Völkern lernen können.

Nachdem er seinen gesamten Besitz verkauft hat, unternimmt Lullus zahlreiche Pilgerreisen, die ihn u. a. nach Nordafrika führen. Wegen Gesprächen, die er dort mit muslimischen Theologen führt, wird Lullus mit der Todesstrafe bedroht.

Raimundus Lullus (Gemälde, 1620)

In privaten Studien befasst er sich mit der Philosophie. Darüber hinaus beschäftigt er sich mit der christlichen und vor allem mit der muslimischen Theologie. Er bezeichnet sich selbst als »arabischen Christen« und verfasst seine erste Schriften auf Arabisch. Lullus verwendet in seinen Werken aber auch das Katalanische. Als einer der Ersten vermag er es, in der Volkssprache komplizierte wissenschaftliche Fragen zu erörtern.

Lullus ist den verschiedenen intellektuellen Strömungen, die im Mittelmeerraum nebeneinander existieren, sehr aufgeschlossen. Er verbindet in seinen Werken neuplatonische, jüdische, christliche und muslimische Traditionen und entwickelt diese weiter. Sein reiches Lebenswerk – insgesamt sind rund 290 Schriften erhalten – gipfelt in der Erkenntnis, dass es eine »Philosophie der Liebe« gibt, die nicht nur christlichen, sondern auch jüdischen, muslimischen und sogar heidnischen Denkern zugänglich ist.

Lullus ist davon überzeugt, dass die Menschen, die danach leben, die Grenzen der eigenen Religion überwinden können. Die höchste Erfüllung findet diese Philosophie in der mystischen Vereinigung, in der der liebende Mensch und der geliebte Gott nicht mehr voneinander zu trennen sind.

Lullus' Botschaft findet sowohl unter Christen wie unter Muslimen harte Kritiker. Bereits im 14. Jahrhundert werden seine Lehren scharf attackiert. Im Jahr 1376 verbietet der katalanische Generalinquisitor 20 Bücher von Lullus. Im selben Jahr verwirft eine Bulle von Papst Gregor XI. den Großteil seiner Lehren. Erst im 15. und 16. Jahrhundert finden die Überlegungen des katalanischen Philosophen und Theologen breiteren Anklang. Die päpstliche Bulle wird außer Kraft gesetzt und viele Denker beziehen sich auf Lullus, u. a. Giovanni Pico della Mirandola, Nikolaus von Kues und Giordano Bruno.

Das Ende der Kreuzfahrerstaaten: Die letzte große Bastion der Franken fällt

Antiochia von den Mamelucken eingenommen

■ *18. Mai 1268, Antiochia*

Die wenigen Besitzungen, die den Kreuzfahrern noch geblieben waren, fallen nach und nach in die Hand des mamelukischen Sultans von Ägypten, Baibars I.

Den massiven Angriffen des Heeres unter Sultan Baibars auf alle Wälle von Antiochia kann die Stadt nicht standhalten. Durch eine Bresche dringen die mamelukischen Truppen in die Stadt ein und metzeln die Ein-

Mamelukische Feuerwerker mit Schutzanzügen aus Asbest (Miniatur, 14. Jh.)

wohner nieder. Baibars lässt die Stadttore schließen, damit kein Bewohner fliehen kann. Jeder, der sich auf den Straßen aufhält, wird erschlagen, die Menschen in den Häusern werden in die Sklaverei geführt. Nur einige wenige reiche Bürger können sich gegen hohes Lösegeld freikaufen. Selbst muslimische Chronisten zeigen sich von dem Blutbad entsetzt.

171 Jahre lang hatte sich das Fürstentum Antiochia halten können, nun ist die einst reichste Stadt der Kreuzfahrerstaaten geplündert und verliert ihre Bedeutung. Antiochia ist eine der letzten Städte, die von Sultan Baibars erobert wird. Seit seinem Sieg über die Mongolen im Jahr 1260 bedrängt der Mamelucken-Herrscher die Christen im Nahen Osten. Am 5. März 1265 nahm er Caesarea ein und machte Burg und Stadt dem Erdboden gleich. Wenig später eroberte er Haifa, anschließend fiel die Hospitaliterburg Arsuf. Nun konnte man von Akkon aus bereits die Grenze des mamelukischen Reiches sehen.

Zu Beginn des Jahres 1266 marschierten erneut zwei Heere aus Ägypten gegen Akkon. Die Belagerung der Stadt misslang jedoch, da die französischen Truppen Verstärkung erhielten. Wenig später erlitten die Christen einen neuen Rückschlag: Die Tempelritterfestung Safed wurde wegen der aussichtslosen Lage Baibars kampflos gegen die Zusage freien Abzugs übergeben, dennoch ließ der Sultan alle Ritter enthaupten. Die Eroberung Safeds verschaffte Baibars die Herrschaft über ganz Galiläa.

Das zweite mamelukische Heer unter Emir Qalawun fiel weiter nördlich in Armenien und Kilikien ein. Es schlug die armenische Armee vernichtend und kehrte mit 40 000 Gefangenen und reicher Beute nach Ägypten zurück. Baibars befahl unmittelbar danach einen ersten Angriff auf Antiochia, doch ließen sich die Truppenführer bestechen und kehrten unverrichteter Dinge wieder um.

1267 erschien Baibars erneut vor Akkon und begann eine Belagerung, der die Stadt jedoch zu widerstehen vermochte – obwohl eine neue kriegerische Auseinandersetzung zwischen Venezianern und Genuesen ausbrach und die Bürgerschaft entzweite. Erfolgreicher gestalteten sich Baibars Angriffe im darauf folgenden Jahr. Zuerst nahm er Jaffa ein, dessen Herrscher Johann von Ibelin sich auf einen vorher geschlossenen Nichtangriffspakt verlassen und keinerlei Verteidigungsmaßnahmen ergriffen hatte. Baibars ließ die Zitadelle abreißen, Holz und Marmor wurden nach Kairo gebracht und dort zum Bau der neuen großen Moschee verwendet.

Schlimmer als der Verlust der Städte traf die Christen die Eroberung der von den Ritterorden gehaltenen Burgen. So fiel 1268 auch Beaufort. Frauen und Kinder mussten nach Tyros abziehen, die Männer wurden als Sklaven zurückbehalten. Baibars befestigte die Burg neu und ließ eine starke Besatzungstruppe zurück. So beherrschte er bereits den größten Teil der ehemaligen Kreuzfahrergebiete, ehe er vor Antiochia erschien.

Ein Dichter erschafft den idealen Kreuzritter

Rutebeuf besingt Tankred

■ *1270, Paris*

Einige der über 50 Gedichte des französischen Autors Rutebeuf befassen sich mit den Kreuzzügen ins Heilige Land. Zusammen mit anderen Dichtern erschafft er ein Idealbild der ersten Kreuzritter.

In seinem Versepos »Neue Klage über Outremer« beschreibt der französische Dichter Rutebeuf den normannischen Kreuzfahrer Tankred von Tarent als idealen Kreuzritter, der sich durch Tapferkeit und Stolz auszeichnet. Der literarische Kreuzritter kämpft selbstlos für die Befreiung der

Heiligen Stadt und verhält sich ritterlich gegenüber den Ungläubigen. Vor den Toren Jerusalems besiegt Tankred einen unbekannten Ritter im Schwertkampf. Hinterher stellt sich jedoch heraus, dass sein Gegner eine von ihm verehrte heidnische Frau war, die ihn nun sterbend um die Taufe bittet. Diese Episode wird später vielfach dramatisiert, u. a. von dem italienischen Dichter Torquato Tasso in seinem Epos »Das befreite Jerusalem« (1575). Später folgen musikalische Verarbeitungen dieses Stoffes, etwa von Monteverdi und Mozart.

Französische Bronzeskulptur eines Ritters (Gießgefäß, 13. Jh.)

Hoch motiviert nehmen spanische Soldaten das Kreuz – und kehren unverrichteter Dinge wieder zurück

Aragónesen ziehen zum ersten Mal ins Heilige Land

■ *1. September 1269, Barcelona*
Die Könige der Iberischen Halbinsel bezogen den Kreuzzugsgedanken bisher nur auf ihre eigenen Gebiete.

Erst Jakob I., der große Erfolge bei der Reconquista aufzuweisen hat, trägt sich mit dem Gedanken einer Kreuzfahrt ins Heilige Land.

Jakob I. auf einem Kriegszug in seinem Heerlager (Wandmalerei, 14. Jh.)

Mit einem großen Geschwader und dem Ziel, Jerusalem wieder unter die Herrschaft der Christen zu bringen, sticht der aragónesische König Jakob I. in See. Unmittelbar nach dem Ablegen gerät die Flotte in ein Unwetter, das einen großen Teil der Schiffe manövrierunfähig macht. Der König kehrt mit der Mehrzahl der Schiffe wieder zurück, nur ein kleiner Flottenverband unter Führung seiner unehelichen Söhne Fernando Sanchez und Pedro Fernandez segelt weiter Richtung Heiliges Land.

Ende November erreichen sie Akkon und drängen sofort darauf, gegen die Ungläubigen zu kämpfen. Ihre Ankunft fällt mit einem Waffenstillstandsbruch des mameluckischen Sultans Baibars I. zusammen, der mit 3000 Mann vor Akkon erscheint. Nur

mit Mühe können Tempelritter die Spanier von einem Angriff abhalten – sie wären sonst in einen fatalen Hinterhalt geraten. Überdies sind die christlichen Truppen nicht vollzählig zur Stelle. Eine Abteilung französischer Soldaten hatte sich kurz zuvor auf einen Raubzug begeben und war noch nicht zurückgekehrt. Auf dem Heimweg entdecken die Franzosen die mameluckischen Truppen und greifen sie an. Dabei werden sie fast vollständig aufgerieben, nur wenige Franzosen können den Muslimen entfliehen. Als die spanischen Truppen darauf drängen, den Überfallenen zu Hilfe zu eilen, halten ihre Führer sie abermals zurück. Kurze Zeit später brechen die Aragónesen wieder in die Heimat auf. Ihr Kreuzzug hat nicht das geringste zuwege gebracht.

Eine Seuche beendet das Leben eines der großen Herrscher des französischen Mittelalters

König Ludwig IX. stirbt auf seinem zweiten Kreuzzug

■ *25. August 1270, Tunis*
Der Siegeszug Baibars' I. im Heiligen Land löste in Europa nur geringe Unruhe aus. Lediglich der unermüdliche französische König nahm erneut das Kreuz.

Im Lager vor Tunis stirbt der französische König Ludwig IX. an einer Epidemie. Drei Jahre zuvor hatte er – vermutlich beeinflusst von Domini-

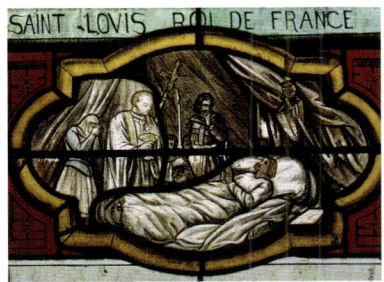

König Ludwig IX. auf dem Sterbebett (Glasmalerei, Lissac/Frankreich)

kanermönchen – im Alter von 53 Jahren noch einmal den Zug ins Heilige Land gelobt.

Einer seiner ältesten Freunde, Joinville, der ihn auf seinem ersten Kreuzzug (1248–1254) begleitet hatte, verweigerte dem König diesmal die Gefolgschaft. Das führt später zu der Einschätzung, große Teile des französischen Adels hätten Ludwig IX. die Gefolgschaft verweigert. Das Gegenteil

ist der Fall: Mit dem König ziehen bedeutende Begleiter ins Heilige Land.

Schon lange stand fest, dass Ludwig mit seinen Truppen über Syrakus nach Ägypten segeln würde, um Baibars in seinem Heimatland Ägypten anzugreifen. Doch es kam anders. Im Juli 1270 teilte Ludwig seinem erstaunten Heer mit, er werde zunächst nach Tunis aufbrechen, um den dortigen Emir Mustansir zu bekehren. Ludwig weihte seinen Bruder Karl von Anjou in den Plan ein. Der König von Sizilien scheint ihn in seinem Vorhaben bestärkt zu haben. Möglicherweise redete Karl seinem Bruder ein, der Emir werde sich leicht bekehren lassen, da er den Christen bisher äußerst wohlgesonnen war. Zudem war das Verhältnis zwischen Karl und dem Emir getrübt, da Mustansir die geflohenen aufständischen Sizilianer bei sich aufgenommen hatte.

Im Angesicht der drohenden Gefahr befestigte Mustansir Tunis neu, doch zum Kampf kam es nicht. Im christlichen Heer brach eine Seuche aus, Ludwig IX. ist einer der Ersten, den die Krankheit niederwarf. Als Karl von Anjou in Tunis eintrifft, ist sein Bruder bereits tot. Durch geschickte Diplomatie rettet Karl das geschwächte Heer vor einer Katastrophe. Nach der Einigung mit dem Emir kehrt Karl nach Italien zurück.

Ludwig IX., »der Heilige«, in einer Schlacht auf einem seiner Kreuzzüge

Anschlag auf den englischen Thronerben mit einem vergifteten Dolch

Prinz Eduard von England zieht nach Palästina

■ *9. Mai 1271, Akkon*

Den englischen König Heinrich III., der schon lange das Kreuz genommen hat, hindern Bürgerkriege am Zug ins Heilige Land. So ermutigt er schließlich seinen Sohn und Thronerben Eduard zum Kreuzzug.

Mit 1000 Rittern landet Prinz Eduard von England in Akkon. Er hatte gehofft, seine kleine Streitmacht mit fränkischen Kräften verstärken zu können, doch die Zustände in Palästina sind katastrophal. Die Venezianer versorgen sogar Sultan Baibars mit Rüstungsgütern. Als Eduard sie zur Rede stellt, weisen sie Gewerbescheine vor, die das Hochgericht von Akkon ausgestellt hat.

Auch die Verstärkung mit zypriotischen Kämpfern schlägt fehl, da diese sich weigern, ohne ihren König ins Feld zu ziehen. Schließlich bittet Prinz Eduard sogar die Mongolen um Hilfe. Tatsächlich rücken 10 000 Steppenkrieger aus Anatolien an, aber aus Respekt vor der großen Streitmacht des Mamelucken-Sultans Baibars kehren sie nach einigen kleinen Scharmützeln wieder um.

Im Frühjahr 1272 muss Eduard erkennen, dass er in Palästina nichts ausrichten kann. Er handelt mit Bai-

Eduard I. aus dem Hause Plantagenet mit Gattin (Initiale eines Manuskripts)

bars einen Waffenstillstand aus, der dem Königreich auf zehn Jahre und zehn Monate Ruhe verschaffen soll. Der Vertrag sichert dem Kreuzfahrerstaat alle Besitzungen am Küstenstreifen zwischen Sidon und Akkon sowie einen freien Pilgerweg nach Nazareth. Der Waffenstillstand kommt auch Sultan Baibars gelegen, da er nun seine ganze Kraft für die Abwehr der Mongolen einsetzen kann.

Als Baibars das Gerücht zu Ohren kommt, Eduard beabsichtige an der Spitze eines größeren Heerzuges später erneut nach Palästina zu ziehen, plant der Sultan die Ermordung des englischen Thronerben. Ein Assassine schafft es, in die Gemächer des Prinzen einzudringen und ihn mit einem vergifteten Dolch zu verletzen. Obwohl Eduard schwer erkrankt, erholt er sich nach einigen Monaten von den Folgen des Anschlages. Um seine Beteiligung an dem Attentat zu verschleiern, beeilt sich Baibars, den Prinzen zu seiner Genesung zu beglückwünschen.

Da sein Vater im Sterben liegt und er im Heiligen Land keine Möglichkeiten des Eingreifens sieht, tritt Eduard im Herbst 1272 von Akkon aus die Heimreise nach England an.

Der Kampf gegen die Muslime wird an vielen Fronten geführt

Gründung eines neuen spanischen Ritterordens

■ *1273, Grandselve*

In Spanien entsteht eine Vielzahl von Ritterorden. Deren Gründung hängt zum einen mit der Notwendigkeit zusammen, die eroberten Gebiete zu verteidigen. Zum anderen versuchen die Christen die Muslime gänzlich von der Iberischen Halbinsel zu verdrängen.

König Alfons X. von Kastilien und León gründet einen neuen Ritterorden, dessen Hauptaufgabe die Bekämpfung der Muslime auf See ist. Dafür erhält der Orden von Santa Maria España, der nach der Regel des Ritterordens von Calatrava lebt und nur für kurze Zeit selbständig existiert, den wichtigen Hafen Cartagena Puerto de San Maria in der Bucht von Cadiz.

Den Flotteneinsätzen des Ordens ist nur ein geringer Erfolg beschert. Vergeblich belagern die Ritter die Stadt Algeciras. Die kastilische Flotte

Ordensgründer: König Alfons X., »der Weise« (zeitgenössische Malerei)

wird stark dezimiert. Daraufhin bekommt der Orden eine andere Aufgabe zugewiesen: Er soll die Verteidigung an der Grenze zu Granada übernehmen.

Als der Ritterorden von Santiago, der so genannte Jacobusorden, in der Schlacht von Moclín im Jahr 1280 viele seiner Mitglieder verliert, wird der neu gegründete Orden in den bereits etablierten eingegliedert. Der 1170 gegründete Jacobusorden wurde vom König mit der Sicherung der Grenze beauftragt. Er soll vor allem die Städte um den Wallfahrtsort Santiago de Compostela vor maurischen Angriffen schützen. Viele Ordensmitglieder kamen aus spanischen Adelsfamilien. Auch Verheiratete waren zugelassen. 1175 bestätigt Alexander III. den Orden als einem dem Papst direkt unterstellten geistlichen Ritterorden zur Verteidigung des Glaubens gegen die Sarazenen.

Gregor X. wird Papst

Kreuzzugselan erlahmt

■ *1. September 1271, Viterbo*

Tebaldo Visconti, der Erzbischof von Lüttich, begleitete den englischen Prinzen Eduard bei dessen Zug ins Heilige Land. Als Papst versucht er vergeblich, einen neuen Kreuzzug ins Leben zu rufen.

Der Erzbischof von Lüttich wird als Gregor X. zum Papst gewählt. Als »letzter Kreuzzugspapst« widmet er sich hauptsächlich der Neubelebung des Kreuzfahrergeistes. Seine Aufrufe an tapfere Männer, das Kreuz zu nehmen, werden in ganz Europa verbreitet und sollen sogar Island und Grönland erreicht haben. Allerdings lösen sie keine Begeisterung aus. Einige Berichte erklären die Zurückhaltung: Durch die Ausweitung des Kampfes gegen alle Irrgläubige seien die Kreuzzüge zu einem reinen Werkzeug päpstlicher Machtpolitik geworden.

Kreuzfahrerverträge: Verhandeln mit dem Feind für Sicherheitsgarantien

Nach dem endgültigen Verlust der Stadt Jerusalem im Jahr 1244 können sich die Reste des ehemaligen Königreichs nur noch durch Waffenstillstandsverträge mit den Muslimen vor dem Untergang retten. Vor allem der Vormarsch der Mamelucken unter Sultan Baibars zwingt die Regierung in Akkon immer wieder dazu, Verträge abzuschließen. Eines der wichtigsten Abkommen mit dem Mamelucken-Sultan handelt der englische Prinz Eduard auf Vermittlung Karls von Anjou aus. Der am 12. Mai 1272 unterzeichnete Vertrag soll dem Kreuzfahrerstaat zehn Jahre, zehn Monate und zehn Wochen Frieden sichern. Die ungewöhnliche Dauer vieler

Verträge ergibt sich durch die Umwandlung der arabischen Zeitrechnung, die meist Grundlage für die Laufzeit ist, in den christlichen Kalender.

Bereits 1271 schloss die Grafschaft Tripolis einen ähnlichen Vertrag mit Sultan Baibars und sicherte damit ihre Existenz. Dabei vereinbarten die Vertragspartner nicht nur eine Waffenruhe, sondern einigten sich auch über die Einrichtung von Zollposten sowie die Rückgabe von entflohenen Sklaven. Außerdem wurde die Besteuerung der Bevölkerung in Grenzgebieten geregelt. Im Interesse eines freien Handels garantierten beide Seiten sicheres Geleit für Kaufleute – egal ob Muslime oder Christen.

Verträge sollen u. a. einen freien Handel sichern: Ankunft eines Schiffes mit exotischen Tieren vor einer Hafenstadt (Buchmalerei, um 1412).

Papst Gregor X. schmiedet große Pläne zur Rettung des Heiligen Landes

Konzilsbeschluss fordert einen neuen Kreuzzug

■ *7. Mai 1274, Lyon*

Eine Kirchenreform sowie die Planung eines neuen Kreuzzuges sind die großen Themen, die das von Papst Gregor X. einberufene Konzil von Lyon berät. Der Erfolg der Beschlüsse ist bescheiden.

Eine große Anzahl von Bischöfen – über 250 werden namentlich genannt – versammelt sich zur ersten Sitzung des zweiten Konzils von Lyon. An den insgesamt sechs Sitzungen, die bis Juli abgehalten werden, nimmt auch eine Abordnung des byzantinischen Kaisers Michael VIII. Palaiologus teil. Besonderes Aufsehen erregt die 16-köpfige Delegation des mongolischen Großkhans. Die Mongolen streben ein Bündnis gegen den Mamelucken-Sultan Baibars an und erlauben den Christen im Gegenzug, in ihrem Reich ungehindert zu predigen.

Auf der zweiten Sitzung ruft Papst Gregor X. zu einem allgemeinen Kreuzzug auf, ohne jedoch einen bestimmten Termin festzulegen. Gegen den massiven Widerstand vieler Bischöfe setzt das Oberhaupt der Kirche die Bewilligung einer sechsjährigen Sondersteuer zur Finanzierung des Kreuzzuges durch. Am 20. September verkündet Gregor X. die Einrichtung des Sonderzehnten für alle Geistlichen. Zudem bestellt er Ablassprediger und ordnet einen allgemeinen Frieden für die kommenden sechs Jahre an.

Das Ziel des Papstes, die Ostkirche unter seiner Oberhoheit zurückzugewinnen, scheitert. Zwar unterwerfen sich die byzantinischen Konzilsteilnehmer dem römischen Führungsanspruch und unterzeichnen eine diesbezügliche Übereinkunft. Am 29. Juni feiern die orthodoxen Bischöfe sogar eine gemeinsame Messe mit den Lateinern und bekennen ihren Glauben nach römischem Vorbild. Die Gesandten sind jedoch lediglich Vertreter des Kaisers, der auf der Suche nach Verbündeten gegen die immer stärker expandierende Herrschaft Karls von Anjou zu umfangreichen Kompromissen bereit ist. Die einflussreichen Führer der orthodoxen Kirche lehnen die in Lyon getroffene Übereinkunft ab.

Ohne große Wirkung bleiben auch große Teile der in Lyon beschlossenen Kirchenreform. Mit dem Verbot kleinerer Bettelorden sollten diese Bruderschaften in die Schranken gewiesen werden. Für die Durchführung des Beschlusses findet sich jedoch keine Handhabe. Der Plan, sämtliche geistlichen Ritterorden in einen einzigen zusammenzufassen, misslingt ebenfalls. Lediglich die Papstwahl kann das Konzil neu regeln. Künftig soll ein Konklave – die von der Außenwelt streng abgeschlossene Versammlung der Kardinäle – zehn Tage nach dem Tod des Papstes einen Nachfolger wählen.

Der heilige Bonaventura, einer der bedeutendsten Franziskanertheologen, auf dem zweiten Konzil von Lyon (Gemälde von Francisco de Zurbaran, um 1629)

Jerusalems Krone wird zum Spielball europäischer Machtinteressen

Karl von Anjou erkauft die Herrschaft über Jerusalem

■ *1277, Akkon*

Mit der Annahme des Königstitels von Jerusalem unterstreicht Karl von Anjou seinen Anspruch, als mächtigster Herrscher des Mittelmeerraums anerkannt zu werden. Streitigkeiten um das Thronerbe, sinkende wirtschaftliche Bedeutung sowie die zunehmende Macht der Mamelucken werten das Königtum jedoch faktisch ab.

Maria von Antiochia verkauft ihre Ansprüche auf den Jerusalemer Thron an Karl von Anjou. Maria ist die nächste Verwandte des im Jahr 1268 durch Karl von Anjou hingerichteten Stauferherzogs Konradin, der bis zu seinem Tod Titularkönig von Jerusalem war. Mit der Hinrichtung Konradins endete die Herrschaft der Staufer im Heiligen Land auch formal. Die Königswürde war nach dem Tod Konradins auf Hugo III. von Antiochia-Lusignan übergegangen. Hugo hatte im Jahr 1267 seinen Vetter Hugo II. als König von Zypern und Regent von Jerusalem beerbt. Sein Recht auf den Jerusalemer Thron wird durch Maria von Antiochia allerdings angefochten.

Der Verkauf der Ansprüche ist ein politischer Skandal – nicht nur, weil Maria die Königswürde an den Henker ihres Verwandten Konradin verschachert, sondern auch, weil sie damit den vom Hohen Gerichtshof von Outremer gekrönten König von Jerusalem, Hugo III., in den Rücken fällt. Die Thronstreitigkeiten hatten sich bereits nach dem Tod von Hugo II. im Jahr 1267 abgezeichnet. Hugo III. hatte die Regentschaft über Jerusalem mit dem Argument eingefordert, er sei der nächste Verwandte des Verstorbenen. Das Hohe Gericht hatte über diese Forderung beraten und Hugo III. letztendlich Recht gegeben. Nun beanspruchte Hugo auch den wirklichen Königstitel – 1269 wurde er offiziell gekrönt. Maria hatte jedoch bei einem Notar einen förmlichen Protest hinterlegt.

Maria macht den Königstitel zum Handelsobjekt. Karl von Anjou schickt unmittelbar nach Erwerb der Thronansprüche Truppen unter dem Befehl des Grafen Roger von San Severino nach Akkon. Karl hatte Roger zum »Bailli« (französisch: Bevollmächtigter) ernannt. Es kommt zu einer Spaltung der christlichen Restgebiete. Während Akkon, Sidon und die

Tempelritter sich auf die Seite von Karl von Anjou stellen, erkennen Tyros und Sidon Hugo als den König von Jerusalem an.

Die Lage Hugos ist allerdings denkbar ungünstig. Ein Jahr zuvor hatte er sich mit den Templern zerstritten. Diese hatten ein Dorf gekauft, ohne ihn als Oberlehensherrn vorher um Erlaubnis zu fragen. Verärgert darü-

Karl von Anjou empfängt die Botschaft eines Vasallen (Fresko, 13. Jh.).

ber, dass seine Beschwerden nirgendwo Gehör gefunden hatten, reiste Hugo nach Zypern ab, ohne einen Bevollmächtigten zu ernennen. Die Tempelritter und die mit ihnen verbündeten Venezianer schlugen daraus Kapital. Von den Deutschordensrittern und den Genuesen genötigt, ernannte Hugo schließlich Balian von Ibelin zum Bailli. Dessen Lage ist allerdings schwierig. In den Straßen von Akkon gibt es Auseinan-

dersetzungen zwischen muslimischen Kaufleuten aus Bethlehem, die sich unter den Schutz der Tempelritter gestellt haben, und nestorianischen Kaufleuten aus Mosul, die unter dem Schutz der Hospitaliter stehen. Auch Venezianer und Genueser bekämpfen sich.

In Akkon angelangt, kann Roger von San Severino mit Hilfe der Vene-

zianer und Tempelritter an Land gehen. Er weist Beglaubigungsschreiben von Maria von Antiochia, Karl von Anjou und sogar Papst Johannes XXI. vor. Sofort hisst er auf der Zitadelle die Flagge Karls und ruft ihn zum König von Jerusalem und Sizilien aus. Von den Adligen verlangt er, sie sollten ihm als dem Bevollmächtigten des Königs die Ehre erweisen. Die Adligen zögern und schicken zunächst eine Gesandtschaft nach Zypern mit

der Frage an Hugo III., ob er sie von ihrem Treueeid entbinden könne. Hugo weist die Gesandten ab. Als auch eine erneute Gesandtschaft zu Hugo ohne Antwort zurückkehrt, unterwerfen sich alle Adligen dem Bailli des neuen Königs Karl I. von Jerusalem.

Im gleichen Jahr, in dem Karl von Anjou König wird, stirbt in Damaskus der Mamelucken-Sultan Baibars. Unter dessen Herrschaft hatten die Franken stark an Boden verloren. Alle festen Punkte im Landesinneren sind verloren, geblieben ist lediglich die unmittelbare Küstenlinie vom Pilgerschloss in Haifa bis nach Latakia als nördlichstem Punkt. Baibars hatte 1275 einen Überfall der Mamelucken nach Kilikien angeführt und 1277 das Seldschuken-Sultanat in Anatolien beseitigt, das unter dem Schutz der Mongolen stand. Der mongolische Ilkhan Abaga eroberte das Sultanat zurück. Ein von ihm geforderter Kreuzzug des Westens zur Unterstützung gegen die Mamelucken bleibt jedoch aus. Die Kurie steht unter dem Einfluss Karls von Anjou, der die Mongolen als Freunde seiner Feinde (Byzantiner und Genueser) betrachtet. Karl befiehlt Roger von San Severino stattdessen, sich auf ein Bündnis mit den Venezianern, den Tempelrittern und dem mameluckischen Hof zu beschränken. Roger schließt einen zehnjährigen Waffenstillstand mit Qalawun, dem Nachfolger Baibars'. Seinem Beispiel folgt auch Bohemund VII. von Tripolis, der fünf Jahre lang in heftige und bisweilen blutige Auseinandersetzungen mit den Templern und rebellischen Vasallen verwickelt war.

Karl von Anjou trägt zwar den Königstitel von Jerusalem, doch er betritt Akkon nicht. Seine Position wird durch den sich verlagernden Asienhandel weiter geschwächt. Seit der Mitte des 13. Jahrhunderts orientieren sich die Haupthandelswege auf den von den Mongolen gesicherten Landweg und auf die Küsten des Schwarzen Meeres. Die fränkischen Hafenstädte verkommen zum Schauplatz von Auseinandersetzungen italienischer Handelsleute. Als Karl 1282 seine Macht in Sizilien verliert, bricht auch seine Herrschaft im Heiligen Land zusammen. Dennoch erkennen Akkon und Sidon ihn bis zu seinem Tod 1285 als König an.

Ausblick

Christentum und Islam zwischen Dialog und »heiligem Krieg«

Die Eroberungszüge der Kreuzfahrer im Nahen Osten sind die erste grundlegende Erfahrung der beiden Religionen Christentum und Islam in ihrer unmittelbaren Begegnung. Beide Seiten erleben sich als unversöhnliche Feinde – obgleich der Islam durch die Integration von Jesus als Prophet in die eigene Religion diese Feindseligkeit eigentlich nicht nahe legt.

Für das Christentum und den Islam bezeichnen die Kreuzzüge einen Wendepunkt in ihrer Geschichte. In beiden Religionen wird die Vorstellung des »heiligen Krieges« als ein gottgefälliges Werk lebendig und theologisch untermauert. Bis heute bleibt dieser Gedanke Teil der Auseinandersetzungen zwischen der arabischen und der westlichen Welt.

Da die muslimischen Staaten zur Zeit der Kreuzfahrer über keine dauerhaften Institutionen verfügen, erregt die Staatsorganisation, die die Kreuzfahrer in Outremer innerhalb weniger Jahrzehnte errichten, die Bewunderung vieler Muslime. Dennoch übertragen sie die von den Christen aufgebauten Verwaltungs- und Regierungsstrukturen erst Jahrhunderte später auf ihre eigenen Länder.

Vermittler zwischen den Kulturen: Albertus Magnus übersetzt Aristoteles aus dem Arabischen (Fresko, 1352).

Im Unterschied zu den Franken, die teils Arabisch lernen und sich die Vorteile der arabischen Kultur aneignen, lehnen es die Muslime strikt ab, sich dem Gedankengut der Eroberer zuzuwenden. Sie konzentrieren sich stattdessen auf die Vertreibung der Kreuzfahrer. Als ihnen dies gelingt, scheinen sie einen epochalen Erfolg errungen zu haben. Der Siegeszug der Muslime setzt sich unter der Fahne der Osmanen noch weiter fort: 1453 fällt ihnen Konstantinopel in die Hände, 1529 lagern ihre Reiter vor Wien. Doch der Sieg ist trügerisch. Während es bis zu den Kreuzzügen im Orient eine weit fortgeschrittene Kultur gab, erstarkt mit deren Ende das Abendland zum neuen Mittelpunkt des kulturellen Lebens. Der Islam gerät im Westen in den Ruf einer rückwärts orientierten, unzeitgemäßen Religion.

Ein fruchtbarer Dialog, der die Religionen näher bringen könnte und den Theologen beider Seiten während und nach den Kreuzzügen erwogen haben, kommt bis in die Gegenwart nicht zustande. Ganz im Gegenteil erstarkt weltweit sowohl der christliche als auch der islamische Fundamentalismus erneut.

Impulse für Scholastik

Theologe Albertus Magnus stirbt

■ 15. November 1280, Köln

Der große Denker Albertus Magnus leitet die Epoche der Hochscholastik ein. Mit seiner Kenntnis des griechischen Philosophen Aristoteles beeinflusst er die Theologie seiner Zeit.

Nach seinem Tod wird der Gelehrte Albertus Magnus in einer Ordenskirche beigesetzt. Durch seine Studien auf den Gebieten der Theologie, Philosophie und Naturwissenschaft erwarb er sich den Beinamen eines »doctor universalis«, eines universalen Gelehrten. Bedeutend sind sowohl seine Schriften über Steine, Pflanzen, Landwirtschaft und die Zusammensetzung von Tierkörpern wie auch seine theologischen Werke. Seine unübertroffene Leistung besteht darin, naturwissenschaftliche Erkenntnisse gleichwertig neben die philosophisch-theologischen zu stellen. Albertus hat seine Zeitgenossen mit den Werken des griechischen Philosophen Aristoteles bekannt gemacht und diese dabei von den Interpretationen der arabischen Tradition gereinigt.

Die Herrschaft König Karls von Anjou in Sizilien zerbricht

Die Sizilianische Vesper beendet Machtkampf

■ 31. März 1282, Palermo

Die harte Hand König Karls von Anjou setzt die sizilianische Bevölkerung so stark unter Druck, dass ein Aufstand losbricht. Karl verfügt über wenig Rückhalt, sodass sein Reich in kurzer Zeit zusammenfällt.

Ein kleiner Zwischenfall – die Entführung einer Braut in der Kirche San Spirito – löst beim Läuten der Vesperglocken einen Aufstand gegen die Soldaten des Hauses Anjou aus. Die Kriegsleute werden von der aufgebrachten Bevölkerung massakriert. Anschließend greift die Meute die französischen Bewohner Palermos an. Innerhalb eines Monats ist ganz Sizilien in Aufruhr – die Macht König Karls von Anjou bricht zusammen.

Als der eng mit Karl von Anjou verbundene Papst Martin IV., der noch immer Oberlehensherr von Sizilien ist, die Führung des Aufstands ablehnt, wenden sich die Sizilianer an Peter III. um Hilfe. Der König von Aragón und Valencia ist der Gemahl von Konstanze, der Erbtochter des letzten sizilianischen Stauferkönigs Manfred. Unter dem Vorwand eines afrikanischen Kreuzzuges landet Peter III. in Messina und wird von den Aufständischen zum König ausgerufen. Ohne Erfolg exkommuniziert der Papst Peter III. und enthebt ihn seiner Ämter. In mehreren Kämpfen zerstört Peters Flotte die Schiffe Karls von Anjou vor Mallorca und Neapel.

Der Aufstand ist mehr als ein bloßer Regierungswechsel. Der neue Bund zwischen Städten und Kommunen gegen die fremden Verwalter und Militärbefehlshaber lässt ein neues sizilianisches Nationalgefühl entstehen. Die sizilianische Sprache wird zum einigenden Band.

»Die Sizilianische Vesper«: Italiener lehnen sich gegen die französische Fremdherrschaft auf (Gemälde von F. Hayez, 1846).

Die Kolonisierung des Ostens schreitet voran

Ostpreußen von den Ordensrittern endgültig unterworfen

■ *Sommer 1283, Sudauerland*
Fast 50 Jahre lang hält sich der preußische Widerstand gegen die Deutschordensritter. Immer wieder kommt es zu militärischen Auseinandersetzungen, die als »blutige Mission« der Heiden in die Geschichte eingehen.

Der Sudauer-Häuptling Skomand, der sich bisher erfolgreich gegen die Herrschaft des Deutschen Ordens zur Wehr gesetzt hatte, zieht sich nach Weißrussland zurück. Zuvor ließ er den Ordensritter Ludwig von Liebenzell frei, der kurze Zeit von ihm gefangen gehalten wurde. Nach dem Abzug des Häuptlings zerstören die Ordensritter seine am Skomenter See gelegene Burg. Der zweite Anführer der Sudauer, Fürst Kantgiris, beendet ebenfalls den Kampf gegen die Ordensritter. Zusammen mit vielen Landsleuten unterwirft er sich dem Deutschen Orden. Die Besiegten werden ins Samland geführt und dort angesiedelt.

Im Allgemeinen gilt die Unterwerfung der Sudauer als Abschluss der Eroberung Preußens sowie der Christianisierung des Ostens. Tatsächlich ruft der Orden nach dem Sieg deutsche Bauern dazu auf, sich in Preußen niederzulassen. Das Angebot einer freien Scholle lockt Siedler aus Schlesien, Franken, Schleswig-Holstein, Mecklenburg und Niedersachsen an. Ihren Höhepunkt erreicht die Neubesiedlung von Preußen im ersten Drittel des 14. Jahrhunderts.

Der Kampf gegen preußische Heiden hört allerdings nicht gänzlich auf. Die Herrschaft des Deutschen Ordens ist lediglich bis zum Mittellauf der Memel wirklich gesichert. Darüber hinaus flackern immer wieder Unruhen auf. Allerdings kommt es zu keinem organisierten bewaffneten Widerstand mehr. Seit die Deutschordensritter 1277 den Pregelfluss hinaufgezogen waren, verfolgten sie eine konsequente Eroberungspolitik.

Sie nahmen das Gebiet Schalauen zu beiden Seiten des Unterlaufs der Memel in Besitz. Als die Burgen Raganita auf dem südlichen und Ramige auf dem nördlichen Ufer der Memel zerstört waren, ergab sich ganz Schalauen. Im gleichen Jahr erhoben sich die Pogesanier und Barten gegen die Ordensritter, wurden aber vom Landesmeister Konrad von Tierberg niedergeworfen. Daraufhin wandten sich die Ordensritter gegen den Mittellauf der Memel. Südlich des Löwentinsees drangen die Ritter ins Sudauerland ein und schlugen eine Gruppe von Sudauern. Fünf Jahre lang dauert der Kampf gegen das aufständische Volk. Aber auch die Unterstützung von Litauen, das den bedrängten Nachbarn zu Hilfe kam, konnte die Sudauer letztlich nicht retten. Die Christen zerstörten die Burgen und Befestigungen der vornehmen Adligen und brannten größere Ansiedlungen nieder. Schließlich verließ die heidnische

Bevölkerung ihr angestammtes Gebiet und zog weiter nach Osten.

Bereits Anfang 1284 zieht Konrad von Tierberg auf der zugefrorenen Memel weiter nach Osten. Seine Mannen zerstören Burgen und verwüsten das Land, ehe sich die Bewohner zur Wehr setzen können. Im Sommer fällt der Landesmeister in Litauen ein, kann sich dort allerdings nicht halten. Im Gegenzug stürmen Litauer ins Ordensgebiet und dringen bis ins Samland vor. Auch Skomand beteiligt sich erneut am Kampf gegen die Deutschordensritter. Bald sieht er jedoch die Aussichtslosigkeit seines Widerstands ein. Er ergibt sich und lässt sich 1285 taufen. Andere sudauische Häuptlinge leisten noch etwas länger Widerstand, geben dann aber ebenfalls auf und ziehen nach Litauen, um dort ihrem tradierten Glauben treu zu bleiben.

Die bekehrten Adligen in den eroberten Gebieten werden von den Deutschordensrittern großzügig versorgt. Skomand beispielsweise erhält ein großes Stück Land bei Gerdauen. Einem anderen Edlen namens Cantegerde, der zum Christentum konvertiert und mit 1600 Gefolgsleuten ins Ordensland zieht, werden ebenfalls ausgedehnte Besitzungen übertragen.

Nachdem die christliche Eroberung größtenteils abgeschlossen ist, dauert es noch eine lange Zeit, bis das Land flächendeckend kolonisiert werden kann. Grund dafür ist vor allem der Mangel an Menschen. Nachdem der Westen von Preußen bereits viele neue Einwohner aufgenommen hatte, lässt der Strom von Zuwanderern nun nach. Das waldige und durchweg sandige Gebiet im Osten Preußens schreckt viele Neusiedler ab. Zudem sind die Grenzen zu Litauen und Polen noch unsicher. Erst als der Deutsche Orden im Jahr 1309 Pomerellen erwirbt und seinen Hauptsitz von Akkon im Heiligen Land nach Marienburg verlegt, ziehen wieder mehr Menschen ins Land.

Die Preußendörfer mit den christianisierten Alteinwohnern werden neu aufgeteilt. Preußische Bauern erhalten kleinere Anteile als die deutschen Neuankömmlinge. Ihrem altertümlichen Pflug entsprechend bekommen sie zudem nur leichte bis mittlere Böden zugesprochen. Dafür müssen die Preußen einen geringeren Zehnten für ihr Land entrichten.

Ordensritter treffen im deutschen Osten auf eine Bauernfamilie (Farbdruck nach unbekanntem Original, um 1935).

Frauenmystik blüht auf

Dichterin der Mystik stirbt

■ Um 1282, Kloster Helfta

Die Mystik – die innere Gottesschau – entwickelt sich im 13. Jahrhundert zu einer breiten Frömmigkeitsbewegung. Sie wird durch bedeutende literarische Zeugnisse verbreitet.

Mechthild von Magdeburg (Holzschnitt)

Die Zisterzienserin Mechthild von Magdeburg stirbt. Sie ist die erste Frau, die ihre Visionen in der Sprache des Volkes niederschrieb. Ihre Schrift »Das fließende Licht der Gottheit« findet viele Leser unter der frommen Laienbewegung der Beginen, der sich die vermutlich aus einem adligen Elternhaus stammende Mechthild angeschlossen hatte.

Die Mamelucken bedrohen den geschwächten Kreuzfahrerstaat

Ein Knabe regiert das Königreich Jerusalem

■ 15. August 1286, Tyros

Obwohl sich die Franken noch einmal unter einem König versammeln, kann das Ende der Kreuzfahrerstaaten nicht aufgehalten werden. Nach und nach erobern die Mamelucken ehemals christliche Orte.

Als Vertreter des Patriarchen krönt der Erzbischof Bonnacorso von Gloria Heinrich II. von Zypern zum König des Kreuzfahrerstaates Jerusalem. Dem knabenhaften 15-jährigen Heinrich II. war es gelungen, auch die Unterstützung der drei Ritterorden – Templer, Johanniter und Deutscher Orden – zu gewinnen.

Wenige Wochen später ernennt Heinrich II. Balduin von Ibelin zum »Bailli« (Bevollmächtigten) und kehrt nach Zypern zurück. Die ausgelassene Festfreude, die sich nach der Krönung am Hof von Akkon ausbreitet, kann die schwierige Lage, in der sich das Königreich Jerusalem befindet, nicht verdecken. Ein Jahr zuvor hatte der Mamelucken-Sultan Qalawun die große Burg der Hospitaliter in Marqab erobert. Ohne große Gegenwehr rückt das Heer weiter, 1287 fällt Latakia. Die Versuche des mongolischen Ilkhans, eine Front gegen die Mamelucken zu bilden, scheitern. Das Königreich Jerusalem hält er für so schwach, dass er es nicht einmal als Bündnispartner in Betracht zieht.

Die Reste der Kreuzfahrerfestung Akkon im heutigen Israel

Rückblick

Mystik: Geistige Erfahrung der Gegenwart Gottes

Die Bewegung der Mystik ist in ihren Ursprüngen nicht genau zu bestimmen. Ihr Ziel ist die unmittelbare körperliche und geistige Erfahrung der Gegenwart Gottes in der »unio mystica«, der mystischen Vereinigung Gottes mit der Seele schon während des irdischen Lebens. Diese Vereinigung wird durch Enthaltsamkeit und Meditation vorbereitet, tritt aber unerwartet ein. Mögliche Begleiterscheinungen sind Visionen und Stigmatisierungen.

Die Mystik wird mehrfach als papst- und kirchenkritisch verdächtigt. Als sich im 14. Jahrhundert weite Kreise von Laien, insbesondere Frauen, der Mystik zuwenden, wird sogar der Vorwurf der Ketzerei laut. Grund dafür ist der Verzicht auf die Mittlerschaft der Kirche. Zudem lässt sich bei der Mystik die Einhaltung der kirchlichen Lehrsätze nicht überprüfen: Die Unfähigkeit, das Erlebnis der seelischen Vereinigung mit Gott in Worten auszudrücken, ist Teil der Mystik. Damit entzieht sie sich der kirchlichen Kontrolle.

Ausblick

Palästina – erbittert umkämpftes Land bis in die Gegenwart

Mit ihrem Ziel, die heiligen Stätten aus den Händen der Muslime zu befreien, machten die Kreuzfahrer Palästina zum Zankapfel der Religionen. Die Bewirtschaftung nach abendländischem Muster sowie die Einführung einer durchorganisierten Verwaltung führen das fruchtbare Land jedoch auch zu einer neuen Blüte. Als die Kreuzfahrerstaaten zusammenbrechen und viele Städte in Trümmer liegen, verfällt das Land zusehends. Siedlungen werden nicht mehr aufgebaut, ehemals fruchtbares Land trocknet aus, weil die Bewässerungsanlagen nach ihrer Zerstörung nicht mehr ausgebessert werden. Nur die Häfen entlang der Mittelmeerküste sowie die Stadt Jerusalem bleiben wohlhabend.

Als die Osmanen mit der Eroberung des Nahen Ostens beginnen, fällt das arabische Palästina 1516 ganz in die Hände der Türken. Im letzten Viertel des 19. Jahrhunderts setzt die organisierte Einwanderung von Juden nach Palästina ein. Bald schon entstehen Spannungen zwischen den alteingesessenen Arabern und den jüdischen Siedlern. Im Ersten Weltkrieg erobert Großbritannien das Land, 1922 wird Palästina britisches Völkerbundsmandat. Im Zuge der systematischen Vernichtung der jüdischen Bevölkerung durch die Nationalsozialisten kamen immer mehr Juden nach Palästina. Durch diese verstärkte Einwanderung entwickeln die Palästinenser ein eigenes Nationalbewusstsein.

Nach der Gründung des Staates Israel im Jahr 1948 eskaliert der Nahostkonflikt. Im »Sechstagekrieg« (1967) besetzt Israel mit dem Westjordanland und dem Gazastreifen ehemals palästinensische Gebiete. Damit gelangt das gesamte Mandatsgebiet Palästina unter israelische Herrschaft. Als Vertreterin der Palästinenser proklamiert die PLO (»Organisation zur Befreiung Palästinas«) 1988 einen eigenen palästinensischen Staat. Erst 1993 schließen die Konfliktparteien einen Vertrag über eine palästinensische Teilautonomie. Ein Jahr später werden die ersten palästinensischen Selbstverwaltungsorgane eingerichtet. 1996 kommt es zur Wahl des palästinensischen Autonomierates. Trotz der politischen Fortschritte brechen Ende 2000 erneut gewalttätige Auseinandersetzungen zwischen Palästinensern und Israelis aus (»zweite Intifada«). Noch im 21. Jahrhundert ist der Nahostkonflikt eine ständige Bedrohung für den Weltfrieden.

Palästinensische Kinder demonstrieren im Gazastreifen gegen die israelische Besatzung.

Der dritte Kreuzfahrerstaat bricht zusammen
Mamelucken erobern Tripolis

■ *26. April 1289, Tripolis*

Mehrfache Angriffe der Mamelucken unter Sultan Baibars haben die Grafschaft Tripolis auf einen schmalen Küstenstreifen zusammenschrumpfen lassen.

Mit einem großen Heer dringt der mameluckische Sultan Qalawun über die von Belagerungsmaschinen beschädigte Südostmauer in die Stadt Tripolis ein. Verzweifelt kämpfen die Bürger gegen die hereinflutenden Soldaten. Angesichts der mameluckischen Übermacht bricht der Widerstand jedoch rasch zusammen. Alle Männer, die den Mamelucken in die Hände fallen, werden erschlagen, Frauen und Kinder auf dem Sklavenmarkt verkauft. Nach dem Massenmord lässt der Sultan die Stadt

Shahadah (Glaubensbekenntnis) aus der Tanyal-Moschee in Tripolis

dem Erdboden gleichmachen, um zu verhindern, dass die Franken die Stadt zurückerobern. Wenige Kilometer entfernt, am Fuss des Pilgerbergs, wird eine neue Stadt errichtet.

Was Qalawun genau dazu veranlasst hat, einen mit Tripolis geschlossenen Waffenstillstand zu brechen, ist nicht geklärt. Zwar war ihm die in seinen Augen fremde Herrschaft der Christen in den Küstenstädten schon lange ein Dorn im Auge, doch galt sein Hauptinteresse dem ungestörten Handel mit Genua und Venedig, sodass ein Feldzug nicht unbedingt geboten schien. Auslöser für den Heerzug war vermutlich ein Hilferuf der Venezianer, Genua werde den gesamten Orienthandel unter seine Kontrolle bringen.

Die Konkurrenz zwischen Genua und Venedig hatte die Verteidiger schon vor dem Angriff auf Tripolis geschwächt. Als Graf Bohemund VII. 1287 kinderlos starb, gründeten die Edlen und Bürger von Tripolis eine selbständige Kommune, die die Regierungsgeschäfte übernahm. Als Bürgermeister fungierte Bartholomäus Embriaco, der aus einer mächtigen genuesischen Adelsfamilie stammt. Die Ritterorden unterstützten jedoch den Machtanspruch von Lucia, der

Schwester des letzten Grafen Bohemund VII. Auch Venedig stand zunächst auf Seiten Lucias. Als sie sich jedoch bereit erklärte, die Vorrechte der Kommune und Genuas anzuerkennen und daraufhin zur Gräfin von Tripolis ernannt wurde, wandte sich Venedig von ihr ab.

Qalawun, der mit seinem Heer von Ägypten aus nach Norden zog, hielt sein Ziel zunächst geheim. Keine der Konfliktparteien in Tripolis rechnete damit, dass der Sultan die Stadt angreifen würde, weshalb auch keine Verteidigungsmaßnahmen getroffen wurden. Erst als die Mamelucken vor der Stadt aufmarschierten, sandten die Ordensritter Hilfstruppen. Sobald sich die Ausweglosigkeit der Christen abzeichnete, zogen die Venezianer ihre Schiffe ab. Auch die Genuesen verließen die Stadt. Gemeinsam mit den Heerführern der Ritterorden floh Lucia nach Zypern.

Nach dem Fall von Tripolis bricht in Akkon die Illusion zusammen, der Sultan werde die Christen in den noch verbliebenen Küstenstädten in Frieden lassen. Dennoch versucht König Heinrich II. Akkon durch einen neuen Waffenstillstand mit Qalawun zu sichern.

Im Abendland löst die Eroberung von Tripolis Entsetzen aus. Papst Nikolaus IV. bittet alle Könige, Hilfe zu leisten und fordert die Geistlichen auf, einen neuen Kreuzzug zu predigen. Doch niemand folgt dem Aufruf. Der englische König Eduard I., der selbst als Kreuzfahrer im Heiligen Land war, richtet seine Aufmerksamkeit vor allem auf Schottland. Nur Genua reagiert, indem es ägyptische Handelsschiffe kapert. Aber selbst dieser Widerstand endet, als Qalawun den Genuesen den Hafen von Alexandria sperrt und die beiden Parteien daraufhin Frieden schließen. Deutsche und griechische Gesandtschaften treffen in Kairo ein – das Abendland lässt die bedrohten Städte im Nahen Osten fallen.

Ein wilder Haufe auf Kreuzfahrt
Hoher Blutzoll in Akkon

■ *August 1290, Akkon*

Der Aufruf des Papstes zu einem neuen Kreuzzug zeigt nur in Norditalien Wirkung. Es macht sich jedoch lediglich ein Haufen Abenteurer auf den Weg ins Heilige Land.

Auf 20 venezianischen Galeeren, die unter dem Oberbefehl des Dogensohnes Nikolaus Tiepolo stehen, landet ein buntes Gemisch von Bauern, Tagelöhnern und Abenteurern in der Kreuzfahrerstadt. Die Norditaliener leisten dem Ruf von Papst Nikolaus IV. Folge, der im Kampf gegen die Mamelucken Hilfe für das Heilige Land fordert. Anders als bei der bedrängten Stadt Tripolis, die Einflussgebiet der Genuesen war, unterstützt Venedig diesen Hilfszug tatkräftig, da es um seinen wirtschaftlichen Stützpunkt in Akkon fürchtet.

Da der Papst den frommen Absichten der italienischen Kreuzfahrer misstraute, unterstellte er sie dem Oberbefehl des nach Rom geflüchteten Bischofs von Tripolis. Bald nach der Ankunft in Akkon zeigt sich, wie berechtigt der päpstliche Argwohn ist: Die Kreuzfahrer, die hauptsächlich an Plünderungen interessiert sind, stiften sofort Unruhe. In der Meinung, sie seien zum Kampf gegen alle Ungläubige ins Heilige Land gereist, stürzen sie sich auf friedliche muslimische Kaufleute und Bauern. Binnen kurzer Zeit bricht eine Pogromstimmung

aus. Die Norditaliener bringen alle Muslime um, die ihre Wege kreuzen. Da sie irrtümlicherweise glauben, jeder Bartträger sei Muslim, fallen auch viele Christen den Mördern zum Opfer. Da die Anführer der Kreuzfahrer ihren Männern aus Geldnot keinen regelmäßigen Sold auszahlen können, besitzen sie keinerlei Autorität und können das Gemetzel nicht verhindern. Die geschockten Barone und Ordensritter können schließlich nur wenige Unruhestifter einsperren.

Als die Nachricht über das Massaker beim Mamelucken-Sultan Qalawun eintrifft, erklärt dieser den Waffenstillstand mit dem Kreuzfahrerstaat für gebrochen. Die Regierung in Akkon beeilt sich zwar, dem Sultan zu versichern, dass sie keine Schuld trifft und bittet um Nachsicht. Doch Qalawun ist entschlossen, die Tat blutig zu sühnen. Er bereitet einen Feldzug vor, lässt jedoch das Gerücht ausstreuen, er wolle nach Afrika ziehen, um die Christen in Sicherheit zu wiegen. Obwohl ein Mameluck den Templer Wilhelm von Beaujeu vor dem geplanten Überfall warnt, trifft die Stadt viel zu spät Vorbereitungen für eine Verteidigung.

Am 4. November 1290 bricht Qalawun mit seinem Heer von Kairo aus in Richtung Akkon auf. Kurz danach erkrankt der Sultan jedoch und stirbt. Sein Sohn und Nachfolger al-Aschraf setzt den Feldzug fort.

Mameluckische Reiter (arabische Buchmalerei, 15. Jh.)

Einzelne Ritter brechen aus dem Abendland auf

Verzweifelter Hilferuf des letzten Kreuzfahrerstaates

■ *Herbst 1290, Akkon*
Nach dem Fall von Tripolis verschafft ein Waffenstillstand mit den Mamelucken den Kreuzfahrern im Heiligen Land eine kurze Atempause. Im Abendland folgen jedoch nur wenige dem Hilferuf aus Akkon.

Der Schweizer Otto von Grandson, ein Ratgeber des englischen Königs Eduard I., bricht ins Heilige Land auf. Mit ihm ziehen einige englische Ritter, die von Eduard I. ausdrücklich damit beauftragt werden, der bedrängten Kreuzfahrerstadt Akkon zu Hilfe zu kommen, unter ihnen Johann von Grailly.

Otto von Grandson war bereits 1270 bis 1272 gemeinsam mit dem damaligen Prinzen Eduard ins Heilige Land gezogen und hatte seit der Thronbesteigung Eduards diesem als treuer Ritter gedient.

Als Grandson in Akkon ankommt, bereitet sich die Stadt gerade auf den erwarteten Angriff des mameluckischen Heeres vor. Die Tempelritter und Johanniter haben alle ihre Bewaffneten zur Verteidigung Akkons aufgefordert. Der neue Großmeister der Deutschordensritter, Konrad von Feuchtwangen, hat Ritter aus ganz Europa zur Hilfe herbeigerufen. Aus Zypern ist der Bruder von König Heinrich II., Amalrich, mit Truppen gekommen, der den Oberbefehl über die Verteidiger übernimmt. Jeder gesunde Bürger der Stadt ist verpflichtet worden, das Seine zur Verteidigung beizutragen. Die Zivilbevölkerung Akkons beträgt zu dieser Zeit rund 35 000 Menschen. Obwohl Papst Nikolaus IV. die Herrscher des Westens zur Hilfe aufgerufen hat, stehen schließlich weniger als 1000 Reiter und

Die Macht der Kreuzfahrer ist gebrochen: Die Bastion Akkon wankt.

etwa 14 000 Mann Fußvolk bereit, um die drohende Belagerung abzuwehren.

Als die Mamelucken Akkon im April 1291 angreifen, scheinen die Mauern der Stadt, die Heinrich neu hatte befestigen lassen, standzuhalten. Zur Entlastung unternehmen Tempelritter – unterstützt von Otto von Grandson – in der Nacht des 15. April einen Ausfall gegen das Lager der Mamelucken. Zwar gelingt der Überraschungsangriff, doch im Halbdunkel stolpern viele Ritter über die Zeltschnüre, stürzen und werden erschlagen oder gefangen genommen. Nur wenige können sich in die Stadt retten, unter ihnen Otto von Grandson. Als Akkon fällt, flieht er auf einem Schiff nach Zypern. – Nach England zurückgekehrt, kämpft Otto mit Eduard I. gegen Wales und beeinflusst das englische Burgenbauprogramm.

Hintergrund

Mehr als nur Kauderwelsch: Lingua franca – eine Sprache für alle Kreuzfahrer

In den Kreuzfahrerstaaten treffen viele Kulturen und unterschiedliche Sprachen aufeinander, weshalb die Verständigung untereinander nicht immer einfach ist. Die dünne Oberschicht der Kreuzfahrer – sie umfasste im 12. Jahrhundert rund 3000 Personen im Königreich Jerusalem und in den drei übrigen Kreuzfahrerstaaten Tripolis, Antiochia und Edessa noch einmal ungefähr die gleiche Zahl – spricht überwiegend französisch. Die meisten literarischen Zeugnisse der Kreuzfahrerzeit sind ebenfalls in französischer Sprache abgefasst. Ein deutscher Kreuzfahrer berichtet, dass er lange nach einer deutschsprachigen Gruppe Ausschau halten musste. Die offizielle Amtssprache in den Kreuzfahrerstaaten ist Latein. Alle Dokumente werden in dieser Sprache abgefasst. Die meisten Bewohner der Kreuzfahrerstaaten – fast alle Menschen der Unter- und Mittelschicht – sprechen allerdings arabisch. Für die Kreuzfahrer bleibt dies eine Fremdsprache, auch wenn viele sich für den täglichen Umgang ausreichend darin verständigen können. Als immer mehr Handelskolonien im Heiligen Land errichtet werden, gibt es auch immer mehr italienische Kaufleute, die sich in ihrer Heimatsprache verständigen. Im Byzantinischen Reich, wo die Menschen griechisch sprechen, werden die Eroberer aus dem Abendland vulgärgriechisch »Phrangoi«, die »Franken«, genannt. Sprachforscher haben herausgefunden, dass sich im Laufe der Zeit

durch den täglichen Umgang eine eigene Sprache entwickelt, die arabische, französische, spätlateinische und italienische Elemente miteinander vermischt. Daraus entsteht das Phrangische oder die Lingua franca, wie die Venezianer die Sprache nennen. Der Wortschatz dieses Sprachengemisches ist nicht sehr groß, da die Lingua franca lediglich zur Verständigung im alltäglichen Umgang sowie bei Geschäftsabwicklungen dienen muss. So beschränkt sich auch die Grammatik auf einige wenige Regeln. Schriftliche Dokumente der Lingua franca haben sich nicht erhalten. Das Ende der Kreuzfahrerstaaten hat das Sprachengemisch jedoch eine Zeit lang überlebt: Es wurde noch im 19. Jahrhundert in Algier gesprochen. Danach ist die Sprache aber ausgestorben. In Fachkreisen wird jedoch auch heute noch eine allgemein verständliche Zweitsprache oder Weltsprache als Lingua franca bezeichnet.

Sprachwissenschaftler haben die Lingua franca als die früheste historisch bezeugte Pidginsprache bezeichnet. Das moderne Pidgin, bei dem sich englische, französische, spanische und portugiesische Sprachelemente zu einer neuen sprachlichen Ausdrucksform vermischen, ist ähnlich wie die Sprache der Kreuzfahrer entstanden: Die Herkunft der Bezeichnung Pidgin aus dem englischen Wort »business« zeugt davon, dass auch diese Sprache ihre Existenz dem Handel und dem Geschäftsleben verdankt.

Das Geschäftsleben inspiriert sprachliche Neuschöpfungen: Teppichhändler auf einem Bazar im Heiligen Land zur Zeit der Kreuzzüge (Historienbild, 19. Jh.).

Der mameluckische Sultan erobert die letzten Stützpunkte der Christen

Die Kreuzfahrer verlieren Akkon an die Mamelucken

■ *18. Mai 1291, Akkon*
Die letzte Stadt, die noch von der Glanzzeit der Kreuzfahrerstaaten zeugt, stellt für die expandierenden Mamelucken eine Provokation dar. Mit dem Fall Akkons endet die Geschichte Outremers.

Der Mamelucken-Sultan al-Aschraf leitet den Sturmangriff auf alle Mauern von Akkon ein. Die Stadt hat zu dieser Zeit rund 35 000 Einwohner, 1000 Ritter und 14 000 zusätzliche Waffenträger verstärken die Verteidigung. Doch der – selbst von arabischen Geschichtsschreibern bewunderte – Kampfgeist kann die Christen diesmal nicht retten. Das riesige ma-

gungsturm, der »Verfluchte Turm«, fällt, strömen die Mamelucken in die Stadt. Ein blutiger Straßenkampf entbrennt, in dem selbst die kampferprobten Ordensritter den mameluckischen Massen nichts entgegensetzen können. Der Großmeister der Tempelritter, Wilhelm von Beaujeu, fällt im Kampf, der Johannitergroßmeister wird verwundet und kann gemeinsam mit König Heinrich II., der noch Entsatztruppen nach Akkon gebracht hatte, auf einem Schiff nach Zypern entkommen.

Nachdem Akkon in die Hand des Sultans gefallen ist, beginnt al-Aschraf mit der systematischen Zer-

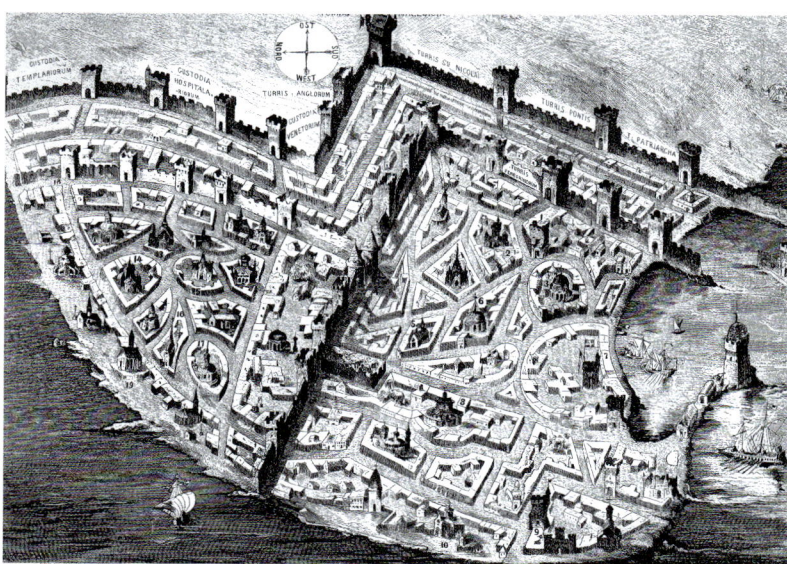

Stadtplan von Akkon, der letzten Festung der Kreuzfahrer (Xylographie, 19. Jh.)

Verzweifelte Abwehrversuche der Kreuzritter (Gemälde von D. Papety, 1845)

meluckische Heer, das die Stadt seit dem 6. April belagert, besteht aus 60 000 Berittenen und 160 000 Mann Fußvolk. Dieser Übermacht können die christlichen Verteidiger nicht mehr standhalten.

Zunächst hatten die Eingeschlossenen noch versucht, eine friedliche Übergabe der Stadt zu vereinbaren. Doch alle Verhandlungen waren zum Scheitern verurteilt. Die Gesandtschaften wurden gefangen gesetzt und enthauptet. Zudem mussten die Christen bei der Verteidigung von Akkon auf die Schiffe der Venezianer verzichten. Venedig hatte nämlich längst einen Sondervertrag mit Sultan al-Aschraf abgeschlossen.

Die Stadtmauern von Akkon sind durch die über 100 mameluckischen Belagerungsmaschinen bereits schwer beschädigt. Als der stärkste Verteidi-

störung der Stadt. Sie soll nie wieder zum Ausgangspunkt eines christlichen Angriffs gegen die Mamelucken werden. Die Wohnhäuser und Basare werden niedergebrannt, die Gebäude der Ritterorden und die Befestigungstürme abgerissen, die übrig gebliebenen Mauern dem Zerfall überlassen. Die schöne Vorhalle der St.-Andreas-Kirche schaffen die Mamelucken nach Kairo – hier schmückt sie fortan die Moschee, die zu Ehren von Sultan al-Aschraf erbaut wird. Als ein deutscher Pilger 40 Jahre nach dem Fall von Akkon die Ruinen besucht, findet er nur zwei Kirchen vor, die nicht restlos zerstört sind.

Mit Akkon fällt die letzte große Bastion der christlichen Kreuzfahrerstaaten. Die kleineren Städte an der Küste müssen bald das gleiche Schicksal teilen. Tyros, eine als unein-

nehmbar geltende Festung, wird den herannahenden mameluckischen Truppen in Panik kampflos übergeben. In Sidon lagert der gesamte Ordensschatz der Tempelritter, der von Akkon aus hierher gebracht wurde. Als die Templer das übermächtige Heer des Sultans erblicken, verlassen auch sie ihre Stadt und ziehen sich auf eine Felseninsel in der Nähe des Strandes zurück. Sidon fällt an den Sultan. Kurz darauf errichten die Mamelucken einen Damm, von dem aus sie die Festung auf der Insel erobern können. Anschließend ziehen sie nach Beirut. Sie nehmen die Stadt ein und verwandeln die Kathedrale in eine Moschee. Am gleichen Tag besetzen die Truppen des Sultans Haifa. Sie zerstören die Klöster am Berg Karmel und ermorden die Mönche. Damit endet die Existenz der Kreuzfahrer-

staaten. Einzig die beiden großen Tempelritterburgen Athlit und Tortosa können sich noch kurze Zeit halten.

Bei ihrer Vertreibungsaktion gehen die Mamelucken konsequent vor. Auf dem gesamten Küstenstreifen vernichten sie alles, was den Franken von Wert sein könnte, sollten sie je wieder im Heiligen Land auftauchen. Die Obsthaine werden abgeholzt, die Bewässerungsanlagen zerstört, die bäuerlichen Anbaugebiete verwüstet.

Das Ende der Kreuzfahrerstaaten ist verbunden mit der Abkehr von der Duldsamkeit, mit der die islamischen Staaten der fränkischen Besiedlung des Nahen Ostens lange Zeit gegenüberstanden. Die sich über zwei Jahrhunderte hinstreckenden blutigen Glaubenskriege hatten eine gegenseitige Toleranz der Religionen offensichtlich unmöglich gemacht.

Der Abenteurer Roger de Flor bereichert sich an dem Elend der Flüchtlinge in Akkon

Ein zwielichtiger Tempelritter und Söldnerführer

■ *Mai 1291, Akkon*

Das Eindringen der Mamelucken in die Stadt Akkon löst unter den Bewohnern Panik aus. Viele versuchen mit Hilfe eines Schiffes zu entkommen. Manche Abenteurer nutzen dabei die günstige Gelegenheit, sich zu bereichern.

Der etwa 30-jährige deutschstämmige Roger de Flor bemächtigt sich im Hafen von Akkon einer Galeere der Tempelritter. Er tritt als Kommandant des Schiffes auf und bietet den vor den Mamelucken fliehenden Kaufleuten und adligen Frauen gegen viel Geld Plätze für die Überfahrt nach Zypern an.

Roger, Sohn eines Falkners von Kaiser Friedrich II., trat nach dem frühen Tod des Vaters und dem Verlust des Familienvermögens in den Dienst der Templer und reiste nach Akkon. Sein Vermögen, das er hier anhäuft, soll in erster Linie aus erpressten Fluchtgeldern bestehen. Daraufhin wird Roger von den Templern wegen Unregelmäßigkeiten angeklagt. Der Abenteurer verlässt den Orden und begibt sich als Vizeadmiral in die Dienste des sizilianischen Königs Friedrich III. Nach Verhandlungen mit dem byzantinischen Kaiser Andronikos II. Palaiologos tritt Roger als Anführer der »katalanischen Kompagnie« bei. Er führt diese Truppe spanischer Söldner in den Osten und kämpft dort gegen die Türken. Nach Erfolgen erhält er vom Kaiser einen hohen Adelstitel und heiratet Maria, die Nichte des Andronikos. Später wird ihm vom Kaiser sogar die Caesaren-Würde verliehen.

Roger de Flor (Porträt nach Fresko)

Die Christen werden von der syrischen Küste verdrängt

Tempelritter evakuieren ihre Festung Tortosa

■ *3. August 1291, Tortosa*

Nach dem Fall von Akkon ist der gesamte Küstenstreifen im Norden des Heiligen Landes den Mamelucken fast schutzlos ausgeliefert. Selbst die Ordensritter können den Muslimen keinen Widerstand entgegensetzen.

Da sie einer Belagerung durch die Mamelucken nicht standhalten können, räumen die Tempelritter ihre an der Küste Syriens gelegene Festung Tortosa. Der Templergroßmeister Wilhelm von Beaujeu wurde im Kampf um Akkon tödlich verwundet. Die wenigen Überlebenden werden von einigen Schiffen der Templer von Akkon nach Zypern gebracht. Bald danach zeigt sich, dass ein Widerstand gegen die zahlenmäßig weit überlegenen Mamelucken sinnlos ist. Die nicht mehr zu verteidigenden Kreuzfahrerbesitzungen an der Küste werden freiwillig geräumt.

Die Christen eroberten Tortosa während des ersten Kreuzzuges im Jahr 1099. Durch ein wertvolles Bild der Mutter Gottes, das sich in der neu errichteten Kathedrale befand, entwickelte sich Tortosa zu einem Zentrum für Pilger. Zur Sicherung und besseren Verteidigung der Stadt übergab der Jerusalemer König Balduin III. Tortosa im Jahr 1152 den Templern. Die Ordensritter begannen, eine starke Befestigung zu errichten und bauten den Hafen aus.

Die Tempelritter ziehen ab (Fresko, 12. Jh.).

1188 konnte Sultan Saladin die Stadt einnehmen und zerstören. Den Tempelrittern gelang es jedoch, ihre Burg zu halten und nach Saladins Abzug bauten sie Tortosa rasch wieder auf. Der nächste Angriff erfolgte im Jahr 1270 durch den Mamelucken-Sultan Baibars. Die Templer konnten sich nur durch das freiwillige Abtreten von Küstengebieten retten. Zwölf Jahre später handelten die Templer mit dem mameluckischen Sultan Qalawun einen zehnjährigen Waffenstillstand aus. Kurz bevor dieser abläuft, erobert Sultan al-Aschraf die inzwischen evakuierte Stadt.

Die gegenüber von Tortosa liegende Insel Ruwad bleibt noch elf Jahre lang in den Händen der Templer.

Die Bedrohung durch die Mongolen schwindet

Zäsur im Osten: Mongolisches Großreich fällt auseinander

■ *Sommer 1294, Peking*

Unter Kublai Khan, dem Enkel von Dschingis Khan, erreichte die Mongolenherrschaft ihre größte Ausdehnung. Nach seinem Tod beginnt das Riesenreich in einzelne Herrschaftsbereiche zu zerfallen.

Kublai, der letzte Großkhan der Mongolen, stirbt in der Hauptstadt Peking. Seine Brüder hatten versucht, unabhängige Reiche in Persien, Syrien und Südrussland zu begründen, sie standen jedoch in einer lockeren Abhängigkeit zu Kublai. Dessen Tod löst diesen Verband nun auf.

Die Khane der Mongolen hatten gegenüber dem Westen stets eine

Kampf zwischen Japanern und Mongolen (Miniatur, 1293)

christenfreundliche Politik betrieben. Als die Bedrohung durch die Mamelucken für das Heilige Land und Syrien deutlich wurde, hatte der Ilkhan Argun den Christen sogar ein Bündnis gegen die Muslime angeboten. Er schickte Briefe und Gesandtschaften an alle westlichen Herrscher und wandte sich auch an Papst Nikolaus IV. Alle Gesandten kehrten jedoch unverrichteter Dinge wieder zurück. Das Bündnis mit dem Papst scheiterte an der Forderung, der Ilkhan müsse sich zuerst taufen lassen.

Nach dem Tod des Großkhans Kublai beginnen sich die Mongolen aus Syrien zurückzuziehen.

Die Johanniter sind auf der Suche nach einer neuen Heimat

Die Eroberung von Rhodos: Bastion der Johanniter

■ *27. Mai 1306, Limassol auf Zypern*
Der Verlust des Heiligen Landes macht die geistlichen Ritterorden heimatlos. Sie beginnen sich nach einer neuen Heimstätte umzusehen. Die Deutschen Ordensritter konzentrieren sich auf die Eroberung des Baltikums. Die Johanniter richten ihr Augenmerk auf das Mittelmeer und die Insel Rhodos.

Der genuesische Seeräuber Vignolo dei Vignoli, der vom byzantinischen Kaiser Andronikos die Inseln Kos und Leros als Pacht erhalten hatte, trifft den Großmeister der Johanniter, Fulk von Villaret, auf Zypern. Er schlägt ihm vor, gemeinsam die dodekanesischen Inseln zu erobern und untereinander zu teilen. Fulk reist nach Europa, um Papst Klemens V. um seine Einwilligung zu bitten. Doch einige Schiffe der Johanniter, unterstützt von genuesischen Galeeren, landen bereits auf Rhodos und beginnen die Insel zu unterwerfen. Schon im November muss sich die Festung Philermo ergeben, die Eroberer fassen Fuß auf der Insel. Ein Zufall hilft ihnen weiter: Im Sommer 1308 kapern zyprische Seeleute eine Galeere, die aus Konstantinopel auf-

gebrochen war, um die Stadt Rhodos mit frischen Truppen zu versorgen. Der Kommandant der Galeere, ein Rhodier, verspricht Verhandlungen zur Übergabe der Stadt zu führen, um sein Leben zu retten. In der Tat öffnet Rhodos den Eroberern am 15. August die Tore. Die Johanniter verlegen ihren Hauptsitz nach Rhodos und bauen die Stadt und den Hafen zu einer der bedeutendsten Festungen der mittelalterlichen Welt aus. Das Abendland begrüßt die Einnahme von Rhodos als großen Sieg der Kreuzfahrer, obgleich die Besiegten griechische Christen sind.

Die Johanniter schaffen mit der Inbesitznahme der griechischen Insel ein unabhängiges geistliches Fürstentum, das ungefähr mit dem preußischen Ordensstaat des Deutschen Ordens vergleichbar ist. Doch die Eroberung stürzt den Orden zugleich in eine tiefe politische Krise. Fulk wird vorgeworfen, er führe einen aufwendigen Lebensstil, handele autoritär und stürze den Orden in Schulden. Eine Verschwörung führt 1317 fast zu seiner Ermordung. Zwei Jahre später wird er abgesetzt und schließlich durch Helion de Villeneuve ersetzt.

Kanonentor am Vorplatz des Großmeisterpalastes auf Rhodos

Rhodos wird für die Pilger ins Heilige Land zur festen Zwischenstation. Die Johanniter verleihen der Stadt ein neues Gesicht. Sie teilen die Stadt nach dem Vorbild ihrer eigenen Organisation in zwei Teile: Im Borgo leben die Rhodier und griechische sowie jüdische Händler, in der Ritterstadt allein die Ordensbrüder. Beide Stadtteile sind durch eine Mauer getrennt. Der von einer zweiten Mauer geschützte Palast des Großmeisters beherrscht die Ritterstadt. Der dreifache Mauerring symbolisiert die Kirche mit dem Borgo als »Gemeinschaft der Gläubigen«, der Ritterstadt als Sitz der Apostel und dem Palast des Großmeisters als Thronraum Jesu Christi. Entsprechend dieser Abstufung werden auch die Rechte der Bewohner der Stadt und der Insel verteilt. Die griechische Bevölkerung gehört dem untergeordneten Stand an. Die Bauern auf dem Land sind den Hörigen in den europäischen Feudalstaaten vergleichbar. Frei und besitzend sind allein die Ordensbrüder der Johanniter. Neben einer ausreichenden Lebensmittelversorgung durch einen Ausbau der Landwirtschaft sorgen die Johanniter auch für eine Betreuung der Kranken. Schon im Jahr 1314 beschließen die Johanniter, ein Hospital zu errichten, es wird Ende des 14. Jahrhunderts eingeweiht.

Zur gleichen Zeit, als die Johanniter die Insel Rhodos erobern, werden die Templer in Frankreich angeklagt. Fulk von Villaret weiß, dass der Papst plant, die Besitztümer der Templer den Johannitern zu übertragen. Gleichzeitig fürchtet er, das Schicksal der Templer könnte auch seinen Orden treffen. In der Tat fordert der französische König Philipp der Schöne offen, der Besitz der Templer könne nur dann an die Johanniter übertragen werden, wenn der Orden reformiert werde. Nur wenig später ergreift Papst Klemens V. Maßnahmen zur Reform des Ordens. Er schränkt die Privilegien der Johanniter ein und verlangt eine genaue Aufstellung ihrer Einkünfte. Doch das Schicksal begünstigt die Johanniter: Im Jahr 1314 stirbt der Heilige Vater und sein Nachfolger auf dem Papstthron, Johannes XXII., fördert die Johanniter offen. Er überträgt alle Besitztümer der Templer an den Orden und stellt keine weiteren Bedingungen.

Die Johanniter können ihre neuen Besitzansprüche jedoch nur schwer gegen die Interessen der weltlichen Fürsten durchsetzen. Insbesondere Frankreich sperrt sich gegen die Übertragung. Im Laufe der nächsten Jahre können die Johanniter ihren Besitz in ganz Europa dennoch mehr als verdoppeln.

Ritter des Johanniterordens erobern Rhodos (Xylographie, 19. Jh.).

Zeit des Umbruchs: Neue Reiche der Ritterorden

Der Fall von Akkon traf die geistlichen Ritterorden schwer. Sie mussten ihr Ziel, das Heilige Land und die Pilger zu beschützen, ganz aufgeben. Die Templer und Johanniter konnten sich zwar vorübergehend nach Zypern zurückziehen, wurden aber dort wegen ihres Reichtums und ihrer militärischen Schlagkraft beargwöhnt. Sie mussten sich nach neuen Standorten umsehen. Selbst der Deutsche Ritterorden, der mit Ostpreußen als Einziger ein festes Territorium als Rückzugsgebiet hatte, geriet in eine Krise. Zunächst wurde in Venedig ein Ordenssitz eingerichtet – ein halbherziger Kompromiss zwischen den Rittern, die weiterhin das Hauptgewicht auf das Heilige Land legen wollten, und denen, die eine Umorientierung allein auf Preußen forderten. Im Jahr 1309 beschließt der Hochmeister Siegfried von Feuchtwangen die Verlegung des Ordenssitzes nach Preußen auf die Marienburg. Von dort aus setzen Ordensritter im 14. Jahrhundert ihren Kampf gegen die Heiden fort, nun gegen die Litauer. Auch sie unterliegen heftiger Kritik, aus Livland etwa kommen Beschwerden vor Papst Bonifatius VIII., der Orden kümmere sich nicht um Mission, sondern unterdrücke Bürger und Bekehrte und dächte nur daran, Reichtümer aufzuhäufen. Auch beschuldigte man die Ordensritter, heidnischen Sitten gemäß verwundete Mitbrüder zu töten

Kaiser Ludwig IV. übergibt dem Deutschen Orden 1337 Litauen.

und die Leichen zu verbrennen. Nur mit Mühe entgehen die Deutschordensritter dem Schicksal der Templer. Die Ordensbrüder von Riga werden 1312 vom päpstlichen Legaten exkommuniziert. Nur dem politischen Geschick des Großmeisters Karl von Trier verdankt der Orden das glimpfliche Davonkommen.

Die Johanniter profitierten von den Prozessen gegen die Templer, ein Großteil derer Besitzungen fielen ihnen zu. Die Insel Rhodos wurde nach der Eroberung der Hauptsitz ihres Konvents, sie behielten ihn bis zur Eroberung durch die Osmanen (1522). Von Rhodos aus beteiligten sie sich an Kreuzzugsunternehmen in den Jahren 1365 und 1396. Durch die Abwehr der Mamelucken (1440) und der Osmanen (1480) gewinnen sie zunehmend an Bedeutung. Als sie Rhodos verlieren, spricht ihnen Kaiser Karl V. die Insel Malta zu, die sie gegen die Osmanen verteidigen können. Mit dem Hauptsitz in Valletta kommt der Orden zu neuer Blüte. Erst in der Französischen Revolution verliert der Orden einen Großteil seiner Besitzungen. Als Napoleon im Juni 1798 Malta einnimmt, verliert der Orden auch dieses Zentrum.

Dieses Wäldchen auf Malta wurde von den Ordensrittern angelegt.

Aus Neid gegen die Ritterorden
Templer in Frankreich verhaftet

■ *13. Oktober 1307, Paris*
Die Gerüchte über die Unmoral der Templer werden immer lauter und führen schließlich zum Verbot des Tempelritterordens.

suchung zuvor. Zunächst protestiert der Papst gegen den Handstreich, da die geistlichen Orden ihm unterstehen. Nachdem hohe Würdenträger der Templer Versäumnisse eingeste-

König Philipp IV. befiehlt die Verbrennung von Templern (Miniatur, 14. Jh.).

Durch ein königliches Geheimschreiben an alle Verwalter und Seneschalle beginnt in Frankreich die Verhaftung sämtlicher Templer. Das Ordensgut wird erfasst und beschlagnahmt. Grund für die Festnahmen sind Gerüchte über unmoralische Handlungen und Ketzerei. König Philipp IV. kommt damit einer von Papst Klemens V. veranlassten Unter-

hen, ordnet Klemens V. am 22. November die Gefangennahme aller Templer im Abendland sowie auf Zypern an und lässt die Besitzungen zugunsten der Kirche beschlagnahmen. In Paris widerrufen zahlreiche Templer ihre unter Folter erpressten Geständnisse. Am 13. Mai 1309 werden 54 Ritter als rückfällige Ketzer auf dem Scheiterhaufen verbrannt.

Letzte Templerfestung
Die Mamelucken erobern Ruwad

■ *Sommer 1302, vor Tortosa*
Als der Mongolen-Khan Ghazzan in Syrien einfällt, hoffen die Templer auf eine gemeinsame Aktion. Sie besetzen die Inselfestung Ruwad.

Eine Flotte des Mameluckenheeres greift die wasserlose Insel Ruwad an, auf der sich eine Besatzung von Tempelrittern befindet. Die gegenüber von Tortosa liegende Festung wird vom Nachschub abgeschnitten, die Verteidiger erliegen nach wenigen Tagen der Übermacht. Mit Ruwad fällt der endgültig letzte Stützpunkt der christlichen Kreuzfahrer an der Küste des Heiligen Landes.

Plan bleibt Papier
Erneuter Ruf nach Kreuzzügen

■ *Sommer 1307, Avignon*
Nach dem endgültigen Verlust des Heiligen Landes entstehen im Abendland viele Kreuzzugspläne, keiner wird umgesetzt.

Der Großmeister der Templer, Jakob von Molay, übersendet Papst Klemens V. einen Bericht, in dem er einen neuen Kreuzzug vorschlägt. Zunächst sollen zehn Galeeren ausgeschickt werden, um die Meere zu säubern. Ihnen sollen 15 000 Berittene und 40 000 bis 50 000 Mann Fußvolk folgen. Der Kriegszug sollte sich auf Zypern sammeln und an der syrischen Küste landen.

Kreuzzüge werfen lange Schatten

Die Kreuzzüge waren – in Bezug auf die Rückgewinnung der heiligen Stätten – aus der Sicht der Christenheit ein Fehlschlag. Die glänzenden Erfolge, die die ersten Kreuzfahrer mit der Errichtung der Kreuzfahrerstaaten in Outremer erzielt hatten, zerbröckelten in knapp 200 Jahren. Zwar gab es in dieser Zeit kaum einen europäischen Fürsten von Rang, der nicht das Kreuz genommen hatte und ins Heilige Land gepilgert war, um es von den Muslimen zu befreien. Doch als Akkon im Jahr 1291 gefallen und das Heilige Land endgültig verloren war, war auch die Idee eines Kreuzzuges in den Orient kraftlos geworden. Zu den wenigen Gewinnern des gesamten Unternehmens zählten die italienischen See- und Stadtstaaten, deren Kaufleute sich auch nach dem Fall von Akkon an der Levante festsetzen konnten und von dort aus den Fernhandel organisierten. Güteraustausch und Kulturtransfer schlagen auf der Habenseite der Kreuzzugsunternehmen zu Buche – die Übernahme etwa des arabischen Spitzbogens in der europäischen Gotik ist nur ein Beispiel dafür. Eine der bedeutenden Spuren, die das Zeitalter der Kreuzzüge in Europa hinterlassen hat, ist hingegen die Aufwertung des Papsttums. Der Papst hatte die Kreuzzugsidee inspiriert – als eine völkerumspannende christliche Bewegung unter seiner Führung. Die weltlichen Herrscher beugten sich sämtlich dem päpstlichen Ansinnen. Zudem erhielt das Papsttum mit der Kreuzzugsidee auf Jahrhunderte hinaus ein scharfes Instrument zur Durchsetzung der »Rechtgläubigkeit« in religiösen und weltlichen Machtfragen. Eine weitere Folge der Kreuzzüge: Die Beziehungen zwischen dem Christentum und dem Islam waren seit dem Massaker bei der Eroberung Jerusalems im Jahr 1099 auf Dauer schwer belastet. Gewaltanwendung zur Durchsetzung des Christentums wurde zu einem legitimen Mittel erklärt.

MACHTINSTRUMENT DES PAPSTES

Das Papsttum erweiterte durch die Eroberungen der bewaffneten Pilger seinen Einfluss im Orient nicht nur vorübergehend. Schließlich schwächte die Gründung des Lateinischen Kaiserreichs (1204–1261) das orthodoxe Byzanz, das schließlich im Jahr 1453 dem Ansturm der Osmanen endgültig zum Opfer fällt. In Europa instrumentalisiert der Heilige Stuhl die Idee des Kreuzzuges wider die Gegner päpstlicher Lehren und Ansprüche. Ablass und himmlische Belohnung werden dazu missbraucht, die weltlichen Ansprüche der Päpste durchzusetzen. Auseinandersetzungen mit widerständigen Fürsten und »Ketzern« gelten schnell als Kreuzzug. Dieser Wandel der Kreuzzugsidee führt 1378 dazu, dass während des großen Schismas, als sich Europa für fast 40 Jahre in die Anhängerschaft zweier Päpste spaltet, beide Seiten einen Kreuzzug gegeneinander ausrufen. England, Frankreich und Burgund versuchen vergeblich, das Schisma durch einen gemeinsamen Kreuzzug beider Päpste in den Orient zu lösen. Militärisch ist der Zug nach Nikopolis (1396) ein Misserfolg, im Abendland verschlimmert sich die Spaltung durch die Wahl eines dritten Papstes. Erst auf dem Konstanzer Konzil (1417) endet das Schisma. Andererseits bedienen sich auch weltliche Herrscher der Kreuzzugsidee, um ihre Machtinteressen durchzusetzen. So sind die so genannten Hussitenkreuzzüge in der ersten Hälfte des 15. Jahrhunderts nur scheinbar reine Ketzerfeldzüge. Als Jan Hus in Konstanz 1415 als Ketzer verurteilt und hingerichtet wird, erheben sich die Böhmen. Kaiser Sigismund, zu dessen Reichsgebiet auch Böhmen zählt, ruft die deutschen Fürsten zu fünf Kreuzzügen gegen die Irrgläubigen auf – in Wahrheit geht es um die Durchsetzung seiner dynastischen Interessen gegen ein Gebiet, in dem sich religiöse Erneuerung mit einem neu erwachenden Nationalgefühl vermischen. Als die Kreuzzüge der überwiegend deutschen Heere zurückgeschlagen werden, schließt Sigismund einen Kompromiss – die Hussiten bleiben in Böhmen fest verwurzelt, zwei weitere Kreuzzüge zur Unterdrückung der Böhmen (1465–1467) enden erfolglos. Zur Zeit der Reformation scheint die Kreuzzugsidee als Kampf gegen »Irrgläubige«, als die Protestanten ja gelten, ausgespielt zu haben. Zwar verbindet das große Konzil zu Trient 1544 die »Beseitigung der christlichen Zwietracht« noch mit einem Kreuzzug gegen die Ungläubigen und im Dreißigjährigen Krieg leben hier und da Kreuzzugsgedanken auf, doch haben sie keine prägende Kraft mehr.

HASS ZWISCHEN DEN RELIGIONEN

Bevor das Abendland den »heiligen Krieg« gegen die Muslime ausgerufen hatte, war der Islam eine verhältnismäßig tolerante Religion. Zwar vertritt jede Offenbarungsreligion den Anspruch, die absolute Wahrheit zu verkünden und legt deshalb gegenüber Andersgläubigen eine gewisse Verachtung an den Tag. Doch hatte noch Mohammed verboten, Juden und Christen zu verfolgen, weil sie immerhin eine teilweise Offenbarung erhalten hatten. Unter den frühen Kalifen genossen Christen wie Juden sogar ein gewisses Ansehen. Die aggressive Unduldsamkeit, die von den christlichen Kreuzfahrern in den Nahen Osten importiert worden war, steckte schließlich auch die Muslime an. Es war eine scheinbar undurchdringliche Front und Gegnerschaft entstanden, die während der Herrschaft der Mamelucken ihre vorläufig endgültige Ausprägung fand.

Zufluchtsort: die Johanniter auf Rhodos (Miniatur, 15. Jh.)

Der »Dschihad« war die muslimische Antwort auf den »heiligen Krieg« der Christen. Schon die großen Kreuzzüge trugen auch deutliche antijüdische Züge. Zwar war die Vertreibung der Juden nie erklärtes Ziel eines Kreuzzuges, doch flammten immer wieder Pogrome im Abendland auf, wenn die Kreuzzugsstimmung weite Bevölkerungskreise ergriff. Am deutlichsten wird der antijüdische Anteil der Kreuzzüge in Spanien, wo sich die Kreuzzugsidee als Kampf gegen die Muslime am längsten gehalten hat. Granada ist bis ins 15. Jahrhundert muslimisches Gebiet, die spanischen Geistlichen haben immer stärker darauf gedrungen, auch Granada für das Christentum zurückzuerobern. Am 2. Januar 1492 muss Abu Abdallah Muhammed, von den Christen Boabdil genannt, Granada den Spaniern übergeben. Im Übergabevertrag wird den Muslimen Besitz und freie Religionsausübung garantiert. Doch am 31. März wird den in Spanien lebenden Juden durch ein Edikt die Ausreise befohlen. Allein in Granada leben zu dieser Zeit rund 20 000 Juden, die meisten siedeln sich in Thessaloniki an. Erst 1968 wird das »Alhambra-Edikt« förmlich aufgehoben.

Die Übergabe von Granada (1492): Während der Reconquista bleibt der Kreuzzugsgedanke lebendig.

NEUE KREUZRITTER SIND KONQUISTADOREN

Der Fall Granadas wird als Sieg der Christenheit gefeiert, im Triumph die Kreuzfahne über der Alhambra aufgezogen und ein »Tedeum« angestimmt. Unter den Zuschauern befindet sich auch Christoph Kolumbus, der wenige Tage später einen Vertrag mit dem spanischen Königshaus abschließen soll. Anfang August 1492 hisst er die Segel, um – so sein Versprechen – nicht nur den Seeweg nach Indien zu finden und Gold mitzubringen, sondern auch das Christentum auszubreiten. Der Italiener im Dienste Spaniens hat auch einen Plan entwickelt, den neuen Seeweg zu einem Kreuzzug zur Befreiung Jerusalems auszunützen. Kolumbus, der den Osten sucht und den Westen findet, ist ganz im Sinne der Kreuzfahrerfrömmigkeit davon überzeugt, im göttlichen Auftrag zu handeln. Die Eroberung der neu entdeckten Gebiete in seinem Kielwasser folgt im Grunde der alten Kreuzfahreridee: Bekehrung oder Tod. Im neuen Typus des Konquistadors, des spanischen Eroberers der Neuen Welt, wirkt unverkennbar die Kreuzzugstradition der Maurenkriege nach. Es gibt sogar biografische Verschränkungen: Viele Konquistadoren der ersten Stunde haben gegen die Mauren gekämpft und in diesen Auseinandersetzungen ihre Prägung erfahren. Religiöses Sendungsbewusstsein, ein fast schon übersteigertes Ehrgefühl und die Bereitschaft, im Namen Christi teils bestialische Verbrechen zu begehen, kennzeichnen die Mentalität der Konquistadoren. Und nicht zuletzt verleiht der Papst die in Amerika eroberten Gebiete als Lehen.

DIE KREUZZUGSIDEE IN DEN TÜRKENKRIEGEN

Der ungebrochene Vormarsch der türkischen Osmanen über den Balkan in Richtung Westen mobilisiert die Kreuzzugsidee noch einmal. Doch der antitürkische Feldzug scheitert 1444 mit der Niederlage der Balkanmächte bei Warna. Als die Türken die Walachei, Albanien und Griechenland erobert haben, versucht Papst Eugen IV. mit aller Kraft, ei-

nen allgemeinen Kreuzzug des Abendlandes zu organisieren. Eine Fülle von Kreuzzugsplänen entsteht, doch kommt der antitürkische Kreuzzug über Planungen nicht hinaus. Als die Osmanen im Jahr 1683 vor Wien stehen, schließen sich die zerstrittenen Staaten des Abendlandes zeitweilig zu einer »heiligen Liga« zusammen. Österreich ist unmittelbar von den Türken bedroht. Für die Habsburger verbindet sich die Kreuzzugsidee mit der Verteidigung ihrer Gebiete, die sie als »Bollwerk der Christenheit« verstehen.

Noch einmal bewegt die Idee eines Kreuzzuges die europäische Geschichte, als die Osmanen das zaristische Russland angreifen. Zar Peter I. führt 1710 den Abwehrkampf gegen die Türken auf dem Balkan als »Verteidiger der Christenheit« und versucht von Moskau aus – dem »dritten Rom« – die abendländische Christenheit zum Kreuzzug gegen die Osmanen zu bewegen. Doch er bleibt allein und muss sich 1711 geschlagen geben.

RÜCKZUG DER RITTERORDEN

Nach dem Verlust des Heiligen Landes ereilt die drei großen Ritterorden – Templer, Johanniter

Die Einnahme Konstantinopels durch die Türken

und Deutscher Orden – ein höchst unterschiedliches Schicksal. Der Templerorden wurde 1312 in Frankreich unter dem Vorwurf der Häresie aufgelöst, sein Vermögen konfisziert, die meisten seiner Mitglieder endeten auf dem Scheiterhaufen. Die Johanniter zogen sich nach dem Verlust von Akkon nach Zypern zurück, in den Jahren 1306–1308 erkämpften sie sich von Seeräubern die Insel Rhodos. Von den Osmanen vertrieben, wählen sie ab 1530 die Insel Malta als letztes Refugium. 1798 müssen die Johanniter schließlich nach einer zweitägigen Belagerung vor Napoleon die Waffen strecken. Bis heute wird der Johanniterorden nach internationalem Recht als souveräne Körperschaft mit dem Hauptsitz in Rom verstanden, auch wenn er – nach dem Verlust von Malta – keine Gebietsansprüche mehr erhebt und allmählich zu seiner ursprünglichen Aufgabe, der Versorgung von Kranken und Alten, zurückgekehrt ist. In den alten Johanniterprovinzen Deutschland, England und den Niederlanden entstehen drei weitere, protestantische Johanniterorden, ausschließlich zur Krankenversorgung. Der Deutsche Orden, der sich ab 1226 der neuen Aufgabe der deutschen Ostkolonisation verschrieben hatte, wird 1466 polnischer Lehensstaat. Er bleibt dies auch nach seiner Säkularisierung als Herzogtum Preußen im Jahr 1525.

KREUZZUGSRHETORIK BLEIBT

Eine Folge der Kreuzzugszeiten ist die Rechtfertigung der Gewalt als eines legitimen Mittels zur Durchsetzung des Christentums. Das gilt insbesondere zunächst für die Eroberung der gesamten lateinamerikanischen Welt durch die katholische Weltmacht Spanien. Gelegentlich haben aber auch die Befreiungstheologen der 60er und 70er Jahre des 20. Jahrhunderts (Camilo Torres) diese Legitimierung ihrer Theologie zugrunde gelegt – vermutlich ohne sich dessen bewusst zu sein. Aber auch in der Gegenwart ist die Kreuzzugsmentalität und ihre martialische Rhetorik noch lebendig. Unter den Parolen »Kreuzzug« oder »heiliger Krieg« ergreift der religiöse Fundamentalismus von der Politik Besitz. Dieser Fanatismus, gepaart mit kühlem Machtkalkül, kann zur Geisel des 21. Jahrhunderts werden – ein wahrlich bitteres Erbe der Kreuzzugszeit.

Abd al Mumin

Heerführer und erster Kalif der Almohaden-Dynastie, * 1094 bei Tlemcen (Algerien), † 1163 Salé (Marokko). Als Schüler und Organisator des religiösen Vorkämpfers Ibn Tumart aus dem Südwesten Marokkos übernahm Abd al Mumin 1130 die politische Führung der Almohaden (al-Muwahhidun). Zehn Jahre später setzten sich seine Eroberungszüge ein. 1144 vernichtete er das Heer der Almoraviden und eroberte in den nächsten beiden Jahren Oran, Fez, Ceuta sowie Salé. Dies bedeutete das Ende der Dynastie der Almoraviden. 1145 schickte Abd al Mumin Truppen nach Spanien, die innerhalb von fünf Jahren den muslimischen Teil des Landes unter ihre Kontrolle brachten. Sieben Jahre später beendete der Kalif die Herrschaft der Banu Hammad in Algerien und vertrieb 1158 die sizilianischen Normannen aus Tunis.

Adhemar von Monteil, der Bischof von Le Puy, auf dem Sterbebett (Miniatur)

Adelheid

(Adelasia), Gräfin von Sizilien, † 18. 4. 1118 Patti. Die erfolgreiche Herrscherin – eine Tochter Manfreds del Vasto – verstand sich darauf, den verschiedenen ethnischen Gruppen auf Sizilien gerecht zu werden. 1089 verband sich der normannische Großgraf Roger I. in zweiter Ehe mit Adelheid, um die lombardische Eroberergruppe, zu deren Anführern Adelheids Bruder Heinrich zählte, fester auf seine Seite zu ziehen. Nach dem Tod ihres Gatten im Jahr 1101 führte sie die Regentschaft für die Söhne Simon und Roger (II.). Adelheid residierte zunächst in Messina, ab 1112 in Palermo. Im gleichen Jahr übergab sie die Regierung an Roger II. Ende 1112 reiste Adelheid nach Jerusalem und

heiratete König Balduin I. Aufgrund innenpolitischer Rücksichten musste Balduin seine Gattin im März 1117 verstoßen. Adelheid zog sich daraufhin nach Sizilien zurück.

Adhemar von Monteil

Bischof von Le Puy (vor 1087–1089) und Legat Papst Urbans II. beim ersten Kreuzzug, † 1. 8. 1098 Antiochia. Sein Geburtsdatum ist unbekannt, er dürfte aber dem niederen Adel der Valentinois entstammen. Bereits vor seinem Kreuzzugsaufruf nahm Urban II. mit Adhemar in Südfrankreich Kontakt auf. Spätestens im Dezember 1095 ernannte der Papst ihn zum geistlichen Führer des ersten Kreuzzugs. Im Gefolge des Grafen Raimund IV. von Toulouse brach Adhemar im Oktober 1096 ins Heilige Land auf. Im Verlauf des langen und beschwerlichen Unternehmens zeichnete er sich durch seine Vermittlerqualitäten – u. a. in den Auseinandersetzungen zwischen Raimund von Toulouse und dem byzantinischen Kaiser Alexios I. Komnenos – aus. Als Führer der Nachhut war er 1097 entscheidend am Sieg bei Doryläum über den Seldschuken-Sultan Kilidsch Arslan beteiligt. Der Bischof starb während der Belagerung von Antiochia. Durch seinen frühen Tod stilisierten ihn zeitgenössische Chronisten zu einer legendären Persönlichkeit.

Al-Adil

Sultan von Ägypten (1200–1218), * um 1144, † 1218. Der Bruder des Sultans Saladin zeichnete sich in Ägypten als guter Verwalter aus. 1184 weilte er in Aleppo und kehrte zwei Jahre später nach Ägypten zurück. Al-Adil wurde wegen der Handhabung der ägyptischen Finanzen kritisiert, versorgte Saladin jedoch kriegsentscheidend mit großen Geldsummen. Nach Saladins Tod erhielt er 1193 die mesopotamischen Besitzungen, spielte seine Neffen gegeneinander aus und besiegte sie schließlich der Reihe nach. 1200 vereinigte er fast das ganze Reich unter seiner Hand. Auch die Seitenlinien in Aleppo und im Jemen erkannten ihn als Oberherrn an. Noch zu Lebzeiten teilte al-Adil sein Reich unter seinen Söhnen auf. In Ägypten setzte er al-Kamil, in Damaskus al-Mu'assam und in Mesopotamien zunächst al-Anhad, danach al-Fais und schließlich al-Aschraf als seine Vertreter ein.

Adolf von Nassau

deutscher König (1292–1298), * um 1255, † 2. 7. 1298 Göllheim bei Worms. Die Kurfürsten wählten Adolf von Nassau am 5. 5. 1292 in Frankfurt am Main zum Nachfolger König Rudolfs I. von Habsburg. Um seine Wahl durchzusetzen, musste er weit reichende Zugeständnisse an die Kurfürsten machen, die eine Schwächung der Habsburger-Dynastie durchsetzen wollten. 1294 schloss er ein Bündnis mit dem englischen König Eduard I. gegen Philipp IV. von Frankreich. Außenpolitische Eigenmächtigkeit sowie der Versuch, in Mitteldeutschland eine eigene Hausmacht zu errichten, brachten die Kurfürsten gegen den König auf. Sie setzen ihn 1298 ab und wählten Albrecht I. von Habsburg zu seinem Nachfolger. Im Kampf gegen diesen fiel Adolf in der Nähe von Worms.

Al-Afdal

Wesir der Fatimiden-Dynastie, * um 1066, † 1121. Al-Afdal regierte 27 Jahre diktatorisch in Ägypten, wobei er sich während des ersten Kreuzzuges weitgehend passiv verhielt. Eine ägyptische Heeresabteilung lagerte zwar 1099 nördlich von Askalon, doch bevor Verstärkung eintreffen konnte, ergriffen die Kreuzritter unter Gottfried von Bouillon die Offensive und metzelten die Ägypter nieder. Al-Afdal floh zunächst nach Askalon und kehrte dann nach Kairo zurück. Auch in den nächsten Jahren verhielt sich der Wesir den Kreuzfahrern gegenüber militärisch zurückhaltend. Immerhin konnte einer seiner Söhne im Jahr 1103 Ramla erobern. 1118 gelang es al-Afdal, ein Bündnis mit den Buriden von Damaskus zu schließen und gemeinsam gegen die Kreuzritter vorzugehen. Drei

Jahre später ließ Ägyptens Herrscher al-Amir bi-Ahkam den mächtigen Wesir durch Mitglieder des Geheimbundes der Assassinen ermorden.

Albertus Magnus

Albertus Magnus

(Albert der Große, Albert Graf von Bollstädt), Theologe der Hochscholastik, Heiliger, * um 1200 Lauingen, † 15. 11. 1280 Köln. Der Dominikaner war einer der einflussreichsten Theologen des Mittelalters und Wegbereiter der Aristoteles-Rezeption im Abendland. Nachdem er an der Universität von Paris lehrte, gründete er 1248 eine Ordensschule in Köln, deren Leitung er übernahm. Dort unterrichtete er u. a. den später berühmten Theologen und Philosophen Thomas von Aquin. Den Beinamen »Magnus« (der Große) erhielt Albertus aufgrund seiner umfassenden Bildung. Der Universalgelehrte integrierte als Erster die aristotelischen Schriften sowie naturwissenschaftliche Erkenntnisse in seinen Unterricht. Mehrere Jahre war Albertus als Ordensprovinzial für Deutschland tätig und übte in Regensburg das Amt des Bischofs aus. 1931 wurde Albertus heilig gesprochen und zum Kirchenlehrer erhoben.

Albrecht der Bär

Graf von Ballenstedt aus dem Haus der Askanier, erster Markgraf von Brandenburg, vorübergehend (1138 bis 1142) Herzog von Sachsen, * um 1100, † 18. 11. 1170 Stendal. Gemeinsam mit Heinrich dem Löwen war Albrecht wichtigster Wegbereiter der deutschen Ostbesiedlung. 1150 und 1157 gewann er das Havelland mit Brandenburg, das er kolonisierte und christianisierte.

Alexander II.

Papst (1061–1073), eigentlich Anselm, † 21. 4. 1073 Rom. Nachdem er ohne Zustimmung des deutschen Königshofes zum Papst gewählt wurde, konnte er sich 1064 auf der Synode von Mantua gegen seinen Kontrahenten Honorius II. durchsetzen. Fortan förderte er die Kirchenreform und unterstützte die Reconquista (christliche Rückeroberung der Iberischen Halbinsel von den Arabern) durch den ersten gesicherten päpstlichen Sündenablass für christliche Kämpfer. Zudem band er die christlichen Reiche auf der Iberischen Halbinsel stärker an Rom. Unter seinem Pontifikat wurde Aragón 1068 dem Heiligen Stuhl lehenspflichtig.

Alexander III.

Papst (1159–1181), eigentlich Roland Bandinelli, * Siena, † 30. 8. 1181 Rom. Trotz tief greifender Konflikte mit Kaiser Friedrich I. Barbarossa und gegen insgesamt vier Gegenpäpste führte er einen erfolgreichen Kampf um die Unabhängigkeit des Papsttums und der Kirche. Im Frieden von Venedig (1177) erkannte Kaiser Friedrich I. ihn schließlich als Papst an. Gegen eine jährliche Tributzahlung bestätigte Alexander 1179 die Königswürde Alfons' I. von Portugal. Im gleichen Jahr änderte er auf dem dritten Laterankonzil das Papstwahlrecht. Künftig ist die Zweidrittelmehrheit der Kardinäle erforderlich. Ein weiterer Beschluss des Konzils verfügte die Verfolgung von Ketzern, insbesondere der Katharer (Albigenser.)

Papst Alexander III. mit Kaiser Friedrich Barbarossa (Miniatur, 14. Jh.)

Alexander Newskij

Fürst von Nowgorod (1236–1263) und Großfürst von Wladimir (1252 bis 1263), * um 1220, † 14. 11. 1263 Gorodez (Wolga). Der Sohn des Fürsten Jaroslaw von Nowgorod schuf die Grundlage für eine neue machtpolitische Konstellation im Raum des Finnischen Meerbusens, die Russland für lange Jahre die Vorherrschaft sicherte: 1240 besiegte der russische Nationalheld die Schweden an der Newa – dies trug ihm den Beinamen »Newskij« ein –, 1242 fügte er dem Deut-

schen Orden auf dem zugefrorenen Peipussee eine Niederlage zu. Er erkannte die mongolische Oberherrschaft über Russland an und vereitelte 1251 den Versuch von Papst Innozenz IV., die römische und die russische Kirche zu einer Union zu zwingen. Wegen seiner nationalen Verdienste sprach die russisch-orthodoxe Kirche Alexander Newskij heilig.

Alexios I. Komnenos

byzantinischer Kaiser (1081–1118), * 1048 Konstantinopel, † 15. 8. 1118 Konstantinopel.

Aus kleinasiatischem Offiziersadel stammend, stürzte Alexios den byzantinischen Kaiser Nikephoros III. und begründete die Komnenen-Dynastie. Es gelang ihm, das niedergehende Byzantinische Reich zu stabilisieren und zu einer neuen Blüte zu führen. Im Bündnis mit Venedig und dem Sultan von Nicäa drängte er die Normannen unter Robert Guiscard zurück (1081–1085). Mit Hilfe der Kumanen wehrte er einen Angriff der Petschenegen auf die Hauptstadt ab. Gegen den Vasalleneid ließ er die Teilnehmer des ersten Kreuzzugs durch das Byzantinische Reich marschieren. Durch den Eid gewann Alexios Nicäa sowie das von den Seldschuken beherrschte westliche Kleinasien zurück.

Alexios III.

byzantinischer Kaiser (1195–1203), † 1210 Nicäa; galt als herrschsüchtige, aber schwache Persönlichkeit. Er stürzte seinen Bruder Isaak II. Angelos vom Thron und ließ ihn blenden. Sein Feldzug gegen die Bulgaren erwies sich als erfolglos. Als am 17. 7. 1203 Venezianer und Kreuzfahrer in Begleitung des späteren Kaisers Alexios IV. Konstantinopel einnahmen, flüchtete er mit der Staatskasse.

Alexios IV.

byzantinischer Kaiser (1203–1204), * 1182 Angelos, † 28. 1. 1204 Konstantinopel; Sohn von Isaak II. Angelos. Nach der Entmachtung seines Vaters durch Alexios III. floh der junge Alexios nach Westeuropa. Es gelang ihm, die in Zara lagernden Kreuzritter und Venezianer dazu zu bewegen,

nach Konstantinopel zu ziehen, um dort seinen Vater aus der Gefangenschaft zu befreien. Nach der Flucht des Usurpators Alexios III. wurden er und sein Vater inthronisiert. Alexios IV. verlor jedoch rasch an Rückhalt, da er seine Zusagen – hohe Geldzahlungen an Kreuzfahrer und Venezianer sowie die Vereinigung der griechischen und der römischen Kirche – infolge des Widerstandes der byzantinischen Bevölkerung nicht halten konnte. Bei einem Aufstand der Einwohner Konstantinopels wurde Alexios IV. getötet.

Alfons I.

(Alfons der Kämpfer), König von Aragón und Navarra (1104–1134), * um 1073, † 1134 Poleñino. Alfons vergrößerte sein Herrschaftsgebiet auf Kosten der Mauren um das Doppelte. Trotz der Heirat mit Urraca, der Tochter und Thronerbin König Alfons' VI. von León und Kastilien, gelang es ihm nach dessen Tod 1109 nicht, die christlichen Königreiche auf der Iberischen Halbinsel zu vereinen. Mehr Erfolg hatte er im Kampf gegen die Muslime: 1118 eroberte er im Zuge der Reconquista Saragossa und machte es zu seiner Hauptstadt. Die muslimischen Einwohner der eroberten Gebiete schützte Alfons oder stattete sie mit Privilegien aus. In seinem Testament teilte er sein Reich in

drei Teile, die den Ritterorden zufallen sollten. Diese Absicht wurde allerdings nicht realisiert.

Alfons I. von Portugal

(Alfons der Eroberer), König von Portugal (1139–1185), * 1110 Guimarães (Braga), † 6. 12. 1185 Coimbra; Sohn der Infantin Theresia von Kastilien und des Grafen Heinrich von Burgund. Er entriss 1128 seiner Mutter die Regentschaft und begründete nach dem Sieg über die Muslime bei Ourique 1139 die portugiesische Monarchie. Vier Jahre später erkannten König Alfons VII. von Kastilien und León sowie Papst Eugen III. ihn als König eines unabhängigen portugiesischen Reiches an. Er blieb allerdings weiterhin Vasall Kastiliens. Nach langer Belagerung und mit der Hilfe von Kreuzfahrern konnte Alfons I. 1147 den Muslimen Lissabon entreißen. In der Folgezeit kümmerte er sich um die wirtschaftliche und soziale Neuordnung Portugals. 1179 erkannte auch Papst Alexander III. Alfons als König von Portugal an.

Alfons VI.

(Alfons der Tapfere), König von León (1065–1109) und Kastilien (1072 bis 1109), * 1040, † 30. 6. 1109 Toledo. Als Sohn König Ferdinands I. erbte Alfons VI. das Königreich León. Kastilien erkannte ihn nach der Ermor-

Alfons VI. von Kastilien belehnt Heinrich von Burgund mit Portugal.

dung seines Bruders Sancho II. (1072) als König an. Der erfolgreiche Vertreter der Reconquista nannte sich »Kaiser von ganz Spanien« und gab sich nach der Einnahme des maurischen Toledo (1085) den Titel »Imperator Toledanus«. Dennoch konnte er das Eingreifen der Almoraviden, einer muslimischen Berberdynastie aus Nordafrika, nicht verhindern. Er unterlag den Almoraviden bei Zalaca (1086) und Uclés (1108). Trotz dieser Niederlagen konnte er seine Herrschaft weitgehend sichern. Seine Tochter Urraca, die mit König Alfons I. von Aragón verheiratet war, folgte ihm auf den Thron.

Alfons X. von Kastilien (Miniatur)

Alfons X.

(Alfons der Weise), König von Kastilien und León (1252–1284), * 23. 11. 1221 Toledo, † 4. 4. 1284 Sevilla. Eine Fraktion der deutschen Kurfürsten wählte Alfons 1257 als Gegenkönig zu Richard von Cornwall. Der Enkel Philipps von Schwaben trat die Herrschaft in Deutschland und Italien jedoch nicht an. Kastilien stieß unter seiner Regentschaft zum ersten Mal in den Mittelmeerraum vor. Bis auf die Eroberung von Cádiz blieben seine Kämpfe gegen die Mauren jedoch ohne großen Erfolg. Als großzügiger Förderer von Wissenschaft und Kunst ließ Alfons bedeutende Werke aus dem jüdischen und arabischen Kulturkreis übersetzen. Zudem entstanden zahlreiche Enzyklopädien, die das gesamte naturwissenschaftliche, historische und rechtliche Wissen der damaligen Zeit aufzeichneten. Bekannt sind seine Dichtungen »Cantigas de Santa Maria«, eine Sammlung von Marienliedern.

Alp Arslan

(Mohammed Ibn Daud), zweiter Seldschuken-Sultan in Bagdad (1063 bis 1072), * um 1030, † 1072. Unter seiner Regentschaft wurde der Aufstieg des Seldschuken-Reiches zum mächtigsten Staat im Vorderen Orient eingeleitet. Der Sultan eroberte Armenien und fügte dem Byzantinischen Reich in der Schlacht von Mantzikert (1071) eine vernichtende Niederlage zu. Dadurch gelangte das zentrale Kleinasien endgültig unter türkische Herrschaft. Zudem festigten die Seldschuken ihre Macht in Anatolien.

Amalrich I.

König von Jerusalem (1163–1174), * 1136, † 11.7.1174 Jerusalem. Als zweiter Sohn des Grafen Fulco von Anjou und dessen Frau Melisende wurde Amalrich Nachfolger seines Bruders Balduin III. Der energische Krieger und Staatsmann weitete die Herrschaft des Jerusalemer Königreiches gegen Ägypten aus und schloss ein Bündnis mit dem Byzantinischen Reich. Trotzdem nahm während seiner Regierungszeit der muslimische Einflussbereich zu und die Kreuzritter mussten erste territoriale Verluste hinnehmen. Die wiederholten Angriffe des Jerusalemer Königs auf Ägypten scheiterten alle und führten schließlich zur Etablierung des Sultans Saladin in Ägypten und Syrien. Zu seinen innenpolitischen Maßnahmen zählte die Einführung zahlreicher Gesetze. Zudem galt Amalrich

Siegel Amalrichs I. von Jerusalem

als Initiator eines Gerichtshofes, der sich ausschließlich mit Streitfragen über Handel und Seefahrt befasste. Außerdem war Amalrich ein Förderer von Kunst und Wissenschaft.

Andreas II.

König von Ungarn (1205–1235), * 1176/77, † 21. 9. 1235 Ofen. Der ehrgeizige, aber innerlich labile Herrscher unternahm 1217–1218 einen erfolglosen Kreuzzug nach Palästina, da er glaubte, die byzantinische Kaiserkrone für sich gewinnen zu können. Durch seine abenteuerliche Außenpolitik war er 1222 gezwungen, weit gehende Forderungen des Adels in der Goldenen Bulle zu garantieren. Zwei Jahre später erließ er das »Privilegium Andreanum«, das die Sonderstellung der Siebenbürger Sachsen begründete. Den 1211 im Burzenland gegen die Kumanen angesiedelten Deutschen Orden vertrieb Andreas II. 1225, als die Ordensritter versuchten, ein selbständiges Staatswesen zu gründen.

Anna Komnena

byzantinische Prinzessin und Geschichtsschreiberin, * 2. 12. 1083 Konstantinopel, † um 1153/54. Als Tochter des byzantinischen Kaisers Alexios I. Komnenos erhielt Anna eine umfassende Ausbildung. Nach dem Tod ihres Vaters versuchte sie, den Thron für ihren Gatten Nikephoros Bryennios zu gewinnen, scheiterte aber an ihrem Bruder Johannes II. Komnenos. Daraufhin zog sie sich in das von ihrer Mutter Eirene zu Beginn des 12. Jahrhunderts gegründete Nonnenkloster Tes Kecharitomenes zurück. Dort begann sie 1136 – nach dem Tod ihres Gatten – mit der Niederschrift ihres in 15 Bücher gegliederten Werkes »Alexias«. Damit wird Anna zur wichtigsten Chronistin der Kreuzzugszeit – auch wenn ihr Werk vom Hass gegen die Kreuzfahrer geprägt ist. »Alexias« umspannt die Jahre 1069 bis 1118. Anna stützte sich bei der Recherche auf Bestände der byzantinischen Staatskanzlei, Archive, mündliche Berichte von Feldherrn und nicht zuletzt auf persönliche Erinnerungen.

Anselm von Canterbury

Erzbischof von Canterbury (1093 bis 1109), * 1033 Aosta, † 21. 4. 1109 Canterbury; gilt als »Vater der Scholastik«. 1060 trat Anselm in den Benediktinerorden ein. Nachdem König Wilhelm II. Rufus von England ihn zum Erzbischof von Canterbury ernannt hatte, war Anselm Oberhaupt der englischen Kirche. Der Religionsbegriff des Geistlichen, dass der Glaube nach vernünftiger Einsicht verlange, wurde bedeutsam für die Entwicklung der scholastischen Theologie, die Vernunft und Glauben miteinander verbindet. Sein Hauptwerk ist das bedeutende »Cur deus homo« (»Warum Gott Mensch wurde«). Die Werke des Geistlichen beeinflussten die neuere Philosophie bis Hegel.

Anselm von Canterbury (Kupferstich aus »Vie des hommes illustrés«)

Al-Aschraf Khalil

Sultan der Mamelucken (1290–1293), † 13. 12. 1293. Im Gegensatz zu seinem Vater handelte der Sohn des Sultans Qalawun in erster Linie aus religiösen Motiven. Er zeichnete sich 1291 bei der sechswöchigen Belagerung und anschließenden Erstürmung der als unüberwindlich geltenden Stadt Akkon aus. Der Fall von Akkon zog die kampflose Aufgabe der letzten Kreuzfahrerfestungen nach sich. Nach diesen Erfolgen ließ der Sultan eine Flotte bauen, um die syrische Küste besser schützen zu können, und schloss Handelsverträge mit Venedig und Aragón. Der Mamelucke besiegte den armenischen König Hethoum II., scheiterte jedoch bei dem Versuch, Bagdad von der mongolischen Herrschaft zu befreien. Bei einem Jagdausflug im Nildelta fiel al-Aschraf einem Mordanschlag zum Opfer. Nachfolger wurde sein achtjähriger Bruder al-Nasir Muhammad.

Al-Salih Ayub

Sultan von Ägypten (1240–1249), * um 1206/07 Kairo, † 21. 11. 1249; letzter bedeutender Herrscher der Ajjubiden und leidenschaftlicher Erbauer von Palästen. Der älteste Sohn von Sultan al-Kamil trat nach dem Tod seines Vaters die Nachfolge an. Da er zuverlässige Krieger brauchte, schuf Ayub eine hervorragend ausgebildete Mamelucken-Streitmacht von etwa 1000 Mann. Diese Waffensklaven, die der Sultan als sein persönliches Eigentum ansah, wurden in einer Festung auf der Insel Roda im Nil stationiert. Im Oktober 1244 besiegte Ayub zwischen Askalon und Gaza eine Allianz syrischer Prinzen und Kreuzritter. Wenig später fiel Damaskus an den Ajjubiden-Sultan. Weitere territoriale Gewinne erzielte Ayub zwischen 1247 und 1249. Als kranker Mann kehrte er kurz vor seinem Tod nach Ägypten zurück.

Baibars I.

Sultan der Mamelucken, * 1223 Kiptschak, † 1277 Damaskus. Baibars war tatarischer Abstammung und wurde als Mameluck (Waffensklave) nach Ägypten verkauft. 1260 zeichnete er sich als Heerführer gegen die Mongolen aus. Im Oktober des gleichen Jahres ließ er Sultan Qutuz ermorden und wurde von seinen Mitverschwörern zum neuen Herrscher Ägyptens gewählt. Rigoros schaltete Baibars jeden Widerstand aus und sicherte dadurch seine Macht. Außenpolitisch wog er die Kreuzfahrerstaaten Palästinas zunächst in Sicherheit, schlug dann aber gnadenlos zu. 1265 ließ er mehrere Städte in Palästina dem Erdboden gleichmachen. Zwei Jahre später erlag Antiochia dem Ansturm der Mamelucken. 16 000 Stadtbewohner und Verteidiger wurden in die Sklaverei geführt. Anschließend vernichtete Baibars in Syrien den Geheimbund der Assassinen. 1273 schlug er die Mongolen bei Bira und besiegte vier Jahre später die Seldschuken in Kleinasien. Danach gliederte er Nubien als einen Vasallenstaat Ägypten an. Auch die heiligen Stätten des Islam – Mekka und Medina – gerieten unter die Kontrolle der Mamelucken. Im Niltal ließ Baibars die Dämme verbessern sowie neue Bewässerungsanlagen bauen. Großes Augenmerk richtete der Sultan zudem auf den Aufschwung von Wirtschaft und Handel. Kairo und Alexandria wurden bald zu den bedeutendsten Umschlagplätzen des abendländisch-fernöstlichen Warenaustausches.

Balduin I.

König von Jerusalem, * 1058, † 2. 4. 1118 bei al-Aris; Sohn des Grafen Eustachius von Boulogne und Ida von Niederlothringen. Ursprünglich war Balduin für den geistlichen Stand vorgesehen und blieb daher ohne territorialen Familienanteil. Zusammen mit seinem Bruder Gottfried von Bouillon folgte er 1096 dem Aufruf Papst Urbans II. und machte sich auf den Weg ins Heilige Land. Am 8. 2. 1098 wurde er als Adoptivsohn des armenischen Fürsten Thoros Mitregent der Stadt Edessa. Nach dessen Tod im März 1098 übernahm Balduin die Alleinherrschaft und gründete damit den ersten Kreuzfahrer-

staat. Als sein Bruder Gottfried von Bouillon 1100 starb, übernahm Balduin die Regentschaft in Jerusalem. Er setzte sich gegen Tankred von Tarent durch und wurde am 25. 12. 1100 durch den Patriarchen Dagobert in der Bethlehemer Geburtskirche zum ersten König Jerusalems gekrönt. Seine Herrschaft stand im Zeichen territorialer Expansion. Zu seinen wichtigsten Eroberungen zählen die Küstenstädte Arsuf und Caesarea (1102) sowie Akkon (1104), Beirut und Sidon (1110). Damit legte Balduin die Grundlagen für die Ausdehnung der fränkischen Herrschaft bis zu den Golanhöhen im Norden und zu dem von ihm 1116 befestigten Eilat im Süden. Auf seinem letzten Feldzug erreichte er 1118 den Nil, starb jedoch auf dem Rückmarsch. Seine letzte Ruhestätte fand er in der Jerusalemer Grabeskirche.

Balduin II.

(Balduin von Le Bourcq), König von Jerusalem (1118–1131), † 1131; Sohn des Grafen Hugo von Rethel. Durch eine straffe Disziplinierung seiner Vasallen sowie eine kluge Gesetzgebung konsolidierte er die königliche Gewalt. Nachdem er als Teilnehmer des ersten Kreuzzuges ins Heilige Land gekommen war, übergab ihm sein Vetter Balduin I. im Jahr 1100 die Grafschaft Edessa. Von 1104 bis 1108 befand sich Balduin in muslimischer Gefangenschaft. Nach dem Tod von Balduin I. folgte er auf den Jerusalemer Königsthron. Mit der Unterstützung der aufstrebenden Handelsmächte Pisa, Genua und Venedig eroberte er Tyros. Sein Hauptziel war der Schutz der Nordgrenze. 1123 geriet Balduin II. erneut in die Gefangenschaft der Muslime, aus der er sich durch ein hohes Lösegeld freikaufen

Balduin II. findet die Reliquie des heiligen Blutes (Glasfenster, Brügge)

Der venezianische Doge Enrico Dondolo krönt Balduin IX. von Flandern als Balduin I. zum ersten Herrscher des Lateinischen Kaiserreichs (Fayence).

konnte. Der Versuch, Aleppo und Damaskus einzunehmen, scheiterte. Dafür baute Balduin II. die Hauptstadt Jerusalem weiter aus. Sein Nachfolger wurde sein Schwiegersohn Fulco von Anjou.

Balduin III.

König von Jerusalem (1143–1162), * um 1130, † 1162 Tripolis. Die Herrschaft des Enkels von Balduin II. und ersten Sohnes Fulcos' von Anjou war durch zahlreiche Kriege mit den Truppen Nureddins, des muslimischen Machthabers von Syrien, gekennzeichnet. Zudem näherte sich Balduin III. wieder stärker dem Byzantinischen Reich an und heiratete Theodora, die Tochter des byzantinischen Kaisers Manuel I. 1148 griffen die Truppen Balduins III. erfolglos Damaskus an. Zwei Jahre später ließ er die Burg Gaza errichten, die er dem Templerorden übertrug. 1152 übernahm er die Regentschaft des Fürstentums Antiochia, ein Jahr danach gelang ihm die Eroberung von Askalon. Weniger erfolgreich waren seine Feldzüge gegen Nureddin. Sein Bruder Amalrich folgte ihm auf den Königsthron.

Balduin IV.

König von Jerusalem (1174–1183 bzw. 1185), * 1161, † 1185. Der Neffe Balduins III. und Sohn Amalrichs I. war ein tatkräftiger Herrscher, der

1177 Saladin eine schwere Niederlage zufügte. Im folgenden Jahr wurde er jedoch zweimal von dem ägyptischen Sultan geschlagen. Balduin IV. litt an unheilbarem Aussatz und trat erstmals kurzzeitig 1183, endgültig Anfang 1185 die Regentschaft ab.

Balduin V.

König von Jerusalem (1183–1186), * 1177, † September 1186 Akkon; Sohn des Markgrafen Wilhelm VII. von Montferrat und der Sibylle von Jerusalem, der Tochter König Amalrichs I. Entgegen dem Verfassungsbrauch wurde Balduin V. noch zu Lebzeiten seines Vorgängers Balduin IV. zum König erhoben. Der als Regent für den kranken Balduin IV. amtierende Raimund III. von Tripolis lehnte die Vormundschaft über Balduin V. ab, sodass Balduins Großonkel Joscelin III. von Courtenay sein Vormund wurde. Nach seinem überraschenden und frühen Tod fand Balduin V. als letzter Jerusalemer König seine Ruhestätte in der Grabeskirche.

Balduin IX.

Graf von Flandern und (als Balduin VI.) von Hennegau, als Balduin I. erster Herrscher des Lateinischen Kaiserreichs (1204–1205), * Juli 1171, † 1205. Balduin war einer der Führer des vierten Kreuzzugs, der mit der Eroberung und Plünderung Konstantinopels 1204 endgültig das Band zwischen der Ostkirche und Rom zerriss. Balduin ließ sich in der Hagia Sophia zum Herrscher des neu gegründeten Lateinischen Kaiserreiches krönen. Da die übrigen Führer des Kreuzfahrerheeres in den eroberten Gebieten autonome Fürstentümer errichteten, konnte er eine Reorganisation des alten Byzantinischen Reiches nicht durchsetzen. Nach seiner vernichtenden Niederlage in der Schlacht bei Adrianopel 1205 gegen Kumanen und Bulgaren galt Balduin als verschollen.

Batu Khan

mongolischer Heerführer und Khan (1242–1255), * 1204, † 1255 Sarai (untere Wolga). Unter seiner Führung drangen die

Mongolen 1236 in die südrussische Steppe vor und eroberten bis 1240 die Fürstentümer Rjasan, Moskau, Wladimir und Kiew. Bei Liegnitz fügten Batu Khans Truppen am 9. 4. 1241 deutschen und polnischen Rittern unter Herzog Heinrich II. von Niederschlesien eine vernichtende Niederlage zu. Nur zwei Tage später besiegten sie ein ungarisches Aufgebot an der Theiß. Als Batu die Nachricht vom Tod des Großkhans Ögädäi erhielt, stoppten die Mongolen trotz der Siege ihren Vorstoß nach Westen. Batu Khan zog mit seinen Truppen an die untere Wolga und gründete dort 1243 die Stadt Sarai als Hauptstadt seines Mongolen-Reiches. Dieses Reich umfasste weite Teile Russlands sowie Nordturkestan und nannte sich »Goldene Horde«.

Bernhard von Clairvaux

Heiliger, * um 1090 Fontaines bei Dijon, † 20. 8. 1153 Clairvaux. Der bedeutende Theologe und berühmte Prediger übte durch die Erneuerung des kirchlichen Geistes bei Adel, Klerus und Volk großen Einfluss auf seine Zeit aus. Nach seinem Eintritt in das Kloster Cîteaux (1122) wurde er 1115 erster Abt des Zisterzienserklosters Clairvaux-sur-Aube. Er gründete 68 neue Klöster seines Ordens. Der Begründer der mittelalterlichen Mystik zog sich durch seine strenge asketische Lebensweise eine dauerhafte Beeinträchtigung seiner Gesundheit zu. 1146 gewann der begnadete Kreuzzugsprediger König Konrad III. zur Teilnahme am zweiten Kreuzzug.

Bernhard von Clairvaux (Detail des Triptychons von St. Erasmus)

Bohemund von Tarent

Fürst von Antiochia, * 1050 oder 1058, † 7. 3. 1111 Apulien. Der ursprünglich auf den Namen Marcus getaufte Bohemund war das einzige Kind aus der ersten Ehe seines Vaters Robert Guiscard. Er unterstützte den normannischen Heerführer bei dessen Griechenlandinvasion (1081 bis 1085). Nach Guiscards Tod im Juli 1085 wurde nicht Bohemund, sondern sein jüngerer Halbbruder Roger Herzog von Apulien. Durch zwei Aufstände sicherte sich Bohemund jedoch einen beträchtlichen Lehensbesitz in Süditalien. Im Juli 1096 nahm er das Kreuz und wurde zu einem der wichtigsten Führer des ersten Kreuzzuges. Dem byzantinischen Kaiser Alexios I. Komnenos schwor er im Oktober 1096 den Lehenseid. Am 1. 7. 1097 siegte er bei Doryläum (heute Eskischehir) in Westanatolien über den Seldschuken-Sultan Kilidsch Arslan. Nach sieben Monaten Belagerung gelang ihm am 3. 6. 1098 durch Verrat des Wachturmkommandanten Firuz die Einnahme von Antiochia, worauf es zu einem Blutbad unter der türkischen Bevölkerung kam. Als Ende Juni unter Bohemunds Führung auch der Sieg über das türkische Entsatzungsheer gelang, nahm er den Fürstentitel an und ignorierte das gegenüber Alexios gemachte Versprechen, ehemalige byzantinische Territorien zurückzugeben. Im August 1100 gelangte Bohemund in arabische Gefangenschaft. Erst durch eine hohe Lösegeldzahlung kam er drei Jahre später wieder in Freiheit. Bohemund kehrte nach Europa zurück und heiratete 1106 Constance, die Tochter des französischen Königs Philipp I. Nach einem gescheiterten Angriff auf die byzantinische Festungsstadt Dyrrachion musste er im September 1108 den Vertrag von Devol unterzeichnen. Demnach hätte er fortan Antiochia nur als Vasall des byzantinischen Kaisers regieren dürfen und einen orthodoxen Patriarchen zulassen müssen. Während des Versuchs, ein neues Heer gegen Byzanz aufzustellen, starb Bohemund in Apulien.

Bohemund IV.

Graf von Tripolis (ab 1187) und Fürst von Antiochia (1201–1231), * 1171 oder 1182, † 1231. Die markante Persönlichkeit der Kreuzfahrerstaaten wurde nach dem Tod des erbenlosen Raimund III. Graf von Tripolis und nach dem Tod seines Vaters Bohemund III. zudem Fürst von Antiochia. Es gelang ihm, ein Bündnis mit den muslimischen Fürsten von Aleppo und Anatolien gegen Leo I. von Armenien-Kilikien zu schließen, der den Besitz von Antiochia beanspruchte. Lange Zeit spielte Bohemund IV. die Genuesen gegen ihre Rivalen, Pisaner und Venezianer, aus. Im Konkurrenzkampf zwischen Templer und Johanniter ergriffen die Tempelritter für ihn Partei. In der Grafschaft Tripolis stieß Bohemund IV. auf geringere Schwierigkeiten, allerdings musste er hier das Autonomiestreben des Herren von Nefin vereiteln. Ohne sich zu sehr zu engagieren, unterstützte Bohemund IV. Kaiser Friedrich II. während des sechsten Kreuzzuges.

Bonifatius VIII.

(Benedetto Caetani), Papst (1294 bis 1303), * um 1235 Anagni, † 11. 10. 1303 Rom. Am Weihnachtstag 1294 trat Bonifatius die Nachfolge von Coelestin V. an. Sein Pontifikat war durch die Auseinandersetzung mit dem französischen König Philipp IV. geprägt. Der Konflikt begann 1295, als der Papst Philipp IV. zu einem

Papst Bonifatius VIII.

Waffenstillstand mit England drängte. Dadurch wollte Bonifatius die militärischen Kräfte für einen Kreuzzug sammeln. Ein Streit um die Besteuerung von französischen Klerikern durch König Philipp IV. fand im Jahr 1302 seinen Höhepunkt mit der päpstlichen Bulle »Unam Sanctam«. In dieser erklärte Bonifatius, dass die weltlichen Fürsten ihre Macht allein zur Ausführung des kirchlichen Willens innehätten. Seine Niederlage gegen Philipp IV., der ihn 1303 gefangen nehmen ließ, leitete den Niedergang der päpstlichen Macht ein. Im Jahr 1300 führte Bonifatius das Heilige Jahr ein.

Bonifaz I. von Montferrat

König von Thessalonike, † 1207 bei Mosynopolis. Auf Anraten des französischen Königs Philipp II. August wurde Bonifaz 1201 zu einem Führer des vierten Kreuzzugs gewählt. Obwohl er der Belagerung der dalmatinischen Stadt Zara noch fernblieb, war er wohl maßgeblich daran beteiligt, die Ausrichtung des Kreuzzuges zu ändern. Neues Ziel der Kreuzfahrer wurde die byzantinische Hauptstadt Konstantinopel. Nach der Eroberung der Stadt (1204) heiratete Bonifaz Margarete von Ungarn, die Witwe Kaiser Isaaks II. Angelos. Seine Hoffnungen auf die Krone des Lateinischen Kaiserreichs hintertrieben die Venezianer zugunsten Graf Balduins IX. von Flandern. Bonifaz musste sich mit Makedonien und Thessalien als neuem Königreich Thessalonike zufrieden geben. Seine Tochter Agnes ehelichte 1207 den Bruder und Nachfolger Kaiser Balduins, Heinrich I. Kurz danach fiel

Bonifaz im Kampf gegen die Bulgaren. Sein Sohn Demetrios konnte das Erbe nicht behaupten und floh 1224 vor dem epirotischen Herrscher Theodoros Angelos Dukas nach Italien.

Calixt II.

Papst (1119–1124), * um 1050, † 14. 12. 1124 Rom. Unter dem umsichtigen Stellvertreter Christi konnte der lange währende Investiturstreit beendet werden. Der Sohn des Grafen Wilhelm von Burgund wurde 1088 Erzbischof von Vienne. Nach seiner Wahl zum Papst am 2. 2. 1119 versuchte Calixt II. einen ehrenvollen Ausgleich zwischen Kirche und deutschem Reich herbeizuführen, doch das gegenseitige Misstrauen war zunächst noch zu groß. Erst am 23. 9. 1122 schlossen beide Konfliktparteien das Wormser Konkordat. Kaiser Heinrich V. verzichtete auf das Recht der Investitur (Einsetzung von Bischöfen) mit Ring und Kreuzstab und garantierte die kanonische Wahl. Calixt wiederum gestattete Heinrich V., Bischofs- und Abtwahlen in Deutschland durchzuführen. Im März 1123 berief der Papst

die erste Lateransynode, auf der das Konkordat feierlich ratifiziert wurde. Außerdem wurden auf der Synode Schutzmaßnahmen für Pilger im Heiligen Land beschlossen.

Coelestin III.

(Giacinto Bobone), Papst (1191 bis 1198), * um 1105, † 8. 1. 1198. Der als gemäßigt und geduldig geltende Pontifex wurde 1144 zum Kardinal ernannt. Das Datum seiner Wahl zum

Papst Coelestin III.

Papst ist unklar, seine Papstweihe fand am 14. 4. 1191 statt. In sein Pontifikat fiel die Auseinandersetzung mit dem jungen Staufer Heinrich VI., der in Deutschland eigenmächtig Bischöfe bestimmte. Obwohl Coelestin III. Heinrichs Gegner unterstützte, wandte er sich nicht offen gegen den Kaiser. Um den Papst für sich zu gewinnen, schlug Heinrich VI. einen neuen Kreuzzug vor, doch Coelestin III. reagierte zögernd, als der Kaiser 1196 nach Italien reiste. Heinrichs Tod im folgenden Jahr beendete den Konflikt.

Dagobert

Patriarch von Jerusalem (1099 bis 1101), † 16. 6. 1107 Messina. Der aus Pisa stammende Dagobert hatte seit 1088 das dortige Bischofsamt inne. 1092 erhob ihn Papst Urban II. zum Erzbischof sowie zum Metropoliten von Korsika und zum Legaten von Sizilien. Nach dem Tod Adhemars von Monteil im Jahr 1098 wurde Dagobert dessen Nachfolger als päpstlicher Legat des ersten Kreuzzugs und reiste nach Syrien. Er annullierte die Wahl Arnulfs Malecorne von Rohes und wurde 1099 lateinischer Patriarch von Jerusalem. Dagobert durchkreuzte byzantinische Ansprüche auf eine Oberhoheit über die neuen Kreuzfahrerstaaten, indem er lateinische Bischöfe für die Provinzen im orthodoxen Patriarchat Antiochia weihte. Sein zunehmend autokratischer Stil rief den Widerstand König Balduins I. von Jerusalem hervor, der Dagobert im August 1101 unter dem Vorwurf des Verrats, der Unterschlagung und Angriffe auf orthodoxe Christen absetzen ließ. Einer kurzen Wiedereinsetzung folgte die erneute Amtsenthebung durch den Legaten Robert von Paris. Zwar appellierte Dagobert 1107 erfolgreich bei Papst Paschalis II., er starb jedoch auf seiner Rückreise nach Jerusalem.

Dandolo, Enrico

Doge von Venedig (1192–1205), * um 1107 Venedig, † 14. 6. 1205 Konstantinopel. Der Begründer der venezianischen Hegemonie im Mittelmeerraum und Spross eines venezianischen Patriziergeschlechts ließ trotz päpstlichen Verbots gegen hohe Zahlungen zunächst die Adriastadt Zara und 1204 Konstantinopel von den Teilnehmern des vierten Kreuzzuges erobern. Die Kreuzritter errichteten das bis 1261 bestehende Lateinische Kaiserreich. Enrico Dandolo gewann Euböa, Kreta, Rhodos und Ragusa für Venedig.

Dschingis Khan bei der Jagd (chin. Gemälde der Yuan-Periode, um 1300)

Dschingis Khan

(Tschingis Khan, Dschingis Chan, Djingis Chan, eigentlich Temudschin), Großkhan der Mongolen, * 1155 oder 1167, † 18. 8. 1227 vor Ninghsia; Gründer des mongolischen Weltreiches, das vom Pazifik bis an die Grenzen Europas reichte. Nach einem Sieg über die Tataren brachte der Sohn eines Kleinfürsten bis 1205 alle zentralasiatischen Stämme unter seine Herrschaft. Ein Jahr darauf wurde er als Dschingis Khan (Weltherrscher) vom Fürstenrat zum Großkhan erhoben. Gestützt auf sein schlagkräftiges Reiterheer besiegte er 1207 die Uiguren, überrannte er 1209 das nordtibetische Tanguten-Reich, unterwarf 1211/12 Nordchina und eroberte 1215 Peking sowie 1219 Korea. Bis 1221 nahm er den Norden des islamischen Großreiches ein. Die Eroberung von Buchara und Samarkand ging mit blutigen Massakern einher. Dschingis Khan zwang die unterworfenen Völker zu Umsiedlungen oder zum Heeresdienst. Karakorum am Orchon machte er zur Hauptstadt seines Weltreiches. Der Großkhan überquerte den Hindukusch, schlug 1221 den Sohn des Choresm-Schah am Indus und 1223 die Russen an der Kalka bei Asow. Der Mongolen-Herrscher, der als einer der größten Eroberer der Weltgeschichte gilt, starb auf einem Feldzug gegen die aufständischen Tanguten (1227). Vor seinem Tod hatte Dschingis Khan das Reich unter seinen drei Söhnen Dschagatai, Ögädäi, Tului und seinem Enkel Batu aufgeteilt.

Eduard I.

König von England (1272–1307), * 17. 6. 1239 Westminster, † 7. 7. 1307 Burgh by Sands bei Carlisle. Der älteste Sohn König Heinrichs III. gilt als bedeutendster Herrscher aus dem Hause Plantagenet. Er stärkte die Stellung des Parlaments und förderte die englische Gesetzgebung. Schon vor seiner Krönung behauptete Eduard im Kampf mit Simon von Montfort das Königtum gegenüber dem Hochadel (Statut von Marlborough, 1267). 1271 unternahm Eduard eine Kreuzfahrt ins Heilige Land. Dort handelte er mit dem Mamelucken-Sultan Baibars I. einen Waffenstillstand aus, bevor er im Herbst 1272 die Heimreise antrat. Während seiner Regierung drängte Eduard I. den kirchlichen Einfluss zurück und erließ zahlreiche Reformgesetze, vor allem zur Vereinheitlichung und Fortentwicklung des Rechtswesens. Verbündet mit deutschen Fürsten, führte Eduard I. lange Kämpfe um seine südfranzösischen Besitzungen. Den Frieden von 1303 besiegelte die Heirat seines Sohnes Eduard II. mit Isabella, der Tochter Philipps IV. von Frankreich (1308). Um der Schwierigkeiten im Land Herr zu werden, berief Eduard 1295 das Musterparlament (»Model Parliament«) ein, an dem auch Vertreter von Städten und Grafschaften (Commons) teilnahmen und das die Parlamentsgeschichte einleitete. Für seinen Thronfolger Eduard II. führte der König im Jahr 1301 den Titel Prince of Wales ein.

El Cid und seine Frau Jimena (Büsten in ihrer Grabeskapelle in Burgos)

El Cid

(Rodrigo Ruy Díaz de Vivar), spanischer Nationalheld, * um 1043 bei Burgos, † 10. 7. 1099 Valencia. Der von den Arabern »El Cid« (»der Herr«) und von den Spaniern »El Campeador« (»der Kämpfer«) genannte Edelmann war einer der bekanntesten Helden der Reconquista. Zunächst war El Cid ein Kampfgenosse des späteren kastilischen Königs Sancho II., der mit seinem Bruder Alfons VI. um das Erbe stritt. Nach dem Tod Sanchos II. trat er in die Dienste Alfons' VI. Als es 1081 zwischen den beiden zum Bruch kam, wechselte El Cid auf die Seite der maurischen Fürsten von Saragossa. Nach einjähriger Belagerung eroberte er 1094 Valencia und schuf sich dort ein eigenes Reich. Er verteidigte die Stadt in mehreren Kämpfen gegen die maurischen Almoraviden, so 1094 bei Cuarte und 1097 bei Bairén. El Cid wurde zum Mittelpunkt der spanischen Heldendichtung und Symbol für die Einheit der Nation. Das »Poema del Cid«, entstanden um 1140, ist das älteste überlieferte spanische Heldenlied. In Schilderungen realistischen Stils erzählt es aus dem Leben des Nationalhelden. Seine Gestalt lebte in der europäischen Literatur weiter, vor allem in Bühnenwerken.

Eleonore von Aquitanien

(Eleonore von Poitou, Eleanore), Königin von Frankreich (1137–1152) und von England (1154–1173), * um 1122, † 1. 4. 1204 Fontevrault-L'Abbaye. Die bedeutendste Herrscherin ihrer Zeit heiratete am 25. 7. 1137 den französischen Thronfolger Ludwig VII. Als Erbtochter Wilhelms X. brachte sie Aquitanien, Poitiers und die Gascogne mit in die Ehe. 1147 nahmen Eleonore und Ludwig an der Spitze eines großen Heeres am zweiten Kreuzzug nach Jerusalem teil. Nach dem Scheitern des Kreuzzuges kam es zum Bruch zwischen den Eheleuten. 1152 wurde die Verbindung annulliert. Zwei Monate später heiratete Eleonore den englischen Thronanwärter Heinrich II. Plantagenet. 1154 bestieg das Paar den englischen Thron. Durch diese Ehe kam fast ganz Westfrankreich an England. Eleonore herrschte 20 Jahre an der Seite ihres Mannes, bis sie 1173 einen Aufstand ihrer Söhne, Richard I. Löwenherz und Johann Ohneland, gegen Heinrich II. unterstützte. Bis zum Tod ihres Mannes wurde sie inhaftiert. Erst als Richard Löwenherz 1189 den Thron bestieg, nahm sie erneut Ein-

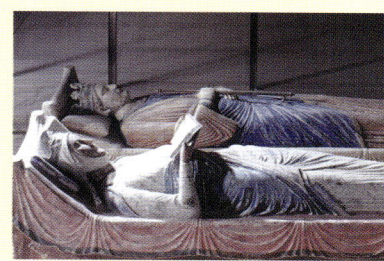

Grabmal Eleonores von Aquitanien und Heinrichs II. von England

fluss auf die Politik. Neben ihren politischen Ambitionen war Eleonore eine Förderin der Troubadourlyrik.

Erik IX.

(Erik der Heilige), König von Schweden (um 1150–1160), † 1160 Uppsala. Von Papst Hadrian IV. ermächtigt, förderte Erik IX. die schwedische Besiedlung Südwest-Finnlands durch einen Kreuzzug (1155). Aus der Gesetzgebung entfernte der König die Reste des Heidentums. Er fiel im Kampf gegen den dänischen Thronprätendenten Magnus Henriksson und wurde im Dom zu Uppsala beigesetzt. Obgleich niemals kanonisiert, gilt Erik IX. als schwedischer Nationalheiliger.

Eugen III.

(Bernardo Pignatelli), Papst (1145 bis 1153), † 8. 7. 1153 Tivoli. Der energische Reformer strebte stets nach Anhebung der sittlichen Maßstäbe für den Klerus. Die Einnahme der Kreuzritterbastion Edessa 1144 durch die Muslime veranlasste Eugen III., durch eine Bulle zum zweiten Kreuzzug aufzurufen. Vom Scheitern des Kreuzzuges wurde der Papst tief getroffen, da er gehofft hatte, das erfolgreiche Unternehmen könne die Aussöhnung mit der Ostkirche begünstigen. 1147 und 1148 hielt Eugen III. wichtige Synoden ab, auf denen nicht nur Reformbeschlüsse verabschiedet, sondern auch die Visionen der Mystikerin Hildegard von Bingen geprüft wurden. Der Papst intensivierte die Beziehungen des Heiligen Stuhls zu Irland und schloss im März 1153 mit Friedrich I. Barbarossa den Vertrag von Konstanz ab, in dem beide Seiten zusagten, die souveränen Rechte des anderen zu schützen. Eugen III. versprach Friedrich die Kaiserkrone, starb jedoch, bevor der deutsche König nach Rom kommen konnte.

Ferdinand I.

(Ferdinand der Große), König von Kastilien und León (1035–1065), * 1016 oder 1018, † 27. 12. 1065 León. Durch Erbteilung erhielt der zweite Sohn Sanchos III. von Navarra die Grafschaft Kastilien, die er mit León vereinte. Dieses war ihm infolge seiner Heirat mit der Tochter Bermudos III., des letzten Königs von León, zugefallen. Nach dem Tod seines älteren Bruders erbte Ferdinand zudem einen Großteil von Navarra. Als Vorkämpfer der Reconquista nutzte der König den Zerfall des Kalifats von Córdoba. In mehreren Schlachten besiegte er die Mauren oder machte sie

tributpflichtig. Wegen seiner Leistungen für das Christentum nahm er 1054 den Kaisertitel an. Zehn Jahre später eroberte er Coimbra. Gemäß der dynastischen Erbregel teilte er sein Reich unter seinen Kindern auf.

Ferdinand III. von Kastilien

(Ferdinand der Heilige), König von Kastilien (1217–1252) und León (1230–1252), * 1199, † 1252 Sevilla; Sohn Königs Alfons IX. von León und der Berenguela von Kastilien, der Tochter Alfons' VIII. Ferdinand III. konnte im Zuge der Reconquista große Fortschritte erzielen. Er nützte das Erlöschen der Almohaden-Macht zwischen 1236 und 1248 zur Eroberung von Murcia, Córdoba, Jaén und Sevilla. Ferdinand stiftete Bistümer, gründete die Universität Salamanca und machte sich um die Zivilgesetzgebung verdient.

Franz von Assisi

(Franziskus, eigentlich Giovanni Bernardone), italienischer Ordensstifter, Heiliger, * 1181 oder 1182 Assisi, † 3. 10. 1226 Assisi; Gründer des Franziskanerordens. Der Sohn eines reichen Tuchhändlers wandte sich um 1208 einem asketisch-eremitischen Leben zu, das er in freiwilliger Armut der Nächstenliebe widmete.

Vision des heiligen Franz von Assisi (Fresko von Giotto, um 1300)

Als Wanderprediger rief er in Bußpredigten zu einer Rückkehr zum einfachen Leben der Apostel auf und konnte bald zahlreiche Anhänger um sich scharen. Daraus entstand der Franziskanerorden, der erste Bettel-

BIOGRAFIEN

Friedrich I. Barbarossa vor Papst Alexander III. (Fresko aus Siena, 1404)

orden der Kirchengeschichte, dessen Anhänger auch »Minderbrüder« oder »Minoriten« genannt wurden. 1210 erkannte Papst Innozenz III. die von Franz aufgestellten Ordensregeln an. Der Fanziskanerorden breitete sich mit zahlreichen Klostergemeinschaften rasch über ganz Europa aus. Die Brüder gründeten Schulen sowie Studienzentren und begannen 1290 mit der Missionstätigkeit in China. 1220 legte Franz von Assisi die Ordensleitung nieder und zog sich in die Einsamkeit der Alverner Berge bei Arezzo zurück, wo er der Überlieferung zufolge 1224 die Wundmale Christi empfing. Der auch wegen seiner Tierliebe verehrte Ordensstifter wurde 1228 heilig gesprochen.

Friedrich I. Barbarossa

(»Rotbart«), römisch-deutscher Kaiser (1135–1190) und deutscher König (1152–1190), * 1122, † 10. 6. 1190 im Fluss Saleph in Kleinasien ertrunken; Sohn des staufischen Herzogs Friedrich II. von Schwaben und der Welfin Judith. Als Herzog von Schwaben folgte Barbarossa seinem Onkel Konrad III. 1152 auf den deutschen Königsthron. Zusammen mit Konrad III. nahm er am zweiten Kreuzzug teil. Während seines ersten Italienzuges 1154/55 wurde Friedrich zum König von Italien und von Papst Hadrian IV. zum römisch-deutschen Kaiser gekrönt. 1156 legte er den staufisch-welfischen Gegensatz bei, indem er seinem welfischen Vetter, dem Sachsenherzog Heinrich dem Löwen, auch Bayern wieder zusprach. In den folgenden Jahren geriet Friedrich in Widerspruch zur Kurie, die 1157 auf dem Reichstag von Besançon einen Vorstoß gegen die kaiserliche Vormachtstellung unternahm. Friedrich beanspruchte dagegen auf seinem

nächsten Italienzug (1158–1162) energisch die kaiserlichen Rechte in Ober- und Mittelitalien (Eroberung Mailands). Wenig Erfolg brachte die Unterstützung von drei Gegenpäpsten während des großen Schismas (1159–1178). Da er einen großen Teil seines Heeres wegen des Ausbruchs einer Seuche verlor, musste Friedrich seinen vierten Italienzug nach der Eroberung Roms 1167 abbrechen. Erst nach dem weiteren Ausbau der Königsmacht in Deutschland konnte er sich wieder nach Italien wenden. Trotz seiner Niederlage 1176 gegen ein Lombardenheer bei Legnano festigte sich die kaiserliche Position. 1177 schloss er mit dem Heiligen Stuhl Frieden. Der erneute Konflikt mit Heinrich dem Löwen führte auf Friedrichs Betreiben 1179 zu dessen Ächtung und 1180 zum Verlust seines Reichslehens. Friedrich teilte Sachsen auf und gab Bayern an die Wittelsbacher. 1189 brach Friedrich Barbarossa als Führer des dritten Kreuzzugs zur Befreiung Jerusalems auf. Auf dem Weg dorthin ertrank er im Fluss Saleph (heute Göksu) in Kleinasien.

Friedrich II.

römisch-deutscher Kaiser (1220 bis 1250) und deutscher König (1212 bis 1250), * 26. 12. 1194 Iesi bei Ancona, † 13. 12. 1250 Fiorentino. Der Enkel von Kaiser Friedrich I. Barbarossa sowie Sohn Kaiser Heinrichs VI. und der normannischen Prinzessin Konstanze war in seiner Universalität und Staatskunst einer der ungewöhnlichsten und herausragendsten Herrscher des Mittelalters. Nach seiner Wahl zum König wurde Friedrich 1212 in Frankfurt gekrönt und legte ein Kreuzzugsgelübde ab. Im Jahr 1220 ließ er seinen Sohn Heinrich VII. zum deutschen König wählen und sich selbst in

Rom zum Kaiser krönen. Für die Anerkennung seines Sohnes verzichtete er 1220 zugunsten der geistlichen Fürsten auf die wesentlichen kaiserlichen Vorrechte über Äbte und Bischöfe. Während er Erzbischof Engelbert von Köln zum Reichsverweser machte, regierte Friedrich von Sizilien aus, wo er einen straff organisierten Beamtenstaat aufbaute. Papst Gregor IX. empfand die Hausmachtspolitik Friedrichs in Ober- und Unteritalien als Bedrohung seines Herrschaftsanspruchs und bannte ihn 1227. Als Friedrich trotz des Kirchenbanns 1228 den sechsten Kreuzzug antrat, konnte er durch Verhandlungen mit dem ägyptischen Sultan die

Kaiser Friedrich II. (Buchmalerei in der Kölner Königschronik)

Abtretung des Königreiches Jerusalem erreichen, zu dessen König er sich selbst krönte (1229). In Deutschland musste Friedrich den Reichsfürsten 1231 wichtige Hoheitsrechte überlassen. Um seinen aufrührerischen Sohn Heinrich VII. zu unterwerfen, zog er 1235 und 1237 noch einmal in das Reich. 1239 wurde Friedrich durch Papst Gregor IX. erneut gebannt und 1245 durch das Lyoner Konzil für abgesetzt erklärt. Dennoch konnte er sich bis zu seinem Tod behaupten. Friedrichs umfassendes Interesse für Dichtung, Philosophie und Naturwissenschaft wies weit über seine Zeit hinaus. Süditalien erlebte unter seiner Herrschaft eine kulturelle und wis-

senschaftliche Blüte. Der italienischen Renaissance galt Friedrichs Staatskunst und politische Ideenwelt als Vorbild.

Fulcher von Chartres

Chronist des ersten Kreuzzuges und der Frühzeit des Königreiches Jerusalem, * 1059, † 1127. Fulcher erwies sich als sorgfältiger, selbständig urteilender Berichterstatter, der einen Ausgleich mit dem Byzantinischen Reich und den orientalischen Christen bevorzugte. Vermutlich wurde er an der Kathedralschule von Chartres zum Priester ausgebildet. Er nahm 1095 am Konzil von Clermont teil und schloss sich als Kaplan Balduins von Boulogne (Balduin I.) dem ersten Kreuzzug an. Nachdem Balduin auf den Jerusalemer Königsthron stieg, wurde Fulcher wahrscheinlich Kanoniker der Grabeskirche. 1114 wurde er möglicherweise vom Patriarchen Arnulf Malecorne von Rohes mit der augustinischen Reform des Konvents betraut.

Fulco von Anjou

König von Jerusalem (1131–1143), * um 1090, † 10. 11. 1143 durch einen Jagdunfall. Nach seinem ersten Besuch im Heiligen Land 1120 wurde Fulco zum Förderer des Templerordens. Ende 1127 bot ihm König Balduin II. von Jerusalem, der keinen männlichen Erben hatte, die Hand seiner Tochter Melisende an. Kurz vor Pfingsten 1228 fand die Vermählung statt. Als Mitgift erhielt der Bräutigam Akkon und Tyros. Nach dem Tod Balduins II. im August 1131 wurden Fulco und Melisende am 14. 9. in der Grabeskirche ohne vorherige Wahl gekrönt. Fulco sah sich gezwungen, seine Frau zur Mitregentin zu machen und nötigte seine Schwägerin Alice, die Fürstenwitwe von Antio-

Fulco von Anjou wird auf dem Bett von Leidenden bedrängt.

chia, zur Anerkennung seiner Regentschaft. Seine Außenpolitik war insbesondere in den Jahren 1134 bis 1139 vom Kampf gegen das Vordringen des Emirs Zengi von Mosul bestimmt. 1138 musste Fulco die Festung Montferrand an Zengi abtreten. Sein Versuch, mit Antiochia, Edessa und dem Byzantinischen Reich eine große Koalition gegen den Machthaber von Mosul zu bilden, scheiterte nach kurzer Zeit. Da Zengi jedoch in den nächsten fünf Jahren durch innenpolitische Auseinandersetzungen gebunden war, konnte Fulco die Südgrenze seines Königreiches durch den Bau mehrerer Burgen sichern.

Ghazi Danischmand

turkmenischer Emir, † 1134. Ghazi Danischmand nahm 1127 die Städte Caesarea und Ankara ein, woraufhin er Kappadokien unter seine Herrschaft brachte. 1130 besiegte er gemeinsam mit dem armenischen Fürsten Leo I. einen Heerzug von Bohemund II. Da die Türken den Fürsten von Antiochia zunächst nicht erkannten, enthaupteten sie ihn. Ghazi zwang Leo I. seine Oberhoheit auf und verwüstete die Grafschaft Edessa. Als Belohnung für seine Siege über die Christen gewährten ihm der Kalif al-Mustarschid und der Sultan Sandiar den Titel eines Malik (König). Die Abgesandten der beiden Herrscher fanden den Emir in Melitene jedoch nur noch auf seinem Totenbett vor. Ghazis Sohn Muhammad übernahm die Nachfolge.

Gottfried von Bouillon

Herzog von Niederlothringen (1087 bis 1096) und erster Regent des Kreuzfahrerstaates Jerusalem (1099 bis 1100), * um 1060 Boulogne, † 18. 7. 1100 Jerusalem. Der Neffe des niederlothringischen Herzogs Gott-

Papst Gregor VII. mit einem Schreiber (zeitgenössische Buchmalerei)

fried III. war als einer der Führer des ersten Kreuzzugs an der Eroberung Jerusalems entscheidend beteiligt. 1089 wurde er von Kaiser Heinrich IV., den er im Investiturstreit unterstützte, als Herzog anerkannt. 1095 folgte er dem Aufruf Papst Urbans II. zum Kreuzzug und machte sich ein Jahr später mit zahlreichen Rittern auf den Weg ins Heilige Land. 1098 schlug Gottfried die Türken bei Antiochia und erstürmte am 15. 7. 1099 Jerusalem. Als »Verteidiger des heiligen Grabes« übernahm Gottfried die Regentschaft des Kreuzfahrerstaates. Noch im selben Jahr besiegte er den Wesir der Fatimiden bei Askalon. Er übte bei der Eroberung von Palästina eine straffe Führung aus und schuf erste Grundlagen einer feudalen Organisation.

Gottfried von Villehardouin

französischer Geschichtsschreiber, * um 1150 bei Bar-sur-Aube, † zwischen Dezember 1212 und Juni 1218 Morea. Als Teilnehmer des vierten Kreuzzugs beteiligte sich Gottfried an der »Umleitung« des Unternehmens nach Konstantinopel. Wegen seines Verhandlungsgeschicks nahm er an

Reiterstandbild des Gottfried von Bouillon (Xylographie, 19. Jh.)

allen wichtigen Besprechungen teil, trat jedoch auch als Heerführer auf. Nach der Niederlage bei Adrianopel 1205 gegen Kumanen und Bulgaren organisierte Gottfried von Villehardouin den Rückzug und sammelte die Reste des Kreuzritterheeres ein. 1206 zeichnete er sich in Thrakien, zwei Jahre später gegen die Bulgaren aus. An der westlichen Peloponnes errichtete Gottfried gemeinsam mit Wilhelm von Champlitte das Fürstentum Achäa. Von 1207 bis 1208 verfasste Gottfried die »Histoire de la conquête de Constantinople« (»Geschichte über die Eroberung von Konstantinopel«), ein Hauptwerk der mittelalterlichen französischen Chronistik.

Gregor VII.

(Hildebrand von Cluny), Papst (1073 bis 1085), * um 1021 Toskana, † 25. 5. 1085 Salerno. Gregor etablierte das Papsttum als mit dem Kaisertum rivalisierende Macht des Mittelalters. Papst Leo IX. rief den Benediktinermönch Hildebrand von Cluny 1049 nach Rom, wo er seit 1059 die Politik der Kurie mitbestimmte. Als Papst Gregor VII. setzte Hildebrand mit der gregorianischen Reform den Kampf

gegen Simonie (Kauf kirchlicher Ämter), Priesterehe und Laieninvestitur (Vergabe von Kirchenämtern durch weltliche Fürsten) fort. Die Macht der Kirche konzentrierte er beim Heiligen Stuhl, wobei er den Widerstand vieler Bischöfe zunächst mit Hilfe der Fürsten zu überwinden versuchte. Er geriet mit dem deutschen König Heinrich IV. in einen heftigen Streit darüber, ob Bischöfe wie bisher durch weltliche oder durch geistliche Herrscher bestimmt werden sollten. Dieser so genannte Investiturstreit erschütterte die Verfassung des Reiches und der Reichskirche. Die Auseinandersetzung spitzte sich zu, als Gregor im »Dictatus Papae« (1075) formulierte, die weltliche Herrschaft sei dem Papsttum untergeordnet. Auf dem Höhepunkt des Konflikts im Jahr 1076 exkommunizierte und bannte Gregor König Heinrich IV., der sich ihm daraufhin 1077 in Canossa unterwarf. Nach einem zweiten Bann 1080 nominierte Heinrich jedoch Klemens III. zum Gegenpapst, eroberte Rom und setzte Gregor in der Engelsburg gefangen (1084). Vom Normannenherzog Robert Guiscard befreit, starb der Geistliche im normannischen Exil. Trotz seiner persönlichen Niederlage bewirkte Gregor mit seinem Pontifikat den Sieg der Kirchenreform des 11. Jahrhunderts. Durch seinen Kampf um eine religiös überhöhte Ordnung der Welt wurde er zu einem der bedeutendsten geistigen Gestalter des hohen Mittelalters. Sein Nachfolger war Viktor III.

Gregor VIII.

(Alberto de Mora), Papst (1187), * um 1110 Benevent, † 17. 12. 1187 Pisa. Der als demütig geltende und um Reformen bemühte Pontifex war Regularkanoniker und Rechtslehrer, bevor Papst Hadrian IV. ihn zum Kardinal ernannte. Seine Wahl zum Papst erfolgte am 21. 10. 1187 in Ferrara. Gregor VIII. verhielt sich wohlwollend gegenüber Kaiser Friedrich Barbarossa. Er verbot den Geistlichen das Tragen kostbarer Kleidung sowie die Ausübung von Glücksspielen. Hauptgegenstand seines kurzen Pontifikats war jedoch die Vorbereitung eines neuen Kreuzzuges. Seiner Ansicht nach waren die Niederlage von Hattin (1187) sowie die Eroberung Jerusalems durch Sultan Saladin Gottes Strafe für die Sünden der Christenheit. Mitte November verließ Gregor Ferrara und reiste nach Mittelitalien. In Pisa beabsichtigte er, die Hafenstadt mit dem Rivalen Genua auszusöhnen, erkrankte jedoch und starb.

Gregor IX. mit einem päpstlichen Dekret (Fresko von Raffael, Vatikan)

Gregor IX.

Papst (1227–1241), * um 1160 Anagni, † 22. 8. 1241 Rom. Mit großer Energie versuchte Gregor den päpstlichen Machtanspruch und die Freiheit des Kirchenstaates zu behaupten. Darüber geriet er in schwere Konflikte mit Kaiser Friedrich II. Gegen diesen sprach er 1227 und 1239 den Bann aus. Er unterstützte die neu entstandenen Bettelorden der Franziskaner und Dominikaner. Letzteren übertrug er die Ausführung der kirchlichen Inquisition.

Gregor X.

(Tedaldo Visconti), Papst (1271 bis 1276), * 1210 Piacenza, † 10. 1. 1276 Arezzo. Der vielfach begabte Pontifex, durch dessen frühzeitigen Tod ein neuer Kreuzzug nicht zustande kam, war adliger Herkunft und diente jahrelang unter Kardinal Jakob von Praeneste. 1265 begleitete er Kardinal Ottobono auf seiner Mission nach England und wurde Vertrauter des englischen und französischen Königshauses. Als er nach fast dreijähriger Uneinigkeit der Kardinäle am 1. 9. 1271 zum Papst gewählt wurde, befand er sich als Archidiakon von Lüttich in Akkon. Die Befreiung der heiligen Stätten wurde für Gregor X.

zur Hauptaufgabe seines Pontifikats. Um das Interregnum im Heiligen Römischen Reich zu beenden, stimmte Gregor X. der Wahl von Rudolf von Habsburg zu. Dieser trat daraufhin sämtliche Anrechte auf päpstliches Territorium ab. 1274 wurden auf dem zweiten Konzil von Lyon die – nur für kurze Zeit bestehende – Einheit mit der griechischen Kirche wieder hergestellt und die Pläne für einen Kreuzzug ausgearbeitet. Zudem erließ Gregor X. mehrere Reformbestimmungen, unter anderem führte er für die Papstwahl das Konklave ein. Im Oktober 1275 traf Gregor X. in Lausanne König Rudolf I. und besuchte anschließend mehrere norditalienische Städte. Nach einem Fieberanfall starb der Papst 1276 in Arezzo.

Guido von Lusignan

König von Jerusalem (1186–1192), Herr von Zypern (1192–1194) † Ende 1194. Nach dem Aufstand gegen König Heinrich II. von England versuchte Guido sein Glück im lateinischen Osten. 1182 heiratete er Sibylle, die Tochter des Jerusalemer Königs Amalrich I. Zunächst war er Stellvertreter seines Schwagers, König Balduins IV., und wurde nach dem Tod seines unmündigen Stiefsohnes Balduin V. im Jahr 1186 mit Hilfe eines Staatsstreichs König von Jerusalem. Ein Jahr später führte er das fränkische Heer in die Katastrophe von Hattin, bei der Sultan Saladin den Kreuzrittern eine vernichtende Niederlage zufügte. Guido wurde von Saladin gefangen genommen und erst 1188 wieder frei gelassen. 1189 begann Guido mit der Belagerung von Akkon. Dort trafen 1191 die Truppen des dritten Kreuzzugs unter König Richard Löwenherz von England und Philipp II. August von Frankreich ein. Durch den Tod seiner Gattin und ihrer beiden Töchter geschwächt, musste Guido 1192 seinen Anspruch auf Jerusalem aufgeben und wurde von Richard Löwenherz mit dem Königreich Zypern abgefunden.

Guido von Lusignan wird nach der Niederlage von Hattin gefangen.

Hadrian IV.

(Nikolaus Brakespeare), Papst (1154 bis 1159), * um 1100 Langley, † 1. 9. 1159 Anagni. Der willensstarke Pontifex war entschlossen, die monarchischen Ansprüche des Papsttums durchzusetzen. 1149 wurde er Kardinal von Albano und zeichnete sich als päpstlicher Legat in Skandinavien aus (1150–1153). Nach der Papstwahl am 4. 12. 1154 war er bestrebt, die unabhängige weltliche Herrschaft über den Kirchenstaat zu sichern. Am 18. 6. 1155 krönte er Friedrich I. Barbarossa zum Kaiser. Ein Jahr später änderte er seine Politik und erkannte Wilhelm I. von Sizilien als König mit Hoheitsbefugnissen über fast ganz Süditalien an. Als sich die Spannungen mit Barbarossa verstärkten, zog sich Hadrian IV. nach Anagni zurück. Kurz nachdem er den unzufriedenen lombardischen Städten zusagte, Friedrich in Kürze zu exkommunizieren, starb Hadrian IV.

König Heinrich I. von England (mittelalterliche Miniatur)

Heinrich I.

(Heinrich Beauclerc), König von England (1100–1135), * 1068 Selby, Yorkshire, † 1. 12. 1135 Lyons-La-Forêt; vierter Sohn Wilhelms des Eroberers. Seine Krönungsproklamation (Charta libertatum) leitete die Versöhnung der besiegten Angelsachsen mit den normannischen Eroberern ein und kann als erstes Verfassungsgesetz Englands angesehen werden.

Heinrich II.

(Heinrich II. Plantagenet), König von England (1154–1189), * 5. 3. 1133 Le Mans, † 6. 7. 1189 Chinon; durch Erbe sowie durch die Ehe mit Eleonore von Aquitanien auch Herr eines Drittels von Frankreich. In England stärkte er im Kampf gegen den Adel die königliche Gewalt in Rechtsprechung und Verwaltung. Durch die Konstitutionen von Clarendon (1164) schränkte er den politischen Einfluss der Kirche ein. Als sein Kanzler Thomas Becket, zum Erzbischof von Canterbury erhoben, sich im Sinne des Papstes gegen ihn wandte, wurde der Kleriker 1170 ermordet.

Heinrich III.

König von England (1216–1272), * 1. 10. 1207 Winchester, † 16. 11. 1272 Westminster. Der Enkel Heinrichs II. Plantagenet stand zunächst unter Vormundschaft und wurde später in seinen Regierungsgeschäften maßgeblich durch Verwandte und den Klerus beeinflusst. Durch den Aufstand der englischen Adligen unter seinem Schwiegersohn Simon von Montfort, der sich gegen die kostspieligen Kriege Heinrichs in Frankreich richtete, wurde der König zeitweilig verdrängt. Auf Druck des Adels musste Heinrich den Verlust des englischen Festlandsbesitzes nördlich der Charente anerkennen.

Heinrich IV.

deutscher Kaiser (1084–1106) und deutscher König (1054–1106), * 11. 11. 1050 wahrscheinlich Goslar, † 7. 8. 1106 Lüttich. Bereits mit drei Jahren unter der Regierung seines Vaters Heinrich III. zum König gewählt, stand Heinrich IV. nach dessen Tod 1056 zunächst unter der Regentschaft seiner Mutter Agnes von Poitou. Danach regierten für ihn die Erzbischöfe Anno II. von Köln, der Heinrich 1062 entführt hatte, und Adalbert von Bremen. Nachdem er 1065 die Regierung übernommen hatte, gewann Heinrich das verloren gegangene Reichsgut, besonders im thüringisch-sächsischen Raum, gegen den erbitterten Widerstand vor allem des sächsischen Adels wieder für die Krone zurück (1073–1075). Mit der eigenmächtigen Einsetzung des Erzbischofs von Mailand 1075 löste der König den Investiturstreit mit dem Papst um die Besetzung der Bistümer aus, der die Stellung des Königtums insgesamt schwer erschütterte. Nach dem päpstlichen Bann 1076 unternahm Heinrich auf Druck der deutschen Fürsten den Bußgang nach Canossa und erreichte die Aufhebung des Bannes (1077). In Deutschland musste er gegen die Fürstenopposti-

Heinrich IV. bittet Hugo von Cluny und Mathilde von Tuszien um Fürsprache.

on unter den Gegenkönigen Rudolf von Rheinfelden (Schwaben) und Hermann von Salm ankämpfen. 1080 bannte ihn Gregor VII. erneut, woraufhin Heinrich 1081 einen Feldzug nach Italien unternahm, Rom eroberte und den Papst vertrieb. Er setzte Klemens III. als Gegenpapst ein und ließ sich von ihm zum Kaiser krönen (1084). Im Reich verkündete er 1085 den Gottesfrieden, der das Kriegs- und Fehdewesen für den größten Teil des Jahres verbot. Während Heinrichs zweitem Italienfeldzug erhob sich sein Sohn Konrad, der sich 1093 auf die Seite der Fürstenopposition geschlagen hatte, gegen ihn und verwehrte ihm die Rückkehr bis 1097. Heinrich ließ ihn 1098 ächten und seinen zweiten Sohn Heinrich (V.) zum König wählen. Dieser erhob sich 1104 ebenfalls gegen den Vater, nahm ihn gefangen und zwang ihn im folgenden Jahr zur Abdankung. Heinrich IV. konnte 1106 entkommen, starb jedoch auf der Flucht.

Heinrich V.

römisch-deutscher Kaiser (1111 bis 1125) und deutscher König (1106 bis 1125), * wahrscheinlich 11. 8. 1086, † 23. 5. 1125 Utrecht; Sohn von Kaiser Heinrich IV. Im Jahr 1105 erzwang er die formelle Abdankung seines Vaters, wurde jedoch erst ein Jahr später

nach dessen Tod allgemein anerkannt. Heinrich V. verließ daraufhin die päpstliche Partei und nahm entschieden die Reichspolitik seines Vaters wieder auf. Er setzte Papst Paschalis II. gefangen und ließ sich unter Druck das Recht der Investitur (Einsetzung von Bischöfen) zusichern. Außerdem ließ sich Heinrich V. zum Kaiser krönen. 1122 kam es schließlich mit dem Wormser Konkordat zu einem Ausgleich zwischen Heinrich V. und Papst Kalixt II. und damit zur Beilegung des Investiturstreits. Nach Heinrichs Tod erlosch das Haus der Salier.

Relief mit vier salischen Herrschern in der Vorkrypta des Doms zu Speyer: Kaiser Konrad II., Heinrich III., Heinrich IV. und Heinrich V.

Heinrich VI.

römisch-deutscher Kaiser (1191 bis 1197) und deutscher König (1190 bis 1197), * Herbst 1165, † 28. 9. 1197 Messina; zweiter Sohn des Staufers Friedrich I. Barbarossa und Beatrix' von Burgund. Seit 1186 mit Konstanze, der Tochter Rogers II. von Sizilien, verheiratet, versuchte Heinrich 1191 vergeblich, das als sein Erbe beanspruchte sizilianische Reich zu erobern. In Deutschland hatte er sich einer starken Fürstenopposition zu erwehren. Eine Wende zu seinen Gunsten trat ein, als er den mit seinen Gegnern verbündeten englischen König Richard Löwenherz 1193 in seine Hand bekam und zur Lehnshuldigung zwang. Bei einem zweiten Italienzug gelang Heinrich die Eroberung Siziliens. 1194 wurde er in Palermo zum König von Sizilien gekrönt.

Heinrich der Löwe

Herzog von Sachsen (1142–1180) und von Bayern (1156–1180), * um 1130, † 6. 8. 1195 Braunschweig; Sohn Herzog Heinrichs X. von Bayern und Sachsen. Um den staufisch-welfischen Gegensatz zu beseitigen, gab Kaiser Friedrich Barbarossa 1156 den Welfen das seinem Vater 1138 entzogene Herzogtum Bayern zurück. Heinrich förderte die Ostsiedlung und den Handel im Ostseeraum, errichtete die Bistümer Ratzeburg, Oldenburg und Mecklenburg neu und förderte die Städte. So gründete er München, Schwerin und Lübeck und erweiterte Braunschweig. Seine Weigerung, den Kaiser 1176 in Oberitalien militärisch zu unterstützen (Sieg der Lombarden bei Legnano, 1176), erneuerte den welfisch-staufischen Konflikt und führte schließlich zu seinem Sturz. Er wurde 1179/80 geächtet und als Herzog von Sachsen und Bayern abgesetzt. Heinrich blieb

nur mehr sein Hausbesitz Braunschweig-Lüneburg. Nach der Rückkehr aus der Verbannung versöhnte er sich im Jahr 1194 mit den Staufern.

Heinrich von Burgund

Graf von Portugal, * um 1075, † 1112 Astorga. Für seine Dienste beim Kreuzzug gegen die Mauren erhielt er von Alfons VI., dem König von León und Kastilien, dessen uneheliche Tochter Teresa zur Frau und wurde mit den Grafschaften Porto und Coimbra belehnt. Damit begann die politische Sonderstellung von Portugal. In seiner Regierungszeit bekämpfte Heinrich die muslimischen Almoraviden und förderte den Bau von Klöstern und Bischofskirchen.

Hermann Balk

(Balco), erster Landmeister des Deutschen Ordens in Preußen und Livland, † 5. 3. 1239. Hermann Balk stammte vermutlich aus dem ostfälisch-altmärkischen Raum und wurde vom Hochmeister Hermann von Salza beauftragt, die expansiven Pläne des Deutschen Ordens zu verwirklichen. 1230/31 überschritt Hermann Balk die Weichsel und begann  mit der Eroberung bedeutender östlicher Gebiete, die in großem Umfang an siedlungswillige Bauern vergeben wurden. Seit 1234 intensivierte er seine Eroberungspolitik, wobei ihn Kreuzritter aus dem deutschen Reich unterstützten. Zwei Jahre später ging der livländische Schwertbrüderorden im Deutschen Orden auf. Doch der wachsende Widerstand vormaliger Schwertbrüder zwang Hermann Balk 1238 zum Verlassen Livlands.

Hermann von Salza

Hochmeister des Deutschen Ordens (1209–1239), * um 1170 Langensalza, † 20. 3. 1239 Salerno. Als wichtiger Berater Friedrichs II. vermittelte Hermann von Salza seit 1220 zwischen dem Kaiser und der Kurie. So leitete er auch die Verhandlungen mit dem Papst über den seit 1215 ausstehenden Kreuzzug Friedrichs II. Als der Kaiser sein Kreuzzugsversprechen 1227 in die Tat umsetzte, begleitet ihn Hermann von Salza ins Heilige Land. Ein Jahr zuvor rief der polnische Herzog Konrad von Masowien den Deutschen Orden im Kampf gegen die

Hermann von Salza (Stich)

heidnischen Pruzzen (Preußen) zu Hilfe. Im März 1226 erhielt der Orden durch Kaiser Friedrich II. die landesherrlichen Hoheitsrechte im Kulmer Land übertragen, Hermann von Salza wurden die Rechte eines Reichsfürsten verliehen.

Honorius III.
(Cencio Savelli), Papst (1216–1227), * um 1150 Rom, † 18. 3. 1227 Rom. Der römische Aristokrat war päpstlicher Kämmerer und Kardinalpriester, bevor er am 18. 7. 1216 zum Papst gewählt wurde. Seine ganze Aufmerksamkeit galt zunächst dem Kreuzzug, zu dem Papst Innozenz III. im November 1215 aufgerufen hatte. Trotz seiner Bemühungen endete das Unternehmen mit einer Niederlage. Politisch wurde der Papst von Kaiser Friedrich II. völlig neutralisiert. Er machte sich jedoch auf anderen Gebieten einen Namen: Energisch setzte sich Honorius III. für

die Missionsbewegung im Baltikum ein und führte 1218 einen Kreuzzug gegen die Muslime in Spanien durch. Er bestätigte den Dominikanerorden und erkannte die endgültige Regel der Franziskaner und der Karmeliter an.

Hugo von Payens
Gründer des Templerordens, * 1070, † 1136; stiftete 1119 den ersten geistlichen Ritterorden. Hugo legte zusammen mit sieben anderen französischen Rittern vor dem Patriarchen von Jerusalem die drei Ordensgelübde der Armut, der Keuschheit und des Gehorsams ab. Er verpflichtete sich zum Schutz der Pilger vor sarazeni-

schen Räubern und Wegelagerern. König Balduin II. von Jerusalem räumte für die Ritter einen Teil seines Palastes, der angeblich auf der Stelle des salomonischen Tempels erbaut worden war. So erhielt der Orden, dessen Tracht ein weißer Mantel mit rotem Kreuz ist, seinen Namen. 1312 wurde der Templerorden durch Papst Klemens V. aufgehoben.

Hugo III.
König von Zypern (1267–1284) und König von Jerusalem (1269–1284). Hugo III., dessen Geburts- und Sterbedaten unbekannt sind, amtierte seit 1261 als Regent von Zypern für seinen Vetter Hugo II. Vermutlich war er zwei Jahre später auch Regent von Jerusalem. Nach der Hinrichtung Konradins, des Titularkönigs von Jerusalem, wurde er König des Kreuzfahrerstaates. Sein Recht auf den Jerusalemer Thron focht seine Verwandte Maria von Antiochia an, die später ihre Thronansprüche an den sizilianischen König Karl von Anjou veräußerte. Hugo III. konnte zwar zyprische Hilfsquellen für die Verteidigung Syriens gegen die vordringenden Mamelucken mobilisieren und 1272 einen Waffenstillstand abschließen, doch seine Machtstellung wurde durch die Streitigkeiten um sein Thronrecht geschmälert. 1276/77 ließ er es zu, dass sich Karl von Anjou Akkons bemächtigte. Diesen schweren Verlust konnte Hugo III. nicht mehr rückgängig machen.

Ilghazi
Herrscher der Ortoqiden-Dynastie, † 3. 11. 1122; Sohn des Ortoqiden Aksab, dem Gründer des Herrschergeschlechts der Ortoqiden. 1091 folgte Ilghazi seinem Vater nach und wurde zehn Jahre später zum Statthalter von Bagdad ernannt. Schon bald erwies er sich als unerschrockener Kämpfer gegen die Kreuzritter. 1117 fiel Aleppo in seinen Herrschaftsbereich. Vier Jahre später betraute ihn der Seldschuken-Sultan Mahmud mit der Regierung von Mayyafarikin.

Innozenz II.
(Gregorio Papareschi), Papst (1130 bis 1143), † 24. 9. 1143 Rom. Aus einer römischen Patrizierfamilie stammend wurde er 1116 Kardinaldiakon und half 1122 das Wormser Konkordat auszuhandeln. Von ei-

ner Kardinalsminderheit zum Papst gewählt, konnte sich Innozenz II. gegen den Gegenpapst Anaklet II. in Rom nicht halten und floh nach Frankreich, wo Bernhard von Clairvaux sich für ihn einsetzte. Schon bald wurde sein Anspruch überall – außer in Schottland, Aquitanien und Süditalien – anerkannt. Im Frühjahr 1133 zog Innozenz II. mit Kaiser Lothar III. nach Rom, konnte sich aber erneut nicht durchsetzen und flüchtete nach Pisa. Erst ein zweiter Italienzug des Kaisers sicherte seine Stellung. Der Tod Anaklets II. am 25. 1. 1138 beendete schließlich das achtjährige Schisma und Innozenz II. konnte im März wieder in den Lateran einziehen. Der päpstliche Feldzug gegen Roger II. von Sizilien scheiterte im Juli 1139. Als der Papst in Gefangenschaft geriet, war er gezwungen, Roger II. als König anzuerkennen. 1141 entzweite er sich mit König Ludwig VII. von Frankreich und verhängte die Strafe des Kirchenausschlusses über jeden Ort, der dem französischen König Schutz gewährte.

Innozenz III.
(Lothar von Segni), Papst (1198 bis 1216), * 1160 oder 1161 Anagni, † 16. 7. 1216 Perugia. Der durchsetzungsfähige Oberhirte konnte die seit dem 11. Jahrhundert beanspruchte geistlich-weltliche Vormacht des Papsttums über die christliche Welt am weitesten ausbauen. Er reformierte Kurie, Kirchenrecht und Orden und stärkte die Stellung der Bischöfe. Innozenz integrierte Rom wieder in den Kirchenstaat, erweiterte diesen und stellte Aragón und England erneut unter die päpstliche Lehnshoheit. 1209 krönte er Otto IV. nach dessen Verzicht auf Privilegien zum Kaiser. Zuvor hatte er den minderjährigen Stau-

fer Friedrich II. als König von Sizilien anerkannt und die Vormundschaft für ihn übernommen. Als Otto das unter päpstlicher Lehnshoheit stehende Sizilien angriff, bannte Innozenz den Kaiser und förderte die Wahl seines Mündels Friedrich II. zum deutschen König (1212).

Papst Innozenz III. verleiht Hermann von Salza den Siegelring (Gemälde, 1826).

Innozenz IV.
(Sinibaldo Fieschi), Papst (1243 bis 1254), * um 1195 Genua, † 7. 12. 1254 Neapel. Von seinem Vorgänger Gregor IX. erbte er den Konflikt mit dem deutschen Kaiser Friedrich II., bei dem es ursprünglich um die Sicherung des Kirchenstaates ging, der sich aber im Lauf der Zeit zu einem Kampf um das Bestehen der Stauferherrschaft zuspitzte. Bereits ein Jahr nach seiner Papstwahl musste Innozenz nach Lyon fliehen. Dort berief er am 24. 6. 1245 ein Konzil ein, das u. a. Hilfsleistungen für das Lateinische Kaiserreich sowie für die anderen Kreuzfahrerstaaten forderte. Zudem banden die Konzilsbeschlüsse Franziskaner und Dominikaner verstärkt in die Missionierung der Heiden im Osten ein. Nach dem Tode Friedrichs II. kehrte Innozenz wieder nach Italien zurück.

Isaak II. Angelos
byzantinischer Kaiser (1185–1195, 1203–1204), * um 1155, † 28. 1. 1204. Isaak II. Angelos kam 1185 als Nachfolger von Andronikos I. auf den Thron. Zwei Jahre später konnte er die Normannen vom byzantinischen Festland vertreiben, doch alle Versuche, den Balkan zu stabilisieren, scheiterten. Nur gegenüber Serbien behauptete Isaak II. Angelos 1190 einen Rest der byzantinischen Vormachtstellung. 1195 wurde er von seinem Bruder Alexios III. geblendet und inhaftiert. Sein Sohn Alexios IV.

erbat daraufhin die Hilfe von Kreuzrittern, die Alexios III. in die Flucht schlugen, sodass Isaak II. Angelos 1203 wieder auf den Thron kam. 1204 wurde er jedoch abermals gestürzt. Die Kreuzfahrer errichteten in Konstantinopel daraufhin das Lateinische Kaiserreich.

Jakob I. erobert die Balearen (Fresko, Palacio Berenguer in Barcelona).

Jakob I.

(Jakob der Eroberer), König von Aragón (1213–1276), * 2. 2. 1208 Montpellier, † 27. 7. 1276 Valencia. Im Kampf gegen die Mauren konnte Jakob I. die Macht Aragóns erheblich ausbauen. Er wurde vom Hochmeister des Templerordens erzogen und heiratete Eleonore, die Tochter König Alfons' VIII. von Kastilien. Von 1229 bis 1235 eroberte er die Balearen, 1238 nahm er das muslimische Valencia ein. Jakob I. gab seinen Ländern eine geordnete Verfassung und vermählte seinen Sohn Peter (III.) mit Konstanze, der Tochter König

Manfreds und Erbin Siziliens. Seit den 1260er Jahren trug er sich mit dem Gedanken eines Kreuzzuges ins Heilige Land und knüpfte zu diesem Zweck verschiedene Kontakte mit Herrschern des Vorderen Orients. 1269 machten sich seine unehelichen Söhne Fernando Sanchez und Pedro Fernandez auf den Weg nach Palästina, mussten jedoch unverrichteter Dinge wieder zurückkehren.

Johann von Brienne

König von Jerusalem (1210–1225), * um 1169, † 23. 3. 1237 Konstantinopel. Johann von Brienne diente seinem Lehnsherrn, dem französischen König Philipp II. August, als Befehlshaber und wurde von diesem zum Gatten der Erbin des Königreiches Jerusalem, Maria († 1212), bestimmt. Die Heirat fand am 13. 9. 1210 in Akkon statt, die Krönung am 3. 10. 1210 in Tyros. Johann schloss 1212 einen fünfjährigen Frieden mit dem ägyptischen Sultan al-Adil. Ende September 1217 griff er erfolglos die neue Festung der Ajjubiden auf dem Berg Tabor an. Am 27. 5. 1218 zog er als Oberbefehlshaber der Kreuzfahrer nach Ägypten. Nach dem Scheitern des fünften Kreuzzuges reiste Johann 1222 nach Westeuropa und ehelichte auf einer Pilgerfahrt nach Santiago de Compostela 1224 Berengaria, die Schwester König Ferdinands III. von Kastilien. Ein Jahr später heiratete Kaiser Friedrich II. Johanns Tochter Isabella und forderte von seinem Schwiegervater die Kronrechte von Jerusalem. Johann kämpfte daraufhin erfolgreich in Apulien gegen den sich auf dem sechsten Kreuzzug befindenden Friedrich II., floh aber bei dessen Rückkehr nach Frankreich. 1231 wurde Johann von den Baronen des Lateinischen Kaiserreiches zum Mitkaiser gewählt. Energisch bemühte er sich, das bedrohte Lateinerreich gegen Bulgaren und die Muslime zu verteidigen. Kurz vor seinem geplanten Eintritt in den Franziskanerorden starb Johann.

Johann Ohneland

(John Lackland), König von England (1199–1216), * 24. 12. 1167 Oxford, † 19. 10. 1216 Schloss Newark (Nottinghamshire). Als 1199 sein Bruder Richard Löwenherz starb, riss Johann die Königswürde an sich, wurde jedoch von seinen früheren französischen Verbündeten nicht anerkannt. Ein Krieg (1202–1214) mit Philipp August von Frankreich führte zum Verlust aller englischen Besitzungen nördlich der Loire. Nach einem Konflikt über die Besetzung des Bischofssitzes von Canterbury verhängte Papst Innozenz III. 1209 den Bann über Johann, den dieser erst durch den Lehnseid gegenüber dem Papst wieder lösen konnte (1213). Sein Versuch, den verlorenen Festlandsbesitz in Frankreich zurückzugewinnen, endete 1214 mit der Niederlage bei Bouvines. Nach innenpolitischem Widerstand musste der König 1215 den englischen Baronen die »Magna

Christus krönt Johannes II. Komnenos und dessen Sohn Alexios II.

Charta Libertatum«, das wichtigste Verfassungsdokument der englischen Geschichte, gewähren.

Johannes II. Komnenos

byzantinischer Kaiser (1118–1143), * 1088 Konstantinopel, † 8. 4. 1143 Taurus; setzte die von seinem Vater, Kaiser Alexios I. Komnenos, eingeleitete Erneuerung der byzantinischen Macht erfolgreich fort. 1122 besiegte Johannes auf dem Balkan die Petschenegen und 1128 die Ungarn. In Kleinasien unterwarf er 1135 die Seldschuken und 1137 das Kreuzfahrerfürstentum Antiochia. Gegen das Vordringen der Normannen verbündete er sich mit Kaiser Lothar III. von Supplinburg. Sein Nachfolger wurde sein Sohn Manuel I.

Al-Kamil

Sultan der Ajjubiden, * 1177 oder 1180, † 6. 3. 1238 bei Damaskus; galt als geschickter Diplomat, der sich auch um den inneren Ausbau Ägyptens bemühte. Al-Kamil, ältester Sohn des Sultans al-Adil, vertrat seinen Vater in Ägypten, als 1218 Kreuzritter unter dem ungarischen König Andreas II. im Nildelta landeten. Da al-Kamil erst seine Autorität im Land herstellen musste, konnte er die Einnahme von Damiette durch die Teilnehmer des fünften Kreuzzuges nicht verhindern. Den Gegenstoß der Ajjubiden konnten die Kreuzfahrer jedoch nicht abwehren und mussten Damiette somit wieder aufgeben. Als Kaiser Friedrich II. 1228 nach Palästina aufbrach, verhandelte al-Kamil mit ihm, um sich seiner Hilfe gegen seinen Bruder al-Muazzam in Damaskus zu versichern. Obgleich al-

Johann Ohneland (Miniatur)

Muazzam kurz darauf starb, setzte al-Kamil die Verhandlungen mit Friedrich fort. Gegen die Garantie für seinen syrischen Besitz trat der Sultan Jerusalem mit Bethlehem und Nazareth ab. Al-Kamil starb auf einem Feldzug.

Karl I. von Anjou

König von Sizilien und Neapel (1265–1285), * März 1226, † 7. 1. 1285 Foggia. Der Sohn König Ludwigs VIII. von Frankreich wurde 1265 von Papst Klemens IV., der die Expansion der Staufer in Italien beenden wollte, mit dem Königreich Sizilien und Neapel belehnt. Er besiegte Manfred, den Sohn Kaiser Friedrichs II., und ließ 1268 den letzten Staufer Konradin in einem Scheinprozess verurteilen und hinrichten. 1272 nahm Karl von Anjou den Titel des Königs von Albanien und 1277 den des Königs von Jerusalem an. Seine ehrgeizigen Pläne, ganz Italien zu unterwerfen und das Byzantinische Reich zu erobern, scheiterten jedoch. 1282 wurde er durch einen Volksaufstand gegen seine als ungerecht empfundene Politik aus Sizilien vertrieben (»Sizilianische Vesper«).

Kilidsch Arslan

Sultan der Rum-Seldschuken (1092 bis 1107), † 1107. Der Sohn von Suleiman ibn-Kutulmisch war einst Geisel am Hof des Seldschuken-Sultans Malik Schah. 1092 konnte Kilidsch Arslan nach Nicäa zurückkehren und wurde von den Türken als Nachfolger seines Vaters anerkannt. Vier Jahre später vernichtete er das Bauernkreuzzugsheer in Civetot, wurde dann aber von den Führern des regulären Kreuzritterheeres aus Nicäa vertrieben und verlegte seine Residenz 1097 nach Ikonion. 1100 schlug Kilidsch Arslan ein Heer der Kreuzritter und verbündete sich später mit den Byzantinern gegen Bohemund von Tarent. Der Sultan konnte 1106 Malatja für sich gewinnen und setzte sich in Mayyafarikin fest. Von dort aus versuchte er sich im Osten einen neuen Machtbereich zu schaffen. Kilidsch Arslan fiel 1107 beim Vorstoß auf Mosul in einer Schlacht.

Klemens III.

(Wibert von Ravenna), Gegenpapst (1084–1098), * um 1025 Parma, † 8. 9.

1100 Civita Castellana. 1054 gelangte er an den deutschen Hof und wurde vier Jahre später Reichskanzler von Italien. In Basel war er eine der treibenden Kräfte bei der Wahl des Gegenpapstes Honorius II. Als es zwischen Heinrich IV. und Papst Gregor VII. zum endgültigen Bruch kam, ließ ihn der König am 25. 6. 1080 in Brixen zum Papst wählen. Nachdem Heinrich IV. vier Jahre später Rom besetzte, wurde Klemens III. inthronisiert. Der Vormarsch normannischer Truppen zwang Heinrich IV. und Klemens III. jedoch, sich aus Rom wieder zurückzuziehen. Der Gegenpapst ging nach Ravenna und unternahm unermüdliche Anstrengungen zur Anerkennung seiner Rechtmäßigkeit. Klemens III. war kein Reformgegner und erließ 1089 Bestimmungen gegen Priesterehe und Simonie. Mitte der 1090er Jahre schwand allmählich seine Macht. 1099 wollte Klemens III. den Kampf wieder aufnehmen, doch die Normannen verjagten ihn aus Albano.

Klemens IV.

(Guy Foulques), Papst (1265–1268), * um 1195 Saint-Gilles-sur-Rhône, † 29. 11. 1268 Viterbo. Der Rechtsberater des französischen Königs Ludwig IX. wurde nach dem Tod seiner Frau Geistlicher und diente als Archidiakon in Le Puy. Rasch stieg er in der kirchlichen Hierarchie auf. Im Dezember 1261 ernannte ihn Urban IV. zum Kardinalbischof von Sabina, vier Jahre später erfolgte seine Wahl zum Papst. Aufgrund der feindseligen Atmosphäre in Rom residierte er zunächst in Perugia und danach in Viterbo. Durch die Belehnung Karls von Anjou mit Sizilien sowie durch die Bannung Konradins verstärkte Klemens IV. den Druck auf das Papsttum. Er forderte die völlige Unterwerfung der byzantinischen Kirche und begünstigte durch die Bulle »Licet ecclesiarum« die Zentralisierung der Westkirche.

Klemens V.

(Bertrand de Got), Papst (1305 bis 1314), * um 1260 Villandraut (Gironde), † 20. 4. 1314 Roquemaure (Gard). Der Erzbischof von Bordeaux wurde auf Betreiben des französischen Königs Philipp IV. zum Papst gewählt und blieb während seines gesamten Pontifikats von ihm abhängig. Nach-

Angebliche Darstellung von Konrad III. (Wandmalerei, um 1170)

dem er eine französische Mehrheit im Kardinalskolleg aufgebaut hatte, machte er 1309 Avignon zur päpstlichen Residenz (»Babylonische Gefangenschaft«). Auf Wunsch Philipps IV. hob Klemens V. auf dem Konzil von Vienne (1311–1312) durch ein Dekret den Templerorden auf und ermöglichte damit der französischen Krone, das Vermögen des Ritterordens einzuziehen. Durch die Kaiserkrönung des deutschen Königs Heinrich VII. (1312) versuchte Klemens ein Gegengewicht gegen die französische Vorherrschaft zu errichten.

Konrad III.

deutscher König (1138–1152), * 1093 oder 1094, † 15. 2. 1152 Bamberg; 1127–1135 Gegenkönig, 1138 (durch Wahl) Nachfolger Lothars III. Da Heinrich der Stolze sich weigerte, ihm zu huldigen, nahm der König dem Welfen die Herzogtümer Sachsen und Bayern. 1142 erkannte Konrad den Sohn Heinrichs des Stolzen, Heinrich den Löwen, als Herzog von Sachsen

an. 1146 ließ sich Konrad von Bernhard von Clairvaux für den zweiten Kreuzzug gewinnen. Nach Deutschland zurückgekehrt, starb der Staufer im Jahr 1152 bei den Vorbereitungen zu einem Romzug sowie zum Kampf gegen die Welfen, die sich erneut erhoben hatten.

Konrad IV.

deutscher König (1237/1250–1254) und König von Sizilien (1251–1253), * 25. 4. 1228 Andria (Apulien), † 21. 5. 1254 Lavello. Als Sohn Kaiser Friedrichs II. wurde er 1237 zum deutschen König gewählt. Trotz der Unterstützung durch die Städte und Bayerns konnte er sich nicht dauerhaft gegen die vom Papst unterstützten Gegenkönige Heinrich Raspe und Wilhelm von Holland durchsetzen. Nach dem Tod seines Vaters 1250 kämpfte Konrad um sein Erbe in Italien. Ihm gelang die Eroberung Apuliens und Neapels, doch bald darauf verstarb er im Alter von nur 26 Jahren an Malaria.

Konradin

(italienisch Corradino: »kleiner Konrad«), Herzog von Schwaben (1252 bis 1268), * 25. 3. 1252 Wolfstein bei Landshut, † 29. 10. 1268 Neapel; Sohn des deutschen Königs Konrad IV. Nach dem

Tod des sizilischen Königs Manfred zog Konradin 1266 im Alter von 14 Jahren mit einem Heer nach Italien, um dort seinen Anspruch auf das Königreich Sizilien durchzusetzen. Nach einem erfolgreichen Auftakt in Norditalien und Rom, wurde Konradin 1268 bei Tagliacozzo von Karl I. von Anjou geschlagen. Auf der Flucht wurde er gefangen genommen und nach einem Scheinprozess enthauptet. Mit seinem Tod erlosch die Königsdynastie der Staufer.

Konrad von Montferrat

König von Jerusalem, * um 1146, † 28. 4. 1192 Tyros. Konrad von Montferrat, ein Vetter Kaiser Friedrichs I. und des französischen Königs Ludwig VII., landete kurz nach der katastrophalen Niederlage von Hattin (1187) in Tyros, wo er den Oberbefehl über die Stadt übernahm. Er konnte zwei Belagerungen Sultan Saladins abwehren. Nach dem Tod Königin Sibylles von Jerusalem und ihrer Töchter (1190) setzten die Gegner Guidos von Lusignan die Heirat Konrads mit Sibylles Stiefschwester und Thronerbin Isabella durch. Nach dem Fall von Akkon (1191) forderte der englische König Richard I. Löwenherz jedoch, dass Guido als König und Isabella sowie Konrad als Thronfolger anerkannt werden. Richards Beschluss, nach England zurückzukehren, ermöglichte im April 1192 den Baronen die Entscheidung, nur Konrad von Montferrat als alleinigen König zu akzeptieren. Einige Tage später fiel Konrad einem Mordanschlag der Assassinen zum Opfer.

Kublai Khan

(Chubilai Chan, Kubilai, Khublai), chinesischer Kaiser (1271–1294) und mongolischer Großkhan (1260 bis 1294), * 23. 9. 1215, † 18. 2. 1294 Peking. Der Enkel Dschingis Khans eroberte ganz China, das unter ihm kulturell und wirtschaftlich aufblühte. Er ernannte sich 1271 mit dem Titel »Shin Tsu« zum Kaiser und begründete damit die bis 1368 bestehende mongolische Yüan-Dynastie in China. 1267 verlegte er seine Residenz nach Peking, das er zur neuen Hauptstadt des Mongolen-Reiches machte. Durch die Eroberung Chinas und die Unterwerfung großer Teile Indochinas machte Kublai Khan das Mongolen-Reich zur größten Territorialmacht der mittelalterlichen Welt.

Kublai Khan

Leonardo Fibonacci

(Leonardo von Pisa, Leonardo Pisano), italienischer Mathematiker, * 1175, † 1250. Mit seinem um 1202 verfassten »Liber Abaci« (Traktat über das Zeichenbrett) führte er erstmals das arabische Zahlensystem mit indischen Ziffern und die Zinseszinsrechnung im Abendland ein. Leonardo entwickelte auch die so genannten Fibonacci-Zahlen.

Leopold V.

Herzog von Österreich (1177–1194) und Steiermark (1192–1194), * 1157, † 31. 12. 1194 Graz. Der Babenberger festigte die Grenze zu Böhmen durch die Errichtung zahlreicher Burgstädte. Als Pilger reiste er 1182 ins Heilige Land und nahm schließlich am dritten Kreuzzug teil. 1191 tat er sich bei der Eroberung von Akkon hervor. Es kam jedoch zum Streit mit Richard Löwenherz, der das österreichische Banner von einem erstürmten Turm abreißen ließ und Leopold damit eine tiefe Beleidigung zufügte. Im Dezember 1192 nahm Leopold den englischen König, der sich auf seiner Heimreise befand, in der Nähe von Wien gefangen. Gegen Zahlung eines beträchtlichen Lösegeldes übergab er Richard 1193 Kaiser Heinrich VI. Wegen der Gefangennahme wurde Leopold von Papst Coelestin III. gebannt.

Lothar III.

(Lothar von Supplinburg), römisch-deutscher Kaiser (1133–1137) und deutscher König (1125–1137), * um 1075, † 3./4. 12. 1137 Breitenwang bei Reutte (Tirol); seit 1106 Herzog von Sachsen. Lothar war Führer der aufständischen Sachsen gegen Kaiser Heinrich V. (1115). Nach seiner Wahl zum deutschen König konnte er sich gegen die staufische Opposition erst 1135 endgültig durchsetzen. In Wiederaufnahme der Ostpolitik Ottos des Großen sicherte Lothar die Oberhoheit des Reiches über Polen, Böhmen und Dänemark und leitete die Ostbesiedlung ein. Er hatte bereits 1123 die Mark Meißen an den Grafen Konrad von Wettin verliehen, dem er – nach der Verleihung der Nordmark an den Askanier Albrecht dem Bären (1134) – 1136 auch noch die Mark Lausitz übertrug.

Siegel Ludwigs VII. (Darstellung nach Original, 19. Jh.)

Ludwig VII.

(Ludwig der Junge), König von Frankreich (1137–1180), * 1120, † 18. 9. 1180 Paris. Nach dem Tod seines Vaters Ludwig VI. wurde er 1137 König. Er heiratete Eleonore von Aquitanien, wodurch sein Herrschaftssitz in Poitiers zum Zentrum der höfischen Kultur wurde. Nach der Teilnahme am missglückten zweiten Kreuzzug (seit 1146) kehrte er 1149 nach Frankreich zurück, wo er sich 1152 von Eleonore scheiden ließ. Deren anschließende Vermählung mit dem englischen Thronfolger Heinrich II. schürte den sich anbahnenden Konflikt zwischen Frankreich und England und wurde zum Anlass für den Hundertjährigen Krieg.

Ludwig IX.

(Ludwig der Heilige), König von Frankreich (1226–1270), * 5. 4. 1214 Poissy, † 25. 8. 1270 vor Tunis. Der

Szenen aus dem Leben des französischen Königs Ludwig IX.

König lenkte maßgeblich die innenpolitische Entwicklung Frankreichs und veranlasste die letzten Kreuzzüge. 1226 bestieg der Sohn König Ludwigs VIII. den Thron, stand jedoch bis 1234 unter der Regentschaft seiner Mutter Blanche von Kastilien. Er behauptete die Autorität der Krone gegen mehrere Adels- und Bauernaufstände. Mit der Unterwerfung des Grafen Raimund VII. von Toulouse gelang ihm 1229 die Beendigung der seit 1209 andauernden Albigenserkriege. Ludwig festigte das Königtum durch Ausbau des Beamtentums und Einschränkung der Macht des Klerus. Er zentralisierte die Verwaltung, vereinheitlichte das Recht, drängte das Fehdewesen zurück und etablierte mit dem »Parlement de Paris« ein ständiges Hofgericht. Er führte 1248 den siebten Kreuzzug an, bei dem er 1250 bei Mansurah gefangen genommen wurde. Im Vertrag von Paris musste ihm der englische König Heinrich III. 1259 die Gebiete nördlich der Charente abtreten. Auf dem achten Kreuzzug starb er vor Tunis vermutlich an der Pest. 1297 wurde Ludwig heilig gesprochen.

Malik Schah

Sultan der Seldschuken (1072–1092), * 1055, † November 1092. Unter seiner Herrschaft erreichte das seldschukische Reich seine größte Ausdehnung. 1066 erfolgte seine Einsetzung als Thronerbe. Eine Rebellion seines Bruders Tekish schlug Malik Schah 1084 nieder, woraufhin andere Verwandte von einer Erhebung absahen. Im östlichen Teil seines Reiches sorgte der Sultan für Stabilität, indem er Heiraten mit der Dynastie der Ghasnawiden begünstigte. Nach der Befriedung des Kaukasus und Transoxaniens im Jahr 1089 zielte seine Politik in Palästina darauf, die dortigen Fatimiden in Schach zu halten. Zuverlässige Führer türkischer Söldnersklaven wurden als Statthalter in Antiochia, Aleppo und Edessa eingesetzt. Malik Schahs Tod führte zu Spannungen im Reich der Seldschuken, sodass das Kalifat in Bagdad wieder mehr politische Macht gewann.

Manfred von Sizilien

König von Sizilien (1258–1266), * 1232, † 26. 2. 1266 Benevent. Der Sohn von Kaiser Friedrich II. und der Lombardin Bianca Lancia galt als resoluter Herrscher, der mit staatsmännischem Geschick regierte. Er führte nach dem Tod des Vaters (1250) als Fürst von Tarent für seinen Halbbruder Konrad IV., der sich im deutschen Reich aufhielt, die Regentschaft in Sizilien. 1254 gelang es Manfred unter ungeklärten Umständen, den Schatz der Staufer in seinen Besitz zu bringen. Vier Jahre später ließ er sich zum König von Sizilien und Apulien krönen. Manfred griff in Mittel- und Oberitalien ein und besiegte 1260 die Florentiner. In der Schlacht bei Benevent gegen den von Papst Urban IV. ins Land gerufenen Karl von Anjou fand er den Tod.

Manuel I.

byzantinischer Kaiser (1143–1180), * 1120, † 24. 9. 1180 Konstantinopel. Mit großem Erfolg verteidigte er das Byzantinische Reich sowohl gegen die Normannen (1147) als auch gegen die Kreuzfahrerstaaten. Zudem gewann Manuel I. die Lehnshoheit über Serbien und  das Magyaren-Reich. 1176 wurde Manuel von den Seldschuken bei Myriokephalon entscheidend geschlagen.

Martin IV.

(Simon de Brion), Papst (1281–1285), † 28. 3. 1285 Perugia. Als Kardinalpresbyter leitete er die Verhandlungen mit Karl von Anjou über dessen Belehnung mit Neapel-Sizilien (1264). Sein Pontifikat zeichnete sich durch die enge und loyale Beziehung zu seinem Heimatland Frankreich und besonders zu Karl von Anjou aus. Nach dem Aufstand der Sizilianer gegen die französische Fremdherrschaft (»Sizilianische Vesper« 1282) zeigte sich Martins mangelndes politisches Urteilsvermögen. Das Angebot der Aufständischen an den Heiligen Stuhl, Sizilien als Lehen zu nehmen, wies er schroff zurück und ging mit allen Mitteln gegen die Gegner Karls von Anjou vor: Gegen den neuen sizilianischen Herrscher Peter III., dem König von Aragón, predigte er einen Kreuzzug und setzte ihn 1283 ab. Den byzantinischen Kaiser Michael VIII. Palaiologos exkommunizierte er.

Mechthild von Magdeburg

deutsche Mystikerin und Heilige, * um 1207, † um 1282 Kloster Helfta. Um das Ideal der asketischen Heimatlosigkeit auszuleben, trat Mechthild gegen 1230 einer Beginen-Gemeinschaft in Magdeburg bei. Später wurde sie Zisterzienserin im Kloster Helfta bei Eisleben. Ihr Hauptwerk »Das fließende Licht der Gottheit«, das im mittelniederdeutschen Original nicht erhalten blieb, zeugt von mystischer Innigkeit. Das in lose Kapitel unterteilte Werk teilt Einheitserfahrungen mit Gott sowie Einsichten über die Welt, die Menschheit und die Kirche mit. Anregungen erhielt Mechthild von Magdeburg unter anderem durch die Frauenmystik sowie durch die Werke des Kirchenlehrers Augustinus und des Theologen Bernhard von Clairvaux.

Melisende

Königin von Jerusalem (1131–1150), † 1161. Die Tochter König Balduins II. und der armenischen Prinzessin Morphia war eine gebildete und fromme Herrscherin, die in allen Staatsgeschäften erfahren war. Melisende heiratete 1129 Graf Fulco von Anjou. Ihre gemeinsame Krönung fand am 14. 9. 1131 in der Jerusalemer Grabeskirche statt. Nach dem Tod ihres Gatten im Jahr 1143 führte sie für ihren Sohn Balduin (III.) die Regierung. Da sie es ablehnte, ihrem 1145 mündig gewordenen Sohn die Macht zu übergeben, kam es 1150 zum Bruch. Zwei Jahre später wurde Melisende von der Regierung ausgeschlossen, nahm jedoch von ihrem Witwensitz Nablus aus nach 1154 wieder an der Politik teil.

Michael VII. Dukas

byzantinischer Kaiser (1071–1078). Unter dem schwachen und wenig durchsetzungsfähigen Herrscher, dessen Geburts- und Sterbedatum unbekannt sind, verfiel das Byzantinische Reich. Michael stürzte und blendete seinen Vorgänger Romanos IV. Diogenes. In seiner Regierungszeit verlor er Kleinasien an die Seldschuken. Bari, den letzten byzantinischen Stützpunkt in Süditalien, eroberte der Normanne Robert Guiscard. Aufstände in Bulgarien und Serbien sowie eine schwere Wirtschaftskrise erschütterten seine Herrschaft. Eine Militärrevolte beendete seine Regierung, Michael wurde in ein Kloster verbannt.

Michael VIII. Palaiologos

byzantinischer Kaiser (1258–1282), * um 1224 in Kleinasien, † 11. 12. 1282 Pacormio bei Selymbria (Thrakien); Begründer der Palaiologen-Dynastie, die 1453 mit dem Byzantinischen Reich unterging. Zunächst riss Michael VIII. Palaiologos nach dem Tod von Kaiser Theodoros II. 1258 die Regentschaft für den unmündigen Johannes IV. an sich und usurpierte im Jahr 1259 den Thron. Mit Hilfe der Genueser eroberte er 1261 Konstantinopel zurück. Durch das Angebot einer Union der östlichen mit der römischen Kirche auf dem zweiten Konzil von Lyon 1274 konnte er zeitweise Papst Gregor X. gegen Karl I. von Anjou auf seine Seite ziehen. Die Kirchenunion scheiterte endgültig 1281.

Melisende von Jerusalem heiratet Fulco von Anjou.

Möngke

Großkhan des Mongolen-Reiches (1251–1259), * 10. 1. 1209, † August 1259; Sohn von Tului, des jüngsten Sohnes von Dschingis Khan. Möngke kämpfte von 1237 bis 1242 unter Batu Khan in Russland und Osteuropa. Am 1. 7. 1251 wurde er als Großkhan inthronisiert. Während sein Bruder Kublai zur Unterwerfung des Sung-Reiches in Südchina ausgeschickt wurde, zog sein anderer Bruder Hulagu gegen die Ismailiten Persiens und das Kalifat der Abbasiden ins Feld. Beide Militäroperationen waren noch im Gange, als Möngke in China starb.

Nikephoros III. Botaneiates

byzantinischer Kaiser (1078–1081). Nikephoros, dessen Geburts- und Sterbedatum unbekannt sind, diente als Heerführer unter Michael VII. Dukas im Osten des Reiches und ließ sich am 7. 1. 1078 in Nicäa zum Kaiser ausrufen. Nach der Abdankung Michaels bestieg er den Thron und heiratete dessen Gattin. Nikephoros' Großzügigkeit führte zu Geldabwertung und zu einem Defizit in der Staatskasse. Außenpolitisch nahm die Bedrohung durch die unteritalienischen Normannen zu, als gefährlicher erwiesen sich aber innere Unruhen. Nikephoros dankte ab und zog sich ins Peribleptos-Kloster zurück, nachdem Truppen unter Alexios (I.) Komnenos Ende März 1081 Konstantinopel eingenommen hatten.

Nikephoros zwischen Johannes Chrystomos und dem Erzengel Gabriel

Norbert von Xanten

deutscher Ordensgründer, * um 1080 Xanten, † 6. 6. 1134 Magdeburg. Der 1115 zum Priester geweihte Grafensohn gründete nach Aufgabe seines Wanderpredigerlebens 1120 in Pré-

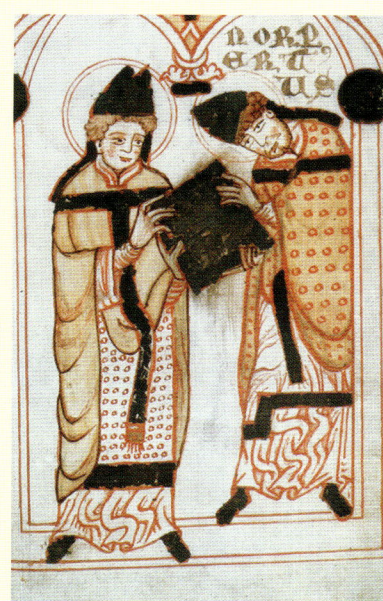

Norbert von Xanten, Erzbischof von Magdeburg (Miniatur)

montré bei Laon ein nach der Augustinerregel organisiertes Kloster, in dem der Prämonstratenserorden (auch Norbertinerorden) entstand, der 1126 anerkannt wurde. Im selben Jahr wurde Norbert von Xanten Erzbischof von Magdeburg, von wo aus er sich der Missionierung Norddeutschlands und des Ostens widmete. Als Reichskanzler für Italien verschaffte er Papst Innozenz II. im Schisma mit dem Gegenpapst Anaklet die Unterstützung König Lothars III. von Supplinburg. Der Geistliche wurde 1582 heilig gesprochen

Nureddin

(Nuraddin Machmud), islamischer Herrscher Syriens, † 1174. Der jüngste Sohn des Emirs Zengi übernahm nach dem Tod seines Vaters 1146 in der Residenz Aleppo die Herrschaft über Syrien. Unter seinem Oberbefehl einigte er Syrien. Nureddin schloss die Eroberung der Grafschaft Edessa ab und zerschlug somit den ältesten der Kreuzfahrerstaaten. Durch eine kluge Verwaltung konnte Nureddin die Einnahmen seines Staates für den Ausbau von Festungen, aber auch für Moscheen, Hospitäler und Schulen verwenden. In Damaskus gründete er die älteste Schule für Traditionswissenschaft und das nach ihm benannte Hospital, an dem bald eine bedeutende Schule der Medizin aufblühte. Sein außenpolitisches Ziel war die Vertreibung der Kreuzritter. Zwischen 1147 und 1149 kämpfte er erfolgreich gegen die Teilnehmer des zweiten Kreuzzugs. Er konnte die Kreuzfahrer so weit zurückdrängen, dass ihnen fast nur noch das Bergland

westlich des Jordan und des Orontes blieb. 1154 beendete Nureddin die Herrschaft des Buriden Mudschiraddin Abak in Damaskus.

Ögädäi

(Ugedai, Ogotai, Ögödei), Großkhan der Mongolen (1229–1241), * um 1185, † 11. 12. 1241 Karakorum; dritter Sohn und Nachfolger Dschingis Khans. Ögädäi widmete sich vor allem dem Ausbau des Mongolen-Reiches nach innen sowie der Stärkung des Handels. Sein Heerführer Batu eroberte Südrussland und Nordchina (1236) und stieß bis Schlesien, Ungarn und Mähren vor (1241).

Otto von Freising

Geschichtsschreiber und Bischof, * um 1114, † 22. 9. 1158 Morimond, Burgund; Enkel Kaiser Heinrichs IV. Otto wurde 1132 Abt des Zisterzienserklosters Morimond bei Dijon und 1138 Bischof von Freising. 1147 beteiligte er sich am zweiten Kreuzzug. Seine 1143 bis 1146 verfasste Chronik »Über die zwei Reiche« gilt als herausragend unter den mittelalterlichen Weltchroniken. In der Tradition Augustinus' stehend, sah Otto von Freising die Geschichte als Kampf zwischen

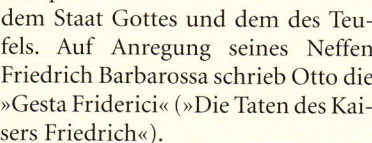

dem Staat Gottes und dem des Teufels. Auf Anregung seines Neffen Friedrich Barbarossa schrieb Otto die »Gesta Friderici« (»Die Taten des Kaisers Friedrich«).

Otto von Grandson

Ratgeber König Eduards I. von England, * 1238, † 1328. Otto von Grandson begann seine Tätigkeit vermutlich in den Jahren nach 1250 im Dienst des Prinzen Eduard I. Großen Einfluss erlangte er seit der Kreuzfahrt Eduards I. von 1270 bis 1272, auf die Otto von Grandson seinen Herrn begleitete. Fortan diente er dem Monarchen als Ratgeber sowie als Gesandter. Otto von Grandson reiste mehrfach nach Rom und kämpfte in zwei Feldzügen gegen Wales. Eduard I. belohnte ihn mit der Verleihung der Kanalinseln sowie Gütern in Irland. Nach einem Auftrag Eduards' I. beteiligte sich Otto von

Grandson 1290 an der Verteidigung der von den Mamelucken bedrohten Kreuzfahrerstadt Akkon.

Otto IV. von Braunschweig

römisch-deutscher Kaiser (1209 bis 1218) und deutscher König (1198/ 1208–1218), * um 1175, † 19. 5. 1218 Harzburg. Der Sohn Heinrichs des Löwen wuchs in England am Hof seines Onkels Richard I. Löwenherz auf. Nach dem Tod Kaiser Heinrichs VI. 1197 wurde der

Welfe von einem Teil der Fürsten zum Gegenkönig zu dem Staufer Philipp von Schwaben erhoben. Um die Unterstützung von Papst Innozenz III. zu gewinnen, verzichtete Otto auf die kaiserlichen Privilegien aus dem Wormser Konkordat (1122) und erkannte die päpstliche Lehnshoheit über Sizilien an. Erst 1208 – nach dem Tod Philipps von Schwaben – konnte er sich als König durchsetzen und wurde ein Jahr darauf zum Kaiser gekrönt. Als er unter Eidbruch die Reichsinteressen in Italien vertreten wollte und Sizilien angriff, bannte ihn Papst Innozenz III. 1210 und betrieb im Bund mit Frankreich die Wahl des sizilianischen Staufers Friedrich II. zum Gegenkönig (1212). 1214 erlitt die Koalition Ottos und des englischen Königs Johann Ohneland bei Bouvines gegen Philipp II. August von Frankreich eine vernichtende Niederlage. Otto zog sich auf die Harzburg zurück, während die Krönung Friedrichs II. zum deutschen König 1215 bestätigt wurde.

Paschalis II.

Papst (1099–1118), * Bieda di Galeata (Romagna), † 21. 1. 1118 Rom; eine der bedeutendsten Figuren im Investiturstreit. In Frankreich setzte er

Papst Paschalis II. wird von Kaiser Heinrich V. gefangen genommen.

gegenüber Philipp I. den Investiturverzicht des Königs durch und sicherte diesem dafür den Lehnseid der Bischöfe zu (1106). Für England vereinbarte er mit Heinrich I. eine entsprechende Regelung (1107). Sein 1111 mit dem deutschen König Heinrich V. geschlossener Vertrag von Sutri – ein Abkommen auf der Basis der französischen und englischen Ergebnisse – wurde von den deutschen Bischöfen nicht akzeptiert. Von Heinrich gefangen genommen, gestand der Papst dem König unter Zwang das volle Recht der Investitur zu und musste ihn zum Kaiser krönen. Wieder in Freiheit, widerrief er seine Zusagen allerdings 1112 sowie 1116. Sein Nachfolger wurde Gelasius II.

Pelagius von Albano

Kardinal und päpstlicher Legat spanischer Herkunft, † 1230. Papst Innozenz III. ernannte den Kirchenmann im Jahr 1213 zum Legaten des Ostens, um Vereinigungsgespräche mit der östlichen Christenheit einzuleiten. Pelagius' Bemühungen scheiterten jedoch, da es beiden Seiten an Kompromissbereitschaft fehlte. Auch als Legat des fünften Kreuzzuges hatte Pelagius keinen durchschlagenden Erfolg. Von vielen Seiten wurde er wegen des Scheiterns des Kreuzzuges kritisiert, indes war der Legat wohl eher selbst Opfer der unzulänglichen Planung.

Peter der Einsiedler

(Peter von Amiens), Kreuzzugsprediger und Führer des Bauernkreuzzugs, † um 1115. Durch seine leidenschaftliche Beredsamkeit und sein von äußerster Weltverachtung zeugendes Auftreten entfachte er nach dem Konzil von Clermont (1095) bei einer stetig wachsenden Schar von Anhängern den Kreuzzugseifer. Peter, der wahrscheinlich aus der Picardie stammte, erschien im Frühjahr 1096 im Rheinland, um von dort aus die eigentliche Kreuzfahrt zu beginnen. Unter seiner Führung zogen seine schlecht bewaffneten und weitgehend mittellosen Anhänger in Richtung Konstantinopel, wo sie Ende Juli 1096 eintrafen. Anfang August überquerten die Kreuzfahrer den Bosporus. Am 21. 10. 1096 wurde das Hauptkontingent des Bauernkreuzzuges bei Civetot vom Heer des Seldschuken-Sultans Kilidsch Arslan vollständig vernichtet. Peter hielt sich zu diesem Zeitpunkt noch nicht in Konstantinopel auf und schloss sich später den Kreuzrittern des ersten Kreuzzugs an. Mit diesen zog er nach Jerusalem, wo er noch eine Weile als Prediger wirksam war. 1101 kehrte Peter wieder in den Westen zurück. Über seine letzten Lebensjahre ist wenig bekannt.

Peter der Einsiedler beruft Gottfried von Boullion zum Führer des christlichen Kreuzfahrerheeres (Tasso-Fresken von Friedrich Overbeck).

Peter II.

König von Aragón (1196–1213), * 1174, † 12. 9. 1213 bei Muret. Der Sohn König Alfons' II. von Aragón gilt als prachtliebender und ritterlicher Herrscher. 1204 ließ er sich von Papst Innozenz III. krönen, den er als Lehnsherrn anerkannte. Als König zeichnete er sich 1212 in der siegreichen Schlacht bei Las Navas de Tolosa über die Muslime aus. Seine übermäßige Kreditaufnahme hatte allerdings die Zerrüttung der Finanzen zur Folge. Durch die Eheschließung seiner Schwester Eleonore mit den Grafen Raimund VI. von Toulouse wurde Peter II. in die Albigenserkrie-

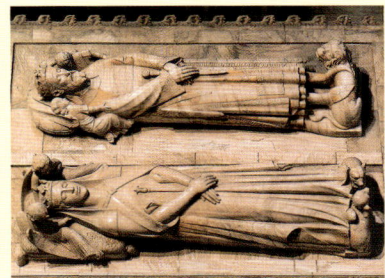

Grabmal Peters II. und seiner Schwester Konstanze in Poblet

ge hineingezogen. Als Kampfgefährte Raimunds VI. fiel er 1213 in der gegen Simon von Montfort ausgetragenen Schlacht von Muret.

Peter III.

(Peter der Große), König von Aragón (1276–1285) und als Peter I. König von Sizilien (1282–1285), * 1240 Valencia, † 11. 11. 1285 Villafranca del Penedès. Als zweitgeborener Sohn König Jakobs I. rückte er nach dem Tod seines Halbbruders Alfons (1262) an die Spitze der Erbfolge. Da er neben Aragón, Valencia und Katalonien auch das mallorquinische Reich beanspruchte, geriet er in Konflikt mit seinem Bruder Jakob II. Nach der Vertreibung Karls von Anjou durch die so genannte Sizilianische Vesper (1282) gelang es ihm, die Erbansprüche seiner Ehefrau Konstanze, der Tochter König Manfreds von Sizilien, durchzusetzen. Seine Proklamation zum König von Sizilien trug ihm die Exkommunikation durch Papst Martin IV. sowie einen Kreuzzug König Philipps III. von Frankreich gegen sein Reich ein. Außenpolitisch konnte Peter sich durch geschicktes diplomatisches und militärisches Vorgehen zur Wehr setzen. Diese Anstrengungen schwächten ihn jedoch im Inneren, sodass er dem Adel und den Städten zahlreiche Privilegien zugestehen musste. Vor seinem Tod überschrieb er das Königreich Sizilien der Kirche und erhielt dafür die Absolution.

Philipp I.

König von Frankreich (1060–1108), * 1052, † 29. 7. 1108 Saint Denis (Paris). Der Sohn König Heinrichs I. stand zu Beginn seiner Herrschaft unter der Vormundschaft Balduins V. von Flandern. Er ließ sich in die Kon-

flikte zwischen dessen Söhnen um die Herrschaft in Flandern hineinziehen, erreichte jedoch nicht viel. 1106 verzichtete er auf die Investitur (das Recht, Bischöfe einzusetzen) mit Ring und Stab. Damit beendete Philipp den Investiturstreit in seinem Reich, der gänzlich jedoch erst 1122 durch das Wormser Konkordat beigelegt wurde. Der katholischen Kirche wurde die freie Wahl der Bischöfe zugestanden, dem König jedoch wichtige Einflussmöglichkeiten zugesichert.

Philipp II. August

König von Frankreich, * 1165 Paris, † 1223 Mantes-la-Jolie; galt als kluger Politiker und tatkräftiger Heerführer. Philipp II. August ließ sich 1189 zu einer Beteiligung am dritten Kreuzzug bewegen, den Kaiser Friedrich I. Barbarossa bereits begonnen hatte. Ein Jahr später brach er mit dem englischen König Richard I. Löwenherz auf dem Seeweg nach Palästina auf. Wegen einer Erkrankung kehrte Philipp II. August jedoch bald wieder nach Frankreich zurück. Auf die Nachricht von Richards Gefangennahme in Österreich 1193 griff Philipp II. die Normandie an und erzielte gegen Johann Ohneland so bedeutende Erfolge, dass die Gefahr eines Übergewichts des anglonormannischen Staates dauerhaft gebannt wurde. Dagegen misslang sein Versuch, nach dem Tod Johanns (1216) seinem

Philipp II. August

Sohn Ludwig (VIII.) auch die englische Krone zu verschaffen. Philipp II. August vergrößerte sein unmittelbares Herrschaftsgebiet um das Doppelte und ersetzte in wachsendem Umfang die Lehnsträger durch königliche Beamte.

Philipp IV.

(Philipp der Schöne), König von Frankreich (1285–1314), * Fontainebleau, † 29. 11. 1314 Fontainebleau. Der letzte bedeutende Herrscher der Kapetinger-Dynastie führte Frankreich auf den Höhepunkt seiner mittelalterlichen Macht. Philipps Regierungszeit war geprägt von territorialem Expansionsstreben, der Befreiung von der Dominanz des Papsttums und tief greifenden inneren Reformen zur Stärkung der zentralen königlichen Gewalt als Voraussetzung äußerer Machtentfaltung. Durch die Heirat mit Johanna (1284) fielen ihm Navarra und die Champagne zu. Er gewann die deutschen Gebiete an Rhône und Maas und verdrängte die Engländer ganz vom Festland. Seine drastischen Steuererhöhungen schonten auch den Klerus nicht. Als Papst Bonifatius VIII. diesen Übergriff 1302 mit der Bulle »Unam Sanctam« beantwortete, in der er die Priorität der geistlichen über die weltliche Gewalt formulierte, ergänzte Philipp die Ständeversammlung erstmals um den dritten Stand des Bürgertums (Generalstände) und si-

König Philipp IV. (Miniatur, 14. Jh.)

cherte sich so deren Unterstützung (1302). Im folgenden Jahr ließ er Bonifatius in Anagni überfallen, der wenige Wochen später in Rom starb. Er erwirkte die Wahl des Erzbischofs von Bordeaux, seines Gefolgsmanns, zum Papst, der 1309 als Klemens V. seinen Sitz in Avignon nahm. Auf der Suche nach weiteren Finanzquellen enteignete Philipp die Juden sowie die lombardischen Kaufleute (1306) und konfiszierte das Eigentum der vermögenden und politisch einflussreichen Tempelritter. Das Verbot des Tempelordens durch den Papst erreichte er 1312. Philipp starb während einer Rebellion gegen seine Steuerdekrete.

Philipp von Schwaben

deutscher König (1198–1208), * um 1178, † 21. 6. 1208 Bamberg. Der jüngste Sohn von Kaiser Friedrich I. Barbarossa wurde 1195 mit Tuszien in Mittelitalien sowie ein Jahr später mit dem Herzogtum Schwaben belehnt. Nach dem

Tod seines Bruders, Kaiser Heinrichs VI. (1197), und dem Thronverzicht seines unmündigen Neffen Friedrich II. ließ er sich 1198 zum König erheben. Gegen den Staufer erkor ein Teil der Fürsten den Welfen Otto IV. zum Gegenkönig. Die Doppelwahl führte zum staufisch-welfischen Bürgerkrieg im deutschen Reich und schwächte das Kaisertum erheblich. Philipp gewann die meisten Reichsfürsten für sich und wurde 1205 in Aachen erneut zum König gekrönt. 1206 besiegte er Otto, der 1201 von Papst Innozenz III. anerkannt worden war. Bevor er sich endgültig durchsetzen konnte, wurde er 1208 ermordet.

Qalawun

(Kalawun), Sultan der Mamelucken (1279–1290), † 11. 11. 1290 Kairo. Der bedeutende Herrscher von Ägypten und Syrien setzte äußerst erfolgreich die Politik von Sultan Baibars I. fort. Er unterstützte Baibars bei der Ermordung des Sultans Qutuz und stieg infolgedessen als Emir rasch auf. 1279 erfolgte seine Ausrufung zum Sultan. Qalawun setzte sich resolut gegen andere Emire durch und verteidigte Syrien erfolgreich gegen die Mongolen. 1285 griff er die Festung Margab der Johanniter an und eroberte sie. Im gleichen Jahr erkaufte sich Margarete von Tyros unter demütigenden Bedingungen einen zehnjährigen Frieden mit Qalawun. Im Jahr 1289 eroberten die Mamelucken die Grafschaft Tripolis. Ein Jahr später erklärte der Sultan den »heiligen Krieg« gegen die christlichen Kreuzfahrer, nachdem die Einwohner von Akkon einen Waffenstillstand gebrochen und mehrere muslimische Händler getötet hatten. Qalawun war gerade im Begriff, von Kairo nach Akkon aufzubrechen, als er unerwartet starb. Der Sultan machte sich nicht nur als Feldherr einen Namen, sondern ließ auch die Zitadellen von Aleppo, Baalbek und Damaskus restaurieren sowie in Kairo ein Hospital errichten, das zu den außergewöhnlichsten Gebäuden der Mamelucken-Ära gehört.

Raimund III.

Graf von Tripolis, * um 1140, † September oder Oktober 1187. Raimund III. geriet 1164 bei Harim in die Gefangenschaft Nureddins, aus der er erst acht Jahre später freikam. Wegen des hohen Lösegeldes von 80 000 byzantinischen Goldmünzen wurde der Graf zum Schuldner der Johanniter, denen er 1180/81 die östliche Grenze seiner Grafschaft abtreten musste. Nach seiner Heirat mit Eschiva, der Witwe des Fürsten von Galiläa, regierte er fortan neben Tripolis auch dieses Fürstentum. Zweimal übernahm Raimund III. für einen längeren Zeitraum die Regentschaft des Königreiches Jerusalem. Dort sah er sich mit einer Gruppe von Würdenträgern konfrontiert, die ihm nicht gewogen war. Der Katastrophe von Hattin (4. 7. 1187) entkam der Graf, indem er mit seinen Männern die muslimischen Linien durchbrach. Kurz danach übertrug Raimund III. die Grafschaft Tripolis einem der Söhne Bohemunds III. von Antiochia.

Raimund IV.

Graf von Toulouse (1093–1105), * 1041/42 Toulouse, † 28. 2. 1105 Mons Peregrinus; eine der herausragendsten Persönlichkeiten des ersten Kreuzzuges. Papst Urban II. sah Raimund IV. bei seiner Proklamation des Kreuzzuges als militärischen Befehlshaber vor. Nach der Eroberung von Antiochia im Juni 1098 unternahm der Graf mit seinen provenzalischen und burgundischen Rittern Streifzüge ins benachbarte muslimische Gebiet und zog anschließend als Oberbefehlshaber der Kreuzritter vor Jeru-

Siegel Raimunds VI. von Toulouse

salem. Raimund IV. wurde nach der Erstürmung der Stadt die Krone des neuen Königreiches Jerusalem angetragen, doch lehnte er das Ansinnen ab. Während die meisten seiner Männer nach Europa zurückkehrten, reiste der Graf nach Konstantinopel und

landete Anfang 1102 mit vorwiegend lombardischen Kreuzrittern, die im Jahr zuvor in Konstantinopel eingetroffen waren, in Syrien. Sein Vorhaben, Anatolien für Byzanz zurückzuerobern und das Fürstentum Antiochia wieder in Abhängigkeit des Byzantinischen Reiches zu bringen, konnte jedoch nicht verwirklicht werden. Tankred, der Regent von Antiochia, zwang ihn durch einen Eid, auf weitere Eroberungen in Syrien zu verzichten. Dessen ungeachtet besetzte Raimund IV. den Hafen von Tortosa und ließ bei Tripolis die Burg Mons Peregrinus erbauen. Dadurch blockierte der Graf die Expansion des Fürstentums Antiochia nach Süden und schuf aber zugleich die Grundlagen der Grafschaft Tripolis, die seine Erben errichten sollten.

Raimund VI.

Graf von Toulouse (1194–1222), * 1156 Beaucaire, † 1222. Der Graf – in fünfter Ehe 1202 mit Eleonore, Tochter Alfons' II. von Aragón, verheiratet – begünstigte die Albigenser und geriet dadurch in Konflikt mit Papst Innozenz III. Trotz der Unterstützung durch Aragón wurde Raimund VI. von einem Kreuzritterheer unter Simon von Montfort 1213 bei Muret besiegt. Nachdem Raimunds Verteidigung auf dem dritten Laterankonzil erfolglos geblieben war, übergab der Papst 1215 die Herrschaft in Toulouse an Simon von Montfort, der als Befehlshaber der Kreuzritter die Grafschaft erobert hatte. Raimund VI. gelang es jedoch später, fast seinen gesamten Besitz zurückzugewinnen. Sein Hof war Mittelpunkt der provenzalischen Dichter.

Raimund VII.

Graf von Toulouse (1222–1249), † 27. 9. 1249 Millau. Als Befehlshaber der Truppen seines Vaters Raimund VI. betrieb er erfolgreich die Rückeroberung der Grafschaft Toulouse, die Raimund VI. im Zuge der Albigenserkriege aberkannt wurde. Nach seinem Regierungsantritt 1222 sah Graf Raimund VII. sich mit dem Kreuzzugsunternehmen Ludwigs VIII. konfrontiert, der große Teile seiner Gebiete besetzte. Nach Ludwigs Tod 1226 schloss der Graf mit der französischen Regentin Blanca von Kastilien Frieden und behielt nur seine angestammten Territorien. 1242 vereinigte er sich mit dem englischen König und anderen Adeligen gegen Ludwig IX. von Frankreich, wurde aber besiegt und musste sich unterwerfen. Raimund VII. beabsichtigte, sich dem

Kreuzzug Ludwigs IX. ins Heilige Land anzuschließen, starb jedoch vor der Durchführung seines Vorhabens.

Raimund Berengar III.

Graf von Barcelona (1097–1131), * 11. 11. 1082 Rodez, † 19. 7. 1131 Barcelona. Raimund Berengar übernahm 1097 die Herrschaft in der Grafschaft Barcelona und dehnte durch die Heirat mit der Erbtochter Douce von Provence seine Macht nach Südfrankreich aus. Seine Regierungszeit beherrschten die Auseinandersetzungen mit den Almoraviden sowie die Sicherung der Herrschaft des Hauses Barcelona in der Provence. Sie bestimmten die handelspolitische Konkurrenzfähigkeit Kataloniens im Mittelmeerraum und den Aufstieg der Grafschaft Barcelona zu einer gleichrangigen Macht neben Kastilien-Léon und Aragón in Spanien. Ein Jahr vor seinem Tod trat Raimund Berengar III. in den Templerorden ein.

Raimundus Lullus

(Ramón Lull), katalanischer Dichter, Philosoph und Theologe, * 1232 oder 1233 Palma, † 1315 Bougie oder Tunis. Raimundus war als leitender Hofbeamter an den Höfen Jakobs I. von Aragón und Jakobs II. von Mallorca tätig, bevor er 1263 nach einer Vision – der Erscheinung des gekreuzigten Jesus – sein Leben radikal änderte. Von diesem Zeitpunkt an versuchte Raimundus Lullus, die alleinige Wahrheit der christlichen Lehre zu erweisen und die arabische Welt zu missionieren. Außerdem lehrte er mit Unterbrechungen zwischen 1283 und 1313 in Paris und Montpellier. Seiner Ansicht nach musste der Glaube durch den Verstand unterstützt werden. 1276 gründete Raimundus Lullus die Missionsschule von Miramar (Mallorca) und reiste anschließend als Missionar nach Sizilien und Nordafrika. 1293/94 führte der eifrige Katholik Gespräche mit muslimischen Theologen, wur-  de jedoch mit der Todesstrafe bedroht und aus Nordafrika ausgewiesen. Ohne Erfolg bemühte er sich auch, die Päpste Coelestin V. und Bonifatius VIII. für seine Überzeugungen zu gewinnen. Aufgrund seiner umfassenden enzyklopädischen Werke wurde Raimundus Lullus als »erleuchteter Gelehrter« bezeichnet.

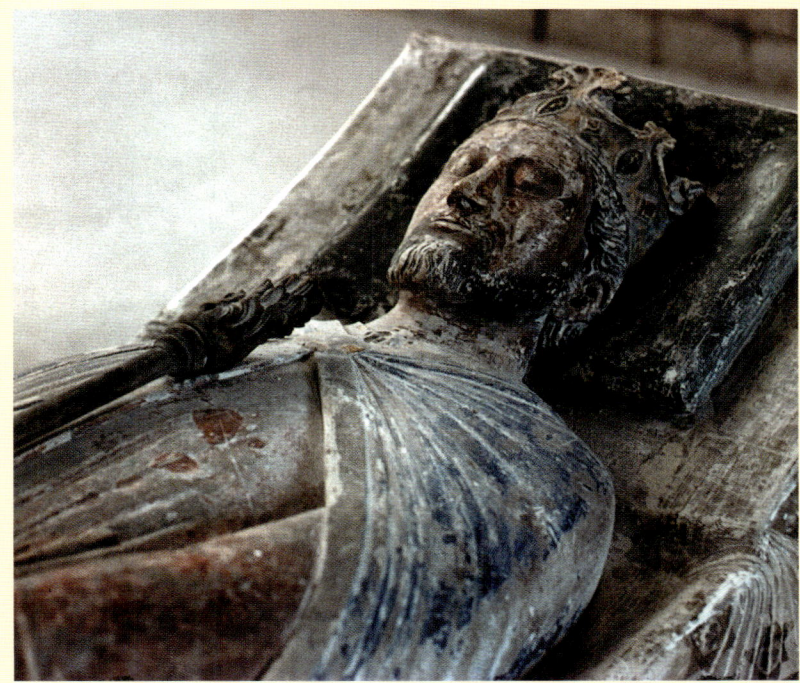

König Richard I. Löwenherz (Grabplatte in der Abtei Fonevrault)

Rainald von Châtillon

Fürst von Antiochia und Herrscher von Oultrejourdain (Transjordanien), † 7. 7. 1187. Der wagemutige und eigensinnige Abenteurer kam 1147 in das Königreich Jerusalem und diente zunächst König Balduin III. Anschließend bot er seine Dienste Konstanze von Antiochia an, die er 1153 heiratete. Drei Jahre später fiel Rainald in das reiche byzantinische Zypern ein und gewann 1158 die von den Muslimen eroberte Festung Harenc zurück. Von 1160 an verbrachte Rainald 16 Jahre in Gefangenschaft des muslimischen Statthalters von Aleppo. Da seine 1163 verstorbene Gattin das Fürstentum Antiochia ihrem Sohn aus ihrer ersten Ehe, Bohemund III., vererbt hatte, begab sich Rainald nach seiner Freilassung zunächst nach Jerusalem. 1177 ehelichte er Stephania, die Witwe des Herrn von Oultrejourdain. Fünf Jahre später brach Rainald einen 1180 mit Sultan Saladin geschlossenen Waffenstillstand, indem er eine muslimische Karawane überfiel. Es kam erneut zum offenen Krieg, den Rainald im Roten Meer mit fünf Galeeren führte. Anfang 1187 lieferte sein hinterhältiger Überfall auf eine große muslimische Karawane Sultan Saladin einen willkommenen Kriegsgrund gegen die Christen. In der Schlacht von Hattin am 4. 7. 1187 geriet Rainald in die Gefangenschaft der Sieger und wurde drei Tage später dem Sultan vorgeführt. Als Rainald sich weigerte, zum Islam überzutreten, enthauptete ihn Saladin persönlich.

Richard Löwenherz

(Richard I.), König von England (1189–1199), * 8. 9. 1157 Oxford, † 6. 4. 1199 Chalus (gefallen); dritter Sohn Heinrichs II. Plantagenet. Richard nahm von 1189 bis 1192 am dritten Kreuzzug ins Heilige Land teil und erwies sich dort als ebenbürtiger Gegner von Sultan Saladin. Auf der Heimreise nach England geriet er in Gefangenschaft des von ihm beleidigten Herzogs Leopold V. von Österreich, der ihn an Kaiser Heinrich VI. übergab. Nachdem Richard den Kaiser als Lehnsherr anerkannt und ein hohes Lösegeld bezahlt hatte, konnte er 1194 nach England zurückkehren. Dort brach er sogleich zu Kriegszügen nach Frankreich auf, wo er bei der Belagerung von Chalus tödlich verwundet wurde.

Richard von Cornwall

deutscher König (1257–1272), * 5. 1. 1209 Winchester, † 2. 4. 1272. Der Sohn des englischen Königs Johann Ohneland wurde nach dem Tod des kinderlosen deutschen Königs Wilhelm von Holland 1257 als Gegenkönig zu Alfons X. von Kastilien gewählt, konnte sich jedoch nicht durchsetzen. Die Wahl Rudolfs I. von Habsburg 1273 beendete das Interregnum, während dessen sich die sieben Kurfürsten als die eigentlichen Territorialherrscher und als Königswahlkollegium etablierten.

Robert Guiscard

Normannenherzog von Apulien, Kalabrien und Sizilien (1059–1085), * um 1015, † 17. 7. 1085 Insel Kephallenia. Als Führer der Normannen eroberte Robert Unteritalien, das er 1059 von Papst Nikolaus II. als Lehen erhielt. Mit der Einnahme Baris 1071 fiel die letzte Bastion von Byzanz in Italien. Robert Guiscard scheiterte jedoch mit dem Versuch (seit 1081), durch Übergriffe in Dalmatien und Griechenland die Kontrolle über die Ägäis zu erhalten. Zwischenzeitlich mit Papst Gregor VII. überworfen und von diesem 1074 gebannt, stellte er sich im Investiturstreit auf die Seite des Papstes gegen Kaiser Heinrich IV. und befreite ihn 1084 aus der Engelsburg in Rom. Dabei ließ er jedoch die Stadt plündern. Nach erneuter Aufnahme des Kampfes gegen Byzanz erlag er einer Seuche (vermutlich Typhus).

Robert II. von Flandern

Graf von Flandern, * um 1056, † 2. 10. 1111. Im September 1096 brach Robert II. mit einem großen Heer zum ersten Kreuzzug auf und beteiligte sich in dessen Verlauf an der Belagerung von Antiochia. Nach der Einnahme von Jerusalem am 15. 7. 1099 reiste er jedoch in seine Heimat zurück. In Flandern geriet Robert II. mehrmals in Konflikt mit Heinrich IV. und Heinrich V. Nachdem Heinrich I. von England die Normandie erobert hatte, unterstützte Robert II. 1109 seinen Lehnsherrn Ludwig VI. von Frankreich im Krieg gegen den englischen König und dessen Verbündeten Tedbald IV. von Blois. Graf Robert II. fiel im Kampf gegen den Bündnispartner der Engländer.

Robert II. von der Normandie

Herzog der Normandie, * um 1054, † 1134 Cardiff. 1096 nahm Robert II. am ersten Kreuzzug teil und zeichnete sich in der Schlacht von Doryläum sowie bei der Eroberung von Jerusalem aus. Der Sieg der Kreuzfahrer bei Askalon war maßgeblich ihm zu verdanken. Zurück in der Normandie konnte Robert II. sich gegen den aufsässigen Adel nicht durchsetzen, was zur Landung englischer Truppen führte, die auf Geheiß kirchlicher Würdenträger die Anarchie beenden sollten. Im September 1106 unterlag der Herzog in der Schlacht von Tinchebrai den Invasoren und geriet in Gefangenschaft. Bis zu seinem Tod 1134 blieb Robert II. in verschiedenen englischen Burgen eingekerkert.

Robert von Molesme

Mönch, * um 1027 Champagne, † 17. 4. 1111 Molesme (Côte d'Or); Gründer des Zisterzienserordens. Der

Benediktinerabt verließ 1098 mit 21 Gefährten sein Kloster und errichtete in der Einöde südlich von Dijon eine neue Wirkungsstätte. Vom eremitischen Zug der Zeit geprägt, strebte Robert zurück zur Reinheit der Benediktinerregel. Er verband Einsamkeit und Gemeinschaftsleben zu einer neuen, strengeren Form des Mönchtums. Das Stammkloster Cîteaux gab dem neu entstandenen Orden der Zisterzienser seinen Namen.

Roger I.

Großgraf von Sizilien, * um 1031 in der Normandie, † 22. 6. 1101 Mileto (Kalabrien). Als jüngster Sohn des Normannen Tankred von Hauteville und jüngerer Bruder Robert Guiscards kam Roger 1054 nach Unteritalien. Er teilte sich mit Robert die Herrschaft über Kalabrien und begann 1061 mit der Einnahme von Messina die Eroberung Siziliens von den Muslimen. 1071 nahm Roger Catania ein, ein Jahr später eroberte er Palermo, woraufhin er von Robert mit der gesamten Insel belehnt wurde. Roger begründete auf Sizilien eine moderne, zentralistische Verwaltung. Der endgültige Abschluss der Eroberung der Insel – sowie Maltas – glückte allerdings erst 1091. Nach Roberts Tod im Jahr 1085 wurde Roger Oberhaupt der Normannen in ganz Unteritalien. Im Juli 1098 erhielt er durch Papst Urban II. weit gehende kirchenhoheitliche Rechte. Roger I. förderte die Neugründung und Ausstattung von Klöstern der griechischen und lateinischen Mönchtums. In seinem Reich herrschte religiöse Toleranz gegenüber Griechen, Juden und Muslimen.

Christus krönt den Normannen-König Roger II. (Widmungsmosaik).

Roger II.

König von Sizilien (1130–1154), * 22. 12. 1095, † 26. 2. 1154; Sohn von Roger I. Nach dem Tod Robert Guiscards und dessen Erben dehnte er seine Herrschaft von Sizilien über Unteritalien (1122 Kalabrien, 1128 Apulien) aus. Mit seiner starken Flotte griff er wiederholt das Byzantinische Reich an. Durch die Ehe seiner Tochter Konstanze mit Kaiser Heinrich VI. kam Sizilien an die Staufer und damit zum deutschen Reich. Roger II. war der eigentliche Begründer des normannischen Großmachtstaats, der sich unter anderem durch seine kluge Gesetzgebung auszeichnete.

Roger de Flor

(Ritxard von Flor), Anführer der »katalanischen Kompagnie«, * um 1260, † 30. 4. 1305 bei Adrianopel. Der rücksichtslose Abenteurer strebte zeit seines Lebens danach, Reichtümer zu erwerben. Roger de Flor war der Sohn eines ehemaligen Falkners Kaiser Friedrichs II., der nach dem frühen Tod des Vaters 1268 und dem Verlust des Familienbesitzes in die Dienste der Templer trat. Um 1300 verließ er jedoch den Orden, schloss sich auf Sizilien Friedrich II. an und betrieb als dessen Vizeadmiral Seeräuberei. 1302 verhandelte er mit dem byzantinischen Kaiser Andronikos II. Palaiologos und führte die Söldner der »katalanischen Kompagnie« nach Osten. Roger erhielt den Titel eines Megas dux verliehen und heiratete Prinzessin Maria, die Nichte des byzantinischen Kaisers. Die Katalanen erzielten große Erfolge gegen die Türken, wurden aber im August 1304 vom Kaiser zurückgerufen. Die Söldner besetzten daraufhin Gallipoli, eine Aktion, die das Verhältnis zu den Byzantinern trübte. Roger de Flors Forderung eines Königtums Anatolien wurde jedoch vom Kaiser wohlwollend betrachtet. Roger erhielt die Cäsaren-Würde als Ehrentitel sowie das Amt eines weitgehend unabhängigen kaiserlichen Statthalters von Kleinasien verliehen. Andronikos' Sohn Michael sah allerdings seine eigene Position bedroht und ließ den Konkurrenten ermorden. Die Rache, die die Katalanen daraufhin nahmen, wurde in Thrakien sprichwörtlich.

Romanos IV. Diogenes

byzantinischer Kaiser (1068–1071), † 4. 8. 1072. Als Heerführer unter Kaiser Konstantins X. Dukas erwarb er sich unter anderem Verdienste im Kampf gegen die Petschenegen. Nach

Konstantins Tod scheiterte Romanos zunächst beim Versuch, die Macht an sich zu reißen. Erst als er Eudokia, die Witwe von Konstantin X. heiratete, kam er an die Spitze des Byzantinischen Reiches. Romanos IV. Diogenes kämpfte zunächst erfolgreich gegen die Seldschuken in Kleinasien, wurde dann aber 1071 in der Schlacht von Mantzikert geschlagen und geriet in Gefangenschaft. Nach seiner Freilassung wurde der Kaiser von Konstantins Sohn Michael entmachtet, geblendet und ermordet.

Rudolf I. von Habsburg

deutscher König (1273–1291), * 1. 5. 1218, † 15. 7. 1291 Speyer. Die Wahl Rudolfs – des vermögendsten und mächtigsten Territorialherrn im deutschen Südwesten – zum deut-

Rudolf I. von Habsburg (Grabplatte im Dom zu Speyer)

schen König beendete das seit dem Tod des Staufers Konrad IV. (1254) im Reich herrschende Interregnum und besiegelte den Aufstieg der Habsburger-Dynastie. Gegen König Ottokar II. von Böhmen setzte sich Rudolf 1278 in der Schlacht auf dem Marchfeld durch und gewann die Krain, Kärnten, die Windische Mark, Österreich und Steiermark. Seine Söhne Albrecht (I.) und Rudolf belehnte der König mit Österreich und der Steiermark und schuf so die Basis der Habsburger Hausmacht. Seine Bemühungen um die Kaiserkrone und eine Erbmonarchie scheiterten jedoch. Durch die Bekämpfung von Raubrittertum und Fehdewesen suchte er die zentrale Autorität des Königtums wiederherzustellen. Er förderte den Aufstieg der Städte.

Rudolf von Rheinfelden

Herzog von Schwaben und Gegenkönig zu Heinrich IV. (1077–1080), † 1080. Während des Investiturstreits wurde Rudolf von den oppositionel-

len Fürsten des Reiches zum Gegenkönig Heinrichs IV. gewählt. Seine Stellung blieb schwach, da die erhoffte Unterstützung durch Papst Gregor VII. ausblieb. 1080 kam es in der innenpolitischen Auseinandersetzung zur entscheidenden Schlacht an der Weißen Elster. Rudolf verlor im Kampf seine rechte Hand und starb kurz darauf.

Rutebeuf

französischer Autor, † um 1285 Paris. Der Dichters übte harsche, konservative Kritik am Einfluss der Bettelorden auf Ludwig IX. sowie an der Sparpolitik des Königs. Andererseits erscheint Ludwig IX. jedoch in seinem Kreuzzugsgedicht als Vorbild. In Rutebeufs über 50 Gedichten finden sich auch Heiligenlegenden und Mirakel. In der Hofsatire »Renart le Bestourné« wird der Fuchs zur Allegorie des Bösen auf Erden.

Saladin

(Salahaddin, Jusuf ibn Ajjub), Sultan von Ägypten und Syrien (1173 bis 1193), * 1138 Takrit, † 3. 3. 1193 Damaskus; Begründer der Dynastie der Ajjubiden. Vom syrischen Machthaber Nureddin nach Ägypten entsandt, stürzte er dort 1171 den letzten Fatimiden-Kalifen. Vier Jahre später eroberte Saladin Syrien und wurde zum gefürchteten Gegner der Kreuzfahrerstaaten. 1187 eroberte er Jerusalem sowie große Teile von Outremer. Durch die Kämpfe mit den Teilnehmern des dritten Kreuzzugs und die ihm nachgesagte Großzügigkeit wurde Saladin eine der berühmtesten Herrschergestalten des islamischen Orients.

Sancho III. Garcés

(Sancho der Große, Sancho der Ältere), König von Pamplona (Navarra) (1000–1035), * um 992, † 18. 10. 1035. Der Sohn König Garcias II. widmete sich im Zuge der Reconquista dem Ausbau der Macht des baskischen Pamplona, das er als Königreich Navarra zur stärksten christlichen Macht auf der Iberischen Halbinsel machte. Durch Eroberungszüge, die Realisierung von Erbansprüchen und diplomatische Aktivitäten erweiterte er seinen Besitz erheblich. Zwischen 1016 und 1019 eroberte Sancho Garcés die alten fränkischen Grafschaften Sobrarbe und Ribagorza. Durch seine Heirat mit der Tochter des Grafen von Kastilien fiel 1029 Kastilien an Pamplona. Um seine Vormachtstellung zu unterstreichen, nahm Sancho nach der Eroberung von Léon 1034 den Kaisertitel an. Sein christliches Reich bestand jedoch nur bis zu seinem Tod. Mit der Aufteilung unter seine vier Söhne schuf er den Ausgangspunkt für die Königreiche Navarra, Kastilien, Aragón und Sobrarbe-Ribagorza (Barcelona).

Schirkuh

kurdischer Statthalter und Heerführer des Machthabers Nureddin, † 23. 3. 1169 Kairo. Schirkuh schlug 1163 im Auftrag Nureddins in Ägypten fatimidische Söldner und setzte Schawar, den Statthalter Oberägyp-

Saladin und Richard Löwenherz in der Schlacht von Askalon (Kupferstich)

tens, wieder ein. Um sich des unbequemen Helfers zu entledigen, rief Schawar König Amalrich I. von Jerusalem ins Land. Schirkuh wurde mit seinen Truppen eingeschlossen, durfte aber nach Syrien abziehen. Drei Jahre später erschien er wieder in Ägypten und musste erneut den Rückzug antreten. Nach der Ermordung Schawars im Januar 1169 wurde Schirkuh zum Wesir der Fatimiden ernannt. Er starb jedoch zwei Monate später.

Sibylle

(Sibylla), Königin von Jerusalem, * um 1159, † 25. 7. 1190 vor Akkon; Tochter von König Amalrich I. und Agnes von Courtenay. Sibylle wurde im Konvent von Bethanien erzogen und vermählte sich im Herbst 1176 mit Wilhelm Langschwert von Mont-

ferrat, der aber schon im Juni 1177, noch vor der Geburt des Sohnes Balduin (V.), verstarb. 1180 heiratete Sibylle Guido von Lusignan. Nach dem Tod König Balduins IV. im Jahr 1185 trat ihr unmündiger Sohn die Nachfolge an, starb jedoch bereits im Spätsommer 1186. Da Sibylle eine Opposition befürchtete, ließ sie sich ohne Verzug vom Patriarchen krönen und gab die Krone an ihren Mann weiter. Während der Schlacht von Hattin (1187), in deren Verlauf Guido von Lusignan gefangen genommen wurde, hielt sich Sibylle in Jerusalem auf. Nach dem Fall der Stadt gewährten ihr die muslimischen Eroberer Zuflucht in Tripolis, wohin sich auch ihr 1188 wieder freigekommener Gatte begab. Sibylle erlag im Heerlager vor Akkon einer Epidemie, an der auch ihre beiden Töchter Alice und Maria starben.

Sigurd I.

(Sigurd Jórsalafari), König von Norwegen (1103–1130), * 1090, † 1130. Sigurd I. erlangte vor allem wegen seines Kreuzzuges von 1108 bis 1111 Berühmtheit. In Palästina unterstützte er König Balduin I. von Jerusalem bei der Eroberung von Sidon (1110). Über Konstantinopel reiste Sigurd I. dann wieder nach Norwegen zurück. Abgesehen von einem Feldzug in Schweden verliefen seine restlichen Jahre als Herrscher friedlich. Allem Anschein nach trug er maßgeblich zum Ausbau der Kirche in Norwegen

bei. In seinen letzten Regierungsjahren litt Sigurd I. unter einer Gemütskrankheit, die ihn aggressiv und rastlos werden ließ.

Simon von Montfort

Earl of Leicester, * um 1208 in Frankreich, † 4. 8. 1265 Evesham. Simon schloss sich 1230 dem englischen König Heinrich III. an, wurde 1236 Earl of Leicester und heiratete 1238 die Tochter des Königs. Seine Reformforderungen gegen die kostspielige königliche Politik führten 1261 zu seiner Vertreibung. 1263 zurückgekehrt, leitete er die Rebellion der niederen Barone und der Städte gegen den König und besiegte diesen in der Schlacht bei Lewes. Montfort übernahm die Regierung und ordnete ihr ein Parlament bei. Damit begründete er die parlamentarische Entwicklung Englands.

Stephan Heinrich

Graf von Blois und Chartres, † 1102. Stephan Heinrich ehelichte 1081 Adele (Adela) von England, die Tochter Wilhelms des Eroberers. Während der Graf sich ruhmlos am ersten Kreuzzug beteiligte und 1102 im Heiligen Land fiel, führte Adele energisch die Regentschaft und machte Chartres zu einem kulturellen und politischen Zentrum.

Stephan I. Nemanja

Großfürst (Großzupan) von Raszien, * um 1113 Ribnica, † 13. 2. 1199/1200 Chilanderkloster (Athos). Nachdem er im Bürgerkrieg gegen seine Brüder die Herrschaft über Raszien (Altserbien) gewonnen hatte, begründete Stephan um 1171 die Einheit Serbiens. Nach dem Tod des byzantinischen Kaisers Manuel I. Komnenos 1180 schüttelte er die Oberherrschaft Konstantinopels durch ein Bündnis mit Venedig, Ungarn und Kaiser Friedrich I. Barbarossa ab, um danach die Gebiete bis an die Adria zu erobern. 1196 überließ der Großfürst die Herrschaft seinem zweiten Sohn Stephan und wurde Mönch. Stephan I. Nemanja ist Hauptheiliger der serbisch-orthodoxen Kirche. Sein Sohn errichte 1212 die Erhebung Serbiens zum Königreich.

Suleiman ibn-Kutulmisch

(Süleyman ibn-Kutulmus), Heerführer der Seldschuken, † 1086; erster muslimischer Statthalter im nordwestlichen Anatolien. 1072 wurde Suleiman ibn-Kutulmisch von Malik Schah, der ihn aus dem Zentrum des Seldschuken-Reiches entfernen woll-

te, mit türkischen Einheiten nach Kleinasien geschickt. Dort entriss er den Byzantinern den Nordwesten Anatoliens und schlug 1081 in Nicäa seine Residenz auf. Im ersten Kreuzzug ging jedoch dieser äußerste Vorposten des Islam wieder verloren. Suleimans eigentliches Ziel blieb der Ausbau seiner Machtstellung im Osten. 1084 eroberte er Antiochia und fiel zwei Jahre später bei einem Angriff auf Aleppo.

Tankred von Tarent

normannischer Fürst, † 1112 Antiochia. Der Urenkel Tankreds von Hauteville zeichnete sich als wagemutiger Kreuzritter aus. 1096 nahm Tankred als Begleiter des Fürsten Bohemund von Tarent am ersten Kreuzzug teil. Er tat sich vor allem bei der Erstürmung von Antiochia (1098) und bei der Eroberung von Jerusalem (1099) hervor. Gottfried von Bouillon belehnte ihn mit dem Fürstentum Galiläa, auf das er aber 1101 verzichtete. Als Bohemund 1104 nach Europa zurückkehrte, übernahm er dessen Nachfolge im Fürstentum Antiochia. Tankred regierte mit Erfolg und vergrößerte das Fürstentum durch Eroberungen benachbarter arabischer und türkischer Herrschaften. Zeitweise herrschte er auch in der Grafschaft Edessa. Der italienische Dichter Torquato Tasso verherrlichte ihn in seinem Epos »Befreites Jerusalem«.

Der Dichter Tannhäuser (Titelbild eines Volksliedes)

Tannhäuser

mittelhochdeutscher Dichter unbekannter Herkunft, * um 1200 Tannhausen/Oberpfalz, † um 1266. Tannhäuser wirkte anfangs wahrscheinlich im Umkreis Kaiser Friedrichs II. und nahm 1228/29 am sechsten Kreuzzug teil. Danach lebte er am Hof des österreichischen Herzogs Friedrich II. des Streitbaren. Nach dessen Tod 1246 führte Tannhäuser ein Wanderleben an verschiedenen ostdeutschen Höfen. Erhalten sind von ihm sechs Leiche (mittelhochdeutsche Liedformen), sieben Lieder und drei Sangsprüche.

Theodor I. Laskaris

byzantinischer Kaiser von Nicäa (1205–1221), * um 1175, † November 1221. Nach der Eroberung Konstantinopels durch die Teilnehmer des vierten Kreuzzugs (1204) floh er nach Kleinasien und errichtete dort das Kaiserreich Nicäa, das sich zum byzantinischen Nachfolgestaat entwickelte. Es gelang ihm, einen Angriff der Rum-Seldschuken (1211) abzuwehren sowie einen Friedensvertrag mit dem 1204 gegründeten Lateinischen Kaiserreich abzuschließen (1214). Nach seinem Tod hinterließ er ein wirtschaftlich, militärisch und administrativ gefestigtes Reich.

Thomas von Aquin

Theologe und Philosoph, Heiliger, * um 1225 Roccasecca bei Aquino, † 7. 3. 1274 Fossanova. Der Schüler des Universalgelehrten Albertus Magnus gilt als Begründer der wissenschaftlichen Scholastik. Er wurde 1252 als Professor der Theologie an das Studienzentrum der Dominikaner an die Universität von Paris berufen. Seine Vorlesungen und Schriften machten Thomas zum Vordenker des Mittelalters. Er verband das christliche Denken der Kirchenväter mit der Tradition der Antike sowie der arabischen und jüdischen Philosophie. In der Bibelerklärung bemühte er sich um ein sachliches Verständnis der Heiligen Schrift und versuchte die natürliche Vernunft, insbesondere das philosophische Denken des Aristoteles, heranzuziehen, um der Theologie wissenschaftlichen Charakter zu geben: Er sah die Offenbarung nicht als wider-, sondern als übervernünftig an und hielt eine Annäherung an die Glaubensgeheimnisse durch die natürliche Vernunft für möglich. Seine Thesen wurden zur Grundlage der Theologie auch in den folgenden Jahrhunderten und prägen die Kirche zum Teil bis heute. Zu seinen Hauptwerken zählen die 1258–1264 verfasste Schrift »Summa Contra Gentiles« zur Auseinandersetzung mit dem nicht christlichen Denken und die mehrbändige »Summa Theologica« (1266–1274). Thomas wurde 1323 heilig gesprochen und 1567 zum Kirchenlehrer erhoben.

Apotheose des Thomas von Aquin (Gemälde von Francisco de Zurbaran, 1631, Museo de las Bellas Artes, Sevilla)

Tibald III.

(Tedbald III.), Graf von Champagne, * 13. 5. 1179 Troyes, † 24. 5. 1201. Tibald III. war ein enger Verbündeter König Philipps II. August und beschloss am 4. 12. 1199 während eines Turniers auf seiner Burg Ecry, als Kreuzritter ins Heilige Land zu ziehen. Da der Kreuzzug in Venedig beginnen sollte, verhandelten Gottfried von Villehardouin und Milo von Bréban im Namen Tibalds, der als Befehlshaber des Unternehmens angesehen wurde, mit dem Dogen Enrico Dandolo. Tibald III. starb jedoch während der Vorbereitungen des fünften Kreuzzuges.

Trencavel, Raimund Roger

Vizegraf von Béziers und Carcassone, * um 1186 oder 1187, † 10. 11. 1209. Aufgrund des Friedensschlusses von 1198 zwischen dem König von Aragón und dem Grafen von Toulouse geriet der junge Trencavel in die politische Isolation. Während des Kreuzzuges gegen die Albigenser, den Simon von Montfort leitete, zog sich Trencavel aus Béziers, das von den Kreuzrittern im Juli 1209 erobert wurde, nach Carcassone zurück. Am 15. 8. 1209 fiel auch diese Bastion. Der Vizegraf wurde in einem Turm gefangen gehalten und starb nach zeitgenössischen Gerüchten durch Gift. Seine Witwe Agnès leistete zugunsten Simons von Monfort Güterverzicht, der die eroberten Gebiete dem französischen König übergab.

Urban II.

(Odo de Lagery), Papst (1088–1099), * um 1042 Châtillon-sur-Marne, † 29. 7. 1099 Rom. Papst Urban II. verhalf der gregorianischen Reform zum Durchbruch. Bei aller Entschiedenheit verhielt er sich sehr moderat und realistisch abwägend. Er wurde in Reims erzogen und trat um 1068 in das Kloster Cluny ein, wo er zum Prior aufstieg. Zwölf Jahre später wurde er durch Papst Gregor VII. zum Kardinalbischof von Ostia berufen. Am 12. 3. 1088 erfolgte seine Wahl zum Papst. Urban II. stützte sich wie sein Vorgänger auf die sizilianischen Normannen und nahm den Kampf gegen Priesterehe, Simonie und Laieninvestitur energisch wieder auf. Der Papst bannte erneut Heinrich IV. sowie Philipp I. von Frankreich. Urban II. nahm entscheidenden Einfluss auf die Kreuzzugsbewegung und rief auf den Synoden zu Piacenza und zu Clermont 1095 zum Kampf gegen die »Ungläubigen« und zur Befreiung des Heiligen Landes

auf. Zwei Wochen nach der Einnahme Jerusalems durch die Kreuzritter starb Urban II.

Urban II. (Detail des Gemäldes »Der heilige Bruno und Papst Urban«)

Urban IV.

Papst (1261–1264), * um 1200 Troyes, † 2. 10. 1264 Perugia. 1261 zum Papst gewählt, erweiterte er das Kollegium zur Restaurierung der päpstlichen Macht um 14 Kardinäle und eroberte weite Teile des unter Papst Alexander IV. verloren gegangenen Kirchenstaates zurück. Als Gegner der Staufer verbündete er sich gegen die Herrschaft Manfreds in Sizilien mit Karl I. von Anjou, dem er 1264 das Königreich von Neapel und Sizilien anbot.  Im selben Jahr führte Urban das Fronleichnamsfest ein.

Viktor III.

Papst (1086–1087), * um 1027, † 16. 9. 1087 Montecassino. Viktor III. war mit den Langobardenfürsten von Benevent verwandt. Schon frühzeitig führte er das Leben eines Einsiedlers und wurde danach Mönch in Benevent. 1055 trat Desiderius, wie er sich inzwischen nannte, in das Kloster Montecassino ein und wurde dessen Abt. Im März 1059 erfolgte seine Ernennung zum päpstlichen Vikar bei den süditalienischen Klöstern. Vier Tage nach seiner Wahl zum Papst am 24. 5. 1086 verließ er aufgrund von Unruhen Rom und amtierte in Montecassino erneut als Abt. Im Mai 1087 wurde auf einer Synode jedoch seine Wahl vom Vorjahr bestätigt. Ende August hielt Viktor III. in Benevent ein wichtiges Konzil ab, auf dem offenbar

Papst Viktor III.

das Verbot der Laieninvestitur bekräftigt wurde. Während des Konzils verschlechterte sich sein Gesundheitszustand rapide und der Papst begab sich abermals nach Montecassino, wo er starb.

Waldes, Petrus

(Valdes, Valdesius), Gründer der Waldenserbewegung, * um 1140 Lyon, † um 1206. Der reiche Kaufmann trennte sich 1175 von all seinen weltlichen Gütern. Mit gleichgesinnten Männern und Frauen, die sich »Arme von Lyon« oder »Arme Christi« nannten, zog er durch das Land und predigte Buße. Papst Alexander III. billigte das Armutsgelübde, die Sittenpredigten jedoch nur unter Aufsicht des Klerus. Das Ziel des Waldes war eine Erneuerung des christlichen Lebens in Kirche und Gesellschaft. Er schuf eine Gemeinschaft, deren Verfassung mönchische Elemente enthielt, die das Mönchsgelübde allerdings ablehnte. Der Gegensatz zum Klerus führte 1184 auf der Synode zu Verona zur Verurteilung.

Petrus Waldes

Walter Sans-Avoir

(Walter Habenichts), französischer Ritter, Teilnehmer des ersten Kreuzzuges, † 21. 10. 1096. Walter stammte aus der Ile-de-France und schloss sich 1095 mit mehreren Verwandten dem Kreuzzugsprediger Peter dem Einsiedler an. Als Anführer eines der bewaffneten Gruppen, die Richtung Konstantinopel zogen, spielte er eine gewisse selbständige Rolle. Kurz nach Ostern 1096 brach Walter mit vorwiegend französischen Kreuzfahrern von Köln aus in Richtung Osten auf und traf am 8. 5. 1096 im Gebiet des ungarischen Königreiches ein. Nach der Plünderung von Belgrad zog seine Schar nach Konstantinopel und wartete dort auf die Hauptmacht. Am 21. 10. 1096 fiel Walter mit zahlreichen anderen Kreuzfahrern bei Civetot im Kampf gegen die Truppen Kilidsch Arslans.

Wilhelm VIII.

Herzog von Aquitanien (1058–1086), * um 1024, † 25. 9. 1086 Burg Chizé. Wilhelm übernahm nach dem überraschenden Tod seines Bruders Wilhelm VII. 1058 das Herzogtum. Sechs Jahre später zeichnete er sich bei der Eroberung von Barbastro aus und gliederte 1070 die Gascogne endgültig in seinen Herrschaftsbereich ein. Im Oktober 1076 unterstützte er König Philipp I. von Frankreich gegen den Herzog der Normandie und straffte die Verwaltung seines Herzogtums. Der Herzog förderte besonders stark die Cluniazenser.

Wilhelm IX.

(Wilhelm der Troubadour), Herzog von Aquitanien (1086–1126) und bedeutender Dichter, * 22. 10. 1071, † 10. 2. 1126. Die Regierungszeit Wilhelms IX. war bestimmt von Konfrontationen mit dem Haus St. Gilles um die Erbschaft seiner Gattin Philippa, der Erbtochter des Grafen Wilhelms IV. von Toulouse. Zweimal glückte es dem Herzog, die Stadt und Grafschaft Toulouse zu erobern (1098 und 1113), wo Philippa als Gräfin in eigenem Recht Hof hielt. Im März 1101 trat Wilhelm IX. mit Welf IV. einen Kreuzzug ins Heilige Land an, der über Konstantinopel nach Heraklea führte. Dort wurden seine Truppen im September 1102 von den Türken besiegt. Wilhelm IX. selbst konnte mit wenigen Begleitern nach Jerusalem gelangen. Zurück in Aquitanien verstrickte sich der Herzog in eine Auseinandersetzung mit dem Haus Anjou, die sich mehrere Jahre hinzog. 1120 zog Wilhelm IX. nach Spanien

und schlug im Juni die Muslime bei Cutanda. Sechs Jahre später starb er bei der Belagerung der Burg Blaye. Von Wilhelm IX., der als »ältester« Troubadour gilt, sind elf Lieder erhalten, die sich dichterisch bereits auf einem hohen Niveau befinden, jedoch schwer datierbar sind.

Wilhelm von Tyros

Erzbischof von Tyros und Geschichtsschreiber, * um 1130 Jerusalem, † 29. 9. 1186. Wilhelm von Tyros war bürgerlicher Herkunft und studierte von 1146 an Theologie in Paris und Orleans sowie Recht in Bologna. 1165 kehrte er nach Palästina zurück und wurde Kanoniker in Akkon. Nach seiner Tätigkeit als Gesandter in Byzanz und als Erzieher des späteren Königs Balduin IV. ernannte ihn 1174 der Regent Raimund III. von Tripolis zum Kanzler des Königreiches Jerusalem. Ein Jahr später wurde er Erzbischof von Tyros und unterlag 1180 bei der Patriarchenwahl in Jerusalem gegen Heraklius, den Erzbischof von Caesarea. Sein weiterer Lebenslauf ist unbekannt. Spätestens 1185 verlor er das Kanzleramt. Sein Hauptwerk, eine sehr umfassende Geschichte der Könige von Jerusalem, ist eine der wichtigsten Quellen zur Geschichte der Kreuzzüge.

Wolfram von Eschenbach, Skulptur am Fuße des Richard-Wagner-Denkmals von Gustav Eberlein im Berliner Tiergarten (1901–03)

Wolfram von Eschenbach

Dichter, * um 1170 Eschenbach bei Ansbach (heute Wolframs-Eschenbach), † nach 1220 Eschenbach, in der Frauenkirche bestattet; lebte als armer fränkischer Ritter (bezeichnete sich selbst als Bayer) zeitweise auf der Burg Wildenberg im Odenwald und am Hof des Landgrafen Hermann von Thüringen. Wolfram war der sprachgewaltigste Epiker der höfischen Dichtung; Hauptwerk: »Parzival« (1210 vollendet).

Zengi

(Imad ad-din Sengi), Emir von Mosul, * um 1082, † 15. 9. 1146. Der bedeutende türkische Machthaber herrschte seit 1127 – anfangs als Vormund zweier seldschukischer Prinzen – in Mosul und erwies sich bald als ein geschickter Stratege, Diplomat und vorzüglicher Verwalter. Beständig dehnte Zengi seinen Machtbereich aus, der schließlich fast ganz Mesopotamien bis auf den Norden und einen großen Teil Syriens umfasste. 1144 eroberte er Edessa, das beinahe ein halbes Jahrhundert unter der Herrschaft der Kreuzritter gestanden hatte. Zwei Jahre später wurde Zengi von seinen eigenen Sklaven ermordet, als er versuchte, eine Festung am linken Ufer des mittleren Euphrat zu erstürmen.

Nordsee

ENGLAND

London

Köln

Amiens

Mainz

Paris

Regensburg

Atlantischer
Ozean

HEILIGES RÖMISCHES

FRANKREICH

REICH

Lyon

Mailand

Venedig

Bordeaux

Clermont

Genua

Po

Toulouse

Aigues-Mortes

Marseille

Pisa

Ancona

Rhône

Korsika

Rom

Lissabon

Neapel

Amalfi

Sardinien

Silves

Sizilien

KÖNIGREICH

Tunis

ALMOHADEN-EMIRAT

Malta

Kreuzzüge

→	1. Kreuzzug, 1096–1099
→	2. Kreuzzug, 1147–1149, Konrad III. und Ludwig VII.
⇢	Wendenkreuzzug
	3. Kreuzzug, 1189–1192
→	Friedrich Barbarossa
⟶	Richard Löwenherz
⇢	Philipp II. August
→	4. Kreuzzug, 1202–1204
→	Kinderkreuzzüge, 1212
→	5. Kreuzzug, 1217–1221
→	6. Kreuzzug, Friedrich II. 1227–1229
→	7. Kreuzzug, Ludwig IX. 1248–1254
→	8. Kreuzzug, Ludwig IX. 1270

—	Grenzen um 1144
⬚	Byzantinisches Reich um 1144
▨	byzantinische Gebiete, 1204
▨	islamische Staaten, 1204
▨	Besitzungen Venedigs, 1204
▨	Kreuzfahrerstaaten, 1204
▨	Gebietsverluste der Kreuzfahrerstaaten um 1204

0   400 km

0   300 Meilen

Die Kreuzzüge 1096-1270

tsee

UNGARN

Belgrad

Donau

Schwarzes Meer

Serbien

Nisch

Bulgarien

KAISERREICH TRAPEZUNT

Philippopolis

Edirne
(Adrianopel)

Konstantinopel

Bari

Dyrrachion

Thessalonike

LATEINISCHES KAISERREICH

Armenier

Brindisi

DESPOTAT VON EPIRUS

KÖNIGREICH VON THESSALONIKE

Ägäisches Meer

Gallipoli

REICH VON NICÄA

Anatolien

RUM-SELDSCHUKEN-SULTANAT

KLEIN-ARMENIEN

GRAFSCHAFT EDESSA

Edessa

Athen

FÜRSTENTUM ACHÄA

Rhodos

KÖNIGREICH ZYPERN

Zypern

Antiochia

Aleppo

FÜRSTENTUM ANTIOCHIA

SENGIDEN-SULTANAT VON MOSUL

Kreta

Kandia

Limasol

GRAFSCHAFT TRIPOLIS

ttelländisches

Meer

Akkon

arabische Nomaden

Jerusalem

Damiette

KÖNIGREICH JERUSALEM

Mansurah

AJJUBIDEN-EMIRAT
Fatimiden-Kalifat bis 1171

Nil

Personenregister

In diesem Register sind alle in der Chronik der Kreuzzüge erwähnten Personen alphabetisch angeführt. Die in normaler Schrift gedruckten Ziffern (14) verweisen auf die Seite, auf der die entsprechende Person erwähnt wird. Kursiv gedruckte Ziffern (*73*) geben den Hinweis, dass die Person auch im Bild zu sehen ist. Fettgedruckte Ziffern (**219**) verweisen auf eine ausführliche Biografie.

Sachregister

Abbildungsnachweis

Agence photographique Réunion des Musées Nationaux, Paris: 42 u.; **aisa, Barcelona:** 15 o.r., 16 o., u., 20 o., 21 l., 22 r., 36 o., 37 u., 46 u., 48 u., 52 M., 63 u., 71 u.r., 77 o., 102 o., u., 103 o., 118 r., 124 o.l., 131 u.l., 143 o.l., 146 u., 170 o.r., 173 o.l., o.r., 174, 177 o.l., 181 u., 182 o., 185 o., 192 u., 193 u., 195 o., 195 u.r., 196 u., 198, 206 o., 209 o., 216 o.l., 220 o.l., u., 227 u.l., 230 l., r., 232 u.l.; **Archiv für Kunst und Geschichte, Berlin:** 8 o., 14 u., 15 u., 17 u., 18 r., 19 o.l., 22 u., 23 o.l., 24 u.l., 26 u., 32 o., 33 r., 40 r., 43 r., 45 u., 46 o.l., o.r., 48 o., 50 o., u., 51 o., 55 u., 56, 61, 62, 63 o., 64 o., 66 r., 68 u., 70 o.l., u., 71 u.l., 73 r., 74 o., 75 o., 76 u., 82 u., 84, 90, 91 u., 92 u., 95 o.r., 99 u., 104 u.l., 105 u.r., 112 u., 113 u., 117 o., 118 l., 121 o., 127 o., 129 o., 131 o., 133, 138 u., 139 o., 145 u.l., 149 o., 150 o., 151 u., 152 o., 153 o., u.l., u.r., 154 o.r., 155 u., 156 u.l., u.r., 164 o., u.r., 166 o., 169 o., u.r., 171 o., u., 172 u., 175 u.r., 177 u., 179 u., 180 u.r., 183 u.l., u.r., 190 u.l., 194 u., 195 u.l., 199 o., 200, 202 u., 209 u., 211 r., 212 r., 213 u., 218 o., 222 o.l., 224 u., 226 u.l., 232 o.r.; **British Library:** 45 o., 98 o., 176 o.l., /Cameraphoto: 75 u., /Gérard Degeorge: 182 u., /Elisabeth Disney: 5, /Jean-Paul Dumontier: 85 o., /Werner Forman: 170 o.l., 176 r., /Anette Godefroid: 107 o., /Markus Hilbich: 91 u.r., /Wolfgang Korall: 35 u., /Erich Lessing: 164 u.l., 197 u., /Gilles Mermet: 159 u., /Jean-Louis Nou: 105 o., /Pirozzi: 199 u.; **Archivo Iconografico, S.A./Corbis, Düsseldorf:** 158; **Bayerische Staatsbibliothek, München:** 157 r.; © **Bettmann/Corbis, Düsseldorf:** 203 o.; **Biblioteca Apostolica Vaticana, Citta del Vaticano:** 166 u.; **Bibliotheque de l'Arsenal, Paris:** 149 u.; **Bibliotheque Nationale, Paris:** 13, 34 o., 39 o., 64 u., 82 o., 100 u., 119 r., 141 o.r., 176 u.l.; **Bildarchiv Preußischer Kulturbesitz, Berlin:** 25, 33 o.l., 67, 96 r., 113 u., 115 o.l., 128 o.l., 172 u., 181 o., 207 o.l., 217 o., 226 o.l., /Gerard Le Gall: 167 l., /Arne Psille: 43 u.l., /Ruth Schacht: 43 o.l.; **British Library, London:** 117 u.r.; **Burgerbibliothek, Bern:** 142 u.l., 179 o.l.; **Jean-Loup Charmet, Paris:** 179 o.r.; **Corpus Christi College, Cambridge:** 97 o.; **Crown Publishers Inc., New York:** 170 u.; **Gianni Dagli Orti/Corbis, Düsseldorf:** 72 o.; **Document-Vortragsring, München** /Richard Konstantin Blasy: 52 o.l., 144 o., 151 u.l., 216 o.r., /Detlef Haberland: 123 r. /Uwe Hellweg: 122 o.; **Germanisches Nationalmuseum, Nürnberg:** 147 o.; **Gerhard Huber, Graz:** 207 u.l.; **Image Select, Clifton:** 72 u., 119 o.l., 202 o., **Interfoto, München:** 20 u., 21 r., 24 o., u.r., 35 r., 90 u., 92 o., 100 o., 116 u., 119 u., 121 u., 132, 138 u., 142 u.r., 180 l., 183 o.l., 190 u.r., 193 o., 196 o., 201 o.l., 205 M., o., 206 u., 207 r., 211 M., 215 l.o., l.u., 216 o.r., 219 o.l., o.r., u.l., 221 o.l., u.l., u.M., 222 u., 223 M., 224 o.l., 228 l., 229 o., 232 u.r., 233 o.l., u.l., /Alinari: 124 u., 146 o., /Anthony: 93 u., /Bibliotheque Nationale Paris: 53, 69 u., 78 o., /Bildarchiv Hansmann: 73 u., 81 u., 94 o.r., 159 u., 166 r., 169 u.l., /Bridgeman Art Library: 23 u., 27 o., 31, 36 o., 38 o., 42 o., 47, 49 o., 57 u., 68 o., 70 o.r., 80 u., 85 u., 94 o.l., 95 o.l., 101 u., 103 u., 106, 116 u., 117 u.l., 121 u., 122 u., 125 o., u., 127 u., 138 l., 140 u., 141 u., 143 o.r., 148 o.r., u., 151 o.r., 152 u., 156 o., 165, 175 u.l., 184, 185 u., 191 o., 204 r., 210 l., 211 l., 214 u., 225 o., u., 227 r., /British Library: 69 o., /Daniel: 14 o., 18 l., 20 l., 23 o.r., 33 u.l., 34 u., 39 u., 44 u., 54 l., 71 o., 76 o., 79 u.l., 95 u., 112 o., 114, 119 o.r., 120 o., 124 o.r., 128 u., 143 l., 145 o., 178 u., 180 o.r., 208, 215 r., 219 u.M., 223 o.r., 226 u.r., /Garth: 105 u.l., /IFPA: 55 o., 77 u., 78 u., 81 o.l., 190 r., 217 u., 219 M.r., 226 M., /Karger-Decker: 19 u., 32 o., 44 u.l., 57 u., 83 o., 91 o.l., o.r., 99 u., 130, 142 u., 144 u., 168 u., 212 M., 220 r., 222 r., 223 o.l., 224 o.r., 228 u., 231 r., /Klammet: 155 u., /Koch: 65 o., /Rauch: 22 o., 66 l., 81 o.r., /Mavis Ronson: 129 u., /D. H. Teuffen: 189, 201 o.r., 224 o.M., /Weltbild: 44 o., 140 u., /Zeit Bild: 15 o.l., 126, 141 o.l., 145 l., 203 u., 204 l., 218 u., 229 u.; **Kulturgeschichtliches Bildarchiv Hansmann, München:** 54 r., 99 o.r., 214 o.l.; **Landesbibliothek Stuttgart:** 173 u.; **mediacolor's, Zürich**/Lessing: 98 u.; **Federico Arborio Mella, Mailand:** 115 o.r.; **mev Verlag, Augsburg:** 79 o.l.; **Ann Münchow, Neu-Moresnet:** 41 o.; **Museen der Stadt Köln:** 37 o.; **National Palace Museum, Taipeh:** 190 o.; **Österreichische Nationalbibliothek, Wien:** 128 o.r., 192 u.l.; **picture-alliance, Frankfurt**/akg-images: 197 o., 212 l., 221 o.r., 231 l., /akg-images/British Library: 137, /akg-images/Herbert Kraft: 233 o.r., /akg-images /Erich Lessing: 83 o., 104 o., 123 o.l., u., /akg-images/Pirozzi: 227 o., /akg-images/VISIOARS: 163, /dpa: 6/7, 51 u., 101 o.; **Sakamoto Photo Research, Tokio:** 205 u.; **sipa-press, Paris**/Alfred: 201 u.; **Skira, Genf:** 107 u.; **Topfoto, Edenbridge**/British Library: 41 u., 49 u., 52 u., 65 u., 79 r., 89, 94 u., 97 u., 100 o., 104 u.r., 111, 115 l., 147 u., 178 u., /British Museum: 132 u., /Topham Picturepoint: 38 u., 139 u., 175 o., /Topham Picturepoint/Image Works: 101 o.r., /Charles Walker: 213 u.; **Universitätsbibliothek Heidelberg:** 157 l.; **Universitätsbibliothek Jena:** 17 o.; **Wissen Media Verlag GmbH, Gütersloh:** 19 o.r., 35 l., 96 u., 127 M., 148 l., 154 u., 168 u., 192 u.r., 210 u., 214 o.r., 217 M., 226 o.r., 228 o.

© für die Karten: **Wissen Media Verlag GmbH, Gütersloh/München:** 9, 131, 154; **Andromeda Oxford Ltd./Wissen Media Verlag GmbH, Gütersloh/München:** 40, 80, 93, 150, 234/235

Trotz größter Sorgfalt konnten nicht alle Urheber des Bildmaterials ermittelt werden. Es wird gegebenenfalls um Mitteilung gebeten.